〖明文 中國正史 大系〗

原文 註釋 國譯

漢書(四)

後漢 班固 著
陳 起 煥 譯註

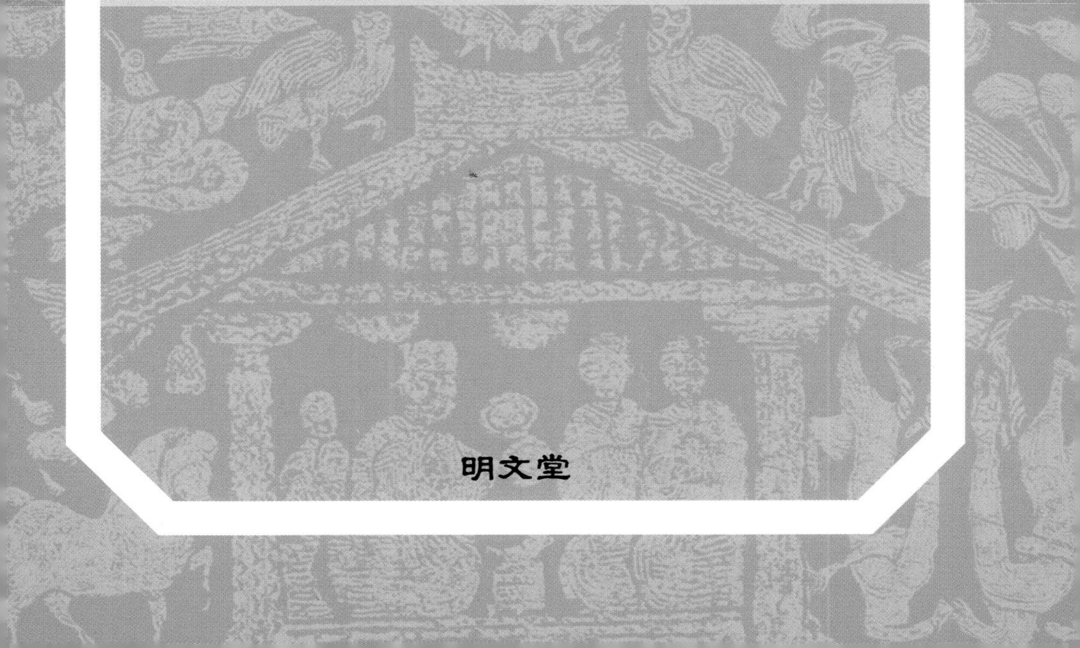

明文堂

卓文君(탁문군, 司馬相如의 처)

현대의 흉노인

蘇武像(소무상, 晩笑堂竹莊畫傳)

霍去病(곽거병) 조각상(甘肅省 酒泉市 소재)

실크 로드〔絲綢之路〕, 육상과 해상의 비단길

〖明文 中國正史 大系〗

原文 註釋 國譯

漢書(四)

後漢 班固 著

陳 起 煥 譯註

明文堂

차례

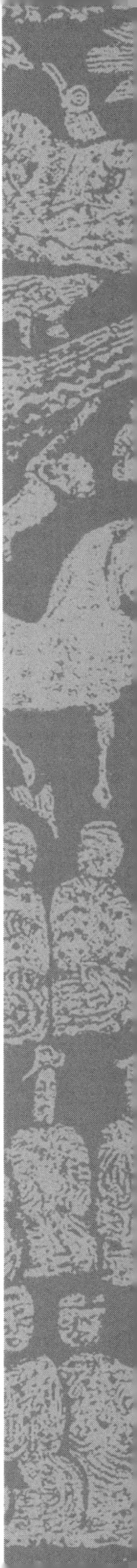

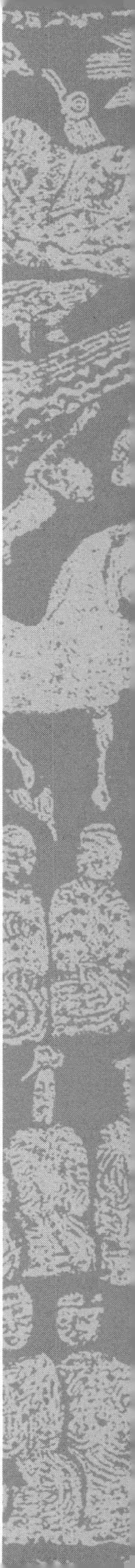

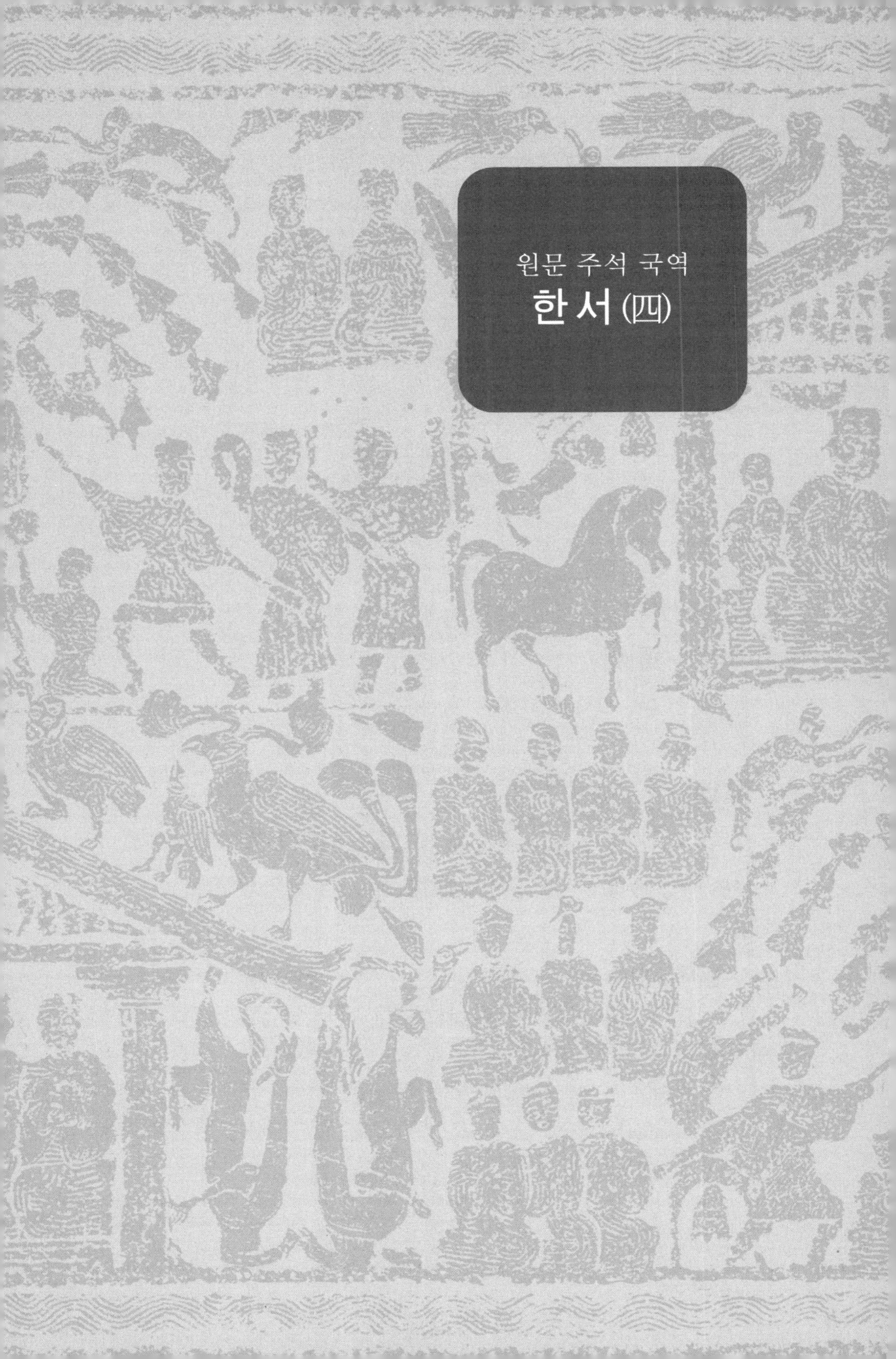

원문 주석 국역

한서(四)

51 賈鄒枚路傳
〔가,추,매,노전〕

51-1. 賈山

原文

賈山, 潁川人也. 祖父祛, 故魏王時博士弟子也. 山受學祛, 所言涉獵書記, 不能爲醇儒. 嘗給事潁陰侯爲騎.

| 註釋 | ○賈山(가산, 생졸년 미상) - 文帝에게 여러 번 바른 상소를 올렸다. ○潁川(영천) - 郡名. 치소는 陽翟縣(양책현), 今 河南省 許昌市 관할 禹州市. ○祛 - 떨어 없앨 거. ○涉獵書記 - 여러 저술을 두루 읽다. 涉은 물 건널 섭. 獵은 사냥할 엽(렵). 書記는 각종 기록, 저서. ○醇儒(순유) - 한 영역에 정통한 학자. 雜學을 하지 않는 학자(純儒). 醇은 진한 술 순. 不雜. ○給事(급사) - 供職하다. 직무를 담당하다. ○潁陰侯(영음후) - 灌嬰(관영, ? -

前 176) – 고조의 공신. 41권, 〈樊酈滕灌傅靳周傳〉에 立傳.

〖國譯〗

賈山은 潁川郡 사람이다. 조부인 賈祛(가거)는 옛 魏王 시기의 博士子弟이었다. 가산은 조부에게 배우며 많은 기록을 섭렵하였기에 순유는 아니었다고 말할 수 있다. 일찍이 영음후 관영의 騎士로 일했었다.

原文

孝文時, 言治亂之道, 借秦爲諭, 名曰〈至言〉. 其辭曰,

〈至言〉*

「臣聞爲人臣者, 盡忠竭愚, 以直諫主, 不避死亡之誅者, 臣山是也. 臣不敢以久遠諭, 願借秦以爲諭, 唯陛下少加意焉.

夫布衣韋帶之士, 修身於內, 成名於外, 而使後世不絶息. 至秦則不然. 貴爲天子, 富有天下, 賦斂重數, 百姓任罷, 赭衣半道, 群盜滿山, 使天下之人戴目而視, 傾耳而聽. 一夫大譁, 天下嚮應者, 陳勝是也. 秦非徒如此也, 起咸陽而西至雍, 離宮三百, 鐘鼓帷帳, 不移而具. 又爲阿房之殿, 殿高數十仞, 東西五里, 南北千步, 從車羅騎, 四馬騖馳, 旌旗不橈. 爲宮室之麗至於此, 使其後世曾不得聚廬而托處焉. 爲馳道於天下, 東窮燕,齊, 南極吳,楚, 江湖之上, 瀕海之觀畢至. 道

廣五十步, 三丈而樹, 厚築其外, 隱以金椎, 樹以靑松. 爲馳道之麗至於此, 使其後世曾不得邪徑而托足焉. 死葬乎驪山, 吏徒數十萬人, 曠日十年. 下徹三泉, 合采金石, 冶銅錮其內, 桼塗其外, 被以珠玉, 飾以翡翠, 中成觀游, 上成山林. 爲葬薶之侈至於此, 使其後世曾不得蓬顆蔽冢而托葬焉. 秦以熊羆之力, 虎狼之心, 蠶食諸侯, 蠶食海內, 而不篤禮義, 故天殃已加矣. 臣昧死以聞, 願陛下少留意而詳擇其中.」

| **註釋** | ○〈至言〉－자신의 이름을 書名으로 하여 《賈山》은 8편이었으나 지금은 〈至言〉 1편만 전해온다. 至言은 '이치에 맞는 말', '중요한 말'이란 뜻. 아첨의 반대말이다. ○盡忠竭愚－충성과 愚誠을 다 바치다. ○遠諭(원유)－먼 옛날을 인용하여 말하다. 諭 깨우칠 유. 설명하다. 喩와 同. ○韋帶之士－가죽(韋 손질한 가죽 위) 허리띠를 맨 사람. 貧賤之士. ○重數－여러 차례. 자주. 많이. ○任罷－부역에 지치다. 任은 賦役. 노동력 징발. 罷는 그만둘 파. 疲(지칠 피)와 通. ○赭衣半道(자의반도)－길 가는 사람 절반이 죄수이다. 赭는 붉은 빛 자. 죄수는 적갈색 옷을 입혔다. ○戴目而視－사방을 두리번거리다. ○傾耳而聽－귀를 기울이다. 늘 조심하는 모양. ○大謼－크게 외치다. 謼는 부를 호. 呼와 同. 嚮應(향응)은 響應(향응). ○至雍－함양에서 今 陝西省 寶雞市 鳳翔縣까지. 중국 9州의 하나로 雍州는 지금 陝西省(섬서성)의 渭河平原(위하평원) 일대. 곧 關中 땅을 지칭. ○鶩馳(무치)－질주하다. 鶩는 달릴 무. 馳는 달릴 치. ○不橈(불요)－높은 깃대를 세울 수 있다는 뜻. 橈는 꺾을 요(뇨). 굽힐 요. ○聚廬(취려)－마을. 민가. ○馳道(치도)－황제 전용 도로(天子道). ○瀕海－해안. 瀕은 물가 빈. 濱과 同. 畢至는 도달하다. ○三丈而樹－치도 중 거마가 달리는 길의 너비가 3丈. 丈은 보통 사람의 신장과 같이 길이. 樹는 일반 통행을 금한다는 팻말을 세우다. ○厚

築其外 – 치도 양쪽으로 방호벽을 설치하다. ○隱以金椎 – 쇠기둥으로 지었다. 隱은 築也. 金椎(금추)는 鐵椎. ○邪徑 – 구불구불한 샛길. 바르지 못한 길. ○曠日十年 – 10년 세월을 허비하다. 曠은 밝을 광. 공허하다. 없애다. ○下徹三泉 – 아래로는(깊게는) 三泉에 이르다. 三泉은 三重之泉, 아주 깊은 곳. ○桼塗其外 – 그 외부에 옻칠을 하다. 桼(칠)은 漆(칠, 옻 칠)과 同. 漆은 防水 작업임. 옻나무의 진액은 防水材임. ○中成觀游 – 중간층에는 궁궐을 지어 놀이를 할 수 있다. ○上成山林 – 무덤 내부를 상중하로 구분, 상부에는 각종 산림이나 수목을 꾸몄다는 의미. ○葬薶(장매) – 매장하다. 薶는 메울 매(埋 同). ○蓬顆蔽冢(봉과폐총) – 쑥대가 자란 작은 흙무덤. 蓬는 쑥 봉. 顆는 낱알 과. 작고 둥근 것. 冢 무덤 총. 塚과 同. ○熊羆(웅비) – 큰 곰. 羆 큰 곰 비. ○虎狼 – 승냥이. ○不篤禮義 – 예의를 차리지 않다. 篤은 厚也.

〖國譯〗

(가산은) 文帝 재위 시에 治亂의 道에 대하여 秦의 사례를 들어 상서하였는데 그것을 〈至言〉이라고 하였다. 그 글에서 가산은 말했다.

〈至言〉*

「臣이 알기로 남의 신하가 된 자는 충성과 정성을 다 바쳐 주군께 바른 말을 하면서 죽음이 닥쳐도 피하지 않아야 한다고 하였는데 臣 가산은 이를 옳다고 생각합니다. 臣은 먼 옛날이 아닌 秦의 사실로 말씀드리고자 하오니 폐하께서는 조금 유념해 주시기 바랍니다.

가난하고 미천한 평민도 안으로 행실을 바로 하고 밖으로는 이름을 지키며 후손이 끊기지 말아야 합니다. 그러나 秦은 그렇지 못했습니다. 고귀한 天子로 천하를 차지한 富를 가지고도 무거운 賦稅를 계속 걷었으며 부역으로 백성은 피폐하였고 길의 행인 절반이 죄수였으며 산에는 도적떼가 가득했고 천하 사람들을 두리번거리며 귀를 기울이고 겁에 질리게 하였습니다. 한 사내가 큰 소리로 외치자 천하 사람들이 호응하였으니 바로 陳勝이었습니다. 秦은 비단 이뿐이 아니었으니 咸陽에서 雍州에 걸쳐 離宮 3백여 곳에 鐘鼓(종고, 악기)와 휘장을 모두 갖추었습니다. 또 아방궁의 전각은 그 높이가 수십 길이었고 동서가 5리였고 남북이 1천보나 되었으며 수행하는 수레와 기병의 행렬에 四馬가 치달리고 높은 旌旗(정기)를 세울 수 있었습니다. 건물의 화려함이 이런 정도였기에 후세에 마을 민가를 가지고서는 산다고 할 수도 없게 만들었습니다. 온 천하에 馳道(치도)를 만들었는데 東쪽으로는 燕과 齊에 이르고 남쪽으로는 吳와 楚의 끝까지 닿아 江湖와 바다의 경관을 다 볼 수 있었습니다. 치도의 넓이는 50보였는데 3길(丈)의 차도에 팻말을 세웠고 밖에 방호벽을 만들었는데 쇠기둥을 넣었으며 푸른 소나무를 심었습니다. 치도가 이처럼 화려하였기에 후세에 구불구불한 길은 길이라 할 수도 없었습니다. 驪山(여산)에 죽어 묻히면서 관리와 죄수 수십만 명을 동원하였고 10년의 세월을 허비하였습니다. 그 깊이는 三泉에 이르렀는데 쇠와 돌로 지었고 구리를 녹여 그 안을 땜질하였으며 밖에는 옻칠을 하였고 珠玉으로 덮었으며 翡翠(비취)로 장식하였고 중간에는 여러 건물을 지어 유람을 할 수 있었으며 상부에는 山林을 만들었습니다. 무덤의 사치가 이러하였기에 후세에는 쑥대가 자란 흙무덤으로는 장례를 치렀다고 말할 수도 없었습니다. 秦은 큰 곰과 같은 힘을 가지고 승냥이 같은 마음으로 제후국을 잠식하여 海內를 병탄하였지만 禮義를 따르지 않았기에 하늘의 재앙을 받아야만 했습니다. 臣이 죽기를 무릅쓰고 말씀드리고자 하오니 폐하께서 조금 유념하시어 상세히 생각하시고 채택해 주시길 바랍니다.」

原文

「臣聞忠臣之事君也, 言切直則不用而身危, 不切直則不可以明道, 故切直之言, 明主所欲急聞, 忠臣之所以蒙死而竭知也. 地之磽者, 雖有善種, 不能生焉, 江皐河瀕, 雖有惡種, 無不猥大. 昔者夏,商之季世, 雖關龍逢,箕子,比干之賢, 身死亡而道不用. 文王之時, 豪俊之士皆得竭其智, 芻蕘採薪之人皆得盡其力, 此周之所以興也. 故地之美者善養禾, 君之仁者善養士. 雷霆之所擊, 無不摧折者, 萬鈞之所壓, 無不糜滅者. 今人主之威, 非特雷霆也, 勢重, 非特萬鈞也. 開道而求諫, 和顏色而受之, 用其言而顯其身, 士猶恐懼而不敢自盡. 又乃況, 縱欲恣行暴虐, 惡聞其過乎! 震之以威, 壓之以重, 則雖有堯,舜之智, 孟賁之勇, 豈有不摧折者哉? 如此, 則人主不得聞其過失矣. 弗聞, 則社稷危矣. 古者聖王之制, 史在前書過失, 工誦箴諫, 瞽誦詩諫, 公卿比諫, 士傳言諫, 庶人謗於道, 商旅議於市, 然後君得聞其過失也. 聞其過失而改之, 見義而從之, 所以永有天下也. 天子之尊, 四海之內, 其義莫不爲臣. 然而養三老於大學, 親執醬而餽, 執爵而酳, 祝䭡在前, 祝鯁在後, 公卿奉杖, 大夫進履, 擧賢以自輔弼, 求修正之士使直諫. 故以天子之尊, 尊養三老, 視孝也, 立輔弼之臣者, 恐驕也, 置直諫之士者, 恐不得聞其過也. 學問至於芻蕘者, 求善無饜也, 商人庶人誹謗已而改之, 從善無不聽也.」

| **註釋** | ○蒙 - 무릅쓰다. 冒犯(모범). ○竭知 - 아는 지식을 다 바치다. ○磽 - 메마른 땅 교. 척박하다. ○江皐(강고) - 江岸. 河瀕(하빈)은 河岸. 강가의 땅. ○猥大(외대) - 盛大. 猥는 많을 외. 잡다하다. ○關龍逢(관용봉) - 夏나라 桀王의 충신. ○箕子(기자), 比干(비간) - 殷의 충신. '微子去之, 箕子爲之奴, 比干諫而死.' 孔子曰, '殷有三仁焉.'《論語 微子》. ○芻蕘採薪 - 꼴을 베고 나무를 하다. 芻 꼴 추. 풀을 베어 묶은 것. 蕘 풋나무 요. 薪 섶나무 신. ○雷霆(뇌정) - 격렬한 천둥소리. 摧折(최절)은 꺾이다. ○萬鈞 - 30만근의 무게. 1鈞(균)은 30斤. 엄청난 重量. 雷霆萬鈞(뇌정만균)은 대항할 수 없는 엄청난 힘. ○糜滅(미멸) - 문드러지고 없어지다. 糜 죽 미. 문드러지다. ○又乃況 - 또 그러함에도. 乃는 발어사로 특별한 의미가 없다. ○工誦箴諫 - 工人이 箴言(잠언)을 읽어 왕에게 충고하다. ○比諫 - 正諫하다. 相親比而諫也. ○謗於道 - 謗은 헐뜯을 방. ○商旅 - 이동하는 상인. ○三老 - 군현이나 향읍의 원로(鄕官). 여기서는 나라의 원로. 教化를 담당. ○大學 - 太學. ○餽 - 보낼 궤. 進食曰 餽. 饋(먹일 궤)와 同. ○爵 - 술 잔 작. ○酳 - 입을 가실 인. ○祝餲 - 餲은 목멜 열. 饐(목멜 의)의 古字. ○鯁 - 생선 뼈 경. 목에 걸리다. ○視孝 - 示孝와 같음. 효행을 실천하다. ○無饜(무염) - 물리지 않다. 饜은 물릴 염.

〖**國譯**〗

「臣이 알기로는, 충신이 事君하면서 언사가 절실하고 바르면 채용되지도 않고, 몸만 위태로우나 그 진언이 절실하거나 바르지 않다면 道를 밝게 할 수 없다 하였으니, 바른 말은 明主가 꼭 들어야 할 말이며 충신은 죽음을 무릅쓰고서라도 아는 바를 다해야 합니다. 척박한 땅이라면 좋은 종자를 뿌려도 자랄 수 없지만 강가의 기름진 땅에서는 비록 종자가 나쁘더라도 크게 자라지 않는 것이 없습니다.

옛날에 夏와 商나라 말기에는 關龍逢(관용봉)이나 箕子(기자)와 比干(비간)처럼 현명한 사람이 죽더라도 그 道는 채용되지 못했습니다. 周 문왕 때에는 뛰어난 인사들은 모두 그 지혜를 다 바칠 수 있었고 꼴을 베거나 나무하는 사람도 그 힘을 다 쓸 수 있었으니, 이는 周나라가 흥기할 수 있었던 원인이었습니다. 그래서 땅이 좋으면 곡식이 무성한 것처럼 어진 인군은 養士를 잘 했습니다. 벼락을 때리면 꺾이지 않는 것이 없고 30만근의 무게로 누르면 문드러지고 깨지지 않는 것이 없습니다. 지금 人主의 위세는 비단 벼락만이 아니며 권세의 막강함은 萬鈞(만균)의 무게만이 아닙니다. 言路를 열어 주고 간언을 하도록 화순한 안색으로 간언을 수용하고 채택하며 벼슬을 높여준다면 士人은 오히려 두려워하면서 진력하지 않을 수 없을 것입니다. 그런데도 욕심을 부리고 멋대로 하면서 포악하다면 어찌 자신의 과실을 들을 수 있겠습니까? 위세로 겁을 주며 권위로 짓누른다면 비록 堯나 舜과 같은 지혜가 있고 孟賁(맹분)같은 용기가 있는 자라도 어찌 꺾이지 않을 수 있겠습니까? 이러하다면 人主는 자신의 과실을 들을 수 없게 됩니다. 듣지 못한다면 사직은 위태롭게 됩니다. 옛날에 聖王의 여러 제도에 史官은 왕의 앞에서 過失을 기록하고 工人은 잠언을 외고 맹인은 시를 낭송했으며, 公卿은 正諫을 하였고 사인들은 바른 말을 전했으며, 서인들은 길에서 시정을 비평했고 상인들은 저잣거리에서 의논을 할 수 있었으니 그런 뒤에야 人君은 과실을 들을 수 있었습니다. 그런 과실을 전해 듣고 義를 알고 따랐기에 천하를 오래도록 차지할 수 있었습니다.

천자의 존엄이란 四海 안에서 그 이치로는 누구든 신하가 아닌 사람이 없습니다. 그러나 太學에서 三老를 모시면서 음식을 친히 권하고 술잔을 들어 목을 축이게 하고 식사 전에는 목이 막히지 않게 축원을 하고 식후에는 목에 걸리지 말라고 축원을 하였으며 公卿이 지팡이를 받들었고 대부가 신발을 신겨주게 했던 것은 현인을 천거받아 보필할 인재를 구하고 행실이 바른 인재를 얻고 직간을 권하는 뜻이었습니다. 그래서 천자라는 존엄한 자리에서 三老를 높이고 모시는 것은 孝를 보여주는 것이고, 輔弼(보필)할 신하를 두는 것은 교만을 걱정했기 때문이며, 直諫之士를 두었던 것은 행여 자신의 잘못을 듣지 못할까 걱정했기 때문입니다. 꼴을 베는 아이에게도 물어 배우고 善을 행하는데 질리지 않고 상인이나 서인들이 자신을 비방하면 잘못을 고치면서 善을 실천하는 데는 무슨 일이든 하지 않는 것이 없었습니다.」

原文

「昔者, 秦政力幷萬國, 富有天下, 破六國以爲郡縣, 築長城以爲關塞. 秦地之固, 大小之勢, 輕重之權, 其與一家之富, 一夫之强, 胡可勝計也! 然而兵破於陳涉, 地奪於劉氏者, 何也? 秦王貪狼暴虐, 殘賊天下, 窮困萬民, 以適其欲也. 昔者, 周蓋千八百國, 以九州之民養千八百國之君, 用民之力不過歲三日, 什一而籍, 君有餘財, 民有餘力, 而頌聲作. 秦皇帝以千八百國之民自養, 力罷不能勝其役, 財盡不能勝其求. 一君之身耳, 所以自養者馳騁弋獵之娛, 天下弗能供也. 勞罷者不得休息, 饑寒者不得衣食, 亡罪而死刑者無所告訴, 人與之爲怨, 家與之爲仇, 故天下壞也. 秦皇帝身在之時, 天下已壞矣, 而弗自知也. 秦皇帝東巡狩, 至會稽,琅邪, 刻石著其功, 自以爲過堯,舜統, 縣石鑄鐘虡, 篩土築阿房之宮, 自以爲萬世有天下也. 古者聖王作謚, 三四十世耳, 雖堯,舜,禹,湯,文,武絫世廣德以爲子孫基業, 無過二三十世者也. 秦皇帝曰死而以謚法, 是父子名號有時相襲也, 以一至萬, 則世世不相復也, 故死而號曰始皇帝, 其次曰二世皇帝者, 欲以一至萬也. 秦皇帝計其功德, 度其後嗣, 世世無窮, 然身死纔數月耳, 天下四面而攻之, 宗廟滅絶矣.」

| 註釋 | ○秦政 - 秦 시황제. 名 政. ○郡縣 - 周의 봉건제도가 아닌 군현제도 시행. ○胡 - 어찌. 何也. ○以適其欲也 - 그 욕망을 채우다. 適은 만족하다. ○不過歲三日 - 歲不過三日, 일 년 중 3일에 불과했다. ○什一而籍 - 10분의 1을 취하다. 藉는 借. ○而頌聲作 - 미덕을 칭송하는 시가 지어졌다. 頌은 詩 六義(시의 분류 방법으로 風, 雅, 頌과 시의 표현 수법으로 賦 比, 興)의 하나. ○不能勝其役 - 그 부역을 감당하지 못하다. 勝은 감당하다. ○馳騁弋獵(치빙익렵) - 말 달리기와 사냥. ○會稽(회계) - 郡名. 옛 吳의 땅. 今 江蘇省 蘇州市 일대. ○琅邪(낭야) - 진시황이 6국을 멸한 뒤 齊의 낭야(山東半島 동남부 일대)에 순행한 것은 蓬萊(봉래)의 仙島를 보고 長生不老의 약을 구하려는 의도였다. ○縣石鑄鐘虡 - 120근을 매달 수 있는 쇠북걸이 틀. 縣은 懸(매달 현). 石은 120斤. 무게 단위. 虡 쇠북 걸이 틀 거. 맹수 이름 거. 쇠북 받침의 장식. ○篩土 - 흙을 체로 치다. 篩는 체 사. 체로 치다. 공사장에서 모래를 체로 치는 것을 떠올리면 된다. ○絫世(누세) - 累世. 絫

는 絫의 古字. ㅇ無過二三十世者也 – 통상적으로 夏왕조는 17世, 殷은 31세, 周는 36세에 걸쳐 존속했다고 한다. ㅇ纔 – 겨우 재. 才와 同.

〖國譯〗

「옛날에 秦의 시황제는 힘으로 여러 나라를 병합하여 온 천하의 富를 차지하면서 六國을 격파하고 郡縣으로 통치하였으며 장성을 쌓아 관문과 요새를 만들었습니다. 秦地의 險固와 세력의 大小, 통치권의 輕重을 어찌 一家의 富나 一夫의 힘으로 이길 수 있으리라 생각했겠습니까! 그러나 그 군사는 陳涉(陳勝)에게 격파되었고 땅은 劉氏에게 빼앗긴 그 까닭이 무엇이겠습니까? 秦王은 탐욕과 사나움, 잔학으로 천하를 도륙하고 만민을 곤궁하게 만들어 그 욕망을 채웠습니다. 그 옛날 周나라에는 대략 1,800 제후국이 있어 9州의 백성이 1,800명의 國君을 부양했는데 백성의 노동력 동원은 일 년에 3일에 불과하였고 10분의 1을 징수하였지만 國君에게는 여분의 재물이 있었고 백성들에게도 여력이 있었으며 칭송하는 노래가 만들어졌습니다. 그러나 秦의 황제는 1,800 제후국의 백성으로 하여금 자신만을 부양케 하였는데 백성들의 힘은 피폐하여 그 부역을 견디지 못했고 재물은 바닥이 나서 그 요구를 댈 수 없었습니다. 一君의 몸이었지만 그가 즐기려는 질주와 사냥의 쾌락을 온 천하 사람들이 공급할 수가 없었습니다. 그리하여 노역에 지친 자는 쉴 수가 없었으며 굶주림과 추위에 떠는 백성은 의식을 얻을 수가 없었고 죄도 없이 사형을 받은 자는 하소연할 곳도 없었으며, 사람과 사람, 집안과 집안이 서로 원수가 되었고 천하는 붕괴되었습니다. 秦의 皇帝가 건재할 때는 천하가 무너진 것을 알지도 못했습니다. 秦 황제는 동쪽을 순수하면서 회계와 낭야에 이르러 돌에 자신의 공적을 새겨 堯와 舜 임금의 一統보다도 낫다고 생각하였으며 큰 쇠북 걸이 틀을 만들고 산을 깎아 아방의 궁전을 지으면서 만세에 이르도록 천하를 소유할 것으로 생각하였습니다. 옛날의 聖王이 시호를 지어도 3, 40世 뿐이었으니 비록 堯, 舜, 禹, 湯, 文王, 武王 등 여러 세대에 걸쳐 덕을 행하며 후손의 기업을 닦은 분이라도 2, 30세를 넘어가지 못했습니다. 진 황제는 죽은 뒤에 諡法(시법)을 정하게 되면 부자의 시호가 오랜 세월이 지나면 중복될 수 있다 하여 一에서부터 萬에 이르기까지 世世에 서로 겹치지 않을 것이라 생각하였기에 죽으면서 시호를 시황제라 하였고 그 다음은 2세 황제라 한 것은 一에서 萬까지 이어지기를 바란 것입니다. 秦 皇帝는 그 공덕을 계산해 보고 그 후사를 생각하여 대대로 무궁하기를 바랬으나 그 육신은 겨우 몇 개월 뿐이었고 천하가 사방에서 공격하자 나라는 멸망하였습니다.」

原文

「秦皇帝居滅絶之中而不自知者何也? 天下莫敢告也. 其所以莫敢告者何也? 亡養老之義, 亡輔弼之臣, 亡進諫之士, 縱恣行誅, 退誹謗之人, 殺直諫之士, 是以道諛婾合苟容, 比其德則賢於堯,舜, 課其功則賢於湯,武, 天下已潰而莫之告也. 詩曰, '匪言不能, 胡此畏忌, 聽言則對, 譖言則退.' 此之謂也. 又曰, '濟濟多士, 文王以寧.' 天下未嘗亡士也, 然而文王獨言以寧者何也? 文王好仁則仁興, 得士而敬之則士用, 用之有禮義.」

| 註釋 | ○亡養老之義 - 亡(무)는 無와 同. ○道諛(도유) - 아부하다. 道는 導와 通. 諛는 아첨할 유. ○媮合苟容(투합구용) - 남의 비위를 맞추면서 환심을 사려 하다. 媮合은 媮合(투합)과 同. 苟는 아첨할 구. 구차하다. 함부로, 가령. ○匪言不能 ~ -《詩經 大雅 桑柔》. 匪는 非. ○胡此畏忌(호차외기) - 왜 이리 두려워하는가? ○聽言則對 - 聽言은 諫言. 對는 懟(원망할 대)와 同. 원한을 갖다. ○譖言則退(참언즉퇴) - 讒言(참언)이 채납되어 물러나다. ○濟濟多士 ~ -《詩經 大雅 文王》. 濟濟는 뛰어나다. 말쑥하다. 多士은 百官.

〖國譯〗

「秦 皇帝가 멸망하면서도 이를 몰랐던 것은 무엇 때문이겠습니까? 천하에 그것을 말하는 사람이 없었기 때문입니다. 아무도 말하는 사람이 없었던 까닭은 무엇이겠습니까? 秦에 養老하는 의리도 없었고, 輔弼(보필)할 신하도 없었으며, 간언을 할 士人도 없었기에 제멋대로 사람을 죽였으며 비판하는 사람을 물리치고 직간하는 사람을 죽였기에 비위를 맞추면서 환심만 사려 했으며 秦 皇帝가 자신의 德이 堯舜보다 낫고 그 공적이 湯王 武王보다 더 뛰어나다고 생각하였는데 그 때문에 천하가 망하고 있어도 말해주는 사람이 없었던 것입니다. 詩에 '말을 못하는 것은 아닌데 왜 그리 두려워하는가? 바른 말을 하면 원한을 사고 참언에 물러나야 하기 때문이지' 라고 한 것은 이를 말한 것입니다. 또 '훌륭한 百官이 있어 文王은 이에 편안하도다.' 라고 하였습니다. 천하에 士人이 없었던 적은 없었지만 文王만 홀로 편안했다고 말한 까닭은 무엇이겠습니까? 文王이

仁을 좋아하니 仁이 흥한 것이며 士人을 찾아 공경하고 등용했으며 등용하면 예의를 지켰기 때문입니다.」

原文

「故不致其愛敬, 則不能盡其心, 不能盡其心, 則不能盡其力, 不能盡其力, 則不能成其功. 故古之賢君於其臣也, 尊其爵祿而親之, 疾則臨視之亡數, 死則往吊哭之, 臨其小斂大斂, 已棺塗而後爲之服錫衰麻絰, 而三臨其喪, 未斂不飮酒食肉, 未葬不擧樂, 當宗廟之祭而死, 爲之廢樂. 故古之君人者於其臣也, 可謂盡禮矣. 服法服, 端容貌, 正顔色, 然後見之. 故臣下莫敢不竭力盡死以報其上, 功德立於後世, 而令聞不忘也.」

| 註釋 | ○臨視之亡數 – 위문하면서 꾸밈이 없다. 진심을 말하다. 亡數(망삭)은 바쁜 체하지 않다. ○臨其小斂大斂 – 소렴과 대렴에 임하다. 臨은 弔喪(조상). ○已棺(이관) – 대렴을 마치고 입관하다. ○錫衰麻絰(석최마질) – 錫은 주석 석. 가는 베, 고운 베. 絰은 喪服의 首絰(수질)과 腰絰(요질). ○服法服 – 法服은 禮服. ○令聞 – 좋은 평판. 令은 善也.

〖國譯〗

「그리하여 신하를 愛敬하지 않으면 그 마음을 다 바치지 않으며, 그 마음을 다 주지 않는다면 그 능력을 다 바치지 않았으며, 그 힘을 다하지 않는다면 업적을 이룰 수 없는 것입니다. 그래서 옛 賢君은 그 신하에 대하여 爵祿(작록)을 주어 존중하면서 가까이 하였으니 신하가 병이 나면 위문하고 진심으로 걱정하였으며, 신하가 죽으면 문상하고 곡을 하며 소렴과 대렴에 弔喪(조상)하고 관을 매장한 뒤에 신하를 위하여 가는(細) 상복을 입고 삼베의 絰(질)을 하였습니다. 그 상례에 3번 조상하였으니 염을 하기 이전이라면 음주나 食肉을 하지 않고 장례 이전이라면 禮樂을 폐하고 宗廟의 제사 때 죽었다면 종묘 제례악을 연주하지 않았습니다. 이러하였기에 옛날 人君은 신하에 대하여 예를 다 갖추었었다고 할 수 있었습니다. (主君은) 예복을 착용하고 단정한 용모에 안색을 바로 갖춘 후에야 상견하였습니다. 그리하여 신하는 능력을 다 바쳤으며 죽음으로 주군에게 보답하였고 공을 세워 아름다운 명성을 후세에 남기려 했습니다.」

原文

「今陛下念思祖考, 術追厥功, 圖所以昭光洪業休德, 使天下擧賢良方正之士, 天下皆訢訢焉, 曰將興堯,舜之道, 三王之功矣, 天下之士莫不精白以承休德. 今方正之士皆在朝廷矣, 又選其賢者使爲常侍,諸吏, 與之馳驅射獵, 一日再三出. 臣恐朝廷之解馳, 百官之墮於事也, 諸侯聞之, 又必怠於政矣.」

| **註釋** | ○術追厥功 - 그 공적을 추념하여 서술하다. 術은 述과 同. ○休德 - 美德. ○訢訢(흔흔) - 欣欣과 同. 기뻐하는(喜樂自得) 모양. ○精白 - 潔白(결백). ○常侍, 諸吏 - 加官의 명칭. 加官이란 本職 외에 다시 더 받은

관직의 직함이다. 열후, 장군, 경대부나 낭관 이상의 관직에서 常侍의 칭호를 받을 수 있었다. 常侍는 元帝 이후 中常侍라 하였고 後漢에서는 환관으로 임명. 諸吏도 加官의 이름. 가관의 칭호로 자주 보이는 것은 侍中, 左右曹, 諸吏, 常侍, 散騎, 給事中 등이 있다. 가관을 받은 신하는 황제의 신임을 받고 있다는 뜻이며 권한이 강대한 內朝의 要職을 차지하였다.

〖國譯〗

「지금 폐하께서는 조상을 생각하시며 그 공적을 祖述하시어 큰 업적과 아름다움 德을 빛내려 하시는데 천하에 현량하고 방정한 士人을 천거하게 한다면 천하가 기뻐하면서 '앞으로 堯舜의 도가 흥할 것이고 三王의 공적을 이룰 것' 이라고 말할 것이며, 천하의 선비들은 모두가 결백한 마음으로 폐하의 크신 덕을 이어 받으려 할 것입니다. 지금 方正之士가 모두 다 조정에 있습니다만, 현자를 더 선발하여 常侍나 諸吏에 임명하여 그들과 함께 행차하며 사냥을 하루에도 두세 번을 나가고 있습니다. 臣은 조정이 해이해지거나 백관이 업무에 게을러지며 또 제후들이 알고서 정사를 태만할까 걱정할 뿐입니다.」

原文

「陛下卽位, 親自勉以厚天下, 損食膳, 不聽樂, 減外徭衛卒, 止歲貢, 省廐馬以賦縣傳, 去諸苑以賦農夫, 出帛十萬餘匹以振貧民. 禮高年, 九十者一子不事, 八十者二算不事. 賜天下男子爵, 大臣皆至公卿, 發御府金賜大臣宗族, 亡不被澤者. 赦罪人, 憐其亡髮, 賜之巾, 憐其衣赭書其背, 父子兄弟相見也, 而賜之衣. 平獄緩刑, 天下莫不說喜. 是以元年膏雨降, 五穀登, 此天之所以相陛下也. 刑輕於它時而犯法者寡, 衣食多於前年而盜賊少, 此天下之所以順陛下也. 臣聞山東吏布詔令, 民雖老羸癃疾, 扶杖而往聽之, 願少須臾毋死, 思見德化之成也. 今功業方就, 名聞方昭, 四方鄉風, 今從豪俊之臣, 方正之士, 直與之日日獵射, 擊兔伐狐, 以傷大業, 絶天下之望, 臣竊悼之. 詩曰, '靡不有初, 鮮克有終.' 臣不勝大願, 願少衰射獵, 以夏歲二月, 定明堂, 造太學, 修先王之道. 風行俗成, 萬世之基定, 然後唯陛下所幸耳.

古者大臣不媟, 故君子不常見其齊嚴之色,肅敬之容. 大臣不得與宴游, 方正修潔之士不得從射獵, 使皆務其方以高其節, 則群臣莫敢不正身修行, 盡心以稱大禮. 如此, 則陛下之道尊敬, 功業施於四海, 垂於萬世子孫矣. 誠不如此, 則行日壞而榮日滅矣. 夫士修之於家, 而壞之於天子之廷, 臣竊愍之. 陛下與衆臣宴游, 與大臣方正朝廷論議. 夫游不失樂, 朝不失禮, 議不失計, 軌事之大者也.」

| 註釋 | ○食膳 – 식사. 膳은 반찬 선. ○外徭 – 변방의 兵卒. ○衛卒 – 궁궐 수비하는 衛士. ○廏馬 – 궁궐의 마필. ○以賦縣傳 – 驛站(역참)의 傳車로 주다. 賦는 급여하다. ○一子不事 – 아들 1명의 부역을 면제하다. ○二

算不事 – 2식구의 세금을 감면해 주다. ○賜天下男子爵 – 文帝는 태자를 세우면서 천하에 부친의 뒤를 이을 아들들에게 작위 1급을 하사하였다. 뒷날 景帝도 즉위하던 해에, 천하 모든 백성에게 작위를 1등급씩 하사했다. 男子는 大丈夫. ○莫不說喜 – 說喜는 悅喜. ○膏雨降 – 단비가 내리다. 膏 살찔 고. ○相陛下也 – 相은 돕다. ○老羸癃疾(노리융질) – 年老하여 衰弱하고 병치레가 많은 사람. 羸 여윌 이(리). 癃은 위독할 융. ○從豪俊之臣 – 수행하는 높은 직위의 신하들. 從은 수행하다. ○靡不有初, 鮮克有終 – (善道로 가려고) 시작하지 않는 사람이 없지만 끝까지 마치는 사람은 드물다.《詩經 大雅 湯》. ○夏歲二月 – 夏曆으로 二月. ○不媟(불설) – 깔보지 않다. 만만하게 생각하지 않다. 不狎. 媟 깔 볼 설. ○見 – 現과 同. 드러내다. ○肅敬 – 엄숙하고 공경한 모습. ○與 – 참여하다. ○方正 – 道正. ○稱大禮 – 大禮에 합당한 행실을 하다. 稱은 符合하다. ○愍 – 근심할 민. 걱정하다. ○衆臣宴游 – 文帝는 鄧通(등통)의 집에 자주 가서 술을 마시고 즐겼다. 문제는 등통에게 구리 광산을 채굴권과 화폐주조권을 주었기에 등통은 巨富가 되었다. 93권, 〈佞幸傳〉 참고. ○游不失樂 – 遊樂에 절도를 잃지 않다. ○議不失計 – 논의에서 계책을 놓치지 않다. 꼭 필요한 의논을 하다. ○軌 – 길 궤. 法度.

〖國譯〗

「폐하께서 즉위하시고, 백성을 잘 살게 하려 친히 애쓰시어 식사의 반찬을 줄이시고 풍악을 듣지 않으시며, 변방의 병사와 궁궐 호위를 줄이셨고 歲貢(세공)을 폐지하셨으며, 궁중을 말을 줄여 각 현의 傳車로 내려주셨고, 여러 禁苑을 없애 농부에게 주셨으며 비단 10만 필을 풀어 빈민을 진휼하셨습니다. 노인을 예우하려고 90세 노인의 아들 1명은 부역을 면제하셨으며 80세 노인에게 2식구 몫의 세금을 감해주셨습니다. 천하의 남자들에게 작위를 하사하셨고 大臣은 모두 公卿에 승진하였으며 황제 창고의 재물을 내어 대신과 종친에게 하사하였으니 천하에 혜택을 받지 않은 자가 없었습니다. 죄인을 사면하시어 머리카락이 없는 사람에게 巾(건)을 하사하셨고 옷의 등에 붉은 글씨 쓴 것을 불쌍히 여기시어 부자형제가 서로 만날 수 있도록 옷을 하사하셨습니다. 옥사를 공평하게 하시고 형벌을 완화하시니 천하에 기뻐하지 않은 사람이 없었습니다. 이 때문에 元年에 단비가 내렸고 오곡이 잘 영글었으니 이는 하늘이 폐하를 도우신 것입니다. 다른 때보다 형벌을 가볍게 하시니 범법자가 적었고 전년보다 의식이 풍족해지니 도적이 줄어들었으니 이는 천하가 폐하의 뜻에 순응한 것입니다. 臣이 듣기로는, 山東(산동)에서 관리가 조령을 발표할 때 늙고 쇠약하고 병든 백성들까지도 지팡이를 짚고 나와서 들은 뒤에 잠깐이라도 죽지 않기를 바랐다고 하니, 이는 德化가 이루어진 것이라 생각할 수 있습니다. 지금 이렇게 폐하의 功業이 성취되어 명성이 밝게 빛나며 사방에서 바람에 쏠리듯 교화가 이루어지는데 지금 준걸한 신하와 方正한 文士들을 거느리시고 그들과 함께 날마다 사냥을 나가시어 토끼와 여우를 잡으면서 大業을 손상케 하고 천하의 신망을 단절케 하고 있으니 臣은 이를 슬퍼할 뿐입니다. 詩에 '시작하지 않는 사람이 없으나 잘 끝내는 사람이 드물다.' 고 하였습니다. 臣은 大願을 갖지 못하고 다만 사냥을 조금 줄이시고 夏曆으로 二月에는 明堂을 정하시고 太學을 세우면서 先王의 道를 실천해 주시길 바랍니다. 좋은 풍속이 만들어지고 萬世의 기초가 다져진다면 그것이 바로 폐하의 복일 것입니다.」

옛날에 大臣은 만만한 사람이 아니었기에 君子는 엄숙한 기색이나 조용하고도 공손한 표정을 언제나 지을 필요는 없었습니다. 大臣은 황제와 더불어 宴會나 遊樂을 할 일이 없었기에 方正하고 고결한 士人들은 사냥에 따라가지 않았고, 모두가 그 직무에만 힘쓰면서 지조를 높이 가질 수 있었기에 여러 신하들은 正身修行을 하거나 성심으로 大禮에 맞는 행실을 하지 않는 사람이 없었습니다. 이와 같이 할 때 폐하의 正道는 존경받고 폐하의 공적은 四海에 널리 혜택을 주며 萬世의 자손에게 모범이 될 것입니다. 그러나 정말 이와 같지 않다면 행실은 날마다 나빠지고 영광은 날마다 감소할 것입니다. 士人이 가정에서 닦은 행실을 천자의 조정에서 버리게 되지 않을까 臣은 걱정하고 있습니다. 폐하께서 衆臣(특히 鄧通)과 잔치하고 遊樂하는 것을 方正한 大臣과 조정에서 논의하셔야 합니다. 즐기더라도 절도를 잃지 않고 조정에서는 예를 잃지 않으며 의논에서 계략을 빠트리지 않는 것은 법도를 지키는 큰일입니다.」

原文

其後, 文帝除鑄錢令, 山復上書諫, 以爲變先帝法, 非是. 又誦淮南王無大罪, 宜急令反國. 又言柴唐子爲不善, 足以戒. 章下詰責, 對以爲, "錢者, 亡用器也, 而可以易富貴. 富貴者, 人主之操柄也, 令民爲之, 是與人主共操柄, 不可長也." 其言多激切, 善指事意, 然終不加罰, 所以廣諫爭之路也. 其後復禁鑄錢云.

| **註釋** | ㅇ誦 - '訟'이 되어야 옳다는 註에 따른다. ㅇ淮南王 - 劉長(고조의 막내아들. 前 198 - 174). 44권, 〈淮南衡山濟北王傳〉에 立傳. ㅇ柴唐子 - 劉長의 모반에 참여한 柴奇(시기)와 開章(개장) 2人을 지칭. '唐은 아마 章의 轉音'이라는 註가 있다. 子는 士大夫의 通稱. 의미 있는 말로 해석을 하지 않아도 되는 일종의 語助辭. ㅇ章下詰責 - 상서한 문장을 담당자에게 넘겨 有司가 힐책하게 하다. 詰 물을 힐. 힐문하다. ㅇ對以爲 - 有司가 힐책하자 賈山은 〈對詰諫除盜鑄錢令〉이란 글을 올렸다고 한다.

〖**國譯**〗

뒷날 文帝가 鑄錢令을 폐지하자 賈山은 다시 上書하여 諫하면서 先帝의 法을 바꾸는 일은 옳지 않다고 하였다. 또 淮南王은 大罪가 없으므로 마땅히 빨리 封國으로 돌려보내야 한다고 따졌다. 그리고 柴奇(시기)와 開章(개장)은 선한 행위는 아니었지만 戒告면 족하다고 말했다. 文帝는 올라온 글을 담당자에게 내려주어 賈山을 힐책하게 했는데 가산이 이에 대하여 "돈(錢)이란 쓸모가 없는 기물이며 쉽게 부귀하게 만들 수 있다. 부귀란 人主만이 가지는 권리인데 이를 백성에게 주는 것은 인주와 권력을 함께 쥐는 것이니 장구한 정책이 될 수 없다."고 말하였다. 가산의 언사가 많이 과격하였지만 끝내 벌하지 않은 것은 諫諍(간쟁)의 언로를 넓히려 했기 때문이다. 그 뒤에 다시 鑄錢(주전)을 금했다.

51-2. 鄒陽

原文

鄒陽, 齊人也. 漢興, 諸侯王皆自治民聘賢. 吳王濞招致四方游士, 陽與吳嚴忌,枚乘等俱仕吳, 皆以文辯著名. 久之, 吳王以太子事怨望, 稱疾不朝, 陰有邪謀, 陽奏書諫. 爲其事尙隱, 惡指斥言, 故先引秦爲諭, 因道胡,越,齊,趙,淮南之難, 然後乃致其意. 其辭曰,

| 註釋 | ○鄒陽(추양, ?－前 120) － 문장가. 縱橫家로 분류됨. 吳王 劉濞(유비)가 반역할 조짐을 보이자 〈上吳王書〉를 올려 간했으나 듣지 않자 梁孝王 劉武를 찾아갔다. 그러나 참언으로 하옥되자 〈獄中上梁王書〉를 올려 자기 변호를 했다. 이는 전형적인 전국시대 문장의 辯士 風格으로 유명하다. 《史記 魯仲連鄒陽列傳》 참고. ○嚴忌(엄기) － 본명 莊忌, 前漢 문장가. ○枚乘(매승, ?－前 140) － 字 叔, 淮陰人(今 江蘇省 淮安市). 梁 孝王의 빈객으로 소위 梁園에 형성된 문학가 그룹의 대표적 인물. 그의 문장으로 〈梁王菟園賦(양왕토원부)〉와 〈七發〉이 가장 유명. ○吳王以太子事怨望 － 오왕의 태자가 장안에 입조했다가 文帝의 황태자(뒷날 경제)와 雙陸놀이 중 다투어 황태자에게 맞아 죽은 사건. 35권, 〈荊燕吳傳〉 참고. ○因道胡,越,齊,趙,淮南之難 － 오왕 劉濞(유비)는 漢에 반기를 들기 전에 匈奴 및 越의 협조와 趙 齊 등 여러 나라와 동맹을 형성했다지만 실제에서는 어려움이 많다고 추양은 말했다. ○其辭曰 － 〈上吳王書〉.

〖國譯〗

鄒陽(추양)은 齊人이다. 漢이 건국되고 제후의 왕들은 각자 백성을 다스리며 현인을 초빙하였다. 吳王 劉濞(유비)도 사방의 游士들을 모았는데 추양은 吳땅의 嚴忌(엄기)와 枚乘(매승) 등과 함께 吳에 출사하였는데 모두 문장과 변론으로 유명하였다. 얼마 후, 吳王의 태자 죽음으로 漢을 원망하며 병을 핑계로 입조하지 않고 몰래 사악한 일을 꾸미었는데 추양은 글을 올려 이를 간쟁하였다. 그 일을 계속 숨기며 나쁜 뜻으로 바른 말을 물리치기에 먼저 秦의 사적으로 비유하고 흉노, 越人, 齊, 趙와 淮南國 협조의 어려움을 말한 연후에 그 본 뜻을 표출하였다. 鄒陽(추양)의 〈上吳王書〉는 아래와 같다.

原文

〈上吳王書〉*

「臣聞秦倚曲臺之宮, 懸衡天下, 畫地而不犯, 兵加胡,越. 至其晚節末路, 張耳,陳勝連從兵之據, 以叩函谷, 咸陽遂危. 何則? 列郡不相親, 萬室不相救也. 今胡數涉北河之外, 上覆飛鳥, 下不見伏菟, 鬪城不休, 救兵不止, 死者相隨, 輦車相屬, 轉粟流輸, 千里不絶. 何則? 强趙責於河間, 六齊望於惠,后, 城陽顧於盧博, 三淮南之心思墳墓. 大王不憂, 臣恐救兵之不專, 胡馬遂進窺於邯鄲, 越水長沙, 還舟青陽. 雖使梁並淮陽之兵, 下淮東, 越廣陵, 以遏越人之糧, 漢亦折西河而下, 北守漳水, 以輔大國, 胡亦益進, 越亦益深. 此臣之所以大王患也.」

| 註釋 | ○曲臺之宮 - 秦의 궁궐 이름. 漢 未央宮에도 曲臺殿이라는 건물이 있었다. ○懸衡(현형) - 저울을 잡다. 법으로 다스리다. 세력이 대등하다(勢均力敵). ○畫地而不犯 - 郡縣으로 나누고 영역을 침범하지 않았다. ○張耳(장이) - 32권, 〈張耳陳餘傳〉에 立傳. ○連從兵之據 - 군사를 연합하여 협조하다. 據는 引也. ○以叩函谷 - 叩는 두드릴 고. 擊也. ○不相救也 - 秦의 군현은 혈연이 없어 서로 구원하지 않았다. ○北河之外 - 今 內蒙古 지역의 黃河 지류. ○上覆飛鳥 - 하늘에는 나는 새도 없다. 전투 중 활을 쏘기에 새도 날지 못한다는 뜻. 覆은 盡也. ○輦車(연거) - 출장 가는 관리들의 수레. ○轉粟流輸(전속유수) - 군량을 수송하다. ○强趙責於河間 - 趙王 劉遂(유수)가 河間王 劉辟彊(유벽강)의 땅을 요구하다. ○六齊望於惠,后 - 齊王이었던 悼惠王의 여섯 아들이 惠帝와 呂后 死後에 도혜왕의 영지를 차지하려 하다. ○城陽顧於盧博 - 城陽王 劉章의 아들 劉興이 濟北王 劉興居의 땅 盧縣(노현)과 博縣을 차지하려 하다. ○三淮南之心思墳墓 - 淮南國 厲王(여왕) 劉長의 三子(淮南王, 衡山王, 濟北王)는 부친의 죽음에 대한 원한을 갖고 있었다. ○救兵之不專 - 吳를 도울 군사들이 吳만 도우려 하지 않는다. ○胡馬 - 흉노의 군사. ○邯鄲(한단) - 趙의 도읍. ○越水 - 越人 水軍. 長沙, 靑陽은 모두 吳의 지명. 還舟는 배를 한곳에 모으다. ○淮東, 廣陵 - 吳의 縣. ○遏 - 막을 알. ○西河 - 今 山西省과 陝西省의 경계를 이루며 북에서 남으로 흐르는 黃河. ○漳水(장수) - 今 河北省 남부 황하의 지류. ○大國 - 漢 本國. ○此臣之所以大王患也 - 흉노와 趙의 연합, 吳와 越의 동맹은 믿을 수 없다는 것이 鄒陽의 본 뜻.

〖國譯〗

〈上吳王書〉*

「臣이 알기로, 秦은 曲臺의 궁궐에 의지하여 천하를 법으로 다스리며 땅을 갈라 서로 침범하지 못하게 하면서 병력을 흉노와 남월에도 보냈었습니다. 그러나 그 말기에 張耳와 陳勝 등이 서로 군사적으로 연결하여 도우며 함곡관을 공격하니 결국 咸陽은 무너졌습니다. 그 이유가 무엇이겠습니까? 여러 郡이 親하지도 않았고 여러 宗室이 서로 구원하지 않았기 때문입니다. 지금 흉노가 北河를 자주 건너오기에 하늘에는 나는 새가 없고 땅에는 숨은 토끼도 없으며, 성곽 싸움이 그치지 않고 구원병이 끊이지 않으며, 죽는 자가 계속 이어지고 수레가 뒤를 이어 군량 수송이 천리에 걸쳐 끊어지지 않는 것은 왜 그렇겠습니까? 강력한 趙王이 河間王의 영지를 요구하고 齊王의 여섯 아들이 惠帝와 呂后 사후에 옛 땅을 차지하려 했으며 城陽王이 盧와 博縣의 땅을, 그리고 淮南王의 三子가 옛 부친의 원한을 생각했기 때문입니다.

大王께서는 걱정하지 않으시지만 臣은 (吳의) 구원병이 다른 뜻을 가질 수 있으니 흉노의 군사가 들어오더라도 趙의 邯鄲(한단)을 엿볼 것이고 越人의 수군은 長沙에서 배를 모아 靑陽에 이를 것입니다. 만약 梁나라로 하여금 淮陽國의 병력과 함께 淮東으로 내려와 廣陵縣을 지나 越人의 糧道를 막고 漢軍 역시 西河를 막고서 남하하며 북에서 漳水(장수)를 막아 漢을 지키려 한다면 흉노는 趙에 더 들어가고 越은 吳에 더 깊숙하게 들어오게 됩니다. 이것이 바로 臣이 생각하는 대왕의 환난일 것입니다.」

原文

「臣聞交龍襄首奮翼, 則浮雲出流, 霧雨咸集. 聖王底節修德, 則游談之士歸義思名. 今臣盡智畢議, 易精極慮, 則無國不可奸, 飾固陋之心, 則何王之門不可曳長裾乎? 然臣所以歷數王之朝, 背淮千里而自致者, 非惡臣國而樂吳民也, 竊高下風之行, 尤說大王之義. 故願大王之無忽, 察聽其志.」

| 註釋 | ○襄首(양수) - 머리를 높이 들다. 襄은 高擧. ○底節(지절) - 절조를 갈고 닦다. 底(밑 저. 이를 지)는 砥(숫돌 지)와 通. 갈다(厲也). ○易精極慮 - 생각을 바꿔 정밀하게 思慮하고 마음을 다하다. ○奸 - 범할 간. 요구하다. 求也. ○曳 - 끌 예. ○長裾(장거) - 긴 옷자락. ○竊高下風之行 - 삼가 아랫사람으로 대왕의 행실을 흠모하다. ○察聽其志 - 聽은 따르다(從也).

〖國譯〗

「臣이 알기로는, 交龍이 고개를 들고 날개를 펴면 구름이 피어나고 안개와 비가 모여든다고 했습니다. 聖王께서 지조와 덕을 갈고 닦으시기에 떠도는 士人들도 의리와 바른 명분을 생각하게 됩니다. 지금 臣이 지혜를 짜내며 의논하고 생각을 바꿔가며 심사숙고하는 까닭은 나라가 없으면 얻을 것도 없기 때문이며 고루한 생각을 꾸며대기만 한다면 어찌 대왕의 門下에 머물 수 있겠습니까? 그렇지만 臣이 몇몇 왕의 조정을 거쳐 淮水 천리를 지나 스스로 찾아온 것은 臣의 나라(齊)를 싫어하고 吳의 백성이 되는 것을 좋아해서가 아니라 아랫사람으로 대왕의 뜻을 흠모하며 대왕의 의리를 좋아했기 때문입니다. 그래서 대왕께서 소홀함이 없기를 바라며 살펴 그 뜻을 따르고자 합니다.」

原文

「臣聞鷙鳥絫百, 不如一鶚. 夫全趙之時, 武力鼎士衣袨服叢台之下者一旦成市, 而不能止幽王之湛患. 淮南連山東之俠, 死士盈朝, 不能還厲王之西也. 然而計議不得, 雖諸,賁不能安其位, 亦明矣. 故願大王審晝而已.」

| 註釋 | ○鷙鳥 - 猛禽(맹금). 鷙는 맹금 지. 매, 수리와 같은 새. 絫는 포갤 누. 累의 古字. ○全趙之時 - 漢의 趙가 나누어지기 전. ○鼎士 - 鼎(솥 정)을 들어 올릴 수 있는 힘센 무사. ○袨服 - 袨은 나들이 옷 현. ○叢台(총대) - 邯鄲에 있던 趙王의 樓臺. ○幽王(유왕) - 趙 幽王 劉友(? - 前 181). 고조의 아들. 呂后의 조카와 결혼했지만 사이가 안 좋았고 결국 呂后에게 잡혀 餓死(아사)했다. 文帝 때 劉友의 劉遂를 趙王으로 삼았고 그 땅을 나누어 劉友의 아들 劉辟强을 河間王으로 봉했다. ○湛患(침환) - 환난을 당하다. ○淮南 - 회남국. ○厲王(여왕) - 회남왕 劉長. 44권, 〈淮南衡山濟北王傳〉에 입전. ○諸,賁 - 專諸와 孟賁(맹분). 고대의 勇士. ○審晝(심획) - 審計(심계). 상세히 살피다.

〖國譯〗

「臣은 새매 수백 마리가 큰 수리 한 마리만 못하다고 들었습니다. 趙가 나누어지기 전에 힘이 좋은 鼎士(정사)와 좋은 옷을 입은 사람들이 한때 叢台(총대) 아래에 시장처럼 많이 있었지만 幽王이 장안에 가서 환난을 당하는 것을 막지 못했습니다. 淮南國에 山東의 협객들이 모였고 죽기로 각오한 士人들이 조정에 가득했지만 서쪽으로 끌려간 厲王(여왕, 劉長)을 돌아오게 하지 못했습니다. 그러하니 계책이 제대로 이루어지지 않는다면 비록 專諸나 孟賁 같은 용사라도 그 자리를 안정시킬 수 없다는 것은 명확합니다. 그러하오니 대왕께서는 깊이 살펴보아야만 합니다.」

原文

「始孝文皇帝據關入立, 寒心銷志, 不明求衣. 自立天子之後, 使東牟,朱虛東褒義父之後, 深割嬰兒王之. 壤子王梁, 代, 益以淮陽. 卒仆濟北, 囚弟於雍者, 豈非象新垣平等哉! 今天子新據先帝之遺業, 左規山東, 右制關中, 變權易勢, 大臣難知. 大王弗察, 臣恐周鼎復起於漢, 新垣過計於朝, 則我吳遺嗣, 不可期於世矣. 高皇帝燒棧道, 水章邯, 兵不留行, 收弊民之倦, 東馳函谷, 西楚大破. 水攻則章邯以亡其城, 陸擊則荊王以失其地, 此皆國家之不幾者也. 願大王孰察之.」

| 註釋 | ○孝文皇帝~ – 文帝 즉위, 前 179년. ○寒心銷志(한심소지) – 놀라 겁을 먹고 逸樂을 조심하다. ○不明求衣 – 밝기도 전에 일어나 옷을 입다. ○東牟,朱虛 – 동모후 劉興居와 주허후 劉章. ○東褒 – 동쪽 齊에 보

내 칭찬하다. 褒는 기릴 포. 칭찬하다. ○義父 - 義父(의보)를 齊 悼惠王 劉肥(유비, 高祖의 庶長子)의 字라고 하는 주석과 전국시대 趙 武靈王의 신하 邾儀父(주의보)로 풀이하는 註가 있다. 당시 齊王은 도혜왕 유비의 아들 劉襄(유양)으로 呂后 사후에 呂氏 일족을 제거하기 위해 제일 먼저 發兵하여 장안을 향해 출발했으나 장안에서 陳平 周勃 등이 呂氏 일파 제거에 성공하자고 행군을 멈추고 罷兵(파병)하였다. 38권, 〈高五王傳〉 참고. ○深割嬰兒王之 - 여러 나라로 나누어 어린 아들(齊 도혜왕의 여섯 아들)을 왕으로 삼았다. ○壤子王梁,代 - 文帝는 두 아들을 梁王(劉武)과 代王(劉參)으로 봉했다. 壤(흙 양)을 몹시 사랑하여 통통하게 살이 찐 모양을 壤이라고 한다는 註와 '땅을 갈라주다'라는 뜻으로 풀이한 註가 있다. ○益以淮陽 - 梁王 劉武에게 淮陽郡을 더 보태 주다. 梁을 강국으로 만들기 위한 조치였다. 이런 사건은 서술된 순서대로 일어난 것은 아니다. ○卒仆濟北 - 결국 濟北王(劉興居)을 넘어트렸다. 유흥거는 문제에 반기를 들었고 柴武(시무, 또는 陳武)에게 패전한 뒤 자살하였다. ○囚弟於雍者 - 文帝의 異腹 아우인 淮南王 劉長이 반역을 한다 하여 체포 조사한 뒤 蜀에 移居하게 했는데 도중에 雍縣(옹현)에서 병사하였다. 44권, 〈淮南衡山濟北王傳〉 참고. ○象 - 닮다. 類似(유사)하다. ○新垣平(신원평) - 점술가. 文帝 後元 元年(前 163)에 詐欺(사기)와 모반죄로 멸족되었다. ○大臣難知 - 文帝를 보필하는 대신들의 深謀와 능력을 알 수 없다. ○周鼎復起於漢 - 新垣平(신원평)은 文帝에게 묘당을 건립하고 周代의 寶鼎을 맞이해야 한다는 주장을 했다. 이는 신원평의 잘못이라는 뜻. ○吳遺嗣, 不可期於世矣 - 吳王의 모반은 잘못된 책략이고 그 때문에 吳國의 후사가 살아남을 기약이 없다. ○高皇帝燒棧道 - 漢王은 漢에 들어가면서 장량의 방책대로 잔도를 소각하여 關中으로 진출할 뜻이 없음을 보여 항우를 안심시켰다. ○水章邯(수장한) - 항우가 雍王에 봉한 章邯을 漢王이 水攻으로 격파하였다. ○此皆國家之不幾者也 - 이 모두가(高祖의 그러한 군사적 승리) 吳國이 바랄 수 없는 것이다. 國家는 吳國. 幾는 庶幾也. ~을 바라다.

〖國譯〗

「그전에 孝文皇帝가 함곡관을 지나 즉위하고서는 놀라 긴장하면서 새벽에 일어나 옷을 입었습니다. 天子로 자립한 뒤에 東牟侯(동모후)와 朱虛侯(주허후)를 동쪽 齊에 보내어 齊王의 義擧를 칭찬하고서 齊를 갈라 어린 왕들을 봉했습니다. 文帝는 아들을 梁과 代國에 봉했고 淮陽郡을 梁에 보태주었습니다. 나중에 濟北王을 쓰러트렸고 동생 淮南王을 죄수로 다루어 雍縣(옹현)에서 죽게 하였으니, 이것이 어찌 新垣平(신원평) 등의 반역과 다르겠습니까? 지금 天子(文帝)는 先帝의 遺業(유업)을 이어 받아 좌로는 山東을 규제하고 우로는 關中 땅을 제압하여 권세를 완전히 장악했으며 漢 대신들의 지략은 우리가 알 수도 없습니다. 대왕께서 이런 것들을 살피지 않는다면 臣은 혹시 周鼎(주정)을 漢에서 다시 맞이해야 한다며 잘못된 계략으로 모반한 신원평과 같을 것이니 우리 吳의 후사를 후세에 기약할 수 없을 것이라 생각합니다. 高皇帝께서는 棧道(잔도)를 태웠고, 章邯(장한)에게 수공을 가했으며 군사를 머물지 않고 진격시켜 백성들이 지치고 피로해지는 폐단을 없애며 동쪽으로 함곡관을 나와 西楚를 대파하였습니다. 水攻을 펼치니 章邯(장한)이 그 성을 잃었고 陸戰으로 격파하니 荊王(楚王)은 그 영지를 빼앗겼는데 이런 모든 승리를 우리 吳에서는 기대할 수 없을 것입니다. 대왕께서는 이를 깊이 살펴주기 바랍니다.」

原文

吳王不內其言.

是時, 景帝少弟梁孝王貴盛, 亦待士. 於是鄒陽,枚乘,嚴忌知吳不可說, 皆去之梁, 從孝王游.

陽爲人有智略, 慷慨不苟合, 介於羊勝,公孫詭之間. 勝等疾陽, 惡之孝王. 孝王怒, 下陽吏, 將殺之. 陽客遊以讒見禽, 恐死而負絫, 乃從獄中上書曰,

| 註釋 | ○不內(불납) - 內는 納. ○梁孝王 - 劉武. ○苟合 - 남에게 아부하다. 분별없이 맞장구치다. 苟同. ○介於羊勝,公孫詭之間 - 羊勝(양승)과 公孫詭(공곤궤) 사이에서 강직하게 행동했다. 介는 끼일 개. 강직하다. 羊勝은 梁 孝王의 빈객으로 爰盎(원앙)을 암살했다. 公孫詭(공손궤)는 梁國의 빈객으로 나중에 中尉가 되어 爰盎(원앙) 등 10여 명을 암살하는 주도적 역할을 했다. ○客遊以讒見禽 - 유세하는 빈객으로 참소 당해 체포되다. 見禽의 禽(새 금)은 擒(사로잡을 금). ○負絫(부루) - 오명을 뒤집어쓰다.

『國譯』

吳王은 추양의 말을 받아들이지 않았다.

이 무렵 景帝의 동생인 梁 孝王은 한창 세력을 가진 귀인으로 士人들을 모으고 있었다. 이에 鄒陽(추양), 枚乘(매승), 嚴忌(엄기) 등은 吳王에게 유세할 수 없음을 알고 오왕을 떠나 양 효왕을 찾아가 빈객이 되었다.

鄒陽은 사람됨이 지략도 있고 강개하며 남의 비위를 맞출 줄 몰랐기에 羊勝(양승)과 公孫詭(공손궤) 사이에서도 당당했었다. 양승 등은 추양을 질시하여 孝王에게 참소하였다. 효왕은 노하여 추양을 옥리에게 보내 죽이려 하였다. 추양은 유세 빈객으로 참소를 당해 갇혔고 죽어 누명만 쓸 것이 두려워 옥중에서 자신을 해명하는 글 〈獄中上書自明〉을 올렸다.

原文

〈獄中上書自明〉*

「臣聞忠無不報, 信不見疑, 臣常以爲然, 徒虛語耳. 昔荊軻慕燕丹之義, 白虹貫日, 太子畏之, 衛先生爲秦畫長平之事, 太白食昴, 昭王疑之. 夫精變天地而信不諭兩主, 豈不哀哉! 今臣盡忠竭誠, 畢議願知, 左右不明, 卒從吏訊, 爲世所疑. 是使荊軻,衛先生復起, 而燕,秦不寤也. 願大王孰察之.」

| 註釋 | ○荊軻(형가, ? – 前 227) – 본래 衛國人, 荊卿(형경). 燕 太子 丹의 부탁으로 秦王 嬴政(영정, 뒷날 시황제)를 죽이려다 실패했다. '圖窮匕見(도궁비현)' 고사의 주인공. ○白虹貫日 – 서쪽에 걸린 무지개가 해를 가리다. 白虹(백홍)은 서방의 무지개, 白은 서방의 색. 무지개는 해의 반대편에 생긴다. 貫日은 해에 걸치다. 하늘에 닿다. 白虹(백홍)은 전쟁을 상징하고 日은 군주를 뜻한다는 해설이 있다. 형가의 정성에 특이한 형상이 일어났는데 태자 丹은 형가가 秦에 가지 않을까 두려워했다. ○衛先生 – 秦將 白起는 趙軍을 장평에서 크게 격파한 뒤 아예 趙를 멸망시킬 계획으로 衛先生을 秦에 보내 秦昭王을 설득하고 군량 지원을 더 요청했지만 秦相에게 거절당했다. ○太白食昴(태백식묘) – 태백성(金星)이 昴宿(묘수)를 가리다. '昴는 趙나라의 자리'이고 그 진심이 하늘에 통해 이러한 특이 현상이 나타난다는 註가 있다. ○不諭兩主 – 두 임금을 설득시키지 못하다. ○畢議願知 – (鄒陽) 자신의

생각을 다 말할 것이니 그 뜻을 알아주기 바란다. ○吏訊 – 옥리의 심문.

〖國譯〗

〈獄中上書自明〉*

「臣은 忠誠에는 그에 따른 보상이 있고 信義는 의심받지 않는다고 알고 있지만 모두 빈말이었습니다. 옛날 荊軻(형가)는 燕 태자 丹의 의리를 숭모하였지만 白虹(백홍, 흰 무지개)이 하늘에 걸쳐 나타나자 太子는 형가를 걱정하였습니다. 衛先生은 秦을 위해 長平戰을 획책하였지만 太白星이 昴宿(묘수)의 자리를 가리자 秦 昭王의 의심을 받았습니다. 그 정성이 천지에 이변으로 나타났으나 그런 정성은 두 나라 왕을 깨우치지 못했으니 어찌 슬프지 않겠습니까! 지금 臣은 충성을 다 바치고 성의를 다하여 생각을 다 말씀드리며 알아주시기를 바랐으나 대왕의 측근들을 깨우치지는 못했고 옥리의 심문을 마치고서도 세상 사람으로부터 의심만 받았습니다. 이런 상황에서는 형가나 衛(위)선생이 다시 살아난다 하여도 燕 태자나 秦 昭王을 깨우치지 못할 것입니다. 대왕께서 통찰해 주시기 바랍니다.」

原文

「昔玉人獻寶, 楚王誅之, 李斯竭忠, 胡亥極刑. 是以箕子陽狂, 接輿避世, 恐遭此患也. 願大王察玉人,李斯之意, 而後楚王,胡亥之聽, 毋使臣爲箕子,接輿所笑. 臣聞比干剖心, 子胥鴟夷, 臣始不信, 乃今知之. 願大王孰察, 少加憐焉!」

| 註釋 | ○玉人獻寶 – 楚人 卞和(변화)가 옥돌〔璞(박)〕을 찾아내 楚 武王에게 바쳤으나 옥석이 아니라고 하여 오른쪽 다리를 잘리는 형벌을 받았다. 변화는 다음 文王에게 바쳤으나 또 형벌을 받았고 나중에 成王이 그 옥석을 다듬어 최고의 둥근 옥〔璧(벽)〕을 얻었다. 이를 和氏璧이라 하였다. 이것은 나중에 秦의 차지가 되었고 李斯의 글씨로 傳國의 玉璽를 만들었다. ○李斯(이사, 前 280 – 208) – 秦의 승상. ○胡亥(호해) – 秦 2세. 李斯는 咸陽에서 허리가 잘리는 형벌로 죽었다. ○陽狂 – 거짓으로 미친 척하다. ○接輿避世 – 接輿(접여)는 楚의 狂人, 《論語 微子》편에 접여가 노래하며 공자 곁을 지나가는 이야기가 있다. ○後楚王,胡亥之聽 – 초왕이나 호해같이 참언을 따르다. 後는 동사로 쓰였다. ○比干剖心(비간부심) – 비간의 심장을 가르다. 紂王은 숙부 比干의 심장을 꺼내보았다. ○子胥鴟夷(자서치이) – 오자서가 오왕 夫差의 齊國 정벌을 말리자 부차는 오자서에게 자살을 명령했고 오자서가 죽자 시신을 가죽 자루에 넣어 수장했다. 鴟夷(치이)는 가죽으로 만든 자루.

〖國譯〗

「옛날에 玉人(卞和)이 보석을 바쳤지만 楚王에게 형벌을 받았고 李斯는 충성을 다했지만 胡亥에게 극형을 받았습니다. 箕子가 미친 척하였고 接輿(접여)가 避世(피세)한 것은 그런 재앙을 당할까 걱정했기 때문입니다. 대왕께서는 玉人과 이사의 뜻을 살피시고 楚王과 胡亥처럼 참언에 따르지 않으셔서 저로 하여금 기자나 접여에게 웃음거리가 되지 않게 해주기 바랍니다. 臣은 비간의 가슴이 갈라지고 오자서가 가죽 자루에 담겨 수장되었다는 말을 처음에는 믿지 않았으나 지금은 알 것 같습니다. 대왕께서는 상세히 살펴주시고 가련하다고 생각해 주시기 바랍니다.」

原文

「語曰, '有白頭如新, 傾蓋如故.' 何則? 知與不知也. 故樊於期逃秦之燕, 藉荊軻首以奉丹事, 王奢去齊之魏, 臨城自剄以卻齊而存魏. 夫王奢,樊於期非新於齊,秦而故於燕,魏也, 所以去二國死兩君者, 行合於志, 慕義無窮也. 是以蘇秦不信於天下, 爲燕尾生, 白圭戰亡六城, 爲魏取中山. 何則? 誠有以相知也. 蘇秦相燕, 人惡之燕王, 燕王按劍而怒, 食以駃騠, 白圭顯於中山, 人惡之於魏文侯, 文侯賜以夜光之璧. 何則? 兩主二臣, 剖心析肝相信, 豈移於浮辭哉!」

| **註釋** | ○語曰 – 語는 俗語. ○有白頭如新, 傾蓋如故 – 늙도록 알고 지냈지만 처음 만난 사람 같고, 잠깐 만났지만 옛 벗과 같다. ○傾蓋(경개) – 수레를 맞대다. 스쳐 지나가다. ○何則 – 왜 그런가? ○樊於期(번어기) – 秦의 장군. 참언을 피해 燕으로 망명했고 秦에서는 현상금을 걸었다. 樊은 울타리 번. ○藉荊軻首(자형가수) – 형가에게 (번어기는) 머리를 내어주다. 燕의 태자 丹은 번어기를 우대했다. 형가는 진왕 政을 만나러 갈 때 번어기의 목을 갖고 가겠다고 한다. 이에 번어기는 기꺼이 자결했고, 형가는 번어기의 목을 가지고 秦王을 만났다. ○奉丹事 – 기꺼이 丹의 계획에 협조하다. ○王奢去齊之魏 – 王奢(왕사, 齊의 신하)는 齊를 떠나 魏에 망명하다. ○臨城自剄(임성자경) – 齊의 군사가 魏를 공격하자, 왕사는 城 위에서 齊의 장수에게 말한 뒤 자살한다. 剄 목을 벨 경. ○蘇秦(소진) – 6국의 合縱(합종)을 주장한 縱橫家. ○爲燕尾生 – 燕의 尾生(미생)이 되다. 尾生之信. 燕 文侯는 소진을 처음부터 후원하였고 합종책이 깨진 뒤에도 燕은 소진을 믿으며 재상으로 근무케 하였다. ○白圭(백규) – 中山國의 장군. 싸워서 6개 城을 잃자 중산국에서는 백규를 죽이려 했다. 백규는 魏國으로 망명했고 백규는 위

의 장군이 되어 중산국을 멸망시켜 합방한다. ○食以駃騠 – 駃騠(결제)는 北狄의 駿馬(준마). 食은 봉록을 받다. 준마를 상으로 주다. 食을 '먹이다' 라는 본래의 뜻으로 해석할 수도 있다. ○白圭顯於中山 – 白圭는 中山國을 합병해서 높은 자리에 올랐다. ○豈移於浮辭哉 – 어찌 허황된 말 때문에 변심하겠는가! 移는 轉移하다. 變心하다.

〖國譯〗

「속언에 말하기를 '늙도록 알고 지냈지만 처음 만난 사람 같고, 잠깐 만났지만 옛 벗과 같다.' 고 하였는데, 왜 그렇겠습니까? 아느냐 모르느냐의 문제입니다. 예전에 樊於期(번어기)는 秦에서 도망 나와 燕으로 갔는데 荊軻(형가)에게 자기 머리를 내 주며 기꺼이 태자 丹의 일에 협력하였으며, 王奢(왕사)가 齊에서 魏로 갔다가 왕사는 성 위에서 자결하여 齊의 군사를 물리치고 魏를 지켰습니다. 그렇다면 왕사와 번어기는 齊와 秦과 처음 만나고 燕과 魏와 오래 지낸 것도 아닌데 두 나라를 떠나고 두 주군(燕, 魏)을 위하여 죽을 수 있었던 것은 행동과 의지가 일치했고 의리를 지키려는 뜻이 무궁했기 때문입니다. 蘇秦(소진)은 다른 나라에서 불신을 받았지만 燕은 尾生(미생)처럼 신의를 지켰으며, (中山國의) 白圭(백규)는 패전하여 6개 성을 잃었지만, 魏에 와서 중산국을 정벌하였던 것은 왜 그랬겠습니까? 성의가 있어 서로를 알았기 때문입니다. 소진이 燕에서 재상이 되자 어떤 이가 燕王에게 소진을 헐뜯자 연왕은 칼을 잡고 화를 내면서 자신의 준마를 소진에게 상으로 주었으며, 백규가 中山國 때문에 높은 자리에 올랐다고 어떤 사람이 魏 文侯에게 험담을 하자 文侯는 백규에게 夜光의 둥근 옥을 하사하였습니다. 왜 그랬겠습니까? 두 주군과 두 신하는 심장과 간을 갈라보듯 서로 신뢰하였으니 어찌 헛소문 때문에 마음을 바뀌겠습니까!」

原文

「故女無美惡, 入宮見妒, 士無賢不肖, 入朝見嫉. 昔司馬喜臏脚於宋, 卒相中山, 范雎拉脅折齒於魏, 卒爲應侯. 此二人者, 皆信必然之畫, 捐朋黨之私, 挾孤獨之交, 故不能自免於嫉妒之人也. 是以申徒狄蹈雍之河, 徐衍負石入海. 不容於世, 義不苟取比周於朝, 以移主上之心. 故百里奚乞食於道路, 繆公委之以政, 甯戚飯牛車下, 桓公任之以國. 此二人者, 豈素宦於朝, 借譽於左右, 然後二主用之哉? 感於心, 合於行, 堅如膠桼, 昆弟不能離, 豈惑於衆口哉? 故偏聽生奸, 獨任成亂. 昔魯聽季孫之說逐孔子, 宋任子冉之計囚墨翟. 夫以孔,墨之辯, 不能自免於讒諛, 而二國以危. 何則? 衆口鑠金, 積毁銷骨也. 秦用戎人由余而伯中國, 齊用越人子臧而彊威,宣. 此二國豈繫於俗, 牽於世, 繫奇偏之浮辭哉? 公聽並觀, 垂明當世. 故意合則胡,越爲兄弟, 由余,子臧是矣. 不合則骨肉爲仇敵, 朱,象,管,蔡是矣. 今人主誠能用齊,秦之明, 後宋,魯之聽, 則五伯不足侔, 而三王易爲也.」

| 註釋 | ○美惡(미오) - 미녀와 추녀. ○妒 - 투기할 투. 강샘하다. ○司馬喜臏脚於宋 - 司馬喜는 전국시대 宋人, 臏 정강이뼈 빈. 정강이뼈를 베는 형벌. ○中山國 - 춘추전국시대의 제후국. 위치는 今 河北省 중부 太行山

동쪽 일대에 해당. 前 406년에 魏에게 1차로 멸망, 다시 복원되어 강성했던 때가 있었지만 前 296년에 趙에 멸망한다. ○范睢(범저) – 전국시대 魏人. 齊에 사신으로 다녀온 뒤 齊國과 내통했다는 의심을 받고 魏相한테 얻어맞아 갈비뼈와 이가 부러졌다. 秦으로 도망하여 應侯가 되었다. 睢는 물수리 저. 〔《史記》에는 范睢(범수)로 기록되었다. 睢 우러러볼 휴. 땅이름 수.〕 ○挾 – 持也. ○申徒狄(신도적) – 申徒는 복성. 申屠로도 표기한다. 夏 말기 인물 또는 殷 末期의 관리. ○蹈雍之河 – 여러 註가 있지만 '雍의 작은 시내를 지나 황하에 가서 빠져 죽다.'라는 《漢書辭典》의 註를 따른다. ○徐衍負石入海 – 徐衍(서연)은 돌을 안고 바다에 빠져 죽다. 周 말기 인물. 난세가 싫어 자살했다. ○比周 – 結黨하다. ○百里奚(백리해) – 춘추시대 虞人(우인), 포로가 되어 楚에서 소를 키우며 살다가 秦 繆公(목공)이 현명하다는 말을 듣고 걸식하며 秦에 갔다. 목공이 贖錢을 내어 백리해를 자유인으로 만들고 재상에 임명했다. ○甯戚(영척) – 춘추시대 衛人. 행상을 하며 齊 도성 밖에 살고 있었다. 桓公(환공)이 밤에 찾아 가보니 노래하며 소를 먹이고 있었다. 환공이 등용하여 대부로 삼았다. ○堅如膠桼 – 阿膠(아교)로 붙인 것처럼 단단하다. 桼은 漆과 同. ○季孫(계손) – 춘추시대 魯의 季桓子, 齊에서 女樂을 보내오자 계환자는 그 때문에 3일간 조회에 나오지 않았다. 이에 공자가 魯를 떠나 각국을 周遊한다. '齊人歸女樂, 季桓子受之, 三日不朝, 孔子行.'《論語 微子》. ○宋 – 춘추시대 국명. ○子冉(자염) – 人名. ○墨翟(묵적) – 墨子. 墨家의 開祖. ○衆口鑠金(중구삭금) – 衆口는 쇠도 녹인다. 鑠은 녹일 삭. ○積毁銷骨(적훼소골) – 비방이 쌓이면 뼈도 녹는다. 毁는 참언. 銷 녹일 소. ○戎人由余(유여) – 북쪽 흉노 땅에 살던 유여. 춘추시대 사람. 秦 繆公(목공, 재위 前 659 – 621)이 등용하여 秦의 서쪽을 안정시킨 뒤 발전의 토대를 다진다. ○子臧(자장) – 인명. ○彊威,宣 – 齊 威王과 宣王을 强하게 만들었다. ○朱,象,管,蔡 – 堯의 아들 丹朱, 象은 舜의 계모의 아들. 管叔과 蔡叔은 周 武王과 周公의 동생. ○五伯(오패) – 五霸(오패). 伯은 맏 백, 으뜸 패. 侔는 가지런할 모. 相等하다. ○三王－夏 禹王, 商 湯王, 周 文王.

〖國譯〗

「여인은 미인이든 추녀이든 入宮하면 서로 투기하고 士人은 현인이든 못난이든 구별이 없다가도 入朝하면 투기를 당하는 것입니다. 예전에 司馬喜(사마희)는 宋에서 정강이뼈가 잘리는 형벌을 받았지만 나중에 中山國의 國相이 되었으며, 范雎(범저)는 魏에서 갈비뼈와 이가 부러졌지만 끝내 秦의 應侯가 되었습니다. 이 두 사람은 자기 나라에서 꼭 성취할 방책을 따르면서 朋黨의 私益을 버리고 고독한 처신을 하였기에 질투하는 무리로부터 자신을 지키지 못했습니다. 그래서 申徒狄(신도적)은 雍을 지나 河水에서 자살하였고 徐衍(서연) 같은 사람은 돌을 안고 바다에 빠져 죽었습니다. 이들은 세상이 자신들을 받아들이지 않자 의리상 구차하게 조정에서 당파를 지어 主上의 마음을 움직이려 하지 않았습니다. 그래서 百里奚(백리해) 같은 사람은 길에서 걸식을 하였지만 秦 繆公(목공)은 그에게 정사를 맡겼으며, 甯戚(영척)은 수레를 끌며 소를 키웠는데 齊 桓公(환공)이 국정을 일임하였습니다. 이 두 사람이 어찌 평소에 조정에서 벼슬하며 좌우의 칭송을 들은 뒤에야 두 주군에게 등용될 수 있었겠습니까? 주군과 신하가 진심으로 감동을 주었고 행실이 마땅했으며 아교로 붙이는 견고하고 떨어질 수 없는 형제와 같은 정이 있었기 때문이지 어찌 여러 사람의 말에 현혹되어 등용했겠습니까? 그렇기에 한 쪽 말만 들으면 간악함이 있고 한 사람만 신임하면 혼란해질 수 있는 것입니다. 옛날에 魯의 定公은 季孫氏의 말만 듣고 孔子를 방축하였고 宋에서는 子冉(자염)을 신임하여 墨翟(묵적)을 잡아 가두었습니다. 공자와 묵적의 지혜로도 참소와 아첨에서 벗어날 수 없었으며 두 나라는 위기에 처했는데 왜 그러했겠습니까? 여러 사람의 이런 저런 말은 쇠도 녹이고, 비방이 쌓이면 뼈도 녹기 때문이었습니다. 秦에서는 戎人(융인) 由余(유여)를 등용하여 中國의 패자가 될 수 있었고, 齊에서는 越人 子臧(자장)을 등용하여 威王과 宣王 때 강해질 수 있었습니다. 이 두 나라가 어찌 세속에 매이고 따랐으며 한 쪽 사람의 말에 의지했겠습니까? 公正하게 듣고 두루 본다면 그 당대에 현명하다는 이름을 남겼습니다. 그러하기에 뜻만 맞는다면 흉노나 越人이라도 형제와 같을 수 있으니 바로 由余(유여)와 子臧(자장)이 그러했습니다. 만약 不合한다면 骨肉일지라도 원수가 되었으니 丹朱와 象과 管叔, 蔡叔이 그러했습니다. 지금 주군께서 진실로 齊과 秦의 현명했던 점을 수용하고 宋과 魯처럼 듣지 않는다면 五伯(오패)처럼 강국이 될 수 있고 三王과 같은 치적도 쉽게 이룰 수 있을 것입니다.」

原文

「是以聖王覺寤, 捐子之之心, 而不說田常之賢. 封比干之後, 修孕婦之墓, 故功業覆於天下. 何則? 欲善亡厭也. 夫晉文親其讎, 强伯諸侯, 齊桓用其仇, 而一匡天下. 何則? 慈仁殷勤, 誠加於心, 不可以虛辭借也.」

| **註釋** | ○捐子之之心 - 子之(? - 前 314)는 燕의 國相. 燕王 噲(쾌)는 어리석게도 나라를 子之에게 물려주려 하여 나라가 혼란해졌고 이틈을 타서 齊가 침입하여 왕과 子之를 모두 죽였다. 子之之心은 子之를 편애하는 마음.

○田常之賢 – 田常(본명 陳恒)은 춘추시대 齊 簡公의 신하. 간공을 폐하고 平公을 옹립하였으며 齊 국정을 독점하며 田氏의 齊로 바꾸는 바탕을 마련하였다. 賢은 능력. ○封比干之後 – 주 무왕이 殷 紂王을 벌한 뒤에 비간의 후손을 봉했다. ○孕婦(잉부) – 임신한 부인. 紂王이 배를 갈라 죽였던 임신한 여의 묘. ○晉文 – 晉 文公 重耳는 자신이 公子이었을 때 자신을 죽이려 했던 원수를 등용하였다. 讎 원수 수. ○齊桓用其仇 – 齊 桓公은 자신을 죽이려고 화살을 쏘았던 管仲을 등용하여 패권을 장악했었다. ○一匡天下 – 천하를 바로 잡다. 匡 바를 광. ○不可以虛辭借也 – 허황된 空話을 따를 수 없다.

〖國譯〗

「이에 聖王은 잘 판단하여 子之를 혹신하는 그런 마음을 버려야 하고 田常과 같이 유능한 사람은 좋아하지 않아야 합니다. 武王이 比干의 후손을 봉하고 임신했던 여인의 무덤을 만들어 주자 그 功業이 천하를 덮었습니다. 왜 그러했겠습니까? 이는 무왕의 善을 행하려는 마음이 끝이 없었기 때문입니다. 그리하여 晉 文公은 원수와 친할 수 있었기에 강해져서 제후를 호령했고, 齊 桓公도 원수를 등용하여 천하를 한번 바로잡았습니다. 그 까닭은 무엇이겠습니까? 인자하고 은근한 정성이 진정으로 마음에 와 닿아 허황한 말을 따르지 않았기 때문이었습니다.」

原文

「至夫秦用商鞅之法, 東弱韓,魏, 立彊天下, 卒車裂之. 越用大夫種之謀, 禽勁吳而伯中國, 逆誅其身. 是以孫叔敖三去相而不悔, 於陵子仲辭三公爲人灌園. 今人主誠能去驕傲之心, 懷可報之意, 披心腹, 見情素, 墮肝膽, 施德厚, 終與之窮達, 無愛於士, 則桀之犬可使吠堯, 跖之客可使刺由, 何況因萬乘之權, 假聖王之資乎! 然則荊軻湛七族, 要離燔妻子, 豈足爲大王道哉!」

| **註釋** | ○商鞅之法 – 商鞅은 秦에서 孝公을 도와 강력한 법치주의와 부국강병책을 폈다. ○卒車裂之 – 車裂刑에 처하다. ○種之謀 – 大夫 文種의 지모. 越王 句踐의 大臣. 范蠡(범려)는 越王 구천의 곁을 떠나 巨商으로 성공했다. 구천을 떠나지 않은 문종은 구천의 命에 따라 자살했다. ○孫叔敖(손숙오) – 楚의 莊王을 도와 3차례나 재상이 되었지만 기뻐하지 않았고 3차례나 면직되었지만 자신의 잘못이 없었기에 후회하지 않았다고 한다.《史記 循吏列傳》참고. ○於陵子仲(어릉자중) – 於陵은 地名. 子仲은 陳仲子. 楚王이 3차례나 재상으로 불렀지만 처자를 거느리고 숨어살며 농사일을 했다고 한다. ○懷可報之意 – 다른 사람에게 보답한다는 뜻을 가지고. ○見情素 – 진정을 내 보이다. 見은 보일 현. 情素는 참뜻. ○墮肝膽(타간담) – 肝腦塗地(간뇌도지). 참살을 당하다. 나라를 위해 목숨을 버리다. ○無愛於士 – 士人에게 인색하지 않다. ○桀之犬可使吠堯 – 폭군 桀王의 개가 堯를 보고 짖게 하다. 선악에 관계없이 주인에게 충성을 다하다. ○跖之客可使刺由 – 跖은 盜跖, 由는 許由. 이 두 구절은 恩情과 진심으로 사람을 대하면 시비를 불문하고 내가 쓸 수 있다는 의미. ○軻湛七族 – 荊軻(형가)는 七族이 몰살되었다. 湛 즐길 담. 빠질 침. 沈과 通. ○要離(요리) – 춘추시대 吳 公子 光은 吳王 僚(료)를 죽이고 즉위하니 바로 오왕 闔閭(합려)이다. 그때 僚(료)의 아들 慶忌(경기)는 衛에 있었는데 합려가 要離에게 衛에 가서 경기를 살해하라고 시켰다. 요리는 자신이 경기에게 쉽게 접근할 수 있도록 합려가 자신에게 없는 죄를 만들어 자신의 처자를 죽여 달라고 부탁한다. 要離는 집권자 吳王에

게 충성을 바치는 방법으로 아무런 죄도 없는 자신의 처자를 불에 태워 죽였다. ○豈足爲大王道哉 - 이는 鄒陽이 大王을 위해서라면 어떤 희생도 감수할 수 있다는 뜻을 말한 것이다.

〖國譯〗

「秦에서는 商鞅의 법을 채용하여 동쪽의 韓과 魏의 세력을 약화시키고 천하의 강자가 되었지만 상앙을 거열형에 처했습니다. 越나라에서는 大夫 文種의 책모를 써서 강한 吳王(夫差)을 잡고 중국의 패자가 되었지만 반대로 문종을 죽여 버렸습니다. 그리고 孫叔敖(손숙오)는 3번이나 재상에서 물러났지만 후회가 없었고 於陵(어릉)의 陳仲子는 三公의 자리를 세 번이나 사양하고 다른 사람을 위해 농사를 지었습니다. 지금 主君이 진정으로 교만한 오기를 버리고서, 다른 사람에게 보답한다는 뜻으로 마음을 열고 眞情을 내 보이며 자신이 죽더라도 후하게 덕을 베풀고 끝까지 신하와 함께 영욕을 같이 하며 士人에게 인색하지 않다면, 桀王(걸왕)의 개가 堯를 보고 짖게 하고 盜跖(도척)의 자객이 許由(허유)를 죽이게 할 수도 있을 것이니 하물며 萬乘의 권력을 갖고 聖王이 될 바탕을 타고난 분의 명령이라면 더 무엇을 바라겠습니까? 그러하기에 형가는 七族이 멸족 당했고 要離(요리)는 처자를 불에 태워 죽이게도 하였지만 이런 이야기는 더 할 필요가 있겠습니까!」

原文

「臣聞明月之珠, 夜光之璧, 以闇投人於道, 衆莫不按劍相眄者. 何則? 無因而至前也. 蟠木根柢, 輪囷離奇, 而爲萬乘器者, 以左右先爲之容也. 故無因而至前, 雖出隨珠和璧, 祇怨結而不見德, 有人先游, 則枯木朽株, 樹功而不忘. 今夫天下布衣窮居之士, 身在貧羸, 雖蒙堯舜之術, 挾伊,管之辯, 懷龍逢,比干之意, 而素無根柢之容, 雖竭精神, 欲開忠於當世之君, 則人主必襲按劍相眄之跡矣. 是使布衣之士, 不得爲枯木朽株之資也.」

| 註釋 | ○明月之珠 – 寶珠. ○夜光之璧 – 夜光珠. 璧 둥근 옥 벽. ○闇 – 어둘 암. 몰래. 暗과 通. ○相眄 – 서로 상세히 살피다. ○蟠木(반목) – 땅가까이 구불구불 자란 나무. ○根柢(근저) – 뿌리. 柢 뿌리 저. ○輪囷(윤균) – 구불구불한 모양. 離奇(이기)는 괴이하다. 예사롭지 않다. 輪囷과 離奇는 모두 聯綿字(분리되면 그 의미가 없어지는 단어)이다. ○爲萬乘器者 – 萬乘(天子)가 玩賞(완상)의 물건을 만드는 사람. ○隨珠 – 隨侯之珠(수후지주). 수후란 사람이 상처받은 큰 뱀을 살려주었는데 그 뱀이 주었다는 寶珠. ○和璧 – 和氏璧, 卞和가 바쳐서 얻은 璧玉. ○祇 – 공경할 지. 겨우. 다만. ○有人先游 – 누군가가 먼저 宣揚한다면, 游는 游揚(칭찬하다). ○伊,管之辯 – 湯王을 보좌한 伊尹과 管仲의 辯才. ○龍逢 – 關龍逢. 夏의 賢臣, 桀王에게 충간하다가 죽음을 당했다.

〖國譯〗

「臣이 알기로는, 明月같은 寶珠나 夜光 璧玉을 사람 가는 길에 몰래 던져놓으면 많은 사람이 칼을 잡고 서로 자세히 살피지 않는 사람이 없다고 하였습니다. 그 까닭은 무엇이겠습니까? 아무 까닭 없이 앞에 나타났기 때문입니다. 땅에 붙어 구불구불 이상하게 생긴 나무뿌리는 천자를 기쁘게 할 물건을 만드는 사람이 서로 먼저 무엇인가를 만들려 할 것입니다. 그래서 아무런 까닭도 없이 앞에 나타났다면 비록 隨侯의 구슬이나 和氏璧일지라도 다만 감정만 상하고 좋은 일이 없지만, 죽은 나무나 썩은 그루터기를 어떤 사람이 먼저 칭송이라도 해준다면 얻는 것이 있고 잊히지 않을 것입니다. 지금 천하에 벼슬도 없이 가난한 선비는 가난하고 지쳤기에 비록 堯舜의 통치의 요점을 배웠거나 이윤과 관중 같은 변재가 있더라도 또 關龍逢(관용봉)이나 比干(비간)과 같은 뜻을 품고 있더라도 평소에 잘 다듬은 나무뿌리를 바치는 사람이 없으면 (천거하는 사람이 없으면) 비록 정성을 다하여 주군에게 충성을 다하고자 해도 주군은 필히 전처럼 칼을 잡고 자세히 내력을 살펴볼 것입니다. 이를 본다면 平民士人은 죽어 썩은 그루터기와 같은 작용도 못하는 것입니다.」

原文

「是以聖王制世御俗, 獨化於陶鈞之上, 而不牽乎卑辭之語, 不奪乎從多之口. 故秦皇帝任中庶子蒙之言, 以信荊軻, 而匕首竊發, 周文王獵涇,渭, 載呂尚歸, 以王天下. 秦信左右而亡, 周用烏集而王. 何則? 以其能越攣拘之語, 馳域外之議, 獨觀乎昭曠之道也. 今人主沉諂諛之辭, 牽帷廧之制, 使不羈之士與牛驥同皁, 此鮑焦所以憤於世也.」

| 註釋 | ○制世御俗 – 천하를 다스리다. 御 거느릴 어. ○獨化於陶鈞之上 – 물레 위에서 그릇을 만들 듯 독자적인 교화를 하다. 陶는 질그릇 도, 기뻘 도. 鈞은 녹로 균. 그릇을 만들 때 돌아가며 만들 수 있는 물레. 서른 근 균. ○卑辭之語 – 겸손한 말. 비속한 말. ○中庶子蒙之言 – 燕의 丹이 보낸 자객 형가는 咸陽에 도착해 太子의 속관인 中庶子(관직명) 蒙嘉(몽가)에 후한 예물을 보냈고 몽가의 안내로 秦王 政을 만나 번어기의 목을 바친다. ○匕首竊發 – 숨겼던 비수가 드러나다. 형가는 秦에 바치겠다는 燕 督亢(독항)의 지도 그림을 보여 주면서 두루마리 속에 숨겼던 비수로 진왕을 저격하였으나 실패한다. ○涇,渭 – 涇河(경하)와 渭河(위하), 황하의 지류. ○呂尙 – 姜子牙, 속칭 太公望. 姜太公. ○烏集 – 갑자기 모여들다. 평소에 모르던 사람이 모여들다. ○能越攣拘之語 – 능히 인습에 묶여 있는 말을 뛰어넘다. 越은 超出(뛰어넘다). 攣 맬 연(련). 묶어 매다. 돌아볼 연. 攣拘 은 속박하다. ○馳域外之議 – 제한 없이 마음껏 의논하다. 언로가 크게 열렸다. ○牽帷廧之制 – 근신과 처첩의 견제에 끌려 다니다. 帷廧(유장)은 근신과 처첩. 廧은 墻(담 장). ○不羈之士 – 재주와 학식이 고원하여 어디에도 얽매이지 않음. 羈 굴레 기 제약하다. ○牛驥 – 여기서는 소와 말. 同皁는 同槽. 같은 구유에서 먹다. 같은 취급을 당하다. ○鮑焦(포초) – 周의 隱士. 당시 상황에 불만을 품고 나무를 끌어안고 餓死(아사)했다.

〖國譯〗

「그리하여 聖王이 천하를 다스리는 데는 물레로 그릇을 만드는 것처럼 독자적인 교화를 하였으니 겸손한 말에 끌려가지도 않고 여러 사람의 이런저런 말을 따라가지도 않습니다. 옛날 秦 皇帝는 中庶子 蒙嘉(몽가)의 말을 신임했기에 형가를 만났고 감추었던 비수가 튀어나왔으며, 周 文王은 涇河(경하)와 渭河(위하)에서 사냥을 하다가 呂尙을 싣고 돌아와 천하의 王者가 되었습니다. 秦은 측근을 믿었다가 망했고 周는 이런저런 사람을 모아서 王이 되었습니다. 왜 그러했겠습니까? 이는 文王이 인습에 매어 속박하는 말을 초월하면서 제한 없이 자유로운 언로를 열어 그가 환하고 탁 트인 길을 보았기 때문입니다.

지금의 군주들은 아부하는 말에 빠졌고 측근과 애첩들의 견제에 끌려 다니며 얽맬 수 없는 士人들을 소나 말처럼 한 구유에 먹이려 하는데 이 때문에 鮑焦(포조) 같은 사람이 세상에 분개하며 죽었던 것입니다.」

原文

「臣聞盛飾入朝者, 不以私汚義, 底厲名號者, 不以利傷行. 故里名勝母, 曾子不入, 邑號朝歌, 墨子回車. 今欲使天下寥廓之士, 籠於威重之權, 脅於位勢之貴, 回面汚行, 以事諂諛之人, 而求親近於左右, 則士有伏死堀穴巖藪之中耳, 安有盡忠信而趨闕下者哉!」

| **註釋** | ○盛飾 – 잘 차려 입다. ○底厲(저려) – 砥礪(지려)와 동. 砥 고운 숫돌 지. 礪 거친 숫돌 려. 갈고닦다. 修身하다. 名號는 名聲. ○勝母(승모) – '모친을 이기다.' 라는 뜻이 인간의 도리에 어긋난다 하여 효행으로 유명한 曾子(曾參)이 마을에 들어가지 않았다. ○朝歌(조가) – 殷의 마지막 도읍지. 今 河南省 북부 鶴壁市 관할의 淇縣(기현). 墨子는 非樂을 주장했기에 '아침부터 노래를 한다.' 는 뜻을 가진 성읍에서 回車했다고 한다. ○寥廓

(요곽) – 아주 높은 모양. 텅 비고 끝없이 넓다. 廖 고요할 요. 廖廓之士는 아주 뛰어난 선비. ○回面 – 태도를 바꾸다. ○堀穴(굴혈) – 洞窟(동굴). ○巖藪(암수) – 山巖과 水澤.

〖國譯〗

「臣이 알기로는, 좋은 옷을 입고 조정에 선 사람은 私益 때문에 의리를 더럽히지 않고, 명성을 갈고 닦는 사람은 이득 때문에 행실을 나쁘게 하지 않습니다. 그리하여 마을 이름이 '勝母'라서 曾子가 가지 않았고, 邑名이 '朝歌'이기에 묵자는 수레를 돌렸던 것입니다. 지금 천하의 고상한 文士들을 막강한 권력으로 묶고 높은 벼슬자리로 위협하면서 태도를 바꾸고 추한 행실로 아첨하는 무리를 섬기게 하여 그들을 측근이라며 친하게 대한다면 士人들이 동굴이나 산속 또는 물가에 처박혀 죽을지언정 어찌 충성과 신의를 다하면서 대왕을 섬길 자가 있겠습니까!」

原文

書奏孝王, 孝王立出之, 卒爲上客.

初, 勝,詭欲使王求爲漢嗣, 王又嘗上書, 願賜容車之地徑至長樂宮, 自使梁國士衆築作甬道朝太后. 爰盎等皆建以爲不可, 天子不許. 梁王怒, 令人刺殺盎. 上疑梁殺之, 使者冠蓋相望責梁王. 梁王始與勝,詭有謀, 陽爭以爲不可, 故見讒. 枚先生,嚴夫子皆不敢諫.

| 註釋 | ○立出之 - 즉시 鄒陽을 내보내다. 立은 곧, 즉시. ○容車 - 휘장을 두른 부인용 수레. ○甬道 - 장안에 있는 梁王의 사저에서 장락궁에 직행할 수 있는 용도. ○朝太后 - 竇(두)태후에게 입조하다. 두태후도 양왕에 대한 애정이 각별하였다. ○建以爲不可 - 아우(梁 孝王)를 다음 후계자를 정할 수 없다고 의논하다. ○使者冠蓋相望 - 使者와 (출장가는) 관리의 冠과 수레(蓋)가 서로 이어졌다. ○枚先生 - 枚乘. ○嚴夫子 - 嚴忌.

〖國譯〗

上書가 孝王에게 상주되자 효왕은 즉시 추양을 내보냈고 나중엔 上客이 되었다.

그전에 羊勝과 公孫詭는 양 효왕이 漢 경제의 후사가 되기를 희망하였으며 효왕 또한 상서하여 容車가 다닐 수 있는 땅을 하사받아 지름길로 장락궁에 이를 수 있는 甬道(용도)를 梁國의 관리와 인부를 동원해 만들어서 태후에게 입조하려고 하였다. 爰盎(원앙) 등이 모두 世弟를 세우는 것이 불가하다 하였고 天子(景帝)도 수락하지 않았다. 梁王은 화가 나서 사람을 보내 원앙을 죽였다. 경제는 梁에서 죽였다고 의심하여 使者와 출장 가는 관리가 뒤를 이었다. 梁王은 처음에 양승, 공손궤가 함께 일을 꾸몄었는데 추양은 해서는 안 된다고 하여 참소를 당했다. 이때 枚乘이나 嚴忌(엄기) 등은 감히 충간하지도 못했다.

原文

梁事敗, 勝,詭死, 孝王恐誅, 乃思陽言, 深辭謝之, 繼以千金, 令求方略解罪於上者. 陽素知齊人王先生, 年八十餘, 多奇計, 卽往見, 語以其事. 王先生曰, "難哉! 人主有私怨深怨, 欲施必行之誅, 誠難解也. 以太后之尊, 骨肉之親, 猶不能止, 況臣下乎? 昔秦始皇有伏怒於太后, 群臣諫而死者以十數. 得茅焦爲廓大義, 始皇非能說其言也, 乃自强從之耳. 茅焦亦廑脫死如毛氂耳, 故事所以難者也. 今子欲安之乎?" 陽曰, "鄒,魯守經學, 齊,楚多辯知, 韓,魏時有奇節, 吾將歷問之." 王先生曰, "子行矣. 還, 過我而西."

| 註釋 | ○昔秦始皇有伏怒於太后 - 진시황은 자신의 생모가 嫪毐(노애)와 간통한 사실을 알고 생모를 유폐했었다. ○茅焦(모초) - 戰國時代 齊人. ○廓大義 - 大義를 말하다. 廓(둘레 곽)은 開拓하다. 茅焦는 '지금 母太后를 폐모했다는 소문이 도는데 제후들이 이를 알면 秦을 배반할 것입니다.' 라고 말했다.《史記 秦始皇本紀》 ○廑脫死如毛氂耳 - 겨우 털끝만한 차이로 죽음에서 벗어났다. 거의 죽을 뻔 했었다. ○今子欲安之乎 - 지금 그대는 어디로 가려 하는가? ○鄒 - 나라 이름 추. 맹자의 고향. 魯는 공자의 고향. 鄒魯之鄕은 文敎가 흥한 지역. ○過我而西 - 나에게 들렸다가 서쪽(長安)으로 가라.

〖國譯〗

梁王의 사건이 다 드러나자 羊勝과 公孫詭는 자살하였고 梁王도 죽게 될까 두려워하면서 鄒陽(추양)의 말을 생각하여 진심어린 말로 사과하고서 천금을 주며 천자에게 지은 죄를 해명할 수 있는 방략을 찾아달라고 하였다. 추양은 평소부터 나이가 80이 넘었고 기이한 계책을 잘 쓰는 齊人 王先生을 알고 있었기에 즉시 찾아가 만나보고 그 일을 의논하였다. 그러자 王선생이 말했다.

"어려운 일이지! 人主가 사적 원한이 아주 깊어 기어이 죽이려 한다면 정말 풀기 어려울 것이요. 太后의 존엄과 骨肉의 親情으로도 그만두게 할 수 없는데 신하가 어찌하겠는가? 예전에 秦始皇이 太后에게 말 못할 원한이 있었는데 群臣이 諫하다가 죽은 자가 수십 명이었소. 茅焦(모초)란 사람이 大義를 말하자 始皇이 그의 말을 그르다고 말할 수가 없어 억지로 따라갔을 뿐이었소. 사실 모초 역시 거의 죽은 거나 마찬가지였기에 일이 어렵다고 말한 것이요. 지금 그대는 어디로 가려고 하는가?" 추양이 대답했다.

"鄒邑(추읍)과 魯에는 經學을 하고, 齊와 楚에는 말 잘하는 사람이 많으며 韓과 魏에는 가끔 기이한 절조를 지키는 사람이 있으니 저는 두루 찾아 물어보겠습니다."

이에 王선생이 말했다. "그대는 떠나시오. 돌아올 때 나에게 들렀다가 서쪽으로 가시오."

原文

鄒陽行月餘, 莫能爲謀, 還, 過王先生, 曰, "臣將西矣, 爲如何?" 王先生曰, "吾先日欲獻愚計, 以爲衆不可蓋, 竊自薄陋不敢道也. 若子行, 必往見王長君. 士無過此者矣." 鄒陽發寤於心, 曰, "敬諾." 辭去, 不過梁, 逕至長安, 因客見王長君.

| **註釋** | ○爲如何 – 무엇을 해야 하나요? ○衆不可蓋 – 중인의 장점을 막지 못하다. 여러 사람에게서 좋은 방책이 나올 수 있다. 蓋 덮을 개. 막다. ○王長君 – 王信. 景帝의 2번째 황후인 王皇后(前 174 – 125. 武帝의 生母)의 형제. 景帝의 처남. ○逕 – 좁은 길 경. 지름길.

〖國譯〗

추양은 한 달 넘게 돌아다녔지만 함께 논의할만한 사람이 없어 돌아와 王 선생에게 말했다. "저는 장안으로 갈 것입니다만 어찌 해야 합니까?" 왕 선생이 말했다. "내가 전날 나의 방책을 말해주려 했지만 여러 사람의 좋은 의견을 막을 수 없다 생각해서 나의 모자라고 보잘 것 없는 의견을 말할 수 없었소. 만약 그대가 가거든 꼭 가서 王長君을 만나시오. 文士 중에 그보다 나은 사람이 없을 것이요."

추양은 마음속으로 느끼는 것이 있어 대답했다. "삼가 따르겠습니다." 인사를 하고 출발하며 梁나라를 거치지 않고 지름길로 장안에 도착하여 빈객으로 王長君을 만났다.

原文

長君者, 王美人兄也, 後封爲蓋侯. 鄒陽留數日, 乘間而請曰, "臣非爲長君無使令於前, 故來侍也, 愚戇竊不自料, 願有謁也." 長君跪曰, "幸甚." 陽曰, "竊聞長君弟得幸後宮, 天下無有, 而長君行跡多不循道理者. 今爰盎事卽窮竟, 梁王恐誅. 如此, 則太后怫鬱泣血, 無所發怒, 切齒側目於貴臣矣. 臣恐長君危於累卵, 竊爲足下憂之.” 長君懼然曰, “將爲之奈何?” 陽曰, “長君誠能精爲上言之, 得毋竟梁事, 長君必固自結於太后. 太后厚德長君, 入於骨髓, 而長君之弟幸於兩宮, 金城之固也. 又有存亡繼絶之功, 德布天下, 名施無窮, 願長君深自計之. 昔者, 舜之弟象日以殺舜爲事, 及舜立爲天子, 封之於有卑. 夫仁人之於兄弟, 無臧怒, 無宿怨, 厚親愛而已, 是以後世稱之. 魯公子慶父使僕人殺子般, 獄有所歸, 季友不探其情而誅焉. 慶父親殺閔公, 季子緩追免賊, 《春秋》以爲親親之道也. 魯哀姜薨於夷, 孔子曰 ‘齊桓公法而不譎’, 以爲過也. 以是說天子, 僥倖梁事不奏.” 長君曰, “諾.” 乘間入而言之. 及韓安國亦見長公主, 事果得不治.

| 註釋 | ○蓋侯(개후) – 王信의 봉호. ○乘間 – 한가한 겨를을 보아서. ○使令 – 사역하는 사람. ○愚戇(우당) – 어리석다. 戇 어리석을 당. ○願有謁也 – 아뢰고자 합니다. 謁은 아뢰다. ○今爰盎事 – 梁王이 보낸 자객에 의해 爰盎(원앙)이 피살된 사건. ○卽窮竟 – 곧 끝장이 날 것이다. ○怫鬱(불울) – 울적하고 답답하다. 怫 발끈할 불. 鬱 막힐 울. ○危於累卵 – 累卵之危(누란지위). ○懼然 – 몹시 두려워하는 모양. ○得毋竟梁事 – 양왕의 일을 끝까지 캐지 않도록. ○幸於兩宮 – 태후와 황제로부터 총애를 받다. ○金城之固 – 영광과 총애가 결코 그치지 않을 것이다. ○有卑(유비) – 지명. 有鼻. 今 湖南省 永州市 남쪽 道縣. ○夫仁人之於兄弟 ~ –《孟子 萬章上》에 있다. ○臧怒 – 藏怒, 분노를 감추다. ○慶父(경보) – 춘추시대 魯 莊公의 동생. 장공이 죽고 아들 般(반, 班으로도 쓴다)이 즉위했는데 경보가 자

반을 죽이고 閔公(名 開)을 세웠다. 그리고 다시 민공을 죽이고 莒國(거국)으로 망명했다. 魯에서 僖公(희공, 재위, 前 660－627)이 즉위하고서 거국에 뇌물을 써 경보를 돌려보내게 하자 경보는 자살했다. ○獄有所歸－경보의 사주를 받은 僕人(복인)의 범행으로 종결되었다. ○季友－장공과 경보의 동생. ○閔公(민공, 재위, 前 662－660)－莊公의 長子. ○季子－季友. ○緩追免賊－경보를 천천히 추격하여 법인으로 잡혀 亂賊의 죄수가 되는 것을 면하게 해주다. ○親親之道－친족을 아끼는 도리. ○魯 哀姜(애강)－魯 莊公의 부인, 齊 桓公의 딸. 慶父와 私通하고 있었다. 그래서 경보와 모의하여 子般과 閔公을 죽였기에 齊 桓公은 애강을 본국으로 불러다가 독살했다. ○薨於夷－齊의 夷에서 죽다. ○齊桓公法而不譎－제 환공은 법대로 처리하고 속이지 않았다. 譎은 속일 휼. 농간을 부리다. ○僥倖(요행)－운이 좋으면. 요행히. ○韓安國(?－前 127)－字 長孺. 22권, 〈竇田灌韓傳〉 참고. ○長公主(?－前 116) －文帝와 竇太后의 딸. 景帝의 친 누나. 館陶長公主. 堂邑侯 陳午에게 출가했기에 堂邑長公主라고도 부른다. 武帝의 고모. 장공주 소생의 딸이 무제의 첫 번째 황후인 陳皇后이다.

〖國譯〗

長君이란 사람은 景帝 王美人의 오빠로 뒷날 蓋侯(개후)에 봉해졌다. 鄒陽은 며칠 머무르다가 틈을 보아 만나보기를 청했다. “臣은 귀하를(長君을) 위하여 앞에 불려가 일할 사람이 아니기에 이렇게 와서 뵙는 것이며 어리석은 생각을 헤아리지 못하고 뵙고 아뢰고자 합니다.” 왕장군도 예를 갖추며 말했다. “고맙습니다.” 이에 추양이 말했다.

“저는 귀하의 여동생이 총애를 받는 후궁이 되었는데 이는 세상에 특별한 일이며 귀하의 행적도 도리에 합당하지 못한 것도 있다고 들었습니다. 지금 爰盎(원앙)의 피살 사건이 곧 마무리를 지을 것 같고 梁王은 사형이 내려질까 두려워하고 있습니다. 그렇게 되면 竇(두)太后께서는 울적 답답하여 피눈물을 흘리면서 분노를 풀 수도 없어 귀족 신하들에게 이를 갈며 원망할 것입니다. 저는 귀하가 累卵(누란)의 위기에 처했다고 생각되어 귀하를 위해 걱정하고 있습니다."

그러자 王長君(왕장군)이 두려워하며 말했다. "이를 어찌해야 좋겠습니까?"

이에 추양이 말했다. "長君께서 진정으로 상세하게 폐하께 말씀하시어 梁王 사건을 끝까지 캐지 않는다면 장군께서는 태후에게 크게 신임을 얻을 것입니다. 太后께서는 長君이 크게 고마워 뼛속 깊이 잊지 못할 것이며 장군의 여동생은 태후와 폐하 두 분으로부터 총애를 받아서 金城처럼 단단하여 결코 식지 않을 것입니다. 또 죽어가는 사람을 살려낸 공덕을 쌓고 천하에 덕을 베풀어 명성이 무궁할 것이오니 長君께서 깊이 생각하시어 스스로 결정해 주시길 바랍니다. 옛날에 舜의 아우 象은 순을 죽이는 것을 일로 생각했지만 舜임금은 즉위하여 천자가 되고서 象을 有卑(유비)에 봉했습니다. 본래 仁人은 형제에 대하여 감춘 분노도 없고 묵은 원한도 없으며 두터운 親愛뿐이었기에 후세에도 칭송을 받고 있는 것입니다. 魯의 公子 慶父(경보)는 하인을 시켜 즉위한 子般(자반, 閔公)을 죽였지만 옥사는 하인의 범행으로 귀결되었고 季友는 그 사실을 깊이 캐지 않고 하인을 죽였습니다. 慶父가 직접 閔公을 죽이고 망명하자, 季友는 (형을) 천천히 추격하여 죄인이 되는 것을 면하게 하였는데《春秋》에서는 이를 '親親之道'라고 하였습니다. 魯 哀姜(애강)이 齊의 夷

(이)에서 죽었는데 孔子께서는 '齊 桓公은 법을 지켜 속이지 않았다.' 라고 하면서도 지나치다고 생각하였습니다. 이런 내용으로 귀하가 天子를 설득한다면 아마도 양왕의 사건이 더 논의되지 않을 것입니다."

왕장군은 "그렇습니다."라고 말했다. 왕장군은 기회를 보아 입궐하여 이를 말했다. 또 韓安國도 마찬가지로 長公主를 만나 설득하였기에 사안은 더 캐지 않고 끝났다.

原文

初, 吳王濞與七國謀反, 及發, 齊,濟北兩國城守不行. 漢既破吳, 齊王自殺, 不得立嗣. 濟北王亦欲自殺, 幸全其妻子. 齊人公孫玃謂濟北王曰, "臣請試爲大王明說梁王, 通意天子, 說而不用, 死未晚也." 公孫玃遂見梁王, 曰, "夫濟北之地, 東接强齊, 南牽吳,越, 北脅燕,趙, 此四分五裂之國, 權不足以自守, 勁不足以扞寇, 又非有奇怪云以待難也. 雖墜言於吳, 非其正計也. 昔者鄭祭仲許宋人立公子突以活其君, 非義也,《春秋》記之, 爲其以生易死, 以存易亡也. 鄉使濟北見情實, 示不從之端, 則吳必先歷齊畢濟北, 招燕,趙而總之. 如此, 則山東之從結而無隙矣. 今吳,楚之王練諸侯之兵, 驅白徒之衆, 西與天子爭衡, 濟北獨底節堅守不下. 使吳失與而無助, 跬步獨進, 瓦解土崩, 破敗而不救者, 未必非濟北之力也. 夫以區區之濟北而與諸侯爭强, 是以羔犢之弱而扞虎狼之敵也. 守職不橈, 可謂誠一矣. 功義如此, 尙見疑於上, 脅肩低首, 累足撫衿, 使有自悔不前之心, 非社稷之利也. 臣恐藩臣守職者疑之. 臣竊料之, 能歷西山, 徑長樂, 抵未央, 攘袂而正議者, 獨大王耳. 上有全亡之功, 下有安百姓之名, 德淪於骨髓, 恩加於無窮, 願大王留意詳惟之." 孝王大說, 使人馳以聞. 濟北王得不坐, 徙封於菑川.

| 註釋 | ○吳王濞與七國謀反 – 경제 3년. 前 154년. 吳王〔劉濞〕, 楚王〔劉戊(유무)〕, 趙王〔劉遂〕, 膠西王〔劉卬(유앙)〕, 膠東王〔劉雄渠〕, 菑川王〔치천왕(劉賢)〕, 濟南王〔劉辟光〕가 동참. 35권, 〈荊燕吳傳〉 참고. ※ 叛亂에 가담하지 않은 왕 – 濟北王 劉志, 城陽共王 劉喜, 齊孝王 劉將閭, 燕康王 劉嘉, 廬江王 劉賜, 淮南王 劉安, 衡山王 劉勃, 梁孝王 劉武, 代共王 劉登. ○齊 – 당시 齊王은 劉將閭(유장려, ? – 前 154), 齊 悼惠王 劉肥의 아들. 그의 兄弟 菑川王, 濟南王, 膠西王, 膠東王이 모두 반란에 가담. 반군이 齊國의 수도 임치를 포위 공격했으나 저항했다. 周亞夫가 吳 楚를 격파하자 박해가 두려워 음독자살했다. ○濟北 – 당시 濟北王 劉志(? – 前 130), 齊 悼惠王 劉肥의 아들. 七國之亂에 동참하지 않았고 난 평정 후에 菑川王으로 옮겨 봉해졌다. ○齊人 公孫玃(공손확) – 玃 원숭이 확. ○勁不足以扞寇 – 힘으로는 적을 막기에 부족했다. 勁 굳셀 경. 扞 막을 한. 寇 도둑 구. ○奇怪云以待難也 – 신령의 도움으로 어려움을 이겼다. 奇怪는 기괴한 神靈. 待難은 御難. ○墜言(추언) – 失言. ○鄭祭仲 – 춘추시대 鄭나라 大夫 祭足(仲은 형제 서열 중 둘째라는 뜻). 鄭 莊公을 섬기면서 장공과 鄧曼(등만) 소생의 昭公을 즉위케 하였다. 소공이 즉위한 뒤 宋에서는 祭仲을 유인해 억류시키고서 장공과 宋 大夫 雍氏의 딸 사이에서 출생한 '突(돌)을 즉위시키지 않으면 죽이겠다.' 고 협박했다. 제중은 협박에 굴복한 뒤 突(돌)과 함과 귀국하여 厲公(여공)으로

즉위시킨다. 결국 昭公은 衛로 망명하고 제중은 '큰 나라의 협박 때문에 그 요구를 들어주어 昭公을 살리려 했다.' 고 변명하였다. ○爲其以生易死 - 生을 死와 바꾸다. ○鄕使 - 向使, 만약, 假使. ○歷齊 - 齊를 거쳐. ○畢濟北 - 濟北國의 영지를 병합하고. 畢 마칠 필. ○練諸侯之兵 - 제후의 군사를 골라. 練은 揀(고를 간)과 通. 선택하다. ○白徒之衆 - 본래 군사가 아닌 무리. 보통 백성. ○跬步(규보) - 半步. 跬 반걸음 규. ○區區 - 작은. 보잘 것 없는. ○羔犢之弱而扞虎狼之敵 - 송아지 같은 약한 힘으로 호랑이 같은 적을 막아내다. 羔 새끼 양 고. 犢 송아지 독. 扞 막을 한. ○脅肩低首 - 어깨를 움츠리고 고개를 숙이다. 굽실거리다(低三下四). 脅 겨드랑이 협. 겁주다. 움츠리다. ○累足撫衿 - 종종걸음을 치고 옷깃을 여미다〔撫衿(무금)〕. 두려워 떠는 모양. ○自悔不前之心 - 吳와 함께 서진하지 못한 것을 후회하다. ○西山 - 山東에서 보는 서쪽의 산. 즉 崤山(효산)과 長安 근처의 華山. ○攘袂(양몌) - 옷소매를 떨치며 일어나다. 분기하다. 팔소매를 걷어 올리다〔攘臂(양비)〕. 袂 소매 몌. ○全亡之功 - 망할 것을 보전한 공로. ○徙封於淄川 - 치천왕으로 옮겨 封하다. 치천국 도읍은 劇城〔今 山東省 동부 濰坊市(유방시) 관할 壽光市〕.

〔國譯〕

전에, 吳王 劉濞 등 七國이 모반할 때, 난이 일어나면서 齊와 濟北 두 나라는 도성을 지키며 가담하지 않았다. 漢이 吳를 격파하자 齊王은 자살하여 후사를 세울 수 없었다. 濟北王 역시 자살하려 했으나 처자의 만류로 요행히 살 수 있었다. 齊나라 사람 公孫玃(공손확)이 濟北王에게 말했다.

"臣이 한 번 大王을 위해 梁王을 설득하여 天子에게 뜻을 전달토록 해보겠습니다만 설득이 받아들여지지 않는다면 그때 죽어도 늦지 않습니다."

公孫玃이 마침내 梁王을 만나 말했다. "濟北國의 영지는 동쪽으로 강한 齊와 닿았고 남으로는 吳와 越에 이어졌으며 북으로는 燕과 趙에 눌려 있으니, 이 四分五裂의 나라는 自守할 만한 국권도 부족했고 무력으로도 도둑을 막기에 부족했으며 어려움을 이겨낼 신령의 도움이 있는 것도 아니었습니다. 비록 吳나라에 失言을 하였지만 그것은 바른 계책이 아니었습니다. 옛날에 鄭나라의 祭仲은 宋人에게 公子 突(돌)을 옹립하여 그 주군(昭公)을 살리려 했다지만 옳은 일이 아니었다고《春秋》에 쓰여 있는 것은 生을 死로 바꾸었고 존속할 사람을 망하도록 바꾸었기 때문이었습니다. 가령 濟北으로 하여금 실제 정황을 따져 吳에 협력하지 않겠다는 뜻을 내보였다면 吳는 틀림없이 먼저 齊를 거쳐 濟北의 땅을 다 병합했을 것이고 이어 燕과 趙를 끌어들여 하나로 묵었을 것입니다. 그렇게 되었다면 山東 지역이 하나로 묶여 빈틈이 없었을 것입니다. 그때 吳와 楚의 王이 諸侯의 군사를 선발하고 농민 무리를 몰아 서쪽으로 진출하여 天子와 세력을 다투었다면 濟北國 홀로 의리를 바탕으로 굳게 지켜 굴복 안 했을 수도 있었습니다. 오나라가 동맹을 잃고 조력자가 없어 조금씩 홀로 전진하다가 와해되고 무너지고 격파당하면서 吳를 도와준 나라가 없었다 하여도 그것도 濟北國만의 힘은 아닐 것입니다. 사실 미약한 濟北國이 여러 제후국과 맞선다는 것은 어리고 약한 송아지가 호랑이와 같은 적을 막아서는 것과 같았습니다. 그런 상황에서 본분을 지켜 굽히지 않은 것은 하나의 정성입니다. 濟北國의 功과 의리가 이러한데도 오히려 천자의 의심을 받는다면 어깨를 움츠리며 고개를 숙이고 겁을 먹은 채로 吳나라와 함께 서쪽으로 진격하지 않은 것을 후회하게 할 것이니 이는 사직을 위해 도움이 되지 않을 것입니다. 臣은 藩臣(번신, 제후)으로 직분을 다하려는 제후가 이를 의심할까 걱정이 됩니다. 신이 생각할 때 崤山(효산)과 華山을 거쳐 장락궁과 미앙궁에 이르도록 분연히 일어나 바른 정론을 펼 사람은 오직 대왕뿐입니다. 위로는 망하려는 천하를 보전한 공이 있고, 아래로는 백성을 안전하게 지킨 명분이 있으며 덕이 골수에 스며들어 은혜가 무궁한 대왕께서 이점을 유의하시어 깊이 살펴주시기 바랄 뿐입니다."

양 효왕은 크게 기뻐하면서 사람을 보내 이를 폐하에게 빨리 알렸다. 濟北王은 연좌에 걸리지 않고 치천국으로 옮겨 봉해졌다.

51-3. 枚乘

原文

枚乘字叔, 淮陰人也, 爲吳王濞郎中. 吳王之初怨望謀爲逆也, 乘奏書諫曰,

〈諫吳王書〉*

「臣聞得全者全昌, 失全者全亡. 舜無立錐之地, 以有天下, 禹無十戶之聚, 以王諸侯, 湯,武之土不過百里, 上不絶三光之明, 下不傷百姓之心者, 有王術也. 故父子之道, 天

性也, 忠臣不避重誅以直諫, 則事無遺策, 功流萬世. 臣乘願披心腹而效愚忠, 唯大王少加意念惻怛之心於臣乘言.」

| 註釋 | ○枚乘(매승, ? - 前 140) - 吳王 劉濞에게 모반하지 말라고 권했지만 듣지 않았다. 七國之亂 뒤에 枚乘의 名聲이 높았고 弘農都尉가 되었다. 梁 孝王 劉武가 文士들을 모으자 公孫詭, 鄒陽, 嚴忌, 羊勝 등이 모였고 그중에서도 매승은 특히 뛰어났었다. 아들 枚皐(매고) 역시 이름난 辭賦家이었다. 《漢書 藝文志》에 매승의 賦(부) 9편이 실려 있는데 그중 가장 유명한 작품은 〈七發〉이다. ○淮陰(회음) - 縣名. 今 江蘇省 淮安市. ○郎中 - 시종관. ○乘奏書諫曰 - 제목은 〈諫吳王書〉. ○得全者 - 행실이 완전무결한 사람. ○立錐之地(입추지지) - 송곳을 세울만한 땅. 錐 송곳 추. ○十戶之聚 - 십호의 聚落(취락). 마을. ○三光之明 - 日, 月, 星. ○王術 - 王天下 할 수 있는 治術. ○效愚忠 - 愚忠을 바치다. ○唯 - ~하기 바라다. 희망을 표현. ○惻怛之心(측달지심) - 惻隱之心(측은지심).

〖國譯〗

枚乘(매승)의 字는 叔이고 淮陰縣(회음현) 사람인데 吳王 劉濞(유비)의 郎中이었다. 吳王이 처음에 漢 조정을 원망하며 반역을 계획하자 매승은 기회를 보아 글을 올려 간했다.

〈諫吳王書〉*

「臣은 행실이 바른 자는 모두 번창하고 행실이 바르지 못하면 모두 망한다고 들었습니다. 舜은 송곳을 세울만한 땅도 없었지만 천하를 차지하였고, 禹王은 10호의 마을도 없었지만 諸侯의 왕이 되었으며, 湯王과 武王의 땅은 100리를 넘지 못했지만 하늘에서는 三光(日

月星)의 밝음이 끊이지 않았고 아래로는 백성의 마음을 상하지 않게 했던 사람이었으며 王天下할 治術을 갖고 있었습니다. 그리고 父子之道는 天性과 같기에 충신은 거듭 죽음을 피하지 않고 직간을 하여야 정사에 빠트리는 일이 없어 그 공적이 만세에 전해질 것입니다. 臣 枚乘(매승)은 마음을 열고 우직한 충성을 바치고자 하오니 대왕께서는 저의 말에 조금은 측은한 마음을 가져주시길 바랍니다.」

原文

「夫以一縷之任係千鈞之重, 上縣無極之高, 下垂不測之淵, 雖甚愚之人猶知哀其將絶也. 馬方駭鼓而驚之, 係方絶又重鎭之, 係絶於天下不可復結, 隊入深淵難以復出. 其出不出, 間不容髮. 能聽忠臣之言, 百擧必脫. 必若所欲爲, 危於絫卵, 難於上天, 變所欲爲, 易於反掌, 安於泰山. 今欲極天命之壽, 敝無窮之樂, 究萬乘之勢, 不出反掌之易, 以居泰山之安, 而欲乘絫卵之危, 走上天之難, 此愚臣之所大惑也.」

| **註釋** | ○一縷之任 – 실 한 가닥에 맬 수 있는 것. 縷는 실 누(루). ○千鈞(천균) – 1鈞은 30근(漢代 1斤은 248g, 1鈞은 7.44kg). ○駭鼓(해고) – 북소리에 놀라다. ○間不容髮 – 그 사이에 머리카락 하나도 들어갈 수 없다. 그 차이가 아주 적다. ○百擧必脫 – 어떻게 하든 틀림없이 벗어난다. ○欲極天命之壽 – 천명의 수를 다 누리다. 100세 이상 살다. ○敝無窮之樂 – 무궁지락을 다하다. 敝는 헤질 폐. 다하다. 盡也. ○究萬乘之勢 – 만승의 세력을 다 차지하다.

〖國譯〗

「한 가닥의 실에 千鈞(천균)의 무게를 매달아 위로는 그 끝을 알 수 없는 높은 곳에, 그 아래로 그 깊이를 알 수 없는 연못이 있는 곳에 묶어둔다면 아주 어리석은 사람일지라도 금방 끊어질 것이라는 슬픔을 느낄 것입니다. 말이 큰 북소리에 놀라거나 놀라게 하면 묶자마자 금방 끊어져 묻힐 것이며, 천하에 다시 연결될 수 없는 곳에 매어둔 것이 끊어지면 심연에 빠져 다시 나올 수 없을 것입니다. 그런 곳에서 나오느냐 못 나오느냐의 차이는 아주 작습니다. 忠臣의 말을 들을 수 있다면 어떻게 하든 틀림없이 탈출할 수 있습니다. 만약 기어이 하고 싶은 대로만 하겠다면 계란을 쌓아둔 것처럼 위험하여 하늘에 오를 수도 없겠지만, 하고자 하는 것을 바꾼다면(충신의 말을 따른다면) 손을 뒤집듯 쉬우며 태산처럼 편안할 것입니다. 이제 천명의 壽를 다 누리고 무궁한 쾌락을 다 즐기고 萬乘의 권세를 다 누리려 하면서 손을 뒤집듯 쉬운 일을 하지 않고 태산처럼 편안히 살려 하지 않으며 누란의 위기에서 처하고 하늘에 오르는 어려운 길을 가려 하고 있으니 이는 어리석은 저도 정말 이해할 수 없는 일입니다.」

原文

「人性有畏其景而惡其跡者, 卻背而走, 跡愈多, 景愈疾, 不知就陰而止, 景滅跡絕. 欲人勿聞, 莫若勿言, 欲人勿知, 莫若勿爲. 欲湯之滄, 一人炊之, 百人揚之, 無益也, 不如絕薪止火而已. 不絶之於彼, 而救之於此, 譬猶抱薪而救火也. 養由基, 楚之善射者也, 去楊葉百步, 百發百中. 楊葉之大, 加百中焉, 可謂善射矣. 然其所止, 乃百步之內耳, 比於臣乘, 未知操弓持矢也.」

| 註釋 | ○景 – 그림자 영. 그림자. 影의 本字. ○卻背而走 – 뒤로 달려가다. ○就陰而止 – 그늘에 멈추어 서면. ○莫若勿言 – 말하지 않는 것만 못하다. 莫若은 ~하는 것만 못하다. 莫如와 同. ○欲湯之滄 – 끓는 물을 식히다. 湯은 끓일 탕. 滄 찰 창. 차게 하다. ○揚之 – 물을 떠서 아래로 부어 물을 식히다. ○絶薪止火 – 나무를 넣지 않고 불을 끄다. ○抱薪而救火 – 섶(땔나무)을 짊어지고 불을 끄다. 기름을 부으면서 불을 끄려 하다. ○比於臣乘~ – 養由基는 겨우 백보 이내에서 눈에 보이는 것을 맞추지만 매승은 더 먼 곳의 보이지 않는 것을 내다본다는 뜻이 있다. ○操弓持矢(조궁지시) – 弓과 矢를 잡다. 활쏘기.

〖國譯〗

「천성적으로 그림자를 무서워하고 발자국을 싫어하는 자가 뒤로 달려가면 발자국은 더 많아지고 그림자는 더 빨리 따라오는데 응달에 가서 멈추면 그림자도 사라지고 발자국도 찍히지 않는 것을 몰랐던 것입니다. 다른 사람이 듣지 않게 하려면 말을 안 한 것만 못하고 다른 사람이 모르게 하려면 하지 않는 것이 가장 좋은 것입니다. 끓는 물을 식히면서 한 사람이 불을 때고 백 명이 물을 부어 식힌다면 무익한 짓이니 땔감을 넣지 않고 불을 끄는 것만 못한 것입니다. 저것을 그만두지 않으면서 이것을 하려 한다면 비유하자면 섶을 지고 불을 끄려는 것과 같습니다. 養由基(양유기)는 楚나라에 활을 잘 쏘는 사람이었는데 백보 떨어진 곳에 있는 버드나무 잎에 백발하면 백중하였습니다. 버드나무 잎의 크기에 백발이 명중하였으니 정말 잘 쏜 것입니다. 그러나 그 화살이 닿는 곳은 백보 이내이니 臣 枚乘에 비한다면 활 쏘는 것을 모르는 것입니다.」

原文

「福生有基, 禍生有胎, 納其基, 絶其胎, 禍何自來? 泰山之霤穿石, 單極之綆斷幹. 水非石之鑽, 索非木之鋸, 漸靡使之然也. 夫銖銖而稱之, 至石必差, 寸寸而度之, 至丈必過. 石稱丈量, 逕而寡失. 夫十圍之木, 始生如蘖, 足可搔而絶, 手可擢而拔, 據其未生, 先其未形也. 磨礱底厲, 不見其損, 有時而盡, 種樹畜養, 不見其益, 有時而大, 積德累行, 不知其善, 有時而用, 棄義背理, 不知其惡, 有時而亡. 臣願大王孰計而身行之, 此百世不易之道也.」

| 註釋 | ○泰山之霤穿石 - 霤는 낙숫물 류. 위에서 아래로 떨어지는 물방울. 溜(방울져 떨어질 류)와 同. 穿은 뚫을 천. ○單極之綆斷幹 - 외 들보의 두레박줄이 나무를 자른다. 單極은 우물 위의 들보. 여기에 두레박줄을 걸쳐 놓고 물을 깃는다. 綆은 두레박줄 경. ○鑽 - 끌 찬. 나무를 쪼아내는 연장. ○索 - 새끼줄 색. ○鋸 - 톱 거. ○漸靡(점미) - 점진적이 마찰. 靡는 摩(비빌 마)와 通. ○銖 - 저울 눈 수. 무게 단위 1량은 24銖. 稱은 무게를 달다. ○石 - 무게 단위. 1石은 120근. ○度 - 잴 도, 법도 도. ○至丈 - 1丈은 10

尺. 漢代의 1尺은 23.1cm. ○逕而寡失 – 직접 재면 차이가 적다. ○始生如蘖 – 처음에 자랄 때는 그루터기의 움과 같다. 蘖은 그루터기 얼. 나무를 베어낼 그루터기에서 움튼 싹. ○搔 – 긁을 소. 여기서는 발로 뭉개버리다. ○擢 – 뽑을 탁. 揪는 모을 추. 틀어쥐다. 꺾어 모으다. ○磨礱底厲(마농저려) – 숫돌에 문질러 갈다. 礱 갈 농. 底厲는 砥礪(지려). 숫돌. ○積德累行 – 積德하고 애써 행동하다. 累는 열심히 일하다. 수고하다의 뜻.

〖國譯〗

「복이 생기는 바탕이 있고 재앙이 자라는 모태가 있으니 그 터전을 받아들이고 태를 버린다면 재앙이 어디서 오겠습니까? 泰山의 낙숫물이 바위를 뚫고 우물의 외 들보에 매어놓은 두레박줄이 들보를 자릅니다. 물은 돌을 뚫는 끌이 아니고 새끼줄은 나무를 자르는 톱이 아니지만 점차 쌓이고 쌓여 그렇게 된 것입니다. 1銖(수) 무게를 달면 1石에 가서는 꼭 차이가 나고 한 치 한 치 재어도 1丈(장)에서는 꼭 틀리게 됩니다. 石으로 달거나 丈으로 직접 재면 차이가 적을 것입니다. 열 아름이나 되는 나무도 처음 자랄 때는 그루터기의 움과 같아서 발로 뭉개어 꺾거나 손으로 뽑아버릴 수 있으니 아직 성장하기 전에는 그 형체가 없는 것입니다. 숫돌에 갈면 그 닳는 것이 보이지 않아도 때가 되면 없어지고, 나무를 심고 가축을 기를 때 그 크는 것이 보이지 않지만 때가 되면 커지며, 덕을 베풀고 행하는 것이 그 선행인줄 모르더라도 때가 되면 유용한 것이며, 의리를 저버리는 것이 악인 줄을 모르지만 때가 되면 망하게 됩니다. 臣이 바라는 것은 대왕께서 어느 계책을 골라 실천하시겠지만 이는 百世가 지나더라도 바뀔 수 없는 도리입니다.」

原文

吳王不納. 乘等去而之梁, 從孝王游.

景帝卽位, 御史大夫鼂錯爲漢定制度, 損削諸侯, 吳王遂與六國謀反, 擧兵西鄕, 以誅錯爲名. 漢聞之, 斬錯以謝諸侯. 枚乘復說吳王曰,

| 註釋 | ○孝王 - 梁 孝王 劉武. 47권, 〈文三王傳〉에 입전. ○游 - 유세하다. 빈객으로 머물다. 벼슬을 구하다. ○景帝卽位 - 前 156년. ○鼂錯(조조) - 49권, 〈爰盎鼂錯傳〉 立傳. ○西鄕 - 鄕은 嚮. 向하다. ○枚乘復說吳王 - 〈復諫吳王書〉.

〖國譯〗

吳王은 매승의 뜻을 받아들이지 않았다. 매승 등은 吳를 떠나 梁나라에 가서 孝王을 따라 유세하였다. 景帝가 즉위하자 御史大夫 鼂錯(조조)는 漢을 위한 여러 제도를 마련하며 제후들의 영지를 삭감하였는데 吳王(劉濞)은 결국 다른 6국과 함께 모반하면서 거병하여 서쪽으로 진격하였는데 조조를 죽이겠다는 명분을 내세웠다. 漢에서 이를 알고 조조를 참수하여 제후들에게 사과하였다. 매승은 다시 글을 올려 오왕에게 말했다.

原文

〈復諫吳王書〉*

「昔者, 秦西擧胡戎之難, 北備楡中之關, 南距羌,筰之塞,

東當六國之從. 六國乘信陵之籍, 明蘇秦之約, 厲荊軻之威, 並力一心以備秦. 然秦卒禽六國, 滅其社稷, 而並天下, 是何也? 則地利不同, 而民輕重不等也. 今漢據全秦之地, 兼六國之衆, 修戎狄之義, 而南朝羌筰, 此其與秦, 地相什而民相百, 大王之所明知也. 今夫讒諛之臣爲大王計者, 不論骨肉之義, 民之輕重, 國之大小, 以爲吳禍, 此臣所以爲大王患也.」

| 註釋 | ○擧 – 쳐서 멸망시키다. ○楡中(유중) – 지금 甘肅省 蘭州市 일대를 지칭하는 지역명. ○羌,筰(강,작) – 중국의 西南夷라 할 수 있는 羌族과 筰族(작족). ○信陵之 – 魏의 信陵君 魏無忌(위무기). ○蘇秦(소진) – 합종책을 마련하고 실천한 종횡가. ○輕重 – 일의 大小. 중요한 일과 그렇지 않을 일. 시급한 일과 나중에 할 일. ○修戎狄之義 – 戎狄(융적)에게 恩義를 베풀다. ○地相什而民相百 – 땅은 열 배, 백성은 100배에 가깝다.

〖國譯〗

〈復諫吳王書〉*

「예전에 秦은 서쪽 흉노들의 침입을 막아내고, 북으로는 楡中(유중) 지역을 지키며, 남으로는 羌族(강족)과 筰族(작족)의 침입을 저지하였고, 동쪽으로는 6국의 합종책과 대항하였습니다. 六國은 信陵君의 주장을 바탕으로 蘇秦(소진)의 맹약으로 뜻을 확실히 했으며 荊軻(형가)의 의기로 기세를 올리면서 모두 한마음으로 秦에 대항하였습니다. 그러나 秦은 결국 六國을 사로잡아 그 사직을 없애고 천하를 겸병하였는데 이는 무엇 때문이겠습니까? 그것은 地利가 다르고 백성들의 능력이 같지 않았기 때문입니다. 지금 漢은 秦의 영역 전부를 차지하였고 6국의 백성들을 합쳤으며 융적에게도 은의를 베풀고 남쪽 羌族을 입조케 하였으니, 이를 秦과 비교한다면 땅은 10배에, 백성은 그 100배에 상당한다는 것을 대왕께서도 확실하게 알고 있을 것입니다. 지금 아첨이나 하는 신하들이 대왕을 위한 계책을 마련한다는 것이 골육의 의리나 백성들의 능력, 영토의 대소를 논하지 않아 吳國의 화를 자초하고 있으니 臣은 이것이 대왕에게는 환난이라고 생각합니다.」

原文

「夫擧吳兵以訾於漢, 譬猶蠅蚋之附群牛, 腐肉之齒利劍, 鋒接必無事矣. 天子聞吳率失職諸侯, 願責先帝之遺約, 今漢親誅其三公, 以謝前過, 是大王之威加於天下, 而功越於湯,武也. 夫吳有諸侯之位, 而實富於天子, 有隱匿之名, 而居過於中國. 夫漢並二十四郡, 十七諸侯, 方輸錯出, 運行數千里不絶於道, 其珍怪不如東山之府. 轉粟西鄕, 陸行不絶, 水行滿河, 不如海陵之倉. 修治上林, 雜以離宮, 積聚玩好, 圈守禽獸, 不如長洲之苑. 游曲台, 臨上路, 不如朝夕之池. 深壁高壘, 副以關城, 不如江淮之險. 此臣之所以爲大王樂也.」

| 註釋 | ○訾於漢 - 漢과 비교하다. 訾 헐뜯을 자. 貲와 통. 估量하다. 값

을 매기다. 짐작하다. ○蠅蚋(승예) - 파리와 등에. 등에는 소가죽을 뚫고 피를 빨아먹는 파리의 일종. ○齒利劍 - 날카로운 칼이 닿다. ○鋒接 - 날카로운 무기를 맞대다. 싸우다. ○失職諸侯 - 직분을 다하지 못한 제후. ○誅其三公 - 어사대부는 삼공의 한 사람이다. 한에서 어사대부 鼂錯(조조)를 처형하여 吳와 楚의 불만을 무마시키려 했다. ○隱匿之名(은익지명) - 동남쪽에 치우쳐 있다는 이유로, 또는 명분을 숨기고 반란을 준비하다. ○居過於中國 - 漢 황실에 잘못을 저질렀다. 中國은 漢朝. ○二十四郡, 十七諸侯 - 이는 당시 漢의 전체적 지방행정 조직인데 여기서 7제후국이 반란에 가담하였다. ○方輸錯出 - 이곳저곳에서 거두어들이다. ○東山之府 - 吳의 章山의 구리 산출과 제염의 이익. 당시 吳는 백성들로부터 조세가 없어도 국가 재정이 운영되었다. ○海陵之倉 - 吳國의 大倉. 今 江蘇省 長江의 북쪽 揚州市 동쪽 泰州市에 있었다고 한다. ○長洲之苑 - 吳나라 왕의 놀이 정원. 今 江蘇省 蘇州市 吳中區에 해당. ○曲台(곡태) - 秦의 궁궐 이름. ○朝夕之池 - 바다. 아침저녁 조수간만의 차이를 두고 하는 말. ○江淮之險 - 長江과 淮水 일대의 험고함.

〖國譯〗

「여기서 吳의 군사력을 漢과 비교해보면 여러 마리의 소에 붙어 피를 빨아먹는 등에와 비교할 수 있으며 썩은 고기에 날카로운 칼날을 대는 것과 같아 교전을 해도 아무 일도 없을 것입니다. 天子께서는 吳가 본분을 다하지도 못하는 제후들을 끌어모아 先帝(고조)의 약조를 따지려 한다는 것을 알고 계시기에 지금 漢에서는 직접 三公의 한 사람을 죽여 이전의 과실에 대해 사과하였으니, 이는 대왕의 위엄을 천하에 인정해준 것이니 그 공은 湯王이나 武王을 뛰어넘는 것입니다. 吳는 제후국의 자리이지만 천자보다도 더 부유하며 동남쪽에 치우쳐 있다는 명분으로 漢 황실에 대하여 잘못이 많았습니다. 漢은 24군 17제후국을 통치하기에 사방에서 거두어들이는 물자가 수천 리에 걸쳐 도로에 이어졌지만 그 진귀한 보물은 吳나라 章山의 재물만 못합니다. 군량을 실어 서쪽으로 보내며 육지의 운송이나 황하에 가득한 배들의 운송은 吳나라 海陵의 大倉만 못합니다. 上林에 가는 길을 수리하고 곳곳에 離宮이 있고 즐길 것을 모아두고 짐승을 기르는 정원은 吳나라 長洲의 정원만 못할 것입니다. 曲台宮의 유람을 위해 上林으로 길을 가는 것은 바닷길만 못합니다. 漢의 높은 방어벽과 보루가 있고 또 관문과 성곽이 있다지만 이는 吳의 長江과 淮水의 험고함만 못합니다. 臣이 생각할 때 이는 大王이 즐길 수 있는 장점일 것입니다.」

原文

「今大王還兵疾歸, 尙得十半. 不然, 漢知吳之有呑天下之心也, 赫然加怒, 遣羽林黃頭循江而下, 襲大王之都, 魯,東海絶吳之饟道, 梁王飭車騎, 習戰射, 積粟固守, 以備滎陽, 待吳之饑. 大王雖欲反都, 亦不得已. 夫三淮南之計不負其約, 齊王殺身以滅其跡, 四國不得出兵其郡, 趙囚邯鄲, 此不可掩, 亦已明矣. 大王已去千里之國, 而制於十里之內矣. 張,韓將北地, 弓高宿左右, 兵不得下壁, 軍不得太息, 臣竊哀之. 願大王孰察焉.」

| 註釋 | ○尙得十半 – 그래도 10에 5는 건질 수 있다. ○赫然(혁연) – 벌컥. 몹시 화를 내는 모양. ○羽林黃頭 – 漢의 水軍. 黃頭에 대해서는 여러 이설이 있다. ○魯,東海 – 魯國과 東海郡. ○饟道(양도) – 糧道. 饟은 군량. ○飭車騎 – 車騎軍을 정돈하다. 飭 신칙할 칙. 갖추다. 정돈하다. ○以備滎陽(형양) – 형양을 지키다. 고조와 항우의 전투에서 형양의 전선이 고착되어 항우의 서쪽 진격이 막혔고 결국 항우의 패망으로 이어졌다. ○三淮南 – 淮南王 劉長의 三子. 당시에 왕이었는데 吳와 楚에 협조하지 않았다. ○齊王殺身以滅其跡 – 齊王 劉將閭(유장려)는 반란 가담의 중압감으로 자살했다. ○四國 – 膠東, 膠西, 濟南, 菑川國. ○趙囚邯鄲 – 조왕은 漢 酈奇(역기)의 군사에 포위되어 출정도 못하고 있었다. 囚 가둘 수. ○制於十里之內 – 그 주둔한 십리의 땅에 포위되어 있었다. ○張,韓 – 漢의 장수. 張羽와 韓安國. ○弓高 – 弓高侯 韓頹當(한퇴당). ○宿左右 – 吳軍 좌우에 주둔하다.

〖國譯〗

「이제 大王께서 군사를 돌려 빨리 돌아가면 아마 10에 5는 건질 수 있을 것입니다. 그렇지 않으면 漢은 吳가 천하를 병탄할 마음이 있다는 것을 알기에 크게 화를 내며 羽林軍과 黃頭軍을 長江을 따라 보내 大王의 도읍을 공격하고, 魯國과 東海郡에서는 吳의 양도를 끊을 것이며 梁王은 車騎軍을 정비하고 전술과 사격을 훈련시키면서 군량을 쌓아 굳게 滎陽(형양)에서 막으면서 吳軍이 굶주리기를 기다릴 것입니다. 그렇게 되면 대왕이 도읍으로 돌아가려 해도 돌아갈 수 없을 것입니다. 그리고 淮南 3國은 약속을 저버리지 않을 것이며, 齊王은 자살하여 그 자취도 없으며 膠東, 膠西, 濟南, 菑川의 4國은 출병도 못하고, 趙는 그 도읍 邯鄲(한단)에 갇혀 있으니 이들이 대왕을 엄호하지 못한다는 것은 이미 확실해졌습니다. 대왕은 본국에서 천릿길을 나와 십리의 땅에 갇혀 있습니다. 張羽와 韓安國은 북쪽에, 弓高侯는 오군의 좌우에 주둔하고 있어 병사들은 방벽을 만들지도 못하고 군사는 쉴 수도 없으니, 臣은 대왕께서 잘 생각해 주시길 바랄 뿐입니다.」

原文

吳王不用乘策, 卒見禽滅.

漢既平七國, 乘由是知名. 景帝召拜乘爲弘農都尉. 乘久爲大國上賓, 與英俊並游, 得其所好, 不樂郡吏, 以病去官. 復游梁, 梁客皆善屬辭賦, 乘尤高. 孝王薨, 乘歸淮陰.

武帝自爲太子聞乘名, 及即位, 乘年老, 乃以安車蒲輪徵乘, 道死. 詔問乘子, 無能爲文者, 後乃得其孽子皐.

| 註釋 | ○見禽滅 – 사로잡혀 처형되었다. 見은 당하다. 동사 앞에 쓰여 피동을 나타낸다. 禽은 擒(사로잡을 금). 吳王 劉濞는 패전하고 동월 땅으로 도주했다가 거기서 잡혀 죽었다. 35권, 〈荊燕吳傳〉. ○弘農都尉 – 函谷關의 도위. 함곡관은 弘農縣(今 河南省 靈寶市). 홍농군은 무제 때 설치되었다. ○得其所好 – 좋아하는 것을 즐기다. ○蒲輪 – 부들로 바퀴를 싸서 진동을 적게 하다. ○道死 – 도중에 죽다. ○孽子皐(얼자고) – 서자 枚皐(매고). 皐(皐)는 물가 언덕 고.

〖國譯〗

吳王은 매승의 책략을 받아들이지 않았고 결국 잡혀 죽었다. 漢

에서 七國을 평정하자 매승은 이로써 이름이 알려졌다. 景帝는 매승을 불러 弘農都尉에 임명하였다. 매승은 오랫동안 큰 제후국의 上賓이었기에 여러 준걸들과 같이 사귀었고 자신이 좋아하는 것을 즐기며 郡의 관리 노릇을 좋아하지 않았고 병으로 관직을 떠났다. 다시 梁으로 갔는데 양의 빈객들이 모두 辭賦를 잘 지었지만 매승이 특히 뛰어났었다. 양 효왕이 죽자 매승은 회음현으로 돌아갔다.

武帝는 太子때부터 매승의 명성을 알았는데 즉위한 뒤에 매승의 나이가 많기에 바퀴를 부들로 싸서 진동을 줄인 편안한 수레를 보내 매승을 불렀지만 매승은 도중에 죽었다. 조서를 내려 매승의 아들을 조사했으나 문장에 능한 자가 없었고 나중에 매승의 서자 枚皐(매고)를 얻었다.

51-4. (子) 枚皐

原文

皐字少孺, 乘在梁時, 取皐母爲小妻. 乘之東歸也, 皐母不肯隨乘, 乘怒, 分皐數千錢, 留與母居. 年十七, 上書梁共王, 得召爲郎. 三年, 爲王使, 與冗從爭, 見讒惡遇罪, 家室沒入. 皐亡至長安. 會赦, 上書北闕, 自陳枚乘之子. 上得大喜, 召入見待詔, 皐因賦殿中. 詔使賦平樂館, 善之. 拜爲郎,使匈奴. 皐不通經術, 詼笑類俳倡, 爲賦頌好嫚戲, 以故得媟黖貴幸, 比東方朔,郭舍人等, 而不得比嚴助等得尊官.

| 註釋 | ○梁共王 – 효왕의 아들 劉買(재위 前 143 – 137). ○冗從(용종) – 일정한 직책이 없는(散職) 侍從官. 九卿은 속관으로 여러 용종을 두었다. 冗은 쓸데없을 용. 남아돌다. ○北闕(북궐) – 황제가 거처하고 정사를 보는 未央宮의 정문. 신하가 황제를 알현하거나 상서할 때 대기하는 궐문. ○平樂館 – 上林苑 내의 궁궐. 平樂觀으로도 표기. ○詼笑(회소) – 조롱하다. 詼 조롱할 회. 비웃다. ○俳倡(배창) – 광대나 樂人. ○嫚戲(만희) – 장난질하다. 嫚은 업신여길 만. ○媟黖(설묵) – 허물없이 굴다(媟狎). 깔보다. 媟 깔볼 설. ○貴幸 – 신분이 높고 총애를 받는 사람. ○東方朔(동방삭, 前 154 – 93) – 字 曼倩(만천), 滑稽(골계)로도 유명했던 문장가. 65권, 〈東方朔傳〉에 입전. ○郭舍人(곽사인) – 무제의 총애를 받았던 광대. ○嚴助 – 嚴忌의 아들. 武帝 때 中大夫. 34권, 〈嚴朱吾丘主父徐嚴終王賈傳〉에 立傳. ○尊官 – 高官.

〖國譯〗

枚皐(매고)의 字는 少孺인데 枚乘이 梁에 있을 때 매고의 어머니를 첩으로 맞이하였다. 매승이 東쪽으로(회음현) 귀향할 때, 매고의 모친이 매승을 따라가려 하지 않자 매승은 화를 내며 매고에게 수천 전의 돈을 나누어 주고 모친과 함께 살게 하였다. 매고는 17살이 되자 梁 共王에게 상서했고 부름을 받아 낭관이 되었다. 3년에 왕의 사자가 되었는데 冗從(용종)과 싸워 참소를 당해 죄에 걸려 가산이 몰수되었다. 枚皐는 도망하여 長安으로 왔다. 마침 사면이 되자 매고는 북궐에 가서 상서하여 자신이 매승의 아들이라고 말했다. 무제는 크게 기뻐하였고 매고는 불려가 알현하고 조서를 받아 전각에서 賦를 지었다. 무제가 조서를 내려 매고에게 平樂館을 賦로 읊게 하였는데 무제가 이를 칭찬하였다. 매고는 낭관이 되었고 흉노에 사신으로 다녀왔다. 매고는 經學에는 밝지 않았고 우스갯소리를 하는 광대나 악인과 비슷하였으며 賦를 지어 장난질이나 하여 귀인들이 경시하면서 東方朔(동방삭)이나 郭舍人처럼 대접받았으며 嚴助와 같은 고관의 자리를 얻지 못하였다.

原文

武帝春秋二十九乃得皇子, 群臣喜, 故皐與東方朔作〈皇太子生賦〉, 及〈立皇子禖祝〉, 受詔所爲, 皆不從故事, 重皇子也.

初, 衛皇后立, 皐奏賦以戒終. 皐爲賦善於朔也.

從行至甘泉,雍,河東, 東巡狩, 封泰山, 塞決河宣房, 遊觀三輔離宮館, 臨山澤, 弋獵射馭狗馬蹴鞠刻鏤, 上有所感, 輒使賦之. 爲文疾, 受詔輒成, 故所賦者多. 司馬相如善爲文而遲, 故所作少而善於皐. 皐賦辭中自言爲賦不如相如, 又言爲賦乃俳, 見視如倡, 自悔類倡也. 故其賦有詆娸東方朔, 又自詆娸. 其文骫骳, 曲隨其事, 皆得其意, 頗詼笑, 不甚閒靡. 凡可讀者百二十篇, 其尤嫚戲不可讀者尙數十篇.

| 註釋 | ○皇子 - 황태자 劉據(유거, 前 128 - 91), 戾太子. 戾는 시호. 前

122년에 태자로 책봉. 巫蠱(무고)의 화를 당해 거병하여 江充을 죽였으나 관군에 패해 자살하였다. ○立皇子禖祝(입황자매축) - 禖 매제 매. 천자가 아들을 얻으려고 지내는 제사. 중국인들은 娘娘廟에 가서 빌면 아들을 얻는다고 믿었다. ○衛皇后 - 衛子夫(? - 前 91). 子夫는 字. 武帝의 2번째 皇后. 본래 平陽公主의 歌婢. 戾太子의 생모. 衛青의 異父 누나. 霍去病(곽거병)의 이모. 宣帝의 曾祖母. '무고의 화' 때 자살. ○戒終 - 끝을 잘 마무리하다. ○甘泉(감천) - 甘泉宮. ○塞決河宣房(선방) - 元光 3년(前 132년), 선방(瓠子口, 今 河南省 濮陽市 서남)의 황하의 제방이 붕괴되어 큰 피해가 있었다. 元封 2년(前 109년) 무제가 직접 白馬를 희생물로 河伯에게 제사하고, 둑 막는 공사에 참여했었다.《漢書 溝洫志(구혁지)》 참고. ○三輔(삼보) - 京兆尹, 左馮翊(좌풍익), 右扶風의 三官이 다스리는 장안과 그 주변 지역. 지금의 陝西省 중부에 해당. ○弋獵射(익엽사) - 사냥. ○馭 - 말 부릴 어. ○蹴鞠(축국) - 공놀이의 일종. ○刻鏤(각루) - 조각하다. 나무에 조각하는 것은 刻, 쇠붙이에 새기는 것은 鏤(새길 루). ○爲文疾 - 글 짓는 것이 빠르다. ○司馬相如 - 57권, 〈司馬相如傳〉에 입전. ○爲賦乃俳 - 부를 짓는 것이 광대와 같았다. ○詆娸(저기) - 비방하고 헐뜯으며〔詆毁(저훼)〕 하찮은 일로 여기다. 詆 욕할 저. 娸 더럽게 여길 기. ○骫骳(위피) - 구부리다. 屈曲. 骫는 굽을 위. 骳는 굽을 피. ○閒靡(한미) - 한가한 여유와 완곡한 표현. ○凡可讀者百二十篇 -《漢書 藝文志》에 枚皐의 賦는 모두 120편이라 하였다.

〖國譯〗

武帝가 나이 29세에 皇子을 얻자 모든 신하가 기뻐하였고 매고와 東方朔은 〈皇太子生賦〉와 〈立皇子禖祝, 황자 낳기를 기원하는 제사의 축문〉을 지었는데 詔書를 받고 지으면서 둘 다 옛 선례를 따르지 않고 皇子를 높였다.

전에 衛皇后를 책봉할 때 매고는 賦를 지어 올리며 끝까지 조심해야 한다고 말했다. 매고는 동방삭보다 賦를 잘 지었다.

매고는 武帝를 수행하여 甘泉宮, 雍縣(옹현), 河東郡을 다녔고 동쪽을 순수하거나 泰山에서 封禪(봉선)하고 宣房(선방)에서 터진 황하를 막았으며 三輔의 離宮이나 전각 등을 돌아보았고 山澤에 가거나 사냥을 하며 말과 사냥개를 몰고 蹴鞠(축국)하거나 각종 彫刻(조각) 등을 하면서 황제가 기분이 나면 바로 매고에게 부를 짓게 하였다. 매고는 글을 빨리 지었는데 명을 받으면 곧 글을 지어 올렸기에 그가 지은 賦가 많았다. 司馬相如도 글을 잘 지었으나 속도가 느렸기에 그의 작품은 많지 않았지만 매고보다 우수했다. 매고도 그의 辭賦에서 자신의 賦가 사마상여만 못하다고 하였으며 또 賦를 짓는 것이 우스개짓이며 광대와 같은 취급을 당했다고 말하면서 자신도 광대와 같은 부류로 생각하였다. 그래서 그의 부에는 東方朔(동방삭)을 깎아내렸고 자신을 지저분하다고 하였다. 그의 글은 굽실거리며 상황에 따라 아부하면서 뜻에 영합하며 웃기는 글이 많았고 한가한 여유나 완곡한 표현도 없었다. 모두 120편의 부가 있으나 천박하여 읽을 수 없는 것이 수십 편이었다.

51-5. 路溫舒

原文

路溫舒字長君, 鉅鹿東里人也. 父爲里監門, 使溫舒牧羊. 溫舒取澤中蒲, 截以爲牒, 編用寫書. 稍習善, 求爲獄小吏, 因學律令, 轉爲獄史, 縣中疑事皆問焉. 太守行縣, 見而異之, 署決曹史. 又受《春秋》, 通大義. 擧孝廉, 爲山邑丞, 坐法免, 復爲郡吏.

| **註釋** | ○路溫舒(노온서) - 생졸년 미상. 최종 관직은 臨淮太守. ○鉅鹿(거록) - 郡名. 치소는 鉅鹿縣. 今 河北省 남부 邢台市(형태시) 관할의 鉅鹿縣. ○截以爲牒(절이위첩) - 잘라서 서첩을 만들다. ○曹史 - 한 업무 부서를 曹라 하고 그 책임자를 掾(연), 부책임자를 史(사)라 하였다. ○孝廉(효렴) - 漢 武帝 때 실시된 인재 추천과 관리 임용의 한 방법. 孝는 善事父母하는 인재, 廉(염)은 淸廉하고 節操가 있는 인재, 孝와 廉 2개 영역임. 郡國에서는 孝 또는 廉으로 1인을 추천. ○山邑丞 - 常山郡 石邑縣의 丞. 山邑은 石邑의 誤記라는 주석에 따랐다. 石邑은 今 河北省 石家莊市 서남.

〖國譯〗

路溫舒(노온서)의 字는 長君으로 鉅鹿縣(거록현) 東里 사람이다. 부친은 마을의 監門이었는데 온서에게 양을 키우게 시켰다. 온서는 연못의 부들을 꺾어다가 잘라 작은 서첩을 만들어 글씨를 썼다. 점차 익혀 잘 쓰게 되자 獄의 小吏가 되었고 이어 律令을 익혀 獄史로 승진하였는데 縣에서 의문되는 일은 모두 온서에게 물었다. 太守가 현을 순시하다가 온서를 보고 특별하다고 생각하여 어떤 부서 업무의 부책임자에 임명하였다. 또《春秋》를 배우게 하였더니 大義를 깨쳤다. 이에 孝廉(효렴)으로 천거하여 石邑縣의 현승이 되었는데 법에 걸려 면직되었다가 다시 郡吏가 되었다.

原文

元鳳中, 廷尉光以治詔獄, 請溫舒署奏曹掾, 守廷尉史. 會昭帝崩, 昌邑王賀廢, 宣帝初卽位, 溫舒上書, 言宜尙德緩刑. 其辭曰,

| 註釋 | ○元鳳(원봉) - 漢 昭帝(재위, 前 86 - 74)의 연호(前 80 - 76). ○廷尉光 - 李光. ○詔獄 - 황제 명을 받아 죄인을 조사하는 가두는 獄. ○署奏曹掾(서주조연) - 상주를 담당하는 부서 책임자. ○守廷尉史 - 廷尉史의 代理. 守는 대개 1년 정도 임시 또는 대리로 직무를 담당한다. ○昭帝崩 - 昭帝는 前 74년에 죽고 宣帝〔劉詢(유순)〕이 즉위한다. ○昌邑王賀廢 - 무제의 손자 劉賀. 昭帝의 후사가 없어 대장군 곽광 등이 옹립하였으나 상중에 飮酒作樂하여 재위 27일 만에 폐위된다. 정신적으로 이상이 있었다고 한다. ○其辭 - 〈言宜尙德緩刑書〉.

〖國譯〗

元鳳(원봉) 연간에 廷尉 李光이 詔命에 따른 옥사를 심리하면서 노온서를 署奏曹掾(서주조연) 겸 임시 廷尉史에 임명하였다. 그 무렵

昭帝가 죽고 昌邑王 劉賀가 폐위되고 宣帝가 즉위하였는데 노온서는 上書하여 응당 덕을 숭상하고 형벌을 완화해야 한다고 말하였다. 그 글에서 노온서가 말했다.

原文

〈言宜尙德緩刑書〉*

「臣聞齊有無知之禍, 而桓公以興, 晉有驪姬之難, 而文公用伯. 近世趙王不終, 諸呂作亂, 而孝文爲大宗. 繇是觀之, 禍亂之作, 將以開聖人也. 故桓,文扶微興壞, 尊文,武之業, 澤加百姓, 功潤諸侯, 雖不及三王, 天下歸仁焉. 文帝永思至德, 以承天心, 崇仁義, 省刑罰, 通關梁, 一遠近, 敬賢如大賓, 愛民如赤子, 內恕情之所安, 而施之於海內, 是以囹圄空虛, 天下太平. 夫繼變化之後, 必有異舊之恩, 此賢聖所以昭天命也. 往者, 昭帝卽世而無嗣, 大臣憂戚, 焦心合謀, 皆以昌邑尊親, 援而立之. 然天不授命, 淫亂其心, 遂以自亡. 深察禍變之故, 乃皇天之所以開至聖也. 故大將軍受命武帝, 股肱漢國, 披肝膽, 決大計, 黜亡義, 立有德, 輔天而行, 然後宗廟以安, 天下咸寧.」

| 註釋 | ○無知之禍 – 춘추시대 齊나라 公孫無知(姜無忌, 莊公의 손자)가 襄公(재위, 前 698 – 686)을 죽이고 즉위했는데(前 686) 다음 해에 피살되었다. 이에 莒國(거국)에 망명 중이던 小伯(襄公의 동생)이 돌아와 즉위하니 이

가 桓公(재위, 前 685－643)이다. 환공은 춘추 5패의 한 사람. ○驪姬之難－춘추시대 晉 獻公(헌공)의 부인 驪姬(여희)는 자신의 소생 奚齊(해제)를 즉위시키려고 태자 申生을 죽인다. 이에 公子 重耳와 夷吾는 出奔(출분)한다. 헌공이 죽고 해제가 즉위하였으나 중신들에게 피살되고 중이가 환국하여 즉위하니 이가 晉 文公(재위, 前 637－628)이다. 晉 文公도 춘추 5패 중 한 사람. ○趙王不終－고조와 戚夫人(척부인) 소생의 趙王 如意. 呂后에게 독살 당했다. ○大宗－太宗. 文帝는 諡號이고 太宗은 廟號이다. ○祖, ○宗은 묘호. ○繇是(유시)－由是. 由此. 繇는 부역할 요. 말미암을 유. 繇는 由와 同. ○扶微興壞(부미흥괴)－약자를 부축해주고 무너진 것을 다시 일으키다. ○通關梁－막힌 관문이나 교량을 열어주다. ○一遠近－원근을 하나로 하다. 원근이 일체가 되다. ○囹圄(영어)－감옥. 囹 옥 영(령). 圄 옥 어. ○卽世(즉세)－죽다. 卽은 끝나다(終也). ○昌邑－昌邑王 劉賀. 무제의 아들 昌邑 哀王 劉髆(유박)의 아들이니 무제의 손자이다. 昭帝의 뒤를 이어 즉위했지만 재위 27일만에 폐위되었다. ○大將軍－霍光(곽광). ○股肱(고굉)－重臣. 股肱之臣. 손발처럼 유용한 신하. ○披肝膽(피간담)－간과 쓸개를 열어 보이다.

〖國譯〗

〈言宜尙德緩刑書〉*

「臣이 알기로는, 齊에서 公孫無知의 禍亂을 겪고 桓公이 흥기하였고, 晉에서는 驪姬(여희)의 변란이 있은 뒤에 文公이 패자가 되었습니다. 近世에는 趙王 여의가 자기 명에 죽지 못하고 呂氏들이 어지럽힌 뒤에 文帝가 태종으로 즉위하셨습니다. 이를 통해 본다면 변란이 일어난 것은 곧 聖人의 시대가 열린다는 뜻이었습니다. 그리하여 桓公과 文公은 약자를 도와주고 무너진 나라를 다시 세우며 文王

과 武王의 공업을 받들어 백성에게 혜택을 베풀고 제후들을 도왔으니 그 功業이 三王에는 미치지 못하였으나 천하는 태평하였습니다. 문제께서는 훌륭한 德政으로 天心을 계승하시겠다고 생각하시어 仁義를 숭상하고 刑罰을 줄였으며 관문을 소통케 하시고 원근을 하나로 통일하시었으며 현인을 큰 손님으로 대우하고 백성을 赤子마냥 친애하시었으며 백성들이 편안하도록 너그러움을 海內의 백성들에게 베푸셨기에 감옥이 비고 천하가 태평하였습니다. 변화의 뒤를 이어간다는 것은 옛날과 다른 은혜가 있어야 하는데 이는 현인이나 성인이 천명을 받는 것입니다. 지난번에 昭帝가 붕어하시고 후사가 없어 대신들이 걱정하다가 함께 논의하여 昌邑王이 어버이를 잘 모신다하여 데려다가 모셨습니다. 그러나 하늘은 천명을 내려주지 않았으니 그 마음이 음란하였기에 결국 스스로 망하였습니다. 이렇게 화가 내린 까닭을 깊이 살펴본다면 바로 皇天이 至聖을 맞이하려는 뜻이었습니다. 그래서 大將軍〔霍光(곽광)〕이 武帝의 명을 받아 漢나라의 중신으로 솔직한 속내를 열어 大計를 결정하여 義를 버린 사람을 축출하고 유덕자를 옹립하여 하늘의 뜻을 보완한 이후에야 종묘사직이 안정되고 천하가 모두 평안하였습니다.」

原文

「臣聞《春秋》正卽位, 大一統而愼始也. 陛下初登至尊, 與天合符, 宜改前世之失, 正始受命之統, 滌煩文, 除民疾, 存亡繼絶, 以應天意.」

| 註釋 | ○《春秋》~ －《公羊傳》隱公 元年의 내용. ○滌煩文(척번문) －번잡한 법 조항을 간단하게 하다. 滌 씻을 척.

〖國譯〗

「臣이 알기로는,《春秋》에 바르게 즉위하고 나라를 통합하고 삼가며 시작한다고 하였습니다. 폐하께서는 이제 지존의 자리에 등극하시어 하늘의 뜻에 부합하도록 전 시대의 잘못을 고치고 受命의 법통을 정당하게 시작하셨으니 번잡한 법을 고치고 백성의 고통을 없애주며 망하고 끊어진 것을 다시 살리고 이어 天意에 부응하셔야 합니다.」

原文

「臣聞秦有十失, 其一尙存, 治獄之吏是也. 秦之時, 羞文學, 好武勇, 賤仁義之士, 貴治獄之吏, 正言者謂之誹謗, 遏過者謂之妖言. 故盛服先生不用於世, 忠良切言皆鬱於胸, 譽諛之聲日滿於耳. 虛美熏心, 實禍蔽塞, 此乃秦之所以亡天下也. 方今天下賴陛下恩厚, 亡金革之危, 饑寒之患, 父子夫妻戮力安家, 然太平未洽者, 獄亂之也. 夫獄者, 天下之大命也, 死者不可復生, 絶者不可復屬.《書》曰, '與其殺不辜, 寧失不經.' 今治獄吏則不然, 上下相驅, 以刻爲明, 深者獲公名, 平者多後患. 故治獄之吏皆欲人死, 非憎人也, 自安之道在人之死. 是以死人之血流離於市, 被刑之徒比肩而立, 大辟之計歲以萬數, 此仁聖之所以傷也. 太平之未洽, 凡以此也. 夫人情安則樂生, 痛則思死. 棰楚之下, 何求而不得? 故囚人不勝痛, 則飾辭以視之, 吏治者利其然, 則指道以明之, 上奏畏卻, 則鍛練而周內之. 蓋奏當之成, 雖咎繇聽之, 猶以爲死有餘辜. 何則? 成練者衆, 文致之罪明也. 是以獄吏專爲深刻, 殘賊而亡極, 媮爲一切, 不顧國患, 此世之大賊也. 故俗語曰, '畫地爲獄, 議不入, 刻木爲吏, 期不對.' 此皆疾吏之風, 悲痛之辭也. 故天下之患, 莫深於獄, 敗法亂正, 離親塞道, 莫甚乎治獄之吏. 此所謂一尙存者也.」

| **註釋** | ○誹謗 - 헐뜯다. 誹 헐뜯을 비. 謗 헐뜯을 방. ○遏過者 - 잘못을 지적하다. 나쁘다고 말하다. 遏(막을 알)은 謁(아뢸 알)의 뜻. ○盛服先生 - 儒生. ○鬱於胸(울어흉) - 가슴에 쌓이다. 鬱 막힐 울. 쌓이다. ○熏心 - 마음을 어지럽히다. ○金革之危 - 전쟁을 해야 하는 위기. ○《書》曰 - 《書經 虞書 大禹謨》. ○與其殺不辜, 寧失不經 - 무고한 사람을 죽이느니 차라리 법도를 잃고 실패하겠다. 與其 ~하기 보다는. ~하느니. 與其~, 不如~. 與其~, 寧~ 의 형태로 쓰인다. 不辜는 無辜. 辜 허물 고. 不經은 법을 안 지키다. ○大辟(대벽) - 사형. ○棰楚(추초) - 몽둥이와 가시나무. 매질하다. 棰 매 추. 회초리로 때리다. 楚는 가시나무 초. 매. 회초리. 楚撻(초달). ○何求而不得 - 얻으려는데 왜 못 얻겠는가? 때리면 무엇이든지 자백 받을 수 있다. 拷問(고문). ○鍛練而周內之 - 잘 다듬고 周密하게 올리다. ○咎繇(구요) - 즉 皐陶(고요). 舜과 夏朝 초기의 賢臣. 법을 다루는 理官. 中國 司法官 鼻祖. ○文致 - 舞文弄法(무문농법)하여 죄에 얽어매다. ○媮爲一切 - 그

럭저럭 꿰맞추다. 婾 훔칠 투. 苟且와 같음. 그럭저럭. 대충. 一切은 임시로. ○議不入 – 義는 옳은 사람은 들어가지 않다. ○期不對 – 전혀 쳐다보지도 않다. 期는 必也.

〖國譯〗

「臣이 알기로, 秦의 10가지 실책 중 그 하나가 아직 남아 있으니 바로 治獄하는 관리입니다. 秦 시대에는 文學을 부끄럽게 생각하고 武勇을 좋아했으며 仁義之士를 천하게 여기고 治獄하는 관리를 높였으며 바른 말 하는 사람을 비방한다고 했고 잘못을 지적하는 사람을 妖言을 퍼뜨린다고 하였습니다. 그러다 보니 유생들은 등용되지도 못했고 忠良하고 꼭 할 말들이 가슴에 쌓였으며 칭송과 아첨하는 말만 매일 귀에 들렸습니다. 헛된 멋에 마음은 혼란하고 실질적 재난으로 꽉 찼었으니 이것이 바로 秦이 천하를 잃어버린 까닭입니다. 지금 세상은 폐하의 후한 은덕을 바탕으로 전쟁의 위험과 굶주림과 추위 걱정도 없이 父子와 夫婦가 오직 가정을 평안케 만들려 하나 아직 태평하지 못한 것은 형벌에 의한 혼란 때문입니다. 형벌이란 천하 백성의 생명과 관계되는 큰일이니 死者를 다시 살릴 수 없고 끊어진 것은 다시 이을 수도 없습니다. 그래서 《書經》에서는 '무고한 사람을 죽이느니 차라리 법도를 잃고 실패하겠다.' 고 하였습니다. 그러나 지금 옥리들은 그러하지 않으니 상하가 함께 백성을 몰아가며 각박하면 명철하다고 하고 모진 자는 공적 명성을 차지하며, 보통인 자는 그 후환이 많은 실정입니다. 그래서 治獄하는 관리들 모두는 백성들을 죽을 때까지 몰아가는데, 이는 사람을 증오해서가 아니라 자기 편안 길이 사람 죽는데 있기 때문입니다. 이러하다 보니 죽은 피가 거리에 흐르고 형을 받은 죄인들이 어깨를 나란히 하고 있으며 사형을 받는 숫자가 1년에 만 명이 넘으니 이는 인자한 성인이 가슴 아파하는 것입니다. 나라의 태평이 미흡하다는 것은 모두 이 때문입니다. 인간의 감정이란 편안하면 사는 것이 즐겁고 고통을 받으면 죽고 싶습니다. 몽둥이로 때리는데 무엇을 얻지 못하겠습니까? 그래서 죄수는 아픔을 견디지 못하고 말을 지어내어 알리게 되고 문초하는 관리는 그것이 편리하기에 뜻하는 대로 밝혀지게 되며, 상주하여 기각당하는 것을 걱정하여 잘 다듬고 꾸미고 주밀하게 맞춰냅니다. 대개 상주할 것이 다 갖추어지면 옛날 咎繇(구요, 皐陶)가 듣는다 하여도 사형에 처하고도 여죄가 남을 것입니다. 이는 왜 그렇겠습니까? 꾸며대는 것이 그만큼 많고 법조문으로 얽은 죄가 확실하기 때문입니다. 이로써 옥리들은 오로지 모질고도 각박한 처리에 힘쓰기에 잔인한 살육이 끝이 없거나 아니면 적당히 처리하여 나라의 환난을 생각지도 않으니 이들이 바로 세상의 큰 도적입니다. 그래서 속어에 '땅에 줄을 그어 감옥이라 하여도 들어가선 안 되고 나무를 세워 옥리라 해도 쳐다보지도 말라.' 하였습니다. 이 모두가 옥리들을 질시하는 풍조이며 비통한 말입니다. 그래서 천하의 걱정거리는 감옥보다 더 한 것이 없고, 나쁜 법은 정도를 어지럽히며 친족을 흩어지게 하고, 정도를 막기로는 治獄하는 관리보다 더 심한 것이 없습니다. 이것이 秦의 폐단으로 아직도 남아 있는 하나입니다.」

原文

「臣聞烏鳶之卵不毀, 而後鳳凰集, 誹謗之罪不誅, 而後良言進. 故古人有言, '山藪藏疾, 川澤納汚, 瑾瑜匿惡, 國君含詬.' 唯陛下除誹謗以招切言, 開天下之口, 廣箴諫之路, 掃亡秦之失, 尊文,武之德, 省法制, 寬刑罰, 以廢治獄, 則太平之風可興於世, 永履和樂, 與天亡極, 天下幸甚.」

| **註釋** | ○烏鳶(오연) – 늙은 매. 鳶 솔개 연. ○鳳凰 – 봉황. 仁鳥. 鳳은 수컷. 凰은 암컷. ○故古人有言 – 《左傳》 宣公 15년 條에 실려 있는 晉 大夫 伯宗의 말. '鞭長莫及' 이란 성어의 주인공. ○山藪藏疾 – 藪는 늪 수. 덤불. 疾은 빠를 질. 맹수. ○瑾瑜匿惡 – 좋은 옥에도 흠결이 있다. 瑾은 붉은 옥 근. 瑜는 아름다운 옥 유. ○國君含詬 – 國君이라도 잘못하여 부끄러운 것이 있다. 詬는 꾸짖을 후. 부끄러움. ○廢治獄 – 治獄에 따른 폐단을 제거하다. ○與天亡極 – 하늘과 더불어 오래 가다. 與天長久.

〖**國譯**〗

「臣이 알기로는, 매의 알이 깨지지 않는 곳에 봉황이 모여들고 비방의 죄가 벌을 받지 않아야 좋은 말이 들어온다고 하였습니다. 그래서 옛사람이 말하기를 '산속에는 맹수가 있고 하천은 더러운 물도 받아들이며, 좋은 옥에도 흠결이 있고 國君도 부끄러운 일이 있다.' 고 하였습니다. 그러하오니 폐하께서는 비방의 죄를 벌하지 말고 절실한 말을 하게 하여 천하 백성들의 입을 열어주시고 충간하는 길을 넓히시며, 망한 秦나라의 실책을 일소하며 문왕과 무왕의 덕을 받드시며 법률을 줄이고 형벌을 완화하시며, 治獄의 폐단을 제거하시면 태평성대의 기풍을 지금 일으키실 수 있어 오래도록 화락하시며 하늘과 더불어 누릴 것이니 이는 백성들에게도 큰 복일 것입니다.」

原文

上善其言, 遷廣陽私府長. 內史擧溫舒文學高第, 遷右扶風丞. 時, 詔書令公卿選可使匈奴者. 溫舒上書, 願給廝養, 暴骨方外, 以盡臣節. 事下度遼將軍范明友,太僕杜延年問狀, 罷歸故官. 久之, 遷臨淮太守, 治有異跡, 卒於官.

| 註釋 | ○廣陽私府長 – 제후국 왕실 재정 담당자. 廣陽國은 今 北京 일대의 제후국. 漢의 國庫는 少府라 하고 제후국의 경우는 私府라 한다. ○內史 – 진과 漢에서 경기 지방의 행정관, 태수라 하지 않고 내사라 하였다. 무제 이후 右內史를 京兆尹, 좌내사를 左馮翊, 右扶馮(우부풍)이라 하고 합하여 三輔라 하였으니 관직명이면서 행정구역이었다. ○右扶風丞 – 右扶風의 副 책임자. ○廝養(시양) – 소나 말을 먹이다. 여기서는 관리가 어떠한 직책이라도 수행하겠다는 뜻으로 쓰였다. ○暴骨方外 – 변방에서 죽다. 국가를 위해 몸 바치겠다는 뜻. ○范明友(범명우) – 昭帝 때 烏桓族(오환족)을 치는데 공을 세웠다. ○杜延年(두연년, ? – 前 52) – 30권, 〈杜周傳〉에 立傳. ○罷歸故官 – 받아들여지지 않아 옛 관직으로 돌려보내다. ○遷臨淮 – 郡名. 치소는 徐縣(今 江蘇省 宿遷市 관할의 泗洪縣).

〖國譯〗

宣帝는 그 건의를 칭찬하였고 廣陽國 私府의 長으로 임명하였다.

內史가 路溫舒를 文學의 高第로 천거하여 右扶風의 丞으로 승진하였다. 그때 詔書를 내려 公卿 중에서 흉노에 사신으로 갈만한 사람을 모집하였다. 노온서는 상서하여 험한 일을 마다하지 않겠으며 변방에서 죽을지라도 신하의 지조를 지키겠다고 하였다. 이 일을 度

遼將軍 范明友와 太僕 杜延年에게 조사케 하였으나 (적임자가 아니라고) 선발되지 않아 원 벼슬로 돌렸다. 얼마 지나 臨淮太守가 되어 특별한 치적을 남기고 재임 중에 죽었다.

原文

溫舒從祖父受歷數天文, 以爲漢厄三七之間, 上封事以豫戒. 成帝時, 谷永亦言如此. 及王莽簒位, 欲章代漢之符, 著其語焉. 溫舒子及孫皆至牧守大官.

| 註釋 | ○漢厄三七之間 – 漢의 나라의 수명이 3×7 곧 21년에 다할 것이다. 일종의 참언이며 예언이다. 厄 재앙 액. 액운. 高祖 개국(前 206)에서 哀帝 원년(前 6년)까지가 201년. 평제가 죽는 기원 후 5년까지가 211년이었다. ○成帝時 – 재위, 前 32 – 前 7. ○谷永 – 85권, 〈谷永杜鄴傳〉에 입전. 곡영도 '涉三七之節絶' 이라 했다. ○王莽簒位 – 서기 8년.

〖國譯〗

노온서는 祖父로부터 歷數와 天文을 배웠는데 漢나라의 액운이 三七之間(210년)에 있다고 생각하였기에 封書를 올려 미리 경계해야 한다고 말했다. 成帝 때 谷永(곡영)도 이와 같은 말을 하였다. 王莽(왕망)이 찬위하면서 漢을 대신하는 符瑞를 강조하려고 그 말을 기록하였다. 노온서의 아들과 손자가 모두 지방 군수나 대관을 역임하였다.

原文

贊曰, 春秋魯臧孫達以禮諫君, 君子以爲有後. 賈山自下劘上, 鄒陽,枚乘游於危國, 然卒免刑戮者, 以其言正也. 路溫舒辭順而意篤, 遂爲世家, 宜哉!

| 註釋 | ○春秋 魯 臧孫達(장손달) - 魯나라의 대부 臧哀伯. 魯 桓公이 宋에서 大鼎을 취하려 하자 장손달은 그래서는 안 된다고 간언하였다. 이에 周室의 內史가 말했다. "장손달의 후손은 魯에서 번성할 것이다. 主君의 잘못을 그냥 넘기지 않고 간언을 하니 덕을 쌓는 것이다." ○君子以爲有後 - 君子(周의 內史)가 (장손달의) 후손이 번성할 것이라고 말했다. ○劘上 - 윗사람에게 직언을 하다. 劘 깎을 마. 直言勸諫하다. ○刑戮(형륙) - 형벌을 받아 죽다. ○世家 - 대대로 고관을 배출하는 가문. 家世(家系)가 좋은 집.

〚國譯〛

班固의 論贊 : 春秋시대에 魯의 臧孫達(장손달)이 禮를 갖춰 주군에게 간언을 올리자 이를 본 君子가 그 후손이 번창할 것이라고 말했었다. 賈山은 아래서 윗사람에게 바른 말을 하였고, 鄒陽(추양)과 枚乘(매승)은 위험한 나라에서 끝까지 형벌을 받지 않은 것은 바른 말을 했기 때문일 것이다. 路溫舒(노온서)도 언사가 순리적이고 뜻이 독실하였으니 나중에 世家가 된 것은 당연한 일일 것이다!

52 竇田灌韓傳
〔두,전,관,한전〕

52-1. 竇嬰

原文

竇嬰字王孫, 孝文皇后從兄子也. 父世觀津人也. 喜賓客, 孝文時爲吳相, 病免. 孝景卽位, 爲詹事.

帝弟梁孝王, 母竇太后愛之. 孝王朝, 因燕昆弟飮. 是時, 上未立太子, 酒酣, 上從容曰, "千秋萬歲後傳王." 太后歡. 嬰引卮酒進上曰, "天下者, 高祖天下, 父子相傳, 漢之約也, 上何以得傳梁王!" 太后由此憎嬰. 嬰亦薄其官, 因病免. 太后除嬰門籍, 不得朝請.

| 註釋 | ○竇嬰(두영, ? - 前 131) - 7국의 난을 평정한 군공으로 魏其侯(위기후)에 봉해졌다. 나중에 武安侯 田蚡과 불화하여 결국 詔書를 위조했다는 죄로 처형되었다. ○觀津 - 縣名. 今 河北省 衡水市 관할의 武邑縣. ○詹事(첨사) - 황후나 태자 궁의 서무 담당. 질록 2千石. ○薄其官 - 그 관직을 낮다고 생각하다. ○除嬰門籍 - 두영을 宮門 출입자 명단에서 삭제하다. ○朝請 - 제후가 봄(朝)과 가을(請)에 입궁하여 황제를 알현하는 일.

〖國譯〗

竇嬰(두영)의 字는 王孫이고, 孝文皇后 從兄(사촌 오빠)의 아들이다. 부친은 대대로 觀津縣 사람이었다. 두영은 賓客을 좋아하였고 문제 때 吳의 승상을 역임했으나 병으로 사임했다. 경제가 즉위하면서 詹事(첨사)가 되었다.

景帝의 동생인 梁 孝王은 모친 竇太后의 사랑을 받았다. 효왕이 입조하여 가족의 형제로 술을 마셨다. 그때 경제는 태자를 책봉하지 않았는데 술이 거나해지자 경제가 조용히 말했다. "千秋萬歲 후에 효왕에게 전위하겠다." 그러자 太后가 좋아하였다.

이에 두영이 술잔을 들어 경제에게 올리며 말했다. "지금 천하란 것은 高祖의 천하이며 父子가 전위하는 것은 漢의 약속인데 폐하께서는 어떻게 梁王에게 전위하실 수 있겠습니까!"

太后는 이로부터 두영을 미워하였다. 두영 역시 직위가 낮다고 생각하여 병을 핑계로 사직하였다. 태후도 두영을 궁문에서 이름을 삭제했기에 봄과 가을에 입조할 수도 없었다.

原文

孝景三年, 吳,楚反, 上察宗室諸竇無如嬰賢, 召入見, 固讓謝, 稱病不足任. 太后亦慚. 於是上曰, "天下方有急, 王孫寧可以讓邪?" 乃拜嬰爲大將軍, 賜金千斤. 嬰言爰盎,欒布諸名將賢士在家者進之. 所賜金, 陳廊廡下, 軍吏過, 輒令財取爲用, 金無入家者. 嬰守滎陽, 監齊,趙兵. 七國破, 封爲魏其侯. 游士賓客爭歸之. 每朝議大事, 條侯,魏其, 列侯莫敢與亢禮.

| 註釋 | ○王孫寧可以讓邪 - 王孫(竇嬰의 字)은 어찌 사양만 하는가? ○爰盎(원앙) - 49권, 〈爰盎鼂錯傳〉 立傳. 欒布(난포)는 37권, 〈季布欒布田叔傳〉 입전. ○陳廊廡下 - 廊廡(낭무)는 낭하. 복도. 廊은 곁채 낭. 廡는 처마 무. 큰 집. ○輒令財取爲用 - 되는대로 재량껏 가져가 사용했다. 輒 문득 첩. 쉽게. 財는 裁와 通. 裁量껏. ○條侯(조후) - 周亞夫, 絳侯 周勃의 아들. 10권. 〈張陳王周傳〉 입전. ○亢禮 - 抗禮. 대등한 禮.

〖國譯〗

景帝 3년, 吳와 楚의 반란이 일어나자, 경제가 살펴보아도 宗室과 외가의 두씨 중에 두영만큼 현명한 사람이 없어 불러 만났는데 두영은 병으로 임무를 맡을 수 없다고 굳이 사양하였다. 두태후도 마찬가지로 부끄러운 데가 있었다. 이에 경제가 말했다.

"천하가 지금 정말 다급한데 王孫(竇嬰)께서는 어찌 사양만 할 수 있겠는가?" 그러면서 두영을 大將軍으로 임명하였고 금전 천근을 하사하였다. 두영은 爰盎(원앙)과 欒布(난포) 등 관직이 없는 여러 명장과 賢士를 추천하였다. 하사받은 금전을 낭하에 놓아두어 軍吏들이 지나면서 재량껏 가져가 軍用으로 쓰게 하고 자기 집에 가져가지 않았다. 두영은 滎陽縣(형양현)을 지키면서 齊와 趙의 군사를 막았다. 七國의 난이 평정된 뒤에 魏其侯에 봉해졌다. 游士와 빈객들이 다투어 두영에게 모여들었다. 매번 조회에서 국사를 논의할 때 條侯 주아부와 魏其侯 두영에게 감히 대등한 예를 취하는 列侯가 없었다.

原文

四年, 立栗太子, 以嬰爲傅. 七年, 栗太子廢, 嬰爭弗能得, 謝病, 屛居藍田南山下數月, 諸竇賓客辯士說, 莫能來. 梁人高遂乃說嬰曰, "能富貴將軍者, 上也, 能親將軍者, 太后也. 今將軍傅太子, 太子廢, 爭不能拔, 又不能死, 自引謝病, 擁趙女屛閒處而不朝, 祇加懟自明, 揚主之過. 有如兩宮奭將軍, 則妻子無類矣." 嬰然之, 乃起, 朝請如故.

| 註釋 | ○四年 – 前 153년. ○栗太子(율태자) – 경제의 장자. 栗姬 소생. 名 劉榮(? – 前 147). 53권, 〈景十三王傳〉 참고. ○栗太子廢 – 前 150년에 폐위하여 臨江王에 봉해졌는데 3년 만에 자살했다. ○屛居藍田 – 남전현에 閑居하다. 藍田은 縣名. 今 陝西省 西安市 藍田縣. 玉의 產地로 유명. ○莫能來 – (조정으로) 돌아오게 할 사람이 없었다. ○高遂(고수) – 說客 이름. ○擁趙女 – 미녀를 끼고. 趙地에 미녀들이 많았다고 한다. ○祇 – 가사 기. 다만 지(祗, 只와 같음). 懟 원망할 대. ○有如 – ~와 비슷하다. 만약. ○兩宮 – 두태후와 景帝. ○奭 – 클 석, 붉은색 석. 화를 내다. 술을 마시며 즐기다.

〖國譯〗

景帝 4년, 栗太子(율태자)를 책봉하고 두영을 태자태부로 삼았다. 7년 율태자를 폐했는데 두영은 간쟁하였으나 막을 수 없었기에 병을 핑계로 藍田縣 남산 아래서 은거하기 몇 달 동안 여러 두씨들이나 빈객과 변사들이 설득했으나 아무도 나오게 하질 못했다. 梁人 高遂(고수)란 사람이 두영을 설득하며 말했다. "장군을 부귀하게 할 사람은 황제이고 장군을 친족으로 가까이 할 사람도 태후입니다. 지금 장군이 태자의 스승으로 태자를 폐하는데 막지도 못하고 또 죽을 수도 없기에 스스로 병을 핑계대고 물러나 한가한 곳에서 미녀나 끼고 지내며 입조하지도 않는 것은 다만 자기 원망을 확실히 하고 주군의 잘못을 드러내는 것입니다. 만약 태후와 폐하가 장군에게 화를 낸다면 처자는 물론 후손도 살아남지 못할 것입니다."

두영은 옳다고 여겨 활동하면서 전처럼 봄, 가을로 입조하였다.

原文

桃侯免相, 竇太后數言魏其. 景帝曰, "太后豈以臣有愛相魏其者? 魏其沾沾自喜耳, 多易, 難以爲相持重."

遂不用, 用建陵侯衛綰爲丞相.

| 註釋 | ○桃侯 - 劉舍(유사). 본래 그 부친이 項羽의 일족 項襄(항양)이었는데 고조에 협조하여 공신이 되며 유씨 성을 하사받았다. 유사는 경제 재위 중 태복, 어사대부 등을 역임하고 中元 3년(前 147)에 승상이 되어 後元 원년(前 143)에 면직되었다. ○豈以臣有愛~ - 여기서 臣은 景帝 자칭. 愛는

인색하다. ○沾沾自喜(첨첨자희) - 득의양양하다. 우쭐거리며 뽐내다. 沾 젖을 첨, 더할 첨. ○多易(다이) - 많이 경솔하다. ○持重 - 중임을 맡다. ○建陵侯 衛綰(위관) - 46권, 〈萬石衛直周張傳〉 입전.

〖國譯〗

桃侯(도후) 劉舍(유사)가 승상에서 면직되자 두태후는 위기후를 여러 번 말했다. 그러자 경제가 말했다. "태후께서는 내가 위기후를 승상에 임명하려 하지 않는다고 왜 그리 생각하실까? 위기후는 우쭐대고 많이 경솔하여 승상의 중임을 감당하기 어려운데!"

그리고 끝내 등용하지 않았고, 建陵侯 衛綰(위관)을 丞相으로 삼았다.

52-2. 田蚡

原文

田蚡, 孝景王皇后同母弟也, 生長陵. 竇嬰已爲大將軍, 方盛, 蚡爲諸曹郎, 未貴, 往來侍酒嬰所, 跪起如子姓. 及孝景晩節, 蚡益貴幸, 爲中大夫. 辯有口, 學《盤盂》, 諸書, 王皇后賢之.

| 註釋 | ○田蚡(전분, ? – 前 131) – 蚡은 두더지 분. 武帝의 舅舅(외삼촌), 封武安侯. 相貌가 醜陋하나 文辭에 뛰어났었다.《史記 魏其田蚡列傳》참고. ○孝景王皇后 – 경제의 2번째 황후인 王皇后. 전분은 王황후의 異父同母弟임. ○長陵 – 高祖의 능묘. 縣名. 今 陝西省 咸陽市 동북. ○諸曹郎 – 郎中令 소속의 議郎, 中郎, 侍郎, 郎中 등의 관직을 지칭. ○子姓 – 자손. ○中大夫 – 낭중령의 속관. 政事의 議論 담당, 定員 없음. 秩 2천석. 武帝 때 光祿大夫로 개명. ○盤盂(반우) – 黃帝의 사관인 孔甲이 지었다는 책. 今 失傳.

〖國譯〗

田蚡(전분)은 孝景 王皇后의 同母 弟로 長陵縣에서 태어났다. 竇嬰(두영)이 대장군으로 한창 위세를 떨칠 때 전분은 그 아래의 낭관으로 고위직이 아니었는데 두영의 처소에 왕래하며 모시고 술을 마시면서 꿇어앉거나 일어서는 것이 꼭 그 자손과도 같았다. 景帝 말년에 전분은 높이 올라 신임을 받으며 中大夫가 되었다. 말 재주가 좋았고《盤盂》와 諸家의 책을 공부해 王皇后도 똑똑하다고 여겼다.

原文

孝景崩, 武帝初卽位, 蚡以舅封爲武安侯, 弟勝爲周陽侯. 蚡新用事, 卑下賓客, 進名士家居者貴之, 欲以傾諸將相. 上所塡撫, 多蚡賓客計策. 會丞相綰病免, 上議置丞相,太尉. 藉福說蚡曰, "魏其侯貴久矣, 素天下士歸之. 今將軍初興, 未如, 卽上以將軍爲相, 必讓魏其. 魏其爲相, 將軍必爲太尉. 太尉,相尊等耳, 有讓賢名." 蚡乃微言太后風上, 於是乃以嬰爲丞相, 蚡爲太尉. 藉福賀嬰, 因吊曰, "君侯資性喜善疾惡, 方今善人譽君侯, 故至丞相, 然惡人衆, 亦且毁君侯. 君侯能兼容, 則幸久, 不能, 今以毁去矣." 嬰不聽.

| 註釋 | ○孝景崩 – 前 141년. ○武安 – 縣名. 今 河北省 남부 邯鄲市(한단시) 武安縣. ○用事 – 권력을 장악하다. ○進名士家居者貴之 – 名士로 家居者를 천거하여 관직에 오르게 하다. 貴之는 그들을 관리가 되게 하다. 貴는 權貴. ○傾諸將相 – 여러 將相을 누르다. 傾은 壓過. 누르다. ○塡撫(전무) – 새로운 일을 추진하다. ○藉福(자복) – 人名. 生平 未詳. ○微言太后風上 – 은밀한 말로 太后가 황제에게 귀띔하게 하다. 風은 소문을 내다. ○兼容(겸용) – 수용하다. 용납하다. ○幸久 – 오래 누리기를 바랄 수 있다.

〖國譯〗

景帝가 붕어하고 武帝가 새로 즉위하자 전분은 외숙으로 武安侯에 봉해졌고 동생 田勝은 周陽侯가 되었다. 전분은 새로 권력을 쥐었지만 빈객에게 자신을 낮추었으며 名士로 벼슬하지 않는 자를 천거하여 관직에 오르게 하면서 여러 장상들을 누르려 하였다. 무제가 새로 시도하는 일들에는 전분의 빈객에 의한 計策이 많았다. 그때 승상 衛綰(위관)이 병으로 사직하자 무제는 丞相과 太尉 임명을 생각하였다. 藉福(자복)이란 사람이 전분에게 말했다. "魏其侯는 높은 자리에 오른 지가 오래되어 평소에 천하의 문사들이 그를 많이 따르고 있습니다. 장군은 이제 새로이 흥기하였기에 그와 같지 않으니 폐하가 장군을 승상으로 임명하시겠다면 꼭 위기후에게 양보하십시오. 위기후가 승상이 되면 장군은 틀림없이 태위가 될 것입니다.

태위나 승상이나 높은 자리로 비슷하니 현인에게 양보했다는 명성을 얻으십시오."

전분은 은밀하게 태후가 황제에게 귀띔을 하게 했고 이어 두영은 승상이, 전분은 태위가 되었다. 자복은 두영에게 축하하면서 동시에 위로의 말을 하였다.

"당신의 천성이 선인을 좋아하고 악인을 미워하였기에 선인들은 당신을 칭송하지만 이번에 승상에 올라 악인도 여전히 많이 있어 당신을 헐뜯고 있습니다. 당신께서 모두를 다 포용할 수 있다면 오래 누릴 수 있지만 안 그러면 비난을 받아 곧 물러날 수도 있습니다."

그러나 두영은 이런 말을 듣지 않았다.

原文

嬰,蚡俱好儒術, 推轂趙綰爲御史大夫, 王臧爲郎中令. 迎魯申公, 欲設明堂, 令列侯就國, 除關, 以禮爲服制, 以興太平. 擧謫諸竇宗室無行者, 除其屬籍. 諸外家爲列侯, 列侯多尙公主, 皆不欲就國, 以故毁日至竇太后. 太后好黃老言, 而嬰,蚡,趙綰等務隆推儒術, 貶道家言, 是以竇太后滋不說.

二年, 御史大夫趙綰請毋奏事東宮. 竇太后大怒, 曰, "此欲復爲新垣平邪!" 乃罷逐趙綰,王臧, 而免丞相嬰,太尉蚡, 以柏至侯許昌爲丞相, 武彊侯莊靑翟爲御史大夫.

嬰,蚡以侯家居.

| 註釋 | ○儒術 – 儒學. ○推轂(추곡) – 推車. 여기서는 추천하다. ○趙綰(조관) – 儒生 申培의 제자. 武帝 초년에 御史大夫가 되어 '獨尊儒術' 을 추진했으나 나중에 옥사했다. ○王臧(왕장) – 유학자. ○魯申公 – 魯의 申培. 西漢 초의 大儒. ○除關 – 關禁을 폐하다. 이를 '關門之稅를 폐하다' 와 '관문에서 제후의 출입을 전달하다(用傳出入)' 의 뜻으로 풀이하는 주석이 있다. ○擧謫 – 적발하다. ○除其屬籍 – 종족 명부에서 그 이름을 삭제하다. 귀족의 특권을 박탈하다. ○務隆推儒術 – 유학을 융성하고 숭상하도록 힘쓰다. ○請毋奏事東宮 – (황제가) 황태후(동궁)에 정사를 아뢰는 것을 하지 말라고 주청하다. ○新垣平(신원평) – 점술가. 文帝 後元 元年(前 163)에 詐欺(사기)와 모반죄로 멸족되었다. ○柏至侯 許昌(백지후 허창, ? – 前 134) – 高祖 공신 許盎(허앙)의 손자. ○武彊侯 莊靑翟(장청적, ? – 前 115) – 무제 때 御史大夫와 太子少傅 역임. 나중에 승상에 올랐다.

〖國譯〗

두영과 전분은 모두 유학을 좋아하여 趙綰(조관)을 어사대부로 王臧(왕장)을 郞中令으로 추천하였다. 이들은 魯에서 申培公을 영입하고 明堂을 설치하며 열후들을 封國으로 보내고 關禁을 폐지하며 古禮에 따른 服制를 마련하여 태평시대를 구현하려 하였다. 여러 두씨들이나 종실 중에서 행실이 나쁜 자들을 적발하여 그 소속 명부에서 삭제케 하였다. 여러 外家로 열후가 된 사람 또는 공주와 결혼한 열후들은 모두 封國으로 가려 하지 않았기에 이들을 헐뜯는 말들이 날마다 竇太后에게 올라왔다. 두태후는 본래 黃老의 학술을 좋아하였지만 두영과 전분, 조관 등이 유학을 융성하게 높이려고 힘쓰며 도가의 학설을 폄하하였기에 두태후는 차츰 이들을 좋아하지 않았다.

무제 2년 御史大夫 趙綰(조관)이 동궁(두태후)에서 정사를 보고하지 말라고 주청하였다. 竇太后가 대노하며 말했다. "이 사람들이 다시 신원평이 되려고 하는가!" 그리고 바로 조관과 왕장을 파면하여 축출하고, 승상 두영과 태위 전분을 면직시키고 柏至侯(백지후) 許昌을 승상으로 武彊侯 莊青翟(장청적)을 어사대부로 임명하였다.

두영과 전분은 제후로 자기 집에 머물렀다.

原文

蚡雖不任職, 以王太后故親幸, 數言事, 多效, 士吏趨勢利者皆去嬰而歸蚡. 蚡日益橫. 六年, 竇太后崩, 丞相昌, 御史大夫青翟坐喪事不辦, 免. 上以蚡爲丞相, 大司農韓安國爲御史大夫. 天下士郡諸侯愈益附蚡.

| 註釋 | ○數言事 – 人事를 자주 부탁하다. ○多效 – 효과가 있다. 채용되다. ○趨勢利者 – 勢利를 쫓는 자. 趨 달릴 추. ○日益橫 – 날로 더 방자해지다. 橫은 驕橫(교만 방자). ○六年 – 建元 6년(前 135년). ○士郡諸侯 – 郡이나 제후국에서 벼슬하는 자.

〖國譯〗

전분이 직책은 없지만 王太后로부터 예전부터 총애를 받았기에 자주 인사를 말했고 효과도 많았기에 勢利를 따르는 관리들은 모두 두영을 버리고 전분에게 의지했다. 전분은 나날이 교만 방자했다. 建元 6년 두태후가 죽었는데 승상 허창과 어사대부 장청적은 장례일을 잘못 처리했다고 면직되었다. 무제는 전분을 승상에 임명하였고 大司農 韓安國을 어사대부로 삼았다. 천하의 郡과 제후국에서 벼슬하는 자들은 더욱 전분을 따라다녔다.

原文

蚡爲人貌侵, 生貴甚. 又以爲諸侯王多長, 上初卽位, 富於春秋, 蚡以肺附爲相, 非痛折節以禮屈之, 天下不肅. 當是時, 丞相入奏事, 語移日, 所言皆聽. 薦人或起家至二千石, 權移主上. 上乃曰, "君除吏盡未? 吾亦欲除吏." 嘗請考工地益宅, 上怒曰, "遂取武庫!" 是後乃退. 召客飮, 坐其兄蓋侯北鄕, 自坐東鄕, 以爲漢相尊, 不可以兄故私橈. 由此滋驕, 治宅甲諸第, 田園極膏腴, 市買郡縣器物相屬於道. 前堂羅鐘鼓, 立曲旃, 後房婦女以百數. 諸奏珍物狗馬玩好, 不可勝數.

| **註釋** | ○貌侵(모침) - 키가 작고 못 생겼다. 短小醜陋(단소추루). 侵은 寢. ○生貴甚 - 매우 自尊하며 으스대다. ○長 - 年長. ○富於春秋 - 나이가 젊다. ○肺附爲相 - 肺附(폐부)는 帝室의 끄트머리 친척(微末之親). ○痛 - 엄격하게, 사납게. ○折節(절절) - 꺾다. 직위를 강등시키다. ○天下不肅 - 천하가 다스려지지 않다. ○語移日 - 해가 기울도록 이야기하다. ○起家 - 집에 있는 사람(관직에 있지 않은 사람)을 기용하다. ○考工地 - 황실용 물건을 제조하는 곳을 考工이라 한다. 그 고공의 관청이 자리잡은 땅. ○遂取武庫 - 武庫는 考工의 관서에서 제조한 兵器를 두는 곳. ○是後乃退 - 이후로는 조금 조심하다. ○蓋侯北鄕 - 蓋侯는 전분의 이복 형 王信. 北鄕은 北

向. ○自坐東鄕 – 동향한 자리가 더 상석이다. ○私橈(사뇨) – 사적인 관계로 굽히다. 橈는 꺾을 요(뇨), 굽힐 요. ○甲諸第 – 모든 저택 중에서 제일이다. ○膏腴(고유) – 기름진 땅. 膏 살찔 고. 腴 살찔 유. ○曲旃(곡전) – 굽은 깃발. 旃 깃발 전. 깃대가 구부러진 깃발. 諸侯의 분수에 넘는 일.

〖國譯〗

전분은 키가 작고 못생겼지만 자존하며 으스대기를 좋아했다. 또 제후의 왕들에 연장자가 많고 황제는 즉위한 지 얼마 안 되어 나이가 어린데, 자신은 帝室의 먼 외척으로 재상이 되었기에 엄격하게 기를 꺾거나 예로써 굴복시키지 않으면 천하를 통치할 수가 없다고 생각하였다. 그 당시에 승상이 입조하여 업무를 아뢰면 해가 기울도록 하는 말을 황제는 다 들어주었다. 인재를 추천하면서 단번에 이천석 관리로 임명하니 권력이 폐하보다 더 했다. 그러자 무제가 말했다. "승상이 제수할 관리가 아직도 있는가? 나도 관리 좀 임명하고 싶소." 전분이 考工 관서의 땅을 요구해 집을 넓히겠다고 하자 무제가 화를 내며 말했다. "이제는 武庫까지 가져가는군!" 전분은 이후로 조심하였다. 손님을 청해 술을 마실 때도 그 형인 蓋侯(개후, 王信)도 북향으로 앉고 자신은 동향으로 앉았는데, 이는 漢 승상의 존엄을 私情으로 굽힐 수 없기 때문이라고 하였다. 이렇듯 점점 교만하였으니 집은 어떤 저택보다도 제일이었고 전원은 아주 기름지고 무성하였으며 각 군현에서 사들이는 기물이 길에 꼬리를 이었다. 뜰에 鍾鼓(종고, 악기)를 늘어놓았고 구부러진 깃발을 세웠으며 뒷채의 부녀자들은 백 단위로 세어야 했다. 여러 곳에서 바치는 진기한 보물이나 말과 개, 기호품은 이루 다 셀 수 없었다.

原文

而嬰失竇太后, 益疏不用, 無勢, 諸公稍自引而怠驁, 唯灌夫獨否. 故嬰墨墨不得意, 而厚遇夫也.

| 註釋 | ○怠驁(태오) - 태만하고 거만하게 굴다. 驁는 凶鳥 오. ○墨墨 - 실의한 모양.

〖國譯〗

두영은 두태후가 죽은 뒤로 더욱 소외되어 임용되지도 않아 세력도 없자 여러 관리들도 점점 멀어지면서 아무렇게나 오만하게 대했지만 오직 灌夫만은 홀로 그러하지 않았다. 그래서 두영은 묵묵히 실의한 채로 오직 관부만을 후하게 대했다.

52-3. 灌夫

原文

灌夫字仲孺, 潁陰人也. 父張孟, 嘗爲潁陰侯灌嬰舍人, 得幸, 因進之, 至二千石, 故蒙灌氏姓爲灌孟. 吳,楚反時, 潁陰侯灌嬰爲將軍, 屬太尉, 請孟爲校尉. 夫以千人與父俱. 孟年老, 潁陰侯强請之, 鬱鬱不得意, 故戰常陷堅, 遂死吳軍中. 漢法, 父子俱, 有死事, 得與喪歸, 夫不肯隨喪歸. 奮曰, “願取吳王若將軍頭以報父仇!” 於是夫被甲持戟, 募軍中壯士所善願從數十人. 及出壁門, 莫敢前. 獨兩人及從奴十餘騎馳入吳軍, 至戲下, 所殺傷數十人. 不得前, 復還走漢壁, 亡其奴, 獨與一騎歸. 夫身中大創十餘, 適有萬金良藥, 故得無死. 創少瘳, 又復請將軍曰, “吾益知吳壁曲折, 請復往.” 將軍壯而義之, 恐亡夫, 乃言太尉, 太尉召固止之. 吳軍破, 夫以此名聞天下.

| **註釋** | ○灌夫(관부, ? – 前 131) – 武安侯 田蚡에게 득죄하여 처형되었다. ○潁陰(영음) – 현명. 今 河南省 許昌市. ○灌嬰(관영, ? – 前 176) – 漢朝 開國功臣, 太尉, 丞相 역임. 11권, 〈樊酈滕灌傅靳周傳〉에 입전. ○潁陰侯灌嬰爲將軍 – 이때 관영은 죽고 없었다. 영음후는 관영의 아들 灌何. ○太尉 – 周亞夫. ○校尉 – 中上級 군관. 장군 바로 아래 직위. 1部에 1校를 두었다. 司隷校尉, 城門校尉, 禁衛軍八校尉 등 직책이 많았다. ○千人 – 부하 1천 명을 거느리는 지휘관. ○與父俱 – 아버지와 함께 참전하다. ○吳王若將軍 – 오왕 아니면 장군. 若은 혹은. ○戲下(휘하) – 대장 깃발 아래. 戲는 탄식할 희. 대장기 휘. 麾와 同. ○創少瘳 – 創傷이 조금 낫다. 瘳는 병 나을 추.

〖國譯〗

灌夫(관부)의 字는 仲孺인데 潁陰縣(영음현) 사람이다. 부친 張孟은 일찍이 潁陰侯 灌嬰(관영)의 舍人(사인, 문객)이었는데 신임을 받아 천거되어 2천석 벼슬까지 승진하였기에 灌氏 성을 칭하여 灌孟(관맹)이라 하였다. 吳楚가 반란을 일으켰을 때 영음후 灌何(嬰은 착오)는 將軍이 되어 太尉 周亞夫에 소속되었는데 관맹을 불러 校尉에 임명하였다. 관부는 千人으로 부친과 함께 근무하였다. 관맹은 연로했는데도 潁陰侯 灌何(관하)가 억지로 데려갔기에 마음이 내키지 않았는데 전투에서 자주 곤경에 처하다가 결국 吳軍과 전투 중에 전사하였다. 漢의 군법에 부자가 함께 복무하다가 죽게 되면 시신을 수습하여 귀향할 수 있는데 관부는 부친을 운구하는 귀향을 싫다고 하였다. 관부는 분발하며 "吳王이나 吳 장군의 머리를 얻어 부친의 원수를 갚겠다."고 말하였다. 이어 관부는 갑옷에 창을 쥐고 군중에서 같이 싸우겠다는 수십 명을 모집하였다. 그러나 보루의 문을 나가려 할 때 아무도 나가려는 사람이 없었다. 다만 2사람과 수행하는 노비 10여 기가 吳軍 진영으로 달려 들어가 대장기가 세워진 곳에서 수십 명을 죽였다. 더 전진하지 못하고 漢의 보루로 달려왔는데 그 노비들은 다 죽고 기병 한 사람만 함께 돌아왔다. 관부의 몸 10여 곳에 큰 상처를 입었으나 마침 萬金의 良藥이 있어 죽지는 않았다. 상처가 조금 낫자 관부는 다시 장군에게 요청했다. "나는 오군 보루의 내부를 잘 알고 있으니 다시 나가 싸우고 싶습니다." 장군은 관부를 장하고 의롭게 생각하였지만 관부를 잃게 될까 걱정하며 태위에게 보고하였다. 태위는 관부를 불러 만류하였다. 오군이 격파되자 이로써 관부의 명성이 온 천하에 알려졌다.

原文

潁陰侯言夫, 夫爲郎中將. 數歲, 坐法去, 家居長安中, 諸公莫不稱, 由是復爲代相.

武帝卽位, 以爲淮陽天下郊, 勁兵處, 故徙夫爲淮陽太守. 入爲太僕. 二年, 夫與長樂衛尉竇甫飮, 輕重不得, 夫醉, 搏甫. 甫, 竇太后昆弟. 上恐太后誅夫, 徙夫爲燕相. 數歲, 坐法免, 家居長安.

| 註釋 | ○郞中將 – '中郞將의 착오'라는 註가 있고 郞中三將(郞中戶將, 車將, 騎將)의 한 사람으로 秩 比二千石이라는 주석이 있다. ○淮陽天下郊 – 회양군(치소 陳縣, 今 河南省 淮陽市)은 천하의 교통 요지. 郊는 사방으로 교차하는 곳. ○勁兵處 – 강한 군사가 있어야 할 곳. 勁 굳셀 경. ○竇甫(두보) – 인명. ○輕重不得 – (儀禮에) 적당한 절도를 잃다.

〖國譯〗

영음후 灌何(관하)가 灌夫를 상관에게 말해서 관부는 中郞將이 되었다. 몇 년 지나 법에 걸려 관직을 떠나 장안의 집에 머물렀는데 여러 사람이 그를 칭찬하지 않는 사람이 없었기에 관부는 代國의 승상이 되었다.

武帝가 즉위하자 淮陽郡은 천하의 교통요지이기에 강한 군사가 주둔해야 한다고 생각하여 관부를 회양태수로 내 보냈다. 다시 조정에 들어와 太僕이 되었다. 2년에 관부는 長樂衛尉인 竇甫(두보)와 술을 마시다가 언쟁이 일어났고 취한 관부는 두보를 때려주었다. 두보는 두태후의 형제였다. 무제는 두태후가 관부를 죽일까 걱정하여 燕國의 승상으로 보냈다. 몇 년 뒤 법에 걸려 면직되어 長安의 집에 머물렀다.

原文

夫爲人剛直, 使酒, 不好面諛. 貴戚諸勢在己之右, 欲必陵之, 士在己左, 愈貧賤, 尤益禮敬, 與鈞. 稠人廣衆, 薦寵下輩. 士亦以此多之.

夫不好文學, 喜任俠, 已然諾. 諸所與交通, 無非豪桀大猾. 家累數千萬, 食客日數十百人. 波池田園, 宗族賓客爲權利, 橫潁川. 潁川兒歌之曰, "潁水淸, 灌氏寧, 潁水濁, 灌氏族."

夫家居, 卿相侍中賓客益衰. 及竇嬰失勢, 亦欲倚夫引繩排根生平慕之後棄者. 夫亦得嬰通列侯宗室爲名高. 兩人相爲引重, 其游如父子然, 相得歡甚, 無厭, 恨相知之晩.

| 註釋 | ○使酒 - 술주정을 하다. ○在己之右 - 자신보다 높은 자. 右는 尊也. ○陵 - 업신여기다. 모욕을 주거나 우롱하다. 陵은 큰 언덕 능, 짓밟을 능. ○與鈞(여균) - 평등하게 대하다. 아랫사람을 하대하지 않다. ○稠人廣衆(조인광중) - 많은 사람. 많은 사람이 모이는 곳. ○多之 - 그를(관부를) 칭송하다. ○已然諾 - 허락한 말을 이행하다. ○無非豪桀大猾 - 호걸이나 두목이 아닌 사람이 없었다. 大猾은 우두머리. 주먹 쓰는 사람. ○波池 - 陂池(피지)와 同. 저수지. ○引繩排根(인승배근) - 먹줄을 놓고 쓸데없는 부분을 잘라버리다. 引繩은 목수의 먹줄. 排根은 排擯(배빈)과 同. 밀쳐내다. 배척하다. ○爲名高 - 이름을 높이려 하다.

〖國譯〗

灌夫는 사람됨이 강직하지만 술주정이 있었고 아부하는 것을 좋아하지 않았다. 황족이나 권세가 자신보다 위인 사람에 대해서는 꼭 무시하였지만 자신보다 못한 사람들이나 특히 빈천한 사람에게는 예를 다해 받들거나 대등한 대우를 해주었다. 많은 사람들이 모인 중에서도 낮은 사람을 높이거나 체면을 세워주었다. 많은 士人들이 이 때문에 관부를 많이 칭송하였다.

관부는 학문을 좋아하지 않았지만 의협을 숭상하고 약속을 꼭 지켰다. 그가 같이 교제하는 사람들은 호걸이나 우두머리가 아닌 사람이 없었다. 집에 재산이 수만 금이었지만 식객도 매일 수십 내지 수백 명이었다. 저수지나 농장은 종족이나 빈객들에게 권한을 주었기에 영천군에서 횡포를 부렸다. 그래서 영천의 아이들이 이를 노래하였으니 "潁水(영수)가 맑으면 관씨가 평안하지만 영수가 탁하면 관씨는 죽으리라."

관부가 집에 거처하면서 卿相이나 시중같은 빈객들은 나날이 줄어들었다. 竇嬰(두영)도 실세하게 되면서 두영은 관부의 도움으로 평소에 자신을 흠모한다고 하다가 나중에 버린 자들을 제거하려 하였다. 관부는 두영을 통해 열후나 종실 사이에서 자신의 성가를 높이려 하였다. 두 사람이 서로 끌어주고 아끼니 그 교제가 마치 父子와도 같았으며 서로 뜻이 맞아 즐기고 싫증내지 않으면서 늦게야 알게 된 것을 한스럽게 생각하였다.

原文

夫嘗有服, 過丞相蚡. 蚡從容曰, "吾欲與仲孺過魏其侯, 會仲孺有服." 夫曰, "將軍乃肯幸臨況魏其侯, 夫安敢以服爲解! 請語魏其具, 將軍旦日蚤臨." 蚡許諾. 夫以語嬰. 嬰與夫人益市牛酒, 夜灑掃張具至旦. 平明, 令門下候司. 至日中, 蚡不來. 嬰謂夫曰, "丞相豈忘之哉?" 夫不懌, 曰, "夫以服請, 不宜." 乃駕, 自往迎蚡. 蚡特前戱許夫, 殊無意往. 夫至門, 蚡尙臥也. 於是夫見, 曰, "將軍昨日幸許過魏其, 魏其夫妻治具, 至今未敢嘗食." 蚡悟, 謝曰, "吾醉, 忘與仲孺言." 乃駕往. 往又徐行, 夫愈益怒. 及飮酒酣, 夫起舞屬蚡, 蚡不起. 夫徙坐, 語侵之. 嬰乃扶夫去, 謝蚡. 蚡卒飮至夜, 極歡而去.

| **註釋** | ○仲孺(중유) - 灌夫의 字. ○有服 - 喪中이다. 복은 喪服. ○臨況 - 은혜를 베풀어 준 것. 況은 恩賜. ○爲解 - 미루다. 解 게을리 할 해. (죄인을) 호송하다. ○具 - 음식을 준비하다. ○旦日蚤(단일조) - 내일 아침. 蚤는 일찍 조, 벼룩, 손톱. ○益市牛酒 - 고기와 술을 더 사오다. ○灑掃張具(쇄소장구) - 청소를 하고 가구를 배치하다.(손님맞이 준비). ○至旦 - 새벽까지. ○不懌(불역) - 기뻐하지 않다. 懌 기뻐할 역. ○酒酣 - 취기가 돌다. 酣은 술 즐길 감. ○屬蚡 - 田蚡에게 요청하다. ○語侵之 - (전분을) 말로 비꼬다. 약간 조롱기가 있는 말을 하다.

〖國譯〗

灌夫(관부)가 복상 중일 때 승상 田蚡(전분)의 집에 들렀다. 전분이 조용히 말했다. "내가 당신과 함께 魏其侯(위기후, 두영)를 방문하려 했었는데 마침 복상중이네." 이에 관부가 말했다. "장군께서 가 주신다면 魏其侯에게 큰 영광이온데 제가 어찌 복상중이라고 이를 미루겠습니까! 위기후에게 준비하라고 말하겠습니다. 장군께서는 내일 아침에 왕림해 주십시오." 전분은 허락하였다. 관부는 두영에게 말했고 두영과 부인은 고기와 술을 더 사오며 밤에 청소하고 가구를 배치하며 새벽에 이르렀다. 날이 밝자 문지기에게 나가 기다리라고 하였다. 그러나 한낮이 되도록 전분은 오지 않았다. 두영이 관부에게 말했다. "승상이 잊은 것이 아니겠는가?" 관부도 기분이 나빠 말했다. "제가 服中에 말했으니 그렇지 않을 것입니다." 바로 수레를 몰고 직접 전분을 맞이하러 갔다. 전분은 다만 전날 지나는 말로 관부에게 허락했기에 특별히 갈 생각이 없었다. 관부가 올 때까지 전분은 누워 있었다. 이에 관부가 전분을 만나 말했다. "장군께서 어제 기꺼이 위기후 집에 들리신다 하였기에 위기후 부부가 준비를 했고 아직 아침도 먹지 않았습니다." 전분이 듣고 사과하였다. "내가 취해서 당신과 한 말을 잊었소." 그리고 수레를 타고 갔다. 가면서도 또 서행하자 관부는 더욱 화가 났다. 이어 술이 거나하자 관부가 일어나 춤을 추고서 전분에게 권했으나 전분은 일어나지도 않았다. 관부는 자리를 비켜 앉으며 말로 비꼬았다. 두영이 관부를 부축해 나갔다가 전분에게 사과했다. 전분은 밤이 될 때까지 마셨고 기분이 좋아 떠나갔다.

原文

後蚡使藉福請嬰城南田, 嬰大望曰, "老僕雖棄, 將軍雖貴, 寧可以勢相奪乎!" 不許. 夫聞, 怒罵福. 福惡兩人有隙, 乃謾好謝蚡曰, "魏其老且死, 易忍, 且待之." 已而蚡聞嬰,夫實怒不予, 亦怒曰, "魏其子嘗殺人, 蚡活之. 蚡事魏其無所不可, 愛數頃田? 且灌夫何與也? 吾不敢復求田!" 由此大怒.

| 註釋 | ○大望 - 크게 원망하다. 望은 怨也. ○老僕(노복) - 늙은이. 두영의 자칭. ○惡 - 원하지 않다. ○謾 - 속일 만. 거짓말을 하다. ○數頃 - 몇 마지기. 頃(경)은 면적 단위. ○何與(하여) - 왜 간섭하는가? 與는 간여하다. 干也.

〖國譯〗

뒷날 전분은 藉福(자복)을 보내 두영에게 城南의 田地를 팔라고 하자 두영이 크게 원망하며 말했다. "나야 이미 버린 몸이고 장군이야 귀인이니 차라리 권세로 빼앗으면 되지 않는가?" 그러면서 허락지 않았다. 관부도 이를 듣고서 자복에게 욕을 했다. 자복은 두 사람의 틈이 벌어지는 것이 걱정이 되어 거짓으로 전분에게 둘러대었다. "위기후는 늙어 곧 죽을 것이니 좀 참으면서 잠시 기다리십시오." 얼마 뒤 전분은 두영과 관부가 화를 내며 팔지 않았다는 사실을 알고 마찬가지로 화를 내며 말했다. "위기후의 아들이 살인했지만 내가 살려 주었다. 나는 위기후에게 안 된다고 한 적이 없이 그를 도왔는데 그가 겨우 몇 마지기 땅을 아끼는가? 그리고 관부는 왜 끼어드는가? 나도 다시는 그 땅을 사지 않겠다."

그러면서 크게 화를 내었다.

原文

元光四年春, 蚡言灌夫家在潁川, 橫甚, 民苦之. 請案之. 上曰, "此丞相事, 何請?" 夫亦持蚡陰事, 爲奸利, 受淮南王金與語言. 賓客居間, 遂已, 俱解.

| 註釋 | ○元光四年 – 武帝의 두 번 째 연호. 前 131년. ○橫甚 – 橫暴(횡포)가 심하다. ○案 – 조사하다. 査也. ○蚡陰事 – 전분의 약점. ○居間 – 중간에서 조정하다.

〖國譯〗

武帝 元光 4년 봄에, 전분은 灌夫 본가가 潁川郡(영천군)에서 횡포가 심해 백성들이 괴로워 하니 이를 조사해야 한다고 주청하였다. 무제는 "이는 승상의 업무인데 왜 주청하는가?"라고 말했다.

관부도 전분이 교묘하게 사리를 취하고 淮南王으로부터 돈을 받았으며 밀담을 했다는 약점을 알고 있었다. 그러나 빈객들이 중간에서 조정하여 그만두기로 하고 서로 화해하였다.

原文

夏, 蚡取燕王女爲夫人, 太后詔召列侯宗室皆往賀. 嬰過夫, 欲與俱. 夫謝曰, "夫數以酒失過丞相, 丞相今者又與夫有隙." 嬰曰, "事已解." 强與俱. 酒酣, 蚡起爲壽, 坐皆避席伏. 已嬰爲壽, 獨故人避席, 餘半膝席. 夫行酒, 至蚡, 蚡膝席曰, "不能滿觴." 夫怒, 因嘻笑曰, "將軍貴人也, 畢之!" 時蚡不肯. 行酒次至臨汝侯灌賢, 賢方與程不識耳語, 又不避席. 夫無所發怒, 乃罵賢曰, "平生毁程不識不直一錢, 今日長者爲壽, 乃效女曹兒呫囁耳語!" 蚡謂夫曰, "程,李俱東西宮衛尉, 今衆辱程將軍, 仲孺獨不爲李將軍地乎?" 夫曰, "今日斬頭穴匈, 何知程,李!" 坐乃起更衣, 稍稍去. 嬰去, 戲夫. 夫出, 蚡遂怒曰, "此吾驕灌夫罪也." 乃令騎留夫, 夫不得出. 藉福起爲謝, 案夫項令謝. 夫愈怒, 不肯順. 蚡乃戲騎縛夫置傳舍, 召長史曰, "今日召宗室, 有詔." 劾灌夫罵坐不敬, 繫居室. 遂其前事, 遣吏分曹逐捕諸灌氏支屬, 皆得棄市罪. 嬰愧, 爲資使賓客請, 莫能解. 蚡吏皆爲耳目, 諸灌氏皆亡匿, 夫繫, 遂不得告言蚡陰事.

| **註釋** | ○燕王女 – 燕 康王 劉嘉의 딸. ○蚡起爲壽 – 전분이 일어나 모두에게 祝壽하다. 爲壽는 술을 권하다. 敬酒, 勸酒하다. ○避席伏 – 앉았던 자리에서 일어났다가 엎드리다. 황송하다는(不敢當)는 뜻으로 일단 사양하는 제스처. ○半膝席(반슬석) – 한 무릎을 일으켜 세우다. 한 발은 무릎을 꿇은 채 다른 발의 무릎을 세우다. 膝席은 무릎을 꿇은 채 상체를 일으키는 자세. 長跪(장궤). ○滿觴 – 가득 찬 잔. 觴은 술잔 상. ○嘻笑(희소) – 낄낄대며 웃다. 嬉笑(희소)와 同. ○畢之(필지) – 쭉 드십시오. 乾杯해야 합니다. 강제적 권유. ○臨汝侯 灌賢 – 영음후 灌嬰의 손자. ○程不識 – 무신. 경제 때 변방의 태수를 역임했고 무제 때 長樂宮의 衛尉이었다. ○耳語 – 귓속말을 하다. ○不直一錢 – 일전이 가치도 없다. 直(값 치)는 値也. ○女曹兒 – 女兒曹. 女兒輩. 계집아이들. ○呫囁(첩섭) – 소곤거리다. 呫은 소곤거릴

첨. 囁은 소곤거릴 섭. ○程,李 - 程不識과 飛將軍 李廣(이광, ? - 前 119). ○李將軍地 - 이 장군의 체면. ○穴匈 - 가슴에 구멍이 나다. ○更衣 - 변소에 가다. ○案夫項令謝 - 관부의 목을 눌러 사과하라 시키다. 案은 누르다. 按과 同. ○傳舍(전사) - 출장 관리에게 숙식을 제공하는 招待所. ○長史 - 三公과 大將軍의 보좌관. 秩 一千石. ○罵坐不敬 - 좌중을 모욕한 不敬罪. ○居室 - 황실의 재정과 각종 필요품을 제조, 구입, 공급하는 관청인 少府 소속의 하급 관청. 책임자는 居室令. 保宮으로 개명. ○爲資使賓客請 - 빈객을 통해서 (관부를 석방해달라고) 전분에게 청하다. 資는 謀也.

〖國譯〗

元光 4년 여름에 전분은 燕王의 딸을 夫人으로 맞이했는데, 太后는 조서로 列侯와 宗室을 불러 모두 축하하라고 했다. 두영은 관부의 집에 들려 같이 가고자 했다. 그러나 관부가 사양하며 말했다. "저는 술 때문에 승상에게 여러 번 실수했으며 요즈음에도 승상과 사이가 안 좋습니다." 두영은 "그 일은 이미 해결됐어!" 하면서 강제로 함께 갔다. 술이 거나한 뒤에 전분이 일어나 술을 권하자 모두 자리에서 일어났다가 엎드렸다. 나중에 두영이 건배를 제의하자 겨우 아는 사람만 자리에서 일어났고 나머지는 반 무릎만 세웠다. 관부가 술을 따르며 전분 앞에 가자 전분이 무릎으로 서며 말했다. "한 잔 가득은 못 받겠소." 관부는 성질이 나서 히죽거리며 말했다. "장군께서는 귀인이시니 쭉 건배하십시오!" 그래도 전분은 하지 않았다. 술잔이 돌아 臨汝侯 灌賢(관현)에게 갔을 때 관현은 程不識(정불식)과 귓속말을 하면서 또 일어나지도 않았다. 관부는 화를 풀 데가 없던 차라 바로 관현에게 쏘아붙였다. "그동안 程不識을 一錢 어치도 안된다고 하더니 오늘 나이 많은 사람이 건배를 하자는 데도 계집아이들 마냥 속닥대며 귓속말을 하는가!" 이에 전분이 관부에게 말했다. "程 장군과 李廣 장군은 함께 동궁과 서궁의 衛尉인데 대중 앞에서 정 장군을 욕보이니 仲孺(중유, 관부) 자네는 李將軍의 체면을 생각하지 않는가?" 관부가 말했다. "오늘 목이 잘리고 가슴이 뚫리는데 어찌 정 장군, 이 장군을 알겠습니까?" 좌중의 여러 사람이 일어나 변소에 간다며 하나둘 떠나갔다. 두영도 나가면서 관부를 손짓으로 불렀다. 관부가 나가자 전분이 마침내 화가 나서 말했다. "이는 내가 관부를 교만 떨도록 방치한 잘못이요." 그리고 수행하는 기병을 시켜 관부를 붙잡게 하니 관부는 갈 수가 없었다. 藉福(자복)이 일어나 사과하며 관부의 목을 눌러 사과하게 하였다. 관부는 더 화를 내며 순순히 따르지 않았다. 전분은 바로 기병을 시켜 관부를 傳舍에 묶어두게 하고서 長史를 불러 말했다. "오늘은 宗室을 부르라는 詔命이 있었다." 관부에게 좌중을 모욕한 불경죄를 적용해 居室(거실)에 묶어두라 하였다. 그러면서 옛날의 일과 함께 묶어 처리케 하면서 관리들을 나누어 灌氏의 支屬들을 체포하게 하여 모두 棄市의 죄에 처했다. 두영은 참담해서 빈객들을 통해 전분에게 풀어달라고 청했지만 해결할 수가 없었다. 전분의 관리들이 모두 눈과 귀가 되어 감시하자 관씨들은 모두 도망가 숨었고 관부는 묶여 있어 전분의 비리를 고발할 수도 없었다.

原文

嬰銳爲救夫, 嬰夫人諫曰, "灌將軍得罪丞相, 與太后家迕, 寧可救邪?” 嬰曰, “侯自我得之, 自我捐之, 無所恨. 且終不令灌仲孺獨死, 嬰獨生.” 乃匿其家, 竊出上書. 立召人, 具告言灌夫醉飽事, 不足誅. 上然之, 賜嬰食, 曰, “東朝廷辯之.”

| **註釋** | ○銳 – 銳意(예의), 全心全力하다. ○迕 – 거스를 오. 어긋나다. ○寧可救邪 – 그런데도 구할 수 있겠습니까? ○東朝廷 – 東宮. 王太后(武帝의 생모)의 거처. ○辯之 – 관부를 변호하다.

〖**國譯**〗

두영은 관부를 구하려 애를 썼는데 두영의 부인이 말리면서 말했다. “灌將軍은 승상에게 죄를 지었고, 태후 가문과도 어긋났는데도 구할 수 있겠습니까?” 두영이 말했다. “侯가 된 것도 나 자신이고 나 스스로 버린다면 한이야 없을 것이요. 그렇지만 끝내 관부를 혼자 죽게 하고 나 혼자 살 수는 없는 것이요.” 그리고 식구들 몰래 상서를 하였다. 증인을 세우고 관부가 너무 취해 저지를 실수이니 그 것으로 죽일 수 없다고 하였다. 무제도 두영의 말을 옳다고 여기고 식사를 하사하며 말했다. “동궁에 변호해 보시오.”

原文

嬰東朝, 盛推夫善, 言其醉飽得過, 乃丞相以它事誣罪之. 蚡盛毁夫所爲橫恣, 罪逆不道. 嬰度無可奈何, 因言蚡短.

蚡曰, "天下幸而安樂無事, 蚡得爲肺附, 所好音樂狗馬田宅, 所愛倡優巧匠之屬. 不如魏其,灌夫日夜招聚天下豪傑壯士與論議, 腹誹而心謗, 卬視天, 俛畫地, 辟睨兩官間, 幸天下有變, 而欲有大功. 臣乃不如魏其等所爲." 上問朝臣, "兩人孰是?" 御史大夫韓安國曰, "魏其言灌夫父死事, 身荷戟馳不測之吳軍, 身被數十創, 名冠三軍, 此天下壯士, 非有大惡, 爭杯酒, 不足引它過以誅也, 魏其言是. 丞相亦言灌夫通姦猾, 侵細民, 家累巨萬, 橫恣潁川, 輘轢宗室, 侵犯骨肉, 此所謂'支大於幹, 脛大於股, 不折必披', 丞相信亦是. 唯明主裁之." 主爵都尉汲黯是魏其. 內史鄭當時是魏其, 後不堅. 餘皆莫敢對. 上怒內史曰, "公平生數言魏其,武安長短, 今日廷論, 局趣效轅下駒, 吾並斬若屬矣!" 卽罷起入, 上食太后. 太后亦已使人候司, 具以語太后. 太后怒, 不食, 曰, "我在也, 而人皆藉吾弟, 令我百歲後, 皆魚肉之乎! 且帝寧能爲石人邪! 此特帝在, 卽錄錄, 設百歲後, 是屬寧有可信者乎?" 上謝曰, "俱外家, 故廷辨之. 不然, 此一獄吏所決耳." 是時, 郎中令石建爲上分別言兩人.

| **註釋** | ○東朝 – 東闕에 入朝하여. ○盛毁(성훼) – 충분히 비난하다. ○度無可奈何 – 어떻게 할 수 없음을 알고. ○肺附(폐부) – 帝室의 끄트머리 친척(微末之親). ○俛畫地 – 구부려 지리를 탐색하다. 俛은 힘쓸 면. ○辟睨(비예) – 곁눈으로 엿보다. 눈을 흘겨보다. 辟는 견줄 비. ○兩官 – 王太后와 武帝. ○孰是(숙시) – 누가 옳은가? ○荷 – 짊어질 하(負也). ○輘轢

(능력) – 깔아뭉개다. 輘은 수레 소리 능(릉). 수레바퀴가 깔아뭉개다. 陵과 같음. 轢 삐걱거릴 역(력). 수레에 치다. ○脛 – 정강이 경. 股은 넓적다리 고. ○披 – 쪼갤 피. 찢어지다. 쓰러지다. ○汲黯(급암) – 20권, 〈張馮汲鄭傳〉 立傳. ○後不堅 – 나중에는 말을 바꾸다. 소신을 바꾸다. ○局趣(국촉) – 局促(국축). 몸을 움츠린 모양. 두려워하는 모양. ○效轅下駒 – 멍에를 진 망아지. 끌채(轅)에 매인 망아지. 자기 주관을 못 지키다. ○若屬 – 너희들(汝屬). ○藉 – 밟아버리다(踏也). ○且帝寧能爲石人邪 – 그리고 황제는 차라리 석인이라도 되었는가요? ○石人 – 황제의 주관이 없음을 나무라는 뜻이 있다. ○錄錄 – 碌碌(녹록). 평범한 모양. 주관 없이 여러 사람 의견을 따라가는 모양(循衆也). ○設 – 설령, 가령. ○是屬寧有可信者乎 – 이런 신하들 중에 가히 믿을만한 사람이 있겠습니까? ○俱外家 – 두 사람(竇嬰과 田蚡 두 사람) 모두 외가 사람이다. 두영은 무제의 陳外家(할머니의 친정) 사람이다. ○石建(석건) – 石奮(석분)의 長子. 46권 〈萬石衛直周張傳〉에 立傳.

〖國譯〗

두영은 동궐에 들어가서 灌夫가 좋은 사람이라고 칭찬을 하면서 술에 취해 저지를 잘못인데 승상이 다른 일까지 얽어 관부를 죽이려 한다고 말했다. 전분은 관부가 얼마나 횡포하고 방자한가를 상세히 말하면서 그 죄악을 이루 다 말할 수 없다고 하였다. 두영은 어찌할 방도가 없음을 알고 전분의 약점을 말했다. 그러자 전분이 말했다.

"천하가 다행히 안락하고 무사하며 나 전분은 황실 먼 외척으로 좋아하는 것이라면 음악과 사냥개와 말 그리고 전원과 집 같은 것이며 아끼는 사람이라면 악공이나 광대나 匠人 같은 사람입니다. 나는 밤낮으로 천하의 호걸이나 장사들을 모아 의논을 하며 마음속으로 비방이나 하고 하늘의 천문을 보거나 아래로 地利를 살피고 황태후와 폐하의 궁궐을 흘깃거리면서 어쩌다 천하에 변고가 있으면 큰 공을 세우려고 하는 위기후 두영이나 관부와는 같지 않습니다." 그러자 무제가 이를 조신들에게 "누가 옳은가?"를 물었다.

이에 어사대부 韓安國이 말했다. "위기후가 말한 대로 灌夫의 부친이 죽은 일이나 관부가 직접 창을 들고 예측할 수도 없는 吳軍 진영에 달려들어 몸에 수십 군데 상처를 입었고 삼군 중에 제일 으뜸이었으니 이는 천하의 장사이며 큰 잘못이 있는 것도 아니고 술자리에서 다툰 것이니 다른 잘못까지 끌어다가 죽일 수 없다고 하는 위기후의 말도 맞습니다. 승상이 말한 것 또한 관부가 간사한 협잡꾼들과 연결되어 약한 백성을 침탈하고 집에 巨萬의 재산을 모았고 영천군에서 횡포를 부리고 종실을 깔아뭉개려 하였으며 골육을 무시한 것은 이른 바 '가지가 본줄기보다 크고 종아리가 허벅지보다 더 크기에 꺾어버리지 않으면 쓰러진다.'는 것이니 승상의 말 역시 맞습니다. 그러하오니 명철하신 폐하께서 결단하셔야 합니다."

主爵都尉 汲黯(급암)은 위기후가 옳다고 하였다. 內史 鄭當時도 위기후가 옳다고 하다가 나중에는 말을 바꾸었다. 나머지 신하들은 감히 대답을 할 사람이 없었다. 무제가 內史에게 화를 내며 말했다. "公은 늘 위기후와 무안후의 장단점을 자주 말하더니 오늘 같은 조정의 의논에서는 마치 멍에 아래에 매인 망아지처럼 움츠리는데 나는 당신 같은 무리를 모두 죽이고 싶소!" 그리고 조회를 파하고 일어나 태후에게 식사를 올리려고 들어갔다.

太后 또한 사람을 시켜 살피게 하였는데 모두 것이 태후에게 보고되었다. 태후는 화가 나서 식사를 하지 않고 말했다. "내가 살았어도 사람들이 모두 내 형제를 깔아뭉개는데 내가 죽은 다음에는 모

두 魚肉이 되겠소! 그리고 황제께서는 차라리 石人이라도 되었는가요? 지금 황제가 있어도 주관이 없는데 가령 백 년 뒤에 이런 신하들 중에 믿을만한 사람이 있겠습니까?" 무제가 사과하며 말했다. "두 사람이 모두 외가 사람이기에 조정에서 가리려 했던 것입니다. 그렇지 않다면 이는 옥리가 처리할 일입니다." 이 무렵에 郎中令 石建이 황제를 위해 두 사람의 잘잘못을 분별하여 진언하였다.

原文

蚡已罷朝, 出止車門, 召御史大夫安國載, 怒曰, "與長孺共一禿翁, 何爲首鼠兩端?" 安國良久謂蚡曰, "君何不自喜! 夫魏其毁君, 君當免冠解印綬歸, 曰 '臣以肺附幸得待罪, 固非其任, 魏其言皆是.' 如此, 上必多君有讓, 不廢君. 魏其必媿愧, 杜門齰舌自殺. 今人毁君, 君亦毁之, 譬如賈豎女子爭言, 何其無大體也!" 蚡謝曰, "爭時爭, 不知出此."

| **註釋** | ○止車門 - 궁궐의 외문, 수레에서 내려 보행으로 들어가는 곳. ○載 - 同車하다. ○一禿翁(일독옹) - 대머리 늙은이. 관직이 없는 사람. 위기후 두영을 지칭. 禿 대머리 독. 민둥산. ○首鼠兩端(수서양단) - 쥐가 구멍에서 머리만 내밀고 두리번거리다. 눈치만 보다. ○自喜 - 自愛. ○待罪 - 자기 직분을 수행한다는 뜻. 謙辭. ○多 - 重也. ○媿 - 부끄러울 괴(愧와 同). ○杜 - 막다. 塞也. ○齰舌(색설) - 혀를 깨물다. 齰은 깨물 색. ○賈豎(가수) - 장사꾼. 豎 더벅머리 수. 어린아이. 종(僕). ○大體 - 大局. 중요한 이치.

〖國譯〗

田蚡(전분)은 조회를 마치고 수레 타는 곳에서 어사대부 한안국을 불러 같이 타고 가면서 화를 내며 말했다. "長孺〔灌夫〕와 대머리 늙은이가 한 편인데 왜 이쪽저쪽 눈치만 보고 있습니까?" 한안국이 한참 있다가 전분에게 말했다. "승상은 어찌 그리 자중하지 못합니까! 위기후가 승상을 헐뜯으면 승상께서는 관을 벗어 놓고 인수를 풀어 반환하며 '臣이 먼 외척으로 요행히 승상이 되었지만 정말 과분한 자리이며 위기후의 말이 맞습니다.' 라고 말한다면, 폐하는 승상이 사양한다며 중히 여기며 결코 폐하지 못할 것입니다. 그러면 위기후는 틀림없이 부끄러워 문을 닫고 혀를 깨물어 자살할 것입니다. 지금 다른 사람이 승상을 헐뜯는다고 같이 헐뜯는다면 장삿꾼이나 여자의 말다툼과 같으니 어찌 그리 요령이 없으십니까?" 전분은 사과하였다. "논쟁하며 다급해서 거기까지 생각 못했소."

原文

於是上使御史簿責嬰所言灌夫頗不讎, 劾繫都司空. 孝景時, 嬰嘗受遺詔, 曰 '事有不便, 以便宜論上.' 及繫, 灌夫罪至族, 事日急, 諸公莫敢復明言於上. 嬰乃使昆弟子上書言之, 幸得召見. 書奏, 案尙書, 大行無遺詔. 詔書獨臧嬰家, 嬰家丞封. 乃劾嬰矯先帝詔, 害, 罪當棄市. 五年十月, 悉論灌夫支屬. 嬰良久乃聞有劾, 卽陽病痱, 不食欲死. 或聞上無意殺嬰, 復食, 治病, 議定不死矣. 乃有飛語爲惡言聞上,故以十二月晦論棄市渭城.

| 註釋 | ○簿責 - 문서 기록을 하나하나 확인하다. ○不讎(불수) - 不合. ○都司空 - 宗正의 속관. 종실 및 외척의 범죄 담당. ○以便宜論上 - 재빨리 적당한 방법으로 황상과 논의하다. ○昆弟子 - 조카. ○案尙書 - 상서의 원본을 검사하다. 尙書는 掌書(장서)라고도 한다. 황제에게 올라가는 보고 문서를 취급하는 요직. 漢에서서는 무제 때 황제권을 강화하려는 목적으로 설치. 그 권한이 점차 강대해졌다. ○大行 - 황제의 죽음. ○矯先帝詔 - 先帝의 조서를 위조하다. ○五年十月 - 四年이어야 맞는다는 주에 따른다. ○悉論 - 모두 처형하다. 悉 다 실. 남김없이. 論은 법률을 적용하다. 판결한 논. 定罪하다. ○痱 - 중풍 비. ○渭城(위성) - 縣名. 今 陝西省 咸陽市 渭城區 동북.

〖國譯〗

이어 무제는 御史로 하여금 竇嬰(두영)이 말한 灌夫의 내용을 장부로 확인케 하여 맞지 않는 것이 많아 都司空에서 조사하고 가두게 하였다. 경제 때 두영은 '상황이 안 좋으면 편한 방법으로 皇上에게 아뢰라.' 는 조서를 받았었다. 자신은 체포되었고 관부의 죄는 멸족으로 확정되어 하루가 다급하며 다른 사람들이 더 이상 황제에게 건의하지도 않았다. 두영은 조카를 시켜 상서하며 황제 알현을 요청하였다. 上書가 들어오자 尙書의 문서를 확인하니 (景帝가) 죽는 날에 남긴 조서가 없었다. 그 조서는 오직 두영의 집에만 있었는데 두영의 家丞(가승, 집사)가 봉한 것이었다. 이에 두영은 先帝의 조서를 위조했다고 고발이 되었으며 有害한 범죄이며 棄市(기시) 형에 해당하였다. 무제 5년(4년) 10월 관부의 일족이 모두 처형되었다. 두영은 한참 뒤에 자신이 고발되었다는 것을 알고 바로 거짓으로 중풍인척 밥도 먹지 않고 죽으려 하였다. 어떤 사람이 무제가 두영을 처형할 생각이 없다는 말을 하여 다시 식사를 하고 병도 나았으며 죽이지 않는 것으로 의논이 되었다. 그러나 악언의 소문이 황제에게 알려졌기에 12월 그믐에 渭城縣(위성현) 거리에서 참수되었다.

原文

春, 蚡疾, 一身盡痛, 若有擊者, 謼服謝罪. 上使視鬼者瞻之, 曰, "魏其侯與灌夫共守, 笞欲殺之." 竟死. 子恬嗣, 元朔中有罪免.

|**註釋**| ○謼服 - 부르짖다. 謼는 呼 古字. ○竟死 - 결국 죽었다. 田蚡은 武帝 元光 5년(前 130) 봄이었다. ○元朔(원삭) - 무제의 연호(前 128 - 123).

〖國譯〗

봄에 田蚡은 병이 났는데 온몸이 마치 누가 때리는 것처럼 아파서 '죄를 용서해 달라' 며 울부짖었다. 무제가 귀신을 본다는 무당을 불러 보게 하였더니 "위기후와 관부가 함께 지키면서 때려 죽이려 합니다."라고 말했다. 전분은 끝내 죽었다. 아들 田恬(전념)이 계승하였으나 元朔(원삭) 연간에 죄를 지어 작위를 철회하였다.

原文

後淮南王安謀反, 覺. 始安入朝時, 蚡爲太尉, 迎安霸上, 謂安曰, “上未有太子, 大王最賢, 高祖孫, 卽宮車晏駕, 非大王立, 尙誰立哉?” 淮南王大喜, 厚遺金錢財物. 上自嬰, 夫事時不直蚡, 特爲太后故. 及聞淮南事, 上曰, “使武安侯在者, 族矣.”

| 註釋 | ○淮南王安 – 회남왕 劉安(前 179 – 122), 淮南 厲王(여왕) 劉長의 아들. 고조의 손자. 문재가 뛰어났고 문객과 함께 《淮南子》를 저술. 吳楚七國의 난에는 가담하지 않았으나, 武帝 元狩 元年(前 122) 반란 계획이 드러나자 자살했다. 44권, 〈淮南衡山濟北王傳〉에 立傳. ○始安入朝時 – 建元 2년(前 139)의 일. ○霸上(패상) – 패수 서쪽 西安市 동쪽 白鹿原. ○卽宮車晏駕 – 만일 宮車가 조회에 늦게 나오다. 황제의 죽음을 의미. 卽은 假令(가령). ○不直蚡 – 田蚡을 만나지 않다.

〖國譯〗

뒷날, 淮南王 劉安의 모반이 드러났다. 그전에 劉安이 입조할 때 전분은 太尉이었는데 유안을 패상에서 영접하며 유안에게 말했다. “폐하에게 아직 太子가 없고 大王은 가장 현명하시며 高祖의 손자이시니, 만일 폐하께 일이 있다면 대왕을 옹립하지 않고서 누구를 옹립하겠습니까?” 회남왕은 크게 기뻐하며 금전과 재물을 후하게 보내주었다. 무제가 두영과 관부의 사건이 있을 때 전분을 만나지 않은 것은 오직 태후 때문이었다. 회남왕 사건이 보고되자 무제가 말했다. “무안후 전분이 살아있다면 멸족되었을 것이다.”

52-4. 韓安國

原文

韓安國字長孺, 梁 成安人也, 後徙睢陽. 嘗受《韓子》, 雜說鄒田生所. 事梁孝王, 爲中大夫. 吳,楚反時, 孝王使安國及張羽爲將, 扞吳兵於東界. 張羽力戰, 安國持重, 以故吳不能過梁. 吳,楚破, 安國,張羽名由此顯梁.

| 註釋 | ○韓安國(? – 前 127) – 時宜에 잘 적응했으며 재물을 탐했지만 청렴한 인재를 많이 추천했고 관직은 어사대부에 그쳤다. 元光 5년(前 130년) 田蚡이 죽은 뒤 한때 승상을 代行했었다. 흉노 정벌 중 관운이 없었고 前 127년에 失意속에 피를 토하고 죽었다. 《史記 韓長孺列傳》 참고. ○成安 – 縣名. 今 河南省 商丘市 民權縣. ○睢陽(수양) – 縣名. 今 河南省 商丘市. ○《韓子》 – 《韓非子》. ○鄒田生所 – 鄒縣의 田 先生. 鄒縣은 今 山東省 중부의 鄒城市, 孔孟桑梓之邦. ○張羽爲將 – 楚의 相國인 張尙은 楚王 劉戊(유무)에게 거병이 불가하다고 충간하자 왕이 살해했다. 張尙의 동생이 張羽.

〖國譯〗

韓安國(한안국)의 字는 長孺로 梁 成安縣 사람인데 나중에 睢陽縣(수양현)으로 이사했다. 일찍이 《韓非子》와 雜家의 학설을 鄒縣(추현)의 田先生에게 배웠다. 梁孝王을 섬겨 中大夫가 되었다. 吳楚의 난이 일어났을 때 孝王은 한안국과 張羽(장우)를 장수로 삼아 吳兵을 동쪽 국경에서 막게 하였다. 張羽는 力戰하였고 安國은 방어에 힘썼기에 吳軍이 梁을 지날 수 없었다. 吳와 楚가 격파되고 한안국과 張羽의 이름은 梁에 널리 알려졌다.

原文

梁王以至親故, 得自置相,二千石, 出入遊戲, 僭於天子. 天子聞之, 心不善. 太后知帝弗善, 乃怒梁使者, 弗見, 案責王所爲. 安國爲梁使, 見大長公主而泣曰, "何梁王爲人子之孝, 爲人臣之忠, 而太后曾不省也? 夫前日吳,楚,齊,趙七國反, 自關以東皆合從而西鄕, 唯梁最親, 爲限難. 梁王念太后,帝在中, 而諸侯擾亂, 壹言泣數行而下, 跪送臣等六人將兵擊卻吳,楚, 吳,楚以故兵不敢西, 而卒破亡, 梁之力也. 今太后以小苛禮責望梁王. 梁王父兄皆帝王, 而所見者大, 故出稱蹕, 入言警, 車旗皆帝所賜, 卽以嫮鄙小縣, 驅馳國中, 欲夸諸侯, 令天下知太后,帝愛之也. 今梁使來, 輒案責之, 梁王恐, 日夜涕泣思慕, 不知所爲. 何梁王之忠孝而太后不卹也?" 長公主具以告太后, 太后喜曰, "爲帝言之." 言之, 帝心乃解, 而免冠謝太后曰, "兄弟不能相教, 乃爲太后遺憂." 悉見梁使, 厚賜之. 其後, 梁王益親歡. 太后,長公主更賜安國直千餘金. 由此顯, 結於漢.

| 註釋 | ○梁王以至親故 – 竇(두)태후 소생, 景帝의 친동생. 劉武. ○大長公主 – 경제의 누나. 名 嫖. ○不省 – 不察. ○限難 – 저지하다. ○中 –

關中, 또는 京師를 지칭하기도 한다. ㅇ小苛禮 - 小節苛禮, 작고 번거로운 예의. ㅇ蹕 - 벽제할 필. 통행을 금지시키다. ㅇ嫮 - 아름다울 호. 자랑을 좀 하다(夸奼), 嫭와 同. ㅇ鄙小縣 - 외진 작은 고을. ㅇ夸 - 뽐내다. 誇(자랑할 과)와 同. ㅇ不卹(불휼) - 돌보지 않다. 不恤.

〖國譯〗

梁王은 景帝의 친형제였기에 승상과 2천석 관리를 임명할 권한을 갖고 있었으며 출입과 遊戲(유희)가 천자와 비슷하였다. 천자(景帝)가 이를 알고 마음으로 좋아하지 않았다. 두태후는 경제가 좋아하지 않는 것을 알고 화를 내며 梁의 사자를 알현하지도 않고 문서로 양왕의 일을 문책하였다. 한안국은 梁의 사자로 大長公主를 만나 울면서 말했다.

"어찌하여 양왕의 아들로서의 효도와 신하로서의 충성을 태후께서 알아주시지 않으시는지요? 예전에 吳, 楚, 齊, 趙 등 7국이 반역하며 함곡관 동쪽의 제후가 모두 합종하여 서쪽으로 향할 때 梁은 가장 가까운 나라이기에 그들을 막았습니다. 양왕은 태후와 황제가 계신 關中을 생각하여 제후들이 소요를 일으킬 때 말 한마디에 몇 줄의 눈물을 흘리시면서 꿇어앉아 저를 포함한 6명의 장수에게 군사를 거느리고 吳와 楚를 막으라고 보내셨으며, 오와 초의 군사는 이로써 서쪽으로 진격하지 못했고 끝내 격파되었으니 이는 梁의 힘이었습니다. 지금 태후께서는 작고 까다로운 禮를 가지고 양왕을 책망하셨습니다. 梁王의 父兄이 모두 제왕이기에 그동안 본 것이 많아 외출하며 길을 치우게 하고 들어오며 경비를 엄히 하였습니다만 수레나 깃발 등은 모두 폐하께서 하사한 것이었으며 그로써 시골 작은 나라에서 자랑을 좀 하였고 나라 안을 달리면서 제후들에게 당당한 모습을 보여 천하 모든 사람들에게 태후와 폐하께서 愛護하심을 알리려 했습니다. 이번에 양나라의 사신으로 왔지만 문서로 책망하시니 양왕은 두려워하며 밤낮으로 울며 사모하면서 어찌할 바를 모르고 있습니다. 어찌하여 양왕의 충효를 태후께서는 돌보아 주시지 않는지요?"

大長公主는 이 모두를 太后에게 말했고 태후는 기뻐하며 말했다. "황제에게 말하겠다." 태후가 말하자 황제는 양왕에 대한 의심을 풀고 冠을 벗어 太后에게 사죄하며 말했다. "형제가 서로 돕지 못하여 태후께 걱정을 끼쳤습니다." 梁의 사신을 다 만나보고 후한 상을 내렸다. 이후로 양왕을 더욱 좋아하였다. 태후와 대장공주는 한안국에게 천여 근의 금전을 하사하였다. 이로서 한안국의 이름이 알려졌고 漢 조정과 연결되었다.

原文

其後, 安國坐法抵罪, 蒙獄吏田甲辱安國. 安國曰, "死灰獨不復然乎?" 甲曰, "然卽溺之." 居無幾, 梁內史缺, 漢使使者拜安國爲梁內史, 起徒中爲二千石. 田甲亡. 安國曰, "甲不就官, 我滅而(汝)宗." 甲肉袒謝, 安國笑曰, "公等足與治乎?" 卒善遇之.

內史之缺也, 王新得齊人公孫詭, 說之, 欲請爲內史. 竇太后聞, 乃詔王以安國爲內史.

| 註釋 | ○坐法抵罪 - 법을 어겨 벌을 받다. ○蒙(몽) - 梁國의 縣名. 今河南省 商丘市 동북. ○死灰獨不復然乎 - 식은 재라고 다시 타지 않겠는가? 然은 燃(불탈 연)과 同. ○然卽溺之 - 불이 붙으면 오줌을 누겠다. 溺은 빠질 익. 오줌 뇨. ○起徒 - 죄수에서 起身하여. 徒은 무리 도, 종 도, 징역 도. ○而宗 - 而는 汝. ○公等足與治乎 - 너희들이 벌 줄 것이나 되는가? 너희를 벌을 주겠는가? ○公孫詭(공손궤, ? - 前 148) - 齊人. 梁王의 빈객, 爰盎(원앙) 등 10여 명을 암살하는 주도적 역할. 47권, 〈文三王傳〉 참고.

〖國譯〗

그 후로 한안국은 법을 어겨 벌을 받게 되었는데 蒙縣(몽현)의 옥리 田甲이 한안국을 괴롭혔다. 한안국이 말했다. "식은 재라고 다시 타지 않겠는가?" 그러자 전갑이 말했다. "불이 붙는다면 오줌을 누겠다." 얼마 안 있어 梁에서 內史가 결원이 되었는데 漢에서는 사자를 보내 한안국을 梁의 내사로 임명하니 한안국은 죄수 무리에서 2천석 관리가 되었다. 이에 전갑은 도주하였다. 한안국이 말했다. "전갑이 관직에 오지 않으면 내가 일족을 없애버리겠다." 전갑이 웃통을 벗고 사죄하였다. 한안국이 웃으며 말했다. "너희들을 굳이 벌주겠는가?" 그리고선 잘 대우했다.

內史가 결원이 되었을 때 양왕은 齊人 公孫詭(공손궤)를 만나 좋아하며 내사에 임명하겠다고 주청했었다. 두태후가 알고서는 양왕에게 한안국을 내사로 삼으라고 말한 것이었다.

原文

公孫詭,羊勝說王求爲帝太子及益地事, 恐漢大臣不聽, 乃陰使人刺漢用事謀臣. 及殺故吳相爰盎, 景帝遂聞詭,勝等計劃, 乃遣使捕詭,勝, 必得. 漢使十輩至梁, 相以下擧國大索, 月餘弗得. 安國聞詭,勝匿王所, 乃入見王而泣曰, "主辱者臣死. 大王無良臣, 故紛紛至此. 今勝,詭不得, 請辭賜死." 王曰, "何至此?" 安國泣數行下, 曰, "大王自度於皇帝, 孰與太上皇之與高帝及皇帝與臨江王親?" 王曰, "弗如也." 安國曰, "夫太上皇, 臨江親父子間, 然高帝曰 '提三尺取天下者朕也', 故太上終不得制事, 居於櫟陽. 臨江, 適長太子, 以一言過, 廢王臨江, 用宮垣事, 卒自殺中尉府. 何則? 治天下終不用私亂公. 語曰, '雖有親父, 安知不爲虎? 雖有親兄, 安知不爲狼?' 今大王列在諸侯, 訹邪臣浮說, 犯上禁, 橈明法. 天子以太后故, 不忍致法於大王. 太后日夜涕泣, 幸大王自改, 大王終不覺寤. 有如太后宮車卽晏駕, 大王尙誰攀乎?" 語未卒, 王泣數行而下, 謝安國曰, "吾今出之." 卽日詭,勝自殺. 漢使還報, 梁事皆得釋, 安國力也. 景帝,太后益重安國.

| 註釋 | ○王求爲帝太子及益地事 – 梁王을 景帝의 太弟로 삼아줄 것과 영지를 늘려달라는 일. 이는 梁 孝王의 희망. 太子는 아들이란 뜻이 아니고 황제의 계승자. ○爰盎(원앙) – 19권, 〈爰盎鼂錯傳〉 立傳. ○孰與 – 비교하여 어떠한가? 太上皇은 고조의 부친. ○皇帝與臨江王親 – 황제(景帝)와

임강왕. 임강왕은 栗姬 소생 景帝의 長子. 栗太子. ○三尺 - 劍. ○櫟陽(역양) - 縣名. 今 陝西省 西安市 臨潼區(임동구). ○適長太子 - 栗太子. 適은 嫡室. ○用宮垣事(용궁원사) - 廟의 壖地(연지, 공터)를 침범했다는 일로. ○詸 - 꾀일 수. ○橈 - 꺾을 요(뇨), 굽힐 요. 어지럽히다. ○尙誰攀乎 - 그때는 누구에게 의지하겠습니까? 攀은 매달릴 반. 잡고 오르다. ○皆得釋 - 모두 풀리다. 깨끗하게 해결되다.

〖國譯〗

公孫詭(공손궤)와 羊勝은 梁王을 설득하여 황제의 계승자로 삼고 영지를 더 늘려달라고 요구하면서 漢의 대신이 따라주지 않을 것을 걱정하여 몰래 사람을 보내 漢에서 권력을 쥔 謀臣을 찔러 죽이려 했다. 그리하여 전에 吳王의 승상이었던 爰盎(원앙)을 암살하였는데, 景帝는 이것이 공손궤와 양승의 계획인 것을 알고 사자를 보내 공손궤와 양승을 기어이 체포토록 하였다. 漢의 사자가 10차례나 梁에 와서 승상 이하 온 나라를 크게 수색했지만 한 달이 넘도록 잡지 못했다. 한안국은 공손궤와 양승이 왕궁 안에 숨어 있는 것을 알고 궁에 들어가 왕을 알현하고 울면서 말했다.

"主君이 곤욕을 당한다면 신하가 죽어야 합니다. 대왕께서는 良臣이 없어 연이어 이렇게 되었습니다. 지금 양승과 공손궤를 찾지 못하였으니 저를 죽여 달라고 말씀드립니다."

양왕이 말했다. "어찌 이렇게까지 해야 하나." 한안국이 몇 줄기 눈물을 흘리며 말했다.

"大王께서 생각하실 때 황제와 대왕은 태상황과 고조 및 황제와 임강왕의 혈연상 가까움이 어떻다고 생각하십니까?" 왕은 "그만 못하오.”라고 말했다. 한안국이 말했다.

“太上皇과 임강왕 모두 황제와 친부자간이었지만 고조께서는 ‘삼척검을 잡고 천하를 차지 한 사람은 짐이다.’라고 하셨으니, 태상황은 끝까지 국사에 관여하지 못하고 櫟陽縣(역양현)에 거처하셨습니다. 임강왕은 嫡長太子이었지만 말 한마디 잘못으로 임강왕으로 폐위되었고 궁중 담을 침범했다 하여 끝내 中尉府에서 자살해야만 했습니다. 왜 그랬겠습니까? 천하를 통치하는데 끝까지 私로 公을 어지럽힐 수 없기 때문이었습니다. 속어에 ‘비록 부친일지라도 호랑이 되지 않는다고 할 수 있겠는가? 비록 친형이라지만 늑대가 되지 않으리라 어찌 알겠는가?’라고 하였습니다. 지금 대왕께서는 제후의 반열에서 고약한 신하의 맹랑한 주장을 믿어 황제의 금기를 범하고 현행법을 어지럽히셨습니다. 천자께서는 태후 때문에 대왕에게 법을 적용하지 못할 뿐입니다. 태후께서는 밤낮으로 울면서 대왕께서 스스로 고치시길 바라고 있지만 대왕은 아직도 깨닫지 못하고 계십니다. 만약 태후께서 돌아가신다면 대왕께서는 누굴 의지하시겠습니까?”

말을 다 못했는데도 왕은 눈물을 줄줄 흘리면서 한안국에게 사과하였다. “내가 오늘 그들을 내 주겠다.” 그날로 공손궤와 양승은 자살하였다. 漢의 사자가 돌아가 보고하고 梁의 사건은 모두 다 해결되었으니 한안국의 힘이었다. 경제와 태후는 한안국을 더욱 중히 여겼다.

原文

孝王薨, 共王卽位, 安國坐法失官, 家居. 武帝卽位, 武安侯田蚡爲太尉, 親貴用事. 安國以五百金遺蚡, 蚡言安國太后, 上素聞安國賢, 卽召以爲北地都尉, 遷爲大司農. 閩,東越相攻, 遣安國,大行王恢將兵. 未至越, 越殺其王降, 漢兵亦罷. 其年, 田蚡爲丞相, 安國爲御史大夫.

| 註釋 | ○孝王薨 – 景帝 中元 6年(前 144). ○共王卽位 – 梁 孝王은 아들이 5명이었다. 太子 劉買가 梁의 共王이고, 次子 劉明은 濟川王, 劉彭離는 濟東王, 劉定은 山陽王, 劉不識은 濟陰王이 되었는데 모두 孝景帝 中元 6年 같은 날에 책봉하었다. ○北地都尉 – 북지군의 도위. 북지군의 치소는 馬嶺縣(今 甘肅省 동부 慶陽市 서북). 都尉는 군의 군사업무 담당자. ○大司農 – 九卿의 하나. 국가의 조세, 錢糧, 財政收支 담당. 建元 3년(前 138)의 일이었다. ○大行 – 大行令. 大行은 이민족의 빈객 접대와 외교 관련 업무를 담당하는 관리. 경제 때는 大行令(간칭 大行)으로 고쳤고 무제 太初 연간부터는 大鴻臚(대홍려)로 고쳤다. 나중에는 조정의 儀禮도 주관하였다. ○其年 – 건원 6년(前 135).

〖國譯〗

梁 孝王이 죽어 共王이 즉위하였고, 한안국은 법을 위반하여 관직을 잃고 집에 머물렀다. 武帝가 즉위하고 무안후 田蚡(전분)이 태위가 되어 황제의 측근으로 권력을 잡았다. 한안국은 五百金을 전분에게 보내 축하하자 전분은 한안국을 王太后에게 말했고, 무제는 평소에 한안국이 유능함을 알고 있어 바로 불러 北地郡 都尉로 임명했

다가 나중에 大司農으로 옮겨 발령했다. 閩(민)과 東越(동월)이 서로 침공하자 무제는 한안국과 대행령 王恢(왕회)에게 군사를 주어 파견하였다. 越에 도착하기 전에 그들이 그 왕을 죽이고 투항하자 漢兵 역시 철수하였다. 그해 전분은 승상이 되었고 한안국은 어사대부가 되었다.

原文

匈奴來請和親, 上下其議. 大行王恢, 燕人, 數爲邊吏, 習故事, 議曰, "漢與匈奴和親, 率不過數歲卽背約. 不如勿許, 擧兵擊之." 安國曰, "千里而戰, 卽兵不獲利. 今匈奴負戎馬足, 懷鳥獸心, 遷徙鳥集, 難得而制. 得其地不足爲廣, 有其衆不足爲强, 自上古弗屬. 漢數千里爭利, 則人馬罷, 虜以全制其敝, 勢必危殆. 臣故以爲不如和親." 群臣議多附安國, 於是上許和親.

| **註釋** | ○上下其議 – 上은 그 일에 대한 議論을 下敎했다. ○邊吏 – 邊軍의 軍吏. ○率 – 대략 솔. 대체로, 대강. ○負 – 믿다. 의지하다. ○戎馬(융마) – 군마. 戰馬. ○鳥獸 – 禽獸(금수)와 同. ○弗屬 – (중원에) 예속시킬 수 없다. ○虜 – 흉노.

〖**國譯**〗

匈奴가 화친을 요청하였다. 무제는 그 일을 논의케 하였다. 大行令 王恢(왕회)는 燕人으로 변방의 軍吏를 오래 역임하여 그 일에 익숙하여 "漢과 匈奴가 和親을 하여도 대개 몇 년 지나지 않아 약속을 어깁니다. 허락하지 않고 군사를 동원하여 토벌하는 것만 못합니다."라고 말했다. 이에 한안국이 말했다.

"千里를 가서 싸울 경우 승리하기 어렵습니다. 지금 흉노는 戰馬가 많은 것을 믿으며 금수와 같은 마음을 품고, 이동하며 생활하다가도 새떼처럼 모여들기에 제압하기가 어렵습니다. 그들 땅을 차지했다 하여 넓어진 것이 아니고 그 무리를 얻어도 나라가 강해졌다 할 수 없으며 예로부터 굴복시키지 못했습니다. 우리가 수천 리를 나가 싸울 경우 人馬가 모두 지치지만 흉노는 전 부족을 동원하여 지친 우리를 제압할 것이니 형세가 틀림없이 위태로울 것입니다. 臣은 이런 이유로 화친이 낫다고 생각합니다."

신하들은 한안국의 의견에 따르는 사람이 많았기에 무제는 화친을 허용하였다.

原文

明年, 雁門馬邑豪聶壹因大行王恢言, "匈奴初和親, 親信邊, 可誘以利致之, 伏兵襲擊, 必破之道也." 上乃召問公卿曰, "朕飾子女以配單于, 幣帛文錦, 賂之甚厚. 單于待命加嫚, 侵盜無已, 邊竟數驚, 朕甚閔之. 今欲擧兵攻之, 何如?"

|註釋| ○明年 - 元光 2년(前 133). ○雁門馬邑 - 雁門郡(치소는 善無縣, 今 山西省 朔州市 右玉縣 남쪽). 馬邑縣(今 山西省 서북부 朔州市). ○豪 - 豪族. 土豪. ○聶壹(섭일) - 人名. 《史記》에는 聶翁壹(섭옹일)로 기록. ○幣帛文

錦 – 錢財. 비단. 무늬 있는 면직물. ○加嫚(가만) – 더 업신여기다.

〖國譯〗

그 다음 해, 雁門郡 馬邑縣의 호족인 聶壹(섭일)이 大行令 王恢를 통해 건의하였다. "匈奴는 우리와 화친을 한 이후 변방의 백성들을 믿고 있으니 이익이 될 만한 것으로 유인하여 복병으로 습격하면 틀림없이 격파할 수 있습니다."

무제는 公卿을 소집하여 이에 대하여 물으면서 말하였다. "朕(짐)은 그동안 (옹주를) 딸처럼 꾸며 선우에게 출가시키고 재물이나 비단, 면직물 등을 아주 많이 보냈었다. 선우는 우리 명령을 더 무시하면서 노략질을 그치지 않고 변경을 침입하기에 짐은 이를 매우 걱정하고 있다. 이번에 거병하여 토벌하는 것이 어떻겠는가?"

原文

大行恢對曰, "陛下雖未言, 臣固願效之. 臣聞全代之時, 北有强胡之敵, 內連中國之兵, 然尙得養老長幼, 種樹以時, 倉廩常實, 匈奴不輕侵也. 今以陛下之威, 海內爲一, 天下同任, 又遣子弟乘邊守塞, 轉粟輓輸, 以爲之備. 然匈奴侵盜不已者, 無它, 以不恐之故耳. 臣竊以爲擊之便."

| 註釋 | ○效之 – 之는 흉노를 공격하기. 致는 效也. ○全代之時 – 代國이 나누어지기 전. 곧 6國시대에 代는 趙의 영역이었다. '전국시대에도 흉노를 막었는데 지금 왜 토벌 못하느냐?' 라는 의미. ○內連中國之兵 – 중원이

서로 전쟁을 했다. ◦天下同任 – 천하가 漢을 섬기고 있다. 任은 事也. ◦轉粟輓輸 – 轉運은 물길을 이용한 운수. 輓(만)은 수레.

〖國譯〗

大行令 王恢가 대답하였다.

"폐하의 말씀이 없었다지만 臣은 꼭 흉노 토벌을 원했습니다. 제가 알기로 代國이 하나였을 때 북쪽에 강한 흉노가 있었고 안에서는 中原의 싸움을 계속하면서도 노인을 봉양하고 어린아이를 키우며 때맞추어 씨를 뿌리고 가꾸었으며, 나라의 창고는 늘 가득찼고 흉노는 중국을 경시하여 침범하지 못했습니다. 지금 폐하의 위엄으로 海內는 하나가 되었고 온 천하가 폐하만을 섬기며 자제들을 보내 변방에 대처하고 요새를 지키며 물과 수레로 군량을 운반하면서 흉노에 대비하였습니다. 그러나 흉노가 쳐들어와 노략질이 그치지 않는 것은 다른 것이 아니라 바로 우리를 두려워하지 않기 때문입니다. 신의 생각으로는 흉노를 공격해야 합니다."

原文

御史大夫安國曰, "不然. 臣聞高皇帝嘗圍於平城, 匈奴至者投鞌高如城者數所. 平城之饑, 七日不食, 天下歌之, 及解圍反位, 而無忿怒之心. 夫聖人以天下爲度者也, 不以己私怒傷天下之功, 故乃遣劉敬奉金千斤, 以結和親, 至今爲五世利. 孝文皇帝又嘗壹擁天下之精兵聚之廣武常谿, 然終無尺寸之功, 而天下黔首無不憂者. 孝文寤於兵之不可宿, 故復合和親之約. 此二聖之跡, 足以爲效矣. 臣竊以爲勿擊便."

| 註釋 | ○平城 - 縣名. 今 山西省 大同市 동북 ○鞌 - 말안장 안. 鞍과 同. ○天下歌之 - 천하가 이를 알다. ○反位 - 제자리에 돌아오다. 反은 返也. ○度者 - 度量. ○天下之功 - 천하의 公義. 앞의 私怒의 상대적인 뜻. ○爲五世利 - 五世(태조 - 무제)에 걸쳐 혜택을 받다. ○廣武常谿 - 廣武縣(今 山西省 代縣 서남)의 常谿. 水名. ○黔首(검수) - 백성. 黔은 검을 검. ○宿 - 오래 주둔하다. ○二聖 - 태조와 文帝. ○效 - 證明하다.

〖國譯〗

어사대부 한안국이 말했다.

"그렇지 않습니다. 臣이 알기로는, 高황제께서 전에 平城에서 포위되었을 때 들어온 匈奴들이 벗어놓은 안장이 성만큼 높이 쌓인 곳이 여럿이었습니다. 平城에서의 굶주리며 7일간 먹지 못했던 것은 천하가 다 알고 있으며 포위를 뚫고 돌아와서는 분노의 마음을 갖지 않으셨습니다. 聖人의 천하를 위한 도량이란 사적인 분노로 公義를 해치지 않는 것이기에 劉敬(유경)을 시켜 황금 천근을 보내며 화친을 맺어 지금까지 五世에 걸쳐 그 덕을 보고 있습니다. 孝文皇帝께서 한때 천하의 정병을 모두 동원하여 廣武縣의 常溪에 집결시켰으나 결국 아무런 성과도 없었으며 천하에 이를 걱정하지 않는 백성이 없었습니다. 문제께서는 군사를 오래 주둔시킬 수 없다는 것을 깨달아 다시 화친을 맺었습니다. 이처럼 태조와 문제 두 분 황제의 행적으로도 증명할 수 있습니다. 저는 흉노를 토벌하지 않는 것이 이롭다고 생각합니다."

原文

恢曰, "不然. 臣聞五帝不相襲禮, 三王不相復樂, 非故相反也, 各因世宜也. 且高帝身被堅執銳, 蒙霧露, 沐霜雪, 行幾十年, 所以不報平城之怨者, 非力不能, 所以休天下之心也. 今邊竟數驚, 士卒傷死, 中國槥車相望, 此仁人之所隱也. 臣故曰擊之便."

| 註釋 | ○襲禮 - 禮를 이어받다. 襲은 계승하다. ○被堅執銳 - 갑옷을 입고 무기를 잡다. 被는 입을 피. 걸치다(披). ○幾十年 - 幾는 近也. ○邊竟 - 邊境. ○槥車(혜거) - 간단한 관을 운반하는 수레. 槥는 작은 관 혜. ○隱 - 心痛也.

〖國譯〗

왕회가 말했다. "그렇지 않습니다. 신이 알기로는, 5帝가 서로 禮를 잇지 않고 3王의 음악이 서로 같지 않은 것은 서로 상반되어서가 아니라 각 시대의 편의에 따라 달랐기 때문입니다. 그리고 高帝께서 친히 갑옷에 무기를 들고 안개와 이슬을 맞고 비와 눈으로 목욕을 10년 가까이 하면서도 平城의 원한을 보복하려 않으셨던 것은 능력이 안 되어서가 아니라 천하를 쉬게 한다는 마음이셨습니다. 지금 변경이 자주 소란하고 士卒이 죽고 다치며 중원에 관을 실은 수레가 꼬리를 무는 것에 仁人은 마음을 아파하고 있습니다. 저는 이러한 이유로 흉노 토벌이 이롭다고 말씀드립니다.”

原文

安國曰, “不然. 臣聞利不十者不易業, 功不百者不變常. 是以古之人君謀事必就祖, 發政占古語, 重作事也. 且自三代之盛, 夷狄不與正朔服色, 非威不能制, 强弗能服也, 以爲遠方絶地不牧之民, 不足煩中國也. 且匈奴, 輕疾悍亟之兵也, 至如猋風, 去如收電, 畜牧爲業, 弧弓射獵, 逐獸隨草, 居處無常, 難得而制. 今使邊郡久廢耕織, 以支胡之常事, 其勢不相權也. 臣故曰勿擊便.”

| 註釋 | ○利不十者~ －《商子 更法》‘利不百 不變法, 功不十 不易器.’ ○就祖 － 祖廟. ○占 － 묻다. 古語는 옛 經典. ○不牧之民 － 보호하고 키울 수 없는 사람. ○悍 － 사나울 한. 용감하다. ○亟 － 빠를 극. 조급하다. ○猋風 － 疾風(질풍). 猋는 개가 달리는 모양 표. ○弧弓射獵(호궁사렵) － 활로 사냥하다. 弧 나무로 만들 활 호. 弓은 뿔(角)로 만든 활. ○支胡之常事 － 흉노에 대비하는 일이 일상이다. ○不相權也 － 輕重이 같지 않다.

〖國譯〗

韓安國이 말했다. “그렇지 않습니다. 臣이 알기로는, 10배의 이익이 없다면 본업을 바꾸지 않고 100배의 효과가 없다면 늘 하던 일을 바꾸지 않는다 하였습니다. 그래서 예전의 주군은 새로운 일을 할 때 선조가 했던 바를 따랐고 새로운 정사를 시작하면 옛 경전을 조사한 것은 쉽게 바꿀 수 없었기 때문입니다. 그리고 三代의 盛世 이후로 이적과 正朔이나 복색을 달리 한 것은 위엄으로 그들을 제압하거나 굴복시킬 수 없어서가 아니라 먼 외진 곳의 다스릴 수 없는 사람들에게 우리가 힘들일 이유가 없었기 때문이었습니다. 게다가 흉노들은 사납고 날쌘 군사이며 질풍처럼 쳐들어왔다 번개처럼 떠나고, 목축이 생업이며 활로 사냥을 하고 짐승과 초지를 따라다녀 거처가 일정하지 않아 제압하기가 어렵습니다. 이제껏 변방의 군현에서는 오랫동안 농사나 길쌈을 못하고 흉노에 대비하는 일이 일상이 되었는데 그 형세(상황)가 언제나 같지 않았기 때문입니다. 저는 이런 이유로 토벌을 하지 않는 것이 낫다고 생각합니다."

原文

恢曰, "不然. 臣聞鳳鳥乘於風, 聖人因於時. 昔秦繆公都雍, 地方三百里, 知時宜之變, 攻取西戎, 闢地千里, 並國十四, 隴西,北地是也. 及後蒙恬爲秦侵胡, 辟數千里, 以河爲竟, 累石爲城, 樹榆爲塞, 匈奴不敢飮馬於河, 置烽燧然後敢牧馬. 夫匈奴獨可以威服, 不可以仁畜也. 今以中國之盛, 萬倍之資, 遣百分之一以攻匈奴, 譬猶以强弩射且潰之癰也, 必不留行矣. 若是, 則北發月氏可得而臣也. 臣故曰擊之便."

| 註釋 | ○聖人因於時 – 성인은 때를 보아 일을 한다. ○秦 繆公(목공, 재위, 前 659 – 621) – 《史記》에서는 春秋 五霸의 한 사람. 人才를 중시하여 百里奚(백리해), 蹇叔(건숙), 公孫枝(공손지) 등 현신의 보좌를 받아 영토를 확장하고 흉노를 제압하면서 이후 400여년 간 秦 발전의 토대를 구축하였다. ○雍(옹) – 今 陝西省 寶雞市 鳳翔縣. ○闢地 – 국경을 넓히다. ○北地 – 郡名. ○樹楡爲塞 – 느릅나무를 심어 울타리로 삼다. 요새에 느릅나무를 심다. ○河 – 黃河. ○癰 – 등창 오. 악성 종기. ○必不留行矣 – 아무것도 이를 막을 수 없다. 留는 止也. ○北發(북발) – 北狄의 지명. 또는 국명이라는 주석이 있으나 위치 미상. ○月氏(월지) – 중국 북서부의 이민족 이름.

〖國譯〗

왕회가 말했다. "그렇지 않습니다. 제가 아는 바로는 봉황은 바람을 이용하여 날고, 聖人은 때를 보아 일을 한다고 하였습니다. 예전에 秦의 繆公(목공)이 雍(옹)에 도읍할 때 땅이 사방 삼백 리였으나 상황이 변한 것을 알아 西戎의 땅을 공략하여 영토를 천리나 늘리고 14개 나라를 병합하였으니 지금의 隴西郡과 北地郡의 땅이었습니다. 뒷날 蒙恬(몽염)은 秦을 위해 흉노를 토벌하여 땅을 수천 리나 늘려 황하를 국경으로 삼았으며 돌을 쌓아 성을 만들고 요새에 느릅나무를 심으니 흉노가 감히 황하의 물을 말에게 먹이지 못했으며, 봉수대를 설치한 뒤에 말을 기를 수 있었습니다. 흉노는 위세로 굴복시킬 수 있지 仁義로 상대할 수 없습니다. 지금 중국은 흉노보다 만 배나 융성하기에 그 백 분의 일을 내어 흉노를 치는 것은 비유하자면 강한 화살을 쏘아 고약한 종기를 터트리는 것과 같으니 누구도 막을 수 없을 것입니다. 이렇게 하면 北發(북발)의 땅이나 月氏(월지)를 복속케 할 수도 있습니다. 臣은 이런 이유로 흉노 토벌이 필요하다고 말씀드립니다.”

原文

安國曰, “不然. 臣聞用兵者以飽待饑, 正治以待其亂, 定舍以待其勞. 故接兵覆衆, 伐國墮城, 常坐而役敵國, 此聖人之兵也. 且臣聞之, 衝風之衰, 不能起毛羽, 强弩之末, 力不能入魯縞. 夫盛之有衰, 猶朝之必莫也. 今將卷甲輕擧, 深入長敺, 難以爲功, 從行則迫脅, 衡行則中絶, 疾則糧乏, 徐則後利, 不至千里, 人馬乏食. 兵法曰, ‘遺人獲也.’ 意者有它繆巧可以禽之, 則臣不知也, 不然, 則未見深入之利也. 臣故曰勿擊便.”

| 註釋 | ○定舍 – 정기적인 휴식. 제대로 휴식하다. ○覆 – 상대방을 격파하다(敗也). ○墮 – 떨어질 타. 허물다(毁也). ○衝風 – 질풍같이 충돌하는 힘. ○魯縞 – 魯에서 생산되는 흰 비단. ○莫 – 暮也. ○從行 – 縱行. ○後利 – 유리한 때를 놓치다. ○遺人獲也 – 군사를 투입하여 노획하게 하다. ○它繆巧(타류교) – 또 다른 전략. ○禽 – 擒也.

〖國譯〗

한안국이 말했다. “그렇지 않습니다. 신이 알기로는 ‘용병하는 자는 배불리 먹인 뒤 적이 굶주리기를 기다리고, 엄정한 군기로 적이 혼란할 때를 기다리며, 일정한 휴식으로 적이 지치기를 기다린다.' 고 하였습니다. 그리고서 맞서 싸우면 적군을 이기고 나라와 성을 치거나 뺏을 수 있으니 늘 유리한 방법으로 적국을 흔드는 것이 성인의 용병입니다. 그리고 신이 알기로는, 질풍이라도 힘이 약하면 깃털도 날리지 못하고 강한 화살도 끝에 가서는 魯의 흰 비단을 뚫지 못한다고 하였습니다. 강성한 힘도 쇠약해지는 것은 아침이 있으면 밤이 있는 것과 같습니다. 지금 가벼운 갑옷과 경무장으로 적진에 깊이 계속 진격시키더라도 공을 세우기가 어려운 것은 한 줄로 행군하면 추격을 받고, 횡대로 행군하면 중간이 끊어질 수 있으며, 행군이 빠르면 군량 공급이 어렵고, 서서히 행군하면 유리한 때를 놓치며, 천리를 가기도 전에 군졸과 말은 군량이 부족해질 것입니다. 병법에서 '적진에 군사를 투입하여 노획하게 하라.' 고 하였으니, 그 뜻은 다른 방법으로도 적을 잡을 수 있다는 뜻이며 제가 잘 모를 수 있지만 적진 깊은 곳까지 공격해야 한다는 이점을 알 수 없습니다. 그래서 신은 공격하지 않는 것이 낫다고 말씀드립니다."

原文

恢曰, "不然. 夫草木遭霜者, 不可以風過, 清水明鏡, 不可以形逃, 通方之士, 不可以文亂. 今臣言擊之者, 固非發而深入也, 將順因單于之欲, 誘而致之邊, 吾選梟騎壯士陰伏而處以爲之備, 審遮險阻以爲其戒. 吾勢已定, 或營其左, 或營其右, 或當其前, 或絶其後, 單于可禽, 百全必取."

| 註釋 | ○不可以風過 - 바람을 지나가게 하지 못하다. 바람에 잎이 떨어지다. ○形逃 - 형태를 숨길 수 없다. 있는 그대로 비춘다. ○通方之士 - 通道之士. ○文亂 - 문자에 현혹되다. ○梟騎(효기) - 梟는 올빼미 효. 사납고 용맹하다. ○戒 - 警戒.

〖國譯〗

왕회가 말했다. "그렇지 않습니다. 대개 초목이 서리를 맞았다면 바람에도 잎이 지고 淸水나 明鏡은 모습을 그대로 비춰주며 도통한 선비는 문자에 현혹되지 않습니다. 지금 臣이 흉노를 토벌하자는 것은 군사를 동원하여 적지에 깊이 투입하자는 뜻이 아니라 선우의 욕심을 그대로 이용하여 유인해서 변경으로 데려오면 우리가 날쌘 기병과 장사를 동원하여 몰래 매복시켰다가 상황에 따라 대비하고 험하거나 막힌 것을 잘 살펴 경계하자는 것입니다. 우리의 형세가 이미 안정된 만큼 흉노의 좌측 또는 우측에 주둔하거나 때로는 그 앞길을 막거나 그 후미를 단절한다면 선우를 잡을 수 있고 모든 것을 완전하게 틀림없이 취할 수 있습니다."

原文

上曰, "善." 乃從恢議, 陰使聶壹爲間, 亡入匈奴, 謂單于曰, "吾能斬馬邑令丞, 以城降, 財物可盡得." 單于愛信, 以爲然而許之. 聶壹乃詐斬死罪囚, 縣其頭馬邑城下, 視單于使者爲信, 曰, "馬邑長吏已死, 可急來." 於是單于穿塞, 將十萬騎入武州塞.

| 註釋 | ○爲間 - 첩자로 삼다. ○縣 - 매달다(懸과 同). ○視 - 示也. ○穿塞(천새) - 변경을 통과하다. ○武州塞 - 今 山西省 大同市 左雲縣의 요새.

〖國譯〗

이에 무제가 말했다. "그만 하라!" 그리고는 왕회의 의논에 따르기로 하고 비밀리에 聶壹(섭일)을 첩자로 삼아 흉노 땅으로 도망가서 單于(선우)에게 일러 말했다. "내가 馬邑의 현령이나 현승을 죽이고 성을 들어 항복할 것이니 재물을 다 차지할 수 있습니다."

선우는 좋아하며 믿고 그리하겠다고 승낙하였다. 섭일은 바로 거짓으로 처형할 죄수를 죽여 그 머리를 마읍 성문 위에 매달아 놓고 선우의 사자에게 보여 믿게 하면서 말했다. "馬邑의 長吏가 이미 죽었으니 가급적 빨리 들어오시오." 그러자 선우는 요새를 지나 10만 기병을 거느리고 武州의 요새로 들어왔다.

原文

當是時, 漢伏兵車騎材官三十餘萬, 匿馬邑旁谷中. 衛尉李廣爲驍騎將軍, 太僕公孫賀爲輕車將軍, 大行王恢爲將屯將軍, 太中大夫李息爲材官將軍. 御史大夫安國爲護軍將軍, 諸將皆屬. 約單于入馬邑縱兵. 王恢,李息別從代主擊輜重. 於是單于入塞, 未至馬邑百餘里, 覺之, 還去. 語在〈匈奴傳〉. 塞下傳言單于已去, 漢兵追至塞, 度弗及, 王恢等皆罷兵.

| 註釋 | ○材官 – 材士, 精兵. ○李廣(이광) – 54권, 〈李廣蘇建傳〉 입전. ○公孫賀(공손하, ? – 前 91) – 장군, 大臣. 衛靑의 매부. 66권, 〈公孫劉田王楊蔡陳鄭傳〉 입전.

〖國譯〗

그때, 漢은 車騎軍과 材官(步兵) 등 30여만 복병을 馬邑의 옆 계곡에 매복시켰다. 衛尉 李廣은 驍騎將軍(효기장군), 太僕(태복) 公孫賀는 輕車將軍(경거장군), 大行令 왕회는 將屯將軍, 太中大夫 李息은 材官將軍이었다. 어사대부 韓安國은 護軍將軍인데 여러 장수가 호군장군에 소속되었다. 선우가 馬邑에 들어오면 군사를 출동하기로 약속하였다. 왕회와 李息은 별도로 代郡에서 그들의 輜重(치중)부대를 주로 공격하기로 하였다. 흉노 선우는 경계선을 지나 馬邑 100여리에 못 와서 매복을 눈치채고 돌아갔다. 이는 〈匈奴傳〉에 있다. 요새에서 흉노가 이미 퇴거했다는 것을 알려오자 漢兵이 경계지역까지 추격했지만 따라잡을 수 없다고 판단하여 왕회 등은 군사를 모두 철수하였다.

原文

上怒恢不出擊單于輜重也, 恢曰, "始約爲入馬邑城, 兵與單于接, 而臣擊其輜重, 可得利. 今單于不至而還, 臣以三萬人衆不敵, 祇取辱. 固知還而斬, 然完陛下士三萬人." 於是下恢廷尉, 廷尉當恢逗橈, 當斬. 恢行千金丞相蚡, 蚡不敢言上, 而言於太后曰, "王恢首爲馬邑事, 今不成而誅恢, 是爲匈奴報仇也." 上朝太后, 太后以蚡言告上. 上曰, "首爲馬邑事者恢, 故發天下兵數十萬, 從其言, 爲此. 且縱單于不可得, 恢所部擊, 猶頗可得, 以尉士大夫心. 今不誅恢, 無以謝天下." 於是恢聞, 乃自殺.

| 註釋 | ○輜重(치중) - 짐수레. 군수물자. 후방부대. ○祇 - 다만(只也). ○當 - 판결하다. ○逗橈(두요) - 적을 두려워하여 우회해서 가다. 逗는 머무를 두. 적을 보고 두려워 피할 두. 橈는 꺾일 요. ○尉士 - 慰士. 士人들을 달래다. 尉는 慰의 古字.

〖國譯〗

왕회가 선우의 후방 치중부대를 공격하지 않았다고 무제가 화를 내자 왕회가 말했다. "처음에 馬邑城에 들어가면 군사를 출동시켜 선우와 싸우면서 臣은 그 후방부대를 공격하기로 약속하였고 승리할 수 있다고 생각했습니다. 그때 선우가 마읍까지 오지도 않고 퇴각하자 臣은 3만의 군사만으로는 대적한다 하여도 다만 패배만 당할 것입니다. 물론 귀환하면 참수를 당할 것이라고 알고 있었지만 폐하의 군사 3만 명은 그대로 남았습니다."

이에 왕회를 정위에게 넘겼고 정위는 왕회에게 적을 피했다는 逗橈(두요) 죄에 해당하며 참수해야 한다고 판결했다. 왕회는 승상 전분에게 천금을 뇌물로 보냈는데 전분은 감히 무제에게 말할 수가 없어 태후에게 말했다.

"왕회가 馬邑의 방책을 처음 주장했지만 성공하지 못했다고 지금 죽인다면 이는 흉노의 원수를 대신 갚아주는 것과 같습니다."

무제가 태후를 뵐 때 태후가 전분의 말을 무제에게 말했다. 무제가 말하기를 "마읍의 일을 처음 주창한 사람이 왕회이며 그 때문에 천하의 수십만 군사를 동원하였고 그의 말 그대로 따랐습니다. 선우를 추격하여 따라 잡을 수는 없었다지만 유회가 거느린 부대가 공격했더라면 전리품이 제법 있어 사대부들의 마음을 위로할 수 있었을 것입니다. 지금 왕회를 죽이지 않고서는 천하에 사과할 길이 없습니다."라고 하였다.

이 말을 전해들은 왕회는 바로 자살하였다.

原文

安國爲人多大略, 知足以當世取捨, 而出於忠厚. 貪耆財利, 然所推擧皆廉士賢於己者. 於梁擧壺遂,臧固,至它, 皆天下名士, 士亦以此稱慕之, 唯天子以爲國器. 安國爲御史大夫五年, 丞相蚡薨. 安國行丞相事, 引墮車, 蹇. 上欲用安國爲丞相, 使使視, 蹇甚, 乃更以平棘侯薛澤爲丞相. 安國病免, 數月, 愈, 復爲中尉. 歲余, 徒爲衛尉. 而將軍衛青等擊匈奴, 破龍城. 明年, 匈奴大入邊. 語在〈青傳〉.

| **註釋** | ○大略 - 큰 책략. 雄志大略. ○知足 - 智略이 풍부. ○以當世取捨 - 세속에 따라 취하거나 버렸다. 세속과 추이를 같이 했다. 현실감각이

뛰어났다. ○貪耆 - 탐하고 좋아하다. 耆는 늙은이 기. 좋아하다. 嗜(즐길 기)와 통. ○壺遂(호수) - 梁人. 司馬遷과 함께 漢의 律曆인 太初曆을 제정, 시행(前 104). ○臧固(장고) - 인명. ○至它(지타) - 人名. 至에 姓氏의 뜻 없음. 《史記》에는 郅它(질타). 姓 郅. ○唯天子以爲國器 - 國器는 국가의 棟梁(대들보). 앞 句의 '亦'이 이 구절에 있어야 한다는 註에 따라 국역했음. '唯天子亦以爲~'. ○引墮車 - 황제를 위해 앞에서 수레를 인도하다가 떨어지다. ○蹇 - 다리를 절 건. ○中尉 - 京師의 治安 담당. 북군을 지휘, 무제 때 執金吾(집금오)로 명칭 변경. ○衛尉 - 九卿의 한 사람. 궁문 수비 담당. 南軍을 지휘. ○衛靑(위청, ? - 前 106) - 흉노 격퇴에 혁혁한 무공을 세웠다. 55권, 〈衛靑霍去病傳〉에 立傳. ○龍城(용성) - 흉노가 祭天하던 聖地. 부족 연합 회의가 열리던 곳. 今 內蒙古 지역.

〖國譯〗

韓安國은 사람됨이 큰 책략이 많고 지략이 풍부하며 세상 추이에 따라 取捨(취사)에 능했는데 충후한 인품에 바탕을 두고 있었다. 財利를 탐하고 좋아했지만 천거하는 사람들은 모두 자신보다 청렴하고 현명한 사람들이었다. 梁에서 천거했던 壺遂(호수), 臧固(장고), 郅它(질타) 등은 모두 천하의 명사들이었고 이 때문에 士人들이 칭송하고 흠모하였으며 천자도 마찬가지로 나라의 棟梁(동량)으로 생각하였다. 한안국이 어사대부 5년에 승상 전분이 죽었다. 한안국이 승상업무를 대행하며 어거를 인도하다가 떨어졌는데 다리를 절룩거렸다. 무제가 한안국을 승상으로 임명하려고 사자를 보내 살펴보게 하였는데 다리를 너무 절어 平棘侯(평극후) 薛澤(설택)을 丞相으로 삼았다. 한안국의 병으로 면직한 수개월에 병이 낫자 다시 中尉가 되었다. 일 년 뒤에 衛尉(위위)로 옮겼다. 將軍 衛靑(위청) 등이 匈奴를 공격하여 龍城을 격파하였다. 다음 해에 흉노가 대거 변경에 침입하였다. 이는 〈衛靑霍去病傳〉에 실려 있다.

原文

安國爲材官將軍, 屯漁陽, 捕生口虜, 言匈奴遠去. 卽上言方佃作時, 請且罷屯. 罷屯月餘, 匈奴大入上谷,漁陽. 安國壁乃有七百餘人, 出與戰, 安國傷, 入壁. 匈奴虜略千餘人及畜産去. 上怒, 使使責讓安國. 徙益東, 屯右北平. 是時, 虜言當入東方.

| 註釋 | ○材官將軍 – 보병의 지휘관. 衛尉의 직분으로 흉노가 침입한 어양군 지역에 출전하였다. ○漁陽(어양) – 郡名. 치소는 漁陽縣(今 北京市 密雲區). ○生口虜 – 捕虜(포로). ○佃作 – 경작. ○上谷 – 郡名. 치소는 沮陽縣(今 河北省 張家口市 관할의 懷來縣). ○壁(벽) – 보루. ○乃 – 겨우. ○右北平 – 군명. 치소는 平康縣(今 遼寧省 凌源市 남).

〖國譯〗

한안국은 材官將軍으로 漁陽郡에 주둔하였고 포로를 잡았는데 포로는 흉노가 멀리 이동했다는 말을 했다. 한안국은 바로 상서하여 농사철이기에 군대를 해산하고 둔전하겠다고 보고하였다. 군대를 해산시켜 둔전한 지 1달 남짓에 흉노가 上谷郡과 漁陽郡 일대에 대거 침입하였다. 한안국의 보루 내에는 겨우 700여 명이 있었고 흉노와 싸웠지만 한안국은 부상을 입고 보루로 돌아왔다. 흉노는 주민

1,000여 명과 가축을 빼앗아 갔다. 무제가 노하여 사자를 보내 한안국을 책망하였다. 그리고 한안국은 다시 더 동쪽으로 옮겨 右北平郡에 주둔케 하였다. 그때 흉노가 동쪽 지역에 침입할 것이라는 말을 했기 때문이다.

原文

安國始爲御史大夫及護軍, 後稍下遷. 新壯將軍衛青等有功, 益貴. 安國既斥疏, 將屯又失亡多, 甚自愧, 幸得罷歸, 乃益東徙, 意忽忽不樂, 數月, 病嘔血死.

壺遂與太史遷等定漢律曆, 官至詹事, 其人深中篤行君子. 上方倚欲以爲相, 會其病卒.

| 註釋 | ○護軍 - 호군 장군. ○新壯將軍 - 새로 승진하는 젊은 장군. ○幸得罷歸 - 관직을 사임하고 귀향을 희망하다. ○病嘔血死 - 병들어 피를 토하고 죽다. 한안국은 元朔 2년(前 127)에 죽었다. ○太史遷 - 태사령 司馬遷(사마천). ○詹事(첨사) - 관직명. 태자 태후 관련 업무 담당. 秩 二千石.

〖國譯〗

韓安國은 전에 어사대부였고 호군 장군이었지만 뒤에 점점 강등되었다. 새 젊은 장군 衛青(위청) 등이 공을 세우며 점차 높이 올랐다. 안국은 이미 밀려 소원해진데다가 지방 주둔 장군으로 강등되었고 또 빼앗긴 것도 많아 심히 부끄러워 사직하여 귀향을 바랬지만 더 동쪽으로 좌천되자 마음을 못 잡고 울적하게 몇 달을 지내다가 병들어 피를 토하고 죽었다.

壺遂(호수)는 太史令 司馬遷 등과 함께 漢의 律曆(율력, 太初曆)을 제정하였고 관직은 詹事(첨사)에 이르렀으며 사람됨이 사려가 깊고 독실한 행동을 하는 군자였다. 무제도 기대하면서 재상의 재목이라 생각했는데 그 무렵 병으로 죽었다.

原文

贊曰, "竇嬰,田蚡皆以外戚重, 灌夫用一時決策, 而各名顯, 並位卿相, 大業定矣. 然嬰不知時變, 夫亡術而不遜, 蚡負貴而驕溢. 凶德參會, 待時而發, 藉福區區其間, 惡能救斯敗哉! 以韓安國之見器, 臨其摯而顚墜, 陵夷以憂死, 遇合有命, 悲夫! 若王恢爲兵首而受其咎, 豈命也虖?

| 註釋 | ○用一時決策 – 한 번의 행동으로. 부친 시신을 운구하여 고향에 돌아가는 대신 반군의 적진을 공격하였다. ○亡術而不遜 – 학문이 없고 불손했다. 遜 겸손할 손. 和順. ○參會 – 3사람이 모이다. ○見器 – 國器의 재능을 보였지만. 武帝가 승상으로 등용하려 한 일. ○臨其摯 – 그 頂點에서. 마지막 순간에. 摯(잡을 지)는 極也. ○顚墜(전추) – 굴러 떨어지다. ○陵夷(능이) – 점점 쇠락하다. 내리막길을 걷다. 淩夷와 동.

〖國譯〗

班固의 論贊 : 竇嬰(두영)과 田蚡(전분)은 외척이기에 중용되었고 灌夫(관부)는 단 한 번의 결행으로 이름을 날리고 아울러 卿이나 相

에 올랐으며 큰 정책을 결정하였다. 그러나 두영은 時變을 알지 못했고 관부는 학문적 바탕이 없고 또 불손했으며 전분은 높은 자리만을 믿고 교만이 넘쳤다. 덕이 모자란 3인이 모여 때를 보아 활동했고 籍福(자복)은 구차하게 그 사이에 끼어들었지만 어찌 이들의 몰락을 바로잡을 수 있겠는가! 韓安國이 재상감이었다지만 그 마지막 순간에 굴러 추락하고 점차 내리막을 걷다 울분 속에 죽었는데 우연이지만 運命이니 슬플 뿐이다. 王恢(왕회)는 군사 동원을 주창했지만 재앙을 받아 죽으니 이 어찌 운명이 아니겠는가?

53 景十三王傳
〔경십삼왕전〕

53-1. 河間獻王 劉德

原文

孝景皇帝十四男. 王皇后生孝武皇帝. 栗姬生臨江閔王榮, 河間獻王德, 臨江哀王閼. 程姬生魯共王餘, 江都易王非, 膠西于王端. 賈夫人生趙敬肅王彭祖, 中山靖王勝. 唐姬生長沙定王發. 王夫人生廣川惠王越, 膠東康王寄, 清河哀王乘, 常山憲王舜.

| 註釋 | ○景十三王傳 - 《史記》에서는 〈五宗世家〉. ○臨江閔王榮 - 栗(율)태자. 태자에서 폐하여 임강왕에 봉해졌다. ○閼 - 가로막을 알. ○王夫人 - 王皇后의 친동생. 이름은 兒姁(아후). 67권, 〈外戚傳〉(上) 참고.

〔國譯〕

孝景皇帝는 14명의 아들을 두었다. 王皇后는 孝武皇帝를 낳았다. 栗姬(율희)는 臨江 閔王 劉榮과 河間 獻王 劉德, 臨江 哀王 劉閼(유알)을 낳았다. 程姬는 魯 共王 劉餘와 江都 易王 劉非(유비), 그리고 膠西 于王(교서 우왕) 劉端(유단)을 낳았다. 賈夫人은 趙 敬肅王 劉彭祖(유팽조)와 中山 靖王 劉勝을 낳았다. 唐姬는 長沙 定王 劉發을 낳았다. 王夫人은 廣川 惠王 劉越(유월)과 膠東 康王 劉寄, 그리고 淸河 哀王 劉乘, 常山 憲王 劉舜을 낳았다.

原文

河間獻王德以孝景前二年立, 修學好古, 實事求是. 從民得善書, 必爲好寫與之, 留其眞, 加金帛賜以招之. 繇是四方道術之人不遠千里, 或有先祖舊書, 多奉以奏獻王者, 故得書多, 與漢朝等. 是時, 淮南王安亦好書, 所招致率多浮辯. 獻王所得書皆古文先秦舊書,《周官》,《尙書》,《禮》,《禮記》,《孟子》,《老子》之屬, 皆經傳說記, 七十子之徒所論. 其學擧六藝, 立《毛氏詩》,《左氏春秋》博士. 修禮樂, 被服儒術, 造次必於儒者. 山東諸儒多從而游.

| 註釋 | ○河間 獻王 劉德(유덕, ? - 前 130) - 字 君道. 河間國은 河間郡, 渤海郡, 廣川郡 등 今 河北省 남부 石家莊市 일원, 국도는 樂成縣(今 河北省 滄州市 관할의 獻縣). 獻王은 諡號(시호)이다. ○孝景前二年 - 前 155년. ○實

事求是(실사구시) - 務得事實 每求眞是의 뜻. ○留其眞 - 진본(원본)을 남겨두다. ○繇是 - 由是로. ○淮南王安 - 劉安(前 179 - 122), 고조의 손자. 회남왕 劉長의 아들. ○率多浮辯 - 실용적인 것이 많지 않다. 率은 대체로. ○先秦舊書 - 焚書 이전의 책. ○《周官》 - 보통 《周禮》라 통칭. 《周官經》이라고도 한다. 書名으로 보면, 周代 官制를 쓴 책이지만 周公이 지었다고 하는 이상적 정치제도와 國家 제도의 근본, 衣冠, 官制, 軍制, 田制, 稅制, 禮制 等 國家政治制度 전반을 논한 것이다. 河間 獻王 劉德이 이를 조정에 바쳤고 漢 劉歆(유흠)이 《周禮》라 하였다. 後漢에서 박사를 두고 이를 교육하였는데 馬融(마융), 鄭玄(정현) 등이 이를 연구하였다. 《周禮》와 《儀禮》, 《禮記》를 '三禮'라 통칭한다. ○《禮》 - 《儀禮》 17편. ○被服儒術 - 儒者의 복장을 하다. ○造次 - 급박한 순간. 다급하다.

【國譯】

河間國 獻王 劉德은 경제 前元 2년에 책봉되었는데 修學하고 好古하며 실사구시를 추구하였다. 세상에서 좋은 책을 얻으면 잘 필사하여 주고 진본을 남겼는데 금이나 비단을 주면서 책을 구했다. 이 때문에 사방에서 학술을 하는 사람들이 불원천리하고 또는 조상의 옛 책을 가지고 헌왕에게 증정하는 자가 많아 많은 책을 구할 수 있었고 漢 조정과 비슷하게 책이 많았다. 이때 淮南王 劉安도 역시 책을 좋아하였지만 그가 모은 책은 대개 浮華한 책이 많았다. 獻王이 구한 책들은 대개 古文으로 쓰인 先秦의 옛 책이었는데 《周官》, 《尚書》, 《禮》, 《禮記》, 《孟子》, 《老子》 같은 책으로 대개 경전과 그 해설, 공자 70제자들의 책이었다. 그 학문은 거의 六藝(六經)에 관한 것이었으며, 《毛氏詩》와 《左氏春秋》의 博士를 두었다. 禮樂을 연구하고 유학자의 옷을 입었으며 다급한 순간일지라도 儒家의 법도를 지켰

다. 山東의 여러 유생들이 그를 따라 많이 모였다.

原文

武帝時, 獻王來朝, 獻雅樂, 對三雍宮及詔策所問三十餘事. 其對推道術而言, 得事之中, 文約指明.

立二十六年薨. 中尉常麗以聞, 曰, "王身端行治, 溫仁恭儉, 篤敬愛下, 明知深察, 惠於鰥寡." 大行令奏, "諡 法曰 '聰明睿智曰獻', 宜諡 曰獻王." 子共王不害嗣, 四年薨. 子剛王堪嗣, 十二年薨. 子頃王授嗣, 十七年薨. 子孝王慶嗣, 四十三年薨. 子元嗣.

| 註釋 | ○獻雅樂 – 조정에 八佾舞(팔일무)를 전했다는 기록도 있다. ○三雍宮(삼옹궁) – 辟雍(벽옹), 明堂, 靈臺(영대)를 三雍이라 한다. 雍은 和의 뜻. 천자가 政敎를 공포하고 시행하는 곳. 文治의 상징. ○道術 – 治國의 방책. ○文約指明 – 문장은 요약되고 의지는 명확했다. ○鰥寡(환과) – 홀아비와 과부. 鰥寡孤獨.

〖國譯〗

武帝 때, 獻王이 來朝하여 雅樂을 獻呈(헌정)하고 三雍宮과 조서를 내려 대책을 요구한 30여 국사에 대하여 답변을 올렸다. 그 대책은 치국의 근본을 언급하였는데 국사에 알맞은 것이었고 문장은 요약되었고 뜻은 명확했다.

헌왕은 책봉되고 26년에 죽었다. 하간국의 中尉인 常麗(상려)가 보고하면서 말했다.

"王은 단아한 자세로 통치하였으며 온화, 인자, 공경, 근검하셨고 恭敬하시며 愛民하셨으며 명철한 지혜로 깊은 성찰을 하시면서 어려운 백성들을 보살피고 베푸셨습니다."

이에 大行令이 아뢰기를 "謚法(시법)에 '聰明睿智하면 獻(헌)을 올려야 합니다.' 라고 하였다. 아들 共王 劉不害가 뒤를 이어 4년에 죽었다. 아들 剛王 劉堪(유담)이 뒤를 이어 12년 만에 죽었다. 그 아들 頃王 劉授가 뒤를 이었고 17년에 죽었다. 아들 孝王 劉慶이 뒤를 이어 43년에 죽었다. 그 아들 劉元이 뒤를 이었다.

原文

元取故廣陵厲王, 厲王太子及中山懷王故姬廉等以爲姬. 甘露中, 冀州刺史敞奏元, 事下廷尉, 逮召廉等. 元迫脅凡七人, 令自殺. 有司奏請誅元, 有詔'削二縣, 萬一千戶'. 後元怒少史留貴, 留貴逾垣出, 欲告元, 元使人殺留貴母. 有司奏元殘賊不改, 不可君國子民. 廢勿王, 處漢中房陵. 居數年, 坐與妻若共乘朱輪車, 怒若, 又笞擊, 令自髡. 漢中太守請治, 病死. 立十七年, 國除.

| 註釋 | ○劉元 - 河間 獻王 劉德의 6世孫. 五鳳 4년(前 54) 계위. 음란과 살인을 즐겼다. 前 35년 病死. ○甘露(감로) - 宣帝 연호(前 53 - 50). ○冀州(기주) - 今 河北省 남부 일원에 해당. 13刺史部의 하나. 무제는 전국 郡國을 나누어(京師 부근 7郡 제외) 冀州, 幽州, 幷州, 朔方, 凉州, 交趾(교지), 益

州, 荊州, 揚州, 豫州, 兗州(연주), 徐州, 靑州의 13주로 나누고 각각 刺史 1인을 파견하였다. 13州는 監察하는 지역 구분이지 행정단위가 아니다. 무제 征和 4년(前 89)에 경사 부근 7개 군에 司隷校尉를 설치하여 보통 14자사부로 통칭. 다시 成帝 綏和 원년(前 8)에 州牧을 분치하여 州는 정식 행정구역이 되었다. 자사는 매년 8월에 관할 군현을 순찰하며 6개 조항에 대하여 관리에 대한 조사와 치적을 확인하고 지역 호족을 감찰하고 연말에 어사대부의 속관인 御史中丞에게 그 내용을 보고하였다. 秩은 6백석으로 郡守의 질록 二千石보다 훨씬 낮음. ○敞 - 張敞(장창). ○有司 - 직분이나 성명을 명시하지 않은 官吏. 設官하고 담당 職務를 구분하기에 事有專司의 뜻. 담당자. 담당 관청이나 담당 부서의 뜻으로도 쓰인다. ○少吏 - 小吏. ○君國子民 - 나라를 다스리고 백성을 기르다. 子는 사랑하다(慈). 동사로 쓰였다. ○漢中房陵 - 漢中郡의 房陵縣〔今 湖北省 十堰市(십언시) 房縣〕. ○髡 - 머리 깎을 곤. ○漢中太守 - 漢中郡의 치소는 南鄭縣(今 陝西省 漢中市).

〖國譯〗

劉元은 前 廣陵 厲王(여왕)이나 厲王의 太子 또 中山 懷王의 옛 姬妾인 廉(염) 등을 姬妾으로 맞이했다. 宣帝 甘露 연간에 冀州刺史 敞(창)이 유원을 고발하였는데 사건이 정위에게 넘겨졌고 廉(염) 등을 불러 체포하였다. 유원은 모두 7명을 협박하여 자살하게 했다. 有司가 유원을 주살해야 한다고 주청했는데 조서를 내려 2현의 11,000호를 삭감케 하였다. 뒷날 유원은 留貴라는 小吏를 꾸짖었고 유귀가 담을 넘어 도망쳐서 유원을 고발하자 유원은 사람을 시켜 유귀의 모친을 죽였다. 有司가 유원은 잔인한 짓을 고치지 않아 나라를 다스릴 수 없고 백성을 사랑하지 못한다고 상주하였다. 이에 폐위하여 왕을 못하게 하여 漢中郡의 房陵縣에 거처케 하였다. 몇 년 있다가 아내

若(약)과 함께 붉은 수레를 함께 타고 가다가 아내에게 화를 내며 아내를 때리고 스스로 삭발하게 시켰다. 漢中太守가 죄를 문책해야 한다고 요청했으나 유원은 병사하였다. 즉위 17년에 나라가 없어졌다.

原文

絶五歲, 成帝建始元年, 復立元弟上郡庫令良, 是爲河間惠王. 良修獻王之行, 母太后薨, 服喪如禮. 哀帝下詔褒揚曰, "河間王良, 喪太后三年, 爲宗室儀表, 其益封萬戶." 二十七年薨. 子尙嗣, 王莽時絶.

| **註釋** | ○成帝 建始元年 - 前 32년. ○上郡 - 治所는 膚施縣(今 陝西省 최북단 楡林市 동남). ○褒揚(포양) - 포상하다.

〖國譯〗

나라가 끊어진 지 5년인 成帝 建始 元年에 다시 劉元의 동생으로 上郡의 庫令으로 근무하던 劉良을 河間王(惠王)으로 봉했다. 유량은 獻王의 행실을 지켰는데 母太后가 죽자 예법에 따라 服喪하였다. 哀帝가 조서를 내려 칭찬하였다. "河間王 劉良은 삼 년 모친상을 치렀으니 宗室의 儀表가 될 만하여 1만 호를 추가로 봉한다." 왕이 되어 27년에 죽었다. 아들 劉尙이 계위했으나 王莽 때 없어졌다.

53-2. 臨江哀王 劉閼

原文

臨江哀王閼以孝景前二年立, 三年薨. 無子, 國除爲郡.

| 註釋 | ○閼 - 가로막을 알. 臨江王國의 國都는 江陵縣(今 湖北省 荊州市 江陵縣).

〖國譯〗

臨江 哀王 劉閼(유알)은 景帝 前 2년에 책봉되어 3년 만에 죽었다. 아들이 없기에 나라를 없애 南郡으로 만들었다.

53-3. 臨江閔王 劉榮

原文

臨江閔王榮以孝景前四年爲皇太子, 四歲廢爲臨江王. 三歲, 坐侵廟壖地爲爲宮, 上徵榮. 榮行, 祖於江陵北門, 旣上車, 軸折車廢. 江陵父老流涕竊言曰, "吾王不反矣!" 榮至, 詣中尉府對簿. 中尉郅都簿責訊王, 王恐, 自殺. 葬藍田, 燕數萬銜土置塚上. 百姓憐之.

榮最長, 亡子, 國除. 地入於漢, 爲南郡.

| 註釋 | ○臨江 閔王 劉榮(? - 前 148) - 景帝의 長子. 景帝 前元 4년(前 153) 황태자에 책봉. 모친 栗姬에 대한 경제의 애정이 식자 율희는 질투하게 되고 결국 태자 폐위로 이어졌다. ○廟壖地(묘연지) - 임강국에 새로 지은 文帝 묘당의 공터. 壖은 공지 연. ○祖 - 먼 길 떠나기 전의 路祭. ○竊言(절언) - 걱정스레 말하다. ○詣中尉府 - 中尉府에 나아가다. ○對簿 - 문서에 대답하다. ○郅都(질도) - 90권, 〈酷吏傳〉에 입전. ○簿責(부책) - 문서에 기재된 대로 심문하다. ○亡子 - 讀音 무자. 亡은 無와 同.

〖國譯〗

臨江 閔王 劉榮은 景帝 前元 4년에 황태자로 책봉되었고 4년 뒤에 폐하여 臨江王이 봉해졌다. 3년이 지나 文帝 묘당의 공터를 차지해 궁을 지었다고 고발되자 경제가 소환하였다. 임강왕이 출발하면서 강릉의 북문에서 노제를 마치고 수레에 올랐으나 굴대가 부러지며 수레가 망가졌다. 江陵의 노인들이 눈물을 흘리며 걱정스레 말했다. "우리 왕이 돌아오지 못할 것 같다!"

유영은 장안에 도착하여 中尉府에 나가 문서에 적힌 대로 심문을 받았다. 中尉 郅都(질도)가 문서에 의거 왕을 문책했고 왕은 두려워 자살했다. 藍田縣에 장례했는데 수만 마리 제비가 흙을 무덤 위에 물어다 놓았다. 백성들이 불쌍히 여겼다.

유연은 나이가 많았지만 아들이 없어 나라가 없어졌다. 그 영지는 漢에 소속되어 南郡이 되었다.

53-4. 魯恭王 劉餘

原文

魯恭王餘以孝景前二年立爲淮陽王. 吳,楚反破後, 以孝景前三年徙王魯. 好治宮室,苑囿,狗馬, 季年好音, 不喜辭. 爲人口吃難言.

二十八年薨. 子安王光嗣, 初好音樂輿馬, 晩節遴, 唯恐不足於財. 四十年薨. 子孝王慶忌嗣, 三十七年薨. 子頃王勁嗣, 二十八薨. 子文王睃嗣, 十八年薨, 亡子, 國除. 哀帝建平三年, 復立頃王子睃弟郚鄕侯閔爲王. 王莽時絶.

恭王初好治宮室, 壞孔子舊宅以廣其宮, 聞鐘磬琴瑟之聲, 遂不敢復壞, 於其壁中得古文經傳.

| 註釋 | ○魯 恭王 劉餘(유여, ? - 前 128) - 共王으로도 표기한다. ○苑囿 - 정원. 囿는 동산 유. ○季年 - 末年. ○口吃(구흘) - 말을 더듬다. ○遴 - 인색할 인. 吝과 같음. ○郚鄕侯(오향후) - 郚는 고을 이름 오. ○得古文經傳 - 古文尙書와 論語, 孝經 등 수십 편.

〖國譯〗

魯 恭王 劉餘는 景帝 前元 2년에 淮陽王으로 책봉되었다. 吳楚의 반란이 진압되자 경제 前元 3년에 魯로 옮겨 봉했다. 공왕은 궁궐과 정원 꾸미기와 사냥개와 말을 좋아했는데 말년에는 음악을 좋아하

고 文辭는 좋아하지 않았다. 사람이 말을 더듬어 말을 잘 못했다. 재위 28년에 죽었다. 아들 安王 劉光이 계승했는데 처음에는 音樂과 수레와 말을 좋아했고 만년에는 절약에 인색해져서 재물이 부족하다고 걱정이 많았다 재위 40년에 죽었다. 아들 孝王 劉慶忌(유경기)가 계승하여 37년에 죽었다. 아들 頃王 劉勁이 이어 28년에 죽었다. 아들 文王 劉晙(유준)이 계승하여 18년에 죽었으나 아들이 없어 나라를 없앴다. 哀帝 建平 3년(前 4년)에 다시 頃王의 아들 유준의 동생인 郚鄕侯(오향후) 劉閔을 왕으로 봉했다. 王莽 때에 단절되었다.

魯 恭王이 궁궐 꾸미기를 좋아해 孔子의 옛집을 헐어 궁궐을 넓히는데 鐘磬과 琴瑟(금슬) 소리가 들려 더 이상 허물지 못했으나 공자 옛집 벽 속에서 古文 經傳을 찾아내었다.

53-5. 江都易王 劉非

原文

江都易王非以孝景前二年立爲汝南王. 吳,楚反時, 非年十五, 有材氣, 上書自請擊吳. 景帝賜非將軍印, 擊吳. 吳已破, 徙王江都, 治故吳國, 以軍功賜天子旗. 元光中, 匈奴大入漢邊, 非上書願擊匈奴, 上不許. 非好氣力, 治宮館, 招四方豪傑, 驕奢甚. 二十七年薨, 子建嗣.

| 註釋 | ○江都 易王(역왕) 劉非 - ? - 前 128. ○材氣 - 힘. 무예. ○江都 - 吳國의 도읍. ○故吳國 - 吳王 劉濞(유비)의 영역. ○元光 - 무제의 2번째 연호. 前 134 - 129.

〖國譯〗

江都 易王(역왕) 劉非(유비)는 경제 前元 2년에 汝南王으로 책봉되었다. 吳楚의 반란이 일어나자 유비는 나이 15세였는데 材氣가 있어 상서하여 吳를 토벌하겠다고 자청하였다. 景帝가 유비에게 將軍印을 하사하였고 吳를 토벌했다. 吳가 평정되자 江都의 왕으로 봉해 옛 吳國을 통치하게 하였고 軍功이 있어 天子의 旌旗(정기)를 하사하였다. 무제 元光 연간에 흉노가 漢의 변경에 대거 침입하자 유비는 상서하여 흉노를 치겠다고 하였으나 무제가 불허했다. 유비는 힘쓰는 것을 좋아했으며 궁궐을 크게 짓고 사방의 호걸들을 불러들였으며 교만과 사치가 심했다. 재위 27년에 죽어 아들 劉建이 계승했다.

原文

建爲太子時, 邯鄲人梁蚡持女欲獻之易王, 建聞其美, 私呼之, 因留不出. 蚡宣言曰, "子乃與其公爭妻!" 建使人殺蚡. 蚡家上書, 下廷尉考, 會赦, 不治. 易王薨未葬, 建居服舍, 召易王所愛美人淖姬等凡十人與奸. 建女弟徵臣爲蓋侯子婦, 以易王喪來歸, 建復與奸. 建異母弟定國爲淮陽侯, 易王最小子也, 其母幸立之, 具知建事, 行錢使男子荼恬上書告建淫亂, 不當爲後. 事下廷尉, 廷尉治恬受人錢財爲上書, 論棄市. 建罪不治. 後數使使至長安迎徵臣, 魯恭王太后聞之, 遺徵臣書曰, "國中口語籍籍, 愼無復至江都." 後建使謁者吉請問恭太后, 太后泣謂吉, "歸以吾言謂而王, 王前事漫漫, 今當自謹, 獨不聞燕,齊事乎? 言吾爲而王泣也!" 吉歸, 致恭太后語, 建大怒, 擊吉, 斥之.

| 註釋 | ○子乃與其公爭妻 – 아들이 아버지하고 계집 놓고 다투려 하는가! 其公은 그 아버지(公은 父親). ○考 – 拷問(고문, 세게 때리며 캐묻다). ○服舍 – 상례를 치루기 위한 건물. 喪廬(상려), 殯聽(빈청)과는 성격이 좀 다름. ○淖姬(요희) – 진흙 요. 젖다. ○徵臣(징신) – 인명. 남매끼리 통간했다는 뜻. ○蓋侯(개후) – 이때 개후는 王充이었다. ○其母幸立之 – 劉定國의 생모가 유정국이 역왕의 후사로 책봉되기를 바라다. ○荼恬(도염) – 인명. 荼는 씀바귀 도. 恬은 편안할 염(념). ○魯恭王太后 – 경제의 후궁 程姬. 魯공왕과 강도 역왕은 同腹 형제. 곧 태자 劉建과 徵臣(징신)의 할머니가 된다. ○籍籍 – 藉藉와 같음. 여러 사람의 입에 오르내리다. 종횡으로 흩어진 모양. 籍은 문서 적. 온화할 자. ○謂而王 – 너의 왕에게 말해라. 謂는 이야기를 전하다. 而는 너(汝). 너의. ○漫漫(만만) – 放縱한 짓을 많이 하다. ○燕,齊事 – 燕王 劉定國과 齊王 劉次昌은 남매간의 음란행위가 발각되어 자살했다.

〖國譯〗

劉建이 太子일 때, 邯鄲(한단) 사람 梁蚡(양분)이 딸을 데리고 와서 易王(역왕)에게 바치려 했는데 劉建이 그 미모를 알고 은밀히 불러 차지하고 내놓지 않았다. 이에 양분이 소문을 낸다며 말했다. "아들이 아버지하고 계집을 놓고 다투려 하는가!" 유건은 사람을 시켜 양분을 죽여 버렸다. 양분 집안에서 이를 상서하여 정위에게 넘어가 정위가 고문을 했는데 마침 사면을 받고 더 이상 치죄하지 않았다. 역왕이 죽어 아직 장례하기 전에 유건은 服舍에서 역왕이 사랑했던 미인 淖姬(요희) 등 모두 10여 명과 간음하였다. 유건의 여동생인 徵臣(징신)은 蓋侯(개후)의 며느리였는데 역왕의 상을 치르러 왔다가 유건과 또 함께 간통하였다. 유건의 異母弟인 劉定國은 淮陽侯로 역왕의 제일 막내아들이었고 그 모친은 유정국이 후사가 되기를 바라고 있었는데 유건의 일을 알고서 돈을 써서 荼恬(도염)이란 남자에게 유건은 음란하여 후사가 될 수 없다고 상서하게 하였다. 사안이 정위에게 넘어갔고 정위가 도염을 심문하여 돈을 받고 상서했다는 사실을 밝혀 기시형에 처했다. 유건의 죄는 더 조사하지 않았다. (유건은) 그 뒤에서 장안에 사람을 자주 보내 징신을 데려갔는데 이를 魯 恭王의 太后가 알고 징신에게 편지를 보내 말했다. "성 안에 소문이 자자하니 삼가 다시는 江都에 가지 말라." 뒷날 유건이 謁者(알자) 吉(길)을 보내 공태후에게 문안을 여쭈었는데 태후가 울면서 말했다.

"돌아가서는 내 말을 너의 왕에게 말해 주어라. 왕의 이전 행실이 방자했으니 이제 당장 근신해야 하나니 왜 혼자만 燕王과 齊王의 일을 모른단 말인가? 나는 너의 왕 때문에 울고 있다고 말하거라!"

吉이 돌아와 공태후의 말을 전하자 劉建은 대노하며 吉을 때려 물리쳤다.

原文

建游章臺宮, 令四女子乘小船, 建以足蹈覆其船, 四人皆溺, 二人死. 後游雷波, 天大風, 建使郎二人乘小船入波中. 船覆, 兩郎溺, 攀船, 乍見乍沒. 建臨觀大笑, 令皆死.

宮人姬八子有過者, 輒令贏立擊鼓, 或置樹上, 久者三十日乃得衣, 或髡鉗以鉛杵舂, 不中程, 輒掠, 或縱狼令嚙殺之, 建觀而大笑, 或閉不食, 令餓死. 凡殺不辜三十五人. 建欲令人與禽獸交而生子, 强令宮人贏而四據, 與羝羊及狗交. 專爲淫虐, 自知罪多, 國中多欲告言者, 建恐誅, 心內不安, 與其后成光共使越婢下神, 祝詛上. 與郎中令等語怨望, "漢廷使者卽復來覆我, 我決不獨死!"

| **註釋** | ○章臺宮(장대궁) – 漢의 별궁으로 장대궁이 장안 근교에 2개소가 있었다. 吳의 章臺宮은 미상. ○雷波 – 雷陂(뇌피). 波는 陂(연못 피)와 通. 今 江蘇省 揚州市에 雷塘(뇌당. 연못 당)이 있다. ○攀船(반선) – 攀은 잡고 오를 반. ○乍見乍沒(사현사몰) – 잠깐 보였다 잠깐 안 보이다. 乍는 잠깐 사. ○姬八子 – 후궁이나 궁인. 八子는 궁인의 직위. 후궁 14관등 중 6위. 秩千石에 해당. 제후의 八子는 秩 6백석에 해당. ○贏 – 벌거벗을 나(라). 裸와 同. ○髡 – 머리 깎을 곤. ○鉗 – 칼 겸. 죄인의 목에 두른 쇠로 만든 둥근 테. ○鉛杵(연저) – 납으로 만든 절굿공이. 鉛은 鉛의 속자. 杵는 공이 저. ○舂 – 방아 찧을 용. 여죄수의 형벌. ○中程 – 요구나 규격. ○掠 – 노략질할 약(략). 매질하다(笞擊). ○嚙 – 깨물 교. ○四據(사거) – 손발로 기어 다니다. ○羝羊(저양) – 羝는 숫양 저. ○淫虐 – 음란한 학대. 사디즘. ○越婢下神 – 굿을 할 수 있는 越人 여자 노비. ○祝詛上 – 황제를 저주하

는 기도를 하다. ○郞中令 – 제후국에도 낭중령을 두었다. ○覆我 – 나를 治罪하다. ○不獨死 – 홀로 죽지 않다. 반역할 것이다.

〖國譯〗

劉建이 章臺宮에서 놀이를 하며 여인 4명을 작은 배에 태운 다음에 유건이 발로 배를 밟아 네 여인을 모두 빠트렸는데 그 중 두 여인이 익사하였다. 뒷날 雷波(뇌파)라는 호수에 큰 바람이 부는 날 유건은 낭관 2인에게 조그만 배를 저어 가운데로 가게 하였다. 배가 뒤집히자 두 사람이 모두 빠졌는데 배를 잡고 잠깐 보였다가 사라지곤 하였다. 유건은 이를 내려다보며 크게 웃었고 두 사람을 모두 죽게 하였다.

宮人이나 후궁 八子가 잘못을 하면 바로 벌거벗겨 북을 치게 하였고 가끔은 나무에 올라가게 하였는데 오래 벗겨둔 여인은 한 달이 지나야 옷을 입게 하였으며 때로는 머리를 깎은 다음 목에 쇠테를 두른 다음에 납 절굿공이로 방아를 찧게 하였는데 규정에 안 따르면 바로 매질을 하거나 혹은 늑대를 풀어 물어뜯게 하고서 유건은 구경하며 크게 웃거나 혹은 가두고 굶겨 죽이기도 하였다. 이렇게 무고한 사람을 죽인 것이 모두 35명이었다. 유건은 사람이 짐승과 교접하여 새끼를 낳게 하려고 궁녀를 벌거벗겨 손발로 기어 다니게 하여 숫양이나 개와 교접하게 하였다. 음란한 학대를 즐겨했기에 지은 죄가 크며 나라에 고발하려는 자가 많다는 것도 알기에 유건은 죽게 될 것을 두려워하며 마음이 불안하여 왕후 成光과 굿을 하는 越人 계집종을 시켜 황제를 저주하기도 하였다. 유건은 낭중령에게 원망의 말을 하면서 "漢에서 사람을 다시 보내 나를 조사한다면 나는 결코 혼자 죽지는 않을 것이다."라고 하였다.

原文

建亦頗聞淮南,衡山陰謀, 恐一日發, 爲所並, 遂作兵器. 號王后父胡應爲將軍. 中大夫疾有材力, 善騎射, 號曰靈武君. 作治黃屋蓋, 刻皇帝璽, 鑄將軍都尉金銀印, 作漢使節二十,綬千餘, 具置軍官品員及拜爵封侯之賞, 具天下之輿地及軍陳圖. 遣人通越繇王閩侯, 遺以錦帛奇珍, 繇王閩侯亦遺建荃葛,珠璣,犀甲,翠羽,猿熊奇獸, 數通使往來, 約有急相助. 及淮南事發, 治黨與, 頗連及建, 建使人多推金錢絶其獄. 後復謂近臣曰, "我爲王, 詔獄歲至, 生又無歡怡日, 壯士不坐死, 欲爲人所不能爲耳." 建時佩其父所賜將軍印, 載天子旗出. 積數歲, 事發覺, 漢遣丞相長史與江都相雜案, 索得兵器,璽,綬,節反具, 有司請捕誅建. 制曰, "與列侯吏二千石博士議." 議皆曰, "建失臣子道, 積久, 輒蒙不忍, 遂謀反逆. 所行無道, 雖桀,紂惡不至於此. 天誅所不赦, 當以謀反法誅." 有詔宗正,廷尉卽問建. 建自殺, 后成光等皆棄市. 六年國除, 地入於漢, 爲廣陵郡.

| **註釋** | ○淮南, 衡山陰謀 – 회남왕 劉安(前 179 – 122, 고조의 손자)과 衡山王 劉賜(유사, ? – 前 122. 고조의 손자). 두 사람은 劉長의 아들로 형제간. ○疾有材力 – 疾(병 질)은 人名. 材力은 힘. ○黃屋蓋 – 황금색 車蓋(거개).

이는 황제 전용이다. ○皇帝璽 – 도장 새. ○輿地 – 輿地圖. 지도. 땅은 만물을 싣는 수레(輿)이다. ○軍陳 – 軍陣. ○越繇王 閩侯 – 越의 요왕과 민후. ○荃葛(전갈) – 葛布(갈포). 珠璣(주기)는 구슬. 犀甲(서갑)은 무소 가죽으로 만든 갑옷. 翠羽(취우)는 물총새의 날개. 猿熊은 원숭이와 곰. ○欲爲人所不能爲耳 – 다른 사람에게 끌려 다니지 않겠다. 반란을 일으키겠다. ○雜案 – 합동으로 조사하다. ○索得 – 찾아내다. ○宗正 – 황족과 외척에 관한 업무 담당하는 九卿의 하나. 황실 족보 관리, 嫡庶와 親疎 구분, 작위수여 범죄 조사. ○廷尉 – 황족과 외척, 관리의 범죄조사 형벌 담당. ○建自殺 – 武帝 元狩 원년(前 122). ○廣陵郡 – 군명. 치소는 廣陵縣(今 江蘇省 揚州市 서북).

〖國譯〗

劉建 역시 회남왕과 형산왕의 반역 음모에 대해 많이 알고 있었는데, 어느 날 반란이 일어나면 그들에게 병합되지 않을까 걱정하여 병기를 제조하였다. 왕후의 아버지 胡應을 불러 將軍에 임명하였다. 中大夫 疾(질)은 힘도 좋고 騎射에 능했기에 靈武君이라 불렀다. 유건은 황금색 수레 덮개를 만들어 장식하고 황제의 옥새를 새겼으며 장군과 도위의 금은 직인을 주조하였으며 漢 사신의 부절 20개와 (관리의) 인수 천여 개 만들어 軍官과 품계의 관원과 상으로 줄 봉후의 작위와 함께 준비하였으며 천하의 지도와 軍陣圖도 모두 갖추어 놓았다. 사람을 보내 越의 繇王(요왕)과 閩侯(민후)와 관계를 맺고 비단과 진기한 물건을 보냈고 요왕과 민후도 마찬가지로 가는 삼베와 갈포, 구슬, 무소 가죽의 갑옷, 물총새 깃털과 원숭이와 곰 등 기이한 동물을 보내면서 사신을 왕래하고 위급할 때에 서로 돕기로 약속하였다. 회남왕의 반역 사실이 발각되고 그 동조자들을 조사하

면서 많은 부분이 유건과 연관되었는데 유건은 사람을 보내 金銀을 많이 뿌려 獄事를 막았다. 뒤에 유건은 그의 근신들에게 다시 말했다. "내가 왕이 되고서 황제 조서에 의한 사건으로 1년을 보냈고 태어나서 환락을 즐긴 날도 없으며 대장부가 그냥 앉아 죽을 수도 또 남에게 끌려 다니지도 않을 것이다." 유건은 가끔 그 부친이 물려준 將軍印을 차고 수레에 천자의 깃발을 세우고 외출했다. 이렇게 몇 년이 지나다 보니 반역 사실이 드러나 漢에서 파견한 승상과 장사와 江都의 승상이 함께 조사하여 각종 병기와 옥새, 인수, 부절 등 반란용 준비물을 찾아내었고 담당자는 유건을 체포하여 사형해야 한다고 주청하였다. 무제는 "列侯와 2천석 관리와 박사가 함께 논의하라"고 명령했다.

의논 뒤에 모두 "劉建이 신하의 도리를 잃은 지 오래고 갑자기 어리석게도 참지 못하고 반역을 꾀하였습니다, 무도한 짓을 일삼았는데 비록 桀紂(걸주)의 악행도 이와 같지 않을 것입니다. 하늘의 징벌은 용서할 수 없나니 마땅히 모반죄로 법에 의거 처형해야 합니다."

이에 황제의 명으로 종정과 정위가 즉시 유건을 심문케 하였다. 유건은 자살하였고 왕후 成光 등은 모두 棄市(기시)하였다. 유건이 왕이 된 지 6년에 나라가 없어졌고 그 영지는 漢에 편입되어 廣陵郡(광릉군)이 되었다.

原文

絶百二十一年, 平帝時新都侯王莽秉政, 興滅繼絶, 立建弟盱眙侯子宮爲廣陵王, 奉易王後. 莽簒, 國絶.

| 註釋 | ○平帝時 - 평제 재위, 서기 1 - 5년. ○新都侯 王莽(왕망, 前 45 - 後 23). 신도후는 왕망이 받은 최초의 작위. 평제 때의 작호는 安漢公이었다. 기원 후 8년에 칭제하고 국호를 新이라 하였다.

〖國譯〗

단절된 지 121년, 平帝 때 新都侯 王莽(왕망)이 정권을 잡으면서 滅絶된 봉국을 다시 살리며 유건의 동생 盱眙侯(우이후)의 아들 劉宮을 廣陵王으로 삼아 易王의 제사를 받들게 하였다. 왕망이 찬탈하면서 나라가 단절되었다.

53-6. 膠西于王 劉端

原文

膠西于王端, 孝景前三年立. 爲人賊盭, 又陰痿, 一近婦人, 病數月. 有所愛幸少年, 以爲郎. 郎與後宮亂, 端禽滅之, 及殺其子母. 數犯法, 漢公卿數請誅端, 天子弗忍, 而端所爲滋甚. 有司比再請, 削其國, 去太半. 端心慍, 遂爲無訾省. 府庫壞漏, 盡腐財物, 以巨萬計, 終不得收徙. 令吏毋得收租賦. 端皆去衛, 封其宮門, 從一門出入. 數變名姓, 爲布衣, 之它國.

| **註釋** | ○膠西 于王 劉端(교서 우왕 유단, ? – 前 108) – 膠西國은 今 山東省 靑島市, 高密市, 濰坊市(유방시) 일대. 유단의 행적에 대해서는 56권, 〈董仲舒傳〉에도 있다. ○賊盭(적려) – 모질고 괴팍하다. 盭는 戾(어그러질 여)의 古字. ○陰痿 – 성기가 위축되다. ○天子弗忍 – 景帝가 차마 하지 못하다. ○滋甚(자심) – 더욱 심하다. ○太半 – 2/3는 太半. 1/2은 折半(절반). 1/3은 少半. ○訾省(자성) – 계산하다. 재물을 조사하다. 訾 헐뜯을 자. 헤아리다. ○壞漏(괴루) – 무너지고 물이 새다. ○皆去衛 – 衛士를 모두 내보내다.

〖國譯〗

膠西國(교서국) 于王(우왕) 劉端(유단)은 景帝 前元 3년에 책봉되었다. 사람이 모질고 괴팍하였으며 성기가 위축되어 한 번 여인을 가까이 하면 몇 달씩 앓았다. 미소년을 총애하여 낭관으로 임명하였다. 낭관이 후궁과 음란한 짓을 하자 유단은 그들을 잡아 죽이고 그 모자도 다 죽였다. 법을 자주 어겼는데 漢의 公卿이 유단을 죽여야 한다고 여러 번 주청하였지만 천자가 차마 죽이지 못했기에 유단의 소행은 더욱 심했다. 담당자가 재청하자 그 영지를 태반이나 삭감하였다. 유단은 마음으로 화가 나 결국 아무 일도 하지 않았다. 나라의 창고가 무너지고 물이 새어 수만의 재물이 모두 썩어도 끝까지 수습하거나 옮기지도 않았다. 관리에게는 조세를 걷지 못하게 하였다. 유단은 衛士(위사)들을 모두 내보내고 궁문을 모두 봉하고 문 하나로만 출입하였다. 성명을 바꾸고 보통 백성 차림으로 다른 나라를 자주 돌아다녔다.

原文

相二千石至者, 奉漢法以治, 端輒求其罪告之, 亡罪者詐藥殺之. 所以設詐究變, 强足以距諫, 知足以飾非. 相二千石從王治, 則漢繩以法. 故膠西小國, 而所殺傷二千石甚衆.

立四十七年薨, 無子, 國除. 地入於漢, 爲膠西郡.

| 註釋 | ○亡罪者 - 無罪子. ○距諫 - 拒諫(거간). 간언을 거부하다. ○繩 - 줄 승. 잘못을 바로잡다. 통제하다.

〖國譯〗

(교서국에) 승상이나 2천석 관리가 와서 漢法에 따라 통치하면 유단은 그 잘못을 찾아 그를 고발하고 죄가 없는 자는 거짓말로 독약을 먹여 죽였다. 그리하여 거짓을 말하고 변고를 만들어내며 바른 말을 거부하였고 잘못을 교묘히 꾸며대었다. 승상이나 2천석이 왕의 방식대로 통치하면 漢의 법으로 얽어매었다. 그리하여 교서국은 소국이었지만 피살된 2천석 관리가 매우 많았다.

책봉 47년에 죽었으나 아들이 없어 나라를 없앴다. 그 영지는 교서군이 되었다.

53-7. 趙敬肅王 劉彭祖

原文

趙敬肅王彭祖以孝景前二年立爲廣川王. 趙王遂反破後, 徙王趙. 彭祖爲人巧佞, 卑諂足共, 而心刻深, 好法律, 持詭辯以中人. 多內寵姬及子孫. 相,二千石欲奉漢法以治, 則害於王家. 是以每相二千石至, 彭祖衣帛布單衣, 自行迎除舍. 多設疑事以詐動之, 得二千石失言, 中忌諱, 輒書之. 二千石欲治者, 則以此迫劫, 不聽, 乃上書告之, 及汚以奸利事. 彭祖立六十餘年, 相二千石無能滿二歲, 輒以罪去, 大者死, 小者刑. 以故二千石莫敢治, 而趙王擅權. 使使卽縣爲賈人榷會, 入多於國租稅. 以是趙王家多金錢, 然所賜姬諸子, 亦盡之矣. 彭祖不好治宮室禨祥, 好爲吏. 上書願督國中盜賊. 常夜從走卒行徼邯鄲中. 諸使過客, 以彭祖險陂, 莫敢留邯鄲.

| **註釋** | ○敬肅王 劉彭祖(유팽조, ? - 前 92) - 趙王으로 前 154 - 92년 재위. 彭祖란 이름은 전설상 800년을 살았다는 신선이다. ○廣川王 - 광천국 治所는 信都縣(今 河北省 衡水市 관할의 冀州市). 관할 지역은 河北省 남부와 山東省 일부. 信都國이라고도 한다. ○趙王 劉遂(유수, ? - 前 154) - 고조의 손자. 劉友의 아들, 吳楚七國亂에 가담. 亂 실패 후 자살. ○巧佞(교영) - 간교하고 아첨을 잘하다. ○卑諂(비첨) - 자신을 낮추며 아첨하다. 足共은 足

恭, 지나치게 공손히 남의 뜻을 맞추다. ○心刻深 - 속마음은 각박하고 모질다. ○持詭辯以中人 - 궤변으로 남을 中傷하다. ○衣帛布單衣 - 帛布가 아니라 皁(皀)布(하인의 옷)이어야 한다.《史記 五宗世家》에는 '衣皁布'로 되어 있다. ○自行迎除舍 - 趙王이 마중을 나가고 관사를 掃除(소제)하다. ○中忌諱 - 꺼리는 일을 건드리다. ○迫劫(박겁) - 협박하다. ○及汚以奸利事 - 간악하게 이를 취했다고 덮어씌우다. ○使使即縣爲賈人榷會 - 사람을 보내 縣에 가서 商人으로 독점행위를 하다. 榷會(각회)는 독점 판매하다. 榷은 외나무다리 각. 전매하다. ○禨祥(기상) - 귀신에게 빌어 복을 구하다. 禨는 빌미 기. 祈(빌 기)와 通. ○好爲吏 - 하급 관리가 하는 일을 즐겨 하다. ○行徼(행요) - 순찰하다. 徼는 구할 요. 순찰하다. ○險陂(험피) - 음험한 횡포.

〖國譯〗

趙 敬肅王 劉彭祖(유팽조)는 경제 前元 2년에 廣川王으로 책봉되었다. 趙王 劉遂의 반란이 평정된 뒤에 趙의 왕으로 옮겼다. 유팽조는 사람이 간교하며 굽실거리고 지나치게 겸손하였지만 속마음은 잔혹하였으며 법률을 잘 따지고 궤변으로 남에 대한 중상을 잘하였다. 안으로 총애하는 희첩이나 자손이 많았다. (趙에 부임하는) 승상이나 2천석 관리가 漢의 법도로 다스리면 조 왕실에는 손해가 되었다. 이 때문에 매번 승상이나 2천석 관리가 부임하면 팽조는 하인의 옷을 입고 나가서 직접 영접하며 관사도 청소하였다. 어려운 일을 제기하거나 거짓으로 찬동하면서 2천석 관리가 실언을 하거나 해서는 안 될 일을 하면 바로 기록해 두었다. 2천석 관리가 법대로 하려하면 옛 기록을 가지고 협박하였고 말을 듣지 않으면 상서하여 고발하거나 사욕을 채우려 나쁜 일을 했다고 덮어씌웠다. 彭祖가

책봉되고 60여 년에 승상이나 2천석 관리가 2년 임기를 채우지 못하고 죄를 지었다 하여 중죄는 사형당하거나 사소한 죄는 형벌을 받아야 했다. 이리하여 2천석 관리가 법대로 다스리질 못했고 趙王이 전권을 장악하였다. 사람을 보내 각 현에서 상인으로 독점 판매를 하여 그 수입이 나라의 조세보다도 많았다. 이 때문에 조 왕실에는 금전이 많았지만 여러 후궁이나 자식들에게 주어 모두 다 탕진하였다. 彭祖는 궁궐을 꾸미거나 귀신을 섬기는 일은 안 좋아했지만 하급 관리의 일을 즐겨 하였다. 나라의 도적을 잡겠다고 漢에 上書도 하였다. 밤에는 군졸과 함께 한단 성안을 늘 순찰하였다. 다른 나라의 사절이나 過客들은 팽조의 음험한 횡포 때문에 도읍인 邯鄲(한단)에 머물려는 사람이 없었다.

原文

久之, 太子丹與其女弟及同產姊奸, 江充告丹淫亂. 又使人椎埋攻剽, 爲奸甚衆. 武帝遣使者發吏卒捕丹, 下魏郡詔獄, 治罪至死. 彭祖上書冤訟丹, 願從國中勇敢擊匈奴, 贖丹罪, 上不許. 久之, 竟赦出. 後彭祖入朝, 因帝姊平陽隆慮公主求復立丹爲太子, 上不許.

| **註釋** | ○同産姊奸 – 同腹의 누이와 간음하다. ○江充(? – 前 91) – 본명은 江齊(강제)로 그의 여동생이 악기를 잘 연주하고 가무에 뛰어나 趙의 태자 劉丹(유단)에게 시집을 갔다. 강제는 趙 敬肅王이 신임을 받는 상객이 되었다. 얼마 후 태자는 강제가 자신의 음란한 사생활을 왕에게 밀고한다고

의심하며 강제와 사이가 나빠졌고 관리를 시켜 체포하게 했으나 잡지 못하자 그의 父兄을 잡아 가두고 조사한 뒤 기시형에 처했다. 강제는 자취를 감추고 도망하여 서쪽으로 關中(관중)으로 가서 이름을 江充으로 바꿨다. 武帝(재위 前 140 – 87) 때 '巫蠱之禍(무고지화)'를 일으킨 장본인. 나중에 무제에 의해 삼족이 멸족 당했다. 45권, 〈蒯伍江息夫傳〉 입전. ○椎埋攻剽(추매공표) – 남의 무덤을 도굴하고(椎埋, 掘冢) 남의 여인을 쳐서(攻) 겁탈하다(剽). ○願從國中勇敢擊匈奴 – 45권, 〈蒯伍江息夫傳〉에 있다. ○平陽, 隆慮公主 – 두 사람 다 武帝의 형제이다.

〖國譯〗

얼마 뒤, 太子 丹은 그 (이복) 여동생 및 동복의 누이와도 간음했는데 江充이 이를 고발했다. (태자는) 사람을 시켜 남의 무덤을 파내고 (다른 여인을) 치고 겁탈하는 등 간악한 일이 매우 많았다. 武帝가 보낸 사자가 관리를 동원하여 태자 단을 체포하여 魏郡의 황제 명에 따르는 옥에 보냈고 죄를 조사하여 사형 판결이 나왔다. 彭祖는 상서하여 태자 丹이 억울하며 趙의 용사를 데리고 흉노를 쳐서 丹의 죄를 속죄하겠다고 하였으나 무제는 허락하지 않았다. 얼마 후 태자 단은 사면을 받아 나왔다. 뒤에 팽조는 입조했고 무제의 형제인 평양공주, 융려공주를 통해 丹을 다시 태자로 책봉하려 했으나 무제는 허락하지 않았다.

原文

彭祖取江都易王寵姬, 王建所奸淖姬者, 甚愛之, 生一男,號淖子. 彭祖以征和元年薨, 諡敬肅王. 彭祖薨時, 淖姬兄爲漢宦者, 上召問, "淖子何如?" 對曰, "爲人多欲." 上曰, "多欲不宜君國子民." 問武始侯昌, 曰, "無咎無譽." 上曰, "如是可矣." 遣使者立昌, 是爲頃王, 十九年薨. 子懷王尊嗣, 五年薨. 無子, 絶二歲. 宣帝立尊弟高, 是爲哀王, 數月薨. 子共王充嗣, 五十六年薨. 子隱嗣, 王莽時絶.

| **註釋** | ○淖姬(요희) – 진흙 요(뇨). ○征和元年 – 前 92년. 무제의 연호 征和는 延和(연화)의 誤記라는 주장이 있다. ○君國子民 – 나라를 다스리고 백성을 자식처럼 보살피다. 君과 子는 모두 動詞로 쓰였다. ○無咎無譽 – 잘못도 없지만 칭송받을 것도 없다.

〖國譯〗

彭祖는 江都 易王(역왕)의 寵姬이었다가 역왕의 아들인 강도왕 劉建이 간음했던 淖姬(요희)를 데려다가 매우 사랑하여 아들을 얻었는데 淖子(요자)라 불렀다. 彭祖는 征和 元年에 죽었는데 시호는 敬肅王이다. 彭祖가 죽을 무렵 요희의 오빠가 漢 황실의 환관이었는데 무제가 물었다. "淖子(요자)는 어떤 사람인가?" 대답하기를 "욕심이 많은 사람입니다."라고 하였다. 무제가 말했다. "욕심이 많다면 나라의 임금으로 백성을 살피는데 적당하지 않다. 武始侯 劉昌에 대해 묻자 "허물도 없지만 칭찬할 것도 없습니다."라고 대답했다. 무제가 말했다. "그렇다면 괜찮다." 사자를 보내 유창을 조왕으로 봉했는데 이가 頃王(경왕)으로 재위 19년에 죽었다. 아들 懷王 劉尊(유존)이 뒤를 이어 5년 만에 죽었다. 아들이 없어 2년 동안 단절되었다.

宣帝가 유존의 동생 劉高를 왕으로 봉하니, 이가 哀王이나 몇 달 만에 죽었다. 아들 共王 劉充이 뒤를 이어 56년 만에 죽었다. 아들 劉隱(유은)이 계위했는데 왕망 때에 나라가 끊겼다.

原文

初, 武帝復以親親故, 立敬肅王小子偃爲平干王, 是爲頃王, 十一年薨. 子繆王元嗣, 二十五年薨. 大鴻臚禹奏, "元前以刃賊殺奴婢, 子男殺謁者, 爲刺史所擧奏, 罪名明白. 病先令, 令能爲樂奴婢從死, 迫脅自殺者凡十六人, 暴虐不道. 故《春秋》之義, 誅君之子不宜立. 元雖未伏誅, 不宜立嗣." 奏可, 國除.

| 註釋 | ○親親 – 친족을 가까이 하다. ○劉偃(유언, ? – 前 81) – 경제의 손자. 유팽조의 아들. 平干國의 치소는 今 河北省 邯鄲市 동북쪽 鷄澤縣. ○繆王(목왕) 劉元(유원, ? – 前 56) – 포악무도했던 사람. ○子男 – 아들. 다른 의미로는 작위의 일종. 侯伯(侯爵과 伯爵)과 子男(子爵과 男爵)의 구분이 있다. ○大鴻臚禹 – 대홍려 王禹. ○病先令 – 먼저 책봉한 명이 잘못되다. ○從死 – 순장하다.

〖國譯〗

그전에 武帝가 친족을 가까이 하겠다는 연유로 敬肅王의 작은아들 劉偃(유언)을 平干王(평간왕)으로 봉했는데, 이가 頃王(경왕)으로 재위 11년에 죽어 아들 繆王(목왕) 劉元이 뒤를 이었고 재위 25년에 죽었다. 大鴻臚(대홍려) 王禹(왕우)가 상주하였다.

"劉元은 전에 칼로 노비를 잔인하게 죽였고 그 아들은 謁者(알자)를 죽였다고 그곳 刺史가 적발하여 상주되었으니 죄명이 명백합니다. 먼저 내린 책봉이 잘못되었고 악공을 순사케 하여 협박하여 자살케 한 자가 모두 16명이나 될 정도로 포악무도한 사람입니다. 그래서 《春秋》의 대의에 처형당한 주군의 아들은 옹립할 수 없다 하였습니다. 劉元이 비록 법으로 처형되지는 않았지만 그 후사를 세울 수 없습니다."

상주는 그대로 받아들여졌고 나라를 없앴다.

53-8. 中山 靖王 劉勝

原文

中山靖王勝以孝景前三年立. 武帝初卽位, 大臣懲吳,楚七國行事, 議者勿冤鼂錯之策, 皆以諸侯連城數十, 泰强, 欲稍侵削, 數奏暴其過懲. 諸侯王自以骨肉至親, 先帝所以廣封連城, 犬牙相錯者, 爲盤石宗也. 今或無罪, 爲臣下所侵辱, 有司吹毛求疵, 笞服其臣, 使證其君, 多自以侵冤.

| **註釋** | ○ 中山靖王勝 - 中山國 영역은 常山郡의 동부 지역. 치소는 盧奴

縣(今 河北省 定州市). 劉勝(? - 前 113)은 武帝의 이복형. 趙王 劉彭祖의 同母弟. ○行事 - 故事. 옛일. ○鼂錯(조조) - 49권, 〈爰盎鼂錯傳〉에 立傳. ○泰强 - 太强. ○暴其過懲(폭기과징) - 과오를 폭로하고 지나치게 징계하다. ○犬牙相錯 - 개의 이빨처럼 서로 물리다. 땅이 서로 교차하다. ○盤石 - 磐石, 널찍한 바위. ○吹毛求疵(취모구자) - 억지로 남의 결점을 찾아내려 하다. 생트집을 잡다.

〖國譯〗

中山靖王 劉勝은 경제 前元 3년(前 154)에 책봉되었다. 武帝가 즉위하였을 때, 대신들은 吳와 楚 등 7국의 옛 반란을 징계하면서 논자들은 鼂錯(조조)의 방책을 나쁘다고 평가하지 않았으며 제후들이 수십 개의 성을 차지하여 너무 강하기에 자꾸 삭지하여 감소시켜야 한다고 생각했다. 그러나 제후 왕들은 자신들이 골육지친이며 先帝가 넓은 땅에 여러 성을 봉하면서 개의 이빨처럼 서로 물리게 한 것은 종실을 튼튼하게 하려는 조치라고 생각하였다. 지금 잘못도 없는데 황제의 신하에게 욕을 당하고 담당자들은 억지로 잘못을 찾아내려 하며 왕의 신하를 매질하여 자백하게 하고 왕에게는 인정하라고 강요한다며 억울하게 당한다고 생각하였다.

原文

建元三年, 代王登, 長沙王發, 中山王勝, 濟川王明來朝, 天子置酒, 勝聞樂聲而泣. 問其故, 勝對曰,

| **註釋** | ○建元三年 – 前 138년. ○勝對曰 – 劉勝의 〈聞樂對〉. 유승은 文才가 상당했다는 주석이 있다.

〖**國譯**〗

建元 3년에 代王 劉登과 長沙王 劉發, 中山王 劉勝, 濟川王 劉明 등이 來朝하였다. 天子가 마련한 술자리에서 劉勝이 樂聲을 듣고 눈물을 흘렸다. 그 까닭을 묻자 劉勝이 대답하였다.

原文

〈聞樂對〉*

「臣聞悲者不可爲絫欷, 思者不可爲歎息. 故高漸離擊筑易水之上, 荊軻爲之低而不食, 雍門子壹微吟, 孟嘗君爲之於邑. 今臣心結日久, 每聞幼眇之聲, 不知涕泣之橫集也.」

| **註釋** | ○絫欷 – 累欷. 여러 번 흐느끼다. 絫는 累(포갤 루)의 古字. 欷는 흐느낄 희. 歔欷(허희)는 훌쩍거리다. ○歎息(탄식) – 歎氣. ○高漸離擊筑易水之上 – 前 227년, 燕 태자 丹의 부탁을 받고 荊軻(형가)가 秦을 향할 때 易水(今 河北省 易縣을 흐르는 지류)에서 송별연을 했고 형가의 벗인 고점리가 筑(축)을 연주했다. ○荊軻爲之低而不食 – 형가는 고개를 숙이고 음식을 먹지 못했다. 그때 형가는 고점리의 축에 화답하여 '風蕭蕭兮易水寒, 壯士一去兮不復還' 이라고 노래했다. ○雍門子(옹문자) – 琴을 잘 연주한 樂人. ○壹微吟(일미음) – 인생의 덧없음을 노래했다. ○孟嘗君(맹상군, ? – 前 279) – 齊의 공자. 戰國 四公子의 한 사람. ○於邑(오압) – 낙담하다. 의기소

침하다. 목이 메다. 於 탄식할 오. 邑은 고을 읍, 흐느낄 압. ○幼眇(요묘) - 그윽하고 아름답다. 美妙하다. 幼 어릴 유. 그윽할 요.

〖國譯〗

〈聞樂對〉*

「臣이 알기로는, 悲者라도 여러 번 흐느낄 수 없고 思者는 탄식할 수 없다고 하였습니다. 그래서 高漸離(고점리)가 易水(역수)에서 축을 탈 때 荊軻(형가)는 고개를 숙이고 음식을 먹지 못했으며 雍門子(옹문자)가 한번 노래하자 孟嘗君은 낙담하였던 것입니다. 지금 臣도 오래 전부터 마음에 생각한 바 있어 미묘한 가락을 들을 때마다 나도 모르게 흐느끼며 눈물이 흐릅니다.」

原文

「夫衆喣漂山, 聚蟁成雷, 朋黨執虎, 十夫橈椎. 是以文王拘於牖里, 孔子厄於陳,蔡. 此乃烝庶之風成, 增積之生害也. 臣身遠與寡, 莫爲之先, 衆口鑠金, 積毁銷骨, 叢輕折軸, 羽翮飛肉, 紛驚逢羅, 潸然出涕.」

| 註釋 | ○衆喣漂山 - 여러 사람이 불면 산도 날린다. 喣 불 후. 漂 떠돌 표. ○蟁 - 모기 문(蚊). ○成雷 - 우뢰 소리가 되다. ○朋黨執虎 - 여러 사람이 고집하면 호랑이가 출몰한 줄로 안다. 三人成虎. 여러 사람이 고집하면 가짜도 진짜가 된다. ○十夫橈椎 - 장정 열 명이면 나무 몽둥이도 구부린다. 撓 굽을 요(뇨). ○文王拘於牖里 - 문왕이 유리(羑里)에 갇히다. 牖는

창 유. 牖里는 羑里(유리). 羑里(유리)는 今 河南省 安陽市 湯陰縣. 문왕은 유리의 감옥에서 《易》을 지었다고 한다. ○厄於陳,蔡 - 진과 채나라에서 포위되다. 공자는 진과 채에서 포위되거나 식량이 떨어져 곤경에 빠지기도 했다. ○烝庶(증서) - 衆庶. 많은 사람. ○身遠與寡 - (장안에서) 멀리 떨어져 있고 (황제와) 왕래도 별로 없다. ○莫爲之先 - 나를 좋게 말해줄 사람이 있는 것도 아니다. ○衆口鑠金(중구삭금) - 여러 사람이 헐뜯으면 쇠도 녹는다. ○積毁銷骨(적훼소골) - 여러 사람이 헐뜯으면 사람도 죽게 한다. ○叢輕折軸(총경절축) - 가벼운 것도 많이 실으면 수레 굴대가 부러진다. ○羽翮飛肉(우핵비육) - 날갯짓을 많이 하면 새도 공중으로 떠오른다. 翮 깃촉 핵. 새나 곤충의 날개. ○紛驚逢羅 - 여러 번 놀라고 법망에 걸리다. 羅 새그물 나(라). 法網. ○潸然(산연) - 눈물을 흘리는 모양. 潸은 눈물 흐를 산.

〖國譯〗

「여러 사람이 후 불어대면 산도 날리고 모기떼가 천둥소리를 내며, 여러 사람이 우기면 호랑이가 출몰한 줄 알며 열 사람이면 나무 몽둥이도 구부린다고 하였습니다. 이러했기에 文王은 牖里(유리)의 옥에 갇혔었고 공자는 陳과 蔡에서 곤경에 처했었습니다. 이는 여러 사람이 일으킨 바람이며 쌓이고 쌓인 폐해입니다. 臣은 먼 지방에 있어 (天子와) 교류도 많지 않고 누가 나를 위해 칭송할 사람이 있는 것도 아니며, 衆人의 험담에 쇠가 녹고 계속 헐뜯으면 사람이 죽는 것 같고, 가벼운 것도 많이 실으면 수레가 주저앉으며 날갯짓을 여러 번 하면 새도 하늘을 날고 여러 번 놀라면 결국 법망에 걸리는 것이니 나도 모르게 눈물을 흘리는 것입니다.」

原文

「臣聞白日曬光, 幽隱皆照, 明月曜夜, 蟁蝱蚊宵見. 然雲蒸列布, 杳冥晝昏, 塵埃布覆, 昧不見泰山. 何則? 物有蔽之也. 今臣雍閼不得聞, 讒言之徒蜂生, 道遼路遠, 曾莫爲臣聞, 臣竊自悲也.」

| 註釋 | ○曬光(쇄광) - 빛을 발하다. ○曜夜 - 밤에 빛나다. ○蟁蝱(문맹) - 모기와 등에(파리 모양의 흡혈 곤충). 蚊虻(문맹). ○宵見 - 宵 밤 소. ○雲蒸(운증) - 연기나 안개. ○杳冥晝昏 - 어두워져 낮인데도 어스름 밤과 같다. 杳 어두울 묘. 冥 어두울 명. ○塵埃(진애) - 자욱한 먼지. 그때도 黃砂 현상은 있었을 것이다. ○雍閼(옹악) - 막히다. 雍 막힐 옹(塞也). 閼 가로막을 알. 막히다. ○蜂生(봉생) - 매우 많다. ○道遼路遠(도료노원) - 길이 아득하게 멀다. 아주 먼 길. 遼 멀 료.

〖國譯〗

「臣이 알기로는, 해가 비추면 숨어 있던 것도 다 보이고 밤에 밝은 달이 뜨면 모기나 등에도 어둠 속에서 볼 수 있습니다. 그러나 구름이나 안개가 깔리면 어둑해져 대낮도 초저녁 같으며 흙먼지가 덮이면 흐려져 태산도 보이지 않습니다. 왜 그러하겠습니까? 사물에 가려졌기 때문입니다. 지금 臣에게는 앞이 막혀 있기에 알릴 수가 없으며 참언을 하는 무리들이 많으며 길은 멀고멀어 여태껏 신에게도 들리지 않기에 臣은 절로 혼자 슬픈 것입니다.」

原文

「臣聞社鼷不灌, 屋鼠不熏. 何則? 所托者然也. 臣雖薄也, 得蒙肺附, 位雖卑也, 得爲東藩, 屬又稱兄. 今群臣非有葭莩之親, 鴻毛之重, 群居黨議, 朋友相爲, 使夫宗室擯卻, 骨肉冰釋. 斯伯奇所以流離, 比干所以橫分也. 《詩》云 '我心憂傷, 惄焉如擣, 假寐永歎, 唯憂用老, 心之憂矣, 疢如疾首', 臣之謂也.」

| 註釋 | ○社鼷 – 社廟에 사는 생쥐. 군주 측근의 小臣. 社는 토지신을 모신 사당. 鼷는 생쥐 혜. 灌 물댈 관. ○不熏(불훈) – 태워 죽일 수 없다. ○肺附(폐부) – 제왕의 宗親. ○東藩(동번) – 동쪽 울타리. 동방의 제후. ○屬又稱兄 – 종친으로 황제의 형이 된다. ○葭莩之親(가부지친) – 먼 친척. 葭 갈대 가. 멀 하. 莩 풀이름 부. 갈대의 속껍질. ○鴻毛之重 – 아주 가벼운 것. 鴻毛는 기러기의 털. ○擯卻(빈각) – 물리치다. 擯 물리칠 빈. 擯斥(빈척)과 동. ○冰釋(빙석) – 얼음이 녹아 없어지다. 흩어지다. ○伯奇(백기) – 周尹 吉甫의 아들. 효자. 계모가 吉甫에게 참소하여 길보가 죽이려 하자 백기는 산속으로 도주했다. ○比干(비간) – 殷 말기의 충신. 紂王이 그의 심장을 갈라 죽였다. ○橫分 – 몸과 머리가 분리되다. ○《詩》云 – 《詩經 小雅 小弁》. ○我心憂傷 – 내 마음은 시름하나니. ○惄 – 근심할 역. ○擣 – 찧을 도. ○假寐(가매) – 옷을 입은 채로 잠이 들다. ○永歎 – 長歎(장탄). ○疢 – 열병 진. ○疾首(질수) – 두통.

〖國譯〗

「臣이 알기로는, 社廟의 생쥐를 물에 빠트릴 수 없으며 집안에 사는 쥐는 불로 태워죽일 수도 없습니다. 왜 그렇겠습니까? 사는 곳이 그렇기 때문입니다. 臣이 비록 멀지만 그래도 종실의 일족이며 지위가 낮지만 동방의 제후로 황제에게는 형뻘이 됩니다. 지금 여러 신하들은 황실의 먼 친척도 아니며 기러기 털처럼 가벼운데도 같이 무리를 지어 의논하고 붕당이 되어 서로 위하면서 宗室을 물러나게 하고 骨肉을 소멸하게 하고 있습니다. 이러하기에 周尹 吉甫의 아들 伯奇(백기)가 집을 떠나 떠돌아야 했고 殷의 比干(비간)이 죽었던 것입니다. 《詩》에 이르기를 '내 마음의 시름이여, 절굿공이 찧듯 근심하도다. 옷 입은 채 누워 탄식하나니, 근심으로 늙어가도다. 마음의 근심이여, 두통처럼 열병이 나도다.' 하였으니, 아마 臣을 두고 말한 것 같습니다.」

原文

具以吏所侵聞. 於是上乃厚諸侯之禮, 省有司所奏諸侯事, 加親親之恩焉. 其後更用主父偃謀, 令諸侯以私恩自裂地分其子弟, 而漢爲定制封號, 輒別屬漢郡. 漢有厚恩, 而諸侯地稍自分析弱小云.

| **註釋** | ○具 – 모두 이야기하다. 아뢰다. ○吏所侵 – 관리가 종실을 능멸한 사례. ○省 – 축소하다. 줄이다. ○主父偃(주보언, ? – 前 126) – 武帝는 主父偃의 推恩令을 채택하여 제후들이 그 자제를 분봉하고 땅을 나누어줄 수 있게 하였는데 결과적으로 제후왕의 세력을 크게 약화시켰다. 64권, 〈嚴朱吾丘主父徐嚴終王賈傳〉에 입전.

〖國譯〗

劉勝은 관리들이 종실을 능멸했던 일을 모두 아뢰었다. 이에 무제는 제후에 대한 예를 두터이 하고 관리들의 제후에 관한 보고를 줄이게 하면서 종친을 더 가까이 하는 은혜를 베풀었다. 뒷날 主父偃(주보언)의 정책을 채용하여 제후가 스스로 자기 영지를 자제에게 분할할 수 있게 하고 漢은 封號만을 정해주고 잘못하면 바로 漢의 郡에 소속케 하였다. 漢에서는 은택을 베풀었지만 諸侯의 땅은 점점 쪼개어져서 약소국이 되었다고 할 수 있다.

原文

勝爲人樂酒好內, 有子百二十餘人. 常與趙王彭祖相非曰, "兄爲王, 專代吏治事. 王者當日聽音樂, 御聲色." 趙王亦曰, "中山王但奢淫, 不佐天子拊循百姓, 何以稱爲藩臣!"

| 註釋 | ○好內 – 여인을 사랑하다. ○御聲色 – 가성과 여색을 즐기다. ○拊循 – 어루만지다. 按撫(안무)하다. ○藩臣(번신) – 울타리가 될 만한 신하. 제후.

〖國譯〗

劉勝은 사람됨이 술을 즐기고 여색을 좋아하여 자녀가 120여 명이었다. 늘 趙王 劉彭祖(유팽조)를 비난하였다. "兄은 왕이 되어 겨우 관리가 할 일이나 대신하고 있다. 王者라면 당연히 매일 음악을 듣고 가기나 미인을 거느려야 한다." 趙王도 마찬가지로 말했다.

"中山王은 사치하며 음탕하여 천자를 도와 백성을 어루만져 주지도 못하니 어찌 藩臣(번신)이라 할 수 있겠나!"

原文

四十二年薨. 子哀王昌嗣, 一年薨. 子康王昆侈嗣, 二十一年薨. 子頃王輔嗣, 四年薨. 子憲王福嗣, 十七年薨. 子懷王循嗣, 十五年薨, 無子, 絶四十五歲. 成帝鴻嘉二年, 復立憲王弟孫利鄕侯子雲客, 是爲廣德夷王. 二年薨, 無子, 絶十四歲. 哀帝復立雲客弟廣漢爲廣平王. 薨, 無後. 平帝元始二年, 復立, 惠王曾孫倫爲廣德王, 奉靖王後. 王莽時絶.

| **註釋** | ○여러 〈傳〉에 기록된 햇수나 연도는 《漢書》의 〈諸侯王表〉 등 여러 표와 서로 다른 부분이 많이 있다. ○康王 昆侈(강왕 곤치) – 〈表〉에는 糠王으로 기록. 糠은 '好樂怠政曰 糠'이라 하여 惡諡이다. ○絶四十五歲 – 三十五歲가 옳다는 註. ○成帝 鴻嘉(홍가) – 前 19년. ○廣德夷王 – 이때 처음 봉한 제후국. 廣德國 치소는 丹陽郡 黟縣(이현), 今 安徽省 黃山市 관할의 黟縣. 夷王은 시호. ○平帝 元始二年 – 서기 2년.

〖國譯〗

中山王 劉勝은 재위 42년에 죽었다. 아들 哀王 劉昌이 뒤를 이었는데 재위 1년에 죽었다. 아들 康王 劉昆侈(유곤치)가 뒤를 이었는데 재위 21년에 죽었다. 아들 頃王 劉輔(유보)가 뒤를 이어 재위 4년에 죽었다. 아들 憲王 劉福이 뒤를 이었고 재위 17년에 죽었다. 아들

懷王 劉循(유순)이 뒤를 이었으나 재위 15년에 죽었고, 아들이 없어 45년간 단절되었다. 成帝 鴻嘉(홍가) 2년에 다시 憲王 동생의 손자인 利鄉侯의 아들 劉雲客을 책봉하니 이가 廣德國 夷王(이왕)이다. 재위 2년에 죽었는데 無子하여 14년간 단절되었다. 哀帝 때 다시 劉雲客의 아우 劉廣漢을 廣平王으로 책봉하였다. (薨, 無後. - 三字 衍文) 平帝 元始 2년에 다시 惠王의 曾孫 劉倫(유륜)을 廣德王으로 봉해 中山 靖王의 제사를 받들게 하였다. 王莽 때에 단절되었다.

53-9. 長沙定王 劉發

原文

長沙定王發, 母唐姬, 故程姬侍者. 景帝召程姬, 程姬有所避, 不願進, 而飾侍者唐兒使夜進. 上醉, 不知, 以爲程姬而幸之, 遂有身. 已乃覺非程姬也. 及生子, 因名曰發. 以孝景前二年立. 以其母微無寵, 故王卑濕貧國. 二十八年薨. 子戴王庸嗣, 二十七年薨. 子頃王鮒鮈嗣, 十七年薨. 子剌王建德嗣, 宣帝時坐獵縱火燔民九十六家, 殺二人, 又以縣官事怨內史, 教人誣告以棄市罪, 削八縣, 罷中尉官. 三十四年薨. 子煬王旦嗣, 二年薨. 無子, 絶歲餘. 元帝初元三年復立旦弟宗, 是爲孝王, 五年薨. 子魯人嗣, 王莽時絶.

| 註釋 | ○長沙 定王 發 - 長沙國 劉發. 劉發의 후손이 뒷날 後漢을 건국한 光武帝이다. ○有所避 - 피할 일이 있다. 月事. 生理. ○幸之 - 사랑을 해주다. ○有身 - 姙娠(임신)하다. ○微無寵 - 미천하고 총애도 없다. ○頃王 鮒鮈(부구) - 附朐(부구)로도 표기. ○剌 - 어그러질 랄(날). 刺(찌를 자)가 아님. ○縱火(종화) - 失火하다. ○罷中尉官 - (장사국의) 中尉官도 파면하다. ○子魯人嗣, 王莽時絶 - 王莽 앞에 脫文되었다는 주석이 있다.

〖國譯〗

長沙國 定王 劉發(유발)의 모친은 唐姬인데 그전에 程姬의 시녀였다. 景帝가 程姬를 불렀지만 程姬가 月事가 있어 자리를 같이 할 수 없어 시녀인 唐兒를 꾸며서 밤에 모시게 하였다. 경제는 취해서 모르고 程姬인줄 알고 사랑을 주어 임신이 되었다. 곧 程姬가 아니라는 것을 알았다. 아들을 낳게 되자 이름을 發이라 하였다. 孝景 前元 2년에 책봉되었다. 그 모친이 미천하고 총애도 없어 땅이 낮고 습한 長沙의 왕이 되었다. 재위 28년에 죽었다. 아들 戴王(대왕) 劉庸(유용)이 뒤를 이어 27년에 죽었다. 아들 頃王 劉鮒鮈(유부구)가 뒤를 이어 17년에 죽었다. 아들 剌王(날왕) 劉建德이 뒤를 이었는데 宣帝 때 사냥하다가 실화하여 민가 96호를 태우고 백성 2명을 불타 죽게 한 죄와 또 縣官과의 일로 內史를 미워하여 사람을 시켜 무고한 죄로 기시형에 해당되었으나 8개 현을 삭지 당했고 (장사국의) 中尉官도 파면되었다. 재위 34년에 죽었다. 아들 煬王(양왕) 劉旦(유단)이 뒤를 이어 재위 2년에 죽었다. 아들이 없어 1년 넘게 단절되었다. 元帝

初元 3년에 다시 劉旦의 아우 劉宗을 책봉하니, 이가 孝王이고 재위 5年에 죽었다. 아들 劉魯人(유노인)이 계승하였으나 왕망 때 단절되었다.

53-10. 廣川 惠王 劉越

原文

廣川惠王越以孝景中二年立, 十三年薨. 子繆王齊嗣, 四十四年薨. 初, 齊有幸臣乘距, 已而有罪, 欲誅距. 距亡, 齊因禽其宗族. 距怨王, 乃上書告齊與同産姦. 是後, 齊數告言漢公卿及幸臣所忠等, 又告中尉蔡彭祖捕子明, 罵曰, "吾盡汝種矣!" 有司案驗, 不如王言, 劾齊誣罔, 大不敬, 請繫治. 齊恐, 上書願與,勇士奮擊匈奴, 上許之, 未發, 病薨. 有司請除國, 奏可.

| **註釋** | ○廣川 惠王 越 - 廣川國의 治所는 信都縣(今 河北省 衡水市 관할의 冀州市). 관할 지역은 河北省 남부와 山東省 일부. 信都國이라고도 한다. 劉越(유월, ? - 前 135) - 경제의 아들. 母는 王夫人, 武帝의 이복 兄. ○孝景中二年 - 中元 2년(前 148). ○繆王 齊 - 劉齊(유제, ? - 前 92) - 謚號 繆(穆), 蔽仁傷善曰 繆. ○乘距(승거) - 人名. 《史記》에는 桑距(상거). ○與同産奸

－同腹의 자매와 간통하다. ○所忠－人名. ○蔡彭祖(채팽조)－인명. ○子明－劉越의 아들, 곧 劉齊의 동생 劉明. '子明'이 아니라 '弟明'의 착오라는 주석이 있다. ○誣罔(무망)－허위사실로 무고하다. 거짓말을 하다.

〖國譯〗

廣川 惠王 劉越은 경제 中元 2년에 책봉되어 재위 13년에 죽었다. 아들 繆王(목왕) 劉齊(유제)가 뒤를 이어 재위 44년에 죽었다. 그 전에 劉齊에게 幸臣 乘距(승거)가 있었는데 얼마 뒤 승거가 죄를 짓자 죽이려 했다. 승거는 도망쳤고 유제는 그 宗族을 잡아들였다. 승거는 유제를 원망하며 바로 유제가 同腹 자매와 간음했다고 상서하여 고발했다. 이후 유제는 漢 公卿 및 武帝의 幸臣인 所忠(소충) 등을 자주 고발하였고 또 中尉 蔡彭祖(채팽조)가 자기 동생 劉明을 잡아들이면서 "내가 너의 종자를 다 죽이겠다."고 욕을 했다고 고발하였다. 담당 관리가 조사했으나 왕의 말과 같지 않자 유제가 거짓말을 했고, 이는 大不敬罪에 해당한다고 죄를 밝혀내며 체포하여 치죄하겠다고 상주하였다. 유제는 두려워서 廣川國의 勇士를 데리고 자원하여 匈奴를 토벌하겠다고 주청하자 무제가 허락했으나 출발도 하기 전에 병으로 죽었다. 담당자가 나라를 없애야 한다고 주청하자 상주한 대로 결정되었다.

原文

後數月, 下詔曰, "廣川惠王於朕爲兄, 朕不忍絶其宗廟, 其以惠王孫去爲廣川王." 去卽繆王齊太子也, 師受《易》,

《論語》,《孝經》 皆通, 好文辭,方技,博弈,倡優. 其殿門有成慶畫, 短衣大袴長劍, 去好之, 作七尺五寸劍, 被服皆效焉. 有幸姬王昭平,王地餘, 許以爲后. 去嘗疾, 姬陽成昭信侍視甚謹, 更愛之. 去與地餘戲, 得褏中刀, 笞問狀, 服欲與昭平共殺昭信. 笞問昭平, 不服, 以鐵鍼鍼之, 彊服. 乃會諸姬, 去以劍自擊地餘, 令昭信擊昭平, 皆死. 昭信曰, "兩姬婢且洩口." 復絞殺從婢三人. 後昭信病, 夢見昭平等以狀告去. 去曰, "虜乃復見畏我! 獨可燔燒耳." 掘出屍, 皆燒爲灰.

| **註釋** | ○劉去(유거, ? - 前 70) - 一名 劉吉. 잔인무도하여 本始 4년(前 70)에 탄핵을 받아 왕위에서 쫓겨나 上庸縣으로 이송 도중에 자살하였다. ○博弈(박혁) - 바둑. 노름. ○成慶 - 고대의 勇士. 궁문에 門神으로 이 사람을 모습을 그렸다. ○大袴 - 大褲, 큼직한 바지. 袴는 바지 고(褲와 同). ○陽成昭信 - 陽成은 성, 昭信은 이름. ○褏 - 소매 수(袖와 同). ○以鐵鍼鍼之 - 쇠꼬챙이로 찌르다. ○洩口(설구) - 자백하게 하다. 洩은 물 샐 설. ○絞殺(교살) - 목을 매어 죽이다. ○虜 - 사로잡을 로. 포로, 죄인, 하인. ○燔燒(번소) - 태워버리다.

〖國譯〗

몇 달 뒤에 무제가 조서를 내려 말했다. "廣川 惠王은 나의 兄인데 짐은 그 종묘제사가 끊기는 것을 볼 수 없으니 惠王의 손자 劉去(유거)를 廣川王으로 봉한다."

劉去는, 곧 繆王(목왕) 劉齊의 太子이었는데 스승으로부터《易經》,《論語》,《孝經》 등을 배워 모두 통달했으며 文辭와 잡기와 노름과 바둑, 광대놀음을 다 좋아하였다. 그 궁궐 문에 門神으로 成慶(성경)의 그림이 있었는데 유거는 短衣에 큰 바지와 장검을 가진 그를 좋아하여 7자5치의 검을 만들고 의복도 그림을 본떠 만들어 입었다. 그가 총애하는 王昭平과 王地餘(왕지여)를 왕후처럼 대우하였다. 유거가 병이 났을 때 후궁 陽成昭信이 시중을 드는데 매우 성실하여 그녀를 많이 총애했다. 유거가 왕지여와 희롱하다가 소매 속의 칼을 보고 매질하며 심문하여 왕소평과 함께 양성소신을 죽이려 했다는 자백을 받았다. 양소평을 매질하며 심문하였으나 자백하지 않자 쇠꼬챙이로 찌르며 강제로 자백케 하였다. 이에 여러 후궁들을 다 모아 놓고 劉去가 검으로 왕지여를 찌르고 양성소신에게도 왕소평을 매질하게 하여 둘 다 죽였다. 양성소신이 "두 년의 종년들을 자백케 해야 합니다." 이에 그 계집종 3명을 교살하였다. 뒷날 양성소신이 병이 났을 때 꿈속에 왕소평 등이 나타나자 이를 劉去에게 말했다. 劉去는 "그년들이 다시 나타나 나를 괴롭힐 것이니 태워버려야 한다."라고 말했다. 그 시신을 파내어 모두 태워 재로 만들었다.

原文

後去立昭信爲后, 幸姬陶望卿爲脩靡夫人, 主繒帛, 崔脩成爲明貞夫人, 主永巷. 昭信復譖望卿曰, "與我無禮, 衣服常鮮於我, 盡取善繒匄諸宮人." 去曰, "若數惡望卿, 不能減我愛, 設聞其淫, 我亨之矣." 後昭信謂去曰, "前畫工畫望卿舍, 望卿袒裼傅粉其傍. 又數出入南戶窺郎吏, 疑有姦.” 去曰, “善司之.” 以故益不愛望卿. 後與昭信等飮, 諸姬皆侍, 去爲望卿作歌曰, 〈背尊章, 嫖以忽, 謀屈奇, 起自絶. 行周流, 自生患, 諒非望, 今誰怨!〉 使美人相和歌之. 去曰, “是中當有自知者.” 昭信知去已怒, 卽誣言望卿歷指郞吏臥處, 具知其主名, 又言郞中令錦被, 疑有姦. 去卽與昭信從諸姬至望卿所, 臝其身, 更擊之. 令諸姬各持燒鐵共灼望卿. 望卿走, 自投井死. 昭信出之, 椓杙其陰中, 割其鼻脣, 斷其舌. 謂去曰, “前殺昭平, 反來畏我, 今欲靡爛望卿, 使不能神.” 與去共支解, 置大鑊中, 取桃灰毒藥並煮之, 召諸姬皆臨觀, 連日夜靡盡. 復共殺其女弟都.

| 註釋 | ○主繒帛 – 비단 짜기를 주관하다. 繒 비단 증. 명주. ○永巷 – 궁중의 긴 골마루. 죄 지은 궁녀를 가두는 곳. 後宮 건물을 永巷이라고 하는데 곧 궁내의 길이란 뜻. 여기서는 궁녀 감옥의 우두머리라는 뜻보다는 후궁내 여러 궁녀들의 기강을 다스리는 업무. ○匄 – 빌 개(丐와 同). 주다. ○若 – 너 약(汝也). ○設 – 가정하다. 만일, 만약. ○亨 – 烹(삶을 팽)과 同. ○袒裼(단석) – 소매를 걷어 올리다. 등을 드러내다. 袒 웃통 벗을 단. 소매를 걷어 올리다. 裼은 어깨를 드러낼 석. ○傅粉(부분) – 분을 바르다. 傅는 敷(펼 부)와 通. ○善司之 – 그를 잘 감시하라. 司는 伺(엿볼 사). ○尊章 – 시부모. 어르신. 며느리가 시부모를 존장이라 한다. ○嫖以忽 – 嫖(날랠 표)는 飄(회오리바람 표). ○屈奇 – 奇異하다. ○行周流 – 이리저리 기웃거리다. ○諒 – 信也. 확실히. 정말로. ○更擊之 – 돌아가며 때리다. ○燒鐵共灼 – 달군 쇠꼬챙이로 여럿이 지지다. 灼은 사를 작. 불에 달군 쇠로 지지다. ○椓杙(탁익) – 말뚝을 박다. 椓은 칠 탁. 杙 말뚝 익. ○靡爛(미란) – 썩어 문드

러지다. 靡爛(미란)과 同. ○支解 – 四肢(사지)를 해체하다. ○大鑊(대확) – 큰 가마 솥. 鑊 가마 확. 발이 없는 솥. ○桃灰 – 복숭아나무를 태운 재. 복숭아는 귀신이 무서워하는 과일. 제사에는 복숭아를 올리지 않는다.

〖國譯〗

뒤에 劉去는 陽成昭信을 왕후로 삼았고 총희 陶望卿(도망경)은 脩靡夫人(수미부인)이라 하여 비단을 관장케 하고 崔脩成(최수성)은 明貞夫人으로 부르며 永巷(영항)을 주관케 하였다. 양성소신이 다시 도망경을 참소하며 말했다. "나에게 無禮하며 그 의복이 늘 나보다 새 것이며 좋은 비단은 다른 궁인들에게 줍니다." 그러자 유거가 말했다. "네가 자주 도망경을 헐뜯어도 내 총애를 식게 할 수 없지만 그녀가 음란한 짓을 했다면 나는 그녀를 삶아 죽일 것이다."

뒷날 소신은 유거에게 말했다.

"전에 畫工이 도망경의 집에 그림을 그리는데 도망경이 그 옆에서 등을 드러내고 분을 바르고 있었습니다. 또 자주 남쪽 문으로 출입하면서 郎吏(낭리)들을 곁눈질하는데 간통을 한 것 같습니다."

그러자 유거는 "잘 지켜 보거라."라고 말했다. 그리고 이후로는 더 이상 도망경을 총애하지 않았다. 뒤에 소신 등과 함께 술을 마시며 여러 후궁들을 모두 侍立시키고서 도망경을 빗대어 노래를 지어 불렀다.

〈어르신을 배신하고 재빠르고 홀연히 기이하게 일을 꾸미고 일어서며 흔적을 없앴네. 이리저리 다니며 환난을 만들었는데 확실히 바라지 않았지만 지금 누구를 원망하리오.〉

그리고 여러 여인들이 서로 따라 부르게 하였다. 유거가 말했다.

"여기 있는 사람 중에 응당 스스로 아는 사람이 있을 것이야." 소신은 유거가 이미 화가 났다는 것을 알고 그 자리에서 도망경이 관리들이 누워 있는 곳을 다 돌아보았고 누구의 자리라는 것도 알고 있으며 또 郞中令의 비단 이불 이야기를 하면서 간통이 의심된다고 말했다. 유거는 즉시 소신과 함께 여러 여인들을 데리고 도망경의 처소로 가서 옷을 다 벗기고 돌아가며 때리게 하였다. 그리고 여러 여인들이 불에 달군 쇠꼬챙이로 함께 망경을 지지라고 하였다. 망경은 도망쳐 스스로 우물에 뛰어들어 죽었다. 소신은 망경을 꺼내게 한 다음에 음부에 말뚝을 박고 코와 입술을 자르고 혀를 잘라내었다. 그리고 유거에게 말했다. "전에 王昭平을 죽였지만 (꿈속에서) 되레 나를 협박했었으니 이제 도망경을 아주 문드러지게 해서 귀신이 될 수 없게 해야 합니다." 그리고는 함께 사지를 찢어서 큰 가마솥에 넣은 다음에 복숭아나무 태운 재와 독약을 넣고 삶으면서 여러 궁녀들을 불러 구경하게 하였는데 이틀 밤을 연속해도 그치질 않았다. 그리고 도망경의 여동생도 죽여 버렸다.

原文

後去數召姬榮愛與飮, 昭信復譖之, 曰, "榮姬視瞻, 意態不善, 疑有私." 時愛爲去刺方領繡, 去取燒之. 愛恐, 自投井. 出之未死, 笞問愛, 自誣與醫姦. 去縛繫柱, 燒刀灼潰兩目, 生割兩股, 銷鉛灌其口中. 愛死, 支解以棘埋之. 諸幸於去者, 昭信輒譖殺之, 凡十四人, 皆埋太后所居長壽宮中.

宮人畏之, 莫敢復迕.

| **註釋** | ○視瞻 - 위를 올려보다. ○方領繡 - 방령을 수놓다. 방령은 直裰(직철, 관리의 긴 평상복)의 옷 깃. 도포. ○灼潰(작궤) - 불로 지져 없애다. ○銷鉛 - 끓는 납 물. 납(鉛, Pb)은 비등점이 낮아 쉽게 액체 상태가 된다. ○迕 - 거스를 오. 거역하다. 忤와 同.

〖國譯〗

이후에 劉去는 榮愛(영애)라는 후궁을 자주 불러 술을 마셨다. 양성소신은 또 영애를 참소했다. "영애가 쳐다볼 때 그 태도가 좋지 않으니 혹시 私通을 하는지 걱정됩니다." 그때 영애는 유거를 위해 방령에 수를 놓고 있었는데 유거가 가서 빼어다가 태워버렸다. 영애는 두려워 스스로 우물에 몸을 던졌다. 영애를 꺼내니 죽지는 않았기에 영애를 매질하며 문초하니 스스로 의원과 통간했다고 거짓 자백을 했다. 유거는 영애를 기둥에 묶어놓고 불에 달군 칼로 두 눈을 지져 없애고 산 채로 양 다리를 자르고 끓는 납 물을 입에 부었다. 영애가 죽자 사지를 다 잘라내고 가시나무와 함께 묻었다. 유거에게 총애를 받은 여인들을 소신이 그때마다 참언으로 죽인 자가 모두 14명이었는데 모두 태후가 거처하는 長壽宮에 매장하였다. 宮人들은 두려워 감히 거스른 자가 다시없었다.

原文

昭信欲擅愛, 曰, "王使明貞夫人主諸姬, 淫亂難禁. 請閉諸姬舍門, 無令出敖.” 使其大婢爲僕射, 主永巷, 盡封閉諸舍, 上籥於後, 非大置酒召, 不得見.

去憐之, 爲作歌曰, 〈愁莫愁, 居無聊. 心重結, 意不舒. 內茀鬱, 憂哀積. 上不見天, 生何益! 日崔隤, 時不再. 願棄軀, 死無悔.〉

令昭信聲鼓爲節, 以敎諸姬歌之, 歌罷輒歸永巷, 封門. 獨昭信兄子初爲乘華夫人, 得朝夕見. 昭信與去從十餘奴博飮游敖.

| **註釋** | ○出敖 – 나가 놀다. 敖는 놀 오. 시끄럽다. ○大婢 – 나이 많은 여종. ○上籥 – 자물통을 채우다. 籥은 피리 약. 자물 쇠. ○內茀鬱(내불울) – 마음으로 눌려 펴지 못하다. 茀 풀 우거질 불. ○崔隤(최퇴) – 세월을 헛되이 보내다. 蹉跎(차타)와 같음.

〖國譯〗

陽成昭信(양성소신)은 사랑을 혼자 차지하고자 劉去에게 말했다.

“왕께서 明貞夫人을 시켜 여러 후궁을 감독케 하였지만 淫亂을 막지 못했습니다. 여러 후궁들이 사는 집의 대문을 모두 막아 후궁들이 나와 놀지 못하게 해야 합니다.”

그리고 늙은 여종을 僕射(복야)라 하여 永巷을 주관케 하고 궁문을 모두 폐쇄하였고 문을 잠근 뒤로는 큰 잔치가 아니면 왕을 볼 수 없게 하였다. 유거는 이를 불쌍히 여겨 노래를 지어 부르게 했다.

〈근심 있어도 근심 없이 무료히 지내네.

마음에 무겁게 맺혀도 풀어버릴 길이 없어라.

마음에 꽉 막혔고 걱정과 슬픔은 쌓이네.
위로는 하늘을 볼 수 없으니 살아서 무엇 하리!
허송세월하니 좋은 날 다시없으리.
이 몸을 버린들 죽어도 후회 없으리.〉

유거는 昭信을 시켜 북을 치고 가락을 맞추며 모든 후궁들에게 노래를 가르치게 하였고 노래가 끝나자 모두 永巷으로 돌아갔고 문은 잠겼다. 오직 昭信의 조카 初(초)만은 乘華夫人이 되어 아침저녁으로 유거를 볼 수 있었다. 소신과 유거는 시종 10여 명과 함께 내기하고 술 마시며 놀았다.

原文

初, 去年十四五, 事師受《易》, 師數諫正去, 去益大, 逐之. 內史請以爲掾, 師數令內史禁切王家. 去使奴殺師父子, 不發覺. 後去數置酒, 令倡俳臝戲坐中, 以爲樂. 相彊劾繫倡, 闌入殿門, 奏狀. 事下攷案, 倡辭, 本爲王教脩靡夫人望卿弟都歌舞. 使者召望卿,都, 去對皆淫亂自殺. 會赦不治. 望卿前亨煮, 卽取他死人與都死並付其母. 母曰, "都是, 望卿非也." 數號哭求死, 昭信令奴殺之. 奴得, 辭服. 本始三年, 相內史奏狀, 具言赦前所犯. 天子遣大鴻臚,丞相長史,御史丞,廷尉正雜治鉅鹿詔獄, 奏請逮捕去及后昭信. 制曰, "王后昭信,諸姬奴婢證者皆下獄." 辭服. 有司復請誅王. 制曰, "與列侯,中二千石,二千石,博士議." 議者皆以爲去悖虐, 聽后昭信讒言, 燔燒亨煮, 生割剝人, 距師之諫, 殺其父子. 凡殺無辜十六人, 至一家母子三人, 逆節絶理. 其十五人在赦前, 大惡仍重, 當伏顯戮以示衆. 制曰, "朕不忍致王於法, 議其罰." 有司請廢勿王, 與妻子徙上庸. 奏可. 與湯沐邑百戶. 去道自殺, 昭信棄市. 立二十二年, 國除.

| 註釋 | ○益大 - 점점 성인이 되다. ○掾 - 도울 연. 佐吏. ○倡俳(창배) - 樂人과 광대. ○贏戱(나희) - 벌거벗고 희롱하다. ○闌入殿門 - 궁정 안에 제멋대로 들어오다. 闌 막을 난. 함부로 출입할 난. ○奏狀 - 상주한 문서. ○攷 - 상고할 고. 考의 古字. ○都死 - 都의 시신. ○求死 - 시신을 달라고 하다. ○奴得 - 노비가 잡히다. ○辭服 - 심문하자 말로 自服하다. ○本始三年 - 宣帝의 연호. 前 71년. ○鉅鹿詔獄 - 거록군에 설치한 황제의 명에 따르는 감옥. ○悖虐(패학) - 인륜에 어긋나고 殘虐(잔학)하다. ○逆節絶理 - 절조를 거역하고 도리를 없애다. ○仍重(잉중) - 죄악이 많고도 무겁다. ○顯戮(현륙) - 공개적으로 戮屍(육시)하다. ○上庸(상용) - 縣名. 今 湖北省 十堰市 관할의 竹山縣 서남.

〖國譯〗

전에 劉去가 14, 5세 때 스승으로부터 《易經》을 배웠는데, 사부가 자주 유거를 타일러 바로 잡아주려 했지만 유거는 장성한 뒤에 사부를 내쫓았다. 內史가 사부를 청해 掾吏(연리)에 임명했는데 사부는 자주 내사에게 王家를 단절하라고 했다. 이에 유거는 노비를 시켜 사부의 부자를 죽였으나 발각되지는 않았다. 이후에 유거는 자주 술자리를 벌이고 樂人과 광대의 옷을 벗겨 좌중에서 놀게 하는 것을 재미로 삼았다. 광천국의 승상이 강제로 광대를 잡아 멋대로 궁문 출입한 것을 캐내어 문서로 상주하였다. 사건을 조사하게 되자 광대가 진술하기를 본래 왕을 위해 脩靡夫人(수미부인) 陶望卿(도망경)과 그 동생 陶都(도도)에게 가무를 가르친다고 하였다. 사자가 도망경과 도도를 소환하려 하자 유거는 모두 음란한 짓을 하여 자살했다고 대답하였다. 마침 사면을 받아 더 이상 조사하지 않았다. 도망경이 먼저 팽살되자 바로 다른 사람의 시신을 갖다가 도도의 시신과 함께 그 모친에게 보냈다. 그 모친이 "도도는 맞지만 도망경은 내 딸이 아니다."라고 통곡하며 시신을 요구하였다. 이에 양성소신은 노비를 시켜 그 모친을 죽여 버렸다. 나중에 노비가 잡혀 조사한 문서를 통해 自服하였다.

(宣帝) 本始 3년에 승상과 내사가 유거가 사면 전에 저지른 범행을 문서로 상주하였다. 天子는 大鴻臚(대홍려)와 승상부의 長史, 어사대부의 丞, 廷尉 등이 합동으로 鉅鹿郡(거록군)의 詔獄에서 심문케 하였는데 유거와 왕후 소신을 체포하겠다고 주청하였다. 황제는 "王后 昭信과 여러 후궁과 노비로 심문 받은 자는 모두 하옥하라"고 명령했다. 모두 심문에 자복하였다. 담당자가 王을 처형해야 한다고 아뢰었다. 황제는 "列侯와 中二千石, 그리고 2천석 관리와 博士가 협의하라."고 명령했다. 議者들은 모두 유거가 패륜에 잔학한 짓을 하였고 왕후 소신의 참언을 믿고 사람들을 불로 지지고 구웠고 삶아 죽였고 산 사람의 사지를 자르고 피부를 벗겼으며 스승의 간언을 거부하고 그 부자를 죽였다고 하였다. 무고한 사람 총 16명을 죽였는데 결국 一家의 모녀 3인을 죽이는 등 인간으로서 할 수 없는 짓을 저질렀다고 하였다. 또 그중 15명은 사면 전에 저질렀는데 大

惡이 많고도 무겁기에 응당 공개적으로 백성이 볼 수 있도록 육시해야 한다고 보고하였다. 황제는 "짐은 왕에게 차마 법대로 적용할 수 없으니 그 징벌을 의논하라."고 명했다. 담당 관리가 폐위하여 왕을 못하게 하고 처자와 함께 上庸縣에 가서 살게 하겠다고 하자 상주한 대로 실행케 했다. 탕목읍으로 민가 100호를 준다고 하였다. 유거가 도중에 자살하자 소신을 기시하였다. 즉위한 지 22년에 나라를 없앴다.

原文

後四歲, 宣帝地節四年, 復立去兄文, 是爲戴王. 文素正直, 數諫王去, 故上立焉, 二年薨. 子海陽嗣, 十五年, 坐畫屋爲男女贏交接, 置酒請諸父姊妹飮, 令仰視畫, 又海陽女弟爲人妻, 而使與幸臣姦, 又與從弟調等謀殺一家三人, 已殺. 甘露四年坐廢, 徙房陵, 國除. 後十五年, 平帝元始二年, 復立戴王弟襄隄侯子愈爲廣德王, 奉惠王後, 二年薨. 子赤嗣, 王莽時絶.

| 註釋 | ○宣帝 地節四年 - 前 66년. ○海陽 - 劉海陽의 사적은 46권, 〈趙尹韓張兩王傳〉의 張敞에 관한 기사에서도 볼 수 있다. ○諸父 - 여러 伯叔父. 여러 同姓大夫. ○甘露四年 - 宣帝의 연호. 前 50년. ○房陵(방릉) - 縣名. 今 湖北省 十堰市 관할의 房縣. ○後十五年 - 五十년의 착오. ○平帝 元始二年 - 서기 2년.

〖國譯〗

4년이 지나고 宣帝 地節 4년, 다시 劉去의 兄 劉文을 책봉하니 이가 戴王(대왕)이다. 劉文은 평소에 정직했고 자주 劉去에게 바른 말을 했기에 천자가 책봉하였으나 재위 2년에 죽었다. 아들 劉海陽이 뒤를 이어 재위 15년, 천장에 남녀가 나체로 교접하는 그림을 그려 놓고 술자리에 諸父와 姊妹를 청해서 술을 마시면서 위를 쳐다보게 하였고, 또 海陽의 女弟가 다른 사람의 아내였는데 측근 신하와 간음하게 하였으며, 그리고 사촌동생 劉調 등과 일가 3인을 죽일 계획을 세워 살인한 죄가 있었다. 甘露 4년에 이런 죄로 폐위되어 房陵縣으로 이사시켰고 나라를 없애버렸다. 그 뒤 50년 平帝 元始 2년에 다시 戴王(대왕)의 동생 襄隄侯의 아들 劉愈(유유)를 廣德王으로 즉위케 하여 惠王의 제사를 받들게 하였으나 재위 2년에 죽었다. 아들 劉赤이 즉위하였으나 왕망 때(新나라 때) 끊겼다.

53-11. 膠東康王 劉寄

原文

膠東康王寄以孝景中二年立, 二十八年薨. 淮南王謀反時, 寄微聞其事, 私作兵車鏃矢, 戰守備, 備淮南之起. 及吏治淮南事, 辭出之. 寄於上最親, 意自傷, 發病而死, 不敢置後. 於是上聞寄有長子賢, 母無寵, 少子慶, 母愛幸, 寄常欲立之, 爲非次, 因有過, 遂無所言. 上憐之, 立賢爲膠東王, 奉康王祀, 而封慶爲六安王, 王故衡山地. 膠東王賢立十五年薨, 諡 爲哀王. 子戴王通平嗣, 二十四年薨. 子頃王音嗣, 五十四年薨. 子共王授嗣, 十四年薨. 子殷嗣, 王莽時絶.

| **註釋** | ○膠東 康王 寄 – 武帝의 생모인 王皇后의 친동생인 王夫人 소생. 앞의 廣川 혜왕과 다음 2王이 모두 왕부인 소생으로 武帝의 異腹형제이다. ○淮南王謀反時 – 회남왕 劉安(前 179 – 122). ○鏃矢(촉시) – 화살촉과 화살. ○戰守備 – 방어전을 할 준비. ○辭出之 – 사실을 말해 죄에서 벗어나다. ○寄於上最親 – 劉寄에게 무제의 생모 王황후는 이모가 된다. ○爲非次 – 순서가 아니다. ○因有過 – 회남왕의 모반을 알았지만 보고하지 않고 무기를 제조한 과실. ○六安王 – 도읍은 六縣(今 安徽省 중서부 六安市). ○衡山地 – 옛 형산국의 영지. ○十五年薨 – 연표에 의하면 14년.

〖國譯〗

膠東 康王 劉寄(유기)는 경제 中元 2년(前 148)에 즉위하여 재위 28년에 죽었다. 淮南王(劉安)이 謀反할 때, 유기는 소문으로 그 일을 알고 몰래 兵車와 화살을 제조하여 방어전을 준비하며 회남왕의 봉기에 대비하였다. 회남왕의 반란을 조사할 때 이런 사실을 말해 혐의에서는 벗어났다. 유기는 무제와 가장 가까웠지만 마음에 걱정이 되어 병이 나서 죽었지만 후계자를 정하지 않았다. 유기에게 長子 劉賢이 있으나 그 모친을 총애하지 않았으며 少子 劉慶의 모친을 총애하여 태자로 책봉하고 싶었지만 순서가 아니고 또 회남왕 모반사

건의 과오도 있어 끝까지 말을 못했다는 것을 무제가 알았다. 무제는 이를 불쌍히 여겨 劉賢을 책봉하여 膠東王으로 삼아 康王의 제사를 받들게 하고 劉慶을 六安王으로 봉하여 옛 衡山王의 영지를 다스리게 하였다. 膠東王 劉賢은 즉위 15년에 죽었는데 시호는 哀王이다. 아들 戴王(대왕) 劉通平이 뒤를 이어 24년에 죽었다. 아들 頃王 劉音이 뒤를 이어 재위 54년에 죽었다. 아들 共王 劉授가 뒤를 이어 14년에 죽었다. 아들 劉殷이 뒤를 이었으나 왕망 때 단절되었다.

原文

六安共王慶立三十八年薨. 子夷王祿嗣, 十年薨. 子繆王定嗣, 二十二年薨. 子頃王光嗣, 二十七年薨. 子育嗣, 王莽時絶.

〖國譯〗

六安國 共王 劉慶은 즉위 38년에 죽었다. 아들 夷王 劉祿(유록)이 뒤를 이어 10년에 죽었다. 아들 繆王(목왕) 劉定이 뒤를 이어 재위 22년에 죽었다. 아들 頃王 劉光이 뒤를 이어 재위 27년에 죽었다. 아들 劉育이 계승하여 王莽 때 단절되었다.

53-12. 清河 哀王 劉乘

原文

清河哀王乘以孝景中三年立, 十二年薨. 無子, 國除.

| **註釋** | ○清河(청하) - 郡國名. 치소는 清陽縣(今 河北省 邢台市 清河縣, 山東省 접경). ○孝景中三年 - 前 147년.

〖國譯〗

清河國 哀王 劉乘은 景帝 中元 3년에 책봉되어 재위 12년에 죽었으나 아들이 없어 나라를 없애버렸다.

53-13. 常山 憲王 劉舜

原文

常山憲王舜以孝景中五年立. 舜, 帝少子, 驕淫, 數犯禁, 上常寬之. 三十一年薨, 子勃嗣爲王.

| **註釋** | ○常山 憲王 舜(순) - 常山國은 今 河北省 石家莊市 邢台市 일대.

본래 常山은 오악 중 北嶽인 恒山(항산). 국도는 元氏縣(今 河北省 石家莊市관할의 元氏縣). ○孝景中五 – 前 145년.

〖國譯〗

常山國 憲王 劉舜(유순)은 景帝 中元 5년에 책봉되었다. 유순은 景帝의 막내아들로 교만하고 제멋대로 놀며 자주 법금을 위반하였으나 경제가 늘 너그럽게 대하였다. 재위 31년에 죽었고 아들 劉勃(유발)이 뒤를 이어 왕이 되었다.

原文

初, 憲王有不愛姬生長男棁, 棁以母無寵故, 亦不得幸於王. 王后脩生太子勃. 王內多, 所幸姬生子平,子商, 王后稀得幸. 及憲王疾甚, 諸幸姬侍病, 王后以妒媢不常在, 輒歸舍. 醫進藥, 太子勃不自嘗藥, 又不宿留侍疾. 及王薨, 王后, 太子乃至. 憲王雅不以棁爲子數, 不分與財物. 郎或說太子, 王后, 令分棁財, 皆不聽. 太子代立, 又不收恤棁. 棁怨王后及太子. 漢使者視憲王喪, 棁自言憲王病時, 王后,太子不侍, 及薨, 六日出舍, 太子勃私姦,飮酒,博戲,擊筑, 與女子載馳, 環城過市, 入獄視囚. 天子遣大行騫驗問, 逮諸證者, 王又匿之. 吏求捕, 勃使人致擊笞掠, 擅出漢所疑囚. 有司請誅勃及憲王后脩. 上曰, "脩素無行, 使棁陷之罪. 勃無良師傅, 不忍致誅." 有司請廢勿王, 徙王勃以家屬處房陵, 上許之.

| **註釋** | ○ 棁 – 막대기 탈. ○ 內多 – 후궁이 많다. ○ 妒媢 – 질투하다. 妒는 妬忌(투기)할 투. 媢는 강샘할 모. ○ 六日出舍 – 죽고 발상할 때까지 빈소에서 나올 수 없는데 견디지 못하고 6일 만에 나왔다. ○ 大行騫 – 대행령 張騫(장건). 61권, 〈張騫李廣利傳〉에 立傳.

〖國譯〗

전에 憲王은 사랑하지 않는 후궁에게서 장남 劉棁(유탈)을 얻었지만 유탈의 모친을 총애하지 않자 유탈도 왕의 인정을 못 받았다. 왕후 脩(수)가 태자 劉勃(유발)을 낳았다. 왕은 후궁이 많아 총애하는 후궁에게서 아들 劉平과 劉商을 얻자 왕후를 거의 총애하지 않았다. 憲王이 병이 위독할 때 총애 받는 여러 후궁들이 병을 간호했고 왕후는 질투 때문에 늘 곁에 있지도 않고 자기 처소로 돌아가곤 했다. 의원이 약을 올려도 태자 유발이 먼저 맛보지 않았으며 밤새 시중하지도 않았다. 왕이 죽자 王后와 太子가 빈소에 나타났다. 憲王은 평소에 유탈을 아들 숫자에도 넣지 않았기에 재물을 나누어주지도 않았다. 낭관이 태자와 왕후에게 유탈에게도 재물을 나누어 주어야 한다고 설득해도 모두 따르지 않았다. 태자가 뒤를 이어 즉위하고서도 유탈을 챙겨보지 않았다. 유탈은 왕후와 태자에게 원한을 가졌다. 漢室의 사자가 憲王의 상례를 확인하러 왔을 때 유탈은 헌왕 와병시에 태후와 태자가 시중들지 않았으며 죽은 뒤 6일 만에 상청에서 나왔으며 태자 유발은 몰래 간음을 하고 음주에 노름을 하며 筑(축)을 연주하고 여인을 수레에 싣고 성을 돌아다녔으며 감옥에 들어가 죄수를 구경했다는 것을 모두 말했다. 무제는 대행령 張騫(장건)을 보내 조사하게 하였는데 증인으로 체포할 자들을 왕이 숨겨주었다.

관리가 체포하려 하자 유발은 다른 사람을 시켜 구타하였고 漢의 관리가 피의자로 잡아둔 자들을 풀어주기도 했다. 담당 관리가 유발과 왕후 脩(수)를 사형에 처해야 한다고 주청하였다. 무제는 "왕후 脩(수)는 평소에 행실이 바르지 않아 유탈이 고발하기에 이르렀고 유발은 훌륭한 사부가 없었으니 차마 죽일 수는 없도다."라고 하였다. 담당 관리가 왕을 폐위시키고 가족과 함께 房陵縣에 옮겨 살게 하겠다고 주청하자 왕이 허락하였다.

原文

勃王數月, 廢, 國除. 月餘, 天子爲最親, 詔有司曰, "常山憲王早夭, 后,妾不和, 適孼誣爭, 陷於不誼以滅國, 朕甚閔焉. 其封憲王子平三萬戶, 爲眞定王, 子商三萬戶, 爲泗水王." 頃王平立二十五年薨. 子烈王偃嗣, 十八年薨. 子孝王申嗣, 三十三年薨. 子安王雍嗣, 二十六年薨. 子共王普嗣, 十五年薨. 子陽嗣, 王莽時絶.

泗水思王商立十二年薨. 子哀王安世嗣, 一年薨, 無子. 於是武帝憐泗水王絶, 復立安世弟賀, 是爲戴王. 立二十二年薨, 有遺腹子煖, 相內史不以聞. 太后上書, 昭帝閔之, 抵相內史罪, 立煖, 是爲勤王. 立三十九年薨. 子戾王駿嗣, 三十一年薨. 子靖嗣, 王莽時絶.

| 註釋 | ○早夭(조요) – 일찍 죽다. ○適孼誣爭(적얼무쟁) – 적자와 서자

가 무고하며 다투다. 適은 嫡(정실 적)과 同. 孽 첩의 자식 얼. ○不誼(불의) – 不義와 같음. ○眞定王 – 眞定國 치소는 眞定縣(今 河北省 正定縣 남)이 도읍. 지역적으로 冀州刺史部(기주자사부)에 속했다. ○泗水王 – 泗水國(사수국)의 治所는 淩縣(능현, 今 江蘇省 北部 宿遷市 泗陽縣 서북). ○遺腹子煖 – 煖은 따뜻한 훤(煖 xuān), 따뜻할 난.

〖國譯〗

劉勃(유발)이 몇 달 만에 왕위에서 폐위되고 나라는 없어졌다. 한 달쯤 뒤에 무제는 유발이 가까운 혈족이었기에 담당 관리에게 조서를 내렸다.

"常山 憲王이 일찍 죽고 왕후와 후궁이 불화하고 적자와 서자가 무고하며 다투다가 不義에 빠져 나라 멸망에 이르렀으니 짐은 심히 안타깝도다. 그 憲王의 아들 劉平에게 3만 호를 봉해 眞定王으로 봉하고 아들 劉商을 3만 호로 泗水王에 봉하겠노라."

진정국의 頃王 劉平은 재위 25년에 죽었다. 아들 烈王 劉偃(유언)이 뒤를 이어 18년에 죽었다. 아들 孝王 劉申이 뒤를 이어 33년에 죽었다. 아들 安王 劉雍(유옹)이 뒤를 이어 26년에 죽었다. 아들 共王 劉普가 뒤를 이어 15년에 죽었다. 아들 劉陽이 뒤를 이었는데 왕망 시절에 단절되었다.

泗水國의 思王 劉商은 즉위 12년에 죽었다. 아들 哀王 劉安世가 뒤를 이어 1년 만에 죽었고 아들이 없었다. 이에 武帝는 泗水王의 후손이 끊어지는 것을 안타깝게 여겨 다시 劉安世의 동생 劉賀(유하)를 봉하니, 이가 戴王(대왕)이다. 대왕은 즉위 22년에 죽고 遺腹子(유복자) 劉煖(유훤)이 있었으나 사수국의 승상 내사가 이를 보고하지 않았다. 왕의 太后가 上書하였는데 昭帝(소제)가 이를 불쌍히 여겨 승상 내사를 벌을 주고 유훤을 책봉하니, 이가 勤王(근왕)이다. 근왕은 즉위 39년에 죽었다. 아들 戾王(여왕) 劉駿(유준)이 뒤를 이어 재위 31년에 죽었다. 아들 劉靖(유정)이 뒤를 이었는데 왕망 때 단절되었다.

原文

贊曰, 昔魯哀公有言, "寡人生於深宮之中, 長於婦人之手, 未嘗知憂, 未嘗知懼." 信哉, 斯言也! 雖欲不危亡, 不可得已. 是故古人以宴安爲鴆毒, 亡德而富貴, 謂之不幸. 漢興至於孝平, 諸侯王以百數, 率多驕淫失道. 何則? 沉溺放恣之中, 居勢使然也. 自凡人猶繫於習俗, 而況哀公之倫乎! 夫唯大雅, 卓爾不群, 河間獻王近之矣.

| **註釋** | ○魯 哀公 – 재위 前 494 – 468. 孔子가 죽을 때(前 479)의 魯 군주. 魯 哀公이 공자에게 한 말이라고 《荀子 哀公》에 실려 있다. ○鴆毒(짐독) – 짐새(毒鳥)의 毒. ○漢興至於孝平 – 前漢의 역사 전체. 高祖에서 12대 平帝까지(前 206 – 서기 5년), 평제 다음에 孺子 劉嬰(유영)의 3년이 더 있다. ○沉溺(침익) – 빠지다. 탐닉하다. ○大雅 – 고상한 덕의 소유자이면서 大才之人. ○卓爾不群(탁이불군) – 탁월하여 다른 사람과 다르다. 비범하다. 卓爾는 卓然. 뛰어나다.

〖國譯〗

班固의 論贊 : 예전에 魯 哀公이 말했다는 "寡人은 깊은 궁궐에서 태어나 부인들의 손에 자라면서 근심도 두려움도 알지 못했다."는 이 말은 정말 사실일 것이다. 위기를 당하거나 멸망을 바라지는 않지만 그렇게 될 수밖에 없다. 그래서 옛사람들은 宴安(편안함)을 짐새의 독이라 생각했으며 덕행도 없이 부귀한 것을 불행이라고 생각했다.

漢이 홍기한 이후 平帝 때까지 제후의 왕은 수백 명이었는데 많은 사람이 교만하고 음란하며 도덕을 따르지 못했다. 왜 그러했는가? 방자한 생활에 탐닉하였고 처한 상황이 그럴 수밖에 없었다. 보통 사람들도 일상생활에 젖어 타락하는데 하물며 魯 哀公같은 사람이야! 다만 높은 덕과 재주를 가지고 탁월하여 다른 사람과 달랐던 사람이라면 河間 獻王(劉德)만이 이에 가까웠을 것이다.

54 李廣蘇建傳
〔이광,소건전〕

54-1. 李廣

原文

李廣, 隴西成紀人也. 其先曰李信, 秦時爲將, 逐得燕太子丹者也. 廣世世受射. 孝文十四年, 匈奴大入蕭關, 而廣以良家子從軍擊胡, 用善射, 殺首虜多, 爲郎, 騎常侍. 數從射獵, 格殺猛獸, 文帝曰, "惜廣不逢時, 令當高祖世, 萬戶侯豈足道哉!"

| 註釋 | ○李廣(? – 前 119) – 흉노와 대소 70여 전투를 치른 명장. 《史記 李將軍列傳》 참고. ○隴西(농서) – 郡名. 治所는 狄道縣(적도현, 今 甘肅省 定西市 관할의 臨洮縣.) 成紀는 縣名. 今 甘肅省 定西市 通渭縣. ○世世受射 –

대대로 弓術을 傳受받다. ○孝文十四年 – 前 166년. ○蕭關(소관) – 今 寧夏回族自治區 남부의 固原市 남쪽의 관문. ○良家子 – 벌을 받은 관리나 도망자, 상인이나 상인의 후손이 아닌 양민 자제. ○用善射 – 用은 以의 뜻. ○騎常侍 – 武騎常侍. 황제를 近侍하고 호위하는 직책.

〖國譯〗

李廣(이광)은 隴西郡(농서군) 成紀縣(성기현) 사람이다. 그 선조는 李信인데 秦에서 장군으로 燕의 太子 丹을 추격하여 체포한 사람이었다. 이광은 대대로 가문의 射法을 전수해왔다. 문제 14년, 흉노가 蕭關(소관)에 대거 침입했는데 이광은 良家 자제로 종군하여 흉노를 토벌하면서 뛰어난 사격으로 죽이거나 잡은 포로가 많아서 郎官으로 武騎常侍가 되었다. 자주 천자를 따라 사냥에 나가 맹수와 싸워 죽였는데 문제가 말했다.

"애석하구나! 이광이 시대를 잘못 타고 났으니! 지금이 高祖의 시대였다면 萬戶侯로 어찌 만족한다 하겠는가!"

原文

景帝卽位, 爲騎郎將. 吳,楚反時, 爲驍騎都尉, 從太尉亞夫戰昌邑下, 顯名. 以梁王授廣將軍印, 故還, 賞不行. 爲上谷太守, 數與匈奴戰. 典屬國公孫昆邪爲上泣曰, "李廣材氣, 天下亡雙, 自負其能, 數與虜确, 恐亡之." 上乃徙廣爲上郡太守.

| 註釋 | ○景帝卽位 - 前 156년. ○騎郞將 - 秩 一千石의 무관직. ○太尉亞夫 - 최고 군사 지휘관 周亞夫. 40권, 〈張陳王周傳〉에 입전. ○賞不行 - 梁王으로부터 將軍印을 받았다고 조정에서는 상을 못 받았다. ○上谷 - 郡名. 치소는 沮陽縣(今 河北省 張家口市 관할의 懷來縣). ○典屬國 - 관직명. 소수민족 관련 업무 담당. 秩 二千石. ○公孫昆邪(공손혼야) - 昆邪는 흉노 單于 아래 왕의 명칭. 昆은 사람 이름 혼. 混, 渾과 同. 맏이 곤. ○亡雙(무쌍) - 亡 독음 무. 無와 同. ○數與虜确 - 자주 흉노와 힘을 겨루다. 确은 승부를 다툴 각. 자갈 땅 학. ○上郡 - 郡名. 治所는 膚施縣(부시현, 今 陝西省 최북단 榆林市 동남).

〖國譯〗

景帝가 즉위하자 이광은 騎郞將이 되었다. 吳楚7국의 난 때 驍騎都尉(효기도위)로 太尉 周亞夫를 따라 昌邑 부근에서 싸워 이름을 날렸다. 梁王이 이광에게 將軍印을 수여했기에 돌아와서는 상을 받지 못했다. 上谷郡 太守로 자주 흉노와 싸웠다. 典屬國인 公孫昆邪(공손혼야)가 경제에게 울면서 말했다. "이광의 재기는 천하무쌍이기에 그 능력을 믿고 자주 흉노와 힘을 겨루니 그를 잃을까 걱정이 됩니다." 그러자 경제는 이광을 옮겨 上郡太守에 임명했다.

原文

匈奴侵上郡, 上使中貴人從廣勒習兵擊匈奴. 中貴人者數十騎從, 見匈奴三人, 與戰. 射傷中貴人, 殺其騎且盡. 中貴人走廣, 廣曰, "是必射鵰者也." 廣乃從百騎往馳三人. 三人亡馬步行, 行數十里. 廣令其騎張左右翼, 而廣身自射彼三人者, 殺其二人, 生得一人, 果匈奴射鵰者也. 已縛之上山, 望匈奴數千騎, 見廣, 以爲誘騎, 驚, 上山陳. 廣之百騎皆大恐, 欲馳還走. 廣曰, "我去大軍數十里, 今如此走, 匈奴追射, 我立盡. 今我留, 匈奴必以我爲大軍之誘, 不我擊." 廣令曰, "前!" 未到匈奴陳二里所, 止, 令曰, "皆下馬解鞍!" 騎曰, "虜多如是, 解鞍, 卽急, 奈何?" 廣曰, "彼虜以我爲走, 今解鞍以示不去, 用堅其意." 有白馬將出護兵. 廣上馬, 與十餘騎奔射殺白馬將, 而復還至其百騎中, 解鞍, 縱馬臥. 時會暮, 胡兵終怪之, 弗敢擊. 夜半, 胡兵以爲漢有伏軍於傍欲夜取之, 卽引去. 平旦, 廣乃歸其大軍. 後徙爲隴西,北地,雁門,雲中太守.

| 註釋 | ○中貴人 – 황제가 총애하는 환관. ○勒習兵 – 군사 지휘를 배우게 하다. 勒 굴레 륵. 재갈. 강제하다. 통솔하다. ○殺其騎且盡 – (中貴人이 인솔했던) 기병들이 거의 다 죽을 뻔했다. ○射鵰者 – 매 사냥꾼. 鵰는 수리 조. 독수리. ○張左右翼 – 좌우로 날개처럼 늘어서다. ○上山陳 – 陳은 陣과 通. ○我立盡 – 우리는 곧 따라 잡힌다. 立은 곧, 즉시. ○不去 – 不走. ○用堅其意 – 그들이 (우리를 유인병이라고) 확실히 의심하게 하다. ○縱馬臥 – 말고삐를 놓고 누워있다. ○北地 – 郡名. 今 甘肅省 慶陽市 서북. ○雁門(안문) – 군명. 今 山西省 북부 朔州市 관할의 右玉縣 일대. ○雲中 – 郡名. 今 內蒙古 呼和浩特市(內蒙古自治區의 首府) 관할의 托克托縣(黃河 북안).

〖國譯〗

匈奴가 上郡에 침입했는데 景帝는 中貴人(환관)에게 이광을 따라 군사 지휘를 익히고 흉노와 싸우게 하였다. 中貴人 중에 한 사람이 십여 기병을 거느리고 나갔다가 3인의 흉노를 만나 싸웠다. 흉노가 중귀인을 쏘아 상처를 입혔고, 기병들은 거의 다 죽을 뻔했다. 중귀인이 이광에게 와서 설명하자 이광이 말했다. "아마 틀림없이 매 사냥꾼일 것이다." 이광은 100여 기병을 거느리고 3인의 흉노를 추격하였다 흉노는 말을 안 타고 걸어 수십 리쯤 갔다. 이광은 기병을 좌우로 흩어 배치하고서 이광이 직접 활을 쏘아 2명을 죽이고 1명을 생포했는데 과연 흉노의 매 사냥꾼이었다. 흉노를 포박해 산에 올랐는데 흉노 수천 기병이 이광 일행을 보고 유인하러 온 기병인 줄 알고 놀라며 산을 에워싸고 진을 치려 했다. 이광의 백여 기병도 크게 놀라며 되돌아 달아나려 했다. 이광이 부하들에게 말했다. "우리는 본진에서 수십 리 떨어졌는데 지금 이런 식으로 달아나면 흉노가 추격할 것이고 곧 따라잡힐 것이다. 지금 우리가 여기 머물면 흉노는 우리를 대군의 유인 병력이라 생각하여 우리를 공격하지 못할 것이다." 이광은 "앞으로!" 라고 명령했다. 흉노의 부대 앞 2리 쯤 되는 곳에서 멈추게 하고 명령했다. "모두 말에서 내려 안장을 풀라!" 기병들은 "흉노가 저리 많은데 안장을 풀었다가 갑자기 공격해오면 어쩌겠습니까?"

그러자 이광이 말했다. "저 흉노들은 우리가 도주할 줄 알고 있으나 지금 안장을 풀어 우리가 도주하지 않는다고 과시해서 그들을 확실하게 의심하게 해야 한다." 흉노의 어떤 백마를 탄 장수가 호위병을 거느리고 나왔다. 이광은 말에 올라 십여 기병과 달려 나가 백마의 장수를 사살하고 돌아와 백여 기 무리와 함께 안장을 풀고 말고삐도 놓고 누웠다. 그때는 해가 지려 했고 흉노는 끝까지 의심하며 공격하지 못했다. 한밤이 되자 흉노는 漢의 복병이 좌우에서 공격해 올 것이라 생각하여 철수했다. 날이 밝자 이광은 본진으로 돌아왔다. 그 뒤에 이광은 隴西, 北地, 雁門, 雲中郡의 太守를 역임하였다.

原文

武帝卽位, 左右言廣名將也, 由是入爲未央衛尉, 而程不識時亦爲長樂衛尉. 程不識故與廣俱以邊太守將屯. 及出擊胡, 而廣行無部曲行陳, 就善水草頓舍, 人人自便, 不擊刁斗自衛, 莫府省文書, 然亦遠斥候, 未嘗遇害. 程不識正部曲行伍營陳, 擊刁斗, 吏治軍簿至明, 軍不得自便. 不識曰, "李將軍極簡易, 然虜卒犯之, 無以禁, 而其士亦佚樂, 爲之死. 我軍雖煩憂, 虜亦不得犯我." 是時, 漢邊郡李廣, 程不識爲名將, 然匈奴畏廣, 士卒多樂從, 而苦程不識. 不識 孝景時以數直諫爲太中大夫, 爲人廉, 謹於文法.

| **註釋** | ○未央衛尉 – 미앙궁 경비와 호위 담당자. 총지휘관은 아님. ○程不識(정불식) – 人名. 武臣. ○將屯 – 군사를 거느리고 주둔하다. ○無部曲行陳 – 부대 편제(部曲)에 관계없이 행군하다. 行陳은 行陣. 군대 행렬. 본래 25인을 1行이라고 한다. 장군은 1軍을 통솔하고 군에는 교위를 두어 部를 지휘하고 部에는 軍侯가 曲을 지휘한다. ○頓舍(돈사) – 야영하다. 조아릴 돈.

멈추다. 투숙하다. 둔할 둔. ◦刁斗(조두) - 야전 취사용 솥 겸용 바라(징). 밤에는 이를 쳐서 소리를 낸다. 刁는 바라 조. ◦莫府省文書 - 幕府(야전지휘소)에서는 문서를 간략히 하다. ◦吏治軍簿至明 - 軍吏가 밤새도록 문서를 꾸미다.

〖國譯〗

武帝가 즉위하자 측근들은 이광이 명장이라고 진언했다. 이로써 이광은 未央衛尉(미앙위위)가 되었고 程不識(정불식)도 그 무렵 마찬가지로 長樂衛尉(장락위위)가 되었다. 정불식은 전에 이광과 함께 변방의 태수와 주둔군 장수로 같이 일했었다. 흉노와 싸울 때 이광은 부곡의 엄격한 구분 없이 행군도 하고 물이나 풀이 좋은 곳이면 쉬면서 모두 편하게 했고 밤에는 조두를 치면서 경계하지도 않았으며 지휘부에서는 문서를 간단히 처리했지만 척후병은 멀리까지 내보냈기에 습격을 당한 적이 없었다. 정불식은 부대 편제를 엄히 지켜 야영을 하고 조두를 치며 경계했으며 軍吏는 밤을 새워 문서를 만들고 각자 편한 대로 운영하지는 않았다. 정불식이 말했다. "이 장군은 아주 편하게 운영하여 흉노의 침범을 받아도 그 때문에 못하게 하는 것이 없기에 그의 장병 또한 즐거워하며 장군을 위해 죽도록 싸운다. 우리 군은 비록 번잡하고 일이 많지만 흉노는 우리를 공격할 수 없다." 이때 漢의 변방 군에서는 이광과 정불식을 명장이라 했지만 흉노는 이광을 더 두려워했고 사졸들은 이광을 즐겨 따랐고 정불식을 힘들어했다. 정불식은 景帝 시절에 자주 직간을 하여 太中大夫가 되었으며 사람이 청렴하면서도 문서와 법규를 잘 다루었다.

原文

後漢誘單于以馬邑城, 使大軍伏馬邑傍, 而廣爲驍騎將軍, 屬護軍將軍. 單于覺之, 去, 漢軍皆無功. 後四歲, 廣以衛尉爲將軍, 出雁門擊匈奴. 匈奴兵多, 破廣軍, 生得廣. 單于素聞廣賢, 令曰, "得李廣必生致之." 胡騎得廣, 廣時傷, 置兩馬間, 絡而盛臥. 行十餘里, 廣陽死, 睨其傍有一兒騎善馬, 暫騰而上胡兒馬, 因抱兒鞭馬南馳數十里, 得其餘軍. 匈奴騎數百追之, 廣行取兒弓射殺追騎, 以故得脫. 於是至漢, 漢下廣吏. 吏當廣亡失多, 爲虜所生得, 當斬, 贖爲庶人.

| **註釋** | ○單于(선우) - 흉노왕의 칭호. ○馬邑城 - 縣名. 雁門郡의 馬邑縣(今 山西省 서북부 朔州市). 마읍으로 흉노 선우를 유인하려다 실패한 사건은 52권, 〈竇田灌韓傳〉의 韓安國에 관한 기록에서 상세히 볼 수 있다. ○護軍將軍 - 韓安國. ○單于覺之 - 흉노는 漢軍의 매복을 눈치채고 馬邑까지 들어오지 않았다. ○絡而盛臥(낙이성와) - 얽어 맨 위에 누워있게 하다. 絡은 헌솜 락. 끈으로 엮다. 두르다. 그물. ○陽死 - 陽은 佯(거짓 양)과 通. ○睨 - 흘겨볼 예. 곁눈질로 보다. ○暫騰(잠등) - 갑자기 튀어 일어나다. ○贖爲庶人 - 贖錢(속전)을 내고 서인으로 강등되다.

〖國譯〗

얼마 후, 漢에서는 흉노의 선우를 馬邑城으로 유인하며 대군을 마읍 주변에 매복했을 때 이광은 驍騎(효기) 장군으로 護軍장군에 속했었다. 선우가 매복을 눈치채고 돌아갔기에 漢軍은 아무 전과가 없었다. 그 4년 뒤, 이광은 衛尉에서 將軍이 되어 雁門郡에 출전하여 흉노와 싸웠다. 흉노는 군사가 많아 이광의 부대를 격파하고 이광을 생포하였다. 선우는 평소에 이광이 유능하다는 것을 알고 "이광을 잡게 되면 꼭 산채로 데려오라."고 명했었다. 흉노의 기병에게 생포될 때 이광은 부상을 당했는데 (흉노는) 말 두 마리 사이를 끈으로 엮어 이광을 누워있게 했다. 10여 리를 가서 이광은 죽은 체하며 곁에 어린 소년이 좋은 말을 타고 가는 것을 곁눈으로 보고서 갑자기 튀어 일어나 흉노 소년의 말에 올라타 소년을 안고 채찍질하며 남으로 수십 리를 달려 漢軍의 패잔병을 수습했다. 흉노의 기병 수백 기가 추격해 왔지만 이광은 달리면서 소년의 활을 빼앗아 추격하는 기병을 쏘면서 탈출할 수 있었다. 漢에 돌아왔지만 한에서는 패전의 책임을 물어 廷吏에게 넘겨졌다. 정위는 이광이 많은 군사를 잃었고 산채로 포로로 잡혔기에 참수하여야 한다고 판결했는데 이광은 속전을 내고 서인으로 강등되었다.

原文

數歲, 與故潁陰侯屛居藍田南山中射獵. 嘗夜從一騎出, 從人田間飮. 還至亭, 霸陵尉醉, 呵止廣, 廣騎曰, "故李將軍." 尉曰, "今將軍尙不得夜行, 何故也!" 宿廣亭下. 居無何, 匈奴入遼西, 殺太守, 敗韓將軍. 韓將軍後徙居右北平, 死. 於是上乃召拜廣爲右北平太守. 廣請霸陵尉與俱, 至軍而斬之, 上書自陳謝罪. 上報曰, "將軍者, 國之爪牙也.《司馬法》曰, '登車不式, 遭喪不服, 振旅撫師, 以征不服, 率三軍之心, 同戰士之力, 故怒形則千里竦, 威振則萬物伏, 是以名聲暴於夷貉, 威稜憺乎鄰國.' 夫報忿除害, 捐殘去殺, 朕之所圖於將軍也, 若乃免冠徒跣, 稽顙請罪, 豈朕之指哉! 將軍其率師東轅, 彌節白檀, 以臨右北平盛秋."

廣在郡, 匈奴號曰 '漢飛將軍', 避之, 數歲不入界.

| 註釋 | ○故潁陰侯(영음후) - 灌嬰(관영, 高祖의 漢 개국공신). 당시 관영의 손자인 灌强은 이미 다른 죄로 영음후 작위를 잃었기에 '故 영음후'라 했다. ○屛居(병거) - 隱居(은거). ○藍田(남전) - 縣名. 今 陝西省 西安市 藍田縣. 玉의 產地로 유명. ○霸陵(패릉) - 縣名. 文帝가 여기에 자신의 능을 조성했다. 今 陝西省 西安市 동북. ○亭 - 秦 · 漢代에는 십리마다 1정을 설치하고 병역을 마친 사람으로 亭長을 두어 도독체포와 郡 都尉의 업무 보조 또는 民事의 訴訟 立證 등을 하게 하였다. 정장은 그 아래에 求盜와 亭夫를 거느렸다. ○呵 - 꾸짖을 가. ○居無何 - 얼마 지나지 않아. ○遼西(요서) - 郡名. 치소 陽樂縣(今 遼寧省 錦州市 義縣 서쪽). ○韓將軍 - 韓安國. ○右北平 - 郡名. 治所 今 天津市 북부의 薊縣(계현). ○爪牙(조아) - 손톱과 어금니. 호위무사. ○《司馬法》 - 춘추시대 齊의 장수였던 司馬穰苴(사마양저)의 兵法書. ○不式 - 수레에서의 禮를 취하지 않다(不軾). ○遭喪不服 - 상을 당해도 상복을 입지 않다. ○振旅撫師(진려무사) - 전투에서 이기고 돌아오는 군사를 위로하다. ○千里竦 - 천리에 이르도록 백성이 두려워하다. 竦은 삼갈 송. 두려워하다. ○萬物伏 - 만물을 설명하다. ○夷貉(이맥) - 東夷. 동방의 소수민족. ○威稜(위릉) - 威勢. ○憺 - 편안할 담, 떨 담. 여기서는 두려워 떨게 하다. ○報忿除害(보분제해) - 분풀이를 하고 원수를 제거하다. ○捐殘去殺(연잔거살) - 없애버리고 죽여 버리다. 捐 버릴 연. ○免冠徒跣 - 관을 벗고 맨발로 (용서를 빌다.) ○稽顙請罪(계상청죄) - 稽顙은 稽首와

같음. 稽 조아릴 계. 顙 이마 상. ○東轅(동원) – 동쪽으로 수레를 타고 가다. 行館. ○彌節(미절) – 관리가 출장 중 머무르다. 彌는 弭(그칠 미)와 通. ○白檀(백단) – 현명. 今 河北省 북부 承德市 관할의 灤平縣(난평현) 북쪽. ○以臨右北平盛秋 – 右北平郡에서 가을철 흉노 침입에 대비하라. 盛秋에 馬肥하여 北虜가 侵寇할 것이니 잘 대비하라는 뜻. 곧 防秋(흉노의 가을철 침입에 대비하다).

〖國譯〗

몇 년 뒤, 예전의 潁陰侯(영음후)이었던 사람과 藍田縣에 은거하면서 南山에서 사냥을 하였다. 초저녁에 기병 한 사람을 데리고 나가 아는 사람의 마을에 가서 술을 마셨다. 돌아오면서 패릉의 亭(정, 驛)에 왔는데 패릉의 위관은 술에 취해 꾸짖으며 이광을 잡았다. 이광의 騎兵이 "옛 李廣 장군이요."라고 말했다. 그러자 위관이 말했다. "현직 장군도 밤에 통행할 수 없거늘 옛 장군이 어떻단 말인가!" 그리고서는 이광을 패릉정에서 하룻밤을 잡아두었다.

얼마 뒤에 흉노가 遼西郡에 침입하여 태수를 죽이고 韓安國 장군을 패퇴시켰다. 한안국 장군은 右北平郡에 전근해서 살다가 죽었다. 이에 무제는 이광을 불러 右北平郡의 太守로 임명하였다. 이광은 霸陵尉(패릉위)와 함께 부임하겠다고 주청해서 임지에 도착하면서 그를 죽여 버리고 상서하여 자신의 죄과를 말했다. 무제가 답신을 보내 말했다.

"將軍이란 사람은 나라를 지키는 사람이요. 司馬 兵法에 말하기를 '(장군은) 수레에서 軾(式)을 잡아 예를 표하지 않고 喪을 당해도 상복을 입지 않으며 군사를 위로하며 원정에 두려워하지 않으면서

三軍 장졸의 마음을 이끌며 戰士의 全力을 모아야 하나니 그래서 (장군이) 노하면 온 천리 백성이 두려워 떨고 그 위세를 떨쳐 보이면 만물이 따르나니, 이로써 그 명성이 동이족에게 두려움을 주고 그 위세가 이웃 나라에도 떨게 한다.' 고 하였소. 분노로 적을 제거하고 죽여 없애는 것이 장군에게 바란 것이었으나 장군이 관을 벗고 맨발로 머리를 조아리며 벌을 받겠다고 청하는 일이 어찌 짐의 뜻이겠는가! 장군은 지금 군사를 거느리고 동쪽에 나가서 白檀縣(백단현)에 머물면서 右北平郡에서 흉노의 가을철 침입에 대비하도록 하라."

이광이 우북평군에 있는 동안에 흉노를 '漢의 飛將軍' 이라 부르면서 피하여 몇 년 동안 국경을 침범하지 못했다.

原文

廣出獵, 見草中石, 以爲虎而射之, 中石沒矢, 視之, 石也, 他日射之, 終不能入矣. 廣所居郡聞有虎, 常自射之. 及居右北平射虎, 虎騰傷廣, 廣亦射殺之.

|註釋| ○中石沒矢 – 돌에 명중하여 화살이 박히다. 속어에 '至誠則金石爲開' 라는 말도 있다. ○虎騰 – 騰은 오를 등.

〖國譯〗

이광이 사냥을 나가 풀 속의 돌을 호랑이인줄 알고 쏘았는데 명중한 화살이 박혔는데 가서 확인하니 돌이었다. 다른 날 다시 쏘았으니 끝내 박히지 않았다. 이광이 머무는 郡에 호랑이가 있다면 언제나 이광이 가서 활을 쏘았다. 右北平에서 호랑이를 사냥할 때 호랑이가 덤벼 이광에게 상처를 입혔지만 이광은 호랑이를 사살했다.

原文

石建卒, 上召廣代爲郎中令. 元朔六年, 廣復爲將軍, 從大將軍出定襄. 諸將多中首虜率爲侯者, 而廣軍無功. 後三歲, 廣以郎中令將四千騎出右北平, 博望侯張騫將萬騎與廣俱, 異道. 行數百里, 匈奴左賢王將四萬騎圍廣, 廣軍士皆恐, 廣乃使其子敢往馳之. 敢從數十騎直貫胡騎, 出其左右而還, 報廣曰, "胡虜易與耳." 軍士乃安. 爲圜陳外鄉, 胡急擊, 矢下如雨. 漢兵死者過半, 漢矢且盡. 廣乃令持滿毋發, 而廣身自以大黃射其裨將, 殺數人, 胡虜益解. 會暮, 吏士無人色, 而廣意氣自如, 益治軍. 軍中服其勇也. 明日, 復力戰, 而博望侯軍亦軍, 匈奴乃解去. 漢軍罷, 弗能追. 是時, 廣軍幾沒, 罷歸. 漢法, 博望侯後期, 當死, 贖爲庶人. 廣軍自當, 亡賞.

| **註釋** | ○石建 – 萬石君 石奮의 아들. 46권, 〈萬石衛直周張傳〉 입전. ○元朔六年 – 武帝 연호. 前 123년. ○大將軍 – 衛靑(위청). 55권, 〈衛靑霍去病傳〉 입전. ○定襄(정양) – 郡名. 치소는 今 內蒙古自治區 呼和浩特市 관할의 和林格爾縣. ○中首虜率 – 적의 수급이나 포로의 숫자가 (侯가 되는) 기준에 해당하다. ○博望侯 張騫(장건, 前 200 – 114) – 博望은 今 河南省 南

陽市 方城縣. 絲路(실크로드) 開拓者. 61권, 〈張騫李廣利傳〉 立傳. ○圜陳外鄉 - 원형의 陣에 장졸을 밖을 보고 서다. 鄉은 嚮(向). ○持滿毋發 - 화살을 얹은 활을 힘껏 당기고 쏘지는 않다. ○大黃 - 弓名. 황색의 大弩(대노). ○胡虜益解 - 흉노는 서서히 물러가다. ○漢軍罷 - 罷는 지칠 피. 그만둘 파. ○後期 - 기일에 늦다. ○自當 - 공과가 비슷하다. 적을 물리치기도 했지만 손실도 많았다는 뜻. ○亡賞 - 無賞.

〖國譯〗

石建이 죽자 무제는 이광을 불러 후임 낭중령으로 삼았다. 무제 元朔 6년, 이광은 다시 장군으로 大將軍(衛青)을 따라 定襄郡에 출정했다. 장수 중에 적을 죽이거나 포로로 잡아 侯가 되는 기준에 들어 제후가 되는 자가 많았지만 이광의 군사는 공이 없었다. 그 3년 뒤 이광은 郎中令으로 4천 기병을 거느리고 右北平에 출정했고 博望侯 張騫(장건)은 1만여 기병을 거느리고 이광과 같이 진격했으나 길을 달리했다. 이광이 수백 리를 갔는데 흉노 左賢王의 4만 기병에게 부대가 포위되어 이광의 군사가 모두 두려워하자 이광은 아들 李敢(이감)에게 적진을 탐색하라고 명했다 이감은 수십 명 기병을 거느리고 흉노 부대에 바로 진격하여 좌우를 뚫고 돌아와 이광에게 보고했다. "흉노를 쉽게 상대할 수 있습니다." 그러자 군사들이 안심하였다. 이광이 원형의 군진을 만들고 외부를 향하게 하자 흉노가 무섭게 공격해오며 화살이 비 오듯 쏟아졌다. 漢軍 과반이 죽고 화살도 거의 다 소진되었다. 이에 이광은 활을 가득 당겨 쏘지는 않게 하면서 이광이 직접 大黃의 활로 흉노의 부장을 쏘아 여러 명을 죽이자 흉노는 서서히 물러났다. 마침 날이 어두워지며 장졸이 사색이 되었지만 이광의 표정은 평상시와 같이 부대를 지휘하였다. 장졸은 모두 이광의 용기에 감복하였다. 다음 날, 다시 힘껏 싸웠고 博望侯의 군사가 도착하면서 흉노는 포위를 풀고 물러갔다. 그때 漢軍은 지쳐 추격할 수가 없었다. 이때 이광의 군사는 거의 전사하여 해산하고 귀환하였다. 漢法에 博望侯 장건은 기일에 늦었기에 사형에 해당하였으나 贖錢(속전)을 바치고 서인이 되었다. 이광의 군사는 功過가 서로 비슷하여 상을 받지 못했다.

原文

初, 廣與從弟李蔡俱爲郞, 事文帝. 景帝時, 蔡積功至二千石. 武帝元朔中, 爲輕車將軍, 從大將軍擊右賢王, 有功中率, 封爲樂安侯. 元狩二年, 代公孫弘爲丞相. 蔡爲人在下中, 名聲出廣下遠甚, 然廣不得爵邑, 官不過九卿. 廣之軍吏及士卒或取封侯. 廣與望氣王朔語云, "自漢擊匈奴, 廣未嘗不在其中, 而諸妄校尉已下, 材能不及中, 以軍功取侯者數十人. 廣不爲後人, 然終無尺寸功以得封邑者, 何也? 豈吾相不當侯邪?" 朔曰, "將軍自念, 豈嘗有恨者乎?" 廣曰, "吾爲隴西守, 羌嘗反, 吾誘降者八百餘人, 詐而同日殺之, 至今恨獨此耳." 朔曰, "禍莫大於殺已降, 此乃將軍所以不得侯者也."

| **註釋** | ○ 李蔡(이채, ? – 前 118) – 승상까지 승진했으나 나중에 犯法하여

자살했다. ○武帝元朔中 – 前 128 – 123년. ○有功中率 – 공적이 侯가 되는 기준에 해당하다. ○元狩(원수) – 무제의 연호, 前 122 – 117년. ○公孫弘(前 200 – 121) – 武帝時 御史大夫, 丞相 역임. 平津侯. 公孫은 복성. 58권, 〈公孫弘卜式兒寬傳〉 입전. ○下中 – 上之上에서 下之下 까지 9등급 중 下之中에 해당. ○望氣 – 인간의 길흉을 예견해 주는 관상가. ○而諸妄校尉已下 – 다수의 보통 교위보다 아래. 忘은 凡也.

〖國譯〗

전에 李廣과 사촌 아우 李蔡(이채)는 같이 낭관으로 文帝를 섬겼다. 景帝 때 이채는 공적을 쌓아 二千石 관리가 되었다. 武帝 元朔 연간에 輕車將軍으로 大將軍을 수행해 흉노 右賢王을 토벌할 때 공로가 기준에 맞아 樂安侯에 봉해졌다. 무제 元狩(원수) 2년, 公孫弘의 뒤를 이어 丞相이 되었다. 李蔡의 능력이란 下之中 정도였고 名聲도 이광보다 훨씬 아래였지만 이광은 작위와 식읍도 없고 官位도 九卿에 불과하였다. 이광 휘하의 장교나 사졸로 혹 제후가 된 사람도 있었다. 이광이 望氣를 보는 王朔(왕삭)에게 말했다. "漢軍이 흉노를 토벌하면서 이광은 언제나 그 토벌에 참가했으며 보통의 장교보다 아래에서 그 재능이 中級에도 못 미치는 자도 군공으로 제후가 된 자가 수십 명입니다. 나는 남들보다 모자라지도 않지만 아직 조그만 공도 없어 봉읍을 받지 못하는 이유가 무엇이겠습니까? 내 팔자가 제후가 될 만한 상이 아닙니까?" 그러자 왕삭이 말했다. "將軍 스스로 생각해서 후회할 일은 없습니까?" 이광이 말했다. "내가 농서태수로 있을 때 羌人(강인)들이 반란을 일으킨 적이 있는데 내가 8백여 명에게 투항을 권유하였는데 항복한 그들을 속여 하루에 모두 죽여 버렸는데 그 일을 지금껏 후회하고 있습니다." 이에 왕삭이 말했다.

"이미 투항한 사람을 죽이는 것보다 더 큰 재앙은 없으니 그것이 아마 제후가 못되는 이유일 것입니다."

原文

廣歷七郡太守, 前後四十餘年, 得賞賜, 輒分其戲下, 飮食與士卒共之. 家無餘財, 終不言生産事. 爲人長, 爰臂, 其善射亦天性, 雖子孫他人學者莫能及. 廣吶口少言, 與人居, 則畫地爲軍陳, 射闊狹以飮, 專以射爲戲. 將兵乏絶處見水, 士卒不盡飮, 不近水, 不盡餐, 不嘗食, 寬緩不苛, 士以此愛樂爲用. 其射, 見敵, 非在數十步之內, 度不中不發, 發卽應弦而倒. 用此, 其將數困辱, 及射猛獸, 亦數爲所傷云.

| 註釋 | ○戲下(희하) – 戲는 麾(대장기 휘)와 通. ○爰臂 – 긴 팔. 爰은 猿. 臂 팔 비. ○吶口 – 말이 어눌하다. 吶은 말 더듬을 눌. ○射濶狹以飮 – 활을 쏘아 누가 멀고 가까우냐에 따라 벌주를 마시다. ○寬緩(관완) – 寬待하다.

〖國譯〗

이광은 7개 郡의 太守를 역임하며 전후 40여 년에 상이나 하사받은 돈을 바로 대장기 아래에서 나누어 주었으며 사졸과 같은 음식을 먹었다. 집안에 여유분의 재산이 없었지만 끝내 재산에 관한 말을 하지 않았다. 이광은 키가 크고 팔이 길었으니 그가 활을 잘 쏜 것은 역시 천성이었으며 자손이나 활쏘기를 배운 사람일지라도 따라가지 못했다. 이광은 말이 어눌하고 말수가 적었으며 다른 사람과 함께 있어도 땅에 軍陣을 그리거나 얼마나 가깝고 멀리 쏘느냐에 따라 벌주를 마시는 등 오직 활쏘기를 하며 놀았다. 군사를 지휘하여 물이 모자란 곳에서 물을 찾게 되면 사졸들이 다 마시기 전에는 가까이 가지 않았고, 사졸들이 충분히 먹기 전에는 먹지 않았으며, 너그럽게 대하고 가혹하지 않았기에 사졸들은 이 때문에 기꺼이 이광에게 쓰이기를 바랐다. 사격에서 적을 만나도 수십 보 이내에 들어오지 않으면, 또 헤아려 명중할 것이 아니면 쏘지 않았으며, 쏘았다면 시위 소리와 함께 쓰러졌다. 이러하였기에 그 장수들은 자주 곤경에 처하기도 했으며, 맹수 사냥에서도 마찬가지로 자주 부상을 당했다고 한다.

原文

元狩四年, 大將軍票騎將軍大擊匈奴, 廣數自請行. 上以爲老, 不許, 良久乃許之, 以爲前將軍.

大將軍靑出塞, 捕虜知單于所居, 乃自以精兵走之, 而令廣並於右將軍軍, 出東道. 東道少回遠, 大軍行, 水草少, 其勢不屯行. 廣辭曰, "臣部爲前將軍, 今大將軍乃徙臣出東道, 且臣結髮而與匈奴戰, 乃令一得當單于, 臣願居前, 先死單于.” 大將軍陰受上指, 以爲李廣數奇, 毋令當單于, 恐不得所欲. 是時, 公孫敖新失侯, 爲中將軍, 大將軍亦欲使敖與俱當單于, 故徙廣. 廣知之, 固辭. 大將軍弗聽, 令長史封書與廣之莫府, 曰, “急詣部, 如書.” 廣不謝大將軍而起行, 意象慍怒而就部, 引兵與右將軍食其合軍出東道. 惑失道, 後大將軍. 大將軍與單于接戰, 單于遁走, 弗能得而還. 南絶幕, 乃遇兩將軍. 廣已見大將軍, 還入軍. 大將軍使長史持糒醪遺廣, 因問廣,食其失道狀, 曰, “青欲上書報天子失軍曲折.” 廣未對. 大將軍長史急責廣之莫府上簿. 廣曰, “諸校尉亡罪, 乃我自失道. 吾今自上簿.” 至莫府, 謂其麾下曰, “廣結髮與匈奴大小七十餘戰, 今幸從大將軍出接單于兵, 而大將軍徙廣部行回遠, 又迷失道, 豈非天哉! 且廣年六十餘, 終不能復對刀筆之吏矣!”

遂引刀自剄. 百姓聞之, 知與不知, 老壯皆爲垂泣. 而右將軍獨下吏, 當死, 贖爲庶人.

| **註釋** | ○元狩四年 – 前 119년. ○大將軍 – 衛青. ○票騎將軍 – 驃騎將軍 霍去病(곽거병, 前 140 – 117), 衛子夫와 衛青의 생질. ○自以精兵走之 – 자신은 정병을 거느리고 빨리 가다. ○並 – 합병하다. ○右將軍 – 당시 右將軍은 趙食其(조이기). ○其勢不屯行 – 지형이 부대가 모아 행군할 수 없다. ○結髮 – 束髮. 어린 나이. ○乃令一得當單于 – 지금 흉노 선우와 싸울 수 있다. ○上指 – 武帝의 뜻. 密旨. ○以爲李廣數奇 – 數奇는 운이 안 좋다. 數偶는 운이 좋다. ○毋令當單于 – 선우와 맞겨루게 하지 말라. ○公孫

敖(공손오) – 공손오는 合騎侯이었는데 적이 두려워 피했다 하여 侯의 직분을 빼앗겼다. 55권, 〈衛靑霍去病傳〉 참고. ○急詣部 – 빨리 부대에 가라. 詣 이를 예. 도착하다. ○意象慍怒 – 마음에 분노의 감정을 나타내다. ○惑失道 – 길을 잃다. ○南絶幕 – 남쪽으로 사막을 지나가려 하다. 絶은 가로지르다. 幕은 沙漠. ○糒醪(비료) – 말린 밥과 술. 糒 말린 밥 비. 醪 막걸리 요(료). 遺는 보내주다. ○曲折 – 일의 경과. 사유. ○上簿 – 보고서를 올리다. ○剄 – 목 벨 경. ○垂泣(수읍) – 소리 없이 눈물을 흘리다.

〖國譯〗

武帝 元狩(원수) 4년, 大將軍(위청)과 표기장군 곽거병이 대대적으로 흉노를 토벌할 때 李廣은 여러 번 참전을 희망했다. 무제는 이광이 늙었다 생각하여 불허하다가 얼마 뒤에 허락하면서 前將軍에 임명하였다.

대장군 衛靑은 변방에서 선우의 거처를 알고 있는 포로를 잡아 즉각 자신은 정병을 거느리고 추격하면서 이광에게는 우장군과 함께 군사를 거느리고 동쪽 길로 진격하라고 말했다. 東道는 조금 우회하여 더 멀고 대군이 행군하기에는 물과 풀도 적고 형세가 대군이 한 번에 행군할 수 없었다. 이에 이광이 사양하며 말했다. "臣의 임무는 前將軍인데, 지금 大將軍은 내 임무를 바꿔 東道로 진격하라 하시지만, 저는 어려서부터 흉노와 싸웠고 지금 선우와 맞설 수 있는 기회이니 내가 앞서 진격하여 선우와 생사를 결판내고자 합니다."

대장군은 이광의 운수가 안 좋다 하여 패전할지 모르니 선우와 맞겨루지 하지 말라는 무제의 밀지를 받았었다. 이때 公孫敖(공손오)는 얼마 전에 侯의 작위를 잃고 中將軍이 되었는데 大將軍 또한 공손오와 함께 선우와 싸우고 싶었기에 이광의 보직을 옮긴 것이었다. 이광도 이를 알고 고사하였다. 대장군은 이광의 요구를 수락하지 않고 長史를 시켜 封書를 이광의 幕府에 보내 말했다. "급히 부대로 돌아가 문서대로 하시오." 이광은 대장군에게 인사도 하지 않고 일어나 나오면서 노기를 띤 채 부대로 돌아와 군사를 인솔하여 우 장군 趙食其(조이기)와 함께 군사를 모아 東道로 출발하였다. 이광은 길을 잃어 대장군보다 늦게 도착했다. 대장군과 선우는 접전했으나 單于가 도주하자 잡지 못하고 돌아왔다. 대장군은 남으로 사막을 가로 질러와서 두 장군을 만났다. 이광은 대장군을 만나보고 부대로 돌아왔다. 대장군은 長史를 시켜 건량과 술을 이광에게 보내주면서 "천자에게 길을 잃은 곡절을 보고해야 한다." 면서 이광과 조이기 두 장군이 길을 잃은 상황을 물었다. 이광은 대답하지 않았다. 大將軍의 長史가 이광의 막부에 급히 보고서를 올리라고 재촉하였다. 이에 이광이 말했다.

"여러 校尉들은 잘못이 없고 내가 길을 잃었을 뿐이다. 내가 천자에게 보고할 것이다."

막부로 돌아온 이광은 휘하 장수들에게 말했다.

"나는 어려서부터 흉노와 70여 차례 크고 작은 전투를 겪었는데 이번에 대장군을 따라와 선우의 군사와 맞싸울 기회를 얻었지만 대장군은 내 임무를 바꿔 멀리 돌아가게 하였고 거기다가 길까지 잃었으니 어찌 하늘 뜻이 아니겠는가! 게다가 난 이미 60이 넘었고 다시는 刀筆吏의 앞에 나가 답변할 수 없다!"

그리고서는 칼을 꺼내 자신의 목을 찔렀다. 백성들은 이 소식을 듣고서 李廣을 알든 모르던 사람이나 노인과 젊은이 모두가 눈물을 흘렸다. 우 장군(조이기)은 혼자 廷吏에게 넘겨져 사형 판결을 받았으나 속전을 내고 서인이 되었다.

原文

廣三子, 曰當戶,椒,敢, 皆爲郞. 上與韓嫣戱, 嫣少不遜, 當戶擊嫣, 嫣走, 於是上以爲能. 當戶蚤死, 乃拜椒爲代郡太守, 皆先廣死. 廣死軍中時, 敢從票騎將軍. 廣死明年, 李蔡以丞相坐詔賜冢地陽陵當得二十畝, 蔡盜取三頃, 頗賣得四十餘萬, 又盜取神道外壖地一畝葬其中, 當下獄, 自殺.

敢以校尉從票騎將軍擊胡左賢王, 力戰, 奪左賢王旗鼓, 斬首多, 賜爵關內侯, 食邑二百戶, 代廣爲郞中令. 頃之, 怨大將軍靑之恨其父, 乃擊傷大將軍, 大將軍匿諱之. 居無何, 敢從上雍, 至甘泉宮獵, 票騎將軍去病怨敢傷靑, 射殺敢. 去病時方貴幸, 上爲諱, 云鹿觸殺之. 居歲餘, 去病死.

敢有女爲太子中人, 愛幸. 敢男禹有寵於太子, 然好利, 亦有勇. 嘗與侍中貴人飮, 侵陵之, 莫敢應. 後愬之上, 上召禹, 使刺虎, 縣下圈中, 未至地, 有詔引出之. 禹從落中以劍斫絶纍, 欲刺虎. 上壯之, 遂救止焉. 而當戶有遺腹子陵, 將兵擊胡, 兵敗, 降匈奴. 後人告禹謀欲亡從陵, 下吏死.

| 註釋 | ○當戶,椒,敢 – 李廣의 세 아들. 椒 산초나무 초. ○韓嫣(한언) – 武帝의 총신. 93권, 〈佞幸傳〉에 입전. 嫣는 아리따울 언. ○蚤死 – 早死. 蚤

일찍 조, 손톱 조. ○代郡 – 본래 戰國 시대부터 趙國이 북방 유목민족을 격파하고 설립한 郡으로 지금의 山西省 大同市 일대. 治所 代縣(今 河北省 蔚縣 동북). ○陽陵 – 景帝의 陵. ○當得二十畝 – 20畝를 받아야 하다. 1畝 666 m^2. 약 200평. ○三頃 – 1頃은 100畝. 약 2만 평. ○壖地(연지) – 공지. 壖빈 땅 연. ○頃之 – 잠시 후. ○怨大將軍靑之恨其父 – 대장군 위청이 부친에게 한을 품고 자살하게 했다. ○匿諱(익휘) – 숨기고 알려지는 것을 꺼려하다. ○居無何 – 얼마 안 있어. 無何는 오래지 않아. ○敢從上雍 – 이감은 황제를 수행하여 雍縣에 가다. 雍의 지대가 높아 上했다고 표현한 것임. ○甘泉宮 – 今 陝西省 咸陽市 淳化縣 서북에 있었다. ○上爲諱 – 무제에게 숨기다. 諱 꺼릴 휘. 숨기다. ○太子中人 – 태자는 무제의 장남 劉據(유거, 戾太子). 中人은 궁녀, 품계가 없는 宮人. ○侍中貴人 – 侍中은 加官의 하나. 시중의 가관을 받으면 궁중 출입하고 황제를 알현이 좀 자유롭다. 貴人은 환관. ○侵陵之 – 무시하다. 깔보다. ○莫敢應 – 감히 대꾸하지 못하다. ○愬 – 참소하다. 호소하다(訴). ○縣下圈中 – (호랑이 울 안으로) 줄에 묶어 내리다. ○絶纍(절류) – 잡아 맨 줄을 끊다. 纍 맬 류(累 同). ○下吏死 – 형리에게 넘겨져 죽다.

〖國譯〗

李廣의 아들 3명은 李當戶(이당호), 李椒(이초), 李敢(이감)인데 모두 郎官이 되었다. 무제가 韓嫣(한언)과 장난을 할 때, 한언이 약간 불손하자 李當戶가 한언을 패주었고 한언은 도망갔는데 이를 본 무제는 이당호를 유능한 사람이라 생각하였다. 이당호는 일찍 죽었고 이초는 代郡太守가 되었으나 모두 李廣보다 먼저 죽었다. 이광이 군중에서 죽을 때 이감은 驃騎將軍(표기장군) 아래 종군하고 있었다. 이광이 죽은 다음 해 (이광의 사촌동생) 李蔡(이채)는 승상으로 조서에 의해 하사받은 陽陵(景帝의 陵) 주변의 땅을 20畝(무)를 받아야 하는데 이채는 몰래 3頃을 차지해 대략 팔아서 40여만 전을 챙겼고 神道 외의 공터 1무를 차지해 무덤을 썼다는 죄에 걸려 하옥하라는 판결을 받자 자살하였다.

李敢은 校尉로 표기장군을 따라 흉노 左賢王을 토벌할 때 용감히 싸워 좌현왕의 깃발과 북을 탈취하고 적을 많이 죽여 關內侯의 작위와 食邑 2백 호를 받았고 이광의 뒤를 이어 郎中令이 되었다. 곧 大將軍 衛靑이 부친을 죽게 했다는 원한을 품고 大將軍을 때려 상처를 입혔는데 대장군은 이를 숨겼다. 얼마 안 있어 이감은 무제를 수행에 雍縣(옹현)으로 가 甘泉宮에서 사냥할 때 표기장군 곽거병은 이감이 위청에게 상처를 입혔다는 원한으로 이감을 사살하였다. 곽거병은 그때 막 황제의 신임을 받을 때였는데 이 사실을 숨기고 사슴에 받쳐 죽었다고 말했다. 일 년 뒤에 곽거병 역시 죽었다.

李敢의 딸이 태자의 여인으로 총애를 받았다. 이감의 아들인 李禹(이우)도 태자의 신임을 받았는데 이우는 재물을 밝혔으나 매우 용감하였다. 일찍이 侍中貴人들과 술을 마시면서 그들에게 창피를 주었는데 감히 대응하는 자가 없었다. 뒤에 이우를 참소하였는데 무제가 이우를 불러 호랑이를 죽이라 하여 줄에 묶어 울 안으로 내려 주는데 땅이 닿기 전에 무제가 들어 올리라고 명령했다. 이우는 울 안으로 내려질 때 칼로 밧줄을 자르고 호랑이를 찌르려고 했다. 무제는 이우를 장하다 생각하고 꺼내라고 하였다. (이광의 장남인) 李當戶에게 遺腹子인 李陵이 있었는데 이릉이 군사를 거느리고 흉노를 치다가 패전하여 흉노에게 항복하였다. 뒤에 어떤 사람이 이우에게 이릉이 있는 곳으로 도망가자고 권했는데 이 때문에 이우는 형리에게 넘겨져 처형되었다.

54-2. (孫) 李陵

原文

李陵字少卿, 少爲侍中建章監. 善騎射, 愛人, 謙讓下士, 甚得名譽. 武帝以爲有廣之風, 使將八百騎, 深入匈奴二千餘里, 過居延視地形, 不見虜, 還. 拜爲騎都尉, 將勇敢五千人, 教射酒泉,張掖以備胡. 數年, 漢遣貳師將軍伐大宛, 使陵將五校兵隨後. 行至塞, 會貳師還. 上賜陵書, 陵留吏士, 與輕騎五百出敦煌, 至鹽水, 迎貳師還, 復留屯張掖.

| 註釋 | ○李陵(이릉, ? - 前 74) - 李廣의 손자. 《史記 李將軍列傳》보다 본서의 기록이 매우 상세. 그의 경력과 傳奇는 후대 문학에도 영향. 투항 후에 선우의 딸을 아내로 맞이. 隋 唐代에 북방 소수민족으로서 그 후손을 자처하는 자가 많았다. ○侍中建章監 - 侍中이라는 加官을 받은 建章宮 호위 책임자. ○居延(거연) - 縣名. 今 內蒙古 阿拉善盟 관할하의 額濟納旗(盟과 旗는 내몽고 지역의 행정 단위임). 寧夏回族自治區의 서쪽 내몽고 지역. 漢代에는 '居延澤' 후세에는 '西海,' 唐代 이후로는 '居延海'로 불렸다. ○酒泉(주천) - 郡名. 今 甘肅省 북서부의 酒泉市 일대. 만리장성의 서쪽 끝이라

할 수 있는 嘉峪關市에 가깝다. ○張掖(장액) – 郡名. 今 甘肅省 張掖市. 掖은 겨드랑이 액. 끼다. ○貳師將軍 – 李廣利(? – 前 88). 武帝 妃 李夫人의 오빠. 뒷날 흉노에 투항하였으나 피살되었다. 貳師는 서역 大宛國의 城 이름. 武帝 때 李廣利 장군의 官名으로 사용. 61권, 〈張騫李廣利傳〉 입전. ○大宛(대원) – 서역의 국명, 宛은 나라 이름 원. 굽을 완. 國都는 貴山城. 汗血馬산지. 무제 때 복속, 宣帝 이후 서역도호부 소속. 今 중앙아시아의 키르키즈스탄에 해당. ○五校 – 校는 군대 편제에서 단위 부대(鎭營). 部와 같음. 장군 아래 등급인 校尉가 통솔. ○敦煌(돈황) – 郡名. 今 甘肅省 서북쪽 酒泉市 관할의 敦煌市. ○鹽水(염수) – 지명. 今 新疆維吾爾自治區의 吐魯番(투르판)市 동쪽.

〖國譯〗

李陵(이릉)의 字는 少卿인데 젊어서 侍中으로 建章監이 되었다. 騎射에 능했고 다른 사람을 잘 대접했고 下士에게도 겸양하여 그 이름에 칭송이 높았다. 武帝는 이릉에게 李廣의 風度가 있다고 생각하여 8백 기병을 거느리고 흉노 땅 2천 리까지 깊숙이 들어가 居延(거연) 호수를 지나 지형을 살피라 명했는데 이릉은 흉노병을 만나지 못하고 돌아왔다. 이릉은 騎都尉가 되어 용사 5천 명을 거느리고 酒泉郡과 張掖郡(장액군)에서 弓手를 교육하며 흉노에 대비하였다. 몇 년 뒤 漢에서는 貳師將軍(이사장군, 李廣利)을 보내 大宛國(대원국)을 토벌했는데 이릉은 五校의 兵力을 거느리고 후미를 수행하였다. 변경에 이르러 이사 장군을 만나 귀환하였다. 무제는 이릉에게 조서를 내려 군리와 사졸을 거느리고 輕騎兵 5백 명과 함께 敦煌(돈황)을 출발하여 鹽水(염수)까지 가서 이사 장군을 영접해 귀환하라 하였고, 다시 이릉을 장액군에 주둔케 하였다.

原文

天漢二年, 貳師將三萬騎出酒泉, 擊右賢王於天山. 召陵, 欲使爲貳師將輜重. 陵召見武臺, 叩頭自請曰, "臣所將屯邊者, 皆荊楚勇士奇材劍客也, 力扼虎, 射命中, 願得自當一隊, 到蘭干山南以分單于兵, 毋令專鄉貳師軍." 上曰, "將惡相屬邪! 吾發軍多, 毋騎予女." 陵對, "無所事騎, 臣願以少擊衆, 步兵五千人涉單于庭." 上壯而許之, 因詔强弩都尉路博德將兵半道迎陵軍. 博德故伏波將軍, 亦羞爲陵後距, 奏言, "方秋匈奴馬肥, 未可與戰, 臣願留陵至春, 俱將酒泉, 張掖騎各五千人並擊東西浚稽, 可必禽也." 書奏, 上怒, 疑陵悔不欲出而教博德上書, 乃詔博德, "吾欲予李陵騎, 云'欲以少擊衆'. 今虜入西河, 其引兵走西河, 遮鉤營之道." 詔陵, "以九月發, 出遮虜鄣, 至東浚稽山南龍勒水上, 徘徊觀虜, 卽亡所見, 從浞野侯趙破奴故道抵受降城休士, 因騎置以聞. 所與博德言者云何? 具以書對." 陵於是將其步卒五千人出居延, 北行三十日, 至浚稽山止營, 擧圖所過山川地形, 使麾下騎陳步樂還以聞. 步樂召見, 道陵將率得士死力, 上甚說, 拜步樂爲郞.

| **註釋** | ○天漢二年 – 무제 연호. 前 99년. ○右賢王 – 흉노의 官名. 漢上郡의 서쪽에 웅거. 左賢王보다 아래 직위. ○天山 – 지금의 甘肅省과 靑海省을 가르는 南祁連山. ○輜重(치중) – 군수물자. 輜는 짐수레 치. ○武臺 – 未央宮의 武臺殿. ○荊楚(형초) – 荊州. 今 湖南, 湖北省 지역. ○蘭干山

(난간산) – 今 甘肅省의 省都인 蘭州市 서남. ○將惡相屬邪 – 장군은 남에게 소속되는 것을 싫어하는가! ○毋騎予女 – 毋는 無. 女는 汝. ○無所事騎 – 기병은 필요치 않습니다. ○涉單于庭 – 선우의 땅을 짓밟겠다. ○路博德(노박덕) – 人名. 무제 때(前 111) 南越을 원정한 장군. 아들의 犯法으로 免侯. ○後距 – 후방에서의 침입에 대비하다. 距는 닭의 뒤쪽 발가락. ○浚稽(준계) – 내몽고 居延縣 이북의 산 이름. ○西河 – 郡名. 치소는 平定縣(今 內蒙古 鄂爾多斯市 동쪽의 准格爾旗). ○遮鉤營之道 – 鉤營(구영, 地名)으로 통하는 길을 차단하다. 遮 막을 차. 沮擋(저당). ○遮虜鄣(차로장) – 무제 때 신축한 흉노 침입을 막기 위한 장벽. 今 內蒙古 阿拉善盟 관할하의 額濟納旗 관내. ○龍勒水(용륵수) – 水名. 今 內蒙古 杭愛山脈 동남. ○浞野侯(착야후) 趙破奴(조파노) – 人名. 漢의 장수. 흉노와 싸우다가 생포되었는데 10년간 흉노에 머물다가 흉노 태자를 데리고 귀환하였다. 55권, 〈衛靑霍去病傳〉에 立傳. ○受降城(수항성, 河外三城) – 흉노 귀족의 투항을 받기 위한 3개의 성, 북위 40度線 이북 河套北岸 및 漠南 초원 지역. 今 內蒙古自治區 巴彥淖爾市 관할의 烏拉特中旗 지역. 후세에는 黃河 외측의 방어시설 역할을 했다. ○騎置(기치) – 공문을 전달하는 기병.

〖國譯〗

天漢 2년(前 99) 貳師(이사)장군은 3만 기병을 거느리고 酒泉郡을 떠나 天山일대에서 右賢王을 토벌하였다. 무제는 이릉을 불러 이사장군의 군수품을 공급케 하려 했다. 이릉은 武臺殿에서 무제를 알현하며 머리를 숙여 자청했다.

“臣이 거느리고 있는 병사는 모두 荊楚(형초)지역의 용사로 奇材이며 검객이어서 힘으로는 호랑이를 짓누르고 쏘면 명중하기에 일개 부대로 蘭干山(난간산) 남쪽에서 선우의 군사를 양분시켜 전적으로 이사 장군을 공격하지 못하게 만들고자 합니다."

이에 무제가 말했다. "장군은 남에 밑에 있기가 싫은가! 짐은 이미 군사를 많이 내어 장군에게 줄 기병이 없도다." 이릉이 대답했다. "기병은 필요하지 않으며 臣은 소수로 다수를 공격하듯 보병 5천으로 선우의 땅을 짓밟고 싶습니다."

무제는 이릉을 장하다 여겨 승낙하면서 조서로 強弩都尉(강노도위)인 路博德(노박덕)에게 군사를 거느리고 중간에서 이릉의 군사를 지원하라고 했다. 노박덕은 예전의 伏波將軍으로 이릉의 후방을 막아주는 것을 부끄럽게 생각하여 상주하였다.

"지금은 가을철로 匈奴의 말은 살이 쪘고 싸우기가 어려우니 臣이 원하는 것은 이릉을 내년 봄까지 대기시켰다가 함께 酒泉郡과 張掖郡(장액군)의 기병을 각각 5천 명씩 거느리고 동서에서 浚稽山을 공격하게 하면 틀림없이 선우를 잡을 수 있을 것입니다."

상서가 들어가자 무제는 화를 내었는데, 이릉이 출정을 후회하며 출전하기 싫어 노박덕을 시켜 상서한 것으로 의심하여 노박덕에게 조서를 내렸다.

"짐은 이릉에게 기병을 내주고 했으나 그가 소수로 다수를 공격하고 싶다고 하였다. 지금 흉노가 西河郡에 침입할 것이니 군사를 이끌고 서하군으로 가서 鉤營(구영)으로 통하는 길을 차단하라."

그리고 이릉에게는 조서로 "9월에 출발하여 遮虜鄣(차로장)을 지나 동쪽 浚稽山(준계산)으로부터 남쪽으로는 龍勒水(용륵수) 지역까지 이동하면서 흉노를 찾고 흉노를 만나지 못한다면 浞野侯(착야후) 趙破奴의 옛길을 따라 受降城(수항성)에 가서 병사를 휴식하도록 하되 연락 기병을 보내어 보고토록 하라. 그리고 노박덕과는 어떤 이야기를 했는지 서면으로 보고토록 하라." 고 명령했다.

이에 이릉은 보졸 5천 명을 거느리고 居延을 나가 북쪽으로 30일을 행군하여 浚稽山(준계산)에서 머물면서 지나온 곳의 산천과 지형을 그림으로 그려 휘하의 기병 陳步樂을 시켜 돌아가 보고토록 하였다. 진보락은 무제를 알현하면서 이릉이 군사를 거느리고 사력을 다하는 상황을 설명했고 무제는 매우 기뻐하면서 진보락에게 낭관을 제수하였다.

原文

陵至浚稽山, 與單于相直, 騎可三萬圍陵軍. 軍居兩山間, 以大車爲營. 陵引士出營外爲陳, 前行持戟盾, 後行持弓弩, 令曰, "聞鼓聲而縱, 聞金聲而止." 虜見漢軍少, 直前就營. 陵搏戰攻之, 千弩俱發, 應弦而倒. 虜還走上山, 漢軍追擊, 殺數千人. 單于大驚, 召左右地兵八萬餘騎攻陵. 陵且戰且引, 南行數日, 抵山谷中. 連戰, 士卒中矢傷, 三創者載輦, 兩創者將車, 一創者持兵戰. 陵曰, "吾士氣少衰而鼓不起者, 何也? 軍中豈有女子乎?" 始軍出時, 關東群盜妻子徙邊者隨軍爲卒妻婦, 大匿車中. 陵搜得, 皆劍斬之. 明日復戰, 斬首三千餘級. 引兵東南, 循故龍城道行四五日, 抵大澤葭葦中, 虜從上風縱火, 陵亦令軍中縱火以自救. 南行至山下, 單于在南山上, 使其子將騎擊陵. 陵軍步鬪樹木間, 復殺數千人, 因發連弩射單于, 單于下走. 是日捕得虜, 言,

"單于曰, '此漢精兵, 擊之不能下, 日夜引吾南近塞, 得毋有伏兵乎?' 諸當戶君長皆言, '單于自將數萬騎擊漢數千人不能滅, 後無以復使邊臣, 令漢益輕匈奴. 復力戰山谷間, 尙四五十里得平地, 不能破, 乃還.'"

| 註釋 | ○相直(상치) - 서로 만나다. 直는 값 치, 만날 치. ○騎可三萬 - 대략 3만 정도의 기병. 可는 대략. ○戟盾(극순) - 창과 방패. ○縱 - 활을 쏘다. ○且戰且引 - 且~且~는 ~하면서 ~하다. ○抵山谷中 - 골짜기에 이르다. 抵는 막을 저. 이르다. 밀어내다. ○三創者 - 3번이나 상처를 입은 자. ○將車 - 수레를 몰다. ○大匿車中 - 伏匿車中의 착오. ○龍城(용성) - 흉노 祭天 聖地. 부족 연합 회의가 열리던 곳. 今 內蒙古 鄂爾多斯市 동쪽 准格爾旗. ○葭葦(가위) - 갈대. ○諸當戶君長 - 흉노 대소 각 부족의 수장. 當戶는 흉노의 官名. ○尙四五十里得平地 - 만일 4, 50리만 더 가면 평지에 다다른다.

〖國譯〗

이릉이 준계산에 도착했을 때 선우가 거느린 군사와 서로 만났는데 대략 3만 기병이 이릉의 군사를 포위했다. 이릉의 군사는 양쪽 산의 가운데에서 큰 수레로 진지를 구축하였다. 이릉은 병사를 진지 밖에 배치하였는데 앞에는 창과 방패를 갖고 뒷줄은 활과 쇠뇌를 준비케 한 다음에 명령하였다. "북소리를 들으면 활을 쏘고 징소리를 들으면 멈춘다." 흉노들은 漢軍이 적은 것을 보고 곧바로 전진하여 진지로 다가왔다. 이릉은 육박전으로 공격한 다음에 한꺼번에 활을 쏘게 하자 활 소리에 따라 적은 쓰러졌다. 흉노는 산 위로 달아났고

漢軍은 그들을 추격하여 수천 명을 죽였다. 선우는 크게 놀라 좌우 지역의 기병 8만여 기를 불러 이릉의 군사를 공격하였다. 이릉은 싸우다가 또 후퇴하면서 남쪽으로 며칠을 달려 산 계곡에 이르렀다. 연속되는 전투에 3번 상처를 입은 자는 수레 안에 있고, 2번 상처를 입은 자는 수레를 몰고, 한 번 상처를 입은 자는 병기를 들고 싸우게 했다. 이릉이 말했다.

"우리의 사기가 조금 떨어졌지만 북소리에도 분기하지 않는 원인은 무엇인가? 군중에 여자가 있을 수 있는가?"

전에 군사가 출발할 때 관동지역 도적 무리의 처자로 변방에 옮겨온 사람들이 병졸의 아내가 되어 수레 안에 숨어 있었다. 이릉은 그런 여인들을 찾아내어 모두 죽여 버렸다. 다음 날 또 전투를 해서 3천여 명을 죽였다. 이릉이 군사를 동남쪽으로 후퇴하면서 예전 龍城道를 따라 4, 5일 진군하여 큰 호수의 갈대지역에 도착하자 흉노는 바람을 따라 불을 질렀고 이광도 부하들에게 맞불을 놓게 하여 불을 피했다. 남쪽으로 내려가 산 아래에 이르자 선우는 南山 위에 있다가 아들을 시켜 이릉을 공격케 하였다. 이릉의 군사는 수목 사이에서 전투를 벌려 다시 수천 명을 죽였고 쇠뇌를 연발하여 선우를 공격하자 선우는 하산하여 도주하였다. 그날 생포한 흉노의 포로가 말했다.

"선우가 '이번 漢의 군사는 정병이라서 공격하여 없애지 못하는데 밤낮으로 우리를 끌고 남으로 내려가는데 혹 복병이 있는 것은 아닐까?' 라고 말했습니다. 여러 當戶와 군장들은 모두 '선우가 수많은 기병을 친히 이끌고 漢의 수천 군사를 없애지 못하면 이후로 변방의 사자를 보낼 수 없을 것이며 漢은 우리를 더 깔볼 것이다. 다시 산 계곡에서 힘껏 싸워야 하고 만약 4, 50리만 더 나아가면 평지라서 격파할 수 없을 것이며 그러면 저들은 돌아갈 것이다.' 라고 말하였습니다."

原文

是時, 陵軍益急, 匈奴騎多, 戰一日數十合, 復傷殺虜二千餘人. 虜不利, 欲去, 會陵軍候管敢爲校尉所辱, 亡降匈奴, 具言"陵軍無後救, 射矢且盡, 獨將軍麾下及成安侯校各八百人爲前行, 以黃與白爲幟, 當使精騎射之卽破矣."

成安侯者, 潁川人, 父韓千秋, 故濟南相, 奮擊南越戰死, 武帝封子延年爲侯, 以校尉隨陵. 單于得敢大喜, 使騎並攻漢軍, 疾呼曰, "李陵,韓延年趣降!" 遂遮道急攻陵. 陵居谷中, 虜在山上, 四面射, 矢如雨下. 漢軍南行, 未至鞮汗山, 一日五十萬矢皆盡, 卽棄車去. 士尙三千餘人, 徒斬車輻而持之, 軍吏持尺刀, 抵山入峽谷. 單于遮其後, 乘隅下壘石, 士卒多死, 不得行. 昏後, 陵便衣獨步出營, 止左右, "毋隨我, 丈夫一取單于耳!" 良久, 陵還, 大息曰, "兵敗, 死矣!" 軍吏或曰, "將軍威震匈奴, 天命不遂, 後求道徑還歸, 如浞野侯爲虜所得, 後亡還, 天子客遇之, 況於將軍乎!" 陵曰, "公止! 吾不死, 非壯士也." 於是盡斬旌旗, 及珍寶埋地中, 陵歎曰, "復得數十矢, 足以脫矣. 今無兵復戰, 天明坐受縛矣! 各鳥獸散, 猶有得脫歸報天子者." 令軍士人持二升糒, 一半冰, 期至遮虜鄣者相待. 夜半時, 擊鼓起士, 鼓不鳴. 陵與韓延年俱上馬, 壯士從者十餘人. 虜騎數千追之, 韓延年戰死. 陵曰, "無面目報陛下!" 遂降. 軍人分散, 脫至塞者四百餘人.

| **註釋** | ○軍候 – 武官 직명. 장군 아래 校尉를 두고 部를 통솔하고 그 아래 曲은 軍侯가 지휘했다. ○管敢 – 人名. ○且盡 – 없어지려 한다. ○成安侯 – 韓延年. ○潁川(영천) – 郡名. 치소는 陽翟縣(양책현, 今 河南省 許昌市 관할 禹州市). ○趣降(촉항) – 서둘러 항복하라! 趣은 促也. ○鞮汗山(제한산) – 산 이름. 鞮는 가죽신 제. ○乘隅下壘石 – 산모퉁이에서 돌을 굴리다. ○毋隨我 – 나를 따르지 말라. ○一取 – 一身獨取. 혼자 가서 죽이겠다. 이릉은 잠행해서 혼자 선우를 죽이려 했다. ○後求道徑還歸 – 뒷날 다른 길을 찾아 漢으로 돌아올 수 있다. ○浞野侯 – 趙破奴(人名). 漢의 장수. 흉노와 싸우다가 생포되었는데 10년간 흉노에 머물다가 흉노 태자를 데리고 귀환하였다. 55권, 〈衛靑霍去病傳〉에 立傳. ○天子客遇之 – 天子容遇之. 천자가 우대할 것이다. ○今無兵復戰 – 지금은 다시 싸울 무기도 없다. ○猶有得脫歸報天子者 – 그래도 탈출하여 천자께 보고할 사람은 있어야 한다. ○糒 – 말린 밥 비(乾糧). ○一半冰 – 一判冰(한 덩어리 얼음). ○鼓不鳴 – 북소리가 나지 않다.

〖國譯〗

이때 이릉의 군대는 큰 위기에 처했고 흉노 기병은 많아지면서 하루에 수십 번을 싸웠는데 다시 흉노 2천여 명을 살상했다. 흉노는 이기지 못할 것이라 생각하며 돌아가려 하는데 마침 이릉 부대의 管

敢(관감)이란 軍候(군후)가 校尉(교위)한테 모욕을 당하고서 도망쳐 흉노에 투항하고 상황을 모두 말했다.

"이릉의 군사는 뒤에 구원할 군사도 없으며 화살도 곧 떨어지려 하는데 겨우 장군 이릉 휘하와 成安侯 소속의 각 8백 명의 군사가 앞서 진격하며 황색과 백색으로 깃발을 만들었으니 정예기병을 동원하여 사격하면 격파할 수 있습니다."

成安侯는 潁川郡(영천군) 사람으로 선친은 韓千秋인데 예전 濟南國의 승상으로 南越 토벌 중 과감히 싸우다 전사하여 武帝가 아들 韓延年(한연년)을 제후로 봉했는데, 이때 교위의 직급으로 이릉을 수행하고 있었다. 선우는 관감의 말을 듣고 크게 좋아하며 기병을 동원하여 동시에 공격하면서 크게 소리 지르게 했다. "이릉과 한연년은 서둘러 항복하라!" 이어 길을 막고 이릉을 맹공격하였다 이릉은 계곡에 있고 흉노는 산 위에 있어 사면에서 활을 쏘아 화살이 비 오듯 하였다. 漢軍은 남행했으나 鞮汗山(제한산)에 이르지 못했는데 하루에 50만 개의 화살을 다 쏘자 바로 수레를 버렸다. 사졸들은 아직 3천여 명이 있었지만 맨손에 수레 굴대를 꺾어 손에 쥐었고 軍吏들은 짧은 칼을 쥐고 산 입구의 협곡으로 들어갔다. 선우는 후방을 차단하고 산비탈을 이용하여 돌을 굴리니 사졸들이 많이 죽고 전진할 수도 없었다. 밤이 되자 이릉은 간편한 옷을 입고 혼자 나가며 좌우에게 "나를 따라 오지 말라! 장부가 혼자 선우만 잡으면 된다!"라고 말렸다. 얼마 후 이릉은 돌아와 크게 한숨을 쉬며 말했다. "패전하였으니 죽어야 한다!" 이에 어떤 軍吏가 말했다.

"장군의 위세는 흉노에 잘 알려졌으며 天命은 성공이 아니었지만 뒤에 다른 길을 찾아 돌아갈 수 있으니 浞野侯(착야후) 같은 사람도 흉노에 잡혀 있다가 뒤에 도망쳐 돌아오자 천자께서 후대하였으니 하물며 장군이야 말할 것이 없습니다!" 그러자 이릉이 말했다.

"公은 그만하시오! 내가 죽지 않는다면 용사가 아니요."

이에 정기를 다 부러뜨리고 보물은 땅에 묻게 한 뒤에 이릉은 탄식하며 말했다.

"화살 수십 개만 더 있어도 탈출할 수 있을 것이다. 이제 무기도 없어 다시 싸울 수도 없으니 날이 밝으면 앉아 결박을 받아야 한다! 각자 새나 짐승처럼 흩어지더라도 탈출하여 천자에게 보고할 사람은 있어야 한다."

각 군사들에게 말린 밥 2되와 얼음 한 조각씩을 가지고 탈출하여 遮虜鄣(차로장)에서 서로 기다려 만나기로 기약하였다. 한밤에 북을 쳐 사졸을 깨우려 하였으나 북소리가 나지 않았다. 이릉과 한연년이 각자 말에 올라 타니 수행하는 장사가 10여 명이었다. 흉노의 기병 수천 명이 추격해 왔다. 한연년은 전사했다. 이릉은 "천자를 뵐 면목이 없도다!"라고 말하고 투항하였다. 흩어져 탈출하여 성채에 이른 군인은 4백여 명이었다.

原文

陵敗處去塞百餘里, 邊塞以聞. 上欲陵死戰, 召陵母及婦, 使相者視之, 無死喪色. 後聞陵降, 上怒甚, 責問陳步樂, 步樂自殺. 群臣皆罪陵, 上以問太史令司馬遷, 遷盛言, "陵事親孝, 與士信, 常奮不顧身以殉國家之急. 其素所畜積也,有國士之風. 今擧事一不幸, 全軀保妻子之臣隨而媒蘖其短, 誠可痛也! 且陵提步卒不滿五千, 深輮戎馬之地, 抑數萬之師, 虜救死扶傷不暇, 悉擧引弓之民共攻圍之. 轉鬪千里, 矢盡道窮, 士張空拳, 冒白刃, 北首爭死敵, 得人之死力, 雖古名將不過也. 身雖陷敗, 然其所摧敗亦足暴於天下. 彼之不死, 宜欲得當以報漢也."

初, 上遣貳師大軍出, 財令陵爲助兵, 及陵與單于相值, 而貳師功少. 上以遷誣罔, 欲沮貳師, 爲陵遊說, 下遷腐刑.

| 註釋 | ○太史令 - 九卿의 하나인 太常의 屬官. 天文曆法 관장. 祥瑞(상서)와 災異 기록, 史書 편수 담당. ○司馬遷〔사마천, 前 145(135) - 86〕 - 62권, 〈司馬遷傳〉에 입전. 〈報任安書〉 및 〈悲士不遇賦〉 참고. ○畜積 - 학문이나 인격의 바탕을 갖추다. 蘊蓄(온축). ○媒蘖其短 - 그 단점(죄)을 자꾸 부풀리다. 媒蘖(매얼)은 누룩. 배양하다. 蘖은 누룩 얼. ○深輮(심유) - 깊이 들어가다. 輮는 바퀴 테 유. 짓밟다. 蹂(밟을 유)와 通. ○戎馬之地 - 戰場. 戎馬는 軍馬, 軍事. ○空拳 - 빈주먹. 空弮(공환, 有弓無矢. 쇠뇌 환)의 誤字라는 주석에 따름. ○北首 - 北向. ○摧敗(최패) - 적을 쳐부수다. 摧 꺾을 최. ○暴於天下 - 暴는 顯露. ○得當 - 적당한 시기에. ○財 - 才와 同. 겨우. ○誣罔(무망) - 속이다. 비방하다. ○沮 - 헐뜯다. ○腐刑 - 궁형. 去勢하는 형벌.

〖國譯〗

이릉이 패전한 곳은 변새에서 백여 리 떨어진 곳이었고 변새에서는 이를 조정에 보고하였다. 무제는 이릉이 결사 분전할 것을 기대했고 이릉의 모친과 부인을 데려다가 관상가에게 보라 하니 그 얼굴에 죽은 氣色이 없다고 하였다. 나중에 이릉이 투항했다는 소식이 전해지자 무제는 크게 화가 나서 陳步樂을 문책하려 하자 진보락은 자살하였다. 여러 신하들은 이릉의 죄가 크다고 말했다. 무제가 이를 太史令 司馬遷에게 묻자 사마천은 힘써 이릉을 변호하였다.

"이릉은 부모에 효도하며 士人에게 신의가 있고 늘 자신을 돌보지 않고 국난을 위해 몸 바치려 하였습니다. 그는 평소에 國士의 풍모를 가진 사람입니다. 지금 한 번의 실패를 두고 자신과 처자만을 살리려 하는 신하들이 뒤를 이어 그 죄를 키워 말하는 것은 정말 가슴 아픈 일입니다. 게다가 이릉은 5천 명도 안 되는 보병을 거느리고 적진 깊숙이 들어가 수만의 군사와 맞부딪쳤고 사상자를 구원할 틈도 없이 흉노는 전 부족을 다 동원하여 포위 공격을 해왔습니다. 천리에 걸쳐 전투를 계속하여 화살은 떨어지고 길도 막히자 군사들은 빈 활을 당겨야 했고 창칼을 무릅쓰고 북쪽을 향해 적과 함께 죽을 작정으로 싸우면서 사람으로서 사력을 다하였으니 비록 예전의 명장이라도 이보다 더하진 못할 것입니다. 몸은 비록 패전하여 잡혔다지만 그의 전과는 천하에 드러낼 만합니다. 그가 죽지 않은 것은 적당한 때를 만나 漢에 보답하려 생각했기 때문입니다."

그전에 이사 장군의 대군이 출정할 때 이릉을 보조의 병력으로 보내려 했는데 이릉과 선우가 맞서 싸울 경우 이사 장군의 전공이 적을 것이라 생각했기 때문이었다. 무제는 사마천이 황당한 주장으로 이사 장군을 폄하하고 이릉을 위해 유세한다고 생각하여 사마천을 궁형에 처했다.

原文

久之, 上悔陵無救, 曰, "陵當發出塞, 乃詔强弩都尉令迎軍. 坐預詔之, 得令老將生奸詐." 乃遣使勞賜陵餘軍得脫者.

陵在匈奴歲餘, 上遣因杅將軍公孫敖將兵深入匈奴迎陵. 敖軍無功還, 曰, "捕得生口, 言李陵教單于爲兵以備漢軍, 故臣無所得." 上聞, 於是族陵家, 母弟妻子皆伏誅. 隴西士大夫以李氏爲愧. 其後, 漢遣使使匈奴, 陵謂使者曰, "吾爲漢將步卒五千人橫行匈奴, 以亡救而敗, 何負於漢而誅吾家?" 使者曰, "漢聞李少卿教匈奴爲兵." 陵曰, "乃李緖, 非我也." 李緖本漢塞外都尉, 居奚侯城, 匈奴攻之, 緖降, 而單于客遇緖, 常坐陵上. 陵痛其家以李緖而誅, 使人刺殺緖. 大閼氏欲殺陵, 單于匿之北方, 大閼氏死乃還.

單于壯陵, 以女妻之, 立爲右校王, 衛律爲丁靈王, 皆貴用事. 衛律者, 父本長水胡人. 律生長漢, 善協律都尉李延年, 延年薦言律使匈奴. 使還, 會延年家收, 律懼並誅, 亡還降匈奴. 匈奴愛之, 常在單于左右. 陵居外, 有大事, 乃入議.

| 註釋 | ○强弩都尉 – 앞서 언급한 路博德. ○坐 – 때문에. ○得令老將生奸詐 – 老將(路博德)이 이릉을 후원하기 싫어 상서했는데 무제는 노박덕을 河西로 보내고 이릉을 구원할 군사를 보내지 않았다. ○歲餘 – 天漢 4년. ○因杅(인우) – 흉노의 지명. ○公孫敖(공손오) – 將軍. 衛靑의 交友. 浮沈이 많았다. 25권, 〈衛靑霍去病傳〉 附傳. ○生口 – 포로. ○母弟妻子皆伏誅

－李陵이 유복자였기에 친동생은 아닐 것이다. ○以亡救而敗－구원군이 없어 패전했다. ○奚侯城(해후성)－漢의 변새 城. 위치 미상. ○大閼氏(대연지)－흉노 선후의 모친. 閼氏(烟支, 연지, yānzhī)는 흉노왕(單于)의 正妻에 대한 칭호. ○以女妻之－딸을 시집보내다. ○衛律(위율)－人名. ○丁靈王(정령왕)－丁令 또는 丁零으로도 표기. 바이칼 호(貝加爾湖) 남쪽 지역의 흉노 별종. ○長水 胡人－長水(霸水로 흘러들어가는 陝西省의 하천 名)에 살던 흉 노인.

〖國譯〗

얼마 후 무제는 이릉을 구원하지 않은 것을 후회하며 말했다.

"이릉이 변경을 출발할 때에 强弩都尉(路博德)에게 이릉을 구원하라고 명령해야 했었다. 미리 조서를 내렸기 때문에 노장이 간사한 꾀를 내었을 것이다."

그리고서는 사자를 보내 이릉의 탈출한 부하들을 위로케 하였다.

이릉이 흉노에 일 년 남짓 머물렀을 때, 무제는 因杅將軍(인우장군) 公孫敖(공손오)에게 군사를 거느리고 흉노 땅에 깊숙이 들어가 이릉을 구출하라고 보냈다. 공손오의 군사는 아무런 성과도 없이 돌아와 보고했다. "포로를 잡았는데 포로의 말에 이릉이 선우의 군사에게 漢軍에 대비하는 전술을 가르친다 하여 아무런 성과가 없었습니다." 무제는 보고를 받고 이릉 일족을 멸하라 하니 모친과 (동생), 아내가 모두 처형되었다. 隴西郡의 士大夫들은 李氏와 교제한 것을 부끄럽게 생각했다.

그 후에 漢에서 보낸 사자가 흉노에 갔을 때 이릉이 사자에게 말했다.

"나는 漢을 위하여 보졸 5천을 데리고 흉노를 휘저었다가 구원병이 없어 패전했을 뿐인데, 내가 漢에 무슨 잘못을 했다고 내 집안을 주살했는가?"

이에 사자가 말했다. "漢에서는 李少卿(李陵)이 흉노에 전술을 가르친다고 들었습니다." 그러자 이릉이 말했다.

"그것은 李緖(이서)이지 내가 아니오."

이서는 본래 漢에서 郡의 塞外(새외)도위로 奚侯城(해후성)에 있을 때 흉노가 공격하자 이서는 투항했고 선우는 이서를 빈객으로 우대하여 늘 이릉보다 상석에 앉았다. 이릉은 이서 때문에 가족이 처형당한 것을 애통하게 여겨 사람을 시켜 이서를 죽여 버렸다. 흉노 선우의 모친이 이릉을 죽이려 하자 선우는 이릉을 북쪽 지방에 숨겼다가 대연지가 죽자 돌아오게 했다. 선우는 이릉을 장하다 여겨 딸을 이릉에게 시집보냈고 이릉을 右校王에 봉했다.

衛律(위율)은 丁靈王(정령왕)이 되어 귀인으로 권력을 쥐고 있었다. 위율이란 사람은 본래 그 아버지가 長水에 사는 흉노였다. 위율은 漢에서 낳고 자랐는데 協律都尉인 李延年과 친했으며 이연년이 위율을 추천하여 흉노에 사신으로 나갔다. 위율이 사신으로 돌아올 때 마침 이연년의 집안에 몰수되었는데 위율은 함께 죽게 될까 두려워 흉노로 도망가 투항하였다. 흉노에서는 위율을 중히 여겨 늘 선우의 측근으로 일했다. 이릉은 먼 지방에 있으면서 큰 일이 있으면 선우에게 불려 와서 논의에 참여하였다.

原文

昭帝立, 大將軍霍光,左將軍上官桀輔政, 素與陵善, 遣陵故人隴西任立政等三人俱至匈奴招陵. 立政等至, 單于置酒賜漢使者, 李陵,衛律皆侍坐. 立政等見陵, 未得私語, 卽目視陵, 而數數自循其刀環, 握其足, 陰諭之, 言可還歸漢也. 後陵,律持牛酒勞漢使, 博飮, 兩人皆胡服椎結. 立政大言曰, "漢已大赦, 中國安樂, 主上富於春秋, 霍子孟,上官少叔用事." 以此言微動之. 陵墨不應, 孰視而自循其髮, 荅曰, "吾已胡服矣!" 有頃, 律起更衣, 立政曰, "咄, 少卿良苦! 霍子孟,上官少叔謝女." 陵曰, "霍與上官無恙乎?" 立政曰, "請少卿來歸故鄕, 毋憂富貴." 陵字立政曰, "少公, 歸易耳, 恐再辱, 奈何!" 語未卒, 衛律還, 頗聞餘語, 曰, "李少卿賢者, 不獨居一國. 范蠡遍游天下, 由余去戎入秦, 今何語之親也!" 因罷去. 立政隨謂陵曰, "亦有意乎?" 陵曰, "丈夫不能再辱." 陵在匈奴二十餘年, 元平元年病死.

| **註釋** | ○昭帝(소제, 劉弗陵) – 前 86년, 무제의 막내아들. 8세 즉위, 21세 붕어. 재위 前 87 – 74년. ○霍光(곽광, ? – 前 68) – 名將 霍去病(곽거병)의 異母弟, 昭帝 上官皇后의 外祖父, 宣帝 霍皇后의 부친. 68권, 〈霍光金日磾傳〉에 입전. ○上官桀(상관걸, ? – 前 80) – 孫女 上官氏가 昭帝의 황후. 흉노 토벌에 戰功. ○自循其刀環 – 칼자루의 둥근 테를 만지다. 環(huán)은 還(huán, 돌아가자!) 의미. 足은 走의 의미. ○博飮 – 내기를 하며 술을 마시다. ○椎結(추결) – 상투 모양의 헤어스타일. ○主上富於春秋 – 황제가 나

이가 어리다. ○霍子孟 - 子孟은 霍光의 字. 少叔은 上官桀의 字. ○墨不應 - 沈默하며 불응하다. ○孰視 - 熟視와 同. ○荅曰 - 荅은 答과 同. ○謝女 - 당신에게 사례하다. 女는 汝. ○無恙乎 - 잘 있는가? 恙은 근심 양. ○陵字立政曰 - 이릉은 立政의 字를 부르다. ○少公 - 立政의 字. ○范蠡(범려) - 越王 句踐을 섬겼다. 齊로 가서 陶朱公으로 개명, 巨富가 되었다. ○由余(유여) - 춘추시대에 秦 穆公(목공)을 패자로 만든 大臣. 본래 西戎 綿諸國의 大臣으로 秦에 사신으로 왔었다. ○戎(융) - 西戎. ○元平元年 - 昭帝 연호, 前 74년.

〔國譯〕

昭帝가 즉위하여 大將軍 霍光(곽광)과 左將軍 上官桀(상관걸)이 정치를 보좌하였는데 평소에 이릉과 친했기에 이릉의 友人인 隴西(농서)의 任立政 등 3인을 흉노에 사신으로 보내 이릉을 데려오게 했다. 임입정 등이 도착하자 선우는 漢의 사신을 위한 술자리를 마련했고 이릉과 衛律(위율)이 侍者로 동석했다. 임입정 등이 이릉과 사적인 이야기를 할 수 없어 이릉을 바로 보면서 차고 있는 칼의 環頭를 여러 번 만지고 발을 주무르며 은밀히 漢으로 갈 수 있다는 뜻을 암시하였다. 다음 날 이릉과 위율이 牛酒를 가지고 와 漢使를 위로할 때 내기를 하면서 술을 마셨는데 두 사람은 모두 胡服을 입고 상투를 틀고 있었다. 임입정이 큰소리로 말했다. "漢은 이미 대사령을 내렸고 나라가 태평하며 主上은 어리고 霍子孟(곽광)과 上官少叔(상관걸)이 정사를 장악하고 있습니다." 이 말로 이릉을 조금이라도 암시를 주려고 했다. 그러나 이릉은 묵묵히 대꾸하지 않고 바라만 보다가 자신의 머리를 만지며 말했다. "나는 이미 胡服을 했소!" 얼마 뒤 위율이 일어나 변소에 가자 임입정이 말했다. "쯧쯧! 少卿(李陵)

은 정말 괴롭겠소이다! 霍子孟(霍光)과 上官少叔(上官桀)이 당신에게 안부를 전했소." 그러자 이릉이 말했다. "곽광과 상관 씨는 별일 없는가?" 임입정이 대답했다. "고국으로 돌아오라고 당신을 불렀으니 부귀는 걱정 마시오." 이릉은 임입정의 字를 부르며 말했다.

"少公! 돌아가는 것은 쉽지만 다시 욕을 당할까 걱정이니 어쩌겠소!" 대답하기도 전에 위율이 돌아와 이야기 끝 부분을 들었지만 임입정이 말했다.

"李少卿(李陵)은 賢者이시니 일국에만 있지 않을 것이요. 范蠡(범려)는 천하를 주유했으며 由余(유여)는 西戎(서융)을 떠나 秦에도 갔었으니 오늘 이야기는 私的인 이야기입니다!" 그리고서는 자리에서 일어섰다. 임입정이 따라와 이릉에게 물었다. "혹시 뜻이 있는가?" 이릉이 대답했다. "대장부가 또 다시 욕을 볼 수야 없소." 이릉은 흉노에서 20여 년을 살다가 元平 원년(前 74)에 병사했다.

54-3. 蘇建

原文

蘇建, 杜陵人也. 以校尉從大將軍青擊匈奴, 封平陵侯. 以將軍築朔方. 後以衛尉爲游擊將軍, 從大將軍出朔方. 後一歲, 以右將軍再從大將軍出定襄, 亡翕侯, 失軍當斬, 贖爲庶人. 其後爲代郡太守, 卒官. 有三子, 嘉爲奉車都尉, 賢爲騎都尉, 中子武最知名.

| 註釋 | ○蘇建(소건) - 생졸년 미상. 代郡太守. 杜陵은 縣名. 今 陝西省 西安市 동남. 宣帝의 능. ○築朔方 - 삭방군에 성을 축조하다. 朔方은 군명. 朔方郡 治所는 朔方縣(今 內蒙古 鄂爾多斯市 烏拉特前旗). 황하 북안. 무제 元朔 3년(前 126)의 일. ○衛尉(위위) - 九卿의 하나. 衛士들을 통할하고 궁문 경계 담당. 秩 中二千石. 漢代의 관리 녹봉은 곡식의 石(120斤)으로 정해졌지만 녹봉을 곡식으로 받지 않고 錢으로 받았다. 中二千石(월 180斛)은 매월 4萬전을 받았다. 참고로 二千石은 月 120斛, 比二千石은 月 100斛이었다. ○出朔方 - 삭방군에서 출정하다(원삭 5년). ○定襄(정양) - 郡名. 치소는 今 內蒙古自治區 呼和浩特市 관할의 和林格爾縣. ○翕侯(흡후) - 趙信. 본래 흉노족으로 漢에 투항하여 흡후가 되었으나 前 123년에 패전하면서 다시 흉노로 망명했다. 翕 합할 흡. ○失軍當斬 - 蘇建이 失軍한 사실은 55권, 〈衛青霍去病傳〉에 있다. ○騎都尉 - 駙馬(부마)都尉.

〖國譯〗

蘇建(소건)은 杜陵縣(두릉현) 사람이다. 校尉로 대장군 衛青을 따라 흉노를 치고 平陵侯에 봉해졌다. 장군으로 朔方郡(삭방군)에서 축성을 담당했다. 뒤에 衛尉로 游擊將軍이 되어 대장군 위청을 따라 삭방군에 출정했다. 1년 뒤 右將軍으로 다시 대장군을 따라 정양군에서 출전했는데 翕侯(흡후, 趙信)가 망명하며 부대를 다 잃어 참수되어야 했으나 속전을 내고 서인이 되었다. 뒤에 代郡태수가 되었다가 관직에 있는 동안 죽었다. 아들 셋이 있었는데 蘇嘉는 奉車都尉, 蘇賢은 騎都尉이었고, 둘째 아들 蘇武가 가장 잘 알려졌다.

54-4. (子) 蘇武

原文

蘇武字子卿, 少以父任, 兄弟並爲郎, 稍遷至栘中廐監. 時漢連伐胡, 數通使相窺觀, 匈奴留漢使郭吉,路充國等, 前後十餘輩. 匈奴使來, 漢亦留之以相當. 天漢元年, 且鞮侯單于初立, 恐漢襲之, 乃曰, "漢天子我丈人行也." 盡歸漢使路充國等. 武帝嘉其義, 乃遣武以中郎將使持節送匈奴使留在漢者, 因厚賂單于, 答其善意. 武與副中郎將張勝及假吏常惠等募士斥候百餘人俱. 既至匈奴, 置幣遺單于. 單于益驕, 非漢所望也.

| 註釋 | ○蘇武(소무, ? - 前 60) - 中郎將으로 흉노에 사신으로 갔다가 억류(前 100년). 昭帝 始元 6년(前 81) 봄에 장안으로 돌아왔다. ○以父任 - 二千石 이상 관리의 자제는 낭관에 임용될 수 있었다. 이를 任子라 하였다. 일종의 蔭敍(음서) 제도. ○栘中廏監(이중구감) - 관직명. 말, 사냥 매, 사냥개. 馬具를 관리하는 栘園(이원)의 감독관. 栘는 산 앵두나무(唐棣) 체. 마구간 이름 이. 廏 마구간 구. ○窺觀(규관) - 窺는 엿볼 규. ○天漢 元年 - 前 100년. ○且鞮侯單于(차제후선우, 前 101 - 96 재위) - 흉노왕의 이름. 鞮 가죽신 제. ○丈人行也 - 연장자 항렬이다. 丈人은 연장자. ○中郎將 - 郎中令(光祿勳)의 속관. 秩 比二千石. 장군보다 하위직급. ○持節(지절) - 符節(부절). 천자의 권한을 대행하는 자에게 주는 증빙 또는 상징. ○假吏 - 임시로 임명된 관리(兼吏). ○常惠 - 70권, 〈傅常鄭甘陳段傳〉에 입전. ○斥候

(엄후) – 偵察哨兵(정찰초병). 斥候(척후). 厈은 굴 바위 집 엄.

〖國譯〗

蘇武의 字는 子卿으로 젊어서 부친의 관직으로 형제가 함께 낭관이 되었다가 점차 승진하여 移中廐監(이중구감)이 되었다. 그 무렵 漢은 흉노 토벌을 계속하면서 자주 사자를 보내 서로 염탐하였는데 흉노는 漢의 사절인 郭吉(곽길)과 路充國(노충국) 등 전후 10여 차례 보낸 사신을 억류했다. 匈奴의 사절이 오면 漢에서도 마찬가지로 그에 상응하게 억류하였다. 天漢 원년, 且鞮侯單于(차제후선우)가 막 즉위하고 漢의 공격을 두려워하여 "漢의 천자는 나의 연장자 항렬이다."라고 말하였다. 그러면서 억류했던 漢의 사절인 路充國 등을 모두 돌려보냈다. 武帝는 그 의리를 가상히 여겨 蘇武를 中郞將으로 삼고 지절을 내려 사신으로서 漢에 억류되어 있던 흉노의 사절을 많은 예물과 함께 보내어 그 선의에 답례하였다. 소무는 副中郞將 張勝 및 임시 관리인 常惠(상혜) 등 모집한 척후병 백여 명과 함께 출발했다. 흉노에 도착하여 선우에게 예물을 주었다. 그러나 선우는 더욱 교만했고 漢의 기대와 달랐다.

原文

方欲發使送武等, 會緱王與長水虞常等謀反匈奴中. 緱王者, 昆邪王姊子也, 與昆邪王俱降漢, 後隨浞野侯沒胡中. 及衛律所將降者, 陰相與謀劫單于母閼氏歸漢. 會武等至匈奴, 虞常在漢時素與副張勝相知, 私候勝曰, "聞漢天子甚怨衛律, 常能爲漢伏弩射殺之. 吾母與弟在漢, 幸蒙其賞賜." 張勝許之, 以貨物與常. 後月餘, 單于出獵, 獨閼氏子弟在. 虞常等七十餘人欲發, 其一人夜亡, 告之. 單于子弟發兵與戰. 緱王等皆死, 虞常生得.

| **註釋** | ○緱王(구왕) - 흉노 王侯의 한 사람. 緱는 칼자루 감을 구. ○長水 - 霸水로 흘러들어가는 陝西省의 하천 名. ○虞常(우상) - 인명. 그전에 흉노에 투항했던 사람. ○昆邪王(혼야왕, ? - 전 120) - 흉노의 諸王이었다가 곽거병에게 여러 번 패전하게 되자 문책이 두려워 漢에 투항했다. 昆은 사람 이름 혼. 混, 渾과 同. 맏이 곤. ○浞野侯(착야후) - 趙破奴. ○沒胡中 - 흉노에 투항하다. ○私候 - 몰래 틈을 보아. ○貨物 - 財物.

〖國譯〗

(선우가) 사자를 보내 소무 등을 전송하려 할 때, 마침 흉노의 緱王(구왕)과 長水 출신 虞常(우상) 등의 모반 사건이 일어났다. 구왕이란 사람은 昆邪王(혼야왕) 누나의 아들로 혼야왕과 함께 漢에 투하했다가 뒷날 浞野侯(착야후)를 따라 흉노에 다시 투항한 사람이다. 우상은 衛律(위율)이 거느리고 투항한 자들과 함께 은밀히 선우의 모친 閼氏(연지)를 납치하여 漢에 투항하기로 모의했었다. 마침 소무 등이 흉노에 사절로 오자 우상은 漢에 있을 때 副使인 張勝과 알고 지냈기 때문에 몰래 장승을 찾아와 말했다.

"漢의 천자께서 衛律(위율)을 매우 증오한다고 알고 있는데 내가 漢을 위해 궁수를 매복시켰다가 위율을 쏴 죽이겠습니다. 나의 모친과 동생은 漢에 있으며 상을 내려 주기 바랍니다."

장승은 그 계획을 승인하고 우상에게 재물을 보내주었다.

한 달 뒤쯤, 선우는 사냥을 나가고 연지와 그 자제만 남았다. 우상 등 70여 명이 거사를 일으키려는데 그중 한 사람이 밤에 도주하여 이를 고발하였다. 선우의 자제들은 군사를 내어 우상 등과 싸웠는데 구왕 등은 모두 전사했고 우상은 생포되었다.

原文

單于使衛律治其事. 張勝聞之, 恐前語發, 以狀語武. 武曰, "事如此, 此必及我. 見犯乃死, 重負國." 欲自殺, 勝,惠共止之. 虞常果引張勝. 單于怒, 召諸貴人議, 欲殺漢使者. 左伊秩訾曰, "卽謀單于, 何以復加? 宜皆降之." 單于使衛律召武受辭, 武謂惠等, "屈節辱命, 雖生, 何面目以歸漢!" 引佩刀自刺. 衛律驚, 自抱持武, 馳召毉. 鑿地爲坎, 置熅火, 覆武其上, 蹈其背以出血. 武氣絶半日, 復息. 惠等哭, 輿歸營. 單于壯其節, 朝夕遣人候問武, 而收繫張勝.

| 註釋 | ○以狀語武 - 일의 사정을 소무에게 말하다. 狀은 구체적 정황. ○見犯乃死 - 고문을 받고 죽게 된다. ○重負國 - 다시 국가에 해를 끼치다. ○左伊秩訾(좌이질자) - 흉노의 관직명. 訾는 헤아릴 자. ○卽 - 만약. ○毉 - 의원 의(醫와 同). ○鑿地爲坎(착지위감) - 땅을 파서 웅덩이를 만들고. 鑿은 뚫을 착. ○熅火 - 숯불. 熅은 숯불 온. ○蹈其背 - 등에 뜸을 뜨다. 蹈(밟을 답)은 焰(불 댕길 염)의 誤字. ○復息 - 다시 숨을 쉬다. ○輿 -

수레에 싣고.

〖國譯〗

單于(선우)는 衛律을 시켜 사건을 다루게 했다. 張勝은 소식을 듣고서 전에 한 말이 발설될 것을 걱정하며 상황을 소무에게 말했다. 그러자 소무가 말했다.

"일이 그러하다면 틀림없이 나에게 닥칠 것이다. 고문을 당해 죽고 또 국가에 해가 될 것이다."

그러고서 자살하려 하자 장승과 상혜 등이 제지하였다.

虞常(우상)은 나중에 장승과의 일을 말했다. 선우는 화를 내며 여러 귀족들의 회의를 소집하였고 漢의 사자를 죽이려고 했다. 그러자 左伊秩訾(좌이질자)가 말했다. "만약 선우를 죽이려 했다면 더 어떻게 처벌하겠는가? 당연히 모두를 투항케 해야 합니다."

선우는 위율에게 소무를 불러 심문하게 하였다. 소무는 상혜 등에게 말했다. "절의를 버리고 천자의 명을 더럽히고서 살아남은 들 무슨 면목으로 漢에 돌아가겠는가!"

그리고서는 차고 있던 칼을 풀러 자기 목을 찔렀다. 위율은 놀라 소무를 안고 달려가 의원을 불렀다. 의원은 땅을 파 구덩이를 만들고 숯불을 넣고 그 위에 소무를 눕히고 등에 뜸을 떠서 피를 빼냈다. 소무는 한나절이나 기절했다가 다시 숨을 쉬었다. 상혜 등이 울면서 수레에 싣고 숙소로 돌아왔다. 선우는 소무의 절개를 장하게 여겨 조석으로 사람을 보내 소무를 위문했고 장승을 잡아가두었다.

原文

武益愈, 單于使使曉武. 會論虞常, 欲因此時降武. 劍斬虞常已, 律曰, "漢使張勝謀殺單于近臣, 當死, 單于募降者赦罪." 擧劍欲擊之, 勝請降. 律謂武曰, "副有罪, 當相坐." 武曰, "本無謀, 又非親屬, 何謂相坐?" 復擧劍擬之, 武不動. 律曰, "蘇君, 律前負漢歸匈奴, 幸蒙大恩, 賜號稱王, 擁衆數萬, 馬畜彌山, 富貴如此. 蘇君今日降, 明日復然. 空以身膏草野, 誰復知之!" 武不應. 律曰, "君因我降, 與君爲兄弟, 今不聽吾計, 後雖欲復見我, 尙可得乎?" 武罵律曰, "女爲人臣子, 不顧恩義, 畔主背親, 爲降虜於蠻夷, 何以女爲見? 且單于信女, 使決人死生, 不平心持正, 反欲鬪兩主, 觀禍敗. 南越殺漢使者, 屠爲九郡, 宛王殺漢使者, 頭縣北闕, 朝鮮殺漢使者, 卽時誅滅. 獨匈奴未耳. 若知我不降明, 欲令兩國相攻, 匈奴之禍從我始矣."

| 註釋 | ○曉武 – 蘇武를 설득하다. ○論虞常 – 우상을 定罪하다. 죄를 판정하다. ○募降者 – 따라서 투항하는 자. 募는 慕와 通. ○相坐 – 연좌하다. ○擬之(의지) – 내리치는 척하다. ○彌山(미산) – 산에 가득하다. 彌는 두루 미. 가득 차다. ○以身膏草野 – 몸으로 초야를 기름지게 하다. 썩어 거름이 되다. ○女爲~ – 女는 汝. ○畔主 – 주군을 배반하다. 畔 두둑 반. 叛과 通. ○何以女爲見 – 너를 만나 무엇 하겠는가? 만날 필요도 없다. ○屠爲九郡 – 屠는 도륙하다. 南海郡 등 9군 설치. 屠 잡을 도. 屠戮(도륙)하다. ○朝鮮殺漢使者 – 무제 元封 2년(전 109), 衛滿朝鮮의 右渠王(우거왕)이 漢

의 사신 涉河(섭하)를 죽이자 무제는 조선을 멸망시키고 樂浪郡 등을 설치했다(前 108). ○若－너(汝, 你).

〖國譯〗

蘇武가 점차 회복되자 선우는 사람을 보내 소무를 설득케 하였다. 마침 우상을 定罪하고 이를 계기로 소무를 굴복시키려 했다. 칼로 우상을 참수한 뒤에 衛律(위율)이 말했다.

"漢의 사절 張勝이 선우의 근신을 죽이려 모의하였으니 마땅히 죽여야 하나 선우를 흠모하여 투항하는 자는 죄를 사면해 준다."

그리고 칼을 들어 내려치려하자 장승은 투항했다. 이에 위율이 소무에게 말했다. "副使가 죄를 지었으니 당연히 연좌된다."

소무가 말했다. "처음부터 모의도 없었고 또 친속도 아닌데, 왜 연좌한다고 하는가?" 다시 칼을 들어 내리칠 흉내를 냈으나 소무는 움직이지도 않았다. 그러자 위율이 말했다.

"蘇君! 나는 전에 漢을 등지고 흉노에 귀부하여 다행히 대은을 입어 王이라 일컬어지고 수만의 무리를 거느리고 말과 가축이 산에 가득할 정도로 부귀를 누리고 있소. 당신이 오늘 투항하면 내일 나처럼 될 것이요. 공연히 죽은 몸으로 초야를 기름지게 한들 누가 알아주겠소!"

그래도 소무가 불응하자 위율이 말했다.

"당신이 나를 통해 투항하면 나와 형제가 되지만 내 말을 따르지 않으면 뒤에 나를 다시 만나려 한들 만날 수나 있겠소?"

소무가 위율을 욕하며 말했다.

"너는 남의 신하로 은의를 지키지 않고 주군과 친척을 배반하고

蠻夷(만이) 땅의 흉노에게 투항하였거늘, 왜 너를 다시 만나보겠는가? 그리고 선우가 너를 신임하여 다른 사람의 사생을 판결하게 했는데 평상심을 바르게 갖지 않고 오히려 두 주군을 싸우게 만드니 망할 일이 눈에 보인다. 南越이 漢의 使者를 죽였기에 남월을 도륙하여 9郡을 설치했고, 大宛王(대원왕)은 漢의 사절을 죽였기에 그 머리가 장안 북궐 문에 걸렸으며, 朝鮮王은 漢使를 죽였기에 곧 나라가 멸망했다. 오직 흉노만 아직 안 망했을 뿐이다. 나는 분명히 투항하지 않을 것이며 나를 죽여 두 나라가 서로 싸우게 되면 흉노의 재앙은 나를 죽이는데서 시작된다는 것을 너는 알아야 한다."

原文

律知武終不可脅, 白單于. 單于愈益欲降之, 乃幽武置大窖中, 絶不與飮食. 天雨雪, 武臥嚙雪與旃毛並咽之, 數日不死. 匈奴以爲神, 乃徙武北海上無人處, 使牧羝, 羝乳乃得歸. 別其官屬常惠等, 各置他所. 武旣至海上, 廩食不至, 掘野鼠去屮實而食之. 杖漢節牧羊, 臥起操持, 節旄盡落. 積五,六年, 單于弟於軒王弋射海上. 武能網紡繳, 檠弓弩, 於軒王愛之, 給其衣食. 三歲餘, 王病, 賜武馬畜,服匿,穹廬. 王死後, 人衆徙去. 其冬, 丁令盜武牛羊, 武復窮厄.

| **註釋** | ○幽 – 幽禁. 가두다. ○大窖 – 窖는 움 교. 구덩이. ○天雨雪 – 雨는 (비나 눈이) 내리다. 동사임. ○嚙 – 깨물 교. ○旃毛(전모) – 깃대 장

식 소꼬리. 旃은 기 전. 깃대가 구부정한 붉은 기. 旄(깃대 장식 모). 깃대에 매단 소꼬리. ○並咽之 – 咽은 呑也. ○北海 – 바이칼 호(貝加爾湖). 여기의 海는 큰 호수. ○牧羝(목저) – 양을 치다. 羝는 숫양 저. ○羝乳 – 숫양이 새기를 낳다. 불가능한 일. ○廩食(늠식) – 나라에서 주는 양식. ○掘野鼠 – 들쥐의 구멍을 파다. ○去屮實 – 감춰둔 풀씨. 去는 弆(감출 거)와 通. 屮는 草의 古字. ○節旄(절모) – 지절의 깃털 장식. ○於靬王(어간왕) – 靬은 가죽 간. ○弋射(익사) – 주살로 사냥하다. ○能網紡繳 – 그물을 짜고 주살의 줄을 만들다. 網 그물 망. 紡 잣을 방. 실을 뽑다. 繳 주살의 줄 격. ○檠弓弩 – 활을 바로 잡다. 檠 뒤틀린 활을 바로 잡을 경. ○服匿(복닉) – 좁은 입을 가진 항아리. 우유나 술을 보관하는 그릇. ○穹廬(궁려) – 둥근 모양의 천막. ○丁令 – 丁令(丁靈, 丁零)은 흉노의 별종.

〖國譯〗

衛律(위율)은 蘇武를 끝내 협박할 수 없다는 것을 알고 선우에게 보고하였다. 선우는 더욱더 소무를 굴복시키려고 소무를 커다란 구덩이에 집어넣고 전혀 음식을 주지 않았다. 소무는 눈이 내리자 누운 채로 눈과 氈毛(전모)를 같이 씹어 삼켜 며칠이 지나도 죽지 않았다. 匈奴는 신이라 생각하고 소무를 北海(바이칼 호)의 사람이 없는 곳에서 숫양을 방목하게 했고 숫양이 새끼를 낳으면 돌려보내겠다고 하였다. 그의 부하였던 常惠 등과 헤어졌고 그들은 다른 곳으로 보냈다.

소무가 북해 근처에 머무는 동안 흉노는 음식을 주지 않아 소무는 들쥐의 구멍을 파서 풀씨를 꺼내 먹었다. 漢의 持節을 들고 양을 길렀고 눕거나 서거나 지절을 들고 다녀 지절의 장식이 다 떨어졌다. 5, 6년이 지나자 선우의 동생인 於靬王(어간왕)이 북해에 와서 주살로 사냥을 했다. 소무는 그물과 주살 끈을 만들어 주었고 弓弩(궁노)를 바로잡을 수 있어서 어간왕은 소무를 아껴 옷과 음식을 공급해 주었다. 3년이 지나며 어간왕이 병이 들자 소무에게 말과 가축, 저장 그릇과 둥근 천막집을 주었다. 그러나 어간왕이 죽자 사람들이 모든 것을 빼어갔다. 그해 겨울 丁令(정령) 족이 소무의 소와 양을 훔쳐갔고 소무는 다시 곤경에 빠졌다.

原文

初, 武與李陵俱爲侍中, 武使匈奴明年, 陵降, 不敢求武. 久之, 單于使陵至海上, 爲武置酒設樂, 因謂武曰, "單于聞陵與子卿素厚, 故使陵來說足下, 虛心欲相待. 終不得歸漢, 空自苦亡人之地, 信義安所見乎? 前長君爲奉車, 從至雍棫陽宮, 扶輦下除, 觸柱折轅, 劾大不敬, 伏劍自刎, 賜錢二百萬以葬. 孺卿從祠河東后土, 宦騎與黃門駙馬爭船, 推墮駙馬河中溺死, 宦騎亡, 詔使孺卿逐捕不得, 惶恐飮藥而死. 來時, 大夫人已不幸, 陵送葬至陽陵. 子卿婦年少, 聞已更嫁矣. 獨有女弟二人, 兩女一男, 今復十餘年, 存亡不可知. 人生如朝露, 何久自苦如此! 陵始降時, 忽忽如狂, 自痛負漢, 加以老母繫保宮, 子卿不欲降, 何以過陵? 且陛下春秋高, 法令亡常, 大臣亡罪夷滅者數十家, 安危不可知, 子卿尙復誰爲乎? 願聽陵計, 勿復有云." 武曰, "武父子亡功德, 皆爲陛下所成就, 位列將, 爵通侯, 兄弟親近, 常願肝腦塗地. 今得殺身自效, 雖蒙斧鉞湯鑊, 誠甘樂之. 臣事君, 猶子事父也. 子爲父死亡所恨. 願勿復再言." 陵與武飲數日, 復曰, "子卿壹聽陵言." 武曰, "自分已死久矣! 王必欲降武, 請畢今日之歡, 效死於前!" 陵見其至誠, 喟然歎曰, "嗟乎, 義士! 陵與衛律之罪上通於天." 因泣下沾衿, 與武決去.

陵惡自賜武, 使其妻賜武牛羊數十頭. 後陵復至北海上, 語武, "區脫捕得雲中生口, 言太守以下吏民皆白服, 曰上崩." 武聞之, 南鄉號哭, 歐血, 旦夕臨數月.

| **註釋** | ○子卿 – 蘇武의 字. ○長君 – 소무의 형 蘇嘉의 字. ○棫陽宮(역양궁) – 전국시대 秦 昭王이 지었다는 궁전. 今 陝西省 扶風縣에 있었다. 棫은 상수리나무 역. ○孺卿(유경) – 소무의 동생 蘇賢의 字. ○河東 – 郡名. 治所는 安邑縣(今, 山西省 運城市 夏縣). ○后土 – 토지신. ○宦騎 – 환관의 기병. ○黃門 – 黃門官. 황제의 사냥을 위한 견마의 사육, 수레 등을 관리. ○爭船 – 배를 먼저 타려고 다투다. ○推墮(추타) – 밀어 떨어트리다. ○大夫人 – 太夫人, 여기서는 소무의 모친. ○陽陵(양릉) – 景帝의 능. 縣名(今 陝西省 西安市 高陵縣). ○更嫁 – 改嫁. ○老母繫保宮 – 노모가 보궁에 붙들려 있다. 保宮은 범죄를 저지른 대신 또는 그 가족을 구금하는 거실. ○位列將, 爵通侯 – 蘇武의 부친 蘇建이 遊擊將軍으로 平陵侯에 봉해졌었다. ○兄弟親近 – 형제가 조정의 近臣이다. ○蒙斧鉞湯鑊(몽부월탕확) – 도끼로 처형되거나 열탕에 삶아 죽이는 형벌을 당할지라도. 斧鉞은 도끼. 湯은 뜨거운 물 탕. 鑊은 가마솥 확. ○自分 – 내 생각으로는. 分은 생각하다. ○效死於前 – 황실을 위해 죽음을 바치다. ○沾衿(점금) – 소매를 적시다.

○陵惡自賜武 - 이릉 자신이 소무에게 (재물을) 주기가 부끄러워서. ○區脫 - 흉노의 변경 보초병. ○雲中生口 - 雲中郡의 포로. ○白服 - 흰옷을 입다. ○上崩 - 무제의 죽음(前 87). ○臨 - 죽은 사람을 위해 哭을 하다.

〖國譯〗

전에, 소무와 李陵(이릉)은 함께 侍中이 되었으며 소무가 흉노의 사신으로 온 다음 해에 이릉은 항복했지만 소무를 구할 수 없었다. 오랜 시간이 지나 선우는 이릉을 北海에 보내 소무를 위해 술자리를 베풀어 즐기게 했는데 이때 이릉이 소무에게 말했다.

"선우는 나와 그대가(子卿, 蘇武) 평소 가까웠다는 것을 알고 일부러 나를 시켜 그대를 설득하라고 했지만 편한 마음으로 얘기하고 싶소. 끝까지 漢으로 돌아갈 수 없는데 사람도 없는 이곳에서 공연히 고생만 하니 누구에게 신의를 보여주겠소? 전에 長君(蘇武의 형)께서 封車都尉로 폐하를 따라 雍(옹)의 棫陽宮(역양궁)에서 輦(연)을 메고 내려오다가 기둥에 부딪쳐 굴대가 부러졌고 大不敬의 죄로 문책 받게 되어 칼을 안고 자살하자 폐하는 돈 이백만을 하사하여 장례를 치르게 했소. 孺卿(유경, 소무의 아우 蘇賢)이 폐하를 수행하여 河東郡의 后土廟에 제사한 뒤에, 환관 기병과 黃門駙馬가 배에 먼저 타려고 다투다가 황문부마가 밀려 떨어져 물에 익사했고 환관 기병은 도주했는데 폐하가 유경에게 추격하여 체포하라 했지만 잡지 못하자 황공하여 유경은 약을 마시고 죽었었소. 내가 올 때에 大夫人(소무의 모친)께서 돌아가시자 나는 운구를 따라 陽陵에 갔었소. 그대의 부인은 젊기에 이미 개가했다고 들었소. 그대의 여동생 두 사람은 두 딸과 아들 하나를 두었지만 이제 다시 십여 년이니 살았는지 죽었는가를 알 수도 없소. 인생이란 아침 이슬 같거늘 어찌 이리 오래 스스로 고생을 하시는가! 나도 처음에 투항했을 때 마음이 허전하여 미칠 것 같았고 漢을 버렸고 그 때문에 노모가 保宮에 잡혀있다는 것을 생각하면 정말 괴로웠으나 그대는 투항하지 않았으니 나보다야 더 하겠소? 게다가 이제는 폐하 나이도 많고 法令도 늘 같은 것이 아니며 대신으로 죄도 없는데 멸족당한 자가 수십 명으로 앞날의 안위를 알 수도 없는데, 그대는 아직도 누구를 위한단 말이오? 내 생각에 따라준다면 더 말할 것이 없소."

그러자 소무가 말했다.

"우리 父子는 공덕도 없이 모두 폐하 덕분에 벼슬을 했고 장수의 반열에서 제후까지 올랐으며 형제가 천자의 근신으로 늘 충성을 다하려 했소이다. 지금이라도 내 몸을 바쳐 충성할 수 있다면 도끼나 끓는 물에 죽더라도 기꺼이 받아들일 것이오. 신하가 주군을 모시기는 자식이 부친을 섬기기와 같은 것이오. 자식이 부친을 위하여 죽는다면 무슨 한이 있겠소? 더 이상 다시 말하지 마시오."

이릉과 소무는 술을 마시며 며칠을 보내며 다시 말했다. "그대는 내 말을 한 번 따라주오" 그러자 소무가 말했다. "나는 내가 오래 전에 죽었다고 생각하고 있소이다! 흉노왕이 꼭 나를 굴복시키고 싶다면 오늘 이 자리를 끝내고 여기서 죽어 주겠소!"

이릉은 소무의 충성심을 느껴 크게 탄식하며 말했다.

"아! 義士로다! 나와 衛律(위율)의 죄는 하늘까지 닿았도다."

그리고 눈물을 흘려 옷소매를 적시며 소무와 헤어졌다.

이릉은 자신이 직접 소무에게 줄 수가 없어 그 아내를 시켜 소무에게 소와 양 수십 마리를 보내 주었다. 그 뒤로 이릉은 다시 北海로 가서 소무에게 전했다. "흉노 변경 초소에서 雲中郡의 포로를 잡았는데 太守 이하 관리들이 모두 흰옷을 입고 천자가 붕어했다고 말했답니다." 소무는 그 소식을 듣고 남쪽을 향해 통곡하다가 피를 토했으며 여러 달 동안 아침저녁으로 곡을 하며 슬퍼했다.

原文

數月, 昭帝卽位. 數年, 匈奴與漢和親. 漢求武等, 匈奴詭言武死. 後漢使復至匈奴, 常惠請其守者與俱, 得夜見漢使, 具自陳過. 教使者謂單于, 言天子射上林中, 得雁, 足有繫帛書, 言武等在荒澤中. 使者大喜, 如惠語以讓單于. 單于視左右而驚, 謝漢使曰, "武等實在." 於是李陵置酒賀武曰, "今足下還歸, 揚名於匈奴, 功顯於漢室, 雖古竹帛所載, 丹青所畫, 何以過子卿! 陵雖駑怯, 令漢且貰陵罪, 全其老母, 使得奮大辱之積志, 庶幾乎曹柯之盟, 此陵宿昔之所不忘也. 收族陵家, 爲世大戮, 陵尙復何顧乎? 已矣! 令子卿知吾心耳. 異域之人, 壹別長絶!" 陵起舞, 歌曰, "徑萬里兮度沙幕, 爲君將兮奮匈奴. 路窮絶兮矢刃摧, 士衆滅兮名已隤. 老母已死, 雖欲報恩將安歸!" 陵泣下數行, 因與武決. 單于召會武官屬, 前以降及物故, 凡隨武還者九人.

| **註釋** | ○昭帝卽位 – 前 86. ○詭言 – 거짓말을 하다. 詭는 속일 궤. ○陳過 – 지난 일을 이야기하다. ○以讓單于 – 그것으로 선우에게 따져 묻

다. 讓은 責問하다. 비난하다. ○謝 – 사과하다(道歉). ○竹帛所載 – 竹帛(죽백)은 竹簡과 布帛. 역사 기록. ○丹青 – 그림. 성현이나 충신의 초상화. ○何以過子卿! – 어찌 子卿(蘇武)보다 더 낫겠는가? ○駑怯(노겁) – 무능하고 비겁하다. ○貰陵罪 – 이릉의 죄를 너그럽게 사면하다. 貰는 세낼 세. 용서하다. ○庶幾乎 – 거의 ~할 것이다. 대체로 ~할 것이다. ○曹柯之盟 – 柯邑(가읍)에서의 會盟에서 趙沫(조말)의 義擧. 춘추시대 魯의 장군 趙沫은 齊와 삼전 삼패 하였다. 齊와 魯 양국이 柯邑에서 회맹하며 齊가 魯의 영토를 요구하자 조말이 칼을 들고 올라가 齊의 영토 요구를 철회시켰다. ○宿昔 – 아침저녁으로. 早晩. ○爲世大戮 – 온 세상의 치욕거리가 되다. 戮은 恥辱(치욕). ○壹別長絶 – 이번의 이별이 영영 이별이다. ○沙幕 – 沙漠. ○奮匈奴 – 흉노와 분전하다. ○矢刃摧 – 화살도 칼도 꺾였다. ○名已隤 – 명성도 이미 무너졌다. ○物故 – 죽다. 死亡.

〖國譯〗

몇 달 뒤 昭帝가 즉위하였다. 몇 년 뒤 匈奴와 漢은 和親했다. 漢에서 소무를 보내달라고 하자 흉노는 소무가 죽었다고 거짓말을 했다. 뒤에 漢의 사절이 다시 흉노에 왔을 때, 常惠는 그 수비 병사와 함께 있다가 밤에 漢의 사절을 만나 지난 일을 모두 말했다. 그러면서 사절에게 천자가 상림원에서 기러기를 한 마리 잡았는데 기러기 발에 비단 헝겊이 묶여 있고 거기에 소무 등이 북쪽 호숫가에 산다고 쓰여 있다고 선우에게 말하라고 했다. 사자가 크게 좋아하며 상혜의 말대로 선우에게 따졌다. 선우는 측근을 둘러보고 놀라며 漢의 사절에게 사과하였다. "소무 등은 사실 살아 있습니다."

나중에 이릉은 술자리를 마련해 소무에게 축하하며 말했다.

"이제 그대는 돌아갈 것이고 흉노에서도 이름을 날렸고 漢나라에 큰 공을 세웠으니 비록 옛날에 역사에 실리고 초상화로 그려진 인물일지라도 어찌 그대보다 더 나을 수 있겠소! 나는 무능했고 겁쟁이였지만 설령 漢에서 나의 죄과를 용서하고 노모를 살려준다 하여도 투항했던 큰 치욕이 마음속에 쌓여 있기에 이런 치욕을 씻을 수 있는 기회, 곧 옛 趙沫(조말)이 柯邑(가읍)의 회맹에서 보였던 그런 기회가 오기를 내가 오래전부터 잊지 않고 기다렸소이다. 그러나 내 일가가 다 멸족되었고 세상의 치욕을 당했으니 내가 무엇을 돌아보겠소! 이제는 끝이요! 그대는 내 마음을 알 것이요. 이방에 있던 사람으로 이번 이별은 영영 이별일 것이요."

이릉은 일어나 춤을 추며 노래했다.

"萬里를 가로 질러 사막을 건넜네. 천자의 장수되어 흉노와 분전했네. 길은 막혔고 활도 칼도 부러졌도다. 군사는 죽었고 명예도 떨어졌도다. 노모도 죽었으니 보은하고 싶은들 어디를 가겠는가!"

이릉은 울며 눈물을 흘렸고 소무와 작별했다. 선우는 소무의 부하 관속을 모았는데 이미 투항했거나 죽어서 겨우 9명이 소무를 따라 돌아왔다.

原文

武以始元六年春至京師. 詔武奉一太牢謁武帝園廟, 拜爲典屬國, 秩中二千石, 賜錢二百萬,公田二頃,宅一區. 常惠,徐聖,趙終根皆拜爲中郞, 賜帛各二百匹. 其餘六人老歸家, 賜錢人十萬, 復終身. 常惠後至右將軍, 封列侯, 自有傳. 武留匈奴凡十九歲, 始以强壯出, 及還, 鬚髮盡白.

| 註釋 | ○始元六年 – 昭帝의 연호. 前 81년. ○一太牢 – 제왕의 제사 犧牲(희생, 제물)로 牛, 羊, 豕(돼지 시)를 통째로 한 마리씩 올리는 것을 太牢(태뢰)라 한다. 최고의 제물. ○典屬國 – 관직명. 귀부한 소수민족에 관한 업무 담당. ○宅一區 – 집 한 채. 區는 一所. ○復終身 – 죽을 때까지 免役. 復은 면할 복. 부세, 요역을 면제하다. ○常惠(? – 前 46) – 蘇武의 副使. 19년 억류 후 귀국. 宣帝 시 右將軍. 70권, 〈傅常鄭甘陳段傳〉에 입전.

〖國譯〗

昭武는 始元 6년 봄에 장안에 도착했다. 詔命에 의거 太牢를 올려 무제의 園廟를 배알하고 典屬國에 임명되었는데 녹봉은 中二千石이고 금전 2백만, 공전 2頃(경), 집 한 채를 받았다. 常惠와 徐聖, 趙終根은 모두 中郎이 되었고 비단 각 2백 필을 하사받았다. 나머지 6인은 연로하여 귀가했고 1인당 돈 10만 전과 죽을 때까지 부세와 요역이 면제되었다. 常惠는 나중에 右將軍이 되어 列侯에 봉해졌고 본서에 입전되었다. 소무는 흉노에 총 19년간 억류되었는데 젊어 출국했지만 돌아올 때는 수염과 머리가 모두 백발이었다.

原文

武來歸明年, 上官桀,子安與桑弘羊及燕王,蓋主謀反. 武子男元與安有謀, 坐死.

初, 桀,安與大將軍霍光爭權, 數疏光過失予燕王, 令上書告之. 又言蘇武使匈奴二十年不降, 還乃爲典屬國, 大將軍長史無功勞, 爲搜粟都尉, 光顓權自恣. 及燕王等反誅, 窮治黨與. 武素與桀,弘羊有舊, 數爲燕王所訟, 子又在謀中, 廷尉奏請逮捕武. 霍光寢其奏, 免武官.

| **註釋** | ○上官桀(? - 前 80) - 孫女 上官氏가 昭帝의 황후. ○桑弘羊(상홍양, 前 152 - 80) - 武帝 때 財政 전문가. 鹽, 鐵, 酒의 專賣를 주장. 후에 均輸法, 平準法 실시. 上官桀 謀反에 연루 피살. ○燕王(劉旦, ? - 前 80) - 무제의 아들. 元鳳 원년(前 80)에 상관걸과 함께 곽광을 제거, 소제를 폐위 후 자립하려는 모반이 누설. 자살. ○蓋主(개주) - 鄂邑公主(악읍공주, ? - 前 80) - 蓋長公主 또는 鄂邑蓋長公主라 호칭. 武帝의 딸. 大將軍 霍光에게 자신의 情夫인 丁外人의 관직을 부탁했으나 거절당하자 상관걸 부자와 연결하여 곽광을 죽이려는 계획에 동참. 누설되자 자살했다. ○武子男 - 소무의 아들. 子男은 子. ○數疏 - 여러 번 조목조목 적다. 疏는 조목별로 적다(條錄). ○大將軍長史 - 곽광의 長史. 이름은 楊敞(양창)으로 알려졌다. 長史는 三公이나 대장군의 보좌관. 秩 一千石. 지방 태수의 보좌관은 질 6백석. 長吏와는 개념이 다름. 長吏는 질 6백석 이상의 고위 관리의 일반적 지칭으로 長吏는 小吏의 상대적 개념. ○搜粟都尉(수속도위) - 관직명. 軍糧 책임. ○顓權(전권) - 專權. 顓 오로지 할 전. 專斷하다. ○黨與 - 같은 무리. 黨人. ○寢其奏 - 그 상주를 거부하다.

〖國譯〗

蘇武가 돌아온 다음 해에 上官桀과 그 아들 上官安, 桑弘羊과 燕王(劉旦), 蓋長公主(개장공주) 등이 모반했다. 소무의 아들 蘇元은 上官安과 함께 모의했고 법에 걸려 처형되었다.

전에 상관걸과 그 아들 상관안은 大將軍 霍光(곽광)과 권력을 다투었는데 (상관걸은) 곽광의 과실을 조목조목 적어서 燕王에게 주어 昭帝에게 상서하여 고발케 하였다. 또 蘇武는 흉노에 사신으로 갔다가 20년이나 투항하지 않고 돌아와 典屬國이 되었으나 大將軍 곽광의 長史는 아무런 공로도 없이 搜粟都尉(수속도위)가 되었으며 곽광은 전권을 휘두르며 방자하다고 말했다. 燕王 등이 모반으로 주살되고 그 협조자들을 여죄를 추궁하였다. 소무는 평소에 상관걸 상홍양 등과 가까웠고 연왕도 소무의 공적을 자주 말했으며. 소무의 아들이 그 모의에 가담하였기에 정위가 소무를 체포하겠다고 주청하였다. 그러나 곽광은 그 상주를 물리치고 소무를 면직만 시켰다.

原文

數年, 昭帝崩, 武以故二千石與計謀立宣帝, 賜爵關內侯, 食邑三百戶. 久之, 衛將軍張安世薦武明習故事, 奉使不辱命, 先帝以爲遺言. 宣帝卽時召武待詔宦者署, 數進見, 復爲右曹典屬國. 以武著節老臣, 命朝朔望, 號稱祭酒, 甚優寵之.

武所得賞賜, 盡以施予昆弟故人, 家不餘財. 皇后父平恩侯,帝舅平昌侯,樂昌侯,車騎將軍韓增,丞相魏相,御史大夫丙吉皆敬重武. 武年老, 子前坐事死, 上閔之, 問左右, "武在匈奴久, 豈有子乎?" 武因平恩侯自白, "前發匈奴時, 胡婦適産一子通國, 有聲問來, 願因使者致金帛贖之."

上許焉. 後通國隨使者至, 上以爲郎. 又以武弟子爲右曹. 武年八十餘, 神爵二年病卒.

| 註釋 | ○昭帝崩 – 前 74년. ○宣帝(선제, 原名 劉病已, 즉위 후에 詢으로 개명. 재위 前 74 – 48) – 武帝의 曾孫, 戾太子 劉據의 長孫, 史皇孫 劉進의 長子. 그 생애가 소설처럼 기구하나 前漢의 중흥을 이룩한 영명한 군주였다. 武帝 征和 2년(前 91), '巫蠱之禍(무고의 화)'에 曾祖 戾太子. 曾祖母 衛子夫, 祖父 衛太子 劉據, 祖母 史良娣, 父親 史皇孫 劉進, 母親 王翁須 등이 모두 피살되었다. 그때 몇 달 전에 출생한 劉病已(유병이)는 廷尉監 丙吉의 주선으로 감옥에서 여죄수의 젖을 먹으며 자랐다. 5년간 감옥에서 살다가 後元 2년(前 87)에 사면을 받아 출소해서 조모의 친정(진외가)에서 성장하였다. 前 74년 昭帝가 붕어하며 후사가 없어 대장군 霍光 등이 昌邑王 劉賀(무제의 손자)를 황제로 옹립했으나 계속되는 음란 행위로 재위 27일 만에 폐위되고 光祿大夫 병길이 곽광에게 劉病已를 천거하여 昭帝 元平 원년 七月(前 74년 9월)에 즉위하고 다음 해에 本始로 改元하였다. ○張安世 – 張湯의 子. 59권, 〈張湯傳〉에 附傳. ○奉使不辱命 – 《論語 子路》~ 子曰, "行己有恥, 使於四方, 不辱君命, 可謂士矣."라 했다. ○先帝以爲遺言 – 昭帝의 유언. ○宦者署 – 宦者令의 직책. ○著節(저절) – 지조가 굳은. ○朔望(삭망) – 매달 초하루(朔)와 보름(望). ○號稱祭酒 – 祭酒의 호칭을 부여하다. 祭酒(좨주)는 祭神하는 長者의 뜻. 존칭. ○平恩侯 – 許廣漢(? – 前 61), 許廣漢의 딸이 宣帝의 황후. 元帝의 生母. ○平昌侯 – 王無故. ○樂昌侯 – 王武. ○魏相(위상), 丙吉(병길) – 74권, 〈魏相丙吉傳〉 입전. ○閔之 – 憫之. ○有聲問來 – 聲問은 音信, 소식. ○神爵二年 – 宣帝의 연호, 前 60년.

〖國譯〗

몇 년 뒤 昭帝가 붕어하자 蘇武는 이전의 2천석 관리의 자격으로 宣帝를 옹립하는데 참여했고 關內侯의 작위와 식읍 3백 호를 받았다. 얼마 후 衛將軍 張安世가 소무를 옛 사정에 밝고 사절로 나가 국가의 체면을 잃지 않았으며 先帝의 유언도 있다면서 소무를 천거하였다. 선제는 즉시 소무를 불러 待詔宦者署에 임명했고 자주 불러 알현했으며 다시 右曹 典屬國에 임명되었다. 소무는 굳은 절개가 확실한 老臣으로 알려졌으며 초하루와 보름만 입조했고 祭酒로 호칭되며 큰 우대와 신임을 받았다.

소무가 상으로 받은 재물은 모두 형제와 친우들에게 나누어주었기에 집안에 여분의 재물이 없었다. (선제) 皇后의 부친인 平恩侯 許廣漢, 선제의 외삼촌인 平昌侯와 樂昌侯, 그리고 車騎將軍 韓增과 丞相인 魏相, 御史大夫인 丙吉 등이 모두 소무를 공경하고 높였다. 소무가 나이는 많고 아들은 예전에 법에 걸려 죽었기에 선제는 이를 가엽게 여겨 측근들에게 물었다. "소무가 匈奴에 오래 있으면서 아들을 두지 않았겠는가?" 소무는 平恩侯를 통해 아뢰게 하였다. "前에 匈奴를 떠나올 때, 흉노족 부인이 아들 通國을 낳았고 요즈음에 소식을 전해왔는데 나라에서 사자를 통해 돈이나 비단을 치루고 데려오고자 합니다."

이에 선제가 승낙했다. 그 뒤에 蘇通國이 사절을 따라 귀국하자 선제는 낭관에 임명했다. 그리고 소무 동생의 아들을 右曹에 임명하였다. 소무는 나이 80여 세에 神爵(신작) 2년에 病卒했다.

原文

甘露三年, 單于始入朝. 上思股肱之美, 乃圖畫其人於麒麟閣, 法其形貌, 署其官爵,姓名. 唯霍光不名, 曰大司馬大將軍博陸侯姓霍氏, 次曰衛將軍富平侯張安世, 次曰車騎將軍龍額侯韓增, 次曰後將軍營平侯趙充國, 次曰丞相高平侯魏相, 次曰丞相博陽侯丙吉, 次曰御史大夫建平侯杜延年, 次曰宗正陽城侯劉德, 次曰少府梁丘賀, 次曰太子太傅蕭望之, 次曰典屬國蘇武. 皆有功德, 知名當世, 是以表而揚之, 明著中興輔佐, 列於方叔,召虎,仲山甫焉. 凡十一人, 皆有傳. 自丞相黃霸,廷尉于定國,大司農朱邑,京兆尹張敞,右扶風尹翁歸及儒者夏侯勝等, 皆以善終, 著名宣帝之世, 然不得列於名臣之圖, 以此知其選矣.

| **註釋** | ○甘露三年 – 宣帝의 연호, 前 51년. ○單于 – 呼韓邪單于(호한야선우, 재위 전 58 – 31), 최초로 中原에 朝見한 흉노 군주. 선제가 장안 교외까지 나가 영접했다. 前 33년, 呼韓邪가 재차 장안에 입조. 이때 王昭君이 呼韓邪를 따라 塞北으로 갔다. 前 31년, 呼韓邪 單于가 죽자 왕소군은 그들 풍습에 따라 호한야선우 장남의 첩이 되었다. ○股肱之美 – 팔이나 다리와 같은 신하(股肱之臣)의 업적을 아름답게 여겨. 股 넓적다리 고. 肱 팔뚝 굉. ○麒麟閣(기린각) – 宣帝가 長安 未央宮 天祿閣 서북에 세운 전각. 宣帝 甘露 3년(前 51)에 변경이 안정되고 이민족이 臣服하자 공신들의 공로를 표창하기 위해 건물을 짓고 공신 11인의 초상화를 그리고 업적을 기록하였다. 麒麟閣 11功臣은 공신을 圖畫하는 제도의 시작이었다. 후대의 唐 太宗은 凌煙閣(능연각)에 24功臣의 초상화를 그려 보관하였다. ○霍光不名 – 곽광은 이

름을 기록하지 않았다(존중의 뜻). ○富平侯張安世 – 張湯의 아들. 59권, 〈張湯傳〉에 附傳. ○方叔(방숙), 召虎(소호), 仲山甫(중산보) – 周 宣王의 중흥 공신의 대표자. ○黃霸(황패) – 89권, 〈循吏傳〉에 입전. ○于定國(우정국) – 71권, 〈雋疏于薛平彭傳〉에 입전. ○朱邑 – 89권, 〈循吏傳〉에 입전. ○張敞(장창), 尹翁歸(윤옹귀) – 46권, 〈趙尹韓張兩王傳〉에 입전. ○夏侯勝(하후승) – 88권, 〈儒林傳〉에 입전. ○善終 – 《書經 洪範》의 五福(壽, 富, 康寧, 攸好德, 考終命)의 考終命을 뜻함.

〚國譯〛

(宣帝) 甘露 3년, (흉노의 호한야) 선우가 처음으로 入朝하였다. 宣帝는 고굉지신들의 업적을 생각하여 그 신하들의 그림을 麒麟閣(기린각)에 그리게 했으니 그 생김새를 묘사하고 관작과 성명을 써 놓았다. 다만 霍光(곽광)만은 이름을 쓰지 않고 '大司馬大將軍 博陸侯 姓 霍氏'라 하였으며, 다음은 '衛將軍 富平侯 張安世' 다음은 '車騎將軍 龍額侯 韓增' 다음은 '後將軍 營平侯 趙充國' 다음은 '丞相 高平侯 魏相' 다음은 '丞相 博陽侯 丙吉' 다음은 '御史大夫 建平侯 杜延年' 다음은 '宗正 陽城侯 劉德' 다음은 '少府 梁丘賀' 다음은 '太子太傅 蕭望之' 끝으로 '典屬國 蘇武'라고 기록했다. 모두가 공덕이 많고 當世에 이름을 날렸기에 이를 표창하고 드높였으며 中興을 보좌한 것을 밝게 드러냈으니 (周 宣王의) 方叔과 召虎와 仲山甫 등과 나란히 할 만한 인물이었다. 총 11人은 모두 본서에 立傳하였다. 丞相 黃霸(황패), 廷尉 于定國, 大司農 朱邑, 京兆尹 張敞, 右扶風 尹翁歸 및 儒者 夏侯勝 등은 모두가 善終했고 宣帝 때 유명했지만 공신 초상에 들어가지는 못했으니 이를 보면 그 선발

의 뜻을 알 수 있다.

原文

贊曰, 李將軍恂恂如鄙人, 口不能出辭, 及死之日, 天下知與不知皆爲流涕, 彼其中心誠信於士大夫也. 諺曰, '桃李不言, 下自成蹊.' 此言雖小, 可以喩大. 然三代之將, 道家所忌, 自廣至陵, 遂亡其宗, 哀哉! 孔子稱 '志士仁人, 有殺身以成仁, 無求生以害仁', '使於四方, 不辱君命', 蘇武有之矣.

| 註釋 | ○恂恂(순순) – 아주 조심하는 모양. 성실한 모양. 恂은 정성 순. ○鄙人(비인) – 鄕人. 시골 사람. ○桃李不言, 下自成蹊 – 훌륭한 인품을 지녔으면 사람이 절로 모여든다는 의미. 成蹊(성혜)는 길이 만들어진다. 복숭아꽃이나 그 열매를 보려고 사람들이 모여 저절로 길이 생기다. '實至名歸'와 같은 의미. ○志士仁人, 有殺身以成仁, 無求生以害仁 –《論語 衛靈公》. ○使於四方, 不辱君命 –《論語 子路》.

〖國譯〗

班固의 論贊 : 李廣 장군은 마치 시골 사람처럼 조심스러웠고 말도 잘 하지 못했는데, 그가 죽었을 때 그를 잘 알거나 모르는 천하 사람 모두가 눈물을 흘릴 정도로 그의 진심이 사대부들에게 성의와 믿음을 주었다. 속언에 '桃李가 말이 없어도 그 아래 저절로 길이 만들어진다.' 하였으니, 이는 비록 짧은 말이지만 많은 것을 깨우쳐

주고 있다. 하여튼 三代에 걸친 장수의 가문은 道家에서 꺼리는 것이지만 李廣에서부터 李陵까지 결국은 그 일족이 망했으니 슬플 뿐이다! 공자가 말한 '志士와 仁人은 殺身하여 成仁하고 살려고 仁을 버리지 않는다.' 는 말과 '四方에 사신으로 나가 君命을 욕되게 하지 않는다.' 는 말은 蘇武에게 적합한 말이다.

55 衛靑霍去病傳
〔위청,곽거병전〕

55-1. 衛靑

原文

衛靑字仲卿. 其父鄭季, 河東平陽人也, 以縣吏給事侯家. 平陽侯曹壽尙武帝姊陽信長公主. 季與主家僮衛媼通, 生靑. 靑有同母兄衛長君及姊子夫, 子夫自平陽公主家得幸武帝, 故靑冒姓爲衛氏. 衛媼長女君孺, 次女少兒, 次女則子夫. 子夫男弟步廣, 皆冒衛氏.

| 註釋 | ○衛靑(위청, ? – 前 106) – 흉노 정벌의 명장. ○河東 – 郡名. 치소는 安邑縣(今 山西省 運城市 夏縣 서북). 平陽은 縣名. 今 山西省 臨汾市. ○給事 – 하인 노릇을 하다(當差). ○侯家 – 平陽侯의 저택. ○平陽侯 曹壽

－曹參의 曾孫. ○尙－공주에게 장가들다. ○陽信長公主－평양후에게 출가했기에 平陽公主로도 호칭. ○僮－하인. 하녀. ○衛媼(위온)－매우 생산적인 여인이었다. 媼은 할미 온. 老母. ○衛長君－衛靑의 異父同腹兄. ○子夫－衛子夫. 衛靑의 異父同腹의 누나. 평양공주 집의 歌妓. 武帝의 2번째 황후, 戾太子의 生母. 諸邑公主, 石邑公主, 衛長公主의 生母. 곽거병의 이모. 宣帝의 曾祖母. ○衛君孺(위군유)－公孫賀와 결혼. ○少兒－衛少兒. 異父同母의 누나. 霍仲孺(곽중유)와 결혼, 霍去病을 낳음. ○子夫男弟步廣－少廣이라고도 기록. ○皆冒衛氏－衛媼의 남편이 衛씨라는 주장도 있음. 위청이 모친의 성을 따른 것은 확실함. 冒姓(모성)은 남의 성을 사칭하다. 양자, 데릴사위, 生母의 개가 등으로 남의 성을 갖다.

〖國譯〗

衛靑(위청)의 字는 仲卿이다. 그 부친은 鄭季로 河東郡 平陽縣 사람인데 縣吏로 평양후 집의 給事 일을 했다. 平陽侯 曹壽는 武帝의 누나인 陽信長公主와 결혼했다. 鄭季는 평양후의 하녀인 衛媼(위온)과 사통하여 위청을 낳았다. 위청의 同腹兄인 衛長君과 동복의 누나 衛子夫가 있었는데 위자부는 平陽公主의 집에서 武帝의 사랑을 받았는데 그런 연고로 위청은 衛氏 성을 이었다. 衛媼의 長女가 衛君孺이고, 次女가 衛少兒이며 그 막내가 衛子夫이었다. 위자부의 남동생인 步廣(少廣)도 모두 衛氏 성을 사용했다.

原文

青爲侯家人, 少時歸其父, 父使牧羊. 民母之子皆奴畜之,不以爲兄弟數. 青嘗從人至甘泉居室, 有一鉗徒相青曰, "貴人也, 官至封侯." 青笑曰, "人奴之生, 得無笞罵卽足矣, 安得封侯事乎!"

青壯, 爲侯家騎, 從平陽主. 建元二年春, 青姊子夫得入宮幸上. 皇后, 大長公主女也, 無子, 妒. 大長公主聞衛子夫幸, 有身, 妒之, 乃使人捕青. 青時給事建章, 未知名. 大長公主執囚青, 欲殺之. 其友騎郞公孫敖與壯士往篡之, 故得不死. 上聞, 乃召青爲建章監,侍中. 及母昆弟貴, 賞賜數日間累千金. 君孺爲太僕公孫賀妻. 少兒故與陳掌通, 上召貴掌. 公孫敖由此益顯. 子夫爲夫人. 青爲太中大夫.

| 註釋 | ○民母 – 嫡母. ○奴畜之 – 노비로 상대하다. ○居室 – 범죄를 저지른 대신이나 그 가족들을 가두어 두는 거처. 무제 때 保宮으로 개칭. ○鉗徒(겸도) – 목에 칼을 찬 죄수. 鉗 칼 겸. 목에 쇠를 두르다. ○笞罵(태매) – 매질과 꾸지람. 罵 욕할 매. ○皇后 – 武帝의 陳皇后(陳午와 대장공주의 딸). ○大長公主 – 경제의 딸. 孫夷侯 陳午에게 출가. ○建章 – 궁궐 이름. ○公孫敖(공손오) – 衛靑의 交友. 장군으로 浮沈이 많았다. 25권, 〈衛靑霍去病傳〉에 附傳. ○陳掌(진장) – 陳平의 증손.

〖國譯〗

衛靑은 어려서 平陽侯의 家人으로 살다가 젊어서 부친에게 갔는데 부친은 위청에게 양을 키우게 했다. 嫡母(正室)의 아들들은 모두 위청을 노비로 취급했고 형제의 숫자에도 넣지 않았다. 위청이 어느 날 다른 사람을 따라 甘泉宮의 죄수의 거처를 지나는데 어떤 칼을 찬 죄수가 위청의 상을 보고 말했다. "貴人이니 관작이 封侯에 이를 것이로다."

이에 위청이 웃으며 말했다. "남의 노비로 살면서 얻어맞지 않고 욕만 안 먹으면 좋거늘 어찌 봉후를 바라겠습니까!"

위청이 장년이 되어 諸侯家의 기병으로 平陽公主를 모셨다. 무제 建元 2년 봄, 위청의 누나인 衛子夫가 입궁하여 무제의 총애를 받았다. 陳皇后는 景帝의 大長公主의 딸인데 아들이 없고 시샘이 많았다. 大長公主는 衛子夫가 총애를 받아 임신을 했다는 소식을 듣고 질투하면서 사람을 시켜 위청을 잡으려고 하였다. 위청은 그때 建章宮에서 일하면서 이름도 없었다. 大長公主는 위청을 잡아두었다가 죽이려 했다. 위청의 벗인 騎郎 公孫敖(공손오)는 장사들과 대장공주 집에 가서 위청을 빼왔기에 위청은 죽음을 면했다. 무제가 이를 알고서 위청을 불러 建章監에 임명하고 侍中으로 삼았다. 同腹의 형제가 귀한 자리에 오르면서 하사품이 불과 며칠간에 千金이나 되었다. (위청의 동복 누나인) 衛君孺(위군유)는 太僕 公孫賀의 妻가 되었다. 작은누나인 衛少兒(위소아)는 원래 陳掌(진장, 陳平의 증손)과 사통하였고 무제는 陳掌을 불러 벼슬을 내렸다. 이리하여 公孫敖도 더욱 顯達(현달)하였다. 위자부는 황제의 夫人이 되었고 위청은 太中大夫가 되었다.

原文

元光六年, 拜爲車騎將軍, 擊匈奴, 出上谷, 公孫賀爲輕車將軍, 出雲中, 太中大夫公孫敖爲騎將軍, 出代郡, 衛尉李廣爲驍騎將軍, 出雁門, 軍各萬騎. 青至籠城, 斬首虜數百. 騎將軍敖亡七千騎, 衛尉廣爲虜所得, 得脫歸, 皆當斬, 贖爲庶人. 賀亦無功. 唯青賜爵關內侯. 是後匈奴仍侵犯邊. 語在〈匈奴傳〉.

| 註釋 | ○元光六年 – 前 129년. ○上谷 – 郡名. 치소는 沮陽縣(今 河北省 張家口市 관할의 懷來縣). ○雲中 – 군명. 치소는 雲中縣(今 內蒙古 呼和浩特市 관할의 托克托縣, 黃河 북안). ○代郡 – 치소는 代縣(今 河北省 張家口市 관할의 蔚縣). ○雁門(안문) – 군명. 치소는 善無縣(今 山西省 북부 朔州市 관할의 右玉縣). ○籠城 – 龍城. 흉노 선우가 祭天하던 곳. 今 內蒙古 鄂爾多斯市 동쪽의 准格爾旗 지역. ○仍 – 빈번히. 말미암을 잉.

〖國譯〗

(武帝) 元光 6년, 위청은 車騎將軍이 되어 흉노를 정벌하려고 上谷郡에서 출병하였고, 公孫賀는 輕車將軍으로 雲中郡에서 출병했고, 太中大夫인 公孫敖(공손오)는 騎將軍으로 代郡에서 출병하였으며 衛尉인 李廣은 驍騎將軍(효기장군)으로 雁門郡(안문군)에서 출병하였는데 각 군은 기병 1만 명씩이었다. 위청은 籠城(농성, 龍城)을 점거하고 적 수백 명을 참수했다. 騎將軍 공손오는 7천 기병을 상실했으며, 衛尉 이광은 적에게 생포되었다가 탈출하여 돌아왔는데 모두 참수되어야 하지만 속전을 내고 서인이 되었다. 공손하 또한 공을 세우지 못했다. 오직 위청에게만 關內侯의 작위를 내렸다. 이후 흉노는 빈번히 변경을 침범하였다. 이는 〈匈奴傳〉에 기록했다.

原文

元朔元年春, 衛夫人有男, 立爲皇后. 其秋, 青復將三萬騎出雁門, 李息出代郡. 青斬首虜數千. 明年, 青復出雲中, 西至高闕, 遂至於隴西, 捕首虜數千, 畜百餘萬, 走白羊,樓煩王. 遂取河南地爲朔方郡. 以三千八百戶封青爲長平侯. 青校尉蘇建爲平陵侯, 張次公爲岸頭侯. 使建築朔方城. 上曰, "匈奴逆天理, 亂人倫, 暴長虐老, 以盜竊爲務, 行詐諸蠻夷, 造謀籍兵, 數爲邊害. 故興師遣將, 以征厥罪.《詩》不云乎? '薄伐獫允, 至於太原', '出車彭彭, 城彼朔方'. 今車騎將軍青度西河至高闕, 獲首二千三百級, 車輜畜産畢收爲鹵, 已封爲列侯, 遂西定河南地, 案楡谿舊塞, 絶梓領, 梁北河, 討薄泥, 破符離, 斬輕銳之卒, 捕伏聽者三千一十七級. 執訊獲醜, 驅馬牛羊百有餘萬, 全甲兵而還, 益封青三千八百戶." 其後匈奴比歲入代郡,雁門,定襄,上郡,朔方, 所殺略甚衆. 語在〈匈奴傳〉.

| **註釋** | ○元朔元年 – 前 128년. ○有男 – 아들을 낳다. 劉據, 뒷날 衛太子 또는 戾太子로 불렸다. 戾는 시호. 63권, 〈武五子傳〉에 立傳. ○李息(이식) – 본권에 입전. ○高闕(고궐) – 요새 이름. 今 內蒙古 巴彦淖爾市 관할의 杭錦後旗 북쪽(黃河 북쪽). ○白羊,樓煩王(누번왕) – 흉노의 왕호. 單于 아래의 王은 부족장급. ○河南地 – 河套(하투) 이남의 지역. ○朔方郡(삭방군) – 治所는 朔方縣(今 內蒙古 鄂爾多斯市 烏拉特前旗. 황하 북안). ○蘇建 – 蘇武의 부친. 54권, 〈李廣蘇建傳〉에 입전. ○張次公 – 본권에 입전. ○暴長

虐老 - 흉노는 노인을 천대하였다. ○籍兵 - 借兵하다. ○薄伐獫允, 至於太原 -《詩經 小雅 六月》. 薄伐은 축출하다. 獫允(험윤)은 흉노. 이 詩는 周宣王의 북벌을 찬양. ○出車彭彭, 城彼朔方 -《詩經 小雅 出車》. 彭彭(팽팽)은 매우 많은 모양, 또는 '말이 살찌고 힘센 모양'으로 풀이한다. ○西河 - 陝西省과 山西省의 경계를 이루며 북에서 남으로 흐르는 황하의 일부 구간. ○車輜(거치) - 輕車와 輜重(치중, 짐수레). ○鹵 - 노획하다. 鹵는 소금 노(로). ○案 - 찾다. ○楡谿(유계) - 옛날 요새의 이름. ○絶 - 넘다. ○梓領(재령) - 梓嶺. 山名. ○梁北河 - 북하에 교량을 설치하다. 북하는 황하의 일부 구간. 寧夏回族自治區에서 북으로 흐르는 황하가 陰山 남쪽에서 두 갈래로 갈라지는데 그때 북변의 황하를 북하라고 한다. ○薄泥(박니) - 흉노 왕의 이름. ○符離(부리) - 要塞名. ○伏聽者 - 숨어서 허실을 알아보는 자. 염탐꾼. ○執訊獲醜 - 사람을 잡아 심문하고 포로를 잡다.《詩經 小雅 出車》에 나오는 말. ○比歲 - 해마다. 比는 頻(자주 빈). ○定襄(정양) - 군명. 치소는 今 內蒙古自治區 呼和浩特市 관할의 和林格爾縣.

〖國譯〗

元朔 원년 봄, 衛夫人이 아들을 낳자 황후로 책봉되었다. 그해 가을 위청은 3만 기병을 거느리고 雁門郡에서, 李息(이식)은 代郡에서 출병하였다. 위청은 적 수천 명을 죽였다. 다음 해 위청은 다시 雲中郡에서 출병하여 서쪽으로 高闕(고궐) 요새를 거쳐 隴西(농서)까지 진격하며 적 수천 명을 생포하거나 죽였고 가축 백여만 마리를 노획했으며 흉노의 白羊王과 樓煩王(누번왕)을 축출하였다. 마침내 河南 지역을 차지하고 朔方郡을 설치하였다. 무제는 식읍 3,800호를 하사하고 위청을 長平侯로 삼았다. 위청의 校尉인 蘇建(소건, 蘇武의 父)은 平陵侯가 되었고 張次公은 岸頭侯가 되었다. 소건으로 하여금 朔

方城을 축조케 하였다. 이때 무제가 조서를 내려 말했다.

"흉노는 天理를 거스르고 인륜을 어지럽히며 어른을 학대하고 도둑질을 일삼으며 여러 만이들을 속이고 일을 꾸며 군사를 차출하면서 자주 변방에 해악을 끼쳤다. 그래서 군사를 일으키고 장군을 보내 그 죄악을 징벌하였다. '험윤족을 축출하고 太原에 이르렀네.' 라고 하였으며 '출전하는 수레가 많기도 하네. ~저 북방에 성을 쌓았네!' 라고《詩經》에도 있지 않은가? 이번에 車騎將軍 衛靑은 西河를 건너 高闕에 이르면서 2,300명을 사살했고, 輕車와 치중과 가축들을 모조리 노획한 공로로 이미 列侯에 봉했으며, 다시 서쪽으로 河南 지역을 평정하고 楡谿의 옛 요새를 찾아냈고 梓領山(재령산)을 넘고 北河에 교량을 놓았으며, 흉노 薄泥王(박니왕)을 토벌하고 符離(부리) 요새를 격파하여 날쌘 적병을 죽이고 염탐꾼 3,717명을 잡았도다. 적을 잡아 심문하고 나포하였으며 소와 말과 양 백여만 마리를 차지하고 모든 군사가 귀환하였으니 위청에게 3,800호를 추가로 더 봉하노라."

그 뒤로 흉노는 해마다 代郡, 雁門, 定襄, 上郡, 朔方郡 지역에 침입하여 사람을 죽였고 노략질이 매우 많았다. 이는 〈匈奴傳〉에 기록했다.

原文

元朔五年春, 令靑將三萬騎出高闕, 衛尉蘇建爲游擊將軍, 左內史李沮爲强弩將軍, 太僕公孫賀爲騎將軍, 代相李蔡爲輕車將軍, 皆領屬車騎將軍, 俱出朔方. 大行李息,岸頭侯張次公爲將軍, 俱出右北平. 匈奴右賢王當青等兵, 以爲漢兵不能至此, 飮醉, 漢兵夜至, 圍右賢王. 右賢王驚, 夜逃, 獨與其愛妾一人騎數百馳, 潰圍北去. 漢輕騎校尉郭成等追數百里, 弗得, 得右賢裨王十餘人, 衆男女萬五千餘人, 畜數十百萬, 於是引兵而還. 至塞, 天子使使者持大將軍印, 卽軍中拜青爲大將軍, 諸將皆以兵屬, 立號而歸. 上曰, "大將軍青躬率戎士, 師大捷, 獲匈奴王十有餘人, 益封青八千七百戶." 而封青子伉爲宜春侯, 子不疑爲陰安侯, 子登爲發乾侯. 青固謝曰, "臣幸得待罪行間, 賴陛下神靈, 軍大捷, 皆諸校力戰之功也. 陛下幸已益封臣青, 臣青子在繈褓中, 未有勤勞, 上幸裂地封爲三侯, 非臣待罪行間所以勸士力戰之意也. 伉等三人何敢受封!" 上曰, "我非忘諸校功也, 今固且圖之." 乃詔御史曰, "護軍都尉公孫敖三從大將軍擊匈奴, 常護軍傅校獲王, 封敖爲合騎侯. 都尉韓說從大軍出窴渾, 至匈奴右賢王庭, 爲戲下搏戰獲王, 封說爲龍頟侯. 騎將軍賀從大將軍獲王, 封賀爲南窌侯. 輕車將軍李蔡再從大將軍獲王, 封蔡爲樂安侯. 校尉李朔,趙不虞,公孫戎奴各三從大將軍獲王, 封朔爲陟軹侯, 不虞爲隨成侯, 戎奴爲從平侯. 將軍李沮,李息及校尉豆如意,中郎將綰皆有功, 賜爵關內侯. 沮,息,如意食邑各三百戶."

其秋, 匈奴入代, 殺都尉.

| 註釋 | ○元朔五年 – 前 124년. ○左內史 – 장안과 경기지구 치안 책임자. ○李沮(이저) – 본권에 입전. ○代相李蔡 – 代國의 승상 이채, 李廣의 사촌동생. 元狩 2년(前 121)에 승상이 되었다가 前 118년에 죄를 짓고 자살했다. ○右北平 – 郡名. 치소는 無終縣〔今 天津市 북부의 薊縣(계현)〕. 나중에 지금의 遼寧省 朝陽市 관할의 凌源市로 옮겨간다. ○裨王(비왕) – 小王. ○數十百萬 – 수십만에서 백만. ○立號而歸 – 대장군으로 지휘하며 귀환하다. ○固辭 – 2번 세 번 사양하다. 固는 再三. ○繈褓 – 襁褓. 포대기. ○待罪 – 직분도 제대로 수행하지 못한다는 뜻의 謙辭. ○行間(항간) – 行伍之間(항오지간). ○傅校 – 5백 명 군사를 거느리다. 傅(스승 부)는 領. 校는 5백 명의 부대. ○韓說(한열) – 人名. 從大軍는 從大將軍. ○窴渾(전혼) – 要塞名. 내몽고 지역. 窴 메울 전(塡과 同). ○南窌(남교) – 窌 움막 교. ○樂安侯 – 安樂侯.

〖國譯〗

元朔 5년 봄, 위청에게 기병 3만을 거느리고 高闕에서 출병하게 했는데, 衛尉 蘇建은 游擊將軍, 左內史 李沮(이저)는 强弩將軍, 太僕(태복)인 公孫賀는 騎將軍, 代相인 李蔡는 輕車將軍으로 삼아 모두 車騎將軍의 소속으로 朔方郡에서 출병케 하였다. 그리고 大行令인 李息과 岸頭侯 張次公을 將軍으로 삼아 右北平에서 출병케 하였다. 흉노의 右賢王은 위청의 군사를 기다리면서 漢兵이 여기까지는 못 올 것이라 하여 술에 취했는데 漢兵이 밤에 들이닥쳐 右賢王을 포위하였다. 右賢王은 놀라 밤에 도주하면서 겨우 애첩 한 사람과 수백 명의 기병이 포위를 뚫고 북으로 도주하였다. 輕騎校尉 郭成(곽성) 등이 수백 리를 추격하였지만 잡지 못하고 右賢王의 裨王(小王) 10여 명과 남녀 무리 15,000명, 그리고 가축 수십에서 백만 마리를 차지하고서 군사를 이끌고 회군하였다. 요새에 이르자 天子는 사자에게 대장군 인수를 보내어 바로 군중에서 위청을 대장군으로 봉하니 모든 장수들이 군사를 거느리고 예속하여 대장군의 관호를 들고 귀환하였다. 이에 武帝가 말했다.

"대장군 위청은 직접 군사를 거느려 군사는 대첩을 거두었으며 흉노왕 10여 명을 생포하였기에 위청에게 8,700호를 추가하여 봉한다."

그리고 위청의 아들 衛伉(위항)을 宜春侯로, 아들 衛不疑를 陰安侯로, 아들 衛登을 發乾侯에 봉하였다. 그러자 위청이 고사하며 말했다. "臣이 군사 통솔도 제대로 못하면서 폐하의 신령에 힘입어 군사가 이겼으나 이는 모두가 여러 장교들이 힘써 싸운 공입니다. 폐하께서 이미 저에게 봉지를 더 해주신 것도 다행스러운데 저의 자식들은 아직 어린애로 힘써 싸우지도 못했는데 폐하께서 땅을 나누어 3명을 제후로 봉하신 것은 제가 군사를 지휘하며 장졸들에게 힘써 싸우라 권면한 뜻과는 다릅니다. 아들 위항 등 3명이 어찌 감히 봉호를 받을 수 있겠습니까?"

그러자 무제가 말했다. "짐이 여러 장교의 군공을 잊지 않았으니 지금 바로 일을 처리하고 있도다." 그리고 어사에게 詔命을 내려 말했다.

"護軍都尉 公孫敖(공손오)는 대장군을 따라 3번 흉노 토벌에 참가하여 늘 護軍하며 교위를 지휘하여 흉노 왕을 잡았기에 공손오를 合騎侯에 봉한다. 都尉 韓說(한열)은 대장군을 수행해 窴渾(전혼)에서 출병하여 흉노 우현왕 영역에 들어가 휘하 장병과 함께 싸워 흉노 왕을 생포하였으니 한열을 龍頟侯(용액후)에 봉한다. 騎將軍 公孫賀

는 大將軍을 따라 흉노 왕을 포획하였으니 공손하를 南窌侯(남교후)에 봉한다. 輕車將軍 李蔡는 2차례나 대장군과 함께 종군하여 흉노 왕을 체포하였기에 이채를 樂安侯에 봉한다. 校尉 李朔(이삭), 趙不虞(조불우), 公孫戎奴(공손융노)는 각각 3차례나 대장군과 종군하여 흉노 왕을 포획하였기에 이삭을 陟軹侯(척지후), 조불우를 隨成侯(수성후), 공손융노를 從平侯에 봉한다. 將軍 李沮(이저)와 李息(이식) 및 校尉 豆如意, 中郎將 綰(관)도 모두 공을 세웠기에 關內侯 작위를 하사한다. 이저와 이식, 두여의에게 각각 식읍 3백 호를 내린다."고 하였다.

그해 가을 흉노가 代郡에 침입하여 도위를 살해했다.

原文

明年春, 大將軍青出定襄, 合騎侯敖爲中將軍, 太僕賀爲左將軍, 翕侯趙信爲前將軍, 衛尉蘇建爲右將軍, 郎中令李廣爲後將軍, 左內史李沮爲彊弩將軍, 咸屬大將軍, 斬首數千級而還. 月餘, 悉復出定襄, 斬首虜萬餘人. 蘇建,趙信並軍三千餘騎, 獨逢單于兵, 與戰一日餘, 漢兵且盡. 信故胡人, 降爲翕侯, 見急, 匈奴誘之, 遂將其餘騎可八百犇降單于. 蘇建盡亡其軍, 獨以身得亡去, 自歸青. 青問其罪正閎, 長史安,議郎周霸等, "建當云何?" 霸曰, "自大將軍出, 未嘗斬裨將, 今建棄軍, 可斬, 以明將軍之威." 閎,安曰, "不然. 兵法'小敵之堅, 大敵之禽也.' 今建以數千當單于數萬, 力戰一日餘, 士皆不敢有二心. 自歸而斬之, 是示後無反意也. 不當斬." 青曰, "青幸得以肺附待罪行間, 不患無威, 而霸說我以明威, 甚失臣意. 且使臣職雖當斬將, 以臣之尊寵而不敢自擅專誅於境外, 其歸天子, 天子自裁之, 於以風爲人臣不敢專權, 不亦可乎?" 官吏皆曰 "善". 遂囚建行在所. 是歲也, 霍去病始侯.

| 註釋 | ○明年春 – 元朔 6년(前 123). ○翕侯 趙信 – 흡후 조신. 본권에 입전. 본래 漢에 투항했던 흉노. ○犇 – 奔(달아날 분)의 古字. ○正閎 – 軍正인 閎(굉). 軍正은 군법 담당자. 閎은 名. ○長史安 – 長史인 任安. 司馬遷의 親友. 長史는 三公이나 대장군의 보좌관. 秩 一千石. ○議郞 – 郞中令의 속관. ○周霸(주패) – 유학자 申公의 제자. 88권, 〈儒林傳〉에 立傳. ○建當云何 – 蘇建의 죄는 어떠한가? 云何는 여하. ○小敵之堅, 大敵之禽也 – 소수가 전투에 강하더라도 끝에 가서는 다수에게는 잡힌다. 大小不敵의 뜻. ○士皆不敢有二心 – 군사가 다했지만 두 마음을 갖지 않았다. 《史記 衛將軍驃騎列傳》에는 '士盡, 不敢有二心自歸' 로 되어 뜻이 명확하다. ○是示後無反意也 – 이는 후세 사람들에게 (전투에서 패하면) 돌아오지 말라는 뜻을 보여주는 것이다. 反은 返也. ○肺附(폐부) – 황제와 먼 친척(인척) 관계. ○不患無威 – 위엄이 없다는 것을 걱정하지 않는다. ○甚失臣意 – 신하라는 本意를 많이 버린 것이다. ○其歸天子 – 具歸天子. 상세하게 황제에게 보고하다. 其는 具의 誤字. ○以風~ – 風은 諷諭(풍유). 깨우치다.

〖國譯〗

다음 해 봄, 대장군 위청은 定襄郡에서 출병하면서 合騎侯 公孫

敖(공손오)는 中將軍, 太僕 公孫賀는 左將軍, 翕侯(흡후) 趙信은 前將軍, 衛尉(위위) 蘇建은 右將軍, 郎中令인 李廣은 後將軍, 左內史인 李沮(이저)는 彊弩(강노)장군으로 모두 大將軍의 지휘를 받으며 적 수천 명을 죽이고 귀환하였다. 한 달 뒤에는 모두가 다시 정양군에서 출병하여 1만여 명을 죽이거나 포로로 잡았다. 蘇建과 趙信의 합한 군사 3천여 기는 단독으로 흉노 선우의 군사와 부딪쳐 하루 넘게 싸웠지만 漢軍은 전멸할 지경이었다. 趙信은 본래 흉노인으로 漢에 투항하여 翕侯(흡후)가 되었지만 이제 위기에서 흉노가 유인하자 나머지 군사 약 8백 명을 데리고 도망쳐 선우에게 투항하였다. 蘇建은 그 부대를 다 잃고 단신으로 도망 나와 위청에게 돌아왔다. 위청이 소건의 죄에 대하여 軍正인 閎(굉)과 長史인 任安, 議郎인 周霸(주패) 등에게 "소건은 어떤 형벌에 해당하는가?"라고 물었다. 이에 주패가 말했다.

"大將軍께서 출병한 이후 部將을 참수한 적은 없지만 지금 소건은 군사를 다 잃었으니 참수하여 장군의 위엄을 분명히 해야 합니다." 그러자 閎(굉)과 任安(임안)이 말했다.

"그렇지 않습니다. 병법에도 '소수의 병력이 전투에 강하더라도 끝에 가서는 다수에게는 잡힌다.' 고 하였습니다. 이번에 소건은 수천의 군사로 선우의 수만 군사와 맞서서 종일 힘껏 싸워 군졸이 다 없어졌지만 두 마음을 갖지 않았습니다. 스스로 돌아왔는데 참수한다면 이는 후세에 패전하면 돌아오지 말라고 일러주는 뜻이 됩니다. 참수는 부당합니다."

위청이 말했다. "내가 다행히도 천자와 먼 인연이 있어 군사를 지휘하고 있지만 내 위엄이 없는 것을 걱정하지 않으며 주패가 나에게 위엄을 분명히 하라 하지만 이는 신하의 본 뜻을 망각한 것이다. 그리고 신하의 직분에서 당연히 장수를 참수할 수 있더라도 신임을 받는 신하로서 변경에서 마음대로 죽일 수는 없으며 천자께 상세히 보고하여 천자께서 처분하시게 하는 것이 신하로서 멋대로 권력을 행사해서는 안 된다는 것을 깨우칠 수 있으니 이 또한 좋지 않겠는가?"

관리들이 모두 다 "옳습니다."라고 말했다. 그리고 소건을 죄수로 行在所에 보냈다.

이 해에 霍去病(곽거병)이 처음으로 제후가 되었다.

55-2. 霍去病

原文

霍去病, 大將軍青姊少兒子也. 其父霍仲孺先與少兒通, 生去病. 及衛皇后尊, 少兒更爲詹事陳掌妻. 去病以皇后姊子, 年十八爲侍中. 善騎射, 再從大將軍. 大將軍受詔, 予壯士, 爲票姚校尉, 與輕勇騎八百直棄大軍數百里赴利, 斬捕首虜過當. 於是上曰, "票姚校尉去病斬首捕虜二千二十八級, 得相國,當戶, 斬單于大父行籍若侯產, 捕季父羅姑比, 再冠軍, 以二千五百戶封去病爲冠軍侯. 上谷太守郝賢四從大將軍, 捕首虜千三百級, 封賢爲終利侯. 騎士孟已有功, 賜爵關內侯, 邑二百戶."

| **註釋** | ○霍去病(곽거병, 前 140 - 117) - 衛子夫와 衛青의 생질. 匈奴 격파한 名將. ○霍仲孺(곽중유) - 본래 平陽縣의 서리. 霍去病과 霍光의 生父. 곽거병의 異腹 아우가 곽광. 68권, 〈霍光金日磾傳〉 참고. ○詹事(첨사) - 황후궁이나 태자궁의 업무 담당. ○陳掌(진장) - 陳平의 증손. ○票姚校尉(표요교위, 驃姚~) - 姚 예쁠 요. 票姚는 강하고 빠를 모양. ○過當 - 적을 죽이거나 포로의 숫자가 자기 손실보다 많다. ○當戶 - 흉노의 관직명. ○大父行 - 조부 항렬. 籍若侯는 흉노의 제후 이름. ○季父 - 선우의 季父(작은아버지). ○郝賢(학현) - 인명. 郝 고을 이름 학.

〖國譯〗

霍去病(곽거병)은 대장군 衛青의 누나인 衛少兒의 아들이다. 그 아버지 霍仲孺(곽중유)는 전에 衛少兒(위소아)와 사통하여 곽거병을 낳았다. 衛皇后가 존귀해지면서 위소아는 다시 詹事(첨사) 陳掌의 妻가 되었다. 곽거병은 皇后 언니의 아들로 나이 18세에 侍中이 되었다. 騎射에 능했으며 두 번이나 대장군 위청을 따라 출전했다. 대장군은 조서를 받고 곽거병에게 壯士를 주고 票姚校尉(표요교위)에 임명하였다. 곽거병은 날쌔고 용감한 기병 8백 명을 거느리고 바로 대군에서 수백 리나 떨어진 곳에서 전과를 올려 참수하거나 포로로 잡은 숫자가 손실보다 많았다. 이에 무제가 말했다.

"票姚校尉 곽거병이 2,028명을 참수하거나 생포하였는데 흉노의 相國이나 當戶를 사로잡았고 선우의 祖父 항렬인 籍若侯(적약후) 産(산)을 참수하였으며 季父인 羅姑比(나고비)를 생포하는 등 2번이나 전군에서 제일이기에 2,500호로 곽거병을 冠軍侯에 봉한다. 上谷太守인 郝賢(학현)은 4차례나 대장군을 따라 종군하며 1,300명을 생포하거나 참수하였으니 학현을 終利侯로 삼는다. 기사 孟已(맹이)도 有功하니 관내후 작위와 식읍 2백 호를 하사한다."

原文

是歲失兩將軍, 亡翕侯, 功不多, 故青不益封. 蘇建至, 上弗誅, 贖爲庶人. 青賜千金. 是時王夫人方幸於上, 甯乘說青曰, "將軍所以功未甚多, 身食萬戶, 三子皆爲侯者, 以皇后故也. 今王夫人幸而家族未富貴, 願將軍奉所賜千金爲王夫人親壽." 青以五百金爲王夫人親壽. 上聞, 問青, 青以實對. 上乃拜甯乘爲東海都尉.

校尉張騫從大將軍, 以嘗使大夏, 留匈奴中久, 道軍, 知善水草處, 軍得以無飢渴. 因前使絶國功, 封騫爲博望侯.

| 註釋 | ○失兩將軍 – '失兩將軍軍(두 장군의 군사를 잃다.)' 이어야 한다. '軍' 一字 탈락. ○青賜千金 – 위청이 (소건에게) 천금을 주었다고 해석이 되어야 하지만, 다음에 '奉所賜千金' 이란 말이 있어 武帝가 위청에게 천금을 하사한 것으로 해석한다. ○王夫人 – 齊 懷王 劉閎(유굉, 63권, 〈武五子傳〉 참고)의 생모. 무제에게는 太子妃였다가 황후가 되었으나 無子하여 失寵한 陳皇后(廢后)가 있었고, 衛皇后(子夫, 시호 思后, 在位 38년, 廢太子 劉據의 모친)와 昭帝의 生母인 趙婕妤(조첩여) 외 여러 부인이 있었다. ○甯乘(영승) – 인명. 齊人. ○王夫人親壽 – 왕부인 친정 모친에 대한 축수. ○張騫(장건,

前 200－114) － 실크로드(絲路) 개척자. 騫 이지러질 건. 61권, 〈張騫李廣利傳〉에 입전. ○大夏 － 古 왕국명. 巴克特里亞(Bactria), 중앙아시아(今 아프가니스탄 북부)에 해당. ○留匈奴中久 － 장건은 흉노에게 13년간 억류되었다. ○道軍 － 군대의 嚮導(향도). 길 안내자. ○絶國 － 중국과 아주 먼 나라.

〖國譯〗

이 해에 두 장군의 군사를 잃었고 翕侯(흡후)가 망명했으며 군공도 많지 않아 위청은 봉지를 더 받지 못했다. 蘇建이 돌아오자 무제는 사형시키지 않았고, 소건은 속전을 내고 서인이 되었다. 무제는 위청에게 천금을 하사하였다. 이 무렵에 王夫人이 막 무제의 총애를 받았는데 甯乘(영승)이란 사람이 위청에게 말했다.

"장군의 공이 크게 많지도 않은데 일만 호의 식읍을 받았고 세 아들이 모두 제후에 봉해진 것은 모두 황후 때문입니다. 이제 王부인이 총애를 받고 있지만 아직 부귀를 누리지는 못하니 장군께서는 하사받은 천금으로 왕부인 모친에게 축수하여 주십시오."

위청은 5백금으로 왕부인 모친에게 축수하였다. 무제가 이를 알고 위청에게 묻자 위청은 사실대로 대답하였다. 무제는 영승을 불러 동해군 도위에 임명하였다.

校尉 張騫(장건)은 대장군을 따라 출병하였는데 전에 大夏(대하)에 사절로 갔다가 흉노에 오래 억류되었는데 이번에 군사를 향도하며 물과 풀이 많은 곳을 잘 알아 군사들에게 기갈이 없었다. 이전에 먼 나라에 사절로 나갔던 공적으로 장건은 博望侯(박망후)가 되었다.

原文

去病侯三歲, 元狩二年春爲票騎將軍, 將萬騎出隴西, 有功. 上曰, "票騎將軍率戎士隃烏盭, 討遬濮, 涉狐奴, 歷五王國, 輜重人衆攝讋者弗取, 幾獲單于子. 轉戰六日, 過焉支山千有餘里, 合短兵, 鏖皐蘭下, 殺折蘭王, 斬盧侯王, 銳悍者誅, 全甲獲醜. 執渾邪王子及相國,都尉, 捷首虜八千九百六十級, 收休屠祭天金人, 師率減什七, 益封去病二千二百戶."

| 註釋 | ○侯三歲 – 곽거병이 제후가 되고 3년인 해. 곽거병은 元朔 6년(前 123)에 冠軍侯가 되어 元狩 2년(前 121). ○票騎將軍 – 驃騎將軍. ○隃烏盭 – 오려산을 넘다. 隃 넘을 유(逾와 同). 盭는 이지러질 려. ○討遬濮 – 속복(흉노 地名)을 정벌하고. 遬은 빠를 속(速의 古字). 濮 강 이름 복. ○涉狐奴 – 호노강을 건너. ○攝讋者弗取 – 두려워 떠는 자는 포로로 하지 않다. 攝 당길 섭. 讋은 두려워할 섭. 慴(두려워할 섭)과 同. ○幾獲單于子 – 單于의 아들을 잡으려 했으나. 幾는 冀(바랄 기)와 通. ○焉支山(언지산) – 今 甘肅省 金昌市 永昌縣의 산 이름. ○鏖皐蘭下 – 고란산 아래서 무찌르다. 鏖는 무찌를 오. 皐蘭(고란)은 산명. 甘肅省 언지산 근처의 산 이름이라는 註가 있는데 언지산과 천여 리 떨어졌다는 설명은 미상. ○殺折蘭王 – (흉노의) 절난왕을 죽이다. ○斬盧侯王 – (흉노의) 노후왕을 참수하다. ○銳悍者誅 – 날뛰는 자를 죽이다. ○全甲獲醜 – 甲士(정규 군인)을 잃지 않고 포로를 잡다. ○執渾邪王子 – 혼야왕의 아들을 생포하다. 혼야왕은 흉노의 관직명. ○收休屠祭天金人 – 흉노의 휴저왕이 제천할 때 모신 金人을 빼앗다. 金人을 불상으로 해석하는 주석도 있다. 屠는 흉노왕 이름 저. 죽일 도. ○率

減什七(율감십칠) – 비율적으로 흉노의 군사 10에서 7을 없애다.

〖國譯〗

霍去病(곽거병)이 제후가 된 3년째인 元狩 2년 봄에 票騎將軍이 되어 1만 기병을 거느리고 隴西郡에서 출병하여 공을 세웠다. 이에 무제가 말했다.

"票騎將軍은 군사를 거느리고 烏盭山(오려산)을 넘어 遬濮(속복)을 토벌하고 狐奴(호노)강을 건너 흉노의 5王國을 정벌하면서 많은 군수품을 차지하고 그 백성을 잡으면서 항복하는 자를 용서하였으며 선우의 아들을 생포하려 했다. 6일 동안 싸우면서 焉支山(언지산)을 지나 1천여 리를 원정하며 흉노 보병과 접전했고 皐蘭山(고란산)에서 적을 무찔렀으며 折蘭王(절난왕)을 죽였고 盧侯王(노후왕)을 잡아 참수하였으며 완강한 적을 무찌르고 우리 군사 희생 없이 많은 포로를 잡았다. 渾邪王(혼야왕)의 아들과 相國 및 都尉를 잡았으니 죽이거나 생포한 자가 8,960명이었으며 休屠王(휴저왕)이 祭天하는 金人을 노획하였고 그들의 군사 7할을 없앴으니 곽거병에게 2,200호를 추가로 봉한다."

原文

其夏, 去病與合騎侯敖俱出北地, 異道. 博望侯張賽,郎中令李廣俱出右北平, 異道. 廣將四千騎先至, 騫將萬騎後. 匈奴左賢王將數萬騎圍廣, 廣與戰二日, 死者過半, 所殺亦過當. 騫至, 匈奴引兵去. 騫坐行留, 當斬, 贖爲庶人. 而去病出北地, 遂深入, 合騎侯失道, 不相得. 去病至祁連山, 捕首虜甚多. 上曰, "票騎將軍涉鈞耆, 濟居延, 遂臻小月氏, 攻祁連山, 揚武乎觻得, 得單于單桓,酋塗王, 及相國,都尉以衆降下者二千五百人, 可謂能舍服知成而止矣. 捷首虜三萬二百, 獲五王, 王母,單于閼氏,王子五十九人, 相國,將軍,當戶,都尉六十三人. 師大率減什三, 益封去病五千四百戶. 賜校尉從至小月氏者爵左庶長. 鷹擊司馬破奴再從票騎將軍斬遬濮王, 捕稽且王, 右千騎將得王,王母各一人, 王子以下四十一人, 捕虜三千三百三十人, 前行捕虜千四百人, 封破奴爲從票侯. 校尉高不識從票騎將軍捕呼於耆王王子以下十一人, 捕虜千七百六十八人, 封不識爲宜冠侯. 校尉僕多有功, 封爲煇渠侯." 合騎侯敖坐行留不與票騎將軍會, 當斬, 贖爲庶人. 諸宿將所將士馬兵亦不如去病, 去病所將常選, 然亦敢深入, 常與壯騎先其大軍, 軍亦有天幸, 未嘗困絶也. 然而諸宿將常留落不耦. 由此去病日以親貴, 比大將軍.

| **註釋** | ○北地 – 郡名. 치소 馬嶺縣(今 甘肅省 동부의 慶陽市 서북). ○坐行留 – 행군에 도착 날짜를 지키지 못해 법에 저촉되다. ○祁連山(기련산) – 서역 張掖郡과 酒泉郡의 남쪽의 산맥. 기련은 흉노의 말로 '하늘'을 의미. 보통 천산산맥이라 하여 靑藏高原 북쪽에서 甘肅省과 靑海省의 경계를 이룬다. ○涉鈞耆 – 鈞耆(균기)는 水名. 涉은 '걸어서 강을 건너다.' ○濟居延 – 거연 호수를 배로 건너다(濟). 居延은 澤名. 今 內蒙古 阿拉善盟 관할의

額濟納旗 동남. 漢代에는 '居延澤' 후세에는 '西海', 唐代 이후로는 '居延海'로 불렸다. ○臻小月氏 - 小月氏(소월지)의 땅에 도달하다. 臻은 이를 진. 도달하다. 小月氏는 종족명. 흉노에 쫓겨 서쪽으로 도주한 종족은 大月氏. 남은 종족은 小月氏로 구분한다. ○觻得(역득) - 縣名. 今 甘肅省 張掖市 서북. 觻 물고기 이름 력. 자가사리. ○單桓(단환), 酋塗王(추도왕) - 흉노 王名. ○舍服知成而止矣 - 항복하면 그냥 놔두고(服而舍之), 목적을 이루면 그만 쉬다(功成則止). 적극적으로 포로 수를 늘리거나 많이 죽이려 하지 않았다. ○單于閼氏 - 선우의 연지. 閼氏(연지)는 흉노 선우 왕비의 호칭. 閼은 가로막을 알. 흉노 왕비 연. ○師大率減什三 - 漢의 군사는 대략 10분의 3이 줄었다. 30%의 손실. ○爵左庶長 - 좌서장의 작위를 내리다. 좌서장은 20 작위 중 10등급에 해당. ○破奴 - 趙破奴. 장군 이름. ○遬濮王(속복왕) - 속복은 흉노의 지명. ○稽且王(계차왕) - 흉노의 王名. ○高不識 - 人名. 본래 흉노인. ○僕多 - 人名. 僕朋의 筆寫 착오. ○宿將 - 舊將.

〖國譯〗

그해 여름, 곽거병과 合騎侯 공손오는 함께 北地郡에서 출병하였으나 길을 달리하였다. 博望侯 張騫(장건)과 郎中令 李廣은 함께 右北平郡에서 출병하며 길을 달리하였다. 이광은 4천 기병을 거느리고 먼저 도착했으나 장건의 1만 기병은 기일보다 늦었다. 흉노 左賢王의 수만 기가 이광의 군사를 포위했고 이광은 그들과 2일 동안 싸웠는데 죽은 자가 과반이 넘었지만 적을 죽인 숫자가 더 많았다. 장건의 군사가 도착하자 흉노는 군사를 철수했다. 장건은 행군을 지체한 법에 걸려 참수당해야 했으나 贖錢(속전)을 내고 서인이 되었다. 그리고 곽거병은 북지군에서 출발하여 적지에 깊이 들어갔지만 합기후 공손오는 길을 잃어 함께 합류하지 못했다.

곽거병은 祁連山(기련산)에 도착할 때까지 포로와 죽인 적군이 매우 많았다. 이에 무제가 조서를 내렸다. "票騎將軍(표기장군, 곽거병)은 鈞耆(균기)의 강과 거연호를 건너 마침내 소월지의 땅에 도착하여 기련산 일대를 공격하고 鱳得縣(역득현)에 무위를 떨쳤으며 선우의 單桓王(단환왕)과 酋塗王(추도왕)을 사로잡았으며 그밖에 상국과 도위 이하 무리로 항복한 자가 2,500명이었는데 항복하면 죽이지 않고 공을 이루면 그만둔 것이었다고 할 수 있다. 포로가 30,200명이었고 5명의 왕과 王母, 선우의 閼氏(연지)와 왕자 59명과 상국 그리고 장군, 當戶(당호), 都尉(도위) 등 63명을 생포하였으며 흉노의 군사 약 3할을 감소시켰기에 곽거병에게 5,400호를 추가로 봉한다. 校尉로 표기 장군을 수행하여 小月氏까지 종군한 자에게 左庶長의 작위를 하사한다. 鷹擊司馬(응격사마) 趙破奴는 두 번이나 표기장군 직책을 수행하면서 흉노의 遬濮王(속복왕)을 죽이고 稽且王(계차왕)과 흉노의 右千騎將王과 王母 각 1명, 왕자 이하 41인을 잡았으며 3,323명을 포로로 잡았고 그전에 1,400명을 포로로 잡았기에 조파노를 從票侯에 봉한다. 校尉 高不識(고불식)은 票騎將軍을 수행하여 呼於耆王(호어기왕)과 王子 이하 11명을 사로잡았고 1,768명을 포로로 잡았기에 고불식을 宜冠侯에 봉한다. 校尉 僕多(복다)도 공이 많으니 煇渠侯(휘거후)에 봉한다."

合騎侯 공손오는 행군이 늦어 표기 장군과 합류하지 못한 죄에 걸려 참수되어야 했으나 속전을 내고 서인이 되었다. 여러 옛 장수가 거느리는 사졸과 군마는 곽거병의 군사만 못했으니 곽거병이 거느린 군사는 언제나 선발된 정병이라서 적지에 깊이 진격할 수 있었으며 늘 건장한 기병이 대군의 선두에 나설 수 있으며 또 天幸이 있

어 곤경에 처한 경우도 없었다. 그러나 여러 옛 장군들은 따라가지 못하거나 적을 만나지도 못했다. 이 때문에 곽거병은 나날이 武帝의 신임을 더 받아 대장군 위청과 비슷하게 되었다.

原文

其後, 單于怒渾邪王居西方數爲漢所破, 亡數萬人, 以票騎之兵也, 欲召誅渾邪王. 渾邪王與休屠王等謀欲降漢, 使人先要道邊. 是時, 大行李息將城河上, 得渾邪王使, 卽馳傳以聞. 上恐其以詐降而襲邊, 乃令去病將兵往迎之. 去病旣渡河, 與渾邪衆相望. 渾邪裨王將見漢軍而多欲不降者, 頗遁去. 去病乃馳入, 得與渾邪王相見, 斬其欲亡者八千人, 遂獨遣渾邪王乘傳先詣行在所, 盡將其衆渡河, 降者數萬人, 號稱十萬.

旣至長安, 天子所以賞賜數十巨萬. 封渾邪王萬戶, 爲漯陰侯. 封其裨王呼毒尼爲下摩侯, 雁疪爲煇渠侯, 禽黎爲河綦侯, 大當戶調雖爲常樂侯. 於是上嘉去病之功, 曰, “票騎將軍去病率師征匈奴, 西域王渾邪王及厥衆萌咸犇於率, 以軍糧接食, 並將控弦萬有餘人, 誅獟悍, 捷者虜八千餘級, 降異國之王三十二. 戰士不離傷, 十萬之衆畢懷集服. 仍興之勞, 爰及河塞, 庶幾亡患, 以千七百戶益封票騎將軍. 減隴西, 北地, 上郡戍卒之半, 以寬天下繇役.” 乃分處降者於邊五郡故塞外, 而皆在河南, 因其故俗爲屬國. 其明年, 匈奴入右北平,定襄, 殺略漢千餘人.

|註釋| ○渾邪王(혼야왕) – 본래 張掖郡(장액군, 今 甘肅省) 일대를 지배하는 흉노의 왕. 武帝 元狩 2년(前 121)에 4만 명을 거느리고 투항해왔다. ○休屠王 – 흉노왕의 칭호. 屠는 죽일 도. 흉노왕 이름 저. ○使人先要道邊 – 사람을 보내 변경에서 먼저 (천자에게 투항의 뜻을) 말하다. 道를 필요 없는 글자가 들어갔다고 설명하는 주석도 있다. ○將城河上 – 군사를 동원하여 황하에서 축성하다. ○裨王將 – 왕을 보좌하는 장수. ○頗遁去 – 상당수가 도망치다. ○巨萬 – 막대한 양. ○漯陰侯(탑음후) – 漯陰은 縣名. 今 山東省 북부 德州市 관할의 禹城市 동쪽. ○厥衆萌 – 그 백성들. 萌(싹 맹)은 甿(백성 맹)과 通. ○咸犇於率 – 모두 다 통솔지역에 투항하다. 犇은 奔의 古字. ○獟悍(교한) – 미친개처럼 사납다(狂悍). 獟는 미친개 교. 날쌔다. ○仍興之勞, 爰及河塞, 庶幾亡患 – 출병하는 노고로 이제 황하 밖까지 위엄을 떨치니 거의 후환이 없을 것이다. ○繇役(요역) – 徭役(요역). 백성의 노동력을 징발하는 것. ○邊五郡 – 隴西郡, 北地郡, 上郡, 朔方郡, 雲中郡. ○屬國 – 투항하여 고유 習속을 유지하며 거주하는 이민족 집단. 이들이 때론 반기를 들었으니 元帝 初元 元年(前 48)에는 上郡의 屬國에 거주하던 흉노족 1만여 명이 흉노로 도주했다.

〖國譯〗

그 후에, 선우는 渾邪王(혼야왕)이 서방을 통치하며 자주 漢軍에게 격파당하고 표기 장군의 군사에게 수만 명이나 죽은 것에 대하여 화가 나서 혼야왕을 불러 죽이고자 했다. 혼야왕과 休屠王(휴저왕) 등은 함께 漢에 투항을 모의하고 사람을 보내 국경에서 먼저 통보하려고 했다. 이때 大行令 李息은 군사를 동원하여 황하에서 성을 쌓다가 혼야왕의 사자를 만난 뒤 즉시 傳使를 보내 보고하였다. 무제는 흉노가 거짓으로 투항하며 변경을 습격할까 걱정하여 곽거병에게 군사를 거느리고 국경에 가서 그들을 맞이하게 시켰다. 곽거병이 황하를 건너 혼야왕의 무리와 마주 보게 되었다. 혼야왕의 신하와 장수들이 漢軍을 보고서 투항을 거부하면서 많은 숫자가 도망갔다. 곽거병은 즉시 달려가 혼야왕과 상견한 뒤에 도망 가려 했던 흉노인 8천여 명을 죽이고, 혼야왕만 먼저 武帝의 행재소로 가게 하고 그 부하들을 다 동원하여 황하를 건너게 하니 투항자 수만 명을 10만 명이라고 말했다.

그들이 모두 長安에 들어오자 天子가 상으로 주는 재물이 수십 거만이었다. 혼야왕에게 1만 호를 주어 漯陰侯(탑음후)라 하였고, 그 裨王(비왕, 신하)인 呼毒尼(호독니)을 下摩侯(하마후)라 하였고, 雁疵王(안비왕)을 煇渠侯(휘거후)에 禽黎(금려)를 河綦侯(하기후)로 봉했으며 大當戶인 調雖(조수)를 常樂侯에 봉했다.

그리고 무제는 곽거병의 공적을 치하하며 말했다. "표기 장군 곽거병은 군사를 거느리고 흉노를 원정하였고, 西域 王인 혼야왕과 그 백성이 모두 우리 군사의 인솔하에 투항하였고, 그들을 군량을 내어 먹였으며 동시에 궁수 일만 여명을 지휘하여 거칠고 날쌘 자들을 죽이게 하니 포로 8천여 명을 잡았고 異國의 왕 32명을 투항케 하였다. 우리 전사들은 상처도 입지 않았고 10만의 무리를 굴복하게 하였다. 그간의 출정한 노고로 인해 이제 황하 밖까지 위엄을 떨쳐 앞으로는 걱정이 없을 것이니 이에 1,700호를 표기 장군에게 추가로 봉한다. 隴西郡(농서군)과 北地郡, 그리고 上郡의 戍卒(수졸)을 절반으로 줄여 천하의 傜役(요역) 부담을 줄였다."

그리고 투항해 온 백성들을 변경의 5개 郡(군)의 옛 塞外 지역에 분산해 거주케 하여 河南에서 그들의 옛 습속을 유지하는 屬國(속국)으로 살게 하였다. 그 다음 해 흉노는 右北平郡과 定襄郡에 쳐들어와 漢人 천여 명을 죽이거나 잡아갔다.

原文

其明年, 上與諸將議曰, "翕侯趙信爲單于畫計, 常以爲漢兵不能度幕輕留, 今大發卒, 其勢必得所欲." 是歲元狩四年也. 春, 上令大將軍青,票騎將軍去病各五萬騎, 步兵轉者踵軍數十萬, 而敢力戰深入之士皆屬去病. 去病始爲出定襄, 當單于. 捕虜, 虜言單于東, 乃更令去病出代郡, 令青出定襄. 郎中令李廣爲前將軍, 太僕公孫賀爲左將軍, 主爵趙食其爲右將軍, 平陽侯襄爲後將軍, 皆屬大將軍. 趙信爲單于謀曰, "漢兵卽度幕, 人馬罷, 匈奴可坐收虜耳." 乃悉遠北其輜重, 皆以精兵待幕北. 而適直青軍出塞千餘里, 見單于兵陳而待, 於是青令武剛車自環爲營, 而縱五千騎往當匈奴, 匈奴亦縱萬騎. 會日且入, 而大風起, 沙礫擊面, 兩軍不相見, 漢益縱左右翼繞單于. 單于視漢兵多, 而士馬尙强, 戰而匈奴不利, 薄莫, 單于遂乘六羸, 壯騎可數百, 直冒漢圍西北馳去. 昏, 漢匈奴相紛挐, 殺傷大當. 漢軍左校捕虜, 言單于未昏而去, 漢軍因發輕騎夜追之, 青因隨其後. 匈奴兵亦散走. 會明, 行二百餘里, 不得單于, 頗捕斬首虜萬餘級, 遂至窴顔山趙信城, 得匈奴積粟食軍. 軍留一日而還, 悉燒其城餘粟以歸.

| **註釋** | ○翕侯(흡후) 趙信 – 흉노인으로 漢에 투항했다가 다시 흉노에 복속한 사람. ○度幕 – 사막을 건너다(渡漠). ○輕留 – 쉽게 진격해 와서 오래 머물다. ○元狩四年 – 前 119년. ○步兵轉者 – 보병으로 군수품을 운반하는 자. ○踵軍 – 군의 뒤를 따르다. 踵 발꿈치 종. ○定襄 – 郡名. 치소는 今 內蒙古自治區 呼和浩特市 관할의 和林格爾縣. ○人馬罷 – 罷 그칠 파. 지칠 피. ○主爵趙食其 – 주작도위 趙食其(조이기). ○武剛車 – 일종의 戰車. ○自環爲營 – 둥글게 배치해 보루를 만들다. ○縱五千騎 – 기병 5천을 보내. ○會日且入 – 해가 막 질 무렵에. ○繞 – 두를 요. 에워싸다. ○薄莫(박모) – 해가 질 무렵. 薄은 가까워지다. 莫(저물 모)는 暮와 同. 해질 무렵. ○六羸 – 여섯 마리 노새. 羸 벌거벗을 라. 털이 짧은 짐승. 騾와 同. 騾 노새 나(라). ○壯騎可數百 – 수백에 가까운 건장한 기병. ○直冒漢圍 – 漢軍의 포위를 곧 바로 뚫고. 直은 곧장. ○紛挐(분나) – 서로 잡다. 뒤섞여 混戰하다. 挐 붙잡을 나. ○殺傷大當 – 죽이거나 부상당한 자가 비슷했다. 다친 수만큼 죽었다. ○窴顔山 趙信城 – 전안산의 조신성. 흉노가 城의 이름을 趙信(人名)으로 지어주었다. ○食軍 – 軍을 먹이다(以食與軍).

〖**國譯**〗

그 다음 해에 무제가 여러 장수와 상의하며 말했다.

"翕侯(흡후) 趙信이 선우를 위해 작전을 짜면서 漢軍은 사막을 건너와 오래 머물 수 없다고 생각한다니 이번에 대군을 보내면 그 상황이 우리에게 유리할 것이다."

이해는 元狩 4년이었다. 봄에 무제는 대장군 위청과 표기 장군 곽거병이 각각 5만 기병을 거느리고 출병케 하면서 보병으로 군수품을 운반하는 자가 수십 만이 뒤를 따랐는데 힘써 싸우고 적진에 깊이 들어갈 사졸들은 모두 곽거병에게 소속케 하였다. 곽거병은 처음에 定襄郡에서 출발하여 선우와 맞설 예정이었다. 포로를 잡았는데 그 포로가 선우가 동쪽으로 갔다 하여 명령을 바꾸어 곽거병이 代郡에서 출발하고 위청은 정양군에서 출발하였다. 郎中令 李廣은 前將軍, 太僕인 公孫賀는 左將軍, 主爵都尉 趙食其(조이기)는 右將軍, 平陽侯 曹襄(조양)은 後將軍으로 모두 大將軍(衛靑)의 소속이었다.

趙信이 선우와 작전을 짜며 말했다. "漢兵이 사막을 지나온다면 장졸과 군마가 모두 지칠 것이니 우리 흉노는 앉아서 포로를 잡을 수 있습니다." 그리고 그 군수 물자를 모두 먼 북쪽으로 옮기고 정병만으로 사막 북쪽에서 대기하였다. 위청의 군사가 국경을 떠나 1천여 리를 지나 곧장 나아가자 선우는 진을 치고 기다리고 있었다. 이에 위청은 武剛車를 둥글게 배치하여 보루를 만들고 5천 기병을 보내 흉노와 맞서게 하였고 흉노 또한 1만 기병을 내 보냈다. 해가 막 질 무렵에 큰 바람이 불면서 모래와 자갈이 얼굴을 때려 양쪽 군사들은 서로 보이질 않았지만 한에서는 군사를 더 보내 좌우 양쪽에서 선우를 포위하였다. 선우는 한의 병사가 많고 군사와 말이 여전히 강하여 싸우면 불리할 것을 알고 해질 무렵에 6마리 노새가 끄는 戰車를 타고 건장한 기사 수백 명 정도만 거느리고 곧장 漢軍의 포위를 뚫고 북쪽으로 도주하였다. 야간에도 漢軍과 흉노는 혼전을 계속하여 살상자가 대략 비슷하였다. 漢軍 左校가 포로를 잡았는데 선우가 어두워지기 전에 도주했다고 말하여 한군은 경무장 기병을 보내 밤새 추격케 하였고 위청은 뒤를 따라갔다. 흉노의 병졸도 흩어져 도주했다. 날이 밝을 무렵까지 2백여 리를 추격했지만 선우를 잡지 못했고 적 1만여 명을 죽이거나 생포하였고 마침내 窴顔山(전안산) 趙信城에 이르러 흉노가 보관한 곡식으로 군사를 먹였다. 한군은 하루를 머물다가 돌아오면서 그 성의 남은 곡식을 모두 소각하였다.

原文

青之與單于會也, 而前將軍廣,右將軍食其軍別從東道, 或失道. 大將軍引還, 過幕南, 乃相逢. 青欲使使歸報, 令長史簿責廣, 廣自殺. 食其贖爲庶人. 青軍入塞, 凡斬首虜萬九千級.

是時, 匈奴衆失單于十餘日, 右谷蠡王自立爲單于. 單于後得其衆, 右王乃去單于之號.

| 註釋 | ○或失道 - 길이 헷갈리어 길을 잃다. 或은 惑. ○簿責廣 - 장부에 근거하여 李廣을 문책하다. ○廣自殺 - 길을 잃어 약속 기일을 지키지 못했기에 다시 정리 앞에 나가 대답하기 싫다며 자살하였다. 54권, 〈李廣蘇建傳〉. ○右谷蠡王(우녹려왕) - 흉노의 小王. 谷은 골 곡. 흉노왕 록.

【國譯】

위청과 선우의 회전에서 前將軍 李廣과 右將軍 趙食其(조이기)의 군은 별도로 동쪽 길로 진격하면서 헷갈려 길을 잃었다. 대장군이 회군하면서 사막의 남쪽에 왔을 때 서로 만났다. 위청은 사자를 통해 올린 보고를 하려고 長史로 하여금 장부에 적힌 대로 이광을 책문하게 하자 이광은 자살하였다. 조이기는 속전을 바치고 서인이 되었다. 위청의 군사가 요새에 돌아올 때까지 종 19,000명을 생포하거나 죽였다.

이때에 匈奴의 무리는 單于의 행방을 10여 일간 알지 못했는데 右谷蠡王(우녹려왕)이 자립하여 선우가 되었다. 선우가 나중에 그 군사를 되찾자 우녹려왕은 선우의 칭호를 버렸다.

原文

去病騎兵車重與大將軍軍等, 而亡裨將. 悉以李敢等爲大校, 當裨將, 出代,右北平二千餘里, 直左方兵, 所斬捕功已多於青.

旣皆還, 上曰, "票騎將軍去病率師躬將所獲葷允之士, 約輕齎, 絶大幕, 涉獲單于章渠, 以誅北車耆, 轉擊左大將雙, 獲旗鼓, 歷度難侯, 濟弓盧, 獲屯頭王,韓王等三人, 將軍,相國,當戶,都尉八十三人, 封狼居胥山, 禪於姑衍, 登臨翰海, 執訊獲醜七萬有四百四十三級, 師率減什二, 取食於敵, 卓行殊遠而糧不絶. 以五千八百戶益封票騎將軍. 右北平太守路博德屬票騎將軍, 會興城, 不失期, 從至檮餘山, 斬首捕虜二千八百級, 封博德爲邳離侯. 北地都尉衛山從票騎將軍獲王, 封山爲義陽侯. 故歸義侯因淳王復陸支,樓剸王伊卽靬皆從票騎將軍有功, 封復陸支爲杜侯, 伊卽靬爲衆利侯. 從票侯破奴,昌武侯安稽從票騎有功, 益封各三百戶. 漁陽太守解,校尉敢皆獲鼓旗, 賜爵關內侯, 解食邑三百戶, 敢二百戶. 校尉自爲爵左庶長." 軍吏卒爲官, 賞賜甚多. 而靑不得益封, 吏卒無封者. 唯西河太守常惠,雲中太守遂成受賞, 遂成秩諸侯相, 賜食邑二百戶, 黃金百斤, 惠爵關內侯.

| **註釋** | ○車重 – 輜重. 군수물자. ○裨將(비장) – 部將. ○李敢 – 李廣의 아들. 위청 때문에 이광이 자살했다면서 위청을 때려 부상을 입혔다. 위청은 이를 숨기었으나 곽거병은 이를 알고 李敢을 사살했고 무제에게는 사슴에게 받혀 죽었다고 보고했다. 24권, 〈李廣蘇建傳〉 참고. ○大校 – 將軍 바로 아래의 武官. 장군의 직위에 임용되거나 장군에 상응하는 직무를 수행했다. ○直左方兵 – 좌현왕의 군사와 만나다. 直은 당하다. 當面하다. 音은 値. 左方은 '左王'의 誤記라는 주가 있다. ○葷允(훈윤) – 고대에는 薰粥(훈육), 周代에는 獫狁(험윤)이라고 부르다가 秦代부터 匈奴라고 불렀다. ○約輕齎 – 간략하고 가벼운 行裝. 齎는 物資. ○絶大幕 – 큰 사막을 가로 지르다. 幕은 漠. ○涉獲單于章渠 – 선우의 근신 章渠를 사로잡다. ○北車耆 – 흉노의 왕 이름. 《史記 衛將軍驃騎列傳》에는 '比車耆'. ○左大將 – 흉노의 大將이라는 직급. 左右가 있다. ○歷度難侯, – 난후산을 넘다. 《史記》에는 '離侯'. ○濟弓盧 – 弓盧水를 건너가다. ○屯頭王, 韓王 – 흉노 王號. ○封狼居胥山 – 낭거서산에 제단을 쌓다. 今 몽고의 수도 '울란바토르(烏蘭巴托) 동쪽'이라는 주석이 있다. ○禪於姑衍(고연) – 고연에서 地神에게 제사하다. ○登臨翰海 – 몽고고원 동북의 사막(翰海)에 오르다. 翰海는 大漠. ○卓行 – 遠行. ○路博德(노박덕) – 본권에 立傳. ○檮餘山(도여산) – 지명

미상. ○邳離侯(비리후) – 符離侯. ○北地都尉 衛山(위산) – 人名. ○因淳王 復陸支 – 흉노족 人名. ○樓剸王 伊卽靬 – 흉노족 인명. ○從票侯 破奴, 昌武侯 安稽 – 漢의 장수. 趙安稽(조안계)는 흉노의 왕으로 漢에 투항하여 제후가 된 사람.

〖國譯〗

곽거병의 騎兵과 輜重(치중, 군수품)은 大將軍(위청)의 군사와 대등했으나 裨將(비장, 部將)이 없었다. 李敢 등을 모두 大校로 임명하여 裨將의 업무를 수행케 하였다. 代郡과 右北平郡을 떠나 2천 리를 행군하여 흉노 좌현왕의 군사를 만나 죽이거나 노획한 전과가 위청보다 많았다.

모두 다 귀환하자 무제가 조서를 통해 말했다.

"표기 장군 곽거병은 부대를 통솔하며 전에 노획했던 흉노의 군사를 거느리고 가벼운 경무장으로 큰 사막을 가로질러 건너가 선우의 近臣 章渠(장거)를 사로잡고 北車耆(북거기)를 죽였으며, 左大將 雙(쌍)을 공격하여 군기와 戰鼓(전고)를 노획했으며, 難侯山(난후산)을 넘고 弓盧水(궁노수)를 건너 屯頭王(둔두왕)과 韓王 등 3인과 將軍, 相國, 當戶, 都尉 등 83명을 생포하였으며, 狼居胥山(낭거서산)에 제단을 쌓고 姑衍(고연)에서 地神에 제사하고, 대사막에 진격하여 70,443명을 포로로 잡았는데, 우리 군사는 10분의 2가 줄었으며 적의 군량을 탈취해 멀고 먼 원정에도 군량이 모자라지 않았다. 이에 5,800호를 표기 장군에게 추가로 봉한다. 右北平郡 太守인 路博德(노박덕)은 표기 장군 예하로 興城에 만날 때 失期하지 않았으며 종군하여 檮余山(도여산)에 갈 때까지 2,800명을 참수하거나 포로로 잡았기에 路博德을 봉하여 邳離侯(비리후)로 삼는다. 北地郡 都尉 衛山〔형산〕은 표기 장군을 수행하여 흉노의 왕을 사로잡았기에 형산을 봉해 義陽侯로 삼는다. 옛 歸義侯인 因淳王(인순왕) 復陸支(복륙지)와 樓剸王(누전왕) 伊卽靬(이즉간)은 모두 표기 장군을 따라 공을 세웠기에 복륙지를 杜侯(두후)에, 이즉간을 衆利侯(중리후)에 봉한다. 從票侯 趙破奴(조파노)와 昌武侯 安稽(안계)도 표기 장군을 수행해 공을 세웠기에 각 300호를 추가로 봉한다. 漁陽太守 解(해)와 校尉 敢(감)은 모두 전고와 깃발을 노획하였기에 關內侯의 작위와 解에게는 식읍 3백 호를 敢(감)에게는 2百戶를 하사한다. 校尉인 自爲(자위)에게는 左庶長의 작위를 하사한다."

그 밖에 軍吏와 군졸로 관리가 된 자와 상과 하사품이 매우 많았다. 위청은 식읍을 추가하지 못했고 吏卒도 封을 받은 자가 없었다. 겨우 西河太守 常惠(상혜)와 雲中太守 遂成(수성)이 상을 받았는데 遂成은 諸侯國 승상의 질록에 식읍 2백 호, 黃金 百斤을 받았고 常惠는 關內侯의 작위를 받았다.

原文

兩軍之出塞, 塞閱官及私馬凡十四萬匹, 而後入塞者不滿三萬匹. 乃置大司馬位, 大將軍,票騎將軍皆爲大司馬. 定令, 令票騎將軍秩祿與大將軍等. 自是後, 青日衰而去病日益貴. 青故人門下多去, 事去病, 輒得官爵, 唯獨任安不肯去.

| 註釋 | ○閱 - 검열할 열. 세어보다. ○官及私馬- 官馬와 私馬. ○大司馬 - 무제 때 太尉를 폐지하고 大司馬 직을 설치. ○日衰 - 날로 쇠퇴하다. ○任安(? - 前 91) - 字는 少卿. 衛青 문하의 舍人으로 출세 시작. 益州태수를 거쳐 太子太傅가 되었다. 征和 2년(前 91) '무고의 화'가 일어나고 태자 劉據가 發兵하라고 명했으나 임안은 따르지 않았다. 무제는 임안을 '坐觀勝敗'했다 하여 하옥시킨 뒤, 허리를 잘라 죽였다.

〖國譯〗

兩軍이 出塞할 때 塞吏가 官馬와 私馬를 검열하니 총 14만 필이었으나 뒤에 들어올 때는 3만 필이 되지 않았다. 이어 大司馬 직위를 설치했는데 大將軍과 票騎將軍이 모두 大司馬가 되었다. 법을 개정하여 票騎將軍의 秩祿을 大將軍과 동등하게 하였다 이후 위청의 위세는 날로 줄었고 곽거병은 날로 더 높아졌다. 위청의 友人이나 문객이 많이 떠나 곽거병을 섬겼고 또 관작을 받았으나 오직 任安만은 떠나려 하지 않았다.

原文

去病爲人少言不泄, 有氣敢往. 上嘗欲敎之吳,孫兵法, 對曰, "顧方略何如耳, 不至學古兵法." 上爲治第, 令視之, 對曰, "匈奴不滅, 無以家爲也." 由此上益重愛之. 然少而侍中, 貴不省士. 其從軍, 上爲遣太官齎數十乘, 旣還, 重車餘棄粱肉, 而士有饑者. 其在塞外, 卒乏糧, 或不能自振, 而去病尙穿域蹋鞠也. 事多此類. 青仁, 喜士退讓, 以和柔自媚於上, 然於天下未有稱也.

| **註釋** | ○不洩 – 기밀을 발설하지 않다. 洩 샐 설. 흘러나오다. ○敢往 – 과감하게 행동하다. ○顧 – 읽다(念也). ○不至 – 不必要. ○省士 – 省은 視也. 사졸을 돌보다. ○太官 – 少府의 속관. 황제의 식사를 주선하는 사람. 질록 1千石. ○齎 – 실어 보내다. ○粱肉 – 곡식(粟類)과 고기. ○自振 – 自擧. 스스로 일어나다. ○穿域 – 땅을 파다. ○蹹鞠(답국) – 蹴鞠. 요즈음의 축구. 蹹은 밟을 답. 차다. 蹋과 同.

〖國譯〗

곽거병은 사람이 말수가 적고 감정을 드러내지 않았으며 기개가 있고 과감하였다. 무제가 그에게 孫子 吳子의 兵法을 가르치라고 하자 곽거병이 말했다. "방략을 어떻게 쓰느냐가 문제이지 옛 병법을 배울 필요는 없습니다." 무제가 그를 위해 좋은 집을 마련하고 가보라고 하였으나 곽거병은 "흉노를 없애지도 못했는데 집을 꾸밀 수가 없습니다."라고 말했다. 이 때문에 무제는 더욱 중히 여기고 신임하였다. 그러나 곽거병은 젊어 시중이 되었고 높은 자리에 오른 뒤로는 사졸을 돌보지 않았다. 그가 출정하면 무제가 太官을 보내 수십 수레의 음식을 보냈는데 귀환할 때 짐수레에 남은 곡식과 고기가 있어 버리기도 했지만 굶주린 사졸들이 있었다. 변경 밖에서 식량이 부족해 혹 제 발로 서지도 못하는 사졸이 있어도 곽거병은 땅을 파게 하여 蹴鞠을 즐겼다. 이런 일은 많이 있었다. 위청은 인자하고 사람을 좋아하며 겸양하고 유순하여 황제의 환심을 샀지만 천하에 그를 칭송하는 사람이 없었다.

原文

去病自四年軍後三歲, 元狩六年薨. 上悼之, 發屬國玄甲, 軍陳自長安至茂陵, 爲塚象祁連山. 謚之並武與廣地曰景桓侯. 子嬗嗣. 嬗字子侯, 上愛之, 幸其壯而將之. 爲奉車都尉, 從封泰山而薨. 無子, 國除.

自去病死後, 青長子宜春侯伉坐法失侯. 後五歲, 伉弟二人, 陰安侯不疑,發干侯登, 皆坐酎金失侯. 後二歲, 冠軍侯國絶. 後四年, 元封五年, 青薨, 謚曰烈侯. 子伉嗣, 六年坐法免.

| 註釋 | ○自四年軍 – 元狩 4년(前 119) 출병한 때부터. ○元狩六年 – 전 117년. 곽거병은 24세에 병사했다. ○屬國 – 漢의 변방 郡에 사는 흉노인들의 집단. ○玄甲 – 鐵甲. 검은 갑옷을 입은 병사. 쇠는 검은색(玄)이다. ○茂陵(무릉) – 武帝가 생전에 조성한 자신의 능. ○子嬗嗣 – 嬗 터 닦을 선(禪과 通), 물려줄 선. ○幸其壯而將之 – 총애하며 성인이 되면 장군으로 삼으려 하다. ○酎金(주금) – 제후가 가을(8월) 종묘 제례 비용 분담금. 제후국 인구 1천 명당 금 4兩이었다. 금의 품질이 나쁘거나 부족하면 규정에 따라 제후의 직위를 박탈하였다. ○冠軍侯 – 곽거병은 원삭 6년(前 123)에 冠軍侯가 되었다. ○元封五年 – 前 106년.

〖國譯〗

곽거병이 元狩 4년 원정한 이후 3년째인 元狩 6년에 죽었다. 무제는 곽거병의 죽음을 애도하며 屬國의 玄甲軍을 징발하여 장안에서 茂陵까지 도열하게 했고 무덤은 祁連山(기련산)과 비슷하게 만들었다. 諡號(시호)는 무예와 영토 확장을 의미하는 景桓侯(경환후)라고 하였다. 아들 霍嬗(곽선)이 계승했다. 곽선의 字는 子侯이었는데 무제는 곽선을 아끼고 총애하면서 성인이 되면 장군으로 삼으려 했다. 奉車都尉로 무제를 따라 泰山에 封禪하고 돌아와 죽었다. 아들이 없어 나라를 없앴다.

곽거병이 죽은 뒤 衛靑의 장남 宜春侯(의춘후) 衛伉(위항)이 죄를 짓고 제후의 직위를 잃었다. 그 5년 뒤, 위항의 두 동생인 陰安侯 위불의와 發干侯(발간후) 위등이 모두 酎金(주금)에 저촉되어 지위를 상실했다. 2년 뒤 冠軍侯(곽거병)의 侯國이 단절되었다. 그 4년 뒤 元封 5년에 위청이 죽었는데, 시호는 烈侯이었다. 아들 衛伉(위항)이 뒤를 이었으나 6년 뒤에 법을 어겨 제후 지위를 빼앗겼다.

原文

自青圍單于後十四歲而卒, 竟不復擊匈奴者, 以漢馬少, 又方南誅兩越, 東伐朝鮮, 擊羌,西南夷, 以故久不伐胡.

初, 青既尊貴, 而平陽侯曹壽有惡疾就國, 長公主問, "列侯誰賢者?" 左右皆言大將軍. 主笑曰, "此出吾家, 常騎從我, 奈何?" 左右曰, "於今尊貴無比." 於是長公主風白皇后, 皇后言之, 上乃詔青尚平陽主. 與主合葬, 起冢象廬山云.

| **註釋** | ○ 自靑圍單于後十四歲而卒 – 元狩 4년(前 119) 이후 元封 5년(前 106). ○ 誅兩越 – 95권, 〈西南夷兩粵朝鮮傳〉에 기록. ○ 伐朝鮮 – 95권, 〈西南夷兩粵朝鮮傳〉. ○ 羌(강) – 羌族. 주로 四川省 서쪽에 사는 중국의 소수

민족. ○平陽侯 曹壽 – 平陽侯 曹壽(曹時)는 景帝와 王皇后의 친딸이면서 武帝의 누나인 陽信長公主(또는 平陽公主)와 결혼했다. 조수는 元光 3년(前 132)에 죽었다. 이후 평양공주는 다른 사람과 재혼했다가 다시 연하의 위청과 결혼한다. ○就國 – 제후가 자신의 封國에 가서 국정을 수행하다. ○奈何 – 奈何用爲夫乎?. 어찌 남편으로 맞이할 수 있겠나? ○靑尙平陽主 – 위청이 평양공주와 결혼하다. 무제가 위청에게 적극 권유했다. 대략 元朔 5년, 前 124년으로 추정. ○盧山(노산) – 寘顔山(전안산)의 다른 이름.

〖國譯〗

위청은 처음 선우를 포위한 이후 14년 뒤에 죽었는데 이후 흉노를 정벌하지 않은 것은 漢에 말이 부족했고, 또 막 남쪽으로 兩越을 토벌하였으며 동쪽의 조선을 원정했고 羌族(강족)과 西南夷를 공격했기에 오랫동안 흉노를 정벌하지 못했다.

전에 위청이 귀인이 된 뒤에, 平陽侯 曹壽는 惡疾로 封國으로 돌아갔는데 陽信長公主가 물었다. "列侯 중 누가 제일 잘 나가는가?" 좌우에서 모두 대장군(위청)을 추천하였다. 그러자 공주가 웃으며 말했다. "그 사람은 우리 집 출신으로 늘 말을 타고 나를 모셨는데 어찌 그리해야 하겠는가?" 그러자 측근들이 말했다. "지금은 누구보다도 존귀하십니다." 이에 長公主는 皇后(황후, 자신의 母后)에게 은근히 말했고 황후가 이를 언급하자 무제가 조서로 위청에게 평양공주를 맞이하라고 하였다. 위청이 죽어 공주와 합장하였는데 무덤은 盧山(노산, 寘顔山)과 비슷하다고 하였다.

原文

最大將軍青凡七出擊匈奴, 斬捕首虜五萬餘級. 一與單于戰, 收河南地, 置朔方郡. 再益封, 凡萬六千三百戶, 封三子爲侯, 侯千三百戶, 並之二萬二百戶. 其裨將及校尉侯者九人, 爲特將者十五人, 李廣, 張騫, 公孫賀, 李蔡, 曹襄, 韓說, 蘇建皆自有傳.

| 註釋 | ○最 - 총계. 凡也. ○朔方郡 - 치소는 朔方縣(今 內蒙古 鄂爾多斯市). 烏拉特前旗.〈황하 북안〉. ○特將 - 한 부대를 이끌고 단독 작전을 수행하는 장군. ○皆自有傳 - 15명 중 이름을 열거한 7명은 別卷에 立傳 내지 등장하고 입전되지 않은 8명(李息, 公孫敖, 李沮, 張次公, 趙信, 趙食其, 郭昌, 荀彘)을 간단히 아래에 附記하였다. 또 흉노 땅에서 歸漢한 2명(路博德, 趙破奴)도 함께 소개하였다.

〖國譯〗

大將軍 위청은 모두 7차례 흉노를 원정하면서 참수했거나 잡은 포로가 5만여 명이었다. 單于와는 1번 싸웠고 河南의 땅을 차지하여 朔方郡(삭방군)을 설치하였다. 여러 번 식읍을 보태어 모두 16,300호에 3명의 아들이 제후로 받은 각각 1,300호를 합한다면 총계 20,200호나 되었다. 제후가 된 그의 裨將(비장, 部將) 및 校尉가 9명이었고 特將이 15명이었는데 李廣, 張騫, 公孫賀, 李蔡, 曹襄, 韓說, 蘇建 등은 별도로 立傳했다.

55-3. 李息

原文

李息, 郁郅人也, 事景帝. 至武帝立八歲, 爲材官將軍, 軍馬邑, 後六歲, 爲將軍, 出代, 後三歲, 爲將軍, 從大將軍出朔方, 皆無功. 凡三爲將軍, 其後常爲大行.

| 註釋 | ○郁郅(욱질) - 縣名. 今 甘肅省 慶陽市. 郁 성할 욱. 郅 고을 이름 질. ○馬邑 - 雁門郡의 縣名. 今 山西省 朔州市. 馬邑縣으로 흉노 선우를 유인하려다 실패한 사건은 52권, 〈竇田灌韓傳〉의 韓安國에 관한 기록에서 상세히 볼 수 있다. ○大行 - 大行令. 九卿의 하나. 소수 민족 관련 업무와 접객. 典客 - 大行令 - 大鴻臚(대홍려)로 개명.

〖國譯〗

李息은 郁郅縣(욱질현) 사람으로 경제를 섬겼고, 武帝 즉위 8년에 材官將軍이 되어 馬邑에 주둔하였고, 6년 뒤에 장군이 되어 代郡에서 출병하였으며, 3년 뒤 다시 장군이 되어 대장군 위청을 따라 朔方郡에서 출정하였으나 매번 戰功이 없었다. 모두 3번 장군이 되었으나 그 후로는 늘 大行令이었다.

55-4. 公孫敖

原文

公孫敖, 義渠人, 以郎事景帝. 至武帝立十二歲, 爲騎將軍, 出代, 亡卒七千人, 當斬, 贖爲庶人. 後五歲, 以校尉從大將軍, 封合騎侯. 後一歲, 以中將軍從大將軍再出定襄, 無功. 後二歲, 以將軍出北地, 後票騎, 失期當斬, 贖爲庶人. 後二歲, 以校尉從大將軍, 無功. 後十四歲, 以因杅將軍築受降城. 七歲, 復以因杅將軍再出擊匈奴, 至餘吾水, 亡士多, 下吏, 當斬, 詐死, 亡居民間五,六歲. 後覺, 復繫. 坐妻爲巫蠱, 族. 凡四爲將軍.

| **註釋** | ○公孫敖(공손오) - 將軍. 衛靑의 交友. 부침이 많았다. ○義渠(의거) - 縣名. 今 甘肅省 慶陽市 서남. ○因杅將軍 - 因杅(인우)는 흉노의 지명. 정복지의 이름은 장군 칭호로 사용했다. ○受降城 - (河外三城), 흉노 귀족의 투항을 받기 위한 3개의 성, 북위 40도선 이북 河套(하투)지구 북안 및 漠南(막남)의 초원 지역. 今 內蒙古自治區 巴彥淖爾市 관할의 烏拉特中旗 지역. ○當斬, 詐死 - 무제 太始 원년(前 96)에 죄를 지어 腰斬刑에 처하게 되었는데 공손오가 죽은 척하자 형 집행인이 거짓으로 집행했다고 보고했다. ○巫蠱(무고) - 사술이나 저주로 타인에게 해악을 줄 수 있다고 믿는 미신행위. 蠱 독 고. 惡氣.

〖國譯〗

公孫敖(공손오)는 義渠縣(의거현) 사람인데 낭관으로 景帝를 섬겼다. 武帝 즉위 12년에 騎將軍이 되어 代郡에서 출전했으나 병졸 7천 명을 잃고 참수되어야 했으나 贖錢(속전)을 바치고 서인이 되었다. 그 5년 뒤 校尉로 大將軍을 수행하여 合騎侯에 봉해졌다. 1년 후 中將軍으로 大將軍을 따라 다시 定襄郡에서 출정했으나 무공이 없었다. 2년 뒤 將軍으로 北地郡에서 출정하며 표기 장군(곽거병)을 따라 출정했으나 약속 기일을 지키지 못해 처형되어야 했으나 속전을 내고 서인이 되었다. 2년 뒤, 校尉로 대장군 위청을 수행했으나 전공이 없었다. 14년 뒤 因杅將軍(인우장군)으로 受降城(수항성)을 축조했다. 7년 뒤에 다시 인우 장군으로 흉노에 두 번째 출정하여 餘吾水(여오수)란 곳에 이르러 도망가는 병사가 많아 廷吏에게 넘겨졌고 처형되어야 했으나 죽은 체하였고 민가에서 5, 6년을 숨어살았다. 뒤에 발각되어 다시 체포되었다. 그의 아내가 巫蠱(무고)의 禍에 연관되어 滅族(멸족)되었다. 모두 4번 장군이 되었다.

55-5. 李沮

原文

李沮, 雲中人, 事景帝. 武帝立十七歲, 以左內史爲强弩將軍. 後一歲, 復爲强弩將軍.

| 註釋 | ○雲中 - 郡名. 치소 雲中縣(今 內蒙古 呼和浩特市 관할 托克托縣, 黃河 북안).

〖國譯〗

李沮(이저)는 雲中郡 사람으로 경제를 섬겼다. 武帝 즉위 17년에 左內史에서 强弩將軍이 되었다. 1년 뒤 다시 강노 장군이 되었다.

55-6. 張次公

原文

張次公, 河東人, 以校尉從大將軍, 封岸頭侯. 其後太后崩, 爲將軍, 軍北軍. 後一歲, 復從大將軍. 凡再爲將軍, 後坐法失侯.

| 註釋 | ○河東 - 郡名. 치소는 安邑縣(今 山西省 運城市 夏縣 서북).

〖國譯〗

張次公(장차공)은 河東郡 사람으로, 校尉로 大將軍 위청을 따라 복무하여 岸頭侯에 봉해졌다. 그 뒤 太后가 죽자 將軍이 되어 北軍에서 근무했다. 1년 뒤 다시 大將軍을 따라 종군하였다. 모두 2번 장군이 되었으나 뒤에 법에 걸려 제후 지위를 상실했다.

55-7. 趙信

原文

趙信, 以匈奴相國降, 爲侯, 武帝立十八歲, 爲前將軍, 與匈奴戰, 敗, 降匈奴.

| **註釋** | ○武帝立十八歲 - 元朔 5年. 前 124년.

〖國譯〗

趙信은 匈奴相國이었다가 투항하여 제후가 되었고 무제 즉위 18년에 前將軍으로 흉노와 싸우다가 패하여 흉노에 투항하였다.

55-8. 趙食其

原文

趙食其, 祋祤人. 武帝立十八年, 以主爵都尉從大將軍, 斬首六百六十級. 元狩三年, 賜爵關內侯, 黃金百斤. 明年, 爲右將軍, 從大將軍出定襄, 迷失道, 當斬, 贖爲庶人.

| 註釋 | ○ 祋祤(대허) - 縣名. 今 陝西省 銅川市 耀州區. 祋는 창 대. 祤는 상수리나무 허. ○ 以主爵都尉 - 〈百官公卿表〉에 의거 '以主爵都尉'가 다음의 '明年, 爲右將軍,'의 중간에 들어가야 한다는 註가 있다.

〖國譯〗

趙食其(조이기)는 祋祤縣(대허현) 사람이다. 武帝 즉위 18년에 主爵都尉로 대장군 위청을 따라 종군하여 660명을 죽였다. 元狩 3년에 關內侯의 작위와 黃金 百斤을 받았다. 다음 해에 右將軍으로 대장군과 함께 定襄郡에서 출정하였으나 길을 잃어 처형되어야 했으나 속전을 내고 서인이 되었다.

55-9. 郭昌

原文

郭昌, 雲中人, 以校尉從大將軍. 元封四年, 以太中大夫爲拔胡將軍, 屯朔方. 還擊昆明, 無功, 奪印.

| 註釋 | ○昆明(곤명) – 今 雲南省 서부, 四川省 서남부에 거주한 古民族名. 地名으로 昆明은 雲南省 省都인 昆明市. 酷暑(혹서)도 없고, 嚴寒도 없어 보통 '春城'이라 불린다. ○無功 – 〈武帝紀〉 元封 6년에 '益州昆明反, 遣拔胡將軍郭昌擊之'라 하여 승패에 관한 언급은 없다.

〖國譯〗

郭昌(곽창)은 雲中郡 사람인데, 校尉로 大將軍을 따라 종군하였다. 元封 4년에, 太中大夫로 拔胡(발호)장군이 되어 朔方郡에 주둔하였다. 불러 昆明族(곤명족)을 정벌케 하였으나 전공이 없어 인수를 빼앗겼다.

55-10. 荀彘

原文

荀彘, 太原廣武人, 以御見, 侍中, 用校尉數從大將軍. 元封三年, 爲左將軍擊朝鮮, 無功, 坐捕樓船將軍誅.

| 註釋 | ○荀彘(순체) - 荀 풀이름 순. 성씨. 彘 돼지 체. ○太原 - 郡名. 치소는 晉陽縣(今 山西省 太原市 서남). ○廣武(광무) - 縣名. 今 山西省 忻州市 代縣. ○以御見 - 수레를 잘 몰아 눈에 띄다. ○元封三年 - 前 108년. ○擊朝鮮 - 衛滿朝鮮의 멸망. 95권, 〈西南夷兩粵朝鮮傳〉에 기록. ○坐捕 樓船將軍(누선장군) - 樓船은 누각이 있는 戰船. 수군을 지휘하는 장군. 무제 때 楊僕(양복)이 누선 장군이었다. 위만조선 정벌에서 순체는 양복과 불화하여 귀국 후 爭功하다가 투기와 병력 다수 상실한 죄로 誅殺되었고 楊僕은 속전을 내고 서인이 되었다.

〖國譯〗

荀彘(순체)는 太原郡 廣武縣 사람으로 수레를 잘 몰아 발탁되어 侍中이 되었고 校尉로 등용되어 大將軍을 수행하였다. 元封 3년에 左將軍이 되어 朝鮮을 공격했으나 전공이 없었고 樓船將軍(누선장군)과 관련된 죄로 체포 주살되었다.

原文

最票騎將軍去病凡六出擊匈奴, 其四出以將軍, 斬首虜十一萬餘級. 渾邪王以衆降數萬, 開河西酒泉之地, 西方益少胡寇. 四益封, 凡萬七千七百戶. 其校尉吏有功侯者六人, 爲將軍者二人.

| 註釋 | ○四出以將軍 – 4회는 표기 장군으로, 2회는 표기 교위로 출정했다. ○酒泉 – 郡名. 治所는 祿福縣(今 甘肅省 酒泉市 肅州區). 원래 匈奴 休屠王(휴저왕)과 渾邪王(혼야왕)의 통치 지역에 속했으나 武帝 元狩 2년에 곽거병의 漢軍이 이곳을 차지하고 군을 설치하였다. 河西 四郡 중 가장 일찍 설치한 郡. '城 안에 金泉이 있는데 그 물맛이 술처럼 좋았다' 고 한다. ○胡寇 – 흉노의 침입. 寇 도둑 구.

〖國譯〗

票騎將軍 곽거병은 모두 6번 흉노를 원정했는데 그중 4회는 표기 장군으로 출정했고 11만여 명을 죽이거나 포로로 잡았다. 혼야왕이 그 무리 수만 명을 데리고 투항하여 河西 지역 酒泉郡의 땅을 확보하였고 서방의 흉노 침입은 점점 줄어들었다. 4회에 걸쳐 식읍을 더 받아 총 17,700호가 되었다. 그의 校尉나 군리로 공을 세워 제후에 봉해진 자가 모두 6명이었고 장군이 된 자는 2명이었다.

55-11. 路博德

原文

路博德, 西河平州人, 以右北平太守從票騎將軍, 封邳離侯. 票騎死後, 博德以衛尉爲伏波將軍, 伐破南越, 益封. 其後坐法失侯. 爲强弩都尉, 屯居延, 卒.

| 註釋 | ○路博德(노박덕) - 장수 이름. ○西河 - 郡名. 治所는 平定縣(今 山西省 呂梁市). ○平州 - 縣名. 今 山西省 呂梁市 관할의 孝義市. ○伏波將軍 - 장군의 호칭. ○伐破南越 - 前 110年. 南越 정벌 후 路博德은 海南島를 공략, 珠崖郡과 儋耳郡(담이군) 설치.

〖國譯〗

路博德은 西河郡 平周縣 사람인데, 右北平太守로 표기 장군 곽거병을 따라 종군했고 邳離侯(비리후)가 되었다. 표기 장군은 죽은 뒤에 노박덕은 衛尉로 伏波將軍이 되어 남월을 정벌하고 추가 식읍을 받았다. 그 뒤에 법에 저촉되어 제후의 자격을 잃었다. 强弩都尉가 되어 居延縣에 주둔하다가 죽었다.

55-12. 趙破奴

原文

趙破奴, 太原人. 嘗亡入匈奴, 已而歸漢, 爲票騎將軍司馬. 出北地, 封從票侯, 坐酎金失侯. 後一歲, 爲匈河將軍, 攻胡至匈河水, 無功. 後一歲, 擊虜樓蘭王, 後爲浞野侯. 後六歲, 以浚稽將軍將二萬騎擊匈奴左王. 左王與戰, 兵八萬騎圍破奴, 破奴爲虜所得, 遂沒其軍. 居匈奴中十歲, 復與其太子安國亡入漢. 後坐巫蠱, 族.

| 註釋 | ○太原人 - 《史記》에는 '故九原人'으로 표기. 九原縣은 五原郡의 治所로, 今 內蒙古自治區 황하 북쪽의 包頭市 서쪽에 해당. ○司馬 - 司馬는 職名. 大將軍, 將軍, 校尉, 衛尉, 中尉(執金吾)의 속관. ○坐酎金失侯 - 元鼎 5년(前 112). ○匈河 - 蒙古 中部의 杭愛山脈(燕然山)의 남쪽을 흐르는 河水. ○遂沒其軍 - 太初 3년(前 102)의 일.

〖國譯〗

趙破奴는 九原縣 사람이다. 일찍이 흉노 지역으로 도망갔다가 나중에 漢으로 돌아와 票騎將軍의 司馬가 되었다. 北地郡에서 출정하여 從票侯가 되었다가 酎金에 걸려 제후 지위를 잃었다. 1년 뒤 匈河將軍이 되어 흉노를 공격하여 匈河水에 이르렀지만 전공이 없었다. 그 1년 뒤 樓蘭王(누란왕)을 사로잡아 浞野侯(착야후)가 되었다. 그 6년 뒤에 浚稽將軍(준계장군)으로 기병 2만을 거느리고 匈奴의 左

王을 공격하였는데 8만 흉노군이 포위하자 조파노는 포로가 되었고 그 군사를 다 잃었다. 흉노 땅에서 10년을 살다가 다시 그 태자 安國과 함께 도망쳐 漢으로 왔다. 뒤에 巫蠱(무고)의 화에 연루되어 멸족되었다.

原文

自衛氏興, 大將軍青首封, 其後支屬五人爲侯. 凡二十四歲而五侯皆奪國. 征和中, 戾太子敗, 衛氏遂滅. 而霍去病弟光貴盛, 自有傳.

| 註釋 | ○支屬 – 후손. ○征和 – 무제의 연호(前 92 – 89년). 征和는 延和(연화)의 誤記라는 주장이 있다.

〖國譯〗

衛氏 일족이 흥기하면서 大將軍 衛青이 처음 제후로 봉해진 뒤에 그 支屬 5인이 제후가 되었다. 그 뒤 24년 동안 5명 제후가 모두 나라를 잃었다. 征和 연간에 戾太子가 敗死할 때 衛氏는 멸족되었다. 그리고 霍去病의 아우 霍光이 높이 올랐고 本書에 입전되었다.

原文

贊曰, 蘇建嘗說責, "大將軍至尊重, 而天下之賢士大夫無稱焉, 願將軍觀古名將所招選者, 勉之哉!" 青謝曰, "自魏其,武安之厚賓客, 天子常切齒. 彼親待士大夫, 招賢黜不肖者, 人主之柄也. 人臣奉法遵職而已, 何與招士!" 票騎亦方此意, 爲將如此.

| 註釋 | ○無稱焉 – 칭송이 없다. ○招選 – 招賢薦士. 賢士를 초빙하고 또 천거하다. ○魏其 – 魏其侯 竇嬰(두영), 武安은 무안후 田蚡(전분). 52권, 〈竇田灌韓傳〉에 입전. ○切齒 – 매우 싫어하다. ○何與招士 – 왜 미리 현사를 불러 모아야 하나! 與는 豫.

〖國譯〗

班固의 論贊 : 전에 蘇建(소건)이 위청에게 물었다. "대장군께서는 아주 존엄한 자리에 올랐지만 천하의 賢士나 관리들의 칭송이 없는데, 바라옵건대 장군께서도 옛 명장들이 인재를 초빙하고 천거한 것을 본받아 그렇게 하셔야 합니다."

그러자 위청이 거절하며 말했다. "魏其侯나 武安侯가 빈객들을 후하게 접대하였지만 천자는 그것을 아주 싫어했소. 사대부들을 모으고 賢才를 등용하고 무능력자를 내치는 일은 천자의 권한이요. 신하라면 법을 지키며 임무를 수행하면 되는데 왜 미리 인재를 모아야 하는가!" 표기 장군(곽거병) 또한 그런 뜻이 있었으니 장수는 이와 같아야 할 것이다.

56 董仲舒傳
〔동중서전〕

原文

董仲舒, 廣川人也. 少治《春秋》, 孝景時爲博士. 下帷講誦, 弟子傳以久次相授業, 或莫見其面. 蓋三年不窺園, 其精如此. 進退容止, 非禮不行, 學士皆師尊之.

| 註釋 | ○董仲舒(동중서, 前 179 – 104) – 유학자. 《春秋公羊傳》 전공. 今文經의 大師, 孔安國과 나란한 명성, 司馬遷의 經學 사상에도 영향을 주었다. 《史記 儒林列傳》 참고. ○廣川(광천) – 信都國 縣名. 今 河北省 동남 衡水市 관할 棗强縣(조강현). ○治《春秋》 – 治는 主也, 연구하다. ○下帷講誦 – 휘장을 치고 경전을 읽고 외우다. ○以久次 – 오래된 순서에 의거. 나중에 온 제자는 먼저 제자에게 배우다. ○相授業 – 제자가 제자를 가르치다. ○蓋三年不窺園 – 蓋는 덮을 개. 어쩌면. 아마도. 窺는 엿볼 규. 바라보다. ※ 후대 北宋의 司馬光은 이를 시로 읊었다. 「吾愛董仲舒 窮經守幽獨. 所居

雖有園 三年不游目. 邪說遠去耳 聖言飽充腹. 發策登漢庭 百家始消伏.」

〖國譯〗

董仲舒(동중서)는 廣川縣 사람이다. 젊어서 《春秋》를 전공했고, 景帝 때 박사가 되었다. 휘장을 치고 책을 읽었고 제자들은 들어온 순차에 의거 서로를 가르쳤기에 (동중서의) 얼굴을 보지 못한 자도 있었다. 거의 3년 동안 뜰을 바라보지 않을 정도로 정진하였다. 거취와 표정과 행동이 禮가 아니면 행하지 않았기에 學士들이 모두 스승으로 받들었다.

原文

武帝卽位, 擧賢良文學之士前後百數, 而仲舒以賢良對策焉.

制曰, "朕獲承至尊休德, 傳之亡窮, 而施之罔極, 任大而守重, 是以夙夜不皇康寧, 永惟萬事之統, 猶懼有闕. 故廣延四方之豪俊, 郡國諸侯公選賢良修潔博習之士, 欲聞大道之要, 至論之極. 今子大夫 褎然爲擧首, 朕甚嘉之. 子大夫其精心致思, 朕垂聽而問焉."

| 註釋 | ○擧 – 등용하다. ○對策 – 漢代 取士하는 方法. 질문에 대한 답변을 보고 그 우열을 가려 선발하였다. ○制 – 황제의 命. 制書. 황제의 命을 制라 하고, 令을 詔라고 한다. ○朕 – 天子 自稱. ○至尊休德 – 至尊(高祖)

의 美德. ○罔極(망극) - 다함이 없다. 無盡. ○夙夜(숙야) - 밤낮으로(朝夕). ○不皇 - 겨를이 없다. 不遑(불황). ○永惟 - 숙고하다. 深思. 永은 정도가 심함. 여기서는 長久한 시간이 아님. ○萬事之統 - 만사의 시작. 端緖. ○公選 - 공정하게 선발하다. ○修潔 - 행실이 바르고 깨끗함. ○至論之極 - 치우침이 없는 至論. 極은 中正. ○子大夫 - 동중서를 말함. 子는 남자의 美稱. 大夫는 高官. ○褎然(유연) - 出衆한 모양. 褎는 우거질 유, 나아갈 유. 소매 수. ○擧首 - 제 1위. 1등. ○垂聽(수청) - 경청하다. 들어주다.

〖國譯〗

武帝가 즉위하고 그간에 賢良文學之士를 수백 명 등용하였는데 동중서는 賢良對策으로 천거되었다. 이에 武帝가 制書로 命했다.

"짐은 하늘의 美德을 계승하여 끝없이 베풀어야 하는 큰 임무와 막중한 책임 때문에 밤낮으로 편히 즐길 겨를도 없으며 國家大事의 단서를 심사숙고하지만 챙기지 못할 일이 있을까 걱정할 뿐이다. 그리하여 사방의 뛰어난 俊才를 두루 맞이하고자 각 군국과 제후들이 賢良하고 행실이 바르고 학문이 깊은 인사를 공정하게 선발하게 하여 大道의 大要와 바른 正論을 듣고자 하였다. 지금 卿은 뛰어나게 출중한 인재로 천거되었기에 짐은 매우 가상하게 여기고 있도다. 경이 성심으로 사려한 바를 짐이 듣고 싶어 이에 묻노라."

原文

"蓋聞五帝三王之道, 改制作樂而天下洽和, 百王同之. 當虞氏之樂莫盛於〈韶〉, 於周莫盛於〈勺〉. 聖王已沒, 鐘鼓筦弦之聲未衰, 而大道微缺, 陵夷至虖桀,紂之行, 王道大壞矣. 夫五百年之間, 守文之君, 當塗之士, 欲則先王之法以戴翼其世者甚衆, 然猶不能反, 日以仆滅, 至後王而後止, 豈其所持操或誖繆而失其統與? 固天降命不査復反, 必推之於大衰而後息與? 烏虖! 凡所爲屑屑, 夙興夜寐, 務法上古者, 又將無補與? 三代受命, 其符安在? 災異之變, 何緣而起? 性命之情, 或夭或壽, 或仁或鄙, 習聞其號, 未燭厥理. 伊欲風流而令行, 刑輕而姦改, 百姓和樂, 政事宣昭, 何修何飭而膏露降, 百穀登, 德潤四海, 澤臻屮木, 三光全, 寒暑平, 受天之祜, 享鬼神之靈, 德澤洋溢, 施乎方外, 延及群生?"

| 註釋 | ○改制作樂 – 제도를 바꾸고 음악을 새로 짓다. ○洽和 – 잘 조화하다. ○虞氏(우씨) – 虞舜(우순). 〈韶〉는 舜임금의 음악. 韶 풍류 이름 소. ○〈勺〉 – 《詩經 周誦》의 편명. 勺은 술 뜨는 국자 작. ○鐘鼓筦弦 – 악기의 총칭. 筦은 피리 관. 管과 同. ○陵夷(능이) – 쇠퇴하다. 무너지다. 凌夷와 같음. ○當塗之士 – 권력을 가진 사람. ○戴翼(대익) – 받들며 돕다. ○不能反 – 反은 返也. ○仆滅(부멸) – 소멸하다. 죽다. ○至後王而後止 – 秦의 폭정으로 그러한 노력마저 사라졌다는 의미. ○持操 – 操는 執也. ○誖繆(패류) – 그게 어긋나고 잘못되다. 繆 잘못할 류. ○統 – 緖也. 바른 질서. ○烏 – 오호라! 감탄사. ○屑屑(설설) – 불안한 모양. 급급한 모양. ○或仁或鄙 – 仁人과 不仁한 사람. 鄙 인색할 비. 不仁. 不通으로도 풀이한다. ○未燭厥理 – 그 이치를 깨우치지 못하다. 燭은 밝히다. 명백하게 하다. ○伊 – 발어사. 唯也. ○臻 – 이르다. 至也. 臻 이를 진. ○祜 – 복(福) 호. ○方外 – 다른 지역. ○群生 – 만물. 庶物.

〖國譯〗

"그래서 짐이 알기로는, 五帝와 三王의 道는 제도를 바꾸고 새로 作樂하여 天下를 화합케 하였으며 이후 모든 왕이 이를 따랐었다. 舜의 음악은 〈韶〉보다 더 좋은 것이 없고 周에서는 〈勺(작)〉보다 더 좋은 詩가 없었도다. 聖王은 이미 죽었지만 그 鐘鼓와 管弦의 음악은 쇠미하지 않았고 大道도 결함이 없었지만 桀王과 紂王(주왕)의 폭정으로 王道는 크게 붕괴되었다. 그리고 그 후 5백 년에 문치를 하려는 군주와 권력을 행사하는 자들이 先王의 法道를 본받고 세상을 받들고 도우려는 자들이 매우 많았지만 옛 정도로 돌아가지 못하고 날마다 사라지다가 나중에 온 폭군 이후에 완전히 멈춘 것은 견지했던 도가 크게 어긋났기에 바른길을 못 찾은 것이 아니었겠는가? 오호라! 서두르면서 아침 일찍부터 밤늦게까지 上古의 성왕을 본받으려 힘쓰지만 짐을 보필할 사람은 없는가? 三代가 천명을 받은 그 징험은 어디에 있는가? 災異(재이)의 변고는 어떤 연고로 일어나는가? 인간의 성정과 길고 짧은 수명, 仁人과 不仁者에 대하여 그간의 여러 말을 많이 들었지만 그 이치를 깨닫지 못했노라. 이에 바른 기풍에 바른 행동으로 가벼운 형벌과 간악한 심성을 고치게 하며 백성을 화락케 하고 밝은 정사를 널리 펴려면 어떻게 수행하고 무엇을 조심해야 하는가? 어떻게 하면 감로가 내리고 온갖 곡식이 풍년들고 사해에 큰 덕을 베풀어 그 혜택이 초목에 이르고 해와 달과 별이 정상으로 운행하고 寒暑가 일정하며 하늘의 복을 받고 신령의 가호를 받아 혜택이 충만하여 먼 이역까지 미치고 만물에게도 미칠 수 있겠는가?"

原文

“子大夫明先聖之業, 習俗化之變, 終始之序, 講聞高誼之日久矣, 其明以諭朕. 科別其條, 勿猥勿並, 取之於術, 愼其所出. 乃其不正不直, 不忠不極, 枉於執事, 書之不洩, 興於朕躬, 毋悼後害. 子大夫其盡心, 靡有所隱, 朕將親覽焉.”

| 註釋 | ○終始之序 – 시작과 끝의 과정. ○高誼 – 高義. 뛰어난 덕행. ○諭 – 깨우치다. ○勿猥勿並 – 번잡하거나 한꺼번에 말하지 말고. 조목조목 체계 있게 설명해 달라는 뜻. ○不極 – 不中正. ○枉於執事 – 관리가 법을 따르지 않다. ○書之不洩 – 올린 글은 (황제가 직접 열어볼 것이니) 누설되지 않을 것이다. ○毋悼後害 – 사후에 해를 입을까 걱정하지 말라.

〖國譯〗

“경은 先聖의 사적에 밝고 세속적 교화의 변화와 만물의 시작과 끝을 연구했고 高義에 대한 강론을 오래 하였으니 그 지혜로 짐을 깨우쳐주기를 바라노라. 분야에 따라 조목을 달리하되 복잡하거나 합쳐 말하지 말고 실제적 문제를 골라 正道에 어긋나지 않도록 하라. 그리고 올린 글이 정직하지도 않고 忠을 다하지도 中正에 맞지도 않으며 법도를 따르지 않는 관리에게 누설되지 않을 것이니 뒤에 해가 있을까 걱정하지 말라. 卿이 정성을 다해 또 숨기지 않고 올린다면 짐이 친히 열람할 것이니라.”

原文

仲舒對曰,

〈賢良對策(一)〉*

「陛下發德音, 下明詔, 求天命與情性, 皆非愚臣之所能及也. 臣謹案《春秋》之中, 視前世已行之事, 以觀天人相與之際, 甚可畏也. 國家將有失道之敗, 而天乃先出災害以譴告之, 不知自省, 又出怪異以警懼之, 尙不知變, 而傷敗乃至. 以此見天心之仁愛人君而欲止其亂也. 自非大亡道之世者, 天盡欲扶持而全安之, 事在强勉而已矣. 强勉學習, 則聞見博而知益明, 强勉行道, 則德日起而大有功, 此皆可使還至而立有效者也.《詩》曰 '夙夜匪解',《書》云 '茂哉茂哉!' 皆强勉之謂也.」

| 註釋 | ○相與之際 – 서로 간의 관련성. ○譴告之 – 견책하는 뜻을 보여주다. ○不知自省 – 반성하지 않으면, 성찰하지 않는다면. ○自非 – 그렇지 않다면. ○强勉 – 노력하다. ○還至 – 되돌아오다. 立은 즉시. ○《詩》曰 –《詩經 大雅 蒸民》. ○夙夜匪解 – 아침저녁으로 게으르지 않다. 解는 懈(게으를 해)와 通. ○《書》云 –《書經 虞書 皐陶謨(고요모)》. ○茂哉茂哉 – 힘쓰고 또 힘쓰도다. 茂는 勉也.

〖國譯〗

이에 동중서가 대책을 올렸다.

〈賢良對策(一)〉*

「폐하께서 德音을 내시고 明詔를 내리시어 天命과 情性을 알고 싶다 하셨는데, 이는 다 愚臣이 잘 알지 못하는 것입니다. 臣이 삼가 《春秋》에서 前世에 있었던 사적을 읽어 하늘과 인간이 관련 있는 것을 살펴보면 매우 두려울 뿐입니다. 나라가 장차 정도를 잃어 실패할 것 같으면 하늘은 바로 재해를 먼저 내려 인간에게 꾸짖듯 알려주는데 이를 알아 自省하지 않으면 다시 괴이한 일로 경고를 보내 두렵게 하고 그런데도 변고를 알지 못한다면 패망하게 합니다. 이렇듯 하늘이 백성을 사랑하는 군주를 보면 그 혼란을 그치게 하는 것을 볼 수 있습니다. 가령 크게 망하는 시기가 아니라면 도와주며 안정시키려 하는 데 이는 얼마나 힘쓰느냐에 있습니다. 힘써 배우려 한다면 견문은 넓어지고 지혜는 더욱 명철해지며 바른 도를 행하려 애쓴다면 덕행은 날마다 쌓여 크게 성취할 것이니 이는 자신에게 되돌아와 즉각 효과가 있다 할 것입니다. 《詩經》에 '조석으로 게으르지 않네.' 라 하였고, 《書經》에 '애쓰고 애쓰도다!' 하였으니 모두 노력을 말한 것입니다.」

原文

「道者, 所繇適於治之路也, 仁義禮樂皆其具也. 故聖王已沒, 而子孫長久安寧數百歲, 此皆禮樂教化之功也. 王者未作樂之時, 乃用先王之樂宜於世者, 而以深入教化於民. 教化之情不得, 雅頌之樂不成, 故王者功成作樂, 樂其德也. 樂者, 所以變民風, 化民俗也. 其變民也易, 其化人也著. 故聲發於和而本於情, 接於肌膚, 臧於骨髓. 故王道雖微缺,而管弦之聲未衰也. 夫虞氏之不爲政久矣, 然而樂頌遺風猶有存者, 是以孔子在齊而聞〈韶〉也. 夫人君莫不欲安存而惡危亡, 然而政亂國危者甚衆, 所任者非其人, 而所繇者非其道, 是以政日以仆滅也. 夫周道衰於幽,厲, 非道亡也, 幽,厲不繇也. 至於宣王, 思昔先王之德, 興滯補弊, 明文,武之功業, 周道粲然復興, 詩人美之而作, 上天祐之, 爲生賢佐, 後世稱通, 至今不絶. 此夙夜不解, 行善之所致也. 孔子曰 '人能弘道, 非道弘人' 也. 故治亂廢興在於己, 非天降命不得可反, 其所操持誖謬失其統也.」

| 註釋 | ○所繇適 - 따라가는 바. 繇는 由. 適은 去也. ○其具也 - 그 도구이다. 방법이다. ○其化人也著 - 사람을 변화 시킨 결과가 뚜렷하다. 著는 明也. ○臧於骨髓 - 골수에 저장된다. 臧(착할 장)은 藏(간직할 장)과 通. ○孔子在齊而聞〈韶〉也 - 子在齊聞韶, 三月不知肉味, 曰, "不圖爲樂之至於斯也."《論語 述而》. ○宣王 - 周 宣王. ○人能弘道, 非道弘人 -《論語 衛靈公》. ○不得可反 - '不可得反' 의 뜻으로 해석하면 자연스러움.

〖國譯〗

「道란 것은 정치에서 따라가야 할 바른길이니 仁, 義, 禮, 樂은 모두 그 도구입니다. 옛날의 聖王은 다 죽고 없지만 그 자손이 수백 세 걸쳐 오랫동안 편안할 수 있던 것은 禮樂과 교화의 결과입니다. 王者가 作樂하지 않았던 때에도 先王의 樂에서 세상에 맞는 것을 채용하였기에 많은 영향을 주어 백성을 교화하였습니다. 敎化의 정황이 좋지 않아 雅頌(아송)의 樂이 성공할 수 없었기에 王者는 공을 들여

作樂하여 그 공을 노래하였습니다. 樂이란 백성의 성향을 바꾸고 습속을 변화시키는 것입니다. 백성을 변화시키기는 쉽고 백성을 교화한 효과는 확실합니다. 그리고 화합의 소리란 감정에 바탕을 둔 것이며 피부에 와 닿아 마음속에 자리 잡는 것입니다. 예전에 王道가 어그러지지 않았기에 管弦의 음악도 쇠퇴하지 않았습니다. 舜임금이 백성을 오래 다스리지 않았지만 그 칭송하는 악곡의 유풍이 그때까지도 남아 있었기에 孔子가 齊에서 舜임금의 음악 〈韶(소)〉를 들을 수 있었습니다. 人君으로 安存을 바라고 危亡을 싫어하지 않는 자가 없지만 정치가 어지럽고 나라를 위기로 몰고 가는 자가 매우 많은 것은 그 통치하는 자가 적임자가 아니기 때문이며 그 가는 길이 바른길이 아니기에 정치가 나날이 나빠져 멸망하는 것입니다. 대저, 周의 正道가 幽王과 厲王 때에 쇠락한 것은 그 正道가 망친 것이 아니라 유왕과 여왕이 正道를 따르지 않았기 때문입니다. 宣王(선왕) 때에 이르러 예전 先王의 德을 그리며 막힌 것을 일세우고 폐단을 바로잡아 文王과 武王의 功業을 밝히니 周의 正道가 찬란하게 부흥하였고 詩人은 이를 찬미하고 노래하였으며, 上天이 周나라를 도왔기에 宣王은 살아서 현신의 도움을 받았고 후세에도 칭송을 받는 것이 지금도 끊이지 않고 있습니다. 이는 아침저녁으로 게으르지 않았고 善을 행한 결과입니다. 공자께서 말씀하기를 '사람이 道를 크게 하는 것이지 道가 사람을 위대하게 하는 것은 아니다.' 라고 말했습니다. 그러므로 안정과 혼란, 그리고 패망과 융성은 자신에게 있고 하늘이 내린 命은 되돌릴 수 없는 것이며 그 잘못된 것을 따른다면 그 통치를 잃는 것입니다.」

原文

「臣聞天之所大奉使之王者, 必有非人力所能致而自至者, 此受命之符也. 天下之人同心歸之, 若歸父母, 故天瑞應誠而至.《書》曰 '白魚入於王舟, 有火復於王屋, 流爲烏', 此蓋受命之符也. 周公曰 '復哉復哉'. 孔子曰 '德不孤, 必有鄰', 皆積善絫德之效也. 及至後世, 淫佚衰微, 不能統理群生, 諸侯背畔, 殘賊良民以爭壤土, 廢德敎而任刑罰. 刑罰不中, 則生邪氣. 邪氣積於下, 怨惡畜於上. 上下不和, 則陰陽繆戾而妖孽生矣. 此災異所緣起也.」

| **註釋** | ○所大奉使之王者 – 천하를 주어 왕을 하게 하는 자. ○《書》曰 –《書經 泰誓》. ○白魚入於王舟 – 武王이 紂王(주왕)을 치러 출발할 때 이런 상서로운 일이 있었다고 한다. ○有火復於王屋 – 불이 왕의 집에 번지자. 復은 歸也. ○復哉復哉 – 하늘의 보답이로다. 여기의 復은 報也. ○德不孤, 必有鄰 –《論語 里仁》. ○絫 – 累와 同. ○淫佚 – 음란하다. 지나치게 쾌락만을 추구하다. ○背畔 – 背叛. ○殘賊(잔적) – 살해하다. 해치다. ○畜 – 蓄. ○繆戾(유려) – 서로 어긋나다. 도리에 어긋나다. ○妖孽(요얼) – 재앙. 괴이하고 불길한 징조.

〖**國譯**〗

「臣이 알기로는, 하늘이 천하를 주어 왕이 되게 하는 것은 인력으로 그렇게 할 수도 또 스스로 그렇게 만들 수 있는 것이 아니기에 여기에는 천명을 받았다는 징조가 있습니다. 온 천하 사람들이 한마음으로 따라오는 것이 마치 부모를 찾아가는 것과 같기에 하늘의 祥瑞

(상서)가 정성에 따라 오는 것입니다. 《書經》에 있는 '白魚가 王舟에 뛰어 올랐고 나중에 불이 武王의 집에 번지자 白魚가 까마귀(烏)로 변했다.' 하였으니, 이것이 천명을 받은 징표입니다. 이를 두고 周公은 '應報로다. 응보로다!' 라고 말했습니다. 공자는 '德을 가진 사람은 혼자가 아니니 틀림없이 돕는 사람이 있다.' 하였으니, 모두가 積善하며 덕을 쌓은 결과입니다. 후세에 이르러 음란하고 쇠미하여 중생을 통치할 수 없게 되었고 제후들은 배반하고 양민을 잔혹하게 죽이며 영토를 다투었으며 덕치와 교화를 버리고 형벌에 의지하게 되었습니다. 형벌이 정도를 넘자 바로 邪氣(사기)가 살아났습니다. 사악한 기운에 아래에서 쌓이고 윗사람에 대한 원망과 증오가 축적되었습니다. 상하가 불화하면 음양이 어긋나고 괴이하며 불길한 징조가 일어납니다. 이것이 바로 災異가 일어나는 까닭입니다.」

原文

「臣聞命者天之令也, 性者生之質也, 情者人之欲也. 或夭或壽, 或仁或鄙, 陶冶而成之, 不能粹美, 有治亂之所在, 故不齊也. 孔子曰, '君子之德風, 小人之德屮, 屮上之風必偃.' 故堯,舜行德則民仁壽, 桀,紂行暴則民鄙夭. 夫上之化下, 下之從上, 猶泥之在鈞, 唯甄者之所爲, 猶金之在鎔, 唯冶者之所鑄. '綏之斯倈, 動之斯和,' 此之謂也.」

| 註釋 | ○或夭或壽 - 혹자는 요절하고 혹자는 장수하다. 夭 어릴 요.

○粹美 – 純美. 티 없이 아름답다. 본래부터 그런 것. ○治亂 – 안정과 혼란. ○君子之德風~ –《論語 顔淵》. 屮는 草 古字. ○偃 – 쓰러질 언. 눕다. ○鈞 – 고를 균. 질그릇을 만드는 轆轤(녹로). ○甄者 – 陶工. 질그릇 견. ○綏之斯倈~ –《論語 子張》. 子張이 陳子禽이란 사람에게 공자가 바라는 정치의 요점을 설명한 일부이다. 綏 편안할 수. 倈는 올 래(徠와 同).

〖國譯〗

「臣이 알기로, 命이란 하늘의 뜻이며, 性이란 태어난 바탕이며, 情이란 인간의 욕망입니다. 혹자는 요절하거나 장수하며 어떤 자는 어질고 不仁한 것은 陶冶(도야)에 의해 이루어진 것이지 처음부터 그런 것은 아니며 안정과 혼란에 따라 다르기에 고르지도 않습니다. 孔子는 '君子의 德은 바람이며 소인의 덕은 풀이니, 풀 위에 바람이 불면 풀은 눕게 된다.' 고 말하였습니다. 그러하기에 堯와 舜임금의 덕치에 백성들은 어질고 장수했지만 桀王과 주왕의 포악한 정치에 백성들은 잔인하고 요절했습니다. 위에서 아래를 교화하면 아래에서는 위를 따라가니 마치 진흙이 독로 위에 얹히면 도공에 의해 만들어지고 쇠가 용광로에 있으면 冶工에 의해 만들어지는 것과 같습니다. 그래서 공자께서는 '편안하게 하면 따라오고 고무시키면 화합하게 할 것이다.' 라고 한 것입니다.」

原文

「臣謹案《春秋》之文, 求王道之端, 得之於正. 正次王, 王次春. 春者, 天之所爲也, 正者, 王之所爲也. 其意曰, 上承天之所爲, 而下以正其所爲, 正王道之端云爾. 然則王者欲有所爲, 宜求其端於天. 天道之大者在陰陽. 陽爲德, 陰爲刑, 刑主殺而德主生. 是故陽常居大夏, 而以生育養長爲事, 陰常居大冬, 而積於空虛不用之處. 以此見天之任德不任刑也. 天使陽出佈施於上而主歲功, 使陰入伏於下而時出佐陽, 陽不得陰之助, 亦不能獨成歲. 終陽以成歲爲名, 此天意也. 王者承天意以從事, 故任德教而不任刑. 刑者不可任以治世, 猶陰之不可任以成歲也. 爲政而任刑, 不順於天, 故先王莫之肯爲也. 今廢先王德教之官, 而獨任執法之吏治民, 毋乃任刑之意與! 孔子曰, '不教而誅謂之虐.' 虐政用於下, 而欲德教之被四海, 故難成也.」

| **註釋** | ○得之於正 – 正月에서 찾을 수 있다. ○正次王, 王次春 – 正은 王 다음이고, 王은 春 다음이다. 《春秋》 隱公 元年(前 722)의 '春王正月(봄, 주왕의 책력, 정월)' 의 뜻을 풀이한 말이다. 왕은 하늘의 뜻을 이어받아 바르게 해야 한다는 의미로 《春秋》의 해석에 微言大義를 추구하는 일면을 엿볼 수 있다. ○正者, 王之所爲也 – (정월의) 正이란 周王에 의해 만들어진 것이다. 周曆은 11월을 歲首로 하였다. ○終陽以成歲爲名 – 최종적으로 陽이 돌아와야 1년이라고 이름 지어진다. 春에서 다시 春이 되어야 1년이다. ○任德教而不任刑 – 덕치와 교화로 다스리어야 하고 형벌로 다스리지 않는다. ○不教而誅謂之虐 – 교화하지 않고 죽이는 것이 殘虐(잔학)이다. 《論語 堯曰》.

〖國譯〗

「臣이 볼 때 삼가《春秋》의 문장에서 王道 정치의 단서를 구하려 한다면 바로 '正'에서 찾을 수 있습니다. 正의 다음은 王이고 王 다음은 春입니다. 春이란 하늘이 만드는 것이고 正이란 王이 일입니다. 그 뜻은 위로는 天이 하는 바를 본받아 아래로 자신이 하는 일을 바로 해야 한다는 뜻이니, 곧 王道의 단서를 바르게 하는 것이라 말할 수 있습니다. 그러하기에 王者가 하고자 하는 일은 당연히 하늘에서 구해야 합니다. 天道의 大者는 陰陽에 있습니다. 陽은 德政이고 陰은 형벌이며 형벌은 죽이는 것을 주로 하고 덕정은 살리기는 것이 주가 됩니다. 이 때문에 陽은 언제나 한 여름에 들어있으니 생육과 養長이 주된 일이며, 陰은 한 겨울에 들어 있어 空虛와 不用의 곳에 쌓입니다. 이 때문에 하늘은 덕에 의지하고 형벌에 의지하는 않음을 볼 수 있습니다. 하늘이 陽을 위에 있게 하여 일 년의 하는 일을 주동한다면 陰은 아래에 엎드리게 하여 때때로 나와 陽을 돕게 하는데 陽이 陰의 도움을 얻지 못하면 陽 역시 혼자만으로 일 년이 될 수 없습니다. 최종적으로 陽이 돌아와야 1년이 이름 지어지는데 이는 하늘의 뜻입니다. 王者는 天意의 뜻에 따라 일을 해야 하기에 德治와 敎化로 해야 하며 형벌에 의지할 수 없습니다. 형벌로만 다스릴 수 없다는 것은 陰으로만 일 년이 될 수 없는 것과 같습니다. 나라를 다스리며 형벌에 의지하는 것은 하늘에 순응하는 것이 아니기에 그렇게 하려 했던 先王은 없었습니다. 지금 先王의 덕치와 교화를 담당하는 관직을 없애고 법을 집행하는 관리에게만 백성을 다스리게 위임한다면 형벌에 의지하겠다는 뜻이 아니라고 할 수 있습니까! 공자는 '교화하지 않고 죽이는 것은 잔학'이라고 하였습니다.

백성을 학대하면서 덕치와 교화를 四海에 펴겠다면 성공하기 어려울 것입니다.」

原文

「臣謹案《春秋》謂一元之意, 一者萬物之所從始也, 元者辭之所謂大也. 謂一爲元者, 視大始而欲正本也.《春秋》深探其本, 而反自貴者始. 故爲人君者, 正心以正朝廷, 正朝廷以正百官, 正百官以正萬民, 正萬民以正四方. 四方正, 遠近莫敢不壹於正, 而亡有邪氣奸其間者. 是以陰陽調而風雨時, 群生和而萬民殖, 五穀孰而草木茂, 天地之間被潤澤而大豐美, 四海之內聞盛德而皆徠臣, 諸福之物, 可致之祥, 莫不畢至, 而王道終矣.」

| **註釋** | ○謂一元之意 – 一元이라 말한 뜻. 一元은 一年.《春秋 隱公》에서 隱公이 즉위한 해를 '一年'이라 기록하지 않고 '一元'이라 하였다. ○元者辭之所謂大也 – 元이란 語辭에서 중대한 시작을 말한 것이다. 元은 시작 곧 首의 뜻. 元者란 善之長이다. ○視 – 表示. ○奸 – 犯也. ○風雨時 – 풍우가 때를 맞추다. 時가 동사 용법으로 쓰였다. 다음의 殖과 茂도 마찬가지.

〖國譯〗

「臣이 삼가《春秋》에서 말한 一元의 뜻에서 一이란 萬物이 따라야 할 시작이며, 元者는 文辭에서 말하는 '大'란 뜻이니 大始를 표시하여 근본을 바로잡겠다는 것입니다.《春秋》는 그 근본을 깊이 탐구하며 하늘이 아닌 自貴者의 시작에 反합니다. 그래서 人君이 된 자는 正心으로 朝廷을 바로 하고, 朝廷을 바로 하여 百官을 바르게 하고, 百官을 바르게 하는 것으로 萬民을 바르게 하며, 만민을 바르게 만들고 四方을 바르게 합니다. 사방이 바르다면 遠近에서 正에 함께 하지 않을 자가 없으며 邪氣로 그 중간을 범하는 자가 없게 됩니다. 이렇게 되면 음양이 조화를 이루고 풍우가 때를 맞추며 만물이 조화를 이루고 萬民이 융성하며 오곡이 익고 초목도 무성해지며 천지의 모든 것이 윤택하고 크게 번성하며 사해의 안에 盛德을 듣고 모두 귀부하여 신하가 될 것이며 여러 福物이 상서를 이루어 이르지 않는 것이 없게 되어 이로써 왕도 정치는 이루어지게 됩니다.」

原文

「孔子曰, '鳳鳥不至, 河不出圖, 吾已矣夫!' 自悲可致此物, 而身卑賤不得致也. 今陛下貴爲天子, 富有四海, 居得致之位, 操可致之勢, 又有能致之資, 行高而恩厚, 知明而意美, 愛民而好士, 可謂誼主矣. 然而天地未應而美祥莫至者, 何也? 凡以教化不立而萬民不正也. 夫萬民之從利也, 如水之走下, 不以教化堤防之, 不能止也. 是故教化立而姦邪皆止者, 其堤防完也, 教化廢而奸邪並出, 刑罰不能勝者, 其堤防壞也. 古之王者明於此, 是故南面而治天下, 莫不以教化爲大務. 立太學以教於國, 設庠序以化於邑, 漸民以仁, 摩民以誼, 節民以禮, 故其刑罰甚輕而禁不犯者, 教化行而習俗美也.」

| **註釋** | ○鳳鳥不至~ – 공자의 탄식.《論語 子罕》. ○自悲 – 孔子는 자신이 有德하나 無位하기에 이러한 祥瑞(상서)가 나타나지 않는다고 탄식하였다. ○操 – 잡을 조. 資는 바탕. 資質. ○誼主 – 아주 적합한 군주. ○庠序 – 지방의 교육기관. 庠 학교 상. ○摩民以誼 – 義로 백성들을 교육하다.

〖 **國譯** 〗

「孔子는 '鳳鳥도 오지 않고 河水에 圖書도 나오지 않으니 나는 끝났도다!' 라고 말하며, 봉황이나 도서의 상서를 기대했으나 신분이 낮아 이를 수 없는 것을 슬퍼하였습니다. 지금 폐하께서는 天子의 貴와 四海의 富를 갖고 계시며 무엇이나 얻을 수 있는 자리와 할 수 있는 힘을 갖고서 모두를 성취할 자질에 고매하신 행실로 후덕한 은혜를 베풀며 명철한 지혜와 아름다운 뜻으로 愛民하고 文士를 좋아하시니 가히 주군으로 적합하신 분이십니다. 그렇지만 아직 천지가 응하지 않아 아름다운 祥瑞가 나타나지 않는 것은 왜 그렇겠습니까? 총체적으로 교화가 확립되지 않고 萬民이 不正하기 때문입니다. 백성이 利를 좇는 것은 물이 아래로 흐르는 것과 같아 교화라는 둑으로 막지 않으면 멈추게 할 수 없습니다. 그리하여 교화가 이루어지고 奸邪한 자들이 없어진다면 제방이 완전한 것이지만, 교화가 무너지고 간사한 자를 형벌로도 막을 수 없다면 제방이 무너진 것입니다. 예전의 王者는 이를 명확히 알았기에 南面하여 천하를 통치하며 교화를 큰 일로 생각하며 애쓰지 않은 분이 없었습니다. 그리하여 太學을 세워 나라에서 교육하고 庠序(상서)를 설치하여 마을에서 교화를 행하여 백성들에게 仁을 알게 하고 義로 백성을 가르치며 禮로 백성 정서를 조절하여 형벌을 아주 가볍게 하여도 금령을 어기지 않았던 것은 교화가 행하여져 풍속이 순했기 때문이었습니다.」

原文

「聖王之繼亂世也, 掃除其跡而悉去之, 復修敎化而崇起之. 敎化已明, 習俗已成, 子孫循之, 行五六百歲尙未敗也. 至周之末世, 大爲亡道, 以失天下. 秦繼其後, 獨不能改, 又益甚之, 重禁文學, 不得挾書, 棄捐禮誼而惡聞之, 其心欲盡滅先聖之道, 而顓爲自恣苟簡之治, 故立爲天子十四歲而國破亡矣. 自古以來, 未嘗有以亂濟亂, 大敗天下之民如秦者也. 其遺毒餘烈, 至今未滅, 使習俗薄惡, 人民嚚頑, 抵冒殊扞, 孰爛如此之甚者也. 孔子曰, '腐朽之木不可雕也, 糞土之牆不可圬也.' 今漢繼秦之後, 如朽木, 糞牆矣, 雖欲善治之, 亡可奈何. 法出而奸生, 令下而詐起, 如以揚止沸, 抱薪救火, 愈甚亡益也. 竊譬之琴瑟不調, 甚者必解而更張之, 乃可鼓也, 爲政而不行, 甚者必變而更化之, 乃可理也. 當更張而不更張, 雖有良工不能善調也, 當更化而不更化, 雖有大賢不能善治也. 故漢得天下以來, 常欲善治而至今不可善治者, 失之於當更化而不更化也. 古人有言曰, '臨淵羨魚, 不如退而結網.' 今臨政而願治七十餘歲矣, 不如退而更化. 更化則可善治, 善治則災害日去, 福祿日來.《詩》云, ‘宜民宜人, 受祿於天.’ 爲政而宜於民者, 固當受祿於天. 夫仁,誼,禮,知,信五常之道, 王者所當修飭也. 五者修飭, 故受天之祐, 而享鬼神之靈, 德施於方外, 延及群生也.」

| **註釋** | ○崇起 – 尊崇하고 興起하다. ○循 – 순서에 따라 행하다. ○挾書 – 서책을 갖고 다니다. 挾 낄 협. 가지다. ○棄捐禮誼 – 禮義를 버리다. 棄 버릴 기. 捐 버릴 연. ○顓爲自恣 – 제멋대로 오로지 하다. 顓 전달한 전. 제멋대로 하다. ○苟簡 – 억지로 간략히 하다. ○以亂濟亂 – 혼란에 혼란을 더하다. 濟는 보태다(增益). ○嚚頑(효완) – 간사하고 악랄하다. 嚚 시끄러울 효. 입으로 忠信의 말을 하지 않다. 頑 고집 셀 완. 마음으로 德義를 따르지 않다. ○抵冒(저모) – 법을 어기고 거슬리다. 抵 거스를 저. 칠 지. ○殊扞(수한) – 철저하게 막다. 殊 죽일 수. 단절하다. 扞 막을 한. ○孰爛(숙란) – 무르익다. 문드러지다. 孰 누구 숙. 熟(익을 숙)과 通. ○腐朽之木不可雕也 ~ – 썩은 나무는 새길 수 없고 썩은 흙담은 덧칠할 수 없다. 圬 흙손 오. 宰予晝寢. 子曰, "朽木不可雕也, 糞土之牆不可圬也, 於予與何誅?"《論語 公冶長》. ○法出而奸生 – 법령이 나오면 간교한 방법이 따라 생긴다. ○以揚止沸 – 끓는 물을 불어서 물이 끓는 것을 멈추려 하다. 揚은 바람에 흩날리다. ※ 揚湯止沸 不如去薪(끓는 물을 퍼서 입김으로 불어 안 끓게 하는 것은 장작을 꺼내는 것만 못하다.) ○抱薪救火 – 섶나무를 들고 불을 끄려 하다. ○更張(경장) – 부패한 제도를 바르게 고치다. ○更化(경화) – 고쳐 새롭게 하다. ○古人有言 –《文子 上德》에 나오는 말. 文子는 道家書의 書名. 저자는 老子의 제자라고 하지만 名字 不傳. ○臨淵羨魚(임연선어) – 연못의 물고기를 잡고 싶어하다. 羨 부러워할 선. ○《詩》云 –《詩經 大雅 假樂》. ○宜民宜人, 受祿於天 – 백성과 관리를 모두 바르게 하니 복록을 하늘에서 받네.

○修飭(수칙) – 修身하며 스스로 조심하다.

〖國譯〗

「聖王은 亂世를 이어받아서 난세의 자취를 소제하고 모두 없앤 뒤에 다시 교화를 행하며 크게 흥기하셨습니다. 敎化를 밝게 하여 習俗으로 정착시켜 자손이 이를 따랐기에 5, 6백 년을 지나도 무너지지 않았습니다. 周의 末世에 이르러 무도한 짓을 많이 하여 천하를 잃었습니다. 秦이 그 뒤를 이었지만 고치지도 못했을 뿐만 아니라 더욱 심해져서 文學을 엄히 금하고 서책을 갖고 다닐 수도 없었으며 예의를 팽개치고 듣는 것조차 싫어했으며, 마음속으로는 先聖의 道를 모두 없애고 싶어서 오직 제멋대로 간략한 정치를 한다 했지만 천자가 된 지 14년에 나라가 무너지고 망했습니다. 自古 이래로 이처럼 혼란에 혼란을 더했으며 秦나라처럼 천하 백성들을 많이 죽인 적은 있지 않았습니다. 그 남은 독기와 기세가 아직도 다 없어지지 않아서 습속은 나쁘고 각박해졌으며 백성들은 악랄하고 법을 어기고 철저히 막아내어 이처럼 심하게 문드러진 적이 없었습니다. 공자는 '썩은 나무는 새길 수 없고 더러운 흙담은 손질할 수도 없다.' 고 한 말 그대로였습니다. 이제 漢은 秦의 뒤를 이었지만 마치 썩은 나무이며 더러운 흙담과 같아서 좋은 통치를 하려 해도 어찌할 방도가 없었습니다. 法令이 나오면 그에 따른 간사한 길이 나오고, 명령이 내려지면 거짓이 생겨나기에 마치 끓는 물을 불어서 식히려 하고 섶나무를 안고 불을 끄려는 것과 같아 더 나빠져 도움이 되지 않았습니다. 이를 비유하자면, 琴瑟(금슬)의 소리를 조절할 수 없다면 반드시 풀어서 다시 조여야만 연주할 수 있는 것과 같기에 정치를 하려 해도 행할 수 없다면 심한 경우에 반드시 변경하거나 다시 교화해야만 다스릴 수 있습니다. 마땅히 更張(경장, 거문고 줄을 다시 맴)해야 하는데 更張할 수 없다면 비록 良工이 있더라도 잘 조절할 수 없으며, 다시 고쳐 변화시켜야 하는데도 변화시킬 수 없다면 비록 大賢이 있다 하여도 善治할 수 없을 것입니다. 그래서 漢이 천하를 차지한 이래로 늘 善治를 하려 했으나 지금까지 善治가 불가능한 것은 당연히 바꿔야 할 것을 바꾸지 못했기 때문입니다. 옛사람이 말하기를 '연못가에서 물고기를 부러워하는 것은 돌아와 그물을 짜는 것만 못하다.' 고 하였습니다. 지금 정치를 하면서 안정된 통치를 원한 것이 70여 년이 되었으니 물러나 바꾸어야 합니다. 고쳐 변화시킨다면 善治할 수가 있고, 善治가 된다면 災害는 나날이 제거되고 복록은 날마다 들어올 것입니다. 《詩經》에 '백성과 관리를 모두 바르게 하니, 복록을 하늘에서 받네.' 라고 하였습니다. 정치를 하고 백성을 바르게 한다면 정말로 하늘에서 복록이 내릴 것입니다. 대저 仁, 誼(義), 禮, 知, 信 五常의 道는 王者가 마땅히 갈고 힘써야 할 것입니다. 이 五常을 갈고 닦기에 하늘의 도움을 받고 귀신의 鬼神 신령의 도움을 받아 먼 외방까지 덕을 베풀고 모든 生民들을 받아들일 것입니다.」

原文

天子覽其對而異焉, 乃復册之曰,

制曰, "蓋聞虞舜之時, 游於巖郎之上, 垂拱無爲, 而天下太平. 周文王至於日昃不暇食, 而宇內亦治. 夫帝王之道,豈不同條共貫與? 何逸勞之殊也?"

| **註釋** | ○對－대답. 對策. ○異－奇特하게 여기다. ○册之－동중서에서 책서를 내리다. 册은 書之簡册. 册書는 천자가 신하에게 명령을 내리는 글. ○游於巖郞之上－조정에서 쉬다. 郞은 廊. 巖廊은 우뚝 솟은 큰 집. 곧 조정의 뜻으로 쓰인다. ○垂拱(수공)－팔짱을 끼다. 아무 일도 하지 않다. ○日昃－저녁 때. 昃은 (해가) 기울 측. ○宇內－온 세상. 나라. ○共貫與－경로가 같은가. 貫은 經路. 與는 歟와 통. 의문어기사.

〖國譯〗

天子는 동중서의 대책을 읽고 특별하다 생각하며 곧 책서를 다시 내렸다.

制書에서 물었다. "짐이 듣기로는, 舜은 큰 궁전에서 쉬며 팔짱을 끼고 아무 일도 하지 않았지만 천하는 태평하였소. 周의 文王은 해질 때까지 밥을 먹을 겨를도 없었지만 나라는 역시 잘 다스려졌소. 帝王之道가 어찌 이처럼 일이 다른데 결과는 같은가? 편하고 힘들기가 어찌 이리 다른가?"

原文

"蓋儉者不造玄黃旌旗之飾. 及至周室, 設兩觀, 乘大路, 朱干玉戚, 八佾陳於庭, 而頌聲興. 夫帝王之道豈異指哉? 或曰良玉不瑑, 又曰非文亡以輔德, 二端異焉."

"殷人執五刑以督姦, 傷肌膚以懲惡. 成,康不式, 四十餘年天下不犯, 囹圄空虛. 秦國用之, 死者甚衆, 刑者相望, 秏矣哀哉!"

| 註釋 | ○兩觀 – 궁궐. ○大路 – 천자의 수레. 玉路, 路車라고도 한다. ○朱干玉戚 – 붉은 방패와 옥으로 만든 도끼(戚은 鉞). ○八佾(팔일) – 팔일무. 8人 8行 64명의 群舞. 佾 춤추는 줄 일. 1佾은 8명. ○異指 – 뜻이 같지 않다. 취향이 다르다. ○不瑑(부전) – 문양을 새기지 않다. 瑑은 새길 전. ○非文 – 꾸미지 않으면. 文은 文彩. 文樣. ○五刑 – 墨(묵), 劓(코를 자를 의), 剕(발을 벨 비), 宮(궁, 생식기 제거), 大辟(대벽, 목을 베기). ○傷肌膚以懲惡 – 피부를 벗기는 형벌로 악행을 그치게 하다. 懲은 혼날 징. 止也. ○不式 – 不用. ○囹圄(영어) – 감옥. 囹은 감옥 영(령). 圄은 옥 어. 가두다. ○秏矣 – 다 써서 없다. 秏는 감소할 모. 虛也. 耗(줄어들 모)와 同字.

〖國譯〗

"대체로 검소한 제왕은 흑색, 황색의 旌旗(정기) 장식도 하지 않았소. 周室에서는 궁궐에 大路를 타고 붉은 방패와 玉도끼를 사용했고 궁정에서 八佾舞(팔일무)를 추었고 칭송하는 노래를 불렀소. 帝王의 道에 어찌 취향이 이리 다른가? 혹자는 문채가 없으면 대덕을 보완하지 못한다고 했는데 검소와 문채는 서로 완전히 다른가?"

"殷人은 五刑으로 죄인을 다스리고 피부를 벗겨가며 악행을 징벌했소. 周의 成王과 康王은 형벌을 채용하지 않았지만 40여 년에 천하에 법을 어긴 자가 없었고 옥엔 죄인이 없었소. 秦에서는 형벌로 죽은 자가 너무 많았고 수형자가 마주 볼 정도였으며 국력이 다 소모되었으니 슬픈 일이로다."

原文

"烏乎! 朕夙寤晨興, 惟前帝王之憲, 永思所以奉至尊, 章洪業, 皆在力本任賢. 今朕親耕籍田以爲農先, 勸孝弟, 崇有德, 使者冠蓋相望, 問勤勞, 恤孤獨, 盡思極神, 功烈休德未始云獲也. 今陰陽錯繆, 氛氣充塞, 群生寡遂, 黎民未濟, 廉恥貿亂, 賢不肖渾淆, 未得其眞, 故詳延特起之士, 意庶幾乎! 今子大夫待詔百有餘人, 或道世務而未濟, 稽諸上古之不同, 考之於今而難行, 毋乃牽於文繫而不得騁歟! 將所繇異術, 所聞殊方與? 各悉對, 著於篇, 毋諱有司. 明其指略, 切磋究之, 以稱朕意."

| **註釋** | ○烏乎 - 嗚呼(오호). 감탄사. ○夙寤晨興 - 일찍 깨어 새벽에 일어나다. 夙은 일찍 숙. ○憲 - 法也. ○永思 - 深思. ○章洪業 - 章은 明也. 洪業은 통치의 大業. ○力本 - 본업에 힘쓰다. 농업을 지칭. ○未始云獲也 - 아직 얻지 못했다. 云은 句中語氣詞. ○錯繆(착료) - 서로 어긋나다. 錯亂. ○氛氣充塞 - 惡氣로 꽉 막히다. 氛은 기운 분. 재앙. 惡氣. ○寡遂 - 성취한 것이 적다. 遂는 成也. ○貿亂 - 혼란. 貿는 易(바꾸다). ○混淆(혼효) - 뒤섞이다. 淆는 뒤섞일 효. ○詳延特起之士 - 뛰어난 인재를 모두 초빙하다. 詳은 다하다. 모두. ○意庶幾乎 - 아마 대체로 그러할 것이다. ○未濟 - 通하지 못하다. ○牽於文繫 - 법문에 얽혀 연루되다. ○騁 - 달릴 빙. 하고 싶은 대로 하다. ○毋諱有司 - 담당 관리가 두렵다고 숨기지 말라. ○切磋究之 - 철저히 탐구하다.

〖國譯〗

"오호라! 짐은 아침에 일찍 깨어 새벽에 일어나 앞선 제왕들의 법과 하늘 뜻을 받든 까닭을 깊이 생각하고 그 대업을 이룬 까닭을 밝혀보면 모두가 현인에게 맡겼다는 것을 알 수 있었노라. 지금 짐은 籍田을 親耕하며 농업을 우선하고 孝悌를 권장하며 有德者를 존숭하고 사자를 자주 보내 애쓰는 자를 위문하며 고아나 홀아비를 구휼하면서 심려를 다하지만 업적이나 미덕의 성과가 아직은 나타나지 않고 있도다. 지금 음양이 뒤엉키고 惡氣가 충만하고 중생들은 얻는 것이 없고 백성들을 구제하지도 못하며, 청렴한 자와 그렇지 못한 자가 뒤바뀌고 현인과 不肖子(불초자)가 뒤섞여 진실한 인재를 얻을 수 없기에 특별한 인재를 모두 발탁한다면 아마 거의 될 수 있으리라! 지금 경과 같이 詔命을 받은 이가 백여 명으로 혹자는 世務를 말했지만 통달하지 못했고 上古의 제도를 고찰했지만 사실과 다르며 현실 문제를 말했다지만 실행이 어려우니 卿은 법문에 걸릴 걱정에 할 말을 아니 하지는 말라! 다른 학술이라면 다른 道로 아뢸 것인가? 모든 것에 진심으로 대답하여 글로 지어 올리면서 관리를 걱정하지 말지어다. 요지와 대략을 밝히고 철저하게 탐구하여 짐의 기대에 부응해주기 바라노라."

原文

仲舒對曰,

〈賢良對策(二)〉*

「臣聞堯受命, 以天下爲憂, 而未以位爲樂也, 故誅逐亂臣, 務求賢聖, 是以得舜,禹,稷,卨,咎繇. 衆聖輔德, 賢能佐職, 教化大行, 天下和洽, 萬民皆安仁樂誼, 各得其宜, 動作應禮, 從容中道. 故孔子曰, '如有王者, 必世而後仁,' 此之謂也. 堯在位七十載, 乃遜於位以禪虞舜. 堯崩, 天下不歸堯子丹朱而歸舜. 舜知不可辟, 乃卽天子之位, 以禹爲相, 因堯之輔佐, 繼其統業, 是以垂拱無爲而天下治. 孔子曰 '〈韶〉盡美矣, 又盡善矣', 此之謂也. 至於殷紂, 逆天暴物, 殺戮賢知, 殘賊百姓. 伯夷,太公皆當世賢者, 隱處而不爲臣. 守職之人皆奔走逃亡, 入於河海. 天下秏亂, 萬民不安, 故天下去殷而從周. 文王順天理物, 師用賢聖, 是以閎夭,大顚,散宜生等亦聚於朝廷. 愛施兆民, 天下歸之, 故太公起海濱而卽三公也. 當此之時, 紂尙在上, 尊卑昏亂, 百姓散亡, 故文王悼痛而欲安之, 是以日昃而不暇食也. 孔子作《春秋》, 先正王而繫萬事, 見素王之文焉. 由此觀之, 帝王之條貫同, 然而勞逸異者, 所遇之時異也. 孔子曰 '〈武〉盡美矣, 未盡善也', 此之謂也.

| **註釋** | ○舜 – 五帝의 한 사람. ○禹(우) – 夏의 건국자. ○稷(직) – 后稷(후직). 농업 담당, 周의 조상. ○卨(설) – 契(설, 사람 이름). 帝嚳(제곡의 아들), 唐堯의 異母弟. 司徒(사도, 교육 담당). 商의 시조. ○咎繇(고요) – 皐陶(고요). 舜의 신하. 형벌을 주관. ○如有王者~ –《論語 子路》. ○必世而後仁 – 1世(30년)이 지나야 仁政의 효과가 나타난다. ○丹朱(단주) – 못난 아들의 대명사. ○不可辟 – 不可避. ○〈韶〉盡美矣 – 韶는 舜의 음악.《論語

八佾》. ○入於河海 – 鼓方叔, 少師陽 같은 사람. ○天下秏亂 – 천하가 어둡고 혼란하다. 秏는 不明. ○閎夭(굉요), 大顚(대전), 散宜生(산의생) – 文王의 賢臣. ○海濱 – 바닷가. 濱은 물가 빈. ○昏亂 – 混亂. ○先正王 – 먼저 하늘의 뜻과(正) 王事(王)를 먼저 말하고(先). ○見素王之文 – 見은 현, 顯示(현시, 내보이다). 素王은 在下의 有德者를 높여 부르는 통칭. 일반적으로 孔子를 지칭. ○條貫 – 條理, 갈피, 순서. ○〈武〉盡美矣 – 武는 周 武王의 음악.《論語 八佾》.

〖國譯〗

동중서가 대책을 올려 말했다.

〈賢良對策(二)〉*

「臣이 알기로는, 堯는 천명을 받고 천하를 걱정했기에 자리에서 즐길 겨를이 없었으며 亂臣들을 죽이거나 쫓아버리고 성현인 舜(순), 禹(우), 稷(후직), 卨(설), 咎繇(고요) 등을 얻을 수 있었습니다. 이러한 여러 성인들이 덕행을 돕고 현명하며 유능한 이들이 직분을 담당하니 교화가 크게 이루어지고 천하가 화합하였으며 萬民이 仁政에 안주하면서 정의를 즐기게 되자 만사가 정당하게 이루어지고 행실이 禮에 맞았으며 모두가 조용히 道를 따랐습니다. 그래서 공자가 말한 '王者가 나오더라도 필히 1세대가 지나야 仁이 이루어진다.'는 말은 이를 말한 것입니다. 堯임금은 재위 70년이 되자 자리에서 물러나 虞舜(우순)에게 선양을 하려 했습니다. 堯가 붕어하자 天下가 요임금의 아들 丹朱(단주)에게 가지 않고 舜임금에게 돌아갔습니다. 순임금은 회피할 수 없다는 것을 알고 곧 천자의 자리에 올라 禹를 재상으로 삼고 堯를 보좌하던 사람들로 그 하던 일을 계속케 하였기에 팔짱을 끼고서 일을 하지 않아도 천하가 다스려졌습니다. 공자가 말한 '〈韶〉는 美를 다 갖추었고 또 善도 가졌다.' 는 말은 이를 두고 한 말입니다. 殷의 紂王(주왕)에 이르러 포악으로 하늘을 거슬리며 현명한 知者를 살육하고 백성을 죽이고 해쳤습니다. 伯夷와 太公은 모두 당시의 현자였으나 산림에 숨어 신하가 되지 않았습니다. 직책을 담당하던 관리들은 모두 달아나 도망했고 멀리 강이나 바닷가로 떠났습니다. 천하가 어둡고 혼란하며 온 백성이 불안하였기에 천하 사람들이 殷을 떠나 周를 따랐습니다. 文王은 천명에 따라 만물을 다스리며 성현을 스승으로 모시거나 등용하여 閎夭(굉요), 大顚(대전), 散宜生(산의생) 등이 또한 조정에 모였습니다. 백성들에게 베풀자 천하가 周에 귀부하니 太公은 바닷가에 살다 三公의 자리에 올랐습니다. 이때에 紂王이 아직 임금 자리에 있고 尊卑(존비)가 혼란하였고 백성들은 흩어지고 도망하였기에 文王께서는 이를 가슴아프게 여겨 안정시켜야만 했기에 해가 저물도록 식사를 할 겨를도 없었던 것입니다. 공자께서는《春秋》를 지어 먼저 하늘의 뜻과 王事를 먼저 말하고 (거기에) 만사를 연계하여 素王(소왕)으로서의 글을 보여주었습니다. 이를 통해 본다면 제왕의 하는 일의 조리는 같으나 힘들거나 편하기가 다른 것은 만났던 때가 다르기 때문입니다. 공자께서 '〈武〉는 아름다우나 善한 것이 부족하다' 라 하였는데, 이를 말한 것입니다.」

原文

「臣聞制度文采玄黃之飾, 所以明尊卑, 異貴賤, 而勸有德也. 故《春秋》受命所先制者, 改正朔, 易服色, 所以應天也.

然則官至旌旗之制, 有法而然者也. 故孔子曰, '奢則不遜, 儉則固.' 儉非聖人之中制也. 臣聞良玉不瑑, 資質潤美, 不待刻瑑, 此亡異於達巷黨人不學而自知也. 然則常玉不瑑, 不成文章, 君子不學, 不成其德.」

| 註釋 | ○受命所先制者 – 受命하여 王이 된 자는. ○改正朔, 易服色, 所以應天也 – 이는 바뀐 천명에 따르기 위한 필수 조치이다. ○奢則不遜, 儉則固 – 遜은 順也. 固는 고루하다.《論語 述而》. ○中制 – 적절한 제도. ○達巷黨人(달항당인) – 項橐(항탁). 7세의 어린아이 항탁은 공자의 스승이었는데 10세에 요절했다고 한다.

〖國譯〗

「臣이 알기로는, 制度와 文采에서 흑색, 황색 장식은 尊卑를 분명히 하고 貴賤을 달리하여 德을 권장하는 뜻입니다. 그래서《春秋》에서 말한 하늘의 명을 받아 왕이 된 자가 正朔(정삭)을 개정하고 服色(복색)을 바꾸는 것은 천명에 부응하기 위한 것입니다. 그러하기에 官에서 旌旗(정기)의 제도에 여러 법이 있고 또 그렇게 받아들이는 것입니다. 그리고 공자는 '사치하면 不順하고 검소하면 고루하다'고 하였습니다. 儉素가 聖人의 가장 적당한 제도는 아닙니다. 臣이 알기로는, 良玉에 무늬를 넣지 않는 것은 그 바탕이 충분히 아름답기 때문이니 전각이 필요 없다는 뜻은 達巷黨人(달항당인)이 배우지 않고도 모든 것을 다 아는 것과는 다릅니다. 그러하기에 보통 玉은 새기지 않으면 무늬가 없으며, 군자가 不學하면 그 덕을 이룰 수 없습니다.」

原文

「臣聞聖王之治天下也, 少則習之學, 長則材諸位, 爵祿以養其德, 刑罰以威其惡, 故民曉於禮誼而恥犯其上. 武王行大誼, 平殘賊, 周公作禮樂以文之, 至於成康之隆, 囹圄空虛四十餘年, 此亦教化之漸而仁誼之流, 非獨傷肌膚之效也. 至秦則不然, 師申商之法, 行韓非之說, 憎帝王之道, 以貪狼爲俗, 非有文德以教訓於下也. 誅名而不察實, 爲善者不必免, 而犯惡者未必刑也. 是以百官皆飾虛辭而不顧實, 外有事君之禮, 內有背上之心, 造僞飾詐, 趣利無恥, 又好用憯酷之吏, 賦斂亡度, 竭民財力, 百姓散亡, 不得從耕織之業, 群盜並起. 是以刑者甚衆, 死者相望, 而姦不息, 俗化使然也. 故孔子曰'導之以政, 齊之以刑, 民免而無恥', 此之謂也.」

| 註釋 | ○習之學 - 젊은이에게(之) 학문을 익히게 하다. ○材諸位 - 능력에 맞춰 지위를 부여하다. 材는 裁斷하다. 諸는 之乎의 合音字. ○成康之隆 - 周 成王과 康王 시기의 융성. ○申商之法 - 申不害와 商鞅(상앙)의 법. ○韓非之說 - 韓非子의 학설. ○貪狼爲俗 - 이리와 같은 탐욕이 백성들의 習俗이 되다. ○誅名 - 責名. 이름만 팔다. ○憯酷之吏(참혹지리) - 慘酷한 관리. 憯은 슬퍼할 참. 痛也. ○導之以政~ -《論語 爲政》.

〖國譯〗

「臣이 알기로, 聖王이 천하를 통치하며 젊어서는 학문을 익히게 하고 장년이 되면 능력에 맞춰 관리가 되게 하였으며 爵祿으로 덕행을 장려하고 형벌로 악행을 삼가게 하였기에 백성들은 예의를 알고 윗사람 범하는 일을 부끄럽게 여겼습니다. 武王이 大義를 실천하여 잔악한 무리를 평정하고 周公이 예악을 통해 백성을 깨우쳤기에 成王과 康王의 융성을 이룩했고 40여 년간 옥은 텅 비었는데 이는 교화의 점진적 성과이며 仁義가 널리 유포된 것이지 살갗을 벗기는 형벌에 의한 효과가 아니었습니다. 그러나 秦은 그렇지 않았으니 申不害와 商鞅의 법을 본받고 韓非子 학설을 따르면서 帝王之道를 버리고 이리의 탐욕을 습속처럼 받아들였으며 文治에 의한 백성 교화를 행하지 않았습니다. 명분만 따지고 실질을 추구하지 않았으며 선행에 보상이 없었고 악행을 제대로 처벌하지 않았습니다. 이렇게 되자 모든 관리는 공허한 말과 알맹이 없는 문서만 지었고 내실을 기하지 않았으며, 겉으로는 주군을 섬기는 예를 갖췄지만 안으로는 배반의 마음이 있었으며, 위선과 詐術(사술)로 이득만 따르고 염치도 없었으며 거기다가 악독한 관리를 많이 등용했고 徵稅(징세)에 법도가 없어 백성의 재력을 바닥내자 백성은 흩어져 농경이나 방직에 힘쓰지 않았으며 도둑떼가 곳곳에서 일어났습니다. 이렇게 되자 형벌을 받은 자가 너무 많고 죽는 자가 꼬리를 이었어도 간사한 악행이 수그러들지 않았는데 이는 습속이 그러했기 때문입니다. 그리하여 공자가 '법령으로 백성을 이끌고 형벌로 규제한다면 백성은 빠져나가고도 부끄러움을 모른다.' 라고 했는데 이를 말한 것입니다.」

原文

「今陛下並有天下, 海內莫不率服, 廣覽兼聽, 極群下之知, 盡天下之美, 至德昭然, 施於方外. 夜郎,康居, 殊方萬里, 說德歸誼, 此太平之致也. 然而功不加於百姓者, 殆王心未加焉. 曾子曰, '尊其所聞, 則高明矣, 行其所知, 則光大矣. 高明光大, 不在於它, 在乎加之意而已.' 願陛下因用所聞, 設誠於內而致行之, 則三王何異哉!」

| **註釋** | ○並有 – 모두 차지하다. ○率服(솔복) – 아랫사람을 거느리고 와서 복종하다. ○極群下之知 – 群下의 지혜를 다 모으다. 極은 致也, 종합하다(綜也). ○夜郎(야랑), 康居(강거) – 西南夷의 나라 이름. ○說德(열덕) – 은덕에 기뻐하다. ○殆 – 위태로울 태. 대개, 대체로. 거의, 아마도. ○曾子曰 –《大戴禮 曾子疾病》에 나오는 말. ○光大 – 光明盛大. ○三王 – 禹, 湯, 文王. 夏殷周 三代의 개국 군주.

〖**國譯**〗

「지금 폐하께서는 천하를 다 차지하셨으니, 海內에 감히 굴복하지 않는 자가 없고 만사를 親覽(친람)하시며 널리 들을 수 있어 아랫사람들의 지식을 다 모으고 천하의 장점을 다 가지셨기에 大德이 밝게 빛나며 이를 나라 안팎에 베풀고 계십니다. 夜郎과 康居(강거) 같은 머나먼 곳에서도 폐하의 덕을 좋아하여 귀부하니 이는 태평의 극치이십니다. 그러나 아직 폐하의 공덕이 백성에게 다 미치지 못하는 것은 아마 폐하의 심려 때문일 것입니다. 曾子가 '들은 바를 소중히 여기면 高明하고, 아는 것을 실천하면 곧 光明盛大한 것이다. 高明하고 光大한 것은 다른데 있지 않으니 마음을 쓴다는 뜻이다.' 라고 하였습니다. 바라옵건대, 폐하께서는 들으신 것을 활용하시면서 마음에 성심을 가지시고 실천하신다면 三王과 무엇이 다르겠습니까!」

原文

「陛下親耕籍田以爲農先, 夙寤晨興, 憂勞萬民, 思維往古, 而務以求賢, 此亦堯,舜之用心也, 然而未云獲者, 士素不厲也. 夫不素養士而欲求賢, 譬猶不琢玉而求文采也. 故養士之大者, 莫大虖太學, 太學者, 賢士之所關也, 教化之本原也. 今以一郡一國之衆, 對亡應書者, 是王道往往而絶也. 臣願陛下興太學, 置明師, 以養天下之士, 數考問以盡其材, 則英俊宜可得矣. 今之郡守,縣令, 民之師帥, 所使承流而宣化也. 故師帥不賢, 則主德不宣, 恩澤不流. 今吏既亡教訓於下, 或不承用主上之法, 暴虐百姓, 與奸爲市, 貧窮孤弱, 冤苦失職, 甚不稱陛下之意. 是以陰陽錯繆, 氛氣棄塞, 群生寡遂, 黎民未濟, 皆長吏不明, 使至於此也.」

| **註釋** | ○籍田(적전) – 황제가 친히 경작하며 농사 시범을 보이는 토지. ○士素不厲也 – 厲는 갈 려. 磨礪(마려). 砥礪(지려, 숫돌)에 갈다. ○賢士之所關也 – 賢士를 배출하는 곳이다. ○對亡應書者 – 賢良文學의 詔書에 응하는 자가 없는 것은. ○往往 – 處處. 곳곳에서. ○考問 – 考査하고 詢問(순문)하다. 시험을 보거나 적극적으로 자문을 구하다. ○縣令 – 본래 인구 1만 명 이상의 행정단위의 지방관. 秩은 1천석에서 6백석. 보좌관으로 縣丞과 縣尉가 있는데 이들도 모두 중앙에서 임명하였다. 변방의 현은 인구 1만 명이

안 되더라도 현령을 두었다. ○民之師帥 – 백성을 거느리는 장수. ○與奸爲市 – 관리가 奸人과 이득을 거래하다. ○長吏 – 秩 6백석 이상의 고관. 지방의 수령.

『國譯』

「폐하께서 籍田(적전)을 친경하시고 농사를 중시하시며 일찍 깨어 새벽에 일어나시어 백성을 걱정하시며 옛 성왕을 본받으시고 賢臣을 구하려 애쓰시니, 이는 堯舜의 걱정과 같은 데도 아직 성과가 없는 것은 養士에 힘쓰지 않았기 때문입니다. 평소에 養士하지 않고 求賢하는 것을 비유하자면 옥을 연마하지 않고 文彩를 구하는 것과 같습니다. 그러하기에 養士의 좋은 방법은 太學보다 나은 것이 없으니 태학은 賢士를 배출하는 곳이며 敎化의 本原입니다. 一郡이나 一國의 백성 중에서 조서에 응대하는 자가 없다는 것은 王道가 곳곳에서 단절되었다는 뜻입니다. 臣이 바라는 것은, 폐하께서 太學을 진흥시키시고 明師를 두어 天下의 인재를 양성하시면서 자주 그 인재들을 시험하시고 자문하신다면 영재를 얻을 수 있습니다. 지금의 태수나 현령은 백성을 거느리는 장수이며 폐하의 뜻을 받들어 널리 교화를 펴는 사람입니다. 만약 백성을 인솔한 장수가 어질지 못하면 폐하의 덕을 펼 수가 없고 은택도 아래로 흐르지 못할 것입니다. 지금 관리들이 백성들을 교훈하지 않거나 폐하의 법을 따르지 않고 백성에게 포악하게 굴며 간악한 사람들과 이권을 거래한다면 가난하고 약한 백성들은 원망과 고통으로 직업을 잃고 폐하의 크신 뜻을 칭송하지 않을 것입니다. 이렇게 되면 음양이 뒤섞이고 惡氣로 막히게 되어 백성들이 가진 것이 없고 고통에서 벗어나지 못하는 것은 모두 관리가 어질지 못하기에 이런 상황에 이르게 된 것입니다.」

原文

「夫長吏多出於郎中,中郎, 吏二千石子弟選郎吏, 又以富訾, 未必賢也. 且古所謂功者, 以任官稱職爲差, 非謂積日絫久也. 故小材雖絫日, 不離於小官, 賢材雖未久, 不害爲輔佐. 是以有司竭力盡知, 務治其業而以赴功. 今則不然, 絫日以取貴, 積久以致官, 是以廉恥貿亂, 賢不肖渾淆, 未得其眞. 臣愚以爲使諸列侯,郡守,二千石各擇其吏民之賢者, 歲貢各二人以給宿衛, 且以觀大臣之能, 所貢賢者有賞, 所貢不肖者有罰. 夫如是, 諸侯,吏二千石皆盡心於求賢, 天下之士可得而官使也. 遍得天下之賢人, 則三王之盛易爲, 而堯,舜之名可及也. 毋以日月爲功, 實試賢能爲上, 量材而授官, 錄德而定位, 則廉恥殊路, 賢不肖異處矣. 陛下加惠, 寬臣之罪, 令勿牽制於文, 使得切磋究之, 臣敢不盡愚!」

| **註釋** | ○郎中 – 郎中令 소속 郎官의 하나. 궁궐 수비 전문. 秩 三百石. 無 定員. ○中郎 – 낭중령 소속 낭관의 한 직급. 궁중 호위, 시종의 임무. 秩 6백석. 車郎將, 戶郎將, 騎郎將은 秩 比一千石. 無 定員. ○郎吏 – 郎中과 中郎. 二千石 이상 관리의 자제이기에 출사할 수 있던 경우로는 張安世, 爰盎(원앙), 霍光(곽광) 등이 있다. 5백 만 이상의 부자였기에 출사한 사람은 張釋之나 司馬相如가 있다. ○富訾(부자) – 富貲(부자)와 통. 貲는 재물 자. ○非

所謂積日絫久也 – 세월이 지나 오랫동안 근무한 것을 말하지 않는다. 所는 삭제되어야 한다는 주석이 있다. ○不害爲輔佐 – 황제를 보좌하는데 장애가 없다. ○廉恥貿亂 – 廉恥(염치)는 청렴한 사람과 그렇지 못한 사람. 貿亂(무란)은 뒤바뀌다. ○渾淆(혼효) – 뒤섞이다. ○歲貢 – 해마다 추천하다. ○宿衛(숙위) – 황궁에서 숙식하며 警衛하게 하다. ○官使 – 관리가 되고 능력을 발휘하다. 동사로 쓰였음. ○錄德 – 덕행을 관찰하다. 덕행을 심사하다. ○廉恥殊路 – 청렴한 사람과 몰염치한 사람이 길을 달리하다.

〖國譯〗

「대저 고관은 郎中이나 中郎에서 많이 나왔는데 2천석 관리의 자제나 부자 중에서 郎吏가 되기에 꼭 현명한 사람은 아닙니다. 또 고대에 功者란 임관과 직책에 따라 차등을 두었고 햇수나 채워 오래 근무했다는 뜻이 아니었습니다. 그래서 재능이 없는 자는 오랜 세월을 근무해도 小官이었지만 賢材는 오래지 않아도 황제를 보좌하는데 장애가 없었습니다. 이 때문에 관리는 정력과 지혜로 그 직무를 수행하며 공을 쌓았습니다. 지금은 그러하지 아니하여 오래 근무하면 높이 오르고 더 오래면 고관이 되기 때문에 청렴한 자와 그렇지 아니한 자가 뒤바뀌고 현자와 불초한 자가 뒤섞여 참된 인재를 얻을 수 없습니다. 臣의 어리석은 생각이지만 모든 列侯와 郡守, 2천석의 관리들이 각기 그 백성 중에서 賢者를 골라 해마다 2명씩 추천하여 숙위하게 하되 이로써 대신들의 능력을 따져 현자를 추천한 자는 상을 내리고 무능한 자를 추천하면 문책합니다. 이와 같이 한다면 제후나 2천석 관리들이 모두 求賢에 정성을 다할 것이며 천하의 인재를 얻어 관리로 재능을 다하게 할 수 있습니다. 천하의 현인을 두루 얻을 수 있다면 三王의 융성을 쉽게 이루고 堯舜과 같은 칭송을 받을 수 있습니다. 근속에 따라 승진하는 것이 아니라 능력을 시험하여 승진케 하고 능력에 맞춰 관직을 수여하며 덕행을 관찰하여 직위를 정한다면 청렴하거나 그렇지 못한 자의 관로가 다를 것이며 賢者와 不肖한 자의 처지가 달라질 것입니다. 폐하께서 은혜를 주셔 臣의 죄를 관용하시어 法文에 걸려들지 않게 하시며 열심히 갈고 닦게 해주시면 臣은 어리석지만 제 정성을 다하겠습니다!」

原文

於是天子復册之.

制曰, "蓋聞 '善言天者必有徵於人, 善言古者必有驗於今'. 故朕垂問乎天人之應, 上嘉唐虞, 下悼桀紂, 寖微寖滅, 寖明寖昌之道, 虛心以改. 今子大夫明於陰陽所以造化, 習於先聖之道業, 然而文采未極, 豈惑虖當世之務哉? 條貫靡竟, 統紀未終, 意朕之不明與? 聽若眩與? 夫三王之教, 所祖不同, 而皆有失, 或謂久而不易者道也, 意豈異哉? 今子大夫旣已著大道之極, 陳治亂之端矣, 其悉之究之, 孰之復之. 《詩》不云虖, '嗟爾君子, 毋常安息, 神之聽之, 介爾景福.' 朕將親覽焉, 子大夫其茂明之."

| 註釋 | ○有徵於人 - 인간에 대해서도 증명할 수 있다. 徵은 證也. ○善言古者~ - 《荀子 性惡》. ○寖微寖滅 - 점점 작아지거나 점점 없어지다.

寖은 浸의 古字. 浸은 漸也. ○陰陽所以造化 – 음양이 이루는 조화. 所以의 '以'가 없는 판본도 있다. ○道業 – 遺業. ○未極 – 다 설명할 수 없다. ○聽若眩與 – 듣고서도 迷惑하는 것인가? 眩은 아찔할 현. 迷惑(미혹). ○所祖不同 – 所始不同. 시작이 같지 않다. 祖는 始也. ○悉 – 상세하게. 盡也. 究는 竟也. ○孰之復之 – 상세하게 반복 설명하다. 孰은 熟也. ○《詩》不云虖 – 《詩經》에 있지 않은가. 《詩經 小雅 少明》. ○嗟爾(차이) – 아! 감탄사. ○毋常安息 – 언제나 편하게만 지내지 말라. ○介爾景福 – 큰 복을 내려주다. 介는 助也. 부지런하면 하늘이 큰 복을 내린다는 뜻. ○茂 – 힘쓰다. 勉也.

〖國譯〗

이에 天子가 다시 簡册을 내렸다. 制書에 말했다.

"짐이 알기로는 '하늘에 대해 잘 말하는 자는 인간으로도 증명하고 옛일을 잘 설명하는 자는 현세로도 경험케 한다.' 고 하였도다. 그래서 짐이 天과 人의 호응에 관해 묻나니, 위로는 堯舜을 본받고 아래로는 桀紂(걸주)의 행적에 가슴 아파 하나니 점차 작아지다 없어지는 것과 점차 밝아지며 번창하는 道에 대하여 허심탄회하게 다시 말해 보시오. 卿은 음양의 조화에 밝고 先聖의 遺業을 익숙하나 문채를 다 설명하지 않은 것은 현실의 업무에 확신이 없는 것은 아닌가? 설명의 전말이 부족하고 체계적 설명의 종결이 없다면 그 뜻을 짐이 모르는 것인가? 아니면 듣고도 깨우치지 못한 것인가? 저 三王의 가르침은 그 시작이 같지 않고 각각 잃은 것이 있으며, 혹은 영구히 바뀔 수 없는 道라고 한 것은 그 뜻이 왜 다른가? 지금 경은 大道의 전체를 설명했고 治亂의 端緖를 말했는데 그를 자세하고도 끝까지 상세히 설명하시오. 《詩經》에서도 '아! 君子여! 늘 편하지는 말라. 神이 들으시고 큰 복을 주실 것이로다.' 라고 말하지 않았는가? 짐이 친히 열람할 것이니 경은 힘써 밝혀주기 바라노라."

原文

仲舒復對曰,

〈賢良對策(三)〉*

「臣聞《論語》曰, '有始有卒者, 其唯聖人虖!' 今陛下幸加惠, 留聽於承學之臣, 復下明册, 以切其意, 而究盡聖德, 非愚臣之所能具也. 前所上對, 條貫靡竟, 統紀不終, 辭不別白, 指不分明, 此臣淺陋之罪也.」

| 註釋 | ○《論語》曰 - 《論語 子張》에 나오는 子夏의 말. ○有始有卒 - 有始有終. 성인만이 始終 一貫된 道를 지킨다는 뜻. ○承學之臣 - 스승의 학설이나 이어가는 신하. 자신의 학문이 부족하다는 겸손한 뜻. ○淺陋(천루) - 식견이 천박하고 비루하다.

〖國譯〗

동중서가 다시 대책을 올려 말했다.

〈賢良對策(三)〉*

「臣이 알기로, 《論語》에 '시작과 끝이 있는 사람은 오직 성인뿐이로다!' 고 하였습니다. 지금 폐하께서는 은덕을 베푸시어 학문이 모자란 저의 말을 들어주셨고 다시 책서를 내려 밝혀주시니 폐하의 뜻이 절실하고도 성덕을 다 베풀어 주셨지만 어리석은 신하로서 충분히 설명 못할 것 같습니다. 앞서 올린 대책의 조리가 부족하고 체계가 확실하지 않으며 내용이 명백하지 않고 뜻이 불분명한 것은 臣의 학문이 천박한 탓입니다.」

原文

「册曰, '善言天者必有徵於人, 善言古者必有驗於今.' 臣聞天者群物之祖也. 故遍覆包涵而無所殊, 建日月風雨以和之, 經陰陽寒暑以成之. 故聖人法天而立道, 亦溥愛而亡私, 布德施仁以厚之, 設誼立禮以導之. 春者天之所以生也, 仁者君之所以愛也. 夏者天之所以長也, 德者君之所以養也. 霜者天之所以殺也, 刑者君之所以罰也. 繇此言之, 天人之徵, 古今之道也. 孔子作《春秋》, 上揆之天道, 下質諸人情, 參之於古, 考之於今. 故《春秋》之所譏, 災害之所加也,《春秋》之所惡, 怪異之所施也. 書邦家之過, 兼災異之變, 以此見人之所爲, 其美惡之極, 乃與天地流通而往來相應, 此亦言天之一端也. 古者修敎訓之官, 務以德善化民, 民已大化之後, 天下常亡一人之獄矣. 今世廢而不修, 亡以化民, 民以故棄行誼而死財利, 是以犯法而罪多, 一歲之獄以萬千數. 以此見古之不可不用也, 故《春秋》變古則譏之. 天令之謂命, 命非聖人不行. 質樸之謂性, 性非敎化不成. 人欲之謂情, 情非度制不節. 是故王者上謹於承天意, 以順命也, 下務明敎化民, 以成性也. 正法度之宜, 別上下之序, 以防欲也. 修此三者, 而大本擧矣. 人受命於天, 固超然異於群生, 入有父子兄弟之親, 出有君臣上下之誼, 會聚相遇, 則有耆老長幼之施, 粲然有文以相接, 驩然有恩以相愛, 此人之所以貴也. 生五穀以食之, 桑麻以衣之, 六畜以養之, 服牛乘馬, 圈豹檻虎, 是其得天之靈, 貴於物也. 故孔子曰, '天地之性人爲貴.' 明於天性, 知自貴於物, 知自貴於物, 然後知仁誼. 知仁誼, 然後重禮節, 重禮節, 然後安處善, 安處善, 然後樂循理, 樂循理, 然後謂之君子. 故孔子曰 '不知命, 亡以爲君子', 此之謂也.」

| **註釋** | ○天者群物之祖也 – 하늘은 만물의 시원이다. ○無所殊 – 分別이 없다. ○溥愛 – 박애. 溥 넓을 부. 보편적인. ○天人之徵 – 天象은 人事에 대한 徵驗이다. ○揆 – 헤아릴 규. ○質 – 바탕을 두다. ○死財利 – 財利 때문에 죽다. ○變古則譏之 – 옛 것이 바뀌면 그것을 꾸짖다. ○度制不節 – 법도로 제약하지 않으면 조절할 수 없다. ○長幼之施 – 長幼의 차례를 설정하다. 施는 設也. ○粲然(찬연) – 밝고 빛나는 모양. ○驩然 – 歡然. 기뻐하다. 驩은 기뻐할 환. ○天地之性人爲貴 – 천지 간에 인성은 무엇보다도 귀하다.《孝經》聖治章. ○安處善 – 善에 편안하게 머물다. ○不知命, 亡以爲君子 – 천명을 모르면 군자라 할 수 없다. 知命을 董仲舒는 '인간의 본성이 무엇보다도 귀하다는 것을 아는 것' 으로 풀이한 셈이다. 이 구절은《論語》의 맨 마지막 구절로《論語》의 결론이라고도 한다. 孔子曰, "不知命, 無以爲君子也, 不知禮, 無以立也, 不知言, 無以知人也."《論語 堯曰》.

〖國譯〗

「簡冊에 '하늘에 대해 잘 말하는 자는 인간으로도 증명하고 옛일을 잘 설명하는 자는 현세로도 경험케 한다.' 고 하셨습니다. 臣이 알기로, 하늘이란 만물의 시작입니다. 그래서 모든 것을 다 망라하고 포함하여 차별이 없으며 日月과 風雨의 작용으로 만물을 융화하고 陰陽과 寒暑(한서)를 거치며 만물이 성장합니다. 그래서 聖人은 하늘을 본받아 道를 세우고 博愛하며 사사로움이 없고 德과 인을 베풀어 온후하게 하고 義와 禮를 실천하여 인간을 인도하는 것입니다. 春은 하늘이 만물을 생성하는 것이고, 仁은 人君이 베푸는 恩情입니다. 夏는 하늘이 만물을 성장케 하고, 德은 人君이 백성을 양육하는 것입니다. 霜(서리)은 하늘이 내리는 죽음이고, 刑은 人君이 내리는 형벌입니다. 이를 다시 말한다면, 天象은 人事에 대한 상징이며 古今의 道입니다. 공자께서《春秋》를 지은 것은 위로는 天道를 알게 하고 아래로는 모든 인정에 바탕을 두었으며 옛일을 참고하고 지금의 일을 고찰한 것입니다. 그리고《春秋》에서 비판하는 일에는 災害가 따랐으며《春秋》에서 미워한 사건에는 怪異한 일이 있었습니다. 나라의 과오를 기록하며 災異의 변고를 함께 기록하여 이로써 인간의 행위를 보고 그 선악을 종합하여 天地의 流通과 往來를 상응케 하였으니 이 또한 天意의 一端을 말한 것입니다. 옛날에 敎訓之官을 두고 덕을 베풀어 백성을 교화시키려 애를 썼기에 백성이 교화된 뒤로는 나라의 옥에 한 사람도 있지 않았습니다. 금세에 (敎訓之官을) 폐기하고 두지 않아 백성에 대한 교화가 없자 백성들은 義를 포기하고 죽기로 재물을 따라가 법을 어기며 죄를 많이 지어 1년에 옥에 갇히는 자가 천이나 만 단위로 세어야 했습니다. 이를 본다면 古法

을 쓰지 않을 수가 없었으며 그래서 《春秋》에서는 예전과 다른 것을 비판하였습니다. 하늘의 명을 天命이라 하고 천명은 성인이 아니면 따를 수 없습니다. 質樸(질박)을 본성이라 하는데 본성은 교화가 아니라면 완성되지 않습니다. 人欲을 感情이라 하는데 감정은 法度로 제한하지 않으면 조절할 수 없습니다. 이런 까닭에 王者는 위로는 부지런히 天意를 이어받아 명에 따르면서 아래로는 백성들을 힘써 교화해야 본성을 지킬 수 있습니다. 법도의 정의를 바로 세우고 상하의 질서를 구별하며 욕정을 예방해야 합니다. 이 3가지를 실천하면 나라의 大本이 세워집니다. 사람은 하늘의 명을 받기에 만물과 다르게 뛰어나 집에서는 父子兄弟의 親愛가 있고 밖에서는 君臣上下의 義가 있으며 사람끼리 모여 살면서 노인과 어른과 아이의 차례를 설정하면서 찬란한 문화로 서로 관계를 맺으면서 은혜에 기뻐하며 相愛하기에 인간은 귀한 존재입니다. 오곡을 심고 길러 먹고 누에를 치고 삼베로 옷을 만들어 입고 가축을 기르며 소와 말을 부리거나 타고 맹수를 가두어 두는 것 모두가 하늘의 영험함을 터득한 것이기에 인간은 만물보다 귀한 것입니다. 그래서 공자께서도 '천지의 본성으로도 인간은 고귀하다' 고 하였습니다. 天性을 이해하기에 스스로 만물보다 귀하다는 것을 알고, 만물보다 귀한 존재란 것을 알기에 仁義를 아는 것입니다. 인의를 안 뒤에야 예절이 중요한 것을 알며, 예절의 소중함을 안 연후에 善에 안주하며, 善에 안주한 연후에 순리를 즐겨 따른다면 그런 연후에 그를 君子라 할 수 있습니다. 그래서 공자께서 '천명을 모르면 군자라 할 수 없다' 고 한 말은 이를 일컬은 것입니다.」

原文

「册曰, '上嘉唐,虞, 下悼桀,紂, 寖微寖滅寖明寖昌之道, 虛心以改.' 臣聞衆少成多, 積小致鉅, 故聖人莫不以晻致明, 以微致顯. 是以堯發於諸侯, 舜興乎深山, 非一日而顯也, 蓋有漸以致之矣. 言出於已, 不可塞也, 行發於身, 不可掩也. 言行, 治之大者, 君子之所以動天地也. 故盡小者大, 愼微者著.《詩》云, '惟此文王, 小心翼翼.' 故堯兢兢日行其道, 而舜業業日致其孝, 善積而名顯, 德章而身尊, 以其寖明寖昌之道也. 積善在身, 猶長日加益, 而人不知也, 積惡在身, 猶火之銷膏, 而人不見也. 非明虖情性, 察虖流俗者, 孰能知之? 此唐,虞之所以得令名, 而桀,紂之可爲悼懼者也. 夫善惡之相從, 如景鄉之應形聲也. 故桀,紂暴謾, 讒賊並進, 賢知隱伏, 惡日顯, 國日亂, 晏然自以如日在天, 終陵夷而大壞. 夫暴逆不仁者, 非一日而亡也, 亦以漸至, 故桀,紂雖亡道, 然猶享國十餘年, 此其寖微寖滅之道也.」

| 註釋 | ○衆少成多 – 작은 것이 여럿이면 많아진다. ○積小致鉅 – 鉅 클 거. 大也. ○莫不以晻致明 – 어둠을 광명으로 바꾸지 않은 이가 없다. ○以微致顯 – 희미한 것을 확실하게 하다. ○堯發於諸侯 – 堯는 본래 唐(지명)의 제후였다가 천자가 되었다. ○舜興乎深山 – 舜은 歷山의 농부였다. ○盡小者大 – 작은 일에 성의를 다하는 자는 큰 것을 이룬다. ○《詩》云 –《詩經 大雅 大明》. ○翼翼(익익) – 공경하고 엄숙한 모양. ○兢兢(긍긍) – 매우 조심하는 모양. ○業業(업업) – 위태로운 모양. ○長日加益 – (春分 이후

에) 해가 날마다 길어지다. ○景鄕(영향) - 景 그림자 영. 影의 古字. 鄕은 響(울림 향)과 通. ○暴謾 - 暴慢(포만). 사납고 제멋대로 행동하다. ○晏然 - 느긋하게 편안한 모양. 如日在天은 해가 지지 않을 것처럼. ○享國(향국) - 재위하다.

〖國譯〗

「간책에 말씀하시길 '위로는 堯舜을 칭송하고 아래로는 桀紂(걸주)를 두려워하면서 점차 작아져서 사라지고 점차 밝아지고 번창하는 道에 대하여 허심탄회하게 다시 말해보라.' 하셨습니다. 臣이 알기로는, 적은 것도 여럿이면 많아지고 작은 것도 모으면 큰 것이 된다 하였으니, 성인이 어둠을 광명으로, 희미한 것을 확실한 것으로 만들지 않은 이가 없었습니다. 이처럼 堯임금은 제후에서 시작하였고 舜임금은 깊은 산속에서 흥기하였는데 하루에 나타난 것이 아니고 오히려 조금씩 키워 나갔습니다. 말은 한번 뱉어지면 막을 수 없고 저지른 행위는 가릴 수 없습니다. 말과 행동은 통치에 중요한 것이기에 군자는 이로써 천지를 움직이게 하였습니다. 그리하여 작은 일에 정성을 다하면서 커지고 하찮은 일도 조심하면서 뚜렷해졌습니다. 《詩經》에서는 '저 文王께서는 삼가고 조심하시네.' 라고 하였습니다. 그처럼 堯임금은 조심조심 날마다 할 일을 하였고 舜임금은 걱정하며 날마다 효행을 다 하였기에 선행이 쌓여 이름이 났고 덕행이 빛나며 존귀한 자리에 올랐으니 이것이 점점 밝아지고 점점 번창하는 길이었습니다. 몸소 선행을 쌓으면 날마다 해가 점점 길어지나 사람들은 모르는 것과 같고 악을 몸으로 행하면 불에 기름이 녹아도 사람이 못 보는 것과 같습니다. 인간의 性情을 분명히 알지 못하고 세상 흐름을 살피지 않는다면 누가 이를 알겠습니까? 이는 堯舜께서 아름다운 명성을 얻은 까닭이며 걸주가 사람을 두렵게 만드는 까닭입니다. 대개 선악이 서로 따르는 것은 마침 그림자나 메아리가 본체와 소리에 응하는 것과 같습니다. 그래서 桀紂(걸주)의 포악과 만행에 참소하는 무리들이 대거 등장하며 현인과 지혜로운 사람은 숨어버려 악행은 날마다 드러났고 나라는 날마다 어지러웠으나 본인들은 느긋하게 해가 늘 떠 있을 줄 알았지만 끝내 무너지며 완전히 붕괴되었습니다. 포악하고 不仁한 자라도 하루에 망하지는 않았으니 이 또한 점차 무너져 내린 것으로 걸주가 비록 무도했지만 그래도 10여 년이나 재위했었지만 이는 점점 쇠약해지고 점점 멸망하는 길이었습니다.」

原文

「冊曰, '三王之教所祖不同, 而皆有失, 或謂久而不易者道也, 意豈異哉?' 臣聞夫樂而不亂復而不厭者謂之道, 道者萬世亡弊, 弊者道之失也. 先王之道必有偏而不起之處, 故政有眊而不行, 擧其偏者以補其弊而已矣. 三王之道所祖不同, 非其相反, 將以捄溢扶衰, 所遭之變然也. 故孔子曰, '亡爲而治者, 其舜乎!' 改正朔, 易服色, 以順天命而已. 其餘盡循堯道, 何更爲哉! 故王者有改制之名, 亡變道之實. 然夏上忠, 殷上敬, 周上文者, 所繼之捄, 當用此也. 孔子曰, '殷因於夏禮, 所損益可知也. 周因於殷禮, 所損益可知也.

其或繼周者, 雖百世可知也.' 此言百王之用, 以此三者矣. 夏因於虞, 而獨不言所損益者, 其道如一而所上同也. 道之大原出於天, 天不變, 道亦不變, 是以禹繼舜, 舜繼堯, 三聖相受而守一道, 亡救弊之政也, 故不言其所損益也. 繇是觀之, 繼治世者其道同, 繼亂世者其道變. 今漢繼大亂之後, 若宜少損周之文致, 用夏之忠者.」

| **註釋** | ○復而不厭 – 반복해서 시행하여도 물리지 않다. ○弊 – 엎드릴 폐, 무너질 폐, 숨을 폐. ○弊者道之失也 – 弊란 道에서 떠나간 것이다. 道에 문제가 있는 것이 아니라 道를 잘못 적용한 것이다. ○眊 – 눈 흐릴 모. 희미하다. ○捄溢扶衰(구일부쇠) – 너무 많거나 부족한 것을 시정하거나 보완하다. 捄는 救의 古字. ○所遭之變然也 – 폐단에 따라 바꾸는 것이다. 遭 만날 조. 현상이 일어나다. ○亡爲而治 – 亡은 無. 無爲而治. 《論語 衛靈公》. 子曰, "無爲而治者 其舜也與? 夫何爲哉? 恭己正南面而已矣." ○改制 – 정치, 사회 경제의 제도를 바꾸다. ○殷因於夏禮~ –《論語 爲政》, 忠, 敬, 文은 道의 적용에서 강조한 것으로 그 본질은 서로 같다는 의미. ○損益 – 없앤 것과 보탠 것. ○亡救弊之政也 – 시정해야 할 정치의 결점이 없었다. ○文致 – 文이 지나침. 致는 至極.

〖國譯〗

「簡册에서 '三王 교화의 시작은 같지 않고 각각 잃은 것이 있으며 혹자는 오래도록 변하지 않는 것이 道라 하는데 그 뜻이 어찌 다른가?' 라고 말씀하셨습니다. 臣이 알기로는, 즐겨도 혼란하지 않고 반복 시행해도 싫지 않은 것을 道라 하였습니다. 道는 萬世를 지나도록 그 폐단이 없습니다. 폐단은 道에서 떠난 것입니다. 先王의 道는 어디에든 두루 존재하기에 시작도 있지 않으며 다스릴 것도 불분명하며 실행할 것도 없는데 그중에 치우친 것이 있다면 그 폐단을 보완할 뿐입니다. 三王의 道가 시작이 같지 않다는 것은 그것이 서로 상반되는 것이 아니고 넘치면 시정하고 부족하면 보완하는 일에 따른 변화입니다. 그러하기에 孔子는 '無爲로 다스린 사람은 아마 舜일 것이다.' 라고 말했습니다. 正朔(정삭)을 고치고 服色을 바꿔서 天命에 따를 뿐이었습니다. 그 나머지는 堯의 道를 따랐으니 다시 무엇을 하겠습니까? 그래서 王者에게 改制했다는 명분은 있고 道를 바꾼 실제는 없었습니다. 그렇지만 夏에서 忠을 높이고 殷에서 敬을 강조하고 周에서 文을 숭상한 것은 폐단 시정을 계속하며 적용한 것이었습니다. 孔子는 '殷은 夏禮를 따랐기에 그 損益을 알 수 있다. 周는 殷禮의 예를 따랐으니 그 뺀 것과 보탠 것을 알 수 있다. 아마 누군가가 周를 계승한다면 百世 뒤라도 그 禮를 알 수 있다.' 고 말했습니다. 이는 百代의 왕이라도 그 적용은 이 三者 뿐이라는 뜻입니다. 夏는 虞(우, 舜)를 계승했는데 그 손익을 말하지 않은 것은 그 道가 한결같이 똑같았기 때문입니다. 道의 大原은 하늘에서 나온 것이고 하늘은 불변이기에 道 또한 불변이며 夏 禹王은 舜을 이었고, 舜은 堯를 이었으며, 三聖(堯, 舜, 禹)이 서로 전수하면서 하나의 도를 준수하고 폐단을 바로 잡는 조치가 필요 없었기에 그 손익을 말하지 않았습니다. 이를 통해 본다면, 治世를 계승하면 그 道가 동일하지만 亂世를 계승한 경우에는 그 道가 바뀌었습니다. 지금 漢은 大亂의 뒤를 이었기에 周의 지극한 文을 약간 적게 하면서 夏의 忠을 적용하면 좋을 것입니다.」

原文

「陛下有明德嘉道, 愍世欲之靡薄, 悼王道之不昭, 故擧賢良方正之士, 論誼考問, 將欲興仁誼之休德, 明帝王之法制, 建太平之道也. 臣愚不肖, 述所聞, 誦所學, 道師之言, 廑能勿失耳. 若乃論政事之得失, 察天下之息耗, 此大臣輔佐之職, 三公九卿之任, 非臣仲舒所能及也. 然而臣竊有怪者, 夫古之天下亦今之天下, 今之天下亦古之天下, 共是天下, 古亦大治, 上下和睦, 習俗美盛, 不令而行, 不禁而止, 吏亡姦邪, 民亡盜賊, 囹圄空虛, 德潤草木, 澤被四海, 鳳皇來集, 麒麟來游, 以古準今, 壹何不相逮之遠也! 安所繆盭而陵夷若是? 意者有所失於古之道與? 有所詭於天之理與? 試跡之於古, 返之於天, 黨可得見乎.」

| **註釋** | ○靡薄(미박) – 靡 쓰러질 미. 흩어지다. 薄 엷을 박. 경박하다. ○論誼考問 – 論議考問. 논의하고 상고하다. 誼는 議가 되어야 옳다는 註에 따른다. ○廑 – 겨우 근. ○息耗(식모) – 증감. 성쇠. 消長과 같음. 息 번식, 生長. 耗 줄어들 모. ○古亦大治 – 古以大治. 亦(yì)은 以(yǐ)가 되어야 한다는 주해에 따라 해석하였다. ○安 – 어찌? 何. 의문사. ○繆盭(유려) – 잘못되다. 盭는 戾(어그러질 여)의 古字. ○詭 – 속일 궤. 어긋나다. 違와 通. ○黨 – 혹시(儻或), 만일, 갑자기. 儻(빼어날 당)과 같음.

〖國譯〗

「폐하께서는 明德과 善道를 가지시고 허물어지려는 세상을 걱정하시며 왕도가 밝게 빛나지 못하는 것을 가슴 아파 하시면서 賢良方正之士를 등용하시고 논의하며 詳考하시면서 仁義의 大德을 진흥시키고 太平之道를 이룩하려 하십니다. 臣은 어리석어 들은 것만 말하고 배운 것이나 외우며 스승의 말을 겨우 잃지 않으려 애쓸 뿐입니다. 만약 정사의 득실을 논하고 천하의 흥망을 살피려 한다면 이는 대신으로 폐하를 輔佐(보좌)하는 직분을 가진 三公과 九卿의 임무로 董仲舒가 할 일은 아닙니다. 그렇지만 臣이 괴이하다고 여기는 것은 古代의 천하도 오늘의 천하와 같고, 오늘의 천하 또한 옛날의 천하로 다 같은 천하인데도 고대에는 잘 다스려졌고 상하가 화목했으며, 습속도 아름다웠고 법령이 없어도 잘 따라오고 금하지 않아도 지켜졌으며, 관리들은 간사하지 않았으며 백성에 도적이 없었고 감옥은 비었으며, 하늘의 은덕이 초목을 윤택케 하고 성덕이 四海에 미쳤으며 봉황이 날아오고 기린에 출현하였는데 지금을 예전에 비교한다면 하나같이 어찌 이리 서로 틀리겠습니까! 어찌 이리 서로 어긋나고 무너졌겠습니까? 뜻있는 사람 생각으로는 고대의 도를 상실했는가? 天理에 어긋난 것이 무엇인가? 라고 하지만, 고대의 자취를 고찰하고 天意로 돌아가 생각한다면 혹시 그 까닭을 볼 수 있지 않겠습니까?」

原文

「夫天亦有所分予, 予之齒者去其角, 傅其翼者兩其足, 是所受大者不得取小也. 古之所予祿者, 不食於力, 不動於末, 是亦受大者不得取小, 與天同意者也. 夫已受大, 又取小,天不能足, 而況人乎! 此民之所以囂囂苦不足也. 身寵而載高位, 家溫而食厚祿, 因乘富貴之資力, 以與民爭利於下, 民安能如之哉! 是故衆其奴婢, 多其牛羊, 廣其田宅, 博其産業, 畜其積委, 務此而亡已, 以迫蹴民, 民日削月朘, 寖以大窮. 富者奢侈羨溢, 貧者窮急愁苦. 窮急愁苦而不上救, 則民不樂生. 民不樂生, 尙不避死, 安能避罪! 此刑罰之所以蕃, 而姦邪不可勝者也. 故受祿之家, 食祿而已, 不與民爭業, 然後利可均布, 而民可家足. 此上天之理, 而亦太古之道, 天子之所宜法以爲制, 大夫之所當循以爲行也. 故公儀子相魯, 之其家見織帛, 怒而出其妻, 食於舍而茹葵, 慍而拔其葵, 曰, "吾已食祿, 又奪園夫紅女利乎!" 古之賢人君子在列位者皆如是, 是故下高其行而從其敎, 民化其廉而不貪鄙. 及至周室之衰, 其卿大夫緩於誼而急於利, 亡推讓之風而有爭田之訟. 故詩人疾而刺之, 曰, '節彼南山, 惟石巖巖, 赫赫師尹, 民具爾瞻.' 爾好誼, 則民鄕仁而俗善, 爾好利, 則民好邪而俗敗. 由是觀之, 天子大夫者, 下民之所視效, 遠方之所四面而內望也. 近者視而放之, 遠者望而效之, 豈可以居賢人之位而爲庶人行哉! 夫皇皇求財利常恐乏匱者, 庶人之意也, 皇求仁義常恐不能化民者, 大夫之意也. 《易》曰, '負且乘, 致寇至.' 乘車者君子之位也, 負擔著小人之事也, 此言居君子之位而爲庶人之行者, 其患禍必至也. 若居君子之位, 當君子之行, 則舍公儀休之相魯, 亡可爲者矣.」

| 註釋 | ○分予(분여) – 나누어 주다. ○予之齒者去其角 – (공격용) 이빨을 가진 것은 뿔이 없다. ○傅其翼者兩其足 – 날개가 있는 새는 다리가 2개이다. 傅은 부착하다. 바르다. ○不動於末 – 상공업에 종사하지 않다. 末은 상공업. ○囂囂(효효) – 여럿이 원망하는 소리. 왁자지껄하는 소리. ○亡已(무이) – 그침이 없다. 그치지 않다. ○日削月朘(일삭월선) – 날마다 깎이고 달마다 줄어든다. 朘 오그라들 선. ○羨溢(선일) – 남아서 넘쳐나다. 羨 부러울 선. 넘치다. 墓道(묘도) 연. ○蕃 – 우거질 번. 多也. ○公儀子 – 公儀休. 魯의 재상. ○食於舍 – 집에서 밥을 먹다. ○茹葵 – 푸성귀를 먹다. 茹 먹을 여. 기르다. 葵 푸성귀 나물 규, 해바라기 규. ○慍 – 성낼 온. ○紅女(공녀) – 工女. 紅 베를 짤 공. ○貪鄙(탐비) – 욕심이 많고 인색하다. ○節彼南山 ~ –《詩經 小雅 節南山》. 節은 높이 솟은 모양. ○巖巖(암암) – 산에 바위가 많은 모양. ○師尹(사윤) – 周의 太師 尹氏. ○爾瞻(이첨) – 그 사람을 우러러보다. ○鄉仁 – 向仁. ○放之 – 이를 본받다. 放은 倣(본뜰 방). ○皇皇 – 서두르는 모양. 皇은 惶(서두를 황). ○《易》曰 –《易經 解卦》六三爻辭. ○負且乘 – 짐을 지고 수레를 타다. ○舍 – 폐지하다. ○亡可爲者矣 – 할 일이 없을 것이다. 아무 일도 못하다.

〖國譯〗

「대체로 하늘 또한 나누어 주는 것이 있으니 이빨을 준 동물에게는 뿔이 없고 날개를 달아준 새에게는 발이 2개이니 큰 것을 받은 자는 작은 것을 가질 수 없게 하였습니다. 예전에 녹을 받은 자는 힘으로 먹고 살지 않았으니 장사나 工匠에 종사하지 못하는 것은 큰 것을 받은 자가 작은 것도 갖지 못하게 한 것으로 하늘의 뜻과 같은 것입니다. 많이 가진 자가 작은 것도 갖는다면 하늘도 좋아하지 않는데 하물며 사람이 좋아하겠습니까! 이러한 백성들의 원성은 부족하기 때문입니다. 총애를 받는 신분으로 높은 자리에 올라 따뜻한 집에서 후한 녹봉을 받아먹으면서 부귀의 재력을 바탕으로 아래에서 백성들과 이득을 다툰다면 백성들이 어디로 가겠습니까! 이리하여 많은 노비와 소와 양을 갖고 토지를 넓히고 산업을 확장하며 남는 것을 축적하기에 힘쓰며 그런 일을 그만두지 않고 백성들을 몰아낸다면 백성들은 날마다 깎이고 달마다 줄어 점점 아주 가난해질 것입니다. 부자는 사치에 넘쳐나고 빈자는 위급상황에 몰려 고통을 받게 됩니다. 궁핍한 고통에 처했는데 위에서 구원하지 않는다면 백성들은 살아갈만한 겨를이 없습니다. 백성들의 생활에 여유가 없다면 죽음도 피하지 않는데 죄짓기를 피하겠습니까! 이것이 형벌이 점점 많아지고 간악한 자를 이루 다 셀 수 없는 이유입니다. 그래서 녹봉을 받는 자는 녹봉으로 살면서 백성들과 생업을 다투지 않아야 生利가 균등해질 것이며 백성들도 풍족해질 것입니다. 이는 上天의 天理이며 동시에 太古의 道이었습니다. 天子가 적당한 법으로 규제해야 하고 大夫들이 당연히 이를 따라 실천해야 합니다. 예전에 公儀子가 魯의 재상으로 있을 때 집에서 길쌈을 하는 것을 보고 화가 나서 아내를 내 쫓았으며 집에서 식사하면서 채소를 먹다가 화를 내며 채소를 뽑아버리며 말했습니다. "나는 이미 녹봉을 받고 있거늘 농사짓는 사람과 길쌈하는 여인의 이득을 뺏을 수 있겠는가!" 예전의 賢人君子로 벼슬길에 있는 사람은 이와 같았기에 아래에서는 그런 행실을 높이 우러르며 그 가르침을 따랐기에 백성들도 그런 청렴에 교화되어 탐욕하거나 인색하지 않았습니다. 周室이 쇠약해질 무렵에 그 卿大夫들은 義로운 행실에는 꾸물대지만 이득을 쫓는 데는 빨랐으며 양보의 기풍은 사라지고 토지 소송만 늘었습니다. 그리하여 시인은 이를 미워하며 그들을 풍자하여 노래했습니다. '저 높은 南山에 바위만 첩첩히 쌓였도다. 혁혁하신 太師 尹氏여, 백성들은 당신을 쳐다본다네!' 고관이 義를 좋아하면 백성들도 仁으로 나가 풍속이 선해지지만, 고관이 이득을 좇으면 백성도 간사해져 풍속이 나빠졌습니다. 이를 본다면, 천자의 대부들은 아래 백성들이 따라 본받기는 물론 먼 곳의 사방은 물론 집안에서도 바라보게 됩니다. 近者는 보고 따라하며 遠者도 멀리서 보고 본받으니 어찌 賢人之位에 있으면서 庶人의 행동을 하겠습니까? 대체로 늘 다급하게 재물을 좇으며 궁핍할까 두려워하는 것은 서민의 마음이고 서둘러 仁義를 구하면서 백성을 교화하지 못할까 걱정하는 것은 大夫의 뜻입니다.《易經》에 '짐을 지고 수레를 타면 도적을 불러들인다.' 고 하였는데, 수레를 타는 자는 君子의 자리에 있다는 뜻이며 짐을 등에 지는 것은 소인의 일이니 이는 군자의 자리에 있으면서 소인의 행실을 한다는 말이기에 틀림없이 재앙이 일어날 것입니다. 만약 군자의 자리라면 군자의 행실을 해야 하는데 公儀休가 魯의 재상으로 있을 때의 그런 행실이 없다면 무슨 일을 하겠습니까?」

原文

「《春秋》大一統者, 天地之常經, 古今之通誼也. 今師異道, 人異論, 百家殊方, 指意不同, 是以上亡以持一統, 法制數變, 下不知所守. 臣愚以爲諸不在六藝之科孔子之術者, 皆絶其道, 勿使並進. 邪辟之說滅息, 然後統紀可一而法度可明, 民知所從矣.」

| 註釋 | ○《春秋》大一統者 – 一統은 '만물이 하나에 귀의한다' 는 뜻. 《春秋 公羊傳》'隱公元年, 春王正月. 何言乎 王正月 大一統也' 이라 한 것이 바로 大一統이며, 이는 모든 제후가 天子에게 귀속되기에 自治할 수 없다는 뜻으로 해석된다. ○百家殊方 – 백가의 방법이 다르다. 사물을 인식하고 상황을 보는 시각과 그 처방이 모두 각각이기에 天子가 일관된 정책을 추진할 수 없다면서 동중서는 학문과 사상의 통일을 주장하게 된다. ○諸不在六藝之科孔子之術者 – 六藝(六經, 詩,書,易,禮,樂,春秋)의 학술과 공자의 학술 외의 모든 것. 儒學 이외의 百家의 학문. ○邪辟之說 – 도리에 어긋나고 편벽된 학설. ○統紀 – 근본 법칙. 통솔하는 기강. 동중서의 이러한 '獨尊儒術'과 '春秋大一統' 주장은 황제권 강화에 크게 이바지하였다.

〖國譯〗

「《春秋》의 大一統이란, 천지의 근본이며 고금에 통하는 正義입니다. 지금 사부마다 道가 달라 사람마다 이론이 틀리며 百家의 처방이 다르고 주장이 같지 않기 때문에 위에서 하나로 통일된 뜻이 없어 법제가 자주 바뀌기에 아래에서는 지킬 바를 알지 못합니다. 臣의 어리석은 생각이지만 六藝(육예, 六經)의 과목과 공자의 학술 이외의 것은 모두 그 道를 단절시켜 같이 나가지 못하게 해야 합니다. 그릇되고 치우친 주장이 사라진 연후에야 기강이 하나가 되고 법도가 확실해져서 백성들은 따를 바를 알게 될 것입니다.」

原文

對既畢, 天子以仲舒爲江都相, 事易王. 易王, 帝兄, 素驕, 好勇. 仲舒以禮誼匡正, 王敬重焉. 久之, 王問仲舒曰, "粤王勾踐與大夫泄庸,種,蠡謀伐吳, 遂滅之. 孔子稱殷有三仁, 寡人亦以爲粤有三仁. 桓公決疑於管仲, 寡人決疑於君." 仲舒對曰, "臣愚不足以奉大對. 聞昔者魯君問柳下惠, '吾欲伐齊, 何如?' 柳下惠曰, '不可'. 歸而有憂色, 曰, '吾聞伐國不問仁人, 此言何爲至於我哉!' 徒見問耳, 且猶羞之, 況設詐以伐吳乎? 由此言之, 粤本無一仁. 夫仁人者, 正其誼不謀其利, 明其道不計其功. 是以仲尼之門, 五尺之童羞稱五伯, 爲其先詐力而後仁誼也. 苟爲詐而已, 故不足稱於大君子之門也. 五伯比於他諸侯爲賢, 其比三王, 猶武夫之與美玉也." 王曰, "善."

| **註釋** | ○江都相 – 강도국의 승상. 江都國은 廣陵郡, 치소는 今 江蘇省 淮安市. 영역은 지금의 江蘇省 지역의 長江과 淮河 사이. ○易王(역왕) – 劉非(? – 前 128), 경제의 아들. 武帝의 이복형. 七國之亂 후에 江都王에 改封. 53권, 〈景十三王傳〉에 입전. ○以禮誼匡正 – 禮義로 바로 잡다. 匡은 바로 잡을 광. ○粤王 勾踐(구천) – 越王 勾踐(구천). 粤 땅이름 월(越과 通). 勾는 句의 俗字. ○泄庸,種,蠡 – 설용, 大夫 文種, 范蠡(범려). ○孔子稱殷有三仁 – 微子(미자, 紂王의 형), 比干, 箕子.《論語 微子》. ○大對 – 大問에 대한 대답. ○柳下惠(유하혜) – 魯의 대부 展禽(전금), 柳下는 食邑의 이름. 공자가 언급한 節行이 뛰어난 古人 7인 중 한 사람.《論語 微子》 참고. ○徒見問耳

- 그냥 질문을 받았을 뿐인데. 徒(무리 도)는 僅僅(겨우). ○五伯(오패) - 五霸. 伯 맏 백. 으뜸 패. ○武夫 - 玉과 비슷한 돌(石而似玉者). 후세에는 碔砆(무부)로 표기.

〖國譯〗

董仲舒의 대책이 보고되자 天子는 동중서를 江都國의 相으로 임명하여 易王(역왕)을 섬기게 하였다. 易王은 무제의 이복형으로 평소에 교만하였고 힘쓰기를 좋아했다. 동중서는 예의로 바로잡아 보필하였고 왕은 동중서를 존중하였다. 얼마 뒤 역왕이 동중서에게 말했다.

"월왕 구천과 大夫 泄庸(설용), 文種, 范蠡(범려)가 吳나라 정벌할 계획을 세워 마침내 멸망시켰소. 공자가 殷에 三仁이 있다 하였는데, 과인도 粵(越)에 三仁이 있다고 생각하오. 齊 桓公(환공)은 管仲(관중)을 통해 의심나는 것을 해결했다는데 과인은 승상에게 의문을 해결코자 하오." 이에 동중서가 대답하였다.

"臣은 어리석어 전하의 질문에 대한 대답이 부족할 것 같습니다. 제가 듣기로는, 예전에 魯君이 柳下惠에게 물었습니다. '내가 齊를 정벌하려 하는데 어찌 생각하시오?' 유하혜는 '不可합니다.' 라고 대답했습니다. 유하혜는 돌아와서 걱정스레 말했습니다. '내가 알기로는 정벌에 대해서는 어진 사람에게 묻지 않는다고 하였는데 그런 말을 왜 나한테 물었겠는가!' 겨우 그냥 물어본 말이지만 유하혜는 오히려 부끄럽게 생각했는데 남을 속이려는 계략으로 吳를 정벌한다면 仁人이라 할 수 있겠습니까? 이를 본다면 월나라에는 한 사람의 仁人도 없었습니다. 어진 사람이라면 義를 바르게 세우되 그

利를 꾀하지 않으며 道를 밝게 하지만 그 공적을 계산하지 않습니다. 이 때문에 仲尼(중니, 공자)의 가문에서는 5척 동자일지라도 五霸(오패)에 대해 이야기하는 것을 부끄러워했는데 그 까닭은 거짓과 위력을 먼저 하고 仁義를 뒤로했기 때문입니다. (오나라 정벌은) 그냥 거짓이었기에 큰 군자의 집에서 이야기하기에는 부족할 것입니다. 5패가 다른 제후에 비하여 현명하였다지만 그들을 三王에 비교하는 것은 마치 武夫石을 美玉과 비교하는 것과 같습니다."

그러자 역왕은 "옳은 말이오."라고 했다.

原文

仲舒治國, 以《春秋》災異之變推陰陽所以錯行, 故求雨, 閉諸陽, 縱諸陰, 其止雨反是. 行之一國, 未嘗不得所欲. 中廢爲中大夫. 先是遼東高廟,長陵高園殿災, 仲舒居家推說其意, 屮稿未上, 主父偃候仲舒, 私見, 嫉之, 竊其書而奏焉. 上召視諸儒, 仲舒弟子呂步舒不知其師書, 以爲大愚. 於是下仲舒吏, 當死, 詔赦之, 仲舒遂不敢復言災異.

| 註釋 | ○故求雨, 閉諸陽, 縱諸陰 – 비를 내리게 하려고 모든 양기를 막고 음기를 부리다. 城의 남문을 폐쇄, 화기 사용 금지, 북문을 개방, 사람에게 물 뿌리기 등의 조치. ○中大夫 – 의론을 담당하는 관직. 秩 二千石. 무제 때 光祿大夫로 개칭. ○長陵高園殿災 – 高祖 능묘의 전각에서 일어난 화재. ○屮稿未上 – 草稿가 완성되지 않다. ○主父偃(주보언) – 64권, 〈嚴朱吾丘主父徐嚴終王賈傳(上)〉에 입전. ○私見 – 몰래 읽다. ○上召視諸儒 – 무제

가 여러 유생을 불러 보여주다. 視는 示也.

〖國譯〗

동중서는 治國하면서,《春秋》에 기록된 災異의 변고를 음양의 혼란 때문이라고 생각하였기에 비가 오게 하려면 陽氣를 막고 음기를 북돋았으며 장마를 그치게 하려면 그 반대로 행했다. 강도국에서 시행했으나 원하는 대로 되지 않았다. 중간에 江都相을 그만두고 中大夫가 되었다. 이보다 앞서 요동군의 고조 묘당과 長陵 高園의 전각에서 화재가 있었는데 동중서는 집에서 그 의의를 추론하여 초고가 아직 완성되지도 않았는데 主父偃(주보언)은 동중서를 엿보다가 몰래 읽고서 미워하여 그 원고를 훔쳐다가 상주하였다. 무제가 여러 유생을 불러 보게 하였는데 동중서의 제자 呂步舒(여보서)는 스승의 저서인 줄도 모르고 아주 어리석은 짓이라고 말했다. 이에 동중서를 廷吏에게 보냈고 사형 판결이 났지만 무제가 조서를 내려 사면하였는데 이후로 동중서는 재이에 대하여 다시는 말하지 않았다.

原文

仲舒爲人廉直. 是時方外攘四夷. 公孫弘治《春秋》不如仲舒, 而弘希世用事, 位至公卿. 仲舒以弘爲從諛, 弘嫉之. 膠西王亦上兄也, 尤縱恣, 數害吏二千石. 弘乃言於上曰, "獨董仲舒可使相膠西王." 膠西王聞仲舒大儒, 善待之. 仲舒恐久獲罪, 病免. 凡相兩國, 輒事驕王, 正身以率下, 數上疏諫爭, 教令國中, 所居而治. 及去位歸居, 終不問家產業, 以修學著書爲事.

| 註釋 | ○廉直(염직) - 청렴하고 정직하다. ○外攘四夷 - 사방의 이민족을 정벌하다. 攘 물리칠 양. ○公孫弘(공손홍) - 58권, 〈公孫弘卜式兒寬傳〉에 立傳. ○希世用事 - 세상의 추이를 보며 권력을 잡다. 希世는 세속에 附和하다. ○從諛(종유) - 세속과 시류에 영합하며 아부하다. ○膠西王(교서왕) - 劉端. 53권, 〈景十三王傳〉에 입전. ○終不問家產業 - 끝까지 집안의 產業(財產)에 관심을 갖지 않다.

〖國譯〗

동중서는 청렴하고 정직한 사람이었다. 그때는 바야흐로 사방의 이민족을 정벌할 때였다. 公孫弘도《春秋》를 전공하여 동중서만 못했지만 공손홍은 세상의 추세에 따라 권력을 잡아 公卿의 자리에 올랐다. 동중서는 공손홍을 세상에 아부하는 사람으로 여겼고 공손홍은 동중서를 질시했다. 膠西王(교서왕)은 무제의 형이었는데 매우 방종하였고 2천석 관리들을 여러 번 죽였었다. 그러자 공손홍이 무제에게 "오직 동중서만이 교서왕의 상국이 될 수 있습니다."라고 건의했다. 교서왕은 동중서가 大儒임을 알고 잘 대우하였다. 동중서는 오래 있으면 죄를 짓게 될까 걱정하여 병을 핑계로 면직하였다. 모두 두 나라에서 상국으로 교만한 왕을 섬겼지만 바른 몸가짐으로 아랫사람을 통솔했고 자주 상소하여 간쟁했으며 나라 백성을 교화하면서 사는 곳에서 치국하였다. 관직을 사임하고 돌아와 지내면서 재물에는 관심을 두지 않고 오로지 학문 연구와 저술에만 열중하였다.

原文

仲舒在家, 朝廷如有大議, 使使者及廷尉張湯就其家而問之, 其對皆有明法. 自武帝初立, 魏其,武安侯爲相而隆儒矣. 及仲舒對册, 推明孔氏, 抑黜百家. 立學校之官, 州郡擧茂材孝廉, 皆自仲舒發之. 年老, 以壽終於家, 家徙茂陵, 子及孫皆以學至大官.

| 註釋 | ○張湯(장탕) - 59권, 〈張湯傳〉에 입전. ○魏其,武安侯 - 위기후 竇嬰(두영), 무안후 田蚡(전분). 52권, 〈竇田灌韓傳〉에 입전. ○推明孔氏 - 공자를 연구하여 밝게 드러내다. ○抑黜(억출) - 억제시키고 내쫓다. 黜은 물리칠 출. ○茂材(무재) - 재능이 뛰어난 사람. 인재 등용의 한 영역. ○壽終於家 - 집에서 죽다. ○茂陵 - 무제의 능. 縣名.

〖國譯〗

동중서가 집에 기거하는 동안 朝廷에 큰 논의가 있으면 사자나 廷尉 張湯을 동중서의 집에 보내 의견을 묻게 하였는데 그의 대책은 언제나 법도를 밝히는 것이었다. 武帝가 처음 즉위한 이후로 魏其侯나 武安侯 등이 상국이 되어 유학을 융성케 하였다. 동중서가 대책을 올려 공자의 학문을 높이고 百家의 주장을 억제하고 물리쳤다. 학교를 세우고 각 군현에서 茂材나 孝廉(효렴)을 추천한 것은 대개 동중서가 발의하였다. 동중서는 늙어 집에서 죽었고 집은 무릉현으로 이사했으며 그 아들과 손자는 학문으로 대관에 올랐다.

原文

仲舒所著, 皆明經術之意, 及上疏條敎, 凡百二十三篇. 而說《春秋》事得失, 《聞擧》, 《玉杯》, 《蕃露》, 《淸明》, 《竹林》之屬, 復數十篇, 十餘萬言, 皆傳於後世. 掇其切當世施朝廷者著於篇.

| 註釋 | ○條敎 – 치민에 관련한 敎令. ○《聞擧》, 《玉杯》, 《蕃露(번로)》, 《淸明》, 《竹林》 – 동중서의 書名, 또는 篇名. ○復 – 다시, 또. ○掇 – 모으다. 주을 철.

〖國譯〗

동중서의 저술은 거의 경전의 뜻을 밝히는 것과 상소했던 교령인데 모두 123편이다. 《春秋》 기사의 得失을 말한 《聞擧》, 《玉杯》, 《蕃露》, 《淸明》, 《竹林》같은 저서가 모두 수십 편, 10여만 자로 모두 후세에 전해온다. 그 당시에 조정에서 시행해야 할 것도 모아 책으로 엮었다.

原文

贊曰, 劉向稱, "董仲舒有王佐之材, 雖伊, 呂亡以加, 筦, 晏之屬, 伯者之佐, 殆不及也." 至向子歆以爲, "伊, 呂乃聖人之耦, 王者不得則不興. 故顏淵死, 孔子曰 '噫! 天喪余.' 唯此一人爲能當之, 自宰我, 子贛, 子游, 子夏不與焉. 仲舒遭漢承秦滅學之後,《六經》離析, 下帷發憤, 潛心大業, 令後學者有所統壹, 爲群儒首. 然考其師友淵源所漸, 猶未及乎游夏, 而曰管晏弗及, 伊,呂不加, 過矣." 至向曾孫龔, 篤論君子也, 以歆之言爲然.

| **註釋** | ○劉向 - 36권, 〈楚元王傳〉에 입전. ○伊,呂 - 伊尹과 呂尙. ○筦,晏(관,안) - 管仲과 晏子. ○耦 - 짝 우. ○噫! 天喪余 - 아! 하늘이 나를 버렸다.《論語 先進》. ○宰我,子贛(子貢 자공),子游,子夏 - 모두 孔門十哲에 들어가는 제자. ○離析(이석) - 분열하다. 흩어지다. ○淵源所漸 - 연원의 시작. 漸은 浸潤. ○猶未及乎游夏 - (동중서의 스승이나 同學이) 子游나 子夏에는 미치지 못하다. ○篤論(독론) - 確論. 논의의 결론.

〖**國譯**〗

班固의 論贊 : 劉向은 "董仲舒는 王者를 보좌할 인재로 비록 伊尹(이윤)이나 呂尙(여상)도 더 나은 것이 없으며, 管仲이나 晏子(안자) 같은 사람은 패자를 도운 사람으로 동중서에 미치지 못한다."고 말했다. 劉向의 아들 劉歆(유흠)도 말했다.

"이윤과 여상은 거의 聖人의 짝이 될 만한데 王者를 얻지 못했다면 존재할 수 없었다. 예전에 顔淵(안연)이 죽자 공자는 '아! 하늘이 나를 버렸다.' 하였으니, 이 말은 오직 안자에게만 해당하고 宰我, 子贛(자공), 子游, 子夏 등은 여기에 속한다고 할 수 없다. 동중서는 秦이 학문을 말살하여《六經》이 흩어진 뒤 漢에서 휘장을 치고 발분하였고 마음을 가다듬어 학업을 성취하여 후학자로 하여금 하나의 계통을 갖게 하여 모든 유학자의 으뜸이 되었다. 그러나 동중서의

師友와 학문 淵源을 고찰한다면 子游나 子夏에 미치지 못하며 관중과 안자가 따라올 수 없고 이윤과 여상이 나은 것이 없다는 것은 지나친 말이다."

유향의 증손인 劉龔(유공)은 군자에 대한 의논을 확정하면서 유흠의 말이 옳다고 하였다.

57 司馬相如傳
〔사마상여전〕

57-1. 司馬相如 (上)

原文

司馬相如字長卿, 蜀郡成都人也. 少時好讀書, 學擊劍, 名犬子. 相如既學, 慕藺相如之爲人也, 更名相如. 以訾爲郎, 事孝景帝, 爲武騎常侍, 非其好也. 會景帝不好辭賦, 是時梁孝王來朝, 從遊說之士齊人鄒陽,淮陰枚乘,吳嚴忌夫子之徒, 相如見而說之, 因病免, 客遊梁, 得與諸侯游士居, 數歲, 乃著〈子虛之賦〉.

| **註釋** | ○ 司馬相如(前 179 ? – 118) – 漢賦의 代表作家, '賦聖' 이라는 칭

송도 있다. 卓文君과의 私奔(사분)은 널리 알려진 이야기이다.《漢書 藝文志》에 사마상여의 賦 29편명이 올랐는데 잘 알려진 것으로는 〈子虛賦〉, 〈上林賦〉, 〈大人賦〉, 〈哀秦二世賦〉 등이 있다.《史記 司馬相如列傳》 참고. ○蜀郡成都 - 今 四川省 成都市. ○犬子 - '강아지.' 兒名. ○藺相如(인상여) - 戰國時代 趙人, 義而勇人. 廉頗(염파)장군과의 刎頸之交(문경지교).《史記 廉頗藺相如列傳》. ○以訾爲郎 - 돈을 바치고 낭관이 되다. 訾(헐뜯을 자)는 貲(재물 자), 資, 錢財와 通. ○武騎常侍 - 질 6백석. 황제의 시종근신. ○辭賦(사부) - 楚辭와 漢賦의 합성어. 일반적으로 문학이라는 뜻으로 쓰임. ○梁孝王 - 景帝의 同腹 아우. 47권, 〈文三王傳〉 참고. ○鄒陽(추양), 淮陰 枚乘(매승), 吳 嚴忌夫子(莊忌, 夫子는 칭호) - 梁 孝王의 식객. 추양과 매승은 51권, 〈賈鄒枚路傳〉에 입전. ○子虛之賦 - 사마상여의 賦名. 賦는 漢代에 유행한 文學 형식으로 〈楚辭〉에서 발전하여 시가와 산문의 특성을 합한 형태라 할 수 있다. 漢賦는 辭藻(사조)가 화려하고 筆勢가 힘차다지만 대개 내용은 공허하고 글자와 뜻이 어려워 읽고 이해하기가 쉽지 않다. 사마상여 이후에 後漢 班固의 〈兩都賦〉, 張衡의 〈二京賦〉, 曹植의 〈洛神賦〉, 西晉 陸機의 〈文賦〉, 左思의 〈三都賦〉가 유명하고 東晉 陶淵明의 〈歸去來辭〉도 賦의 명편이며, 唐 杜牧(두목)의 〈阿房宮賦〉, 宋 歐陽脩의 〈秋聲賦〉, 소식의 〈赤壁賦〉도 모두 賦의 명작이다.

〖國譯〗

司馬相如의 字는 長卿으로 蜀郡 成都縣 사람이다. 젊어 독서를 좋아했고 擊劍(격검)을 익혔는데 그의 부모는 상여를 犬子라고 불렀다. 相如는 학문을 마치며 藺相如(인상여)의 사람됨을 좋아하여 相如로 이름을 바꾸었다. 재물을 바치고 郎官이 되어 景帝를 모셔 武騎常侍가 되었으나 별로 좋아하지는 않았다. 그 무렵 景帝는 辭賦를 좋아하지 않았는데 마침 梁 孝王이 來朝할 때 유세하는 문객으로 齊人 鄒陽(추양), 淮陰 사람 枚乘(매승), 吳郡의 嚴忌夫子 등이 따라왔는데 상여는 그들을 만난 뒤 좋아하면서 병이라 사직하고서 그들을 따라 梁에 가서 제후를 따라다니는 游士들과 함께 기거하는 몇 년 동안에 상여는 〈子虛之賦〉를 지었다.

原文

會梁孝王薨, 相如歸, 而家貧無以自業. 素與臨邛令王吉相善, 吉曰, "長卿久宦游, 不遂而困, 來過我." 於是相如往舍都亭, 臨邛令繆爲恭敬, 日往朝相如. 相如初尙見之, 後稱病, 使從者謝吉, 吉愈益謹肅.

| **註釋** | ○臨邛(임공) – 縣名. 今 四川省 成都市 관할의 邛崍市(공래시). 성도시에서 60여 km. ○不遂而困 – 뜻을 못 펴고 지쳤다. ○都亭 – 여기서는 임공현의 治所에 있는 客館. 본뜻은 현 외곽에 있는 亭의 건물. 秦 · 漢代에는 10리마다 1정을 설치하고 병역을 마친 사람으로 亭長을 두어 도둑 체포와 郡 都尉의 업무 보조 또는 民事의 訴訟 立證 등을 하게 하였다. ○繆 – 가장하다. 체하다. 잘못할 류. ○朝 – 방문하다.

〖國譯〗

梁 孝王이 죽자 상여는 귀향하였으나 집이 가난해서 할 만한 일이 없었다. 사마상여는 평소에 임공현령 王吉과 친했는데 현령이 말했다. "당신은 오랫동안 관직에 있었지만 뜻을 못 펴고 지쳤으니 나

에게 오십시오." 그래서 상여는 현에 있는 都亭에 머물렀고, 현령은 거짓으로 공경하는 척하며 날마다 상여를 방문하였다. 상여는 처음에 현령을 만나 주었지만 뒤에는 병을 핑계 대며 사람을 보내 왕길의 방문을 사양했지만 왕길은 더 조심하며 상여를 찾았다.

原文

臨邛多富人, 卓王孫僮客八百人, 程鄭亦數百人, 乃相謂曰, "令有貴客, 爲具召之. 並召令." 令旣至, 卓氏客以百數, 至日中請司馬長卿, 長卿謝病不能臨. 臨邛令不敢嘗食, 身自迎相如, 相如爲不得已而强往, 一坐盡傾. 酒酣, 臨邛令前奏琴曰, "竊聞長卿好之, 願以自娛." 相如辭謝, 爲鼓一再行. 是時, 卓王孫有女文君新寡, 好音, 故相如繆與令相重而以琴心挑之. 相如時從車騎, 雍容閑雅, 甚都. 及飮卓氏弄琴, 文君竊從戶窺, 心說而好之, 恐不得當也. 旣罷, 相如乃令侍人重賜文君侍者通殷勤. 文君夜亡奔相如, 相如與馳歸成都. 家徒四壁立. 卓王孫大怒曰, "女不材, 我不忍殺, 一錢不分也!" 人或謂王孫, 王孫終不聽. 文君久之不樂, 謂長卿曰, "弟俱如臨邛, 比昆弟假貣, 猶足以爲生, 何至自苦如此!" 相如與俱之臨邛, 盡賣車騎, 買酒舍, 乃令文君當盧. 相如身自著犢鼻褌, 與庸保雜作, 滌器於市中. 卓王孫恥之, 爲杜門不出. 昆弟諸公更謂王孫曰, "有一男兩女, 所不足者非財也. 今文君既失身於司馬長卿, 長卿故倦游, 雖貧, 其人材足依也. 且又令客, 奈何相辱如此!" 卓王孫不得已, 分與文君僮百人, 錢百萬, 及其嫁時衣被財物. 文君乃與相如歸成都, 買田宅, 爲富人.

| **註釋** | ○僮客 - 노비. 僮은 아이 동. 하인. ○程鄭(정정) - 탁왕손만큼 큰 부자는 아니었다. 두 사람 모두 91권, 〈貨殖傳〉에 立傳. ○爲具 - 술과 음식을 준비하다. 具는 술과 음식. ○一坐盡傾 - 좌석의 모두가 (相如의 풍채에) 놀라 흠모하다. 傾은 傾慕. ○前奏琴 - 거문고를 앞으로 내밀다. 奏는 進獻하다. ○爲鼓一再行 - 한두 곡을 연주하다. 行은 曲引. ○以琴心挑之 - 거문고를 연주하여 탁문군에게 뜻을 보내다. ○雍容(옹용) - 온화하고 조용한 모습. ○甚都 - 매우 우아하다. 都는 우아할 도. 아름답다. ○心說而好之 - 마음으로 기뻐하며 그 樂을 좋아하다. ○通殷勤 - 殷勤은 慇懃. ○家徒四壁立 - 집은 사방에 벽뿐이었다. 가재도구가 하나도 없다. ○弟俱如臨邛 - 임공에 같이 가기만 한다면. 弟는 다만. 只管(오직 ~한다면). ○假貣(가특) - 빌리다. 貣는 빌릴 특. ○當盧 - 술독을 묻은 부뚜막. ○犢鼻褌(독비곤) - 가랑이가 짧은 바지. 무릎의 犢鼻穴(독비혈)에 닿는 짧은 바지. 褌은 속옷 곤, 바지 곤. ○庸保 - 일꾼. 고용인. 保는 일꾼 중에서도 신임하는 사람. ○滌器 - 滌 씻을 척. ○更謂王孫 - 탁왕손에게 돌아가며 말하다. 更은 다시 갱. 되풀이하다. ○倦游 - 遊學에 지치다. 倦은 게으를 권. 지치다. ○且又令客 - 게다가 또 현령의 문객이다. ○不得已 - 不得不.

〖國譯〗

臨邛縣(임공현)에는 부자가 많았는데 卓王孫(탁왕손)은 하인이 800명이었고 程鄭(정정) 또한 역시 수백 명을 거느렸는데 두 사람이 말했다. "현령에게 귀한 문객이 있다는데 술과 음식을 준비해 현령과 함께 초대합시다." 현령이 도착하였고 탁씨의 손님이 백여 명이었는데 한낮이 되자 사마상여를 초청했지만 상여는 몸이 아파 갈 수 없다고 하였다. 임공 현령은 먼저 식사를 할 수 없어 직접 상여를 영접하러 가자 상여는 부득이 억지로 참석했고 좌중은 상여의 풍채를 보고 놀랐다. 술이 어지간히 돌자 현령은 거문고를 앞으로 밀어 놓으며 말했다. "제가 듣기론, 長卿께서 거문고를 잘 타신다니 한번 즐겨보십시오." 상여는 사양하다가 한두 곡을 연주하였다.

이때 卓王孫에게는 과부가 된 지 얼마 안 된 文君이란 딸이 있었는데 탁문군이 음률을 즐겼기에 상여는 현령과 서로 존중하는 체하면서 거문고를 타며 탁문군의 마음을 흔들었다. 상여가 가끔 말이나 수레를 타면 매우 온화하고 한가한 멋이 있었다. 가끔 탁왕손의 집에서 술을 마시며 거문고를 타면 탁문군은 창틈으로 엿보면서 마음으로 좋아하고 음률을 즐기면서 짝이 될 수 없을까를 걱정하였다. 잔치가 끝나자 상여는 시종을 시켜 탁문군의 시녀에게 선물을 보내며 은근한 뜻을 전하게 하였다. 탁문군은 밤에 집을 나와 상여에게 왔고 상여는 문군을 데리고 서둘러 成都로 돌아왔다.

相如의 집에는 사방의 벽만 겨우 남아 있었다. 탁왕손은 크게 화를 내며 말했다. "딸년이 못났기에 차마 죽일 수야 없지만 한 푼도 주지 않을 것이다." 다른 사람이 탁왕손에게 권했지만 왕손은 듣지 않았다. 탁문군도 살다보니 슬퍼서 상여에게 말했다.

"일단 임공으로 함께 가면 이웃 형제들에게 빌리더라도 충분히 살 수 있는데 왜 여기서 이 고생을 합니까!" 상여는 함께 임공으로 돌아와 수레와 말을 모두 팔아 술집을 사서 문군에게 술을 팔게 하였다. 상여는 짧은 바지를 입고 일꾼들과 함께 일하면서 길거리에서 그릇도 씻었다. 탁왕손은 창피해서 두문불출했다. 형제와 여러 사람이 돌아가며 탁왕손에게 말했다. "(자식이라야) 一男二女뿐이고 돈이 부족한 것도 아닙니다. 지금 文君은 이미 사마상여에게 몸을 맡겼고, 상여는 游學에 지쳤고, 또 가난하더라도 그 사람의 재주는 믿을만합니다. 게다가 현령의 문객인데 이렇게 욕보게 할 수는 없습니다."

탁왕손은 부득이 탁문군에게 노비 100명과 돈 일백만, 그리고 시집갈 때의 옷과 이불과 재물을 나누어 주었다. 탁문군과 상여는 成都로 돌아와 토지와 집을 사들여 부자가 되었다.

原文

居久之, 蜀人楊得意爲狗監, 侍上. 上讀〈子虛賦〉而善之, 曰, "朕獨不得與此人同時哉!" 得意曰, "臣邑人司馬相如自言爲此賦." 上驚, 乃召問相如. 相如曰, "有是. 然此乃諸侯之事, 未足觀, 請爲天子遊獵之賦." 上令尙書給筆札. 相如以 '子虛', 虛言也, 爲楚稱, '烏有先生' 者, 烏有此事也, 爲齊難 '亡是公' 者, 亡是人也, 欲明天子之義. 故虛藉此三人爲辭, 以推天子諸侯之苑囿. 其卒章歸之於節儉, 因以風諫. 奏之天子, 天子大說. 其辭曰,

| **註釋** | ○狗監 - 官名. 황제의 사냥개 양육 전담. ○獨 - 다만, 오직, 유

독. ○筆札 - 붓과 木簡. ○爲楚稱 - 楚의 아름다움을 말하다. ○子虛 - 공허한 일. 거짓, 허구. ○烏有(오유) - 어찌(烏) 있을 수 있나? 어디에(烏) 있나? 없다(無). 烏는 反問을 표현. 子虛烏有는 허황된 일. ○爲齊難 - 齊를 詰難(힐난)하다. ○藉(자) - 가탁하다. ○三人 - 子虛先生, 烏有先生, 亡是公. ○卒章 - 終篇. ○其辭曰 - 〈天子游獵賦〉의 전반부. 보통 〈子虛賦〉라 부른다.

〖國譯〗

얼마 뒤에, 蜀人 楊得意(양득의)가 狗監(구감)이 되어 武帝를 모시었다. 무제는 〈子虛賦〉를 읽고 칭찬하며 말했다. "朕(짐)은 어찌 이 사람과 같은 때 살지 못했는가!" 그러자 득의가 말했다. "臣의 고향 사람 司馬相如가 이 賦를 자신이 지었다고 말했습니다." 무제는 놀라면서 사마상여를 불러 물었다. 상여가 말했다. "그렇습니다. 그러나 이는 제후의 일을 쓴 것이라서 볼 것이 없으니 천자의 사냥을 읊은 부를 지어보겠습니다." 무제는 尙書에게 붓과 목간을 주게 하였다. 상여의 '子虛'는 '빈말〔虛言〕'이란 뜻으로 楚를 묘사하였고 '烏有先生'이란 '어디에 이런 일이 있는가?'라는 뜻으로 齊를 비난하였으며 '亡是公(무시공)'이란 '이런 사람은 없다'는 뜻인데 천자의 大義를 밝히었다. 그리하여 이 세 사람의 말로 천자와 제후의 苑囿(원유, 놀이동산, 사냥)를 상상케하고 끝에 가서 節儉을 말하여 이를 통해 風諫(풍간)하려는 뜻이었다. 이 글이 천자에게 상주되자 천자는 매우 기뻐하였다. 그 글〈子虛賦〉은 다음과 같다.

原文

〈子虛賦〉*

「楚使子虛使於齊, 齊王悉發車騎與使者出田. 田罷, 子虛過姹烏有先生, 亡是公存焉. 坐定, 烏有先生問曰, "今日田樂乎?" 子虛曰, "樂." "獲多乎?" 曰, "少." "然則何樂?" 對曰, "僕樂王之欲誇僕以車騎之衆, 而僕對以雲夢之事也." 曰, "可得聞乎?"」

| 註釋 | ○出田 - 사냥을 나가다. 田은 사냥할 전(畋과 同). ○姹 - 자랑할 차. 詑(자랑할 이)와 通. ○僕 - 나. 저. 자신의 겸칭. ○雲夢之事 - 雲夢에서의 사냥. 雲夢은 澤名. 今 湖北省 江漢 평원에 있던 중국 최대의 담수호(늪지대)였으나 지금은 거의 육지화하고 湖北省 남부 荊川市 관할 洪湖市에 洪湖만 남아 옛 자취를 보여주고 있다.

〖國譯〗

〈子虛賦〉*

「楚의 사자 子虛先生이 齊에 사신으로 가자 齊王은 戰車와 기병을 다 동원하여 사신과 함께 사냥을 나갔다. 사냥이 끝나자 子虛(자허)선생은 烏有先生(오유선생)을 찾아가 자랑을 하였고 亡是公(무시공)도 그 자리에 있었다. 좌정하자 오유 선생이 물었다. "금일 사냥은 즐거웠습니까?" 자허가 말했다. "즐거웠습니다." "많이 잡았습니까?" "별로 못 잡았습니다." "그렇다면 무엇이 즐거웠습니까?" "齊王이 그의 車騎가 많다는 것을 자랑하려는 것을 나는 雲夢에서의 사냥 이야기로 응대한 것이 즐거웠습니다." "그 이야기를 들을 수 있습니까?"」

原文

「子虛曰, "可. 王駕車千乘, 選徒萬騎, 田於海濱, 列卒滿澤, 罘罔彌山. 掩菟轔鹿, 射麋格麟, 騖於鹽浦, 割鮮染輪. 射中獲多, 矜而自功, 顧謂僕曰, '楚亦有平原廣澤遊獵之地饒樂若此者乎? 楚王之獵孰與寡人?' 僕下車對曰, '臣, 楚國之鄙人也, 幸得宿衛十有餘年, 時從出遊, 游於後園, 覽於有無, 然猶未能遍睹也. 又烏足以言其外澤乎?' 齊王曰, '雖然, 略以子之所聞見言之.'」

| **註釋** | ○海濱 - 바닷가. ○罘罔彌山(부망미산) - 罘 그물 부. 罔 그물 망. 彌 두루 미. 遍也. ○掩菟轔鹿(엄토인록) - 掩 가릴 엄. 菟 토끼 토. 兎와 同. 轔 수레 소리 린. 蹂躪(유린)하다. ○射麋格麟 - 麋 큰 사슴 미. 格은 脚과 通. 다리를 붙잡다. 麟 큰 사슴 수컷 린. ○騖於鹽浦 - 騖 집오리 목. 달리다. 이리저리 빨리 달리다(縱橫奔馳). 鹽浦(염포)는 바다의 포구. ○割鮮染輪 - 배를 갈라서 말리는 생선이 수레바퀴에 치다. ○饒樂(요락) - 풍요로움. ○孰與寡人 - 과인에 비해 어떠한가? 누가 더 나은가? 孰 누구 숙. 어느? 의문대사. 與는 낫다. 비교하여 더 좋다. ○覽於有無 - 보이는 것만 보았다. ○遍睹 - 두루 보다. ○烏 - 어찌 오. 惡(어찌 오)와 通.

〖國譯〗

「자허 선생이 말했다. "그렇습니다. 齊王은 천승의 수레를 몰고 기병 만 명을 거느리고 바닷가에서 사냥하면서 사졸을 못가에 세웠고 그물이 산을 덮었습니다. 토끼를 몰아 잡고 사슴을 짓이겼으며, 고라니를 쏘고 큰 사슴의 다리를 잡았으며, 갯벌을 이리저리 달리며 말리던 생선을 수레바퀴가 뭉개었습니다. 사냥에서 짐승을 많이 잡자 뽐내고 자찬하면서 나를 돌아보며 물었습니다. '楚에도 평원과 너른 호수와 사냥터가 있을 터인데 이처럼 풍요롭고 즐겁습니까? 楚王의 사냥은 과인에 비해 누가 더 낫습니까?' 나는 수레에서 내려 대답했습니다. '臣은 楚國의 하찮은 사람으로 십여 년간 왕을 숙위하면서 가끔 사냥을 따라가 후원에서 사냥하며 있는 것만 보았을 뿐 두루 다 보지는 못했습니다. 그러니 제가 어찌 먼 水澤에서의 사냥을 알겠습니까?' '그렇더라도, 그대가 보고 들은 것을 대략 말해보시오.' 라고 齊王이 말했습니다."」(이상은 導入部라 할 수 있다.)

原文

「僕對曰, "唯唯. 臣聞楚有七澤, 嘗見其一, 未睹其餘也. 臣之所見, 蓋特其小小者耳, 名曰雲夢. 雲夢者, 方九百里, 其中有山焉. 其山則盤紆岪鬱, 隆崇律崒, 岑崟參差, 日月蔽虧, 交錯糾紛, 上干青雲, 罷池陂陀, 下屬江河. 其土則丹青赭堊, 雌黃白坿, 錫碧金銀, 衆色炫耀, 照爛龍鱗. 其石則赤玉玫瑰, 琳琘昆吾, 瑊玏玄厲, 碝石武夫. 其東則有蕙圃, 衡蘭芷若, 穹窮昌蒲, 江離蘪蕪, 諸柘巴且. 其南則有平原廣澤, 登降阤靡, 案衍壇曼, 緣以大江, 限以巫山. 其高燥則生葴菥苞荔, 薛莎青薠. 其埤濕則生藏莨蒹葭, 東蘠雕胡, 蓮藕觚盧, 奄閭軒于, 衆物居之, 不可勝圖. 其西則有涌泉清池, 激水推移, 外發夫容蔆華, 內隱鉅石白沙. 其中則有神龜蛟鼉, 毒冒鼈黿. 其北則有陰林巨樹, 楩柟豫章, 桂椒木蘭, 檗離朱楊, 樝梨梬栗, 橘柚芬芳. 其上則有宛雛孔鸞, 騰遠射干. 其下則有白虎玄豹, 蟃蜒貙豻.」

| 註釋 | ○特 – 다만, 겨우. ○盤紆(반우) – 구불구불한다. 紆 굽을 우. 盤曲. ○岪鬱(불울) – 울창한 산 길. 岪 산길 불. ○隆崇律崒(융숭율줄) – 산이 높고 험하다. 隆崇은 산이 높이 솟다. 崒 산이 험할 줄. ○岑崟參差(잠음참치) – 岑 봉우리 잠. 崟 험준할 음. 參差(참치)는 가지런하지 않은 모양. 들쑥날쑥하다. ○蔽虧(폐휴) – 가리고 이지러져 보이다. 蔽 덮을 폐. 虧 이지러질 휴. ○糾紛(규분) – 서로 얽히다. ○上干青雲 – 干은 冲也. ○罷池陂陀(파지파타) – 경사지고 비탈지다. 陂 비탈 피. 陀 비탈질 타. ○屬 – 닿다. 이어지다. ○丹青 – 丹沙와 石青. 赭堊(자악)은 赭 붉은 흙 자. 堊 백토 악. ○雌黃白坿 – 자황(藥用이나 물감으로 쓰는 흙)과 백부. 모두 흙 이름. ○錫碧(석벽) – 錫 주석 석. 青金. 碧은 청백색의 옥. ○炫耀(현요) – 빛나는 모양. 炫 빛날 현. 耀 빛날 요. ○照爛 – 빛을 받아 빛나다. 爛 빛날 란. 선명한 모양. ○玫瑰(매괴) – 玫 붉은 옥 매. 瑰 붉은 옥 괴. ○琳珉(임민) – 옥돌 이름. 昆吾(곤오)는 좋은 금이 나오는 山 이름. 美玉의 이름이라는 註도 있다. ○瑊玏玄厲(감륵현려) – 옥과 같은 아름다운 돌(瑊玏). 검은 숫돌(玄厲). ○碝石武夫 – 연석과 무부. 모두 옥은 아니지만 아름다운 돌. 碝은 옥 다음 가는 돌 연. 武夫는 붉은 바탕에 흰무늬가 있는 돌. 그러나 玉은 아님. 碔砆同. ○蕙圃(혜포) – 향기가 나는 풀이 자라는 밭. 허브농장. 蕙 향기로운 풀 혜. 圃 밭 포. ○衡蘭芷若(형란지약) – 난초와 백지. 衡은 杜衡. 芷 지초 지. ○穹窮昌蒲(궁궁창포) – 궁궁과 창포. 모두 풀이름. 穹 하늘 궁. 蒲 부들 포. ○江離蘼蕪(강리미무) – 江離는 香草 이름. 蘼蕪(미무)도 향초. 蘼 천궁 미. 蕪 거칠어질 무. ○諸柘巴且(제자파차) – 감자와 파초. 柘 산뽕나무 자. 巴且는

芭蕉(파초). ○登降陁靡(등강타미) – 땅이 오르고 내리며 길게 이어지다. 陁靡(타미)는 지세가 비스듬히 길게 뻗어간 모양. 陁 무너질 타. 靡 쓰러질 미. ○案衍壇曼(안연단만) – 지세가 펀펀하며 넓은 모양. 壇 흙을 쌓을 단. 曼 끌 만. 이어지다. ○巫山(무산) – 南郡 巫縣(今 山東省 肥成市)의 산. ○葴析苞荔(침석포려) – 葴 쪽 풀 침. 析 풀이름 석. 苞 그령(풀이름) 포. 荔 타래붓꽃 려. ○薜莎靑薠(벽사청번) – 薜 승검초 벽. 當歸. 莎 향부자 사. 薠 향부자(풀이름) 번. ○藏莨蒹葭(장랑겸가) – 藏 풀이름 장. 莨 풀이름 낭. 약용으로 쓰는 毒草. 蒹 갈대 겸. 葭 갈대 가. ○東薔雕胡(동장조호) – 동장(물풀 이름)과 조호(물풀 이름). ○蓮藕觚盧(연우고로) – 연밥과 연근(蓮藕). 갈대 계통의 풀이름(觚盧). ○奄閭軒于(엄려헌우) – 수초 이름〔奄閭(엄려)〕. 물속 풀이름(軒於). ○激水 – 세차게 흐르는 물. ○夫容蔆華 – 연꽃(夫容)과 마름 꽃(蔆華). 蔆은 菱(마름 릉). ○鉅石(거석) – 巨石. ○神龜蛟鼉(신귀교타) – 神龜와 악어(蛟鼉). 鼉는 악어 타. 長江에도 악어가 서식한다. ○毒冒鼈黿(독모별원) – 毒冒는 등껍질을 장식용으로 쓸 수 있는 거북이 계통의 동물. 鼈 자라 별. 黿 자라 원. ○楩枏(편남) – 楩 녹나무 편. 枏 녹나무 남. ○豫章(예장) – 나무 이름. 大木. ○桂椒木蘭(계초목란) – 계초(나무 이름)와 목련. 椒 산초나무 초. 木蘭은 木蓮. ○檗離朱楊(벽리주양) – 벽리와 주양(나무 이름). 檗 황벽나무 벽. 離는 돌배나무. 朱楊은 버드나무 계통의 나무. ○樝梨(사리) – 산에 나는 과일나무 이름. 樝 풀 명자나무 사. ○梬栗(영율) – 과일나무 이름. 梬 고욤나무 영. 栗 밤나무 율. ○橘柚(귤유) – 橘 귤나무 귤. 柚 유자나무 유. ○芬芳(분방) – 여기서는 귤이 향기를 내뿜다. 芬 향기로울 분. ○宛雛孔鸞(완추공란) – 완추와 공작과 난새. 雛 병아리 추. 孔은 孔雀. 鸞 난새 란. 長尾鷄. ○騰遠射干(등원사간) – 등원과 사간. 모두 짐승이름. 사간은 나무를 기어오를 수 있다는 주해가 있다. ○玄豹(현표) – 검은 표범. ○蟃蜒(만연) – 전설 속의 거대한 짐승. 蟃 뽕나무벌레 만. 蜒 구불구불할 연. 지네. ○貙豻(추한) – 맹수의 이름. 貙 맹수 이름 추. 豻 들개 한.

〖國譯〗

「제가 대답했습니다. "예, 예! 臣이 알기로는, 楚에 7개의 호수가 있는데 저는 그중에 하나만 보았고 나머지는 못 보았습니다. 신이 본 것은 아마도 제일 작은 것으로 雲夢澤이라고 합니다. 운몽택은 사방이 9백 리이고 물 가운데 산이 있습니다. 그 산은 구불구불한 산길에 숲이 울창하고 높게 치솟았으며 산봉우리가 들쭉날쭉하여 해와 달이 가려지고 이지러져 보이는데 서로 겹치고 뒤섞여서 하늘의 구름 위로 솟았고 산 비탈은 완만하게 경사를 지으며 강과 이어집니다. 그곳의 흙은 丹沙와 石靑, 赭堊(자악), 雌黃(자황) 白坿(백부), 錫碧(석벽) 金銀 등의 여러 가지 색깔이 눈부시게 번쩍이며 용의 비늘처럼 반사합니다. 그곳의 돌은 赤玉과 玫瑰(매괴), 昆吾山의 옥돌인 琳珉(임민), 瑊玏(감륵)과 玄厲(현려), 그리고 碝石(연석)과 武夫라는 돌이 나옵니다. 그 동쪽에는 香草 밭이 있는데 난초와 백지, 穹窮(궁궁)과 창포, 江離(강리)와 蘪蕪(미무), 감자와 파초가 자랍니다. 그 남쪽에 평원과 넓은 습지가 있어 오르고 내리며 길게 이어진 땅이 평평하게 넓어 長江에 이어지며 巫山까지 연결됩니다. 그 땅의 높고 건조한 곳에는 葴(침), 析(석), 창포, 붓꽃, 당귀와 향부자가 자라고 있습니다. 그 낮고 습한 곳에는 藏莨(장랑)과 蒹葭(겸가, 갈대), 東蘠(동장)과 물풀인 雕胡(조호)와 연꽃과 觚盧(고로)와 奄閭(엄려)와 軒于(헌우)가 있는데 여러 식물이 자라는 것을 이루 다 말할 수가 없습니다. 그 서쪽에는 샘이 솟는 깨끗한 못이 있고 세찬 물이 흐르는데 그 가장자리에는 부용과 마름이 꽃을 피우고 안쪽으로는 큰 돌과 백사가 깔려 있습니다. 그 물에는 신령한 거북과 교룡 같은 악어, 껍질을 장식용으로 쓰는 毒冒(독모), 그리고 여러 종류의 자라들이 서식하고 있습니다. 그 북쪽에는 울창한 숲에 큰 나무들이 있는데 녹나무와 豫章(예장)같은 큰 나무가 있고, 桂椒(계초)와 목련, 檗離(벽리)와 朱楊(주양), 樝梨(사리)와 梬栗(영율)과 같은 과일나무가 있고 귤나무가 향기를 뿜고 있습니다. 그곳 땅에는 宛雛(완추)와 공작과 長尾鷄(장미계)가 있으며 騰遠(등원)과 射干(사간)도 살고 있습니다. 그 아래에는 白虎와 검은 표범, 蟃蜒(만연)같은 큰 동물과 貙(추)와 豻(한) 같은 맹수도 있습니다."」

原文

「於是乎乃使剸諸之倫, 手格此獸. 楚王乃駕馴駮之駟, 乘雕玉之輿, 靡魚須之橈旃, 曳明月之珠旗, 建干將之雄戟, 左烏號之雕弓, 右夏服之勁箭, 陽子驂乘, 孅阿爲御, 案節未舒, 即陵狡獸, 蹴蛩蛩, 轔距虛, 軼野馬, 轊騊駼. 乘遺風, 射游騏, 倏眒倩浰, 雷動熛至, 星流電擊, 弓不虛發, 中必決眦, 洞胸達掖, 絶乎心繫, 獲若雨獸, 揜屮蔽地. 於是楚王乃弭節徘徊, 翺翔容與, 覽乎陰林, 觀壯士之暴怒, 與猛獸之恐懼, 徼谻受詘, 殫覩衆物之變態.」

| 註釋 | ○ 剸諸(전제) - 춘추 말기 吳國의 勇士 이름. 專諸. ○ 駕馴駮之駟 - 길들인 얼룩말 4마리를 몰다. 駕 멍에 가. 수레를 몰다. 馴 길들 순. 駮 여러 털이 섞인 말 박. ○ 靡魚須之橈旃 - 상어 수염을 매단 구부정한 깃대를 휘두르다. 靡 쓰러질 미. 魚須(어수)는 상어의 수염. 橈旃(요전)은 꾸불꾸

불한 깃대. ○曳明月之珠旗－明月珠로 장식한 깃발을 휘젓다. 曳 끌 예. ○建干將之雄戟－干將(간장)이 만든 雄戟(웅극)을 세우다. 干將은 吳의 제철 기술자. 그 아내 莫邪(막야)와 함께 명검 두 자루를 만들어 吳王 闔閭(합려)에게 바쳤다고 한다. 간장은 名劍의 대명사. 雄戟(웅극)은 간장이 만든 兵器의 이름. ○烏號之雕弓－그림을 그린 烏號(오호)와 같은 활. 烏號는 黃帝가 사용했다는 전설상의 명궁. ○夏服之勁箭－夏服은 夏后氏(夏나라를 세운 禹王의 별칭)의 화살통. 勁箭(경전)은 좋은 화살. 勁 굳셀 경. ○陽子驂乘－伯樂같은 명인이 함께 타다. 백락은 秦 穆公의 신하. 천리마를 알아보았던 명인. ○孅阿(섬아)－옛날 수레를 잘 몰았다는 명인. 孅 가늘 섬. ○案節未舒－고삐를 잡고 천천히 가며 속도를 내지 않다. ○卽陵狡獸(즉릉교수)－바로 날쌘 짐승을 뭉개버리다. ○蛩蛩(공공)－말처럼 생긴 짐승. 蛩 메뚜기 공. ○轔距虛－거허를 수레로 짓이기다. 轔 수레 소리 린. 距虛(거허)는 나귀처럼 생긴 짐승. ○軼野馬－야마를 따라잡다. 軼 앞지를 질. 野馬는 말과 비슷한 짐승. ○轊騊駼－도도를 굴대로 부딪쳐 죽이다. 轊 굴대 끝 세. 騊 말 이름 도. 駼 말 이름 도. 騊駼는 말과 비슷한 짐승. ○乘遺風－천리마를 타다. 遺風(유풍)은 千里馬. ○射游騏－뛰어가는 산짐승을 쏘다. 騏(기)는 靑黑色의 말. 여기서는 산 짐승. ○儵胂倩浰(숙신천리)－빠르고 빠르게. 儵胂과 倩浰 모두 빠를 모양. 儵 갑자기 숙. 胂 기지개 켤 신. 倩 예쁠 천. 浰 빠를 리. ○雷動熛至－번개처럼 빨리. 폭풍처럼 빠르게. 猋(불꽃 염)은 猋(개가 달리는 모양 표)와 通. 여기서는 폭풍. ○中必決眦－맞추면 꼭 눈에 명중한다. 眦 눈초리 제. 눈 흘길 자. ○洞胸達掖(통흉달액)－가슴을 뚫고 겨드랑이에 꽂히다. ○絶乎心繫－심장과 허파가 연결된 곳을 뚫다. ○獲若雨獸－짐승을 많이 잡은 것이 비가 쏟아지는 것 같다. ○揜屮蔽地(엄초폐지)－풀과 땅을 덮다. 사냥한 짐승이 많다. ○弭節徘徊－천천히 편안하게 걷다. 弭節은 천천히 걷다(徐步也). 弭 그칠 미, 활고자 미. 節은 信節. ○翶翔容與－매우 흡족한 모양. 翶 날 고. 翔 빙빙 돌아 날 상. ○暴怒－짐승과 겨루면서 씩씩거리는 모습. ○徼疲受詘 – 지치기를 기다려서 잡다. 徼 구할 요. 疲 지칠 피. 詘 굽힐 굴. ○殫覩 – 모두 보다. 자세히 보다. 殫 다할 탄. 覩 볼 도.

〖國譯〗

「이에 剸諸(전제)와 같은 사람을 시켜 손으로 이 짐승을 잡게 합니다. 楚王은 길들여진 4마리 駮(박)이 끄는 수레를 몰고 와서 옥으로 장식한 가마에 타고 상어 수염을 매단 구부정한 깃대를 휘두르며 明月같은 구슬 장식 깃발을 들게 하고서 干將(간장)이 제조한 雄戟을 세우고는 왼쪽에 烏號의 무늬 놓은 활과 오른쪽에 夏禹王의 화살 통에 튼튼한 화살을 채워 넣고 伯樂(백락) 같은 사람을 驂乘(참승)으로 삼고 孅阿(섬아) 같은 사람에게 수레를 몰게 하며 持節을 펴지 않고 빠른 맹수를 깔아뭉개며 蛩蛩(공공)같은 맹수를 걷어차고 距虛(거허) 같은 짐승을 짓이기며, 野馬를 따라 잡고 騊駼(도도)를 수레로 충돌하여 죽입니다. 천리마를 타고 산짐승을 쏘며 빠르고 빠르게 벼락을 치듯 질풍처럼 내달아 流星처럼 번쩍 내리치는데 활을 쏘면 헛쏘지 않아 틀림없이 짐승의 눈에 명중시키고 가슴에서 겨드랑이까지 관통하며 심장을 꿰뚫는데 잡은 짐승이 비 오듯 쏟아져 풀과 땅을 덮어버립니다. 그러면 楚王은 천천히 거닐면서 흡족한 표정으로 울창한 숲에서 장사들이 맹수를 잡으러 힘쓰는 모습과 맹수들이 두려워 떠는 모습을 본 뒤에 짐승들이 지치기를 기다려 잡게 하고 뭇 짐승들의 바뀐 모습을 두루 살핍니다.」

原文

「於是鄭女曼姬, 被阿錫, 揄紵縞, 雜纖羅, 垂霧縠, 襞積褰縐, 鬱橈谿谷. 紛紛裶裶, 揚衪戌削, 蜚纖垂髾, 扶輿猗靡, 翕呷萃蔡, 下摩蘭蕙, 上拂羽蓋, 錯翡翠之葳蕤, 繆繞玉綏, 眇眇忽忽, 若神之彷彿.」

| 註釋 | ○鄭 - 춘추 전국시대의 제후국인 鄭國(前 375년 韓에게 멸망, 도읍은 河南省 鄭州市 관할의 新鄭市). ○曼姬(만희) - 美女. 曼 끌 만. 아름답다. ○阿錫 - 고운 비단. 阿는 고운 비단(繒). 錫은 細布. ○揄紵縞 - 揄 끌 유. 紵 모시 저. 縞 흰 명주 호. ○雜纖羅(잡섬라) - 여러 비단을 걸치다. 纖 가늘 섬. ○霧縠 - 霧 안개 무. 縠 주름 잡힌 고운 명주 곡. ○襞積褰縐(벽적건추) - 많은 주름이 잡히고 여러 무늬가 있는 옷을 잡고서. 襞 주름 벽. 褰 접을 건. 縐(주름질 추). ○鬱橈(울요) - 나무가 우거진 모양. 鬱 막힐 울. 橈 꺾일 요. 굽을 뇨. ○紛紛裶裶(분분비비) - 紛 옷 치렁치렁할 분. 裶 옷 치렁치렁할 비. ○揚衪(양이) - 옷소매를 걷다. 衪 옷 가장자리 이. ○戌削(술삭) - 옷이 가지런한 모양. ○蜚纖(비섬) - 옷을 장식한 긴 띠가 나풀거리다. 蜚(바퀴벌레 비)는 飛와 通. 纖 짧은 속옷 섬. 저고리의 장식. ○垂髾(수소) - 저고리의 장식을 드리우고. 髾 상투 소. 저고리 장식. ○扶輿猗靡(부여의미) - 가마를 잡고 공손하게 따라가다. 猗 의지할 의. 공손한 모양. ○翕呷萃蔡(흡합췌채) - 의복을 입고 걸으면 옷을 스치는 소리가 나다. 翕 합할 흡. 呷 마실 합. 萃蔡은 옷자락 스치는 소리. 萃 뫼 췌. 蔡 풀 채, 거북 채. ○下摩蘭蕙(하마난혜) - 발 아래서는 난초와 혜초(향초)를 스치고. ○上拂羽蓋 - 머리 위로는 깃털 덮개를 만지작거리다. ○錯翡翠之葳蕤(착비취지위유) - 붉고 푸른 새의 깃털을 이리저리 머리에 꽂았다. 葳 초목이 무성한 모양 위. 蕤 드리워질 유. ○繆繞玉綏(무요옥수) - 여러 가지 패물이나 장식. ○繆繞 -

많이 두르다. 繞 두를 요. 綏 편안할 수, 손잡이 수. ○眇眇忽忽(묘묘홀홀) – 흐릿하게 보여 분별하기 어려운 모양. 眇 애꾸눈 묘. 멀다. 忽 소홀히 할 홀. 없어지다. ○彷彿(방불) – 비슷하다. 흐릿하여 분별하기 어렵다. 彷 비슷할 방. 彿 비슷할 불.

〖國譯〗

「그러면 鄭의 미녀들이 비단옷을 입거나 흰 모시옷을 끌면서 또는 여러 비단 옷과 주름이 많이 잡힌 고운 명주옷을 걸치고서는 나무가 울창한 계곡으로 들어옵니다. 치렁치렁한 옷을 잘잘 끌고 옷소매 가장자리를 나란하게 걷어 올리고 옷을 장식한 긴 띠를 나풀거리면서 머리 장식을 드리우고 수레를 따라 공손하게 걸어오는데 걸으면 옷을 스치는 소리가 나며, 발 아래서는 난초와 혜초(香草)를 스치고 머리 위로는 깃털 덮개를 만지작거리며 붉고 푸른 새의 깃털을 이리저리 머리에 꽂았고 여러 가지 패물이나 장식을 했는데 그 모습이 흐릿하게 보여 마치 신선과 비슷합니다.」

原文

「於是乃群相與獠於蕙圃, 媻姍勃窣, 上金堤, 揜翡翠, 射鵔鸃, 微矰出, 孅繳施, 弋白鵠, 連駕鵝, 雙鶬下, 玄鶴加. 怠而後游於清池, 浮文鷁 揚旌栧. 張翠帷, 建羽蓋. 罔毒冒, 釣紫貝. 摐金鼓, 吹鳴籟, 榜人歌, 聲流喝, 水蟲駭. 波鴻沸, 湧泉起, 奔揚會, 礧石相擊, 琅琅礚礚, 若雷霆之聲, 聞乎數百里外.」

| 註釋 | ○獠 – 밤 사냥 료(요). ○媻姍勃窣(반산발솔) – 순식간에 서둘러. 媻姍은 비틀거리는 모양. 媻 비틀거릴 반. 姍 헐뜯을 산. 勃 갑자기 발. 窣구멍에서 갑자기 나올 솔. ○揜翡翠(엄비취) – 揜 잡을 엄. 翡翠(비취)는 새 이름. ○射鵔鸃(사준의) – 金鷄를 쏘다. 鵔 금계 준. 鸃 금계 의. ○微矰出(미증출) – 작은 주살을 쏘다. 矰 주살 증. ○孅繳施(섬격시) – 가는 주살 실을 매다. 孅 가늘 섬. 繳 주살의 줄 격. ○弋白鵠(익백곡) – 흰 고니를 주살로 잡다. 弋 주살 익. 鵠 고니 곡. ○連駕鵝(연가아) – 연달아서 들 거위(野鵝)를 잡다. 駕 멍에 가. 鵝 거위 아. ○雙鶬下(쌍창하) – 왜가리 두 마리를 잡다. 鶬 왜가리 창. ○怠而後游於清池 – 피곤하면 清池에서 잠시 쉬다. ○浮文鷁(부문익) – 익조를 그린 배를 띄우고. 鷁 새 이름 익. ○揚旌栧(양정예) – 정기를 꽂은 노를 높이 세우다. ○建羽蓋 – 깃털 장식한 장막을 세우다. ○罔毒冒 – 그물을 쳐서 毒冒를 잡다. 毒冒(독모)는 등껍질을 장식용으로 쓸 수 있는 거북이 계통의 동물. ○紫貝(자패) – 자색 바탕에 검은 무늬가 있는 조개. ○摐金鼓(창금고) – 징을 치다. 摐 칠 창. 金鼓는 징(鉦). ○吹鳴籟(취명뢰) – 피리를 불다. 籟 세 구멍 퉁소 뢰(뇌). ○榜人歌 – 榜은 배(船) 방. ○聲流喝(성류갈) – 소리가 높아져 목이 메다. ○水蟲駭 – 물속 벌레들도 놀라다. ○波鴻沸(파홍비) – 파도가 크게 치다. 沸 물이 끓을 비. ○奔揚會 – 파도와 물길이 합쳐지다. 奔揚(분양)은 파도. ○礧石相擊 – 구르는 돌이 서로 때리다. 礧石은 적을 죽이려고 산에서 굴리는 돌. 礧 바위 너덜 뇌(뢰). 돌을 굴리다. ○琅琅磕磕(낭랑개개) – 낭랑하게 돌이 부딪치는 소리. ○若雷霆之聲 – 벼락 치는 소리와 같다. 霆 천둥소리 정.

〖國譯〗

「이어 蕙圃(혜포)에서 밤중에 사냥을 하는데 순식간에 서둘러 견고한 제방에 올라가 翡翠(비취)새를 잡고 金鷄를 쏘아 잡으며 작은 주살에 가는 실을 매어 흰 고니를 주살로 잡은 뒤 연달아서 들 거위(野鵝)를 잡고 왜가리 두 마리를 잡으며 검은 두루미도 잡습니다. 피곤하면 淸池에서 잠시 쉬는데 鷁鳥(익조)를 그린 배를 띄우고 정기를 꽂은 노를 높이 세웁니다. 푸른 휘장을 치고 깃털 장식한 장막을 세우고서 그물을 쳐서 毒冒(독모)를 잡고 붉은 조개를 건져 올립니다. 징을 치고 피리를 불면 사공이 노래하는데 소리가 높아져 목이 메면 물속 벌레들도 놀랍니다. 파도가 크게 치고 물길이 치솟으며 파도와 물길이 합쳐지면서 구르는 돌이 서로 부딪치면 낭랑하게 돌이 부딪치는 소리가 벼락 치는 소리처럼 수백 리 떨어진 곳까지 들릴 것입니다.」

原文

「將息獠者, 擊靈鼓, 起烽燧, 車案行, 騎就隊, 纚乎淫淫, 般乎裔裔. 於是楚王乃登陽雲之臺, 泊乎無爲, 澹乎自持, 勺藥之和具而後御之. 不若大王終日馳騁, 曾不下輿, 脟割輪焠, 自以爲娛. 臣竊觀之, 齊殆不如.' 於是王無以應僕也.”」

| 註釋 | ○靈鼓 – 六面의 북. ○烽燧(봉수) – 야간에 불을 피워 신호하는

것은 烽, 낮에 연기를 피워 신호를 보내는 것을 燧(횃불 수)라고 한다. ○案行 – 규정대로 나아가다. ○纚乎淫淫 – 무리를 지어 천천히 나아가다. 纚 갓끈 리. 떼 지어 가다. 淫淫은 나아가는 모양. ○般乎裔裔 – 줄을 지어 나아가다. ○泊乎無爲 – 일없이 편히 쉬다. ○澹乎自持 – 조용한 시간을 갖다. 澹 담백할 담. ○勺藥之和具 – 五味를 갖춘 음식을 준비하게 하다. 勺藥(작약)은 五味를 조화시키다. ○御之 – 먹다. ○大王終日馳騁 – 여기 大王은 齊王. ○脟割輪焠(열할륜쉬) – 가른 생선을 수레바퀴로 뭉개다. 脟 갈빗살 렬. 가르다. 째다. 焠 담글 쉬, 태울 쉬.

〖國譯〗

「야간 사냥을 끝내려면 靈鼓(영고)를 치고 봉화 불을 올린 뒤 수레는 규정대로 나아가고 기병은 대오에 의거 열을 맞춘 다음에 줄을 지어 나아갑니다. 그리고 楚王은 바로 陽雲臺에 올라 아무 일 없이 조용히 쉬다가 五味를 갖춘 음식이 준비되면 그것을 먹습니다. 이는 대왕께서 종일 쉬지도 않고 내 달리며 수레에서 내리지도 않고 말리는 생선을 수레바퀴로 짓이기며 즐기는 사냥과 다릅니다. 臣이 볼 때에 齊의 사냥은 楚의 사냥보다 못한 것 같습니다. 이렇게 말하자 齊王은 저에게 아무런 대꾸도 없었습니다."」

(※이상은 〈자허부〉의 中心部로 楚의 산천과 楚王의 游獵을 자랑하였다.)

原文

「烏有先生曰, "是何言之過也! 足下不遠千里, 來況齊國,王悉境內之士, 備車騎之衆, 與使者出田, 乃欲戮力致獲, 以娛左右也, 何名爲誇哉! 問楚地之有無者, 願聞大國之風烈, 先生之餘論也. 今足下不稱楚王之德厚, 而盛推雲夢以爲驕, 奢言淫樂而顯侈靡, 竊爲足下不取也. 必若所言, 固非楚國之美也. 有而言之, 是章君之惡也, 無而言之, 是害足下之信也. 章君惡, 傷私義, 二者無一可, 而先生行之, 必且輕於齊而累於楚矣. 且齊東陼鉅海, 南有琅邪, 觀乎成山, 射乎之罘, 浮勃澥, 游孟諸, 邪與肅愼爲鄰, 右以湯谷爲界. 秋田乎青丘, 仿偟乎海外, 吞若雲夢者八九, 其於匈中曾不蔕芥. 若乃俶儻瑰瑋, 異方殊類, 珍怪鳥獸, 萬端鱗崪, 充仞其中者, 不可勝記, 禹不能名, 卨不能計. 然在諸侯之位, 不敢言游戲之樂, 苑囿之大. 先生又見客, 是以王辭不復, 何爲無以應哉!"」

| 註釋 | ○來況齊國 – 齊國에 오는 혜택을 입었다. 況은 惠賜. ○何名爲誇哉 – 어찌하여 이를 뽐낸다고 말하는가? ○風烈 – 아름다운 풍속. ○侈靡(치미) – 분수를 모르는 사치. ○章 – 밝히다. 드러내다. ○東陼鉅海 – 동으로는 큰 바다와 접하다. 陼 물가 저(渚와 通). 삼각주(小州). ○琅邪(낭야) – 진시황이 설치한 琅邪臺. ○觀 – 闕. 궁궐. ○成山 – 지명. 今 山東省 威海市 관할 榮城市 동북 成山角(산동 반도의 最東端). ○之罘(지부) – 산 이름. 今 山東省 烟台市 동북. ○勃澥 – 渤海. 澥 바다 이름 해. ○孟諸 – 澤名. 今 河南省 商丘市 동북. ○邪 – 左의 뜻으로 풀이. ○肅愼(숙신) – 여진족. ○湯谷 – 고대의 전설에서 해가 뜬다는 곳. ○青丘 – 전설 속 해외의 나

라 이름. 우리나라의 자칭. 예, 〈靑丘圖〉, 《靑丘永言》. ○蔕芥(체개) – 마음에 꺼리는 것. 蔕 가시 체. 꼭지. 芥 겨자 개. 아주 작은 것. ○俶儻(척당) – 뜻이 크고 재주가 뛰어나다. 俶 착할 숙. 뛰어날 척. 儻 빼어날 척. ○瑰瑋(괴위) – 뛰어나고 기이하다. 진기한 물건. 瑰 구슬 이름 괴. 瑋 옥 이름 위. ○萬端鱗崪(만단린취) – 잡다한 것을 다 모으다. 崪는 모일 취, 험할 줄. 崒同. ○充仞 – 채우다. 차다. 仞 길 인(길이 단위). 채우다. ○禹不能名 – 禹도 이름을 짓지 못하다. 禹는 堯의 司空으로 천하의 명산을 구분하고 초목의 이름을 붙여주었다고 한다. ○卨(설) – 殷나라 조상 이름 설. ○見客 – 손님이 되어.

〖國譯〗

「烏有先生이 말했다. "왜 그런 틀린 말을 하십니까! 足下께서는 천리를 멀다 아니하고 齊에 사신으로 오셨기에 齊의 왕은 국내 모든 사람을 모으고 많은 수레와 말을 준비케 하여 사자와 함께 사냥을 나가 최선을 대해 사냥을 하면서 측근들을 기쁘게 하려 했는데 왜 뽐낸다고 말하십니까! 楚의 땅에 있는 것에 대해 물은 것은 大國의 아름다운 풍속이나 선생의 이야기를 듣고자 한 것입니다. 그런데 足下께서는 楚王의 厚德을 말하지 않고 운몽택의 이런저런 설명으로 뽐내면서 지나친 쾌락과 분수에 넘친 사치를 자랑했는데 내 생각으론 당신이 할 말은 아니었습니다. 만약 꼭 말한 그대로라면 楚나라의 장점이라 할 수도 없습니다. 사실이니까 말했다면 그것은 楚 주군의 나쁜 점을 드러낸 것이고 그런 일이 없는데도 그렇게 말했다면 이는 당신의 신의를 해치는 것입니다. 그대의 나쁜 면을 드러내고 개인의 의리를 해치는 것이라면 둘 다 해서는 안 될 일인데 선생이 저질렀으니 이는 齊를 업신여긴 것이며 楚에게도 累가 될 것입니다.

그리고 齊는 동쪽으로 큰 바다에 접했으며 남쪽으로는 낭야대가 있고 成山을 둘러보고 之罘山(지부산)에서 활을 쏘고 발해를 건너 孟諸(맹제)의 호수에서 놀고 좌측으로는 肅愼(숙신)과 이웃이 되어 오른쪽으로는 湯谷을 경계로 하였습니다. 가을 사냥은 青丘山에서 하고 바다 밖으로도 소요하고 운몽택 같은 것 여덟아홉 개를 병탄한다 하여도 가슴에 걸리는 것이 없을 것입니다. 만약 뛰어나고 진기한 것이나 다른 나라에 없는 것이라든지 기이한 새나 짐승 온갖 것을 물고기 비늘처럼 다 모아서 그 속을 채운다면 이루 다 기록할 수도 없을 것이며 禹王이라도 이름을 다 지을 수 없고 卨(설)과 같이 분이 있어도 다 세지도 못할 것입니다. 그렇지만 제후의 자리에서는 유희의 쾌락이나 동산이나 정원이 크다는 자랑을 할 수 없습니다. 또 선생은 손님으로 왔기 때문에 왕이 다시 대답을 하지 않은 것이지 어찌 대응할 것이 없어 그만두었겠습니까!」

(〈자허부〉의 終結部로 烏有선생이 齊를 위해 子虛를 비난하였다.)

原文

〈上林賦〉*

「亡是公听然而笑曰, "楚則失矣, 而齊亦未爲得也. 夫使諸侯納貢者, 非爲財幣, 所以述職也, 封彊畫界者, 非爲守禦, 所以禁淫也. 今齊列爲東蕃, 而外私肅愼, 捐國隃限, 越海而田, 其於義固未可也. 且二君之論, 不務明君臣之義, 正諸侯之禮, 徒事爭於遊戲之樂, 苑囿之大, 欲以奢侈相勝,荒淫相越, 此不可以揚名發譽, 而適足以貶君自損也.」

| 註釋 | ○听然(은연) – 웃는 모양. 听 웃을 은. 听은 聽(들을 청)의 간체자(聽)와 혼동할 수 있다. ○齊亦未爲得也 – 齊 또한 잘한 것도 없다. ○納貢 – 朝貢. ○述職 – 소관 업무를 보고하다. 循行(순행)하다. ○封彊畫界(봉강획계) – 흙을 쌓아 경계를 획정하다. 彊은 疆과 通. ○禁淫 – 放縱(방종)을 禁하다. ○東蕃 – 동쪽의 울타리. 蕃은 藩(울타리 번). ○捐國隃限 – 제한을 넘어서 나라를 버리다. 捐은 버릴 연. 隃 넘을 유. ○越海而田 – 바다를 건너 가서 사냥을 한다는 뜻이 아니라 바다를 따라 먼 곳까지 가서 사냥한다는 의미.

〖國譯〗

(여기서부터는 〈上林賦〉*이다.)

「亡是公(무시공)이 빙그레 웃으며 말했다.

"楚의 이야기가 사리에 맞지도 않지만 齊도 역시 잘한 것이 없습니다. 제후로 하여금 조공을 바치게 하는 뜻은 재물 때문이 아니라 소관 업무를 보고하는 것이며, 흙을 쌓아 경계를 획정하는 것은 외적을 막기 위한 것이 아니라 放縱(방종)을 금한다는 뜻입니다. 지금 齊가 열후로 동쪽 울타리를 자처하면서 밖으로 肅愼(숙신)과 私通하는 것은 나라의 제한을 어기고 지키지 않는 것이며, 바다를 건너가 사냥을 한다는 것도 도리를 따진다면 옳은 일이 아닙니다. 그리고 두 분이 주군과 신하의 의리를 밝히고 제후의 禮를 바로 하는 일에 힘쓰지 않고 유희의 즐거움이나 정원의 크기를 가지고 논쟁을 하면서 사치스러움이나 황음한 짓으로 상대를 이기려 한다면 명성을 높이거나 칭송을 들을 수도 없으며 주군을 폄훼하고 자신을 깎아내는 것입니다.”」

原文

「且夫齊,楚之事又烏足道乎! 君未睹夫巨麗也, 獨不聞天子之上林乎? 左蒼梧, 右西極, 丹水更其南, 紫淵徑其北. 終始霸,産, 出入涇,渭, 酆,鎬,潦,潏, 紆餘委蛇, 經營其內. 蕩蕩乎八川分流, 相背異態, 東西南北, 馳騖往來. 出乎椒丘之闕, 行乎州淤之浦, 逕乎桂林之中, 過乎泱莽之壄, 汩乎混流, 順阿而下. 赴隘陿之口, 觸穹石, 激堆埼, 沸乎暴怒, 洶湧彭湃. 滭弗宓汩, 逼側泌瀄, 橫流逆折, 轉騰潎洌, 滂濞沆溉, 穹隆雲橈, 宛潬膠盭, 逾波趨浥, 蒞蒞下瀨, 批巖沖擁, 奔揚滯沛. 臨坻注壑, 瀺灂霣隊, 沈沈隱隱, 砰磅訇磕, 潏潏淈淈, 湁潗鼎沸, 馳波跳沫, 汩㴔漂疾. 悠遠長懷, 寂漻無聲, 肆乎永歸. 然後灝溔潢漾, 安翔徐徊, 翯乎滈滈, 東注大湖, 衍溢陂池. 於是蛟龍赤螭, 䱭鰽漸離, 鰅鰫鰬魠 禺禺魼鰨, 健鰭掉尾, 振鱗奮翼, 潛處乎深巖. 魚鱉驩聲, 萬物衆夥. 明月珠子, 的嚛江靡, 蜀石黃碝, 水玉磊砢, 磷磷爛爛, 采色澔汗, 叢積乎其中. 鳿鷫鵠鴇, 鴐鵝屬玉, 交精旋目, 煩鶩庸渠, 箴疵鵁盧, 群浮乎其上. 浮淫氾濫, 隨風澹淡, 與波搖蕩, 奄薄水陼, 唼喋菁藻, 咀嚼菱藕.」

| 註釋 | ○烏足道乎 – 어찌 말하겠는가! ○上林 – 秦의 舊苑. 황폐했던 것을 武帝가 중수했다. 지금의 陝西省 西安市 周至縣과 戶縣의 접경에 위치. ○蒼梧(창오) – 山名. 여러 곳이 같은 이름이 보이지만 錢穆의 註에 따라 今 陝西省 商洛市의 菟和山으로 풀이한다. 長安의 동남쪽이기에 左라 했다. 郡名으로 蒼梧. 치소는 今 廣西省 梧州縣. ○西極(서극) – 산 이름. 今 甘肅省 定西市 관할의 渭源縣에 있다. ○丹水 – 장안 주변의 水名. 更은 경과하다. ○紫淵(자연) – 澤名. 장안 북쪽에 있었다고 한다. ○霸(패),產(滻, 산) – 水名. ○涇(경),渭(위) – 渭水는 황하의 최대 지류이다. 陝西省의 중앙부를 지나 潼關에서 황하와 합쳐진다. 장안의 외부에서 흘러와 장안 곁을 지나므로 出入이라 하였다. ○酆(풍),鎬(호),潦(요),潏(휼) – 모두 渭水의 지류. ○紆餘委蛇(우여위이) – 물이 구불구불 흐르는 모양. 紆 굽을 우. 蛇 뱀 사. 구불구불할 이. ○經營 – 빙 돌다(周旋). ○八川 – 霸, 產, 涇, 渭, 酆, 鎬, 潦, 潏水. ○馳鶩往來(치무왕래) – 八川이 서로 얽혀 흐르다. 馳 달릴 치. 鶩 달릴 무. ○椒丘之闕 – 초구산의 궁궐. 깎아지른 높은 산. ○州淤之浦 – 물 가운데의 섬에도 물이 넘실대다. 州는 물 가운데의 섬. 淤는 진흙 어. 물이 넘치다. 浦는 물가. ○逕乎桂林之中 – 계수나무 숲을 가로 질러 흐르다. 逕 지름길 경. ○過乎泱莽之壄 – 끝없이 터진 벌판을 지나가다. 泱 끝없을 앙. 莽 우거질 망. 泱莽은 드넓은 허허벌판. 壄 들 야(野와 同). ○汩乎混流 – 흐린 물이 되어 빨리 흐르다. 汩(氵+曰은 빠질 골. 물 흐를 율). 汨(氵+日해 일은 빠질 골, 강 이름 멱). ○順阿而下 – 큰 산을 따라 흐르다. ○赴隘陿之口 – 좁은 협곡을 지나. 隘 좁을 애. 陿 좁을 협. 陜(좁을 협)과 通. ○觸穹石(촉궁석) – 큰 바위를 스치고. 穹石(하늘 궁)은 大石. ○激堆埼 – 물가의 높은 산을 치고. 埼 험할 기. 崎와 同. ○沸乎暴怒 – 큰 소리를 내며 흐르다. 沸 끓을 비. 여기서는 水流聲. ○洶湧彭湃 – 洶 물살이 세찰 흉. 湧 샘솟을 용. 彭 두드리는 소리 방. 띵띵할 팽. 성씨. 湃 물결치는 모양 배. ○滭弗宓汩(필불복율) – 滭 샘물 용솟음칠 필. 弗 아닐 불, 세차고 성한 모양 불. 宓 조용할 밀. 성씨

복. 汩 흐를 율. 빠질 골. ○逼側泌瀄(핍측필즐) – 물이 세차게 치며 흐르다. 泌 샘물 흐르는 모양 필. 瀄 물 흐를 즐. ○横流逆折 – 세차게 돌아 흐르다. ○轉騰潎洌(전등별렬) – 소용돌이치며 빨리 흐르다. 轉騰(전등) 돌며 치솟다. 潎 빨리 흐를 별. 洌 맑을 열. ○滂濞沆溉(방비항개) – 모두 물이 흐르는 소리를 표현한 글자. 滂 비 퍼부을 방. 濞 물소리 비. 沆 넓을 항. 溉 물댈 개. ○穹隆雲橈(궁륭운요) – 하늘에 구름이 피어오르다. 穹隆(궁륭)은 하늘. 둥근 천장. 橈 꺾일 요(뇨). ○宛潬膠盭(완단교려) – 물이 굽이치고 꺾이며 흐르는 모양. 潬 물 돌아 흐를 단. 膠 아교 교, 어그러질 교. 盭 어그러질 려(戾의 古字). ○逾波趨浥(유파추읍) – 물결이 밀려와 서로 치며 흐르다. 逾 넘을 유. 趨 달릴 추. 浥 젖을 읍. ○莅莅下瀨(이리하뢰) – 소리 내며 흘러내리다 莅 다다를 이(리). 莅莅는 물소리. 瀨 여울 뢰. 급류. ○批巖沖擁(비암충옹) – 바위를 치고 둑에 부딪치다. 批 칠 비. 손으로 때리다. 沖 충돌하다. 衝과 通. 擁 안을 옹. 제방. ○奔揚滯沛(분양체패) – 물살이 치고 오르는 모양. 奔揚는 水勢가 비등하다. 滯 막힐 체. 沛 늪 패. 큰 모양. ○臨坻注壑(임지주학) – 물속 바위에 걸려 소용돌이치다. 坻 모래섬 지. 물속의 높은 곳. 注壑 골짜기로 떨어지다. 소용돌이치다. ○瀺灂霣隊(참작운대) – 작은 소리를 내며 급히 흐르다. 瀺灂은 小水聲이라는 주해가 있다. 瀺 물소리 참. 灂 물소리 작. 霣 떨어질 운. ○沈沈隱隱(침침은은) – 沈沈은 물이 깊은 모양. 隱隱은 물이 盛大한 모양. ○砰磅訇磕(팽방굉개) – 砰 물결 소리 팽. 磅 돌 떨어지는 소리 방. 砰磅은 물 흐르는 소리. 訇 큰소리 굉. 磕 돌 부딪치는 소리 개. ○潏潏淈淈(휼휼굴굴) – 물이 작은 소리로 흐르는 모양. 潏 샘솟을 휼. 淈 흐를 굴. 막혔던 물이 조금씩 흐르는 모양. ○湁潗鼎沸(입집정비) – 물이 끓듯 샘물이 솟아나는 모양. 湁 샘솟을 입(립). 潗 샘솟을 집. 鼎 솥 정. 沸 끓을 비. ○馳波跳沫(치파도말) – 물이 세차게 흐르며 흰 거품이 일어나는 모양. 跳 뛸 도. 沫 거품 말. ○汩㴬漂疾(율읍표질) – 물이 큰 소리를 내며 아주 세차게 흐르다. 㴬 물이 빨리 흐르는 소리 읍. 漂 떠돌 표. ○悠遠長懷 – 멀리 돌아 흘러가다. ○寂漻無聲(적류무성) – 조용하여 아무 소리도 없다. 漻 물 맑을 류. ○肆乎永歸 – 멀리멀리 흘러가다. 肆(방자할 사)는 放也. ○然後灝溔潢漾 – 그런 뒤에 끝없이 넘실대다. 灝溔(호요)와 潢漾(황양) 모두 물이 끝이 보이지 않게 많은 모양. 灝 넓을 호. 溔 물 번창할 요. 潢 물웅덩이 황. 漾 출렁거릴 양. ○安翔徐佪(안상서회) – 천천히 흐르다. 翔 빙빙 돌아 날 상. 佪 어정거릴 회. ○翯乎滈滈(학호호호) – 물이 하얗게 빛나다. 翯 흰 날개 학. 滈滈(호호)는 물이 반짝이는 모양. 滈 비칠 호, 장맛비 호. ○東注大湖 – 동쪽의 큰 호수로 흘러가다. ○衍溢陂池(연일피지) – 물이 넘쳐 작은 호수로 흘러가다. 衍 넘칠 연. 溢 넘칠 일. 陂 작은 못 피, 비탈 피. ○於是蛟龍赤螭(교룡적리) – 蛟龍과 赤螭는 뿔이 없는 용. 螭 교룡 이(리). ○䱭鰽漸離(긍몽점리) – 긍몽과 점리(미꾸라지 계통의 물고기). 䱭 다랑어 긍. 鰽 다랑어 몽. 漸離(점리)는 물고기 이름. ○鰅鰫鰬魠(옹용건탁) – 鰅, 鰫, 鰬, 魠. 모두 물고기 이름. 鰅 동자개 옹. 무늬가 있다고 한다. 鰫 전어 용. 색이 검다는 주가 있다. 鰬 드렁 허리 건. 큰 메기(大鮎魚). 魠 동자개 탁. 황색의 입이 큰 물고기라는 註가 있다. ○禺禺魼鰨(우우허탑) – 우우와 허와 탑. 모두 물고기 이름. 禺禺(우우)는 털이 있는 물고기. 魼 가자미 허. 比目魚. 鰨 도롱뇽 탑. 발이 4개이고 어린애 우는 소리를 낸다는 註가 있다. ○揵鰭掉尾(건기도미) – 지느러미를 세우고 꼬리로 친다. 鰭 지느러미 기. 掉 흔들 도. ○振鱗奮翼(진린분익) – 비늘을 세우고 큰 지느러미를 움직이다. 鱗 비늘 린. 翼 날개 익. 지느러미. ○潛處乎深巖 – 바위가 많은 곳에 숨어살다. ○魚鱉讙聲(어별환성) – 물고기와 자라의 울음이 시끄럽다. 鱉 자라 별. 鼈과 同字. 讙 시끄러울 환. 기뻐하다. ○萬物衆夥 – 萬物이 아주 많다. 夥 많을 과. 패거리. 伙와 同. ○明月珠子 – 큰 진주의 씨. ○的皪江靡(적력강미) – 강변까지도 밝게 빛나다. 的皪은 밝은 모양. 皪 빛나는 모양 역(력). 밝다. 江靡(강미)는 강변. ○蜀石黃碝(촉석황연) – 옥은 아니지만 누런 돌이. 蜀石은 玉만 못한 돌. 黃碝(황연)은 누런 돌. 碝 옥돌 연. ○水玉磊砢(수옥뇌라) – 수정석이 겹겹이 쌓였고. 水玉은 水晶石. 磊砢(뇌라)는 옥석이 쌓인 모양. 磊 돌무더기 뇌(뢰). 砢 돌 쌓일 나(라). ○磷磷爛爛(인린난란) – 磷磷과 爛爛은 모두 옥석이 빛나는 모양. 磷 번쩍번쩍할 린. 닳다. 爛 아름다운 난(란). 익히다. ○采色澔汗(채색호한) – 광채가 크고 아름답다. 澔 클 호. 汗 땀날 한. ○叢積乎其中 – 그 사이에 무더기로 쌓여 있다. ○鴻鷫鵠鴇(홍숙곡보) – 큰 기러기와 물오리들. 鴻 큰 기러기 홍. 鷫 神鳥 숙. 鵠 고니 곡. 鴇 몸집이 큰 새 보. ○駕鵝屬玉(여아속옥) – 메추라기와 거위와 屬玉 같은 새. 駕 메추라기 여. 鵝 거위 아. 屬玉은 새 이름. ○交精旋目 – 교정과 선목. 모두 새 이름. ○煩鶩庸渠(번목용거) – 煩鶩과 庸渠. 오리 종류에 속하는 새 이름. 鶩 집오리 목. 渠 도랑 거. ○箴疵鵁盧(잠자교로) – 잠자와 교로. 모두 물고기를 잡아먹는 새 이름. 箴 바늘 잠. 疵 흠 자. 鵁 해오라기 교. 盧 밥그릇 노(로). ○浮淫氾濫(부음범람) – 이리저리 헤엄쳐 다니다. 浮(뜰 부). 淫 넘칠 음. 음란하다. 氾 넘칠 범. 濫 퍼질 남(람). ○隨風澹淡(수풍담담) – 바람처럼 마음대로 날아다니다. 澹 담박할 담. 움직이다. ○與波搖蕩(여파요탕) – 물결 따라 흔들리다. 搖 흔들릴 요. 蕩 움직일 탕. 멋대로 하다. ○奄薄水渚(엄박수저) – 물가에서 나타났다가 사라지다. 奄 가릴 엄. 薄 엷을 박. 渚 물가 저. ○唼喋菁藻(삽첩청조) – 물풀을 뜯어먹다. 唼 쪼아 먹을 삽. 喋 재잘거릴 첩. 菁 우거질 청. 水草 이름. 藻 말 조. 水草. ○咀嚼菱藕(저작능우) – 연밥을 깨물어 먹다. 咀 씹을 저. 嚼 씹을 작. 菱 마름 능(릉). 藕 연뿌리 우.

〖國譯〗

「(亡是公의 말) 그리고 齊나 楚의 일을 어찌 말할 것이 있겠습니까! 당신들이 아직 거대하고 화려한 것을 보지 못했다지만 天子의 上林苑을 들어보지도 못하였습니까? 상림원은 左로는 蒼梧山(창오산)이 있고 右로는 西極山이 있는데 丹水가 그 남쪽을 지나가고 紫

淵(자연)이 그 북쪽에 있는데 그 끝에서는 霸水(패수)와 產水(산수)가 흐르고 또 涇水(경수)와 渭水(위수)도 흐르는데 酆(풍), 鎬(호), 潦(요), 潏水(휼수) 등이 구불구불 그 안을 돌아가며 흐릅니다. 출렁출렁 八川이 갈라져 얽혀 흐르는데 서로 다른 모습으로 동서남북을 흐릅니다. 깎아지른 듯 높은 초구산에서 흘러나와 물 가운데의 섬에도 물이 넘실대면서 계수나무 숲을 가로 질러 흘러 끝없이 터진 벌판을 지나가며 흐린 물이 되어 큰 산을 따라 빨리 흐릅니다. 좁은 협곡을 지나 큰 바위를 스치며 물가의 높은 산을 때리며 큰 소리를 내면서 흐르는데 솟구치며 흐르는 그 물소리가 아주 요란합니다. 강물은 힘차고 소리 없이 빨리 흐르다가 힘껏 부딪치며 이리저리 세차게 돌고 급류가 되어 치솟아 요란한 소리로 울리며 하얀 포말이 하늘에 구름이 되어 피어오릅니다. 물이 굽이치고 꺾이며 흐르는데 물결이 밀려와 서로 치며 흐를 때 그 소리가 요란하며 바위를 치고 둑에 부딪치며 물살이 치고 오르는 그 水勢는 끓어오르는 것 같습니다. 물속 바위에 걸려 소용돌이치다가 작은 소리를 내며 급히 흐르고 다시 깊은 물이 넘실대는데 출렁거리는 소리가 나고, 다시 물이 작은 소리로 흐르다가 또 물이 끓듯 샘물이 솟아나듯 하다가 물이 세차게 흐르면서 흰 거품이 일어나며 다시 큰 소리를 내며 아주 세차게 흐릅니다. 그리고서는 멀리 돌아 흘러가는 물이 조용하여 아무 소리도 없이 끝없이 멀리멀리 흘러가면서 끝이 보이지 않도록 넘실댑니다. 물은 천천히 흐르며 하얗게 반짝이면서 동쪽의 큰 호수로 흘러 들어가고 이어 물이 넘쳐 작은 호수로도 흘러 들어갑니다. 거기에는 蛟龍과 뿔이 없는 赤螭(적리)가 살고 미꾸라지 같은 긍몽과 점리 그리고 무늬가 있는 동자개, 전어, 드렁허리나 큰 메기(大鮎魚)도 있고, 수염이 있는 禺禺(우우)와 가자미와 도롱뇽도 살면서 지느러미를 세우고 꼬리를 치며 비늘을 세우고 큰 지느러미를 움직여 물속 바위가 많은 곳에 숨어 삽니다. 물고기와 자라의 울음소리가 시끄럽고 여러 생물이 뒤섞여 떼 지어 삽니다. 크고 작은 진주조개가 강변까지도 밝게 비추면 옥은 아니지만 누런 돌과 수정석이 겹겹이 쌓여 번쩍거리며 빛을 내는데 그 광채가 눈부시게 아름다우며 곳곳에 무더기로 쌓여 있습니다. 큰 기러기와 물오리, 메추라기와 거위와 屬玉(속옥) 같은 새도 있고, 交精과 旋目(선목), 煩鶩(번목)과 庸渠(용거) 같은 오리같은 새도 있고 箴疵(감자)와 鵁盧(교로)처럼 물고기를 잡아먹는 새들이 떼지어 물 위를 날아다닙니다. 이리저리 헤엄치며 바람처럼 마음대로 날아오르고 또 물결 따라 흔들리면서 물 위에 나타났다가 사라지면서 물풀이나 연밥을 뜯어 먹기도 합니다.」

原文

「於是乎崇山矗矗, 巃嵸崔巍, 深林巨木, 嶄巖參差. 九嵕巀嶭, 南山峨峨, 巖阤甗錡, 嶊崣崛崎, 振溪通谷, 蹇產溝瀆, 谽呀豁閜. 阜陵別隖, 崴磈嵔廆, 丘虛堀礨, 隱轔鬱壘, 登降施靡, 陂池貏豸. 允溶淫鬻, 散渙夷陸, 亭皐千里, 靡不被築. 揜以綠蕙, 被以江離, 糅以蘼蕪, 雜以留夷. 布結縷, 攢戾莎, 揭車衡蘭, 稿本射干, 茈姜蘘荷, 葴持若蓀.,鮮支黃礫, 蔣芧青薠. 布濩閎澤, 延曼太原, 離靡廣衍, 應風披靡, 吐芳揚烈, 鬱鬱菲菲, 衆香發越, 肸蠁布寫, 晻薆咇茀.」

| 註釋 | ○崇山矗矗(숭산촉촉) − 높은 산이 우뚝 솟다. 여기서는 五嶽 중 中嶽인 崇山(숭산)이 아니다. 矗 높이 솟은 모양 촉, 우거질 촉. ○巃嵷崔巍(농종최외) − 가파른 산이 높이 솟았다. 巃 가파를 농(롱). 嵷 산 우뚝할 종. 崔 높을 최. 巍 높을 외(위). ○嶄巖參差(참암참치) − 뾰족한 봉우리들이 들쑥날쑥 솟았다. 嶄 높을 참. 巖 바위 암. 가파르다. 參差(참치)는 가지런하지 않은 모양. 산이 들쑥날쑥 솟았다. ○九嵕巀嶭(구종찰알) − 九嵕山(구종산, 陝西省의 산 이름)은 높고 가파르며. 嵕 산 이름 종. 巀 산 높고 가파를 찰. 嶭 산 높을 알. ○南山峨峨 − 南山은 장안 남쪽 秦嶺山脈의 終南山. 峨 높을 아. ○巖陁甗錡(암타언기) − 비탈의 바위는 시루와 비슷하다. 산이 형세가 기묘하다는 뜻. 陁 무너질 타. 비탈. 甗 시루 언. 시루는 음식을 찌거나 익히는 조리도구. 錡 솥 기. 세 발로 서있는 솥. 甗錡(어기)는 시루나 솥과 같다. ○嶕崣崛崎(첩위굴기) − 嶕 산이 높고 첩첩한 모양 첩. 崨(산 높을 첩)과 同. 崣 산 높을 위. 崛 우뚝 솟을 굴. 崎 험할 기. ○振溪通谷(진계통곡) − 떨어지는 물은 계곡에 이어지다. ○蹇產溝瀆(건산구독) − 구불구불한 작은 골짜기. 蹇 다리를 절 건. 蹇產은 구불구불한 모양. 溝瀆(구독)은 물도랑. 작은 냇물. ○谽呀豁閜(함하활하) − 깊은 골짜기는 탁 트였다. 谽 골이 휑할 함. 呀 입 벌릴 하. 豁 뚫린 골짜기 할. 閜 크게 열릴 하. ○阜陵別隝(부릉별도) − 크고 작은 언덕은 동떨어진 섬과 같다. 阜 언덕 부. 陵 큰 언덕 능(릉). 隝 섬 도. 섬처럼 홀로 솟은 산. ○崴磈嵔廆(외외외괴) − 崴 높을 외. 磈 높고 험한 모양 외. 嵔 산세가 험준할 외. 廆 산 이름 괴. 高峻한 모양을 여러 글자로 표현했다. ○丘虛堀礨(구허굴뢰) − 丘虛는 산. 堀礨(굴뢰)는 산이 높고 낮은 모양. ○隱轔鬱壘(은린울뢰) − 온산이 울퉁불퉁하다. 轔 수레바퀴 린. 壘 큰 돌 모양 뢰. ○登降施靡(등강시미) − 올라갔다 내려갔다 끝없이 이어지다. ○陂池貏豸(피지피치) − 비탈은 점점 평평해진다. 陂 비탈 피. 貏 평평할 피. 豸 발 없는 벌레 치. 貏豸(피치)는 산세가 점점 평평해지는 모양. ○允溶淫鬻(윤용음육) − 개울물이 많이 흐르는 계곡. 溶 질펀히 흐를 용. 鬻 팔

육. 개울물이 흐르는 모양. ○散渙夷陸(산환이륙) - 흩어져 흘러 평평한 땅에 이르다. 渙 흩어질 환. 夷陸은 평평한 땅. ○亭皐千里(정고천리) - 평평한 물가에 지은 정자가 천리에 이어졌다. ○揜以綠蕙(엄이록혜) - 푸르고 향기 나는 풀로 덮이다. 揜 가릴 엄. 덮이다. 綠蕙는 녹색의 薰草(훈초, 향 풀). ○被以江離 - 江離(강리, 香草)로 덮여. ○糅以蘼蕪(유이미무) - 미무라는 향초도 섞여있다. 糅 섞을 유. 蘼蕪(미무)는 향초 명. 蘼 장미 미. 川芎. 蕪 거칠어질 무. 황무지. ○雜以留夷 - 留夷(유이, 향초)도 섞여 있다. ○布結縷(포결루) - 結縷(결루)로 덮였다. 결루는 땅에 붙어 줄기가 뻗어가는 식물 이름. ○攢戾莎(찬려사) - 여사가 여기저기에 있다. 攢 모을 찬. 戾莎(여사)는 草名. 莎草(바랭이 계통의 풀). ○揭車衡蘭(게차형란) - 揭車와 衡蘭. 모두 풀이름. ○稿本射干(고본사간) - 稿本과 射干. 모두 약초의 이름. 고본은 白芷(백지)라고도 한다. ○茈姜蘘荷(자강양하) - 茈姜과 蘘荷. 모두 풀이름. ○葴持若蓀(침지약손) - 葴(침)과 持(지)와 若(약)과 蓀(손). 모두 풀이름. ○鮮支黃礫(선지황력) - 鮮支와 黃礫. 모두 나무 이름. 礫 조약돌 력. ○蔣芧青薠(장서청번) - 蔣芧(장서)와 青薠(청번). 모두 草名. ○布濩閎澤(포호굉택) - 큰 늪지에 널리 퍼져 자라다. 濩 퍼질 호. 떨어질 확. 閎 클 굉. ○延曼太原 - 넓은 들에 뻗으며 자라다. 延曼은 蔓延(만연)하다. ○離靡廣衍(이미광연) - 빈틈없이 이어져 자라다. 衍 넘칠 연. ○應風披靡(응풍피미) - 바람에 눕거나 쓸리다. ○吐芳揚烈(토방양렬) - 향기를 내뿜다. 芳 향기로울 방. 烈은 진한 향기. ○鬱鬱菲菲(울울비비) - 향기가 널리 퍼지는 모양. ○衆香發越(중향발월) - 여러 가지 향기를 내뿜다. ○肸蠁布寫(힐향포사) - 널리 퍼지다. 肸 소리 울릴 힐. 蠁 번데기 향. 肸蠁은 냄새가 퍼지다. 布寫 토하다. ○晻薆咇茀(엄애필불) - 그윽하고 좋은 향기. 晻 어두울 암. 薆 숨길 애. 咇 향기로울 필. 茀 풀 우거질 불.

〖國譯〗

「여기에 높은 산이 우뚝하고 가파른 산이 높게 솟았는데 울창한 숲에 巨木이 있는 뾰족한 봉우리들이 들쑥날쑥 솟아 있습니다. 九嵕山(구종산)은 높고 가파르며 終南山도 높게 솟았는데 비탈에 바위는 시루와 비슷하며 산은 높고 험한데 떨어지는 물은 계곡으로 흘러가고 구불구불한 작은 골짜기와 깊은 골짜기는 탁 트였으며 크고 작은 언덕은 동떨어진 섬과 같은데 높고도 험하며 또 높기만 합니다. 산은 우뚝하고도 가파르며 온 산은 울퉁불퉁하여 올라 갔다 내려 갔다 끝없이 이어지면서 비탈은 점점 평평해집니다. 개울물이 많이 흐르는 계곡을 지나 물이 흩어져 흘러 평평한 땅에 이르면 평평한 물가 땅에 지은 정자는 천리에 이어졌습니다. 푸르고 향기 나는 풀이 덮인 들판에는 江離(강리)도 있고, 또 蘼蕪(미무)라는 향초도 섞여있으며 留夷(유이)도 골고루 있습니다. 뻗어가는 結縷(결루)로 덮인 곳에 戾莎(여사)도 여기저기에 있고 揭車(게차)와 衡蘭(형란), 稿本(고본)과 射干(사간) 같은 약초에 茈姜(자강)과 蘘荷(양하), 葴(침)과 持(지)와 若(약)과 蓀(손)도 있으며 鮮支(선지)와 黃礫(황력), 蔣芧(장서)와 青薠(청번)도 자랍니다. 이런 풀들이 큰 물가에 널리 퍼져 자라고 넓은 들에 뻗어나가 빈틈없이 이어져 자라는데 바람에 눕거나 쓸리면서 향기를 내뿜는데 널리 퍼지는 그런 향기는 정말 여러 가지로 그윽하고 좋은 향기를 맡을 수 있습니다.」

原文

「於是乎周覽氾觀, 縝紛軋芴, 芒芒怳忽, 視之無端, 察之無涯. 日出東沼, 入乎西陂. 其南則隆冬生長, 湧水躍波, 其獸則庸旄貘犛, 沈牛麈麋, 赤首圜題, 窮奇象犀. 其北則盛夏含凍裂地, 涉冰揭河, 其獸則麒麟角端, 騊駼橐駝, 蛩蛩驒騱, 駃騠驢騾.」

| 註釋 | ○周覽氾觀 – 여기서 사방을 둘러보면. 氾 넘칠 범. 廣泛하다. ○縝紛軋芴(진분알홀) – 무성하고 빽빽하다. 縝 삼실 진. 많고 성한 모양. 軋 삐걱거릴 알. 芴 황홀할 홀. ○芒芒怳忽(망망황홀) – 눈이 황홀하다. 芒芒은 끝없는 모양. 눈이 침침하다. 芒 털끝 망. 怳忽은 恍惚. 怳 멍할 황. ○隆冬生長 – 한겨울에도 풀이나 나무가 자라다. 隆 클 융. ○湧水躍波(용수약파) – 물이 솟고 물결도 치다. 물이 얼지 않는다는 뜻. ○庸旄貘犛(용모맥리) – 庸牛와 旄牛(모우)와 貘(맥)과 犛(리, 야크). 庸는 封牛로 肉峰이 있다. 旄 깃대 장식 모. 貘 짐승 이름 맥. 犛 야크 리. 猫牛. ○沈牛麈麋(침우주미) – 물에서 사는 소(水牛)와 큰사슴. 沈牛는 犀(무소)와는 다른 종류. 麈 큰사슴 주. 麋 큰사슴 미. ○赤首圜題(적수환제) – 赤首와 圜題. 赤首는 《山海經》에 나오는 옛날의 동물로 늑대와 같으나 쥐의 눈을 가졌다고 한다. 圜題는 동물 이름. 題 이마 제. ○窮奇象犀(궁기상서) – 궁기와 코끼리와 무소. 窮奇는 소의 형상에 고슴도치 털을 가진 짐승인데 사람도 잡아먹는다고 한다. 象 코끼리 상. 犀 무소 서. ○涉冰揭河(섭빙게하) – 얼음을 건너고 옷을 걷어 올리고 내를 건너간다. 揭 걷어 올리다. 들다. ○麒麟角端(기린각단) – 麒麟(기린)과 角端(각단). 기린은 전설 속의 동물로 사슴과 같으나 외뿔이 있고 비늘이 덮여 있으며 소의 꼬리가 있다고 한다. 각단은 이마에 뿔이 있다는 동물. 수컷은 騏, 임컷을 麟이라 한다. ○騊駼橐駝(도도탁타) – 騊駼(도도)와 낙타. 騊 말 이름 도. 駼 良馬. 이름 도. 橐駝는 駱駝(낙타), 橐(전대 탁). 駝(낙타 타). ○蛩蛩驒騱(공공탄혜) – 蛩蛩(공공)과 驒騱(탄혜). 蛩 메뚜기 공. 驒騱는

野馬. 驒 야생말 탄. 騱 야생말 혜. ○ 駃騠驢騾(결제여라) － 駃騠(결제)와 나귀와 노새. 駃騠는 良馬의 일종. 驢 나귀 려. 騾 노새 라.

〖國譯〗

「여기서 사방을 둘러보면 만물이 무성하고 빽빽하여 눈이 황홀하니 쳐다보아도 그 끝이 없고 살펴보아도 막히는 것이 없습니다. 해는 동쪽 沼澤地에서 떠올라 서쪽 산으로 넘어갑니다. 그 남쪽에는 한겨울에도 풀이나 나무가 자라며 물이 솟고 물결도 치며 얼지 않으며, 그곳의 짐승으로는 혹이 있는 소와 旄牛(모우)와 貘(맥)과 犛(리, 야크)가 있고 물에서 사는 소(水牛)와 큰사슴, 또 赤首와 圜題(환제), 窮奇(궁기)와 코끼리와 무소가 있습니다. 그 북쪽은 한여름에도 얼음이 얼고 땅이 갈라지는데 얼음을 지나가고 옷을 걷어 올리고 강을 건너야 하는데 그곳 짐승으로는 麒麟(기린)과 角端(각단), 騊駼(도도)와 낙타, 蛩蛩(공공)과 驒騱(탄혜), 그리고 駃騠(결제)와 나귀와 노새가 있습니다.」

原文

「於是乎離宮別館, 彌山跨谷, 高廊四注, 重坐曲閣, 華榱璧璫, 輦道纚屬, 步櫚周流, 長途中宿. 夷嵕築堂, 纍臺增成, 巖突洞房. 俯杳眇而無見, 仰攀橑而捫天, 奔星更於閨闥, 宛虹拖於楯軒. 青龍蚴蟉於東箱, 象輿婉僤於西清. 靈圉燕於閒館, 偓佺之倫暴於南榮. 醴泉涌於清室, 通川過於中庭.

磐石裖崖, 嶔巖倚傾, 嵯峨㠔嶪, 刻削崢嶸. 玫瑰碧琳, 珊瑚叢生, 瑉玉旁唐, 玢豳文磷, 赤瑕駁犖, 雜臿其間, 鼂采琬琰, 和氏出焉.」

| **註釋** | ○彌山跨谷(미산과곡) – 彌 두루 미. 가득차다. 跨 타넘을 과. ○高廊四注 – 注는 땅 위에 서 있다. ○華榱璧璫(화연벽당) – 榱 서까래 연. 璧 둥근 옥 벽. 璫 귀고리 옥 당. ○輦道纚屬(연도이속) – 輦 손수레 연. 가마. 纚 갓끈 이(리). 이어지다. ○步櫩周流(보염주류) – 櫩 처마 염. 복도. ○長途中宿(장도중숙) – 途 길 도. ○夷嵕築堂(이종축당) – 夷 평평할 이. 嵕 산 이름 종. 산이 많은 모양. ○俯杳眇而無見 – 杳 어두울 묘, 眇 애꾸눈 묘. 흐릿하게 보이다. ○仰攀橑而捫天(앙반료이문천) – 攀 올려 잡을 반. 橑 서까래 료. 捫 어루만질 문. ○奔星更於閨闥(분성경어규달) – 奔星은 流星. 更은 지나가다(經). 閨闥(규달)은 궁중의 小門. ○宛虹拖於楯軒(완홍타어순헌) – 虹 무지개 홍. 拖 잡아끌 타. 楯軒은 난간. 楯 난간 순. 방패. 軒 추녀 헌. ○青龍蚴蟉於東箱(청룡유료어동상) – 蚴 꿈틀거릴 유. 蟉 머리 흔들 료. 용이 지나가는 모습. ○象輿婉僤於西淸(상여완탄어서청) – 象輿(상여)는 코끼리. 婉 순할 완. 僤 빠를 탄. 淸은 청결한 곳. ○靈圉燕於閒館(영어연어한관) – 靈圉(영어)는 신선의 이름. 圉 마부 어. ○偓佺之倫暴於南榮(악전지륜폭어남영) – 偓佺(악전)은 솔방울 먹고 살며 4각형의 눈을 가진 신선. ○磐石裖崖(반석진애) – 裖 홑옷 진. 겹겹이 놓인 모양. 崖 벼랑 애. 물가. ○嶔巖倚傾(금암의경) – 嶔 높고 험할 금. ○嵯峨㠔嶪(차아집업) – 嵯 우뚝 솟을 차. 峨 높을 아. 㠔 산 이름 집. 嶪 높고 험할 업. ○刻削崢嶸(각삭쟁영) – 崢 가파를 쟁. 嶸 가파를 영. ○玫瑰碧琳(매괴벽림) – 玫 매괴 매. 瑰 구슬 이름 괴. 琳 아름다운 옥 림. ○珊瑚叢生(산호총생) – 叢 모일 총. 무더기. ○瑉玉旁唐(민옥방당) – 瑉 옥돌 민. 旁唐(방당)은 한없이 퍼지다. 여기서는 크다는

뜻. ○玢豳文磷(분빈문린) – 玢 옥의 무늬 분. 豳 나라 이름 빈. 얼룩지다. 玢豳 옥돌의 무늬. ○赤瑕駁犖(적하박락) – 瑕 티 하. 옥. 駁犖은 여러 색이 混在하다. 駁 얼룩말 박. 犖 얼룩소 락. ○雜臿(잡삽) – 섞여 있다. 臿 가래 삽. 가래는 삽과 같은 용도의 농기구. ○鼂采琬琰(조채완염) – 鼂 아침 조. 朝의 古字. 琬 홀 완. 아름다운 옥. 琰 옥을 갈 염. ○和氏 – 和氏璧(화씨벽). 楚人 卞和(변화)가 찾아냈던 크고 둥근 옥.

〖國譯〗

「여기서 離宮과 別館을 보면 산의 곳곳에 널려 있고 계곡에 걸쳐 있는데, 높은 낭하는 사방에 둘려 있으며 2층의 樓房과 구부러져 이어진 누각과 단청한 서까래와 옥으로 상감한 瓦當(와당), 그리고 輦(연)을 타고 갈 수 있는 복도가 끊이지 않고 이어졌으며 걸어가는 낭하도 사방으로 연결되었는데 너무 길어 중간에 쉬어야 합니다. 산을 깎아 집을 지으면서 여러 臺石을 층층이 쌓아 올리고 바위 사이에 방을 만들었기에 내려다보면 까마득하여 땅이 보이지 않고 올려 보면 서까래가 높아 하늘을 만지는 것 같으며, 流星은 궁중의 작은 문 위로 떨어지고 구부러진 무지개는 난간에 걸치게 됩니다. 青龍은 구불구불 동쪽 행랑 위를 지나가고 像輿(상여, 코끼리가 끄는 수레)는 순탄하게 서쪽 정갈한 건물을 지나갑니다. 신선 靈圉(영어)는 한가한 곳에서 편히 쉬고 偓佺(악전)의 또래들은 남쪽 처마 아래 햇볕을 쬐고 있습니다. 단술 같은 샘물이 淸室에서 솟아나서 뜰을 지나 흘러 갑니다.

물가에는 널찍한 바위가 있고 큰 바위는 비스듬히 서 있으며 산은 높고도 험하며 산세는 험준하면서 또 높고 가파른데 붉은 옥과 푸른 옥은 산호가 많이 있는 곳에서 나고 珉玉(민옥)은 커다랗고 무늬 있는 옥돌은 그 무늬가 비늘과도 같으며 붉은 옥에는 여러 색이 들어 있으며, 鼂采(조채)와 琬琰(완염)과 和氏璧(화씨벽)도 여기서 산출됩니다.」

原文

「於是乎盧橘夏孰, 黃甘橙楱, 枇杷橪柿, 亭柰厚朴, 梬棗楊梅, 櫻桃蒲陶, 隱夫薁棣, 荅遝離支, 羅乎後宮, 列乎北園, 貤丘陵, 下平原. 揚翠葉, 扤紫莖, 發紅華, 垂朱榮, 煌煌扈扈, 照曜巨野. 沙棠櫟櫧, 華楓枰櫨, 留落胥邪, 仁頻並閭, 欃檀木蘭, 豫章女貞, 長千仞, 大連抱.

誇條直暢, 實葉葰茂, 攢立叢倚, 連捲欐佹, 崔錯癹骫, 坑衡閜砢. 垂條扶疏, 落英幡纚, 紛溶萷蔘, 猗柅從風, 藰蒞卉歙, 蓋象金石之聲, 管籥之聲音. 柴池茈虒, 旋還乎後宮, 雜襲絫輯, 被山緣谷, 循阪下隰, 視之無端, 究之亡窮.」

| 註釋 | ○盧橘夏孰(노귤하숙) – 盧橘은 검은 귤. 盧 밥그릇 로(노). 검을 로. 黑色. 橘 귤나무 귤. 孰은 熟과 通. ○黃甘橙楱(황감등주) – 黃甘은 귤의 한 종류. 橙 등자나무 등. 유자. 楱 나무 이름 주. 귤의 일종. ○枇杷橪柿(비파연시) – 枇杷는 상록 교목. 枇 비파나무 비. 杷 비파나무 파. 橪 멧대추나무 연. 柿 감나무 시. ○亭柰厚朴(정내후박) – 亭 정자 정. 산배나무. 柰 능금나무 내. ○梬棗楊梅(영조양매) – 梬 고욤나무 영. 棗 대추나무 조. ○櫻桃蒲陶(앵도포도) – 櫻 앵두나무 앵. 蒲 부들 포. ○隱夫薁棣(은부욱체) – 隱夫는 의미 미상. 薁棣(욱체)는 앵두와 비슷한 과일. ○荅遝離支(답답이지) – 荅遝

(답답)은 자두와 비슷한 과일. 蜀에서 나온다. 遝 뒤섞일 답. 離支(이지)는 荔枝(려지). ○貤丘陵 - 언덕에 이어지다. 貤 거듭할 이. ○揚翠葉(양취엽) - 翠 비취색 취. ○扤紫莖(올자경) - 扤 흔들릴 올. 莖 줄기 경. ○煌煌扈扈(황황호호) - 煌 빛날 황. 扈 뒤따를 호. 선명한 모양. ○沙棠櫟櫧(사당역저) - 沙 잘고도 맛있는 것에 붙는 말. (例) 沙糖. 棠 산 앵두나무 당. 櫟 상수리나무 력. 櫧 너도밤나무 저. ○華楓枰櫨(화풍평로) - 楓 단풍나무 풍. 枰 바둑판 평. 櫨 두공 로. 감귤의 일종. ○留落胥邪(유락서사) - 留落(유락)과 胥邪(서사). 모두 나무 이름. ○仁頻並閭(인빈병려) - 賓桹(빈랑)과 椶梠(종려). ○欃檀木蘭(참단목란) - 欃 박달나무 참. 檀 박달나무 단. ○豫章女貞(예장여정) - 상록 교목인 豫章(예장)과 女貞. ○大連抱 - 굵기는 여러 아름이 된다. 팔을 이어야 감쌀 수 있다. ○實葉葰茂(실엽준무) - 열매와 잎이 무성하다. 葰 클 준. 茂 우거질 무. ○攢立叢倚(찬립총의) - 攢 모일 찬. 立 나무가 곧바로 성장하다. 叢 모일 총. 떨기. 倚 의지할 의. 다른 나무에 붙어 자라다. ○連捲欐佹(연권여궤) - 捲 감아 말을 권. 欐 대들보 려. 지주. 佹 의지할 궤. ○崔錯癹骫(최착발위) - 崔錯은 交雜. 癹 짓밟을 발. 骫 굽을 위. 구불부불 감아 오르다. ○坑衡閜砢(갱희하라) - 坑衡(갱형)은 나뭇가지가 서로 세력을 다투다. 閜砢 상호 扶持하다. 閜 크게 열릴 하. 砢 돌 쌓일 라. 서로 돕다. ○落英幡纚(낙영번리) - 英은 꽃. 幡纚(번리)는 날리는 모양. 幡 기 번. 나부끼다. 纚 갓 끈 리. 이어지다. ○紛溶萷蔘(분용소삼) - 紛溶은 무성한 모양. 萷蔘은 초목이 盛大한 모양. 溶 질펀히 흐를 용. 萷 우거질 소. 蔘 인삼 삼. 가지가 치솟다. ○猗柅從風(의니종풍) - 猗 아름다울 의. 柅 무성할 니. ○藰莅芔歙(유율훼흡) - 藰莅(유율)은 바람이 불어 숲에서 나오는 소리. 藰 풀이름 유, 여럿이 내는 소리 유. 莅 다다를 리. 바람이 불어 나무가 내는 소리 율. 芔歙은 바람이 불어 풀에서 나는 소리 芔(풀 훼). 歙(줄일 흡). ○管籥之聲音 - 피리가 내는 소리. 管籥(관약)은 피리. ○柴池茈虒(시지자치) - 柴池(시지)는 들쑥날쑥한 모양. 茈虒(자치)는 가지런하지 않은 모양.

茈 지치 자. 풀이름. 虒 뿔 범 치. ○雜襲絫輯(잡습류집) - 서로 섞여 모여 있다. 絫(포갤 류)는 累와 동. 輯은 集과 통. ○循阪下隰(순판하습) - 산비탈을 따라 습지까지 이어졌다. 隰 진펄 습.

〖國譯〗

「여기서 노귤은 여름에 익고 黃甘(귤의 종류)과 橙楱(등주, 유자), 상록교목인 枇杷(비파)나무와 橪柹(연시), 산배나무와 능금나무, 그리고 후박나무, 梬棗(영조)와 楊梅(양매), 그리고 櫻桃(앵도)와 蒲陶(포도), 隱夫(은부)와 薁棣(욱체), 荅遝(답답, 자두)과 荔枝(여지)가 있어 후원의 궁궐에 심겨졌는데 北園에도 줄을 지었고 언덕에 이어졌으며 아래로는 평원에도 자랍니다. 푸른 잎을 나부끼고 붉은 나뭇가지가 흔들리며 붉은 꽃을 피우고 붉은 꽃이 늘어져 광채가 나고 선명하여 넓은 들을 환하게 만들고 있습니다. 沙棠(사당)나무와 상수리나무와 너도밤나무가 있고 華楓(화풍)과 枰櫨(평로, 감귤의 일종)도 있으며, 留落(유락)과 胥邪(서사), 또 賓椋(빈랑)과 椶栦(종려)와 박달나무와 木蘭도 있고, 상록 교목인 豫章(예장)과 女貞도 있는데 길이는 千仞(천인)이나 되고 굵기는 여러 아름이 됩니다. 가지가 넓게 퍼지고 위로 똑바로 자라서 열매와 잎이 무성한데 한데 모여 곧게 자라고 떨기로 모여 서로 기대어 자라거나 다른 식물에 붙어 자라면서 의지하며 서로 얽히기도 하고 둘둘 감아 오르기도 하면서 경쟁을 하고 서로 부축하며 가지는 사방으로 뻗어갑니다. 꽃이 질 때 꽃잎이 날리며 나무는 무성하고 초목이 성대하여 아름답고 단아하게 바람에 흔들리거나 바람이 불어오면 나무와 풀이 소리를 내는 것이 마치 金石의 소리와도 비슷하거나 피리가 내는 소리와도 같습니다. 나무들이 자라면서 들쑥날쑥하며 가지런하지 않지만 후원의 궁궐을 에워싸고 서로 섞여 모여 자라면서 산을 덮고 골짜기를 따라 또는 산비탈을 따라 습지까지 이어졌는데 그 끝이 없으며 자세히 보아도 막힌 곳이 없습니다.」

原文

「於是乎玄猨素雌, 蜼玃飛蠝, 蛭蜩玃蝚, 獑胡豰蛫, 棲息乎其間. 長嘯哀鳴, 翩幡互經, 夭蟜枝格, 偃蹇杪顚, 隃絶梁, 騰殊榛, 捷垂條, 掉希間, 牢落陸離, 爛漫遠遷. 若此者數百千處, 娛游往來, 宮宿館舍, 包廚不徙, 後宮不移, 百官備具.」

| **註釋** | ○玄猨素雌(현원소자) – 猨 원숭이 원. 猿과 同. 雌 암컷 자. ○蜼玃飛蠝(유확비뢰) – 蜼 긴꼬리원숭이 유. 玃 큰 원숭이 확. 蠝 날다람쥐 뢰. ○蛭蜩玃蝚(질조확유) – 蛭 거머리 질. 전설에 나오는 나르는 맹수(飛獸). 蜩 매미 조. 원숭이 모양이나 馬만큼 큰 맹수. 玃蝚는 獼猴(미후, 원숭이) 玃 원숭이 확. 蝚 거머리 유. 원숭이. ○獑胡豰蛫(참호혹궤) – 獑 흰 원숭이 같은 짐승 참. 豰 짐승 이름 혹. 표범과 비슷한데 원숭이를 잡아먹고 산다. 黃要라고도 말한다. 蛫 거북이 같은 짐승 궤. ○棲 – 깃들 서. 살다. ○長嘯哀鳴(장소애명) – 嘯 휘파람 소. 울부짖다. ○翩幡互經(편번호경) – 翩 빨리 날 편. 幡 깃발 번. 나부끼다. 互經은 이리저리. ○夭蟜枝格(요교지격) – 夭蟜는 원숭이가 노는 모양. 夭 어릴 요. 蟜 독충 교. 枝格은 나뭇가지. ○偃蹇杪顚(언건초전) – 偃蹇은 원숭이가 노는 모양. 偃 쓰러질 언. 蹇 다리를 절 건. 杪顚은 나뭇가지 끝. 杪 나무 끝 초. 顚 엎어질 전. ○隃絶梁(유절량) – 隃

넘을 유. 梁 대들보 량. 橋梁. ○騰殊榛(등수진) - 騰 뛰어 오를 등. 榛 개암나무 진. 덤불. ○捷垂條(첩수조) - 捷 이길 첩. ○掉希間(도희간) - 掉 흔들 도. ○牢落陸離(뇌락육리) - 牢落(뇌락)은 심심하다. 적적하다. 드문드문. ○爛漫遠遷(난온원천) - 爛漫은 이리저리. 爛 문드러질 난. 遷 옮길 천. ○包廚(포주) - 주방. 包는 庖(부엌 포). 廚 부엌 주. 요리사. ○百官備具 - 모든 것이 넉넉하다. 시중을 드는 사람이 다 있다.

〖國譯〗

「그리고 여기에는 검은 원숭이 수컷과 흰 암컷, 긴 꼬리 원숭이와 날 다람쥐, 맹수인 蛭(질)과 蜩(조), 그리고 玃猱(확유, 원숭이)가 있으며, 獑胡(참호)와 원숭이를 잡아먹는 縠(혹)과 거북이와 비슷한 맹수인 蛫(궤)도 살고 있습니다. 길게 울부짖고 슬피 울거나 이리저리 날거나 뛰어다니면서 나무 위에서 이리저리 놀며, 나뭇가지 끝에서도 장난치고 다리(橋)도 없는 곳을 뛰어 넘기도 하며 나무 사이를 뛰어다니고 늘어진 나뭇가지에 매달리거나 떨어져 있는 곳에도 건너가고 가끔은 땅으로 내려와 멀리까지 이리저리 뛰어다닙니다. 이러한 곳이 수백에서 천여 곳이 있어 오고 가며 유람하고 즐기다가 宮이나 館에서 잘 경우에 주방을 옮겨오지 않더라도 또 다른 궁으로 가지 않더라도 모든 것이 다 준비되어 있습니다.」

原文

「於是乎背秋涉冬, 天子校獵. 乘鏤象, 六玉虯, 拖蜺旌, 靡雲旗, 前皮軒, 後道游. 孫叔奉轡, 衛公參乘, 扈從橫行,出乎四校之中. 鼓嚴簿, 縱獵者, 江河爲阹, 泰山爲櫓, 車騎雷起, 殷天動地, 先後陸離, 離散別追, 淫淫裔裔, 緣陵流澤, 雲布雨施. 生貔豹, 搏豺狼, 手熊羆, 足壄羊. 蒙鶡蘇, 絝白虎, 被斑文, 跨壄馬, 陵三嵕之危, 下磧歷之坻, 逕峻赴險, 越壑厲水. 推蜚廉, 弄解廌, 格蝦蛤, 鋋猛氏, 羂要褭, 射封豕. 箭不苟害, 解脰陷腦, 弓不虛發, 應聲而倒.」

| **註釋** | ○背秋涉冬 – 가을이 지나고 겨울이 되면 ○校獵(교렵) – 목책을 둘러치고 사냥하다. ○乘鏤象(승루상) – 鏤 새길 누. ○六玉虯(육옥규) – 玉으로 말 재갈을 장식했다. 虯 뿔 있는 용 규. ○拖蜺旌(타예정) – 拖 끌 타. 끌어당기다. 蜺 무지개 예. 旌 천자의 깃발 정. ○靡雲旗(미운기) – 靡 쓰러질 미. 화려하다. 雲 구름이 피어나는 것 같다는 뜻. ○前皮軒(전피헌) – 皮는 가죽(革). 軒 수레 헌. ○後道游(후도유) – 天子의 행자에 革車가 앞서 가고 그 뒤로 道車 5乘, 游車 9승이 뒤따른다고 하였다. ○孫叔奉轡(손숙봉비) – 孫叔은 武帝의 太僕인 公孫賀, 字는 子叔. 여기서는 수레를 잘 몰았다는 古人의 이름으로 쓰였다. 轡 고삐 비. ○衛公參乘(위공참승) – 衛公은 대장군 衛靑. ○扈從橫行(호종횡행) – 扈從 천자를 시위하다. ○四校之中 – 사방을 막은 우리. ○鼓嚴簿(고엄부) – 鼓嚴은 嚴鼓(북을 요란하게 두드리다). 簿는 鹵簿(노부), 곧 천자가 거동할 때의 행렬. ○江河爲阹(강하위거) – 江과 河를 이용하여 우리로 만들다. 阹 우리 거. 산천을 이용하여 사냥할 수 있게 만든 짐승 우리. ○泰山爲櫓(태산위로) – 櫓 망루 로. 방패. 사냥의 규모나 지역이 크고 넓다는 것을 묘사하기 위하여 長江, 황하, 태산을 거명하였다. ○殷天動地(은천동지) – 殷은 진동하다. ○先後陸離(선후육리) – 陸離는 흩어지다. 分散하다. ○淫淫裔裔(음음예예) – 여기저기 떼지어가는 모양. 淫淫은 대단한 모양. 집단으로 이동하는 모양. 裔裔는 떼지어가는 모양. 淫裔 번

갯불이 번쩍하는 모양. ○緣陵流澤(연릉류택) – 산언덕이나 물을 따라. 緣 가장자리 연. 따라가다. ○生貔豹(생비표) – 貔 비휴 비. 豹 표범 표. ○搏豺狼(박시랑) – 搏 잡을 박. 豺 승냥이 시. 狼 이리 랑. ○手熊羆(수웅비) – 手는 손으로 잡다. 熊 곰 웅. 羆 큰 곰 비. ○足壄羊(족야양) – 壄 들 야(野同). ○蒙鶡蘇(몽할소) – 蒙 덮어씌울 몽. 鶡 산새 이름 할. 꿩과 비슷하다. 蘇 깃털을 뽑다. ○絝白虎(고백호) – 絝 바지 고. ○跨壄馬(과야마) – 跨 타넘을 과. 壄馬는 野馬. ○陵三嵕之危(능삼종지위) – 陵은 登上. 三嵕은 三峰. 嵕 산 이름 종. ○下磧歷之坻(하적력지지) – 磧歷은 울퉁불퉁한. 磧 서덜 적. 산비탈이나 강가의 돌이 많은 곳. 坻 산비탈 지. ○逕峻赴險(경준부험) – 逕 좁은 길 경. 峻 높을 준. 赴 나아갈 부. ○越壑厲水(월학려수) – 골짜기를 넘고 물을 건너다. ○推蜚廉(추비렴) – 蜚廉(비렴)을 몽둥이로 치다. 蜚廉은 사슴 머리에 새의 몸뚱이를 가진 神獸. ○弄解廌(농해치) – 解廌는 뿔이 하나인 사슴 모양의 짐승인데 선인과 악인을 구분할 능력을 가졌다고 한다. 보통 解廌(해치)로 표기한다. 廌 법 치. 해태. 외뿔 양. ○格蝦蛤(격하합) – 蝦蛤(하합)과 싸우고. 蝦蛤은 짐승 이름. 蝦 새우 하. 蛤 대합조개 합. ○鋋猛氏(정맹씨) – 鋋 쇳덩이 정. 猛氏는 짐승 이름. ○羂要褭(견요뇨) – 神馬는 요뇨를 올무로 잡다. 羂 올무 견. 要褭(요뇨)는 하루에 천리를 달린다는 神馬. ○射封豕(사봉시) – 큰 멧돼지를 쏘아 잡다. 封豕(봉시)는 大猪. ○箭不苟害(전불구해) – 화살이 다른 데에 꽂히지 않다. ○解脰陷腦(해두함뇌) – 脰 목 두. 陷 빠질 함.

〖國譯〗

「그리고 가을이 지나고 겨울이 되면 천자는 목책을 둘러 우리를 만들어 거기로 짐승을 몰아서 사냥하는데, 상아를 새겨 장식한 수레를 타고 옥 재갈을 한 여섯 마리 말이 끌고, 여러 가지 깃털로 장식한 旌旗를 세우고 곰이나 호랑이를 그려 넣은 깃발이 나부끼며 가며, 가죽(革)을 두른 수레가 앞서가고 (革車) 뒤로 游車가 따라갑니다. 孫叔(손숙)같은 사람이 고삐를 잡고 대장군 衛靑(위청) 같은 사람이 驂乘(참승)하여 이곳저곳을 호종합니다. 사방을 막은 우리 안에서 북을 크게 쳐서 행렬의 군기를 바로 잡고 사냥꾼을 풀어 놓는데 長江과 황하를 이용하여 우리로 만들고 태산을 망루로 삼아 내려다봅니다. 말이 우레 소리를 내며 내달리면 하늘과 땅이 흔들리는데 차례대로 몰이를 하려고 흩어져서 각자 짐승을 추격하는데 여기저기 떼 지어서 산언덕이나 물을 따라 온 산과 들을 가득 메웁니다. 貔(비휴)와 豹(표범)를 생포하고 승냥이와 이리를 잡고 熊과 羆(비)를 손으로 잡으며 山羊은 발로 밟아서 잡다. 鶡(할)을 덮어 씌워 잡고 그 깃털을 뽑습니다. 하얀 호피로 만든 바지를 입고 표범 가죽의 옷을 입고 야생마에 올라타고 세 봉우리로 된 험한 산을 올라가기도 하며 울퉁불퉁한 산비탈을 내려가거나 높은 산을 넘고 위험한 곳을 지나며 골짜기를 넘고 물을 건넙니다. 蜚廉(비렴)을 몽둥이로 때리고 解廌(해치)를 몰아넣고 蝦蛤(하합)과 싸우며 猛氏를 쇳덩이로 때리고 神馬 要裹(요뇨)를 올무로 잡으며 큰 멧돼지를 쏘아 잡는데 화살은 다른 데에 꽂히지 않고 목을 뚫거나 골통에 박힙니다. 활을 헛 쏘지 않으니 활시위가 울면 바로 짐승이 넘어갑니다.」

原文

「於是乘輿弭節徘徊, 皋翔往來, 睨部曲之進退, 覽將帥之變態. 然後侵淫促節, 儵敻遠去, 流離輕禽, 蹴履狡獸, 轊白鹿, 捷狡菟. 軼赤電, 遺光耀, 追怪物, 出宇宙, 彎蕃弱, 滿白羽, 射游梟, 櫟蜚遽. 擇肉而後發, 先中而命處, 弦矢分, 藝殪仆. 然後揚節而上浮, 陵驚風, 歷駭猋, 乘虛亡, 與神俱. 藺玄鶴, 亂昆雞, 遒孔鸞, 促鵔鸃, 拂翳鳥, 捎鳳凰, 捷鵷雛, 揜焦明.」

| **註釋** | ○弭節(미절) – 편안하게. 천천히 걷다. 徘 노닐 배. 徊 노닐 회. ○皐翔(고상) – 빙 돌다(周旋). ○睨部曲之進退(예부곡지진퇴) – 睨 흘겨볼 예. 얼핏 보다. 部曲은 부대의 편제. ○侵淫促節(침음촉절) – 侵淫은 점점. 점진적으로. 促節은 빨리 가다. ○儵敻遠去(숙형원거) – 儵敻(숙형)은 갑자기. 홀연히. 儵 빠를 숙. 갑자기. 倏(갑자기 숙)과 同. 敻 멀 형. ○流離輕禽(유리경금) – 流離는 困苦. 輕禽은 날아가는 새. 禽 새 금. ○蹴履狡獸(축리교수) – 어린 짐승을 밟아대다. 蹴 찰 축. 履 신 리. 狡獸는 어린 짐승(少壯之獸). 狡 교활할 교. 獸 짐승 수. ○轊白鹿(세백록) – 白鹿을 수레로 부딪쳐 잡다. 轊 굴대 끝 세. 白鹿은 천년을 사는데 5백 년이 되면 순백색으로 변한다는 말이 있다. ○捷狡菟(첩교토) – 捷 이길 첩. 잡다. 狡 간교할 교. 날쌔다. 菟는 兎(토끼 토)와 同. ○軼赤電(질적전) – 軼 번갈아 질. 앞지르다. 赤電은 번개. ○遺光耀(유광요) – 耀 빛날 요. ○追怪物 – 怪物(괴물)은 이상한 새. ○彎蕃弱(만번약) – 彎 굽을 만. 화살을 시위에 얹다. 蕃弱(번약)은 고대 良弓의 이름. ○滿白羽(만백우) – 白羽는 화살. ○射游梟(사유효) – 달아나는 梟羊(효양)를 쏘다. 梟 올빼미 효. 梟羊은 사람과 비슷하나 입술이 길며 사람을 잡아먹고 산다는 동물. ○櫟蜚遽(역비거) – 蜚遽(비거)를 때려잡다. 櫟 때리다. 상수리나무 역. 蜚遽(비거)는 사슴머리에 龍의 몸을 가진 상상의 동물. ○先中而命處 – 먼저 죽을만한 곳을 맞추다. ○弦矢分(현시분) – 화살이 시위를 떠나. 弦 시위 현. ○藝殪仆(예에부) – 殪 쓰러질 에. 죽다. 仆 엎드릴 부. 넘어가다. ○陵驚風(능경풍) – 驚風은 강한 바람. ○歷駭猋(역해

염) - 駭猋은 狂風. 駭 놀랄 해. 猋 불꽃 염. ○乘虛亡(승허무) - 虛亡은 허무와 同. ○藺玄鶴(인현학) - 藺 골풀 린. 蹂躪(유린)하다. 짓밟다. ○亂昆雞(난곤계) - 亂은 擾亂(요란)하게 하다. 昆雞는 학과 비슷하나 黃白색이라는 註가 있다. ○遒孔鸞(주공란) - 遒 다가설 주. 가까이 가서 잡다. 鸞 난새 난(란). 孔鸞은 새 이름. ○促鵔鸃(촉준의) - 促 촉박하다. 가까이 가서 잡다. 鵔鸃(준의)는 金鷄(금계). ○指翳鳥(지예조) - 翳는 日傘(일산) 예. 가리다. 翳鳥는 《山海經》에 설명이 있는데 九疑山에 산다는 五色의 새. ○捎鳳凰(소봉황) - 捎 없앨 소. 잡다. ○捷鵷雛(첩원추) - 捷 이길 첩. 鵷雛는 봉황과 비슷한 새. 鵷 원추 원. 雛 병아리 추. ○揜焦明(엄초명) - 揜 가릴 엄. 焦明은 봉황과 비슷하다는 새 이름.

〖國譯〗

「이에 천자께서는 수레를 타고 편안하게 천천히 이리저리 다니며 한 바퀴 돌며 부대의 진퇴를 살펴보며 將帥들의 동작을 돌아봅니다. 그러고 나서 수레를 점차 빨리 달리다가 갑자기 힘껏 달려 나가 날아가는 새를 쫓고 어린 짐승을 뭉개고 백록에 수레를 부딪쳐 잡고 날쌘 토끼를 재빨리 잡으니 번개보다 빠르게 번쩍하는 섬광을 남기면서 보지 못하던 새를 추격하여 하늘 저 멀리로 추격합니다. 名弓 蕃弱(번약)을 힘껏 당기고 화살을 시위에 얹어 도망가는 梟羊(효양)를 쏘고 蜚遽(비거)를 때려잡습니다. 살찐 짐승을 골라 화살을 쏘는데 죽을만한 치명적인 곳을 먼저 생각하고 화살이 시위를 떠나자마자 한 발을 맞고 죽어 쓰러집니다.

그러고 나서 깃발을 높이 올리니 狂風에 펄럭이며 疾風에도 끄떡없이 허공에 나부끼면서 천자께서는 하늘에 올라 神과 함께 노닙니다. 그러면서 玄鶴(현학)을 잡고서 昆雞(곤계)를 쫓아 달려가고 孔鸞

(공란)을 따라 잡으며 鵔鸃(준의)를 가까이 가서 잡고 翳鳥(예조)를 후려치며 鳳凰(봉황)을 손으로 잡고 봉황과 비슷한 鵷鶵(원추)도 따라가 잡으며 焦明(초명)도 덮쳐잡습니다.」

原文

「道盡塗殫, 回車而還. 消搖乎襄羊, 降集乎北紘, 率乎直指, 掩乎反鄉. 蹷石闕, 歷封巒, 過鳷鵲, 望露寒, 下堂梨, 息宜春, 西馳宣曲, 濯鷁牛首, 登龍臺, 掩細柳, 觀士大夫之勤略, 鈞獵者之所得獲. 徒車之所閵轢, 騎之所蹂若, 人之所蹈藉, 與其窮極倦谻, 驚憚讋伏, 不被創刃而死者, 它它藉藉, 塡坑滿谷, 掩平彌澤.」

| 註釋 | ○道盡塗殫(도진도탄) - 塗 진흙 도. 길(道). 殫 다할 탄. ○消搖乎襄羊(소요호양양) - 襄羊은 彷徉(방양)하다. 彷徉은 여기저기 돌아다니다. 徘徊와 같음. 襄 도울 양. 높은 곳에 오르다. ○降集乎北紘(강집호북굉) - 北紘(북굉)은 북쪽 끝. 중국 땅 밖으로 八澤이 있고 그 八澤을 넘어 가면 다시 八紘이 있다고 생각하였다. 紘 굵은 밧줄 굉. 갓끈. ○率乎直指(솔호직지) - 率 따를 솔. 대략. 率然은 갑자기. ○掩乎反鄉(엄호반향) - 掩乎는 疾歸하는 모양. 反鄉은 反向. ○蹷石闕(궐석관) - 蹷 넘어질 궐. 밟고 지나가다. 石闕은 武帝가 건립한 누각. 다음의 封巒, 鳷鵲, 露寒도 모두 누각 이름. 觀은 樓臺, 또는 道敎의 절(道觀)을 말하는데 여기서는 道觀이 아니다. ○歷封巒(역봉만) - 巒 뫼 만. ○過鳷鵲(과지작) - 鳷 새 이름 지. 鵲 까치 작. ○下堂梨(하당리) - 당리궁에 멈추다. 堂梨와 다음의 宜春, 宣曲은 모두 別宮 이름.

○息宜春(식의춘) - 息 쉴 식. 휴식하다. ○西馳宣曲(서치선곡) - 宣曲宮은 昆明池 근처에 있었다. ○濯鷁牛首(탁익우수) - 牛首라는 연못에 鷁首(익수)라는 배를 띄우고. 濯 씻을 탁. 배를 띄우다. 鷁 새 이름 익. 鷁首라는 배. 牛首는 연못 이름. ○登龍臺(등룡대) - 龍臺는 樓閣의 이름. ○掩細柳(엄세류) - 잠깐 세류의 누각에 들리다. 掩 가릴 엄. 細柳는 누각의 이름. ○觀士大夫之勤略 - 勤略은 士의 근면(근무 자세)과 大夫(高官)의 方略. ○鈞獵者之所得獲 - 鈞 서른 근 균, 고를 균. ○徒車之所閵轢(도거지소린력) - 閵 밟을 린. 밟히다. 轢 치일 역(력). 삐걱거리다. ○騎之所蹂若(기지소유약) - 蹂 밟을 유. 若 같을 약. ○人之所蹈藉(인지소도자) - 蹈 밟을 도. 藉 깔개 자. 깔리다. ○與其窮極倦谻(여기궁극권극) - 倦 게으를 권. 지치다. 谻 지칠 극. ○驚憚讋伏(경탄섭복) - 憚 꺼릴 탄. 讋 두려워할 섭. 伏 엎드릴 복. ○不被創刃而死者(불피창인이사자) - 創은 상처. 創傷. ○它它藉藉(타타자자) - 它 다를 타. 藉藉(자자)는 많이 널린 모양. ○塡坑滿谷(전갱만곡) - 塡 메울 전. 채우다. 坑 구덩이 갱. ○掩平彌澤(엄평미택) - 掩 가릴 엄. 평지를 덮었고 연못에도 널려 있다.

〖國譯〗

「천자 일행은 길이 끝나는 곳에서 수레를 돌려 돌아오는데 소요하고 이리저리 거닐다가 마치 땅 끝에 온 것처럼 처음 보는 곳에 모였다가 곧 돌아서서 빨리 되돌아옵니다. 石闕觀을 멀리보고 封巒觀(봉만관)을 거쳐 鳷鵲觀(지작관)을 지나 望露寒觀(노한관)을 보고 堂梨宮(당리궁)에 멈추었다가 宜春(의춘)궁에서 쉬고 서쪽으로 宣曲(선곡)궁에 달려가서 牛首라는 연못에 鷁首(익수)라는 배를 띄우고 龍臺閣(용대각)에 올라본 뒤 잠깐 세류각에 들려 사대부들의 복무와 지략을 확인하고 사냥에 참여한 사람들이 잡은 것을 균분합니다. 빈 수레에 치여 죽은 짐승도 있고, 말발굽에 밟혔거나 사람에게 밟혀 죽은 것도 있으며 쫓기다가 너무 지쳐서 죽은 짐승과 놀라 겁먹고 움츠렸다가 창이나 칼날에 찔리지 않고 죽은 짐승들도 여기저기 많이도 널려 있는데 구덩이에 처박히고 골짜기를 채웠으며 잡은 짐승이 평지를 덮었고 연못에도 널려 있습니다.」

原文

「於是乎遊戲懈怠, 置酒乎顥天之臺, 張樂乎膠葛之寓, 撞千石之鐘, 立萬石之虡, 建翠華之旗, 樹靈鼉之鼓, 奏陶唐氏之舞, 聽葛天氏之歌, 千人倡, 萬人和, 山陵爲之震動, 川谷爲之蕩波. 巴,兪,宋,蔡,淮南〈干遮〉, 文成顚歌, 族居遞奏, 金鼓迭起, 鏗鎗闛鞈, 洞心駭耳. 荊,吳,鄭,衛之聲,〈韶〉,〈濩〉,〈武〉,〈象〉之樂, 陰淫案衍之音, 鄢,郢繽紛,〈激楚〉,〈結風〉, 俳優侏儒, 狄鞮之倡, 所以娛耳目樂心意者, 麗靡爛漫於前, 靡曼美色於後.」

| **註釋** | ○懈怠(해태) – 게으르다. 싫증이 나다. 懈 게으를 해. 怠 게으름 태. ○顥天之臺(호천지대) – 顥天은 昊天(호천). 클 호. ○膠葛之寓(교갈지우) – 膠葛은 아주 넓은 모양. 膠 달라붙을 교. 寓 머무를 우. 집. 여관. ○撞千石之鐘(당천석지종) – 撞 칠 당. 千石의 石은 부피의 단위 10斗 1石. 중량 단위로 120근 1石. 鍾은 악기 이름. ○立萬石之虡(입만석지허) – 虡는 神獸인데, 여기서는 기둥의 장식을 의미. ○建翠華之旗(건취화지기) – 翠 푸를 취. ○樹靈鼉之鼓(수령타지고) – 樹 심을 수. 鼉 악어 타. ○奏陶唐氏之舞

(주도당씨지무) - 陶唐氏는 帝堯. ○聽葛天氏之歌(청갈천씨지가) - 葛天氏는 고대의 聖人. 갈천씨의 노래는 8곡으로 구성되었다고 한다. ○山陵爲之震動(산릉위지진동) - 震動은 소리의 힘으로 흔들리다. 爲之는 피동형 문장을 만든다. ○川谷爲之蕩波(천곡위지탕파) - 蕩 쓸어버릴 탕. ○巴,俞,宋,蔡,淮南(파,유,송,채,회남) - 巴와 俞의 사람들은 용감하고 춤을 좋아하였는데 高祖는 三秦을 평정하면서 이들의 도움을 받았다. 그들의 노래를 악곡으로 익히게 했다는 註가 있다. ○〈干遮(간차)〉 - 曲名. ○文成顚歌(문성전가) - 遼西郡 文成縣과 益州郡 顚縣의 노래. ○族居遞奏(족거체주) - 族居는 여러 음악이 한꺼번에 연주되다. 遞 갈마들 체. 교대로. 차례차례. ○金鼓迭起(금고질기) - 金은 鍾. 迭 갈마들 질. 교대로. ○鏗鎗闛鞈(갱쟁당협) - 鏗鎗은 종소리. 闛鞈은 북소리. 鏗 금옥 소리 갱. 鎗 종소리 쟁. 闛 성한 모양 당. 鞈 굳을 협. ○洞心駭耳(동심해이) - 駭 놀랄 해. ○荊,吳,鄭,衛(형,오,정,위) - 나라 이름. 荊(형)은 楚. ○〈韶〉,〈濩〉,〈武〉,〈象〉之樂(소,호,무,상지악) - 舜과 湯王과 武王과 周公의 음악. ○陰淫案衍之音(음음안연지음) - 陰淫(음음)은 淫佚(음일)하다. 案衍은 평평하지 않음. ○鄢,郢繽紛(언영빈분) - 鄢(언)은 鄭나라의 지명. 鄭의 음악은 유명할 정도로 퇴폐적이었다. 郢(영)은 楚나라의 도읍. 繽 어지러울 빈. 紛 어지러워질 분. ○〈激楚〉,〈結風〉(격초,결풍) - 악곡 이름. ○俳優侏儒(배우주유) - 俳 광대 배. 優 넉넉할 우. 侏 난쟁이 주. ○狄鞮(적제) - 西戎. 狄 오랑캐 적. 鞮 가죽신 제. ○所以娛耳目樂心意者 - 所以는 이유. 까닭. ○靡曼美色(미만미색) - 아름다운 미인. 靡曼은 날씬하고 눈부시다.

〖國譯〗

「여기에서 사냥 놀이가 싫증이 나면 높은 하늘에 닿을 수 있는 樓臺에 술자리를 마련하고 아주 크고 넓은 집에서 풍악을 준비하는데 무게가 천석(12만근)인 큰 종을 치기 위해 만석 무게의 기둥을 세워 놓고 푸른 깃털로 장식한 깃발을 세우며 신령스런 악어의 가죽으로 만든 북을 준비합니다. 堯임금의 舞曲(咸池)을 연주하고 葛天氏(갈천씨)의 노래를 듣는데 천 명이 倡(唱)하고 만 명이 和聲하니, 山陵이 진동하고, 냇물에 파도가 일고 골짜기가 흔들립니다. 巴(파), 兪(유), 宋, 蔡, 淮南(회남)의 〈干遮(간차)〉와 遼西郡 文成縣과 益州郡 顚縣(전현)의 노래가 함께 또는 교대로 연주되면서 鍾과 북을 교대로 치면 종소리와 북소리가 심장에 파고들며 귀를 울리게 합니다. 荊(형, 楚)과 吳와 鄭과 衛나라의 음악과 舜의 음악(韶), 그리고 湯王의 濩(호)와 武王의 음악(武)과 周公의 음악(象)이 연주되면서 질탕하고 흐느적거리는 음악과 鄢(언)과 郢(영)의 퇴폐적인 노래도 섞이고 〈激楚(격초)〉와 〈結風(결풍)〉도 부르며 배우와 난쟁이가 나오고 서방 이민족(西戎)의 음악도 연주하는데 이목을 즐겁게 하는 까닭은 먼저 아름다운 음악이 뒤섞이고 뒤에는 아름다운 여인들이 많이 나오기 때문입니다.」

原文

「若夫青琴,虙妃之徒, 絶殊離俗, 妖冶閒都, 靚莊刻飾, 便嬛綽約, 柔橈嫚嫚, 嫵媚孅弱, 曳獨繭之褕袣, 眇閻易以恤削, 便姍嫳屑, 與世殊服, 芬芳漚鬱, 酷烈淑郁, 皓齒粲爛, 宜笑的皪, 長眉連娟, 微睇綿藐, 色授魂予, 心愉於側.」

| 註釋 | ○青琴,虙妃(청금,복비) - 青琴(청금)은 고대 신화 속의 미인, 虙妃(복비)는 洛水의 神女. 虙 위엄 있을 복. 虙은 宓(복)과 同. ○絶殊離俗(절

수이속) – 세상에 둘도 없는(擧世無雙). ○妖冶閑都(요야한도) – 妖冶는 美好. 閑都는 優雅華麗하다. ○靚莊刻飾(정장각식) – 靚 단장할 정. 飾 꾸밀 식. ○便嬛綽約(편현작약) – 便嬛은 날씬하고 아름다운 모양. 嬛 아름다울 경. 산뜻할 현. 綽約(작약)은 맵시 있고 아름답다. 綽 너그러울 작. ○柔橈嬛嬛(유요현현) – 柔 부드러울 유. 橈 꺾일 요. 유연하다. ○嫵媚孅弱(무미섬약) – 嫵媚는 아름답다. 嫵 아리따울 무. 媚 아첨할 미. 아양떨다. 孅 가늘 섬. ○曳獨繭之褕袣(예독견지유예) – 曳 끌 예. 繭 고치 견. 褕 고울 유. 袣 소매 예. ○眇閻易以恤削(묘염이이휼삭) – 眇 작을 묘. 한쪽 눈을 지그시 감다. 애꾸는 묘. 閻易(염이)는 치마가 길어 끌리는 모양. 恤削(휼삭)은 그린 것 같다. ○便姍嫳屑(편산별설) – 姍 얼굴이 고울 산. 嫳屑은 의복이 가볍게 흔들리는 모양. 嫳 경박할 별. 屑 부스러기 설. ○與世殊服(여세수복) – 殊 다를 수. ○芬芳漚鬱(분방구울) – 芬 향기로울 분. 芳 꽃다울 방. 漚 향기 진할 구. 鬱 무성할 울. ○酷烈淑郁(혹렬숙욱) – 酷 진할 혹. 독하다. 郁 성할 욱. 향기가 진하다. ○皓齒粲爛(호치찬란) – 皓齒는 흰 이. 粲 잘 찧은 쌀. 선명하다. 빛나다. 粲爛은 燦(찬란). ○宜笑的皪(의소적력) – 的皪은 환하고 또렷한 모양. 皪 밝을 력. 빛나는 모양. ○長眉連娟(장미연연) – 眉 눈썹 미. 娟 예쁠 연. ○微睇綿藐(미제면막) – 睇 흘끗 볼 제. 綿藐은 멀리 보다. 藐 아득할 막. ○色授魂予(색수혼여) – 予 줄 여. 나(我). ○心愉於側(심유어측) – 愉 즐거울 유.

〖國譯〗

「저 靑琴(청금)과 虙妃(복비)와 같은 세상에 둘도 없는 아름답고도 우아한 여인이 화장하고 눈썹도 그렸으며 날씬한 몸매가 맵시 있게 유연하고도 예쁘며 날렵하고 긴 예쁜 소매에 날씬하게 치마를 끌며 그림을 그린 듯 눈에 선한 모습으로 발걸음도 가볍고 날렵하게 걸어 나옵니다. 세상에 둘도 없는 고운 옷에 진한 향기를 내뿜으니 향기가 진하고도 아름다운데 흰 이를 하얗게 내보이면서 곱고도 활짝 웃어 눈썹이 길게 구부러졌는데 곁눈질하다가 딴청을 부리니 그 아름다운 모습에 혼이 날아가도록 그 곁에서는 마음도 즐겁습니다.」

原文

「於是酒中樂酣, 天子芒然而思, 似若有亡, 曰, '嗟乎, 此大奢侈! 朕以覽聽餘閒, 無事棄日, 順天道以殺伐, 時休息於此, 恐後世靡麗, 遂往而不返, 非所以爲繼嗣創業垂統也.' 於是乎乃解酒罷獵, 而命有司曰, '地可墾闢, 悉爲農郊, 以贍氓隸, 隤牆塡塹, 使山澤之民得至焉. 實陂池而勿禁, 虛宮館而勿仞. 發倉廩以救貧窮, 補不足, 恤鰥寡, 存孤獨. 出德號, 省刑罰, 改制度, 易服色, 革正朔, 與天下爲始.'」

| 註釋 | ○酒中 - 음주 중반에. ○樂酣 - 주악이 한창 흥겨울 때. 酣 즐길 감. ○芒然 - 茫然. ○覽聽餘閒 - 정사를 돌보는 여가. ○棄日 - 세월을 허비하다. ○殺伐 - 가을의 肅殺한 기운에 따라 사냥을 하다. ○遂往而不返 - 마음이 해이해지면 다시 초심으로 돌아갈 수 없다는 뜻. ○垂統 - 시범을 보이다. ○墾闢(간벽) - 개간하여 넓히다. ○農郊 - 성 밖의 농지. ○以贍氓隸 - 농민이나 小官에게 주다. 贍 넉넉할 섬. 돕다. 氓 백성 맹. 隸 붙을 예. 小臣. ○隤牆塡塹(퇴장전참) - 담을 헐고 참호를 메우다. ○實陂池而勿禁 - 연못의 물고기를 잡더라도 금하지 말라. ○虛宮館而勿仞 - 궁궐을 비우고 농민을 宮人으로 만들지 말라. 仞 찰 인. 滿也. ○倉廩 - 창고. 廩 곳

(庫)집 늠(름). 창고. ○恤鰥寡 – 恤 구휼할 휼. 鰥 홀아비 환. 寡 적을 과. 과부. ○出德號 – 布德하라는 호령을 내다.

〖國譯〗

「이에 잔치 중간에 주악이 한창 흥겨울 때 천자께서는 망연히 생각에 잠겼는데 마치 자신을 잃어버린 것 같았습니다. 이어 천자께서 말씀하셨습니다.

'아! 이는 지나친 사치로다! 짐은 정사를 펴는 여가에 아무 일 없이 세월을 허비한다고 생각하며 天道에 따라 가을의 肅殺한 기운으로 사냥을 하면서 가끔 여기서 휴식하지만 후세에 혹시 화려한 놀이에 빠져 다시 초심으로 돌아오지 못할 것이니, 이는 창업하시고 국통을 만드신 선조의 뜻을 계승하는 도리가 아닐 것이다.'

그리고서는 술자리를 끝내고 사냥을 그만두겠다며 신하에게 말했습니다.

'개간하고 넓힐 수 있는 땅을 모두 농지로 만들도록 농민이나 小官에게 지급하고 사냥터의 담을 헐고 참호를 메워 山澤의 백성들이 출입하게 하라. 연못에서 백성이 물고기를 잡더라도 금하지 말라. 궁궐을 비우고 농민들을 데려다 궁인으로 채우지 말라. 나라 창고를 열어 빈궁한 백성을 도와 부족한 것을 채워주고 홀아비와 과부를 구휼하고 고아와 무자식 노인을 돌보도록 하라. 布德하라는 짐의 뜻을 말하노니, 형벌을 간략하게 하고 制度를 정비하면서 服色을 바꿀 것이며 正朔을 바꾸어 天下 백성과 함께 새롭게 시작할 것이로다.'」

原文

「於是歷吉日以齋戒, 襲朝服, 乘法駕, 建華旗, 鳴玉鸞, 游於六藝之囿, 馳鶩乎仁義之塗, 覽觀《春秋》之林, 射《貍首》, 兼〈騶虞〉, 弋玄鶴, 舞干戚, 戴雲罕, 揜群雅, 悲〈伐檀〉, 樂樂胥, 修容乎《禮》園, 翱翔乎《書》圃, 述《易》道, 放怪獸, 登明堂, 坐淸廟, 恣群臣, 奏得失, 四海之內, 靡不受獲. 於斯之時, 天下大說, 鄕風而聽, 隨流而化, 喟然興道而遷義, 刑錯而不用, 德隆於三皇, 功羨於五帝. 若此, 故獵乃可喜也.」

| **註釋** | ○歷吉日 – 길일을 계산하다. 歷은 算也. ○齋戒(재계) – 不淨한 일을 멀리하고 心身을 깨끗하게 하다. ○襲 – 입다(穿). ○玉鸞(옥란) – 玉鈴. ○六藝 – 六經. ○《春秋》之林 – 《春秋》에는 義理가 무성하게 많기에 林이라 하였다. ○《貍首(이수)》 – 散逸된 古詩의 書名. 貍 살쾡이 이. ○〈騶虞(추우)〉 – 《詩經 召南》의 終章. 추우는 천자의 사냥에서 천자가 짐승을 쏘아 잡을 수 있도록 몰아주는 몰이꾼이다. 天子가 행하는 사냥의 큰 뜻을 칭송한 시이다. ○弋玄鶴(익현학), 舞干戚(무간척) – 玄鶴과 干戚은 舜의 舞 이름. 여기서는 舜의 禮樂을 본받다. 弋 주살 익. 干 방패 간 戚 도끼 척. ○戴雲罕(대운한) – 雲罕(旌旗)의 깃발을 내걸다. 罕은 罕(드물 한). ○揜群雅 – 여러 대소아의 인물과 함께하다, 《시경》 大雅와 小雅 편에 등장하는 어진 인물들(群雅 ; 大雅 31人, 小雅 74人)를 덮어 씌워 잡다. 사냥에 비유한 표현이기에 揜(가릴 엄)이라 하였다. ○悲〈伐檀〉 – 魏國의 詩 篇名. 현자가 明君을 만나지 못한 슬픔을 묘사. ○樂樂胥 – 《詩經 小雅 桑扈》 胥는 才智가 있는 사람. 이 구절은 천자가 賢士를 많이 초빙한다는 뜻. 이 시에 '君子樂胥하니

萬邦之屛이로다' 라는 구절이 있다. ○修容 – 용의를 바로 하다. ○淸廟 – 明堂. ○忞群臣 – 群臣에게 (政事를) 맡기다. ○靡不受獲 – 천자의 은택을 입지 않은 자가 없다. ○鄕風 – 向風. ○隨流而化 – 물 흐르듯 교화가 이루어지다. ○岪然(휘연) – 융성한 모양. 흥기하는 모양. 岪 성할 휘. ○刑錯 – 형벌을 쓰지 않다. 錯은 放置하다. ○三皇 – 伏羲, 神農, 黃帝. 또는 伏羲, 神農, 燧人氏. ○羨 – 초과하다. 나머지. 부러워할 선.

〖國譯〗

「이에 吉日을 따져서 재계를 하고 朝服을 입고 法駕(법가)를 타고 화려한 깃발을 세우고 玉鈴을 울리며 '六經의 동산' 에 놀러나가 '仁義之道' 를 달렸고 '《春秋》의 林' 을 보고 '《貍首(이수)》' 를 쏘아 맞추고 '〈騶虞(추우), 몰이꾼〉' 을 겸하면서 '玄鶴(현학)을 주살로 잡고' '干戚(간척)의 춤을 추며' (곧 舜의 禮樂을 본받고) '雲罕(운한)의 깃발' 을 세우고 '大小雅의 賢人' 과 함께 하며 '〈伐檀〉의 詩' 를 슬퍼하고 '樂胥(재주 있는 인재)의 구절' 을 즐기고 '《禮》의 정원' 에서 용의를 단정히 하고 '《書經》의 밭' 위를 날았으며 '《易》의 道' 를 서술하고 怪獸도 풀어 놓아주었으며 明堂에 오르고 淸廟에 앉아 群臣에게 맡기고 得失을 상주하게 하니 四海之內에 천자의 은택을 입지 않은 자가 없었습니다. 이때에 천하가 크게 기뻐하며 바람결을 따라 명령에 따르고 물 흐르듯 교화가 이루어져 저절로 도덕이 융성하고 의리를 따랐기에 형벌을 버려두고 쓰지 않았으니 크신 은덕은 三皇보다 더 많았고 五帝보다 더 나았습니다. 이와 같기에 천자의 사냥을 좋아할 수 있는 것입니다.」

原文

「若夫終日馳騁, 勞神苦形, 罷車馬之用, 抏士卒之精, 費府庫之財, 而無德厚之恩, 務在獨樂, 不顧衆庶, 忘國家之政, 貪雉菟之獲, 則仁者不繇也. 從此觀之, 齊,楚之事, 豈不哀哉! 地方不過千里, 而囿居九百, 是草木不得墾闢, 而民無所食也. 夫以諸侯之細, 而樂萬乘之所侈, 僕恐百姓被其尤也.

於是二子愀然改容, 超若自失, 逡巡避席, 曰, '鄙人固陋, 不知忌諱, 乃今日見教, 謹受命矣.'」

| 註釋 | ○馳騁 – 馳 달릴 치. 騁 달릴 빙. ○勞神苦形 – 마음과 몸을 괴롭히다. ○抏士卒之精 – 抏 꺾을 완. 精 精氣. ○貪雉菟之獲(탐치토지획) – 꿩이나 토끼 잡을 욕심만 낸다. ○諸侯之細 – 제후의 낮은 지위. 細는 低位. ○愀然 – 정색을 하다. 改容은 낯빛을 바꾸다. ○超若自失 – 자신을 잃어버린 듯 근심하다. 超는 惆(한탄할 추. 失心할 추)와 通. ○逡巡避席(준순피석) – 조금 뒤로 물러나 자세를 바꿔 앉다. ○忌諱(기휘) – 꺼리고 싫어하다. 해서는 안 될 일.

〖國譯〗

「만약에 종일 말이나 달리고 마음과 몸뚱이를 고생시키며 거마를 못 쓰게 만들고 사졸들의 정기를 손상케 하며 나라의 재물을 낭비하면서 아무런 은덕을 베풀지 못하고 혼자만 즐기며 백성들을 생각지 않고 나라의 정사를 버려두면서 꿩이나 토끼 잡을 욕심이나 낸다면 仁者는 그런 사냥을 하지 않을 것입니다. 이를 본다면, 齊와 楚의 사냥이 어찌 서글프지 않겠습니까? 땅이 천리도 안 되는 나라에 사냥터가 9백 리면 초목을 개간할 수도 없으니 백성은 먹지 못할 것입니다. 제후의 낮은 자리에서 萬乘天子나 할 수 있는 호사를 즐긴다면 백성들이 그 해를 입게 될 것이라고 나는 걱정합니다.

이에 자허와 오유선생은 정색을 하고 낯빛을 바꿔 망연자실하며 뒤로 물러나 자세를 바꿔 앉으며 말했다. '천박하고 고루한 사람이라 해서는 안 될 일도 몰랐는데 오늘 가르침을 받았으니 삼가 명에 따르겠습니다.'」

(여기까지가 〈上林賦〉이다.)

原文

賦奏, 天子以爲郞. 亡是公言上林廣大, 山谷水泉萬物, 及子虛言雲夢所有甚衆, 侈靡多過其實, 且非義理所止, 故刪取其要, 歸正道而論之.

| **註釋** | ○ 侈靡(치미) - 분수에 지나친 사치. ○ 刪取其要 - 그 뜻을 취하여 刪定하다. 刪 깎을 산. 잘못된 글을 깎아내어(삭제) 개정하다.

〖國譯〗

賦(〈天子游獵賦〉)가 상주되자 天子는 사마상여를 낭관으로 삼았다. 亡是公은 上林苑(상림원)의 광대함과 山谷과 水泉과 萬物을 말했고, 子虛선생도 雲夢澤 만물의 풍성함과 楚王의 사치를 말했는데, 사실보다 지나치고 의리가 들어 있지도 않지만 그 뜻을 취해 刪定(산정)하며 正道로 돌아갈 것을 말한 것이다.

57-2. 司馬相如(下)

原文

相如爲郎數歲, 會唐蒙使略通夜郎,僰中, 發巴,蜀吏卒, 千人, 郡又多爲發轉漕萬餘人, 用軍興法誅其渠率. 巴,蜀民大驚恐. 上聞之, 乃遣相如責唐蒙等, 因諭告巴,蜀民以非上意. 檄曰.

| 註釋 | ○唐蒙(당몽) - 漢 武帝 때 番陽令(파양령)이었다가 建元 6년(前135)에 郞中將이 되어 군졸 1,000명을 거느리고 夜郞國(야랑국)에 들어가 漢국위를 선양했다. ○夜郞 - 西南夷의 나라 이름. 今 貴州省 서북부와 雲南省, 四川省 일부에 거주. ○僰中(북중) - 중국 西南部의 한 소수민족. 65권, 〈西南夷兩粤朝鮮傳〉에 나온다. 僰 오랑캐 북. ○巴,蜀 - 巴郡과 蜀郡. 今 四川省과 重慶市 일대. ○轉漕 - 배로 운반하다. 漕 배로 실어 나를 조. ○渠率(거솔) - 백성의 우두머리. 여기서는 西南夷 정벌을 반대하는 백성의 우두머리. 渠 도랑 거. 크다(大也). ○諭告 - 깨우치려고 공고하다. 諭 깨우칠 유. ○檄曰 - 〈諭巴蜀檄〉.

〖國譯〗

사마상여가 낭관이 된 몇 년 뒤, 마침 唐蒙(당몽)이 사자로 夜郞國과 僰中(북중)과 교통하려고 巴郡과 蜀郡의 吏卒 1천 명을 징발하고, 郡에서는 군수품을 운반할 1만여 명을 동원했는데 당몽은 군사를 지휘하면서 법 규정에 따라 백성 우두머리를 주살하자 巴蜀의 백성들이 매우 놀라고 두려워하였다. 무제가 이를 알고 사마상여를 보내 당몽을 견책하면서 파촉의 백성들에게 이는 황제의 뜻이 아니라고 諭告하게 하였다. 그 檄文(격문)은 아래와 같다.

原文

〈諭巴蜀檄〉*

「告巴,蜀太守, 蠻夷自擅, 不討之日久矣, 時侵犯邊境, 勞士大夫. 陛下卽位, 存撫天下, 集安中國, 然後興師出兵, 北征匈奴, 單于怖駭, 交臂受事, 屈膝請和. 康居西域, 重譯納貢, 稽首來享. 移師東指, 閩越相誅, 右吊番禺, 太子入朝. 南夷之君, 西僰之長, 常效貢職, 不敢惰怠, 延頸擧踵, 喁喁然, 皆鄕風慕義, 欲爲臣妾, 道里遼遠, 山川阻深, 不能自致. 夫不順者已誅, 而爲善者未賞, 故道中郎將往賓之, 發巴,蜀之士各五百人以奉幣, 衛使者不然, 靡有兵革之事, 戰鬪之患. 今聞其乃發軍興制, 驚懼子弟, 憂患長老, 郡又擅爲轉粟運輸, 皆非陛下之意也. 當行者或亡逃自賊殺, 亦非人臣之節也.」

| **註釋** | ○存撫 - 은혜를 베풀고 慰撫(위무)하다. ○怖駭(포해) - 두려워 놀라다. 怖 두려워할 포. ○交臂(교비) - 拱手(공수). ○康居西域 - 서역의 강거국. 강거국은 장안에서 2,300리에 있다고 하였다. 96권, 〈西域傳〉 참고. ○重譯納貢 - 거듭 그들 말을 전하고 공물을 바치다. 譯은 傳하다. ○稽首

來享(계수내향) – 머리를 숙이고 토산물을 바치다. 享은 토산물을 바치다. ○右吊番禺 – 우측으로는 반우에 들어가다(반우국을 도와주다). 吊는 至也. 番禺(반우)는 지명. 秦의 番禺縣, 今 廣東省 廣州市 남부. 禺 긴꼬리원숭이 우. ○太子入朝 – 番禺의 太子가 漢에 입조했다. 95권, 〈西南夷兩粵朝鮮傳〉 참고. ○喁喁然(옹옹연) – 여러 사람이 우러러 사모하는 모양. 喁 물고기가 입 벌름거릴 옹. 화답할 우. ○道里遼遠 – 길이 아득하게 멀다. 遼 멀 요. ○不能自致 – 올 수가 없다. 致는 到也. ○中郎將 – 唐蒙(당몽). ○不然 – 不料. 헤아리지 못하다. ○發軍興制 – 군사를 동원하고 백성을 징발하는 법제. ○自賊殺 – 자살하다.

〖國譯〗

〈諭巴蜀檄〉*

「巴郡과 蜀郡의 太守에게 고하노니, 蠻夷가 제멋대로 놀았지만 토벌하지 않은 지가 오래되어 가끔 변경을 침범하여 사대부들을 괴롭게 했었다. 폐하께서 즉위하시고 천하의 백성들을 돕고 위무하여 중국을 안정시킨 연후에 군사를 동원해 정벌에 나서 북쪽으로 흉노를 치자 선우가 놀라 두려워 두 손을 맞잡고 섬기면서 무릎으로 기며 강화를 요청했었다. 서역의 康居國은 여러 번 그들의 뜻을 전해오며 머리를 숙여 토산물을 바쳤도다. 군사를 동쪽으로 보내 민월을 격파하였고 우측의 반우에 이르자 그 태자가 入朝하였다. 南夷의 왕과 僰人(북인)의 왕은 늘 공물을 바치기를 게을리하지 않았고 목을 빼고 발뒤꿈치를 들어 우러러 사모하면서 바람 따라 쏠리듯 大義를 숭모하며 속국이 되고자 하였으나 길이 너무 멀고 산천에 막혀 그들이 올 수가 없었다. 이처럼 순종하지 않는 이민족은 이미 정벌했으나 서북인처럼 착한 민족에게는 아직 상을 내리지 못했기에 그 중간에 中郞將 당몽을 보내 그들을 손님으로 접대케 하려고 파촉에서 각각 군사 5백 명을 동원하여 예물을 가지고 가게 하였더니 사자를 호위하는 자들은 이런 뜻을 이해하지 못하였으니 군사를 일으키거나 전투를 할 생각은 처음부터 없었도다. 지금 듣자 하니 군사를 동원하고 백성을 징발한다고 젊은이가 두려워하고 원로들은 걱정하고 있으며, 또 군에서는 멋대로 군량을 운반시켰다 하니 이 모두가 폐하의 본뜻이 아니었도다. 이런 일을 해야 할 자들이 혹은 도망하거나 자해를 했다 하니 이 또한 人臣의 도리가 아니도다.」

原文

「夫邊郡之士, 聞烽擧燧燔, 皆攝弓而馳, 荷兵而走, 流汗相屬, 惟恐居後, 觸白刃, 冒流矢, 議不反顧, 計不旋踵, 人懷怒心, 如報私讐. 彼豈樂死惡生, 非編列之民, 而與巴,蜀異主哉? 計深慮遠, 急國家之難, 而樂盡人臣之道也. 故有剖符之封, 析圭而爵, 位爲通侯, 居列東第. 終則遺顯號於後世, 傳土地於子孫, 事行甚忠敬, 居位甚安佚, 名聲施於無窮, 功烈著而不滅. 是以賢人君子, 肝腦塗中原, 膏液潤埜草而不辭也. 今奉幣役至南夷, 卽自賊殺, 或亡逃抵誅, 身死無名, 謚爲至愚, 恥及父母, 爲天下笑. 人之度量相越, 豈不遠哉! 然此非獨行者之罪也, 父兄之敎不先, 子弟之率不謹, 寡廉鮮恥, 而俗不長厚也. 其被刑戮, 不亦宜乎!」

| 註釋 | ○邊郡之士 – 변방의 군현에 사는 사람들. ○烽擧燧燔(봉거수번) – 봉화가 오르거나 연기가 피면. 燧 횃불 수. 燔 구울 번. ○攝弓而馳(섭궁이치) – 활을 당긴 채 달려가다. 攝 당길 섭. 활시위에 화살을 얹어 당긴 채로. ○冒流矢 – 화살에 맞다. 冒는 당하다. 맞다. ○旋踵(선종) – 돌아서다. 후퇴하다. 踵 발꿈치 종. ○非編列之民 – 호적에 오른 백성이 아니다. 編列은 編戶. ○析圭而爵 – 부절을 쪼개다. 圭는 천자가 제후를 봉할 때 주는 길쭉한 옥돌의 홀. 析 나눌 석. 쪼개다. ○通侯 – 列侯. ○東第 – 第는 甲第. 좋은 집. 장안의 동쪽에 열후의 집들이 줄지어 있기에 東第라 하였다. ○安佚 – 安逸. ○膏液(고액) – 膏血(고혈). ○埜草(야초) – 野草 埜는 野와 同. ○抵誅 – 至誅. ○身死無名 – 身死無善名. ○諡爲至愚 – 후세에 至愚(아주 어리석다)라 불릴 것이다. 諡 시호 시. 죽은 다음의 평가. ○相越 – 相異. ○不先 – 평소에 행하지 않았다. ○寡廉鮮恥 – 염치가 없다. 鮮 고울 선. 드물다. 少也.

〖國譯〗

「대체로 변방 군현에 사는 사람이라면 봉화가 오르고 연기 피는 소식을 들으면 활을 당긴 채 또는 병기를 들고 달려 나가 땀을 흘리면서 혹 뒤처질까 걱정을 하며, 칼날이 들어오고 화살에 맞더라도 되돌아서거나 도망갈 일을 생각지도 않으며, 사람마다 적개심으로 마치 개인 원한을 복수하듯 해야 한다. 이것이 어찌 죽기를 좋아하고 살기가 싫어서 그러겠으며 호적에 오르지 못한 백성도 아니고 巴蜀의 주군이 다른 사람이라서 그러겠는가? 深計遠慮(심계원려)하여 국가의 위난을 먼저 생각하고 人臣의 도리를 다하는 것을 즐겁게 생각한 것이다. 그러면 부절을 갈라 제후에 봉해지고 부절을 쪼개어 작위를 받아 列侯가 되어 장안성 동쪽의 좋은 집에 살게 된다. 죽으면 좋은 봉호를 후세에 남기고 토지를 자손에게 물려줄 수 있으며 살아서 하는 일은 충성과 공경스러운 일이고 매우 편안하게 살 수 있으며 그 명성은 무궁하고 공적은 뚜렷하여 불멸할 것이로다. 이 때문에 賢人君子는 중원에 간뇌를 뿌리고 고혈을 들판에 흘릴지라도 (충성을) 사양하지 않는 것이다. 그런데 예물을 호송하여 南夷의 땅에 가면서 스스로 자해를 하거나 혹은 도망해서 처형된다면 아무런 좋은 이름도 남기지 못하고 죽은 뒤에도 어리석은 사람이라 불리고 부모에게도 치욕을 남기며 천하의 웃음거리가 될 것이다. 사람의 도량이 어찌 이렇게 다를 수 있겠는가! 그러나 이러한 일은 그렇게 한 사람만의 허물은 아니리니 부모가 먼저 가르치지 않았고 자제는 가르침을 따르지 않았기 때문이며 염치가 없고 풍속이 仁厚하지 못한 탓일 것이다. 그런 사람들은 죽어야 당연하지 않겠는가!」

原文

「陛下患使者有司之若彼, 悼不肖愚民之如此, 故遣信使, 曉諭百姓以發卒之事, 因數之以不忠死亡之罪, 讓三老孝弟以不教誨之過. 方今田時, 重煩百姓, 已親見近縣, 恐遠所溪谷山澤之民不遍聞, 檄到, 亟下縣道, 咸諭陛下意, 毋忽!」

| 註釋 | ○恐使者有司之若彼 – 사자나 관리들이 저 사람들(당몽 이하)과 같을까 걱정하다. ○悼不肖愚民之如此 – 여기서 여차는 먼저 도망가거나 자살한 백성. ○信使 – 信人을 보내다. ○曉諭(효유) – 알아듣도록 깨우치고 타이르다. ○數之 – 責之. ○讓三老孝弟 – 三老와 孝弟를 문책하다. 三

老와 孝弟는 백성들 교화를 담당하는 하급 관리. ○教誨(교회) - 가르치고 타이르다. 誨 가르칠 회. ○方今田時 - 때마침 농사철이라서. ○亟下縣道 - 빨리 縣의 蠻夷(만이)에게도 알려. 亟 빠를 극. 縣內의 이민족을 道라고 했다. ○毋忽 - 태만하지 말지어다.

〖國譯〗

「폐하께서는 사자와 有司가 먼저 사람과 같을까 걱정을 하셨고 못난 어린 백성이 또 그러할까 어여삐 여기시어 信使를 보내 백성에게 동원한 경과를 曉諭하게 하시면서 아울러 不忠하여 사망한 죄를 책망하시며 三老와 孝弟가 백성들을 가르치지 못한 허물을 문책케 하시었도다. 마침 농사철이라서 백성들을 여러 번 번거롭게 할 수 없으니 가까운 縣에서 이미 백성들을 만나보았기에 먼 계곡이나 산골에 사는 백성들이 이를 알지 못할까 걱정되나니, 이 격문이 도착하면 빨리 縣의 이민족에게도 알려 모두가 폐하의 뜻을 알도록 할지어라. 이를 태만하지 말라!」

原文

相如還報. 唐蒙已略通夜郎, 因通西南夷道, 發巴,蜀,廣漢卒, 作者數萬人. 治道二歲, 道不成, 士卒多物故, 費以億萬計. 蜀民及漢用事者多言其不便. 是時邛,莋之君長聞南夷與漢通, 得賞賜多, 多欲願爲內臣妾, 請吏, 比南夷. 上問相如, 相如曰, "邛,莋,冉,駹者近蜀, 道易通, 異時嘗通爲郡縣矣, 至漢興而罷. 今誠復通, 爲置縣, 愈於南夷." 上以爲然, 乃拜相如爲中郎將, 建節往使. 副使者王然于,壺棄國,呂越人, 馳四乘之傳, 因巴,蜀吏幣物以賂西南夷. 至蜀, 太守以下郊迎, 縣令負弩矢先驅, 蜀人以爲寵. 於是卓王孫,臨邛諸公皆因門下獻牛,酒以交歡. 卓王孫喟然而嘆, 自以得使女尙司馬長卿晚, 乃厚分與其女財, 與男等. 相如使略定西南夷, 邛,莋,冉,駹,斯榆之君皆請爲臣妾, 除邊關, 邊關益斥, 西至沫,若水, 南至牂牁爲徼, 通靈山道, 橋孫水, 以通邛,莋. 還報, 天子大說.

| **註釋** | ○廣漢 – 郡名. 치소는 今 四川省 綿陽市 관할의 梓潼縣. ○作者 – 인부. ○物故 – 죽다. ○邛(공), 莋(작) – 서남이의 하나인 莋都族(작도족)의 간칭. 본거지는 今 四川省 漢源縣 일대. 邛 언덕 공. 莋 땅이름 작. 풀을 먹다. ○南夷 – 四川省 남부 및 雲南省 일대의 犍爲族(건위족), 牂牁族(장가족)을 지칭. 牂은 羊의 암컷 장. 牁 땅이름 가. ○臣妾 – 役人之賤者 男曰臣 女曰妾. ○比南夷 – 南夷人과 대등하게. ○冉(염) – 서남 지역의 소수민족 이름. 나아갈 염. ○駹(방) – 古는 부족명. 말 이름 방. ○異時 – 지난날. ○中郎將 – 秩 比二千石의 고관. ○馳四乘之傳 – 四乘의 傳車를 몰고 가다. 급한 일을 전하다. ○喟然 – 喟 한숨 위. ○長卿 – 相如의 字. ○與男等 – 아들과 대등하게. ○斯榆(사유) – 漢代 서남지구 부족명. ○邊關益斥 – 변경 관문이 더 서쪽으로 나갔다. 斥은 開廣. ○沫(말), 若水(약수) – 今 四川省 일대의 강 이름. ○牂牁爲徼(장가위요) – 牂牁郡을 邊境으로 하다. 장가군은 今 貴州省 雲南省의 일부. 徼(구할 요)는 塞의 뜻.

〖國譯〗

사마상여는 조정에 돌아와 보고하였다. 唐蒙(당몽)은 이미 夜郎을 경략하였고 이어 西南夷와 통할 수 있는 길을 만들려고 巴郡, 蜀郡, 廣漢郡의 사졸과 인부 수만 명을 동원하였다. 2년간 도로 공사를 했지만 완공하지 못했으며 士卒들이 많이 죽었고 비용은 억 만 전이 넘었다. 蜀의 백성과 漢의 실권자들이 그 피해를 많이 지적하였다. 이때 邛(공)과 筰(작)의 君長들은 南夷가 漢과 왕래하며 많은 상을 받았음을 알고 漢을 섬기는 신하가 되기를 자원하면서 관리를 보내 줄 것과 남이와 대등한 대우를 요청하였다. 무제가 이에 대하여 사마상여에게 묻자, 상여가 말했다.

"邛(공)과 筰(작), 冉(염)이나 駹(방)은 蜀과 가까워 길이 쉽게 뚫릴 것이며 예전에 길이 통해 군현이었는데 漢이 건국될 무렵에 폐지되었습니다. 지금 다시 통하게 되어 현을 설치하게 된다면 南夷보다 나을 것입니다."

무제도 그렇게 생각하면서 상여를 中郎將으로 임명하고 符節을 주어 사자로 보냈다. 副使인 王然于(왕연우), 壺棄國(호기국), 呂越人(여월인) 등은 말 4마리가 끄는 傳車를 몰고 巴郡과 蜀郡 관리를 통해 예물을 西南夷에게 보내 주었다. 상여가 촉군에 이르자 태수와 아래 관리들이 교외까지 나와 영접하였고 현령은 활과 화살을 메고 길을 안내하였으며 사람들은 상여가 폐하의 寵臣(총신)이라고 생각하였다. 이에 卓王孫과 臨邛(임공)의 여러 사람들은 상여의 부하를 통해 소고기와 술을 바치면서 상여를 환영하였다. 탁왕손은 크게 탄식하며 딸을 상여에게 보낸 것이 늦었다고 생각하면서 딸에게 아들과 똑같이 재물을 나누어 주었다. 相如가 사자로서 서남이를 經略하자 공, 작, 염, 방, 斯楡(사유)의 부족장들은 모두 漢의 신하가 되기를 자청하였고 변경 관문을 없애 변관을 더 먼 곳에 설치하였고 서쪽 沫水(말수)와 若水(약수)에 이르렀으며, 남쪽으로는 牂牁郡(장가군)을 변방으로 하여 靈山道를 개통하였으며 孫水(손수)에 다리를 설치하여 邛(공)과 莋(작)의 종족과 교통하였다. 돌아와 보고하자 天子는 크게 기뻐하였다.

原文

相如使時, 蜀長老多言通西南夷之不爲用, 大臣亦以爲然. 相如欲諫, 業已建之, 不敢, 乃著書, 藉蜀父老爲辭, 而己詰難之, 以風天子. 且因宣其使指, 令百姓皆知天子意. 其辭曰,

| 註釋 | ○業已建之 – 근본정책이 이미 마련되었다. ○藉 – 借也. ○詰難(힐난) – 잘못을 따져 비난하다. 詰 물을 힐. 따지다. ○以風天子 – 천자에게 간접적인 충고를 하다. 風은 諷諫(풍간)하다. ○其辭曰 – 〈難蜀父老文〉.

〖國譯〗

사마상여가 사자로 갈 때, 촉군의 長老들은 西南夷와 통교하여도 쓸모가 없을 것이라는 말을 많이 했고 大臣 또한 그렇게 생각하였다. 상여도 충간하고 싶었지만 기본 방침이 이미 섰기에 간쟁하지 못했는데 이제 글로 지어 蜀 원로들이 하는 말이라 하여 자신도 그 정책을 따져보며 천자에게 풍간하려 했다. 또한 사자로서의 취지를 말하여 백성들에게 천자의 뜻을 알리려 하였다. 그 글 〈難蜀父老文〉은 아래와 같다.

原文

〈難蜀父老文〉*

「漢興七十有八載, 德茂存乎六世, 威武紛云, 湛恩汪濊, 群生霑濡, 洋溢乎方外. 於是乃命使西征, 隨流而攘, 風之所被, 罔不披靡. 因朝冉從駹, 定筰存邛, 略斯榆, 擧苞蒲, 結軌還轅, 東鄕將報, 至於蜀都.」

| 註釋 | ○漢興七十有八載 – 건국 후 78년이면 武帝 元光 6년 前 129년이다. ○六世 – 고조, 혜제, 呂后, 문제, 경제, 무제. ○紛云 – 성대한 모양. ○湛恩汪濊(잠은왕예) – 두터운 은혜가 매우 깊고 넓다. 湛 가득히 찰 잠. 즐길 담. 잠길 침. 汪濊는 深廣. 汪 넓을 왕. 濊 깊을 예. ○群生霑濡(군생점유) – 만물이 그 혜택을 두루 받다. 霑 젖을 점. 두루 미치다. 濡 젖을 유. ○洋溢乎方外(양일호방외) – 중국 주변까지 흘러 넘쳐나다. ○攘 – 물리칠 양. ○苞蒲(포포) – 今 雲南省 昆明市 일대. 《史記》에는 '苞滿'. ○結軌還轅(결궤환원) – 수레로 다니는 것을 그만하고 수레를 돌리다. 轅 끌채 원.

〖國譯〗

〈難蜀父老文〉*

「漢 건국 78년, 천자의 大德은 6대에 걸쳐 크게 홍성하여 무위도 극성하였고 그 은택은 깊고도 넓어 만물이 은혜를 받았고 주변에도 흘러 넘쳤습니다. 이에 명을 받아 사자로 서쪽 정벌에 나서니 흐름에 따라 蠻夷를 물리치니 바람이 닿는대로 쏠리지 않는 자가 없었습니다. 그리하여 冉人(염인)을 입조케 하고 駹人(방인)을 따르게 하였으며, 筰(작)을 평정하고 邛(공)을 도왔으며 斯楡(사유)를 경략하고 苞蒲(포포)를 점거하였습니다. 임무를 마치고 수레를 돌려 동쪽에 가서 보고하려고 촉군으로 왔습니다.」

原文

「耆老大夫搢紳先生之徒二十有七人, 儼然造焉. 辭畢, 進曰, "蓋聞天子之於夷狄也, 其義羈縻勿絶而已. 今罷三郡之士, 通夜郎之塗, 三年於茲, 而功不竟. 士卒勞倦, 萬民不贍. 今又接之以西夷, 百姓力屈, 恐不能卒業, 此亦使者之累也, 竊爲左右患之. 且夫邛,筰,西僰之與中國並也, 歷年茲多, 不可記已. 仁者不以德來, 强者不以力並, 意者殆不可乎! 今割齊民以附夷狄, 弊所恃以事無用, 鄙人固陋, 不識所謂.」

| **註釋** | ㅇ耆老 – 노인. 耆 늙은이 기. ㅇ搢紳(진신) – 홀을 큰 띠에 꽂다. 즉 고관. 搢 꽂을 진. 紳 큰 띠 신. ㅇ儼然造焉(엄연조언) – 儼(의젓할 엄). 造는 至也. ㅇ羈縻(기미) – 재갈을 물리거나 고삐로 얽어매다. 羈 굴레 기. 縻 고삐 미. ㅇ而功不竟 – 사업을 끝내지 못하다. ㅇ萬民不贍 – 만민이 가난해지다. 贍 넉넉할 섬. ㅇ力屈 – 屈은 다하다. 消盡하다. ㅇ今割齊民以附夷狄 – 지금 서민이 가진 것을 갈라서 夷狄에게 주다. 齊民은 서민. 夷狄(이적)

은 이민족. ○弊所恃以事無用 – 가진 것을 다 없애가며 무용한 일을 하다. 이민족에게 물자를 주면서 그들을 굴복시키려는 정책을 비난한 말.

〖國譯〗

「늙은 大夫와 搢紳(진신) 선생들 27인이 엄숙하게 나를 찾아왔습니다. 인사를 마치고 그들이 말했습니다. "우리가 알기로는, 천자께서는 이적에 대하여 가축에게 재갈을 물리거나 고삐로 얽어매되 관계를 끊지 않으려는 뜻 같습니다. 지금 3개 郡의 군사들을 동원하여 夜郎으로 통하는 길을 3년이나 공사를 하고 있지만 아직 사업을 끝내지 못하였고 士卒은 지쳤고 백성들은 생활이 어려워졌습니다. 이제 또 서쪽 이민족을 접대하는 일에 백성들은 힘을 다했지만 일을 못 마칠 것 같고 이는 使者(사마상여)에게도 누가 될 것이며 좌우의 많은 사람들이 걱정하는 바입니다. 게다가 邛(공)과 莋(작), 西僰人(서북인)과 중국이 병존한 세월이 오래라서 다 기억할 수도 없습니다. 그들은 중국이 仁者라도 德을 보고 오지도 않을 사람이며 强者라도 힘으로 병합하기도 어렵기에 우리의 생각으로도 거의 불가능한 일입니다. 지금 서민이 가진 것을 갈라서 夷狄에게 주고, 가진 것을 다 없애가며 무용한 일을 하려 하는데 우리가 시골 사람들이라 고루하다지만 이해할 수 없는 일입니다.」

原文

「使者曰, "烏謂此乎? 必若所云, 則是蜀不變服而巴不化俗也, 僕尙惡聞若說. 然斯事體大, 固非觀者之所覯也. 余之行急, 其詳不可得聞已. 請爲大夫粗陳其略.」

| 註釋 | ○使者 - 司馬相如를 자칭. ○必若所云 - 꼭 말한 그대로라면. ○僕尙惡聞若說 - 내가 오히려(尙) 그 같은(若) 말을(說) 어찌 듣겠습니까? 그런 말은 나도 이해할 수 없다는 뜻. ○固非觀者之所覯也 - 정말로(固) 觀者가 보는 그대로는(所覯也) 아니다(非). 당신들이 모르는 바가 있다는 의미. ○粗陳其略 - 그 대략을(其略) 대충(粗) 설명하겠다(陳).

〖國譯〗

「使者(司馬相如)가 말했습니다. "어찌 그런 말을 합니까? 꼭 말한 그대로라면, 蜀 사람들도 蠻夷의 옷을 바꾸지 못했고 巴人도 중국 풍속을 몰랐을 것인데 내가 오히려 그 같은 말을 어찌 듣겠습니까? 그렇지만 이 일은 중대한 일이기에 정말로 방관자가 보는 그대로는 아닙니다. 나도 (장안에서) 급히 떠나왔기에 그 상세한 것은 듣지 못했습니다. 그렇지만 여러분들을 위하여 그 대략을 대충 설명하겠습니다.」

原文

「"蓋世必有非常之人, 然後有非常之事, 有非常之事, 然後有非常之功. 非常者, 固常人之所異也. 故曰非常之元, 黎民懼焉, 及臻厥成, 天下晏如也."」

| 註釋 | ○固常人之所異也 - 정말, 보통 사람에게는 기이한 데가 있다.

이해할 수 없다는 의미. ○非常之元 – 비상한 일의 시작. 元은 시작. ○及臻厥成(급진궐성) – 그것이 이루어질 때에는. 이상한 일이 성취되면. 臻 이를 진(至也). 厥 그 궐. 그것.

〖國譯〗

「"대개, 세상에 필히 非常之人이 있은 연후에 非常之事가 있으며 非常之事가 있은 연후에 非常한 공적이 있는 것입니다. 非常하다는 것은 보통 사람에게 정말 이상한 것입니다. 그러기에 非常한 일의 처음 시작에 백성들은 두려워하지만 일이 이루어지면 천하 사람들은 편안하다고 말을 합니다."」

原文

「昔者, 洪水沸出, 氾濫衍溢, 民人升降移徙, 崎嶇而不安. 夏后氏戚之, 乃堙洪原, 決江疏河, 灑沈澹災, 東歸之於海, 而天下永寧. 當斯之勤, 豈惟民哉? 心煩於慮, 而身親其勞, 躬傶骿胝無胈, 膚不生毛, 故休烈顯乎無窮, 聲稱浹乎于茲."」

| 註釋 | ○沸出 – 닥쳐오다. 넘치다. 沸 끓을 비. ○氾濫衍溢(범람연일) – 넘쳐나다. 氾 넘칠 범. 濫 퍼질 람. 衍 넘칠 연. 溢 넘칠 일. ○民人升降移徙(민인승강이사) – 民人은 人民. 升 올라가다. 昇과 通. 降 내릴 강. ○崎嶇(기구) – 사는 것이 험하다. 崎 험할 기. 嶇 험할 구. ○夏后氏戚之 – 夏禹氏. 戚 슬퍼할 척. 가엽게 여기다. ○乃堙洪原(내인홍원) – 홍수의 근본 원인을 해

결하고자. 堙 막을 인. 洪原은 홍수의 근원. ○決江疏河 – 疏 트일 소. 막힌 곳을 통하게 하다. ○灑沈澹災(쇄침담재) – 灑 뿌릴 쇄. 沈 가라앉을 침. 澹 담박할 담. 災 재앙 재. ○躬傶骿胝無胈(궁척변지무발) – 躬 몸 궁. 傶 살결 척. 骿 굳은살 변. 胝 굳은살 지. 胈 정강이 털 발. ○膚 – 살갗 부. ○休烈 – 아름다운 공덕. ○浹乎于茲 – 浹 두루 미칠 협. 茲은 이것. 지금. 이제. 무 성할 자. 힘쓰다.

〖國譯〗

「예전에 홍수가 발생하여 氾濫(범람)하고 넘칠 때 인민들은 높은 곳이나 낮은 데로 이사를 다니며 살아야만 했고 사는 것이 힘들고 불안하였습니다. 夏禹氏가 이를 가엽게 여겨 홍수의 근원을 해결하고자 강물을 트고 냇물을 흐르게 하고 고인 물을 흘러가게 하여 재앙을 해결하며 물을 동쪽으로 흘려보내 바다로 가게 하여 천하가 안정되었습니다. 이런 힘든 일을 어찌 백성만 했겠습니까? 禹는 마음 고생을 하고 몸에 굳은살이 박혔으며 정강이에 털이 없었고 피부에 털이 나질 못했기에 그 아름다운 공덕이 무궁하게 이어져 칭송의 말이 지금까지 두루 이어지고 있습니다.”」

原文

「“且夫賢君之踐位也, 豈特委瑣握齪, 拘文牽俗, 循誦習傳, 當世取說云爾哉! 必將崇論竑議, 創業垂統, 爲萬世規. 故馳騖乎兼容並包, 而勤思乎參天貳地. 且《詩》不云乎, ‘普天之下, 莫非王土, 率土之濱, 莫非王臣.’ 是以六合之內,八方之外, 浸淫衍溢, 懷生之物有不浸潤於澤者, 賢君恥之. 今封疆之內, 冠帶之倫, 咸獲嘉祉, 靡有闕遺矣. 而夷狄殊俗之國, 遼絶異黨之域, 舟車不通, 人跡罕至, 政敎未加, 流風猶微, 內之則犯義侵禮於邊境, 外之則邪行橫作, 放殺其上, 君臣易位, 尊卑失序, 父兄不辜, 幼孤爲奴虜, 係累號泣. 內鄕而怨, 曰, '蓋聞中國有至仁焉, 德洋恩普, 物靡不得其所, 今獨曷爲遺己!' 擧踵思慕, 若枯旱之望雨, 盭夫爲之垂涕, 況乎上聖, 又烏能已? 故北出師以討强胡, 南馳使以誚勁越. 四面風德, 二方之君鱗集仰流, 願得受號者以億計. 故乃關沬,若, 徼牂牁, 鏤靈山, 梁孫原, 創道德之塗, 垂仁義之統, 將博恩廣施. 遠撫長駕, 使疏逖不閉, 昒爽暗昧得耀乎光明, 以偃甲兵於此, 而息討伐於彼. 遐邇一體, 中外禔福, 不亦康乎? 夫拯民於沈溺, 奉至尊之休德, 反衰世之陵夷, 繼周氏之絶業, 天子之急務也. 百姓雖勞, 又惡可以已哉?"」

| **註釋** | ○踐位 – 卽位. ○豈特委瑣握齪(기특위쇄악착) – 委瑣는 작은 일에 구애되다. 瑣 자질구레할 쇄. 握齪(악착)은 쩨쩨하다. 도량이 좁다. 握 쥘 악. 齪 악착할 착. 齷齪과 같다. ○拘文牽俗(구문견속) – 牽 끌 견. 얽매이다. ○當世取說云爾哉(당세취설운이재) – 說은 悅也. ○崇論竑議(숭론횡의) – 竑 깊을 횡. ○兼容並包(겸용병포) – 兼 겸할 겸. ○參天貳地 – 덕이 하늘과 땅에 짝하다. ○《詩》~ – 《詩經 小雅 北山》. ○普天之下 – 普는 大也. ○率土之濱(솔토지빈) – 濱은 물가 빈(涯也). ○六合 – 天地와 四方. ○浸

浸衍溢(침음연일) – 浸 담글 침. 衍 넘칠 연. 溢 넘칠 일. ○封疆(봉강) – 경계 안의 땅. 영역. ○冠帶之倫 – 冠을 쓰고 띠를 두른 무리. 官吏. ○咸獲嘉祉(함획가지) – 祉 복 지. 하늘에서 내리는 복. ○靡有闕遺矣 – 闕遺(궐유)는 빠트린 것. ○人跡罕至(인적한지) – 인적이 거의 없다. 罕 드물 한(罕也). ○內之 – 받아들이다. ○外之 – 물리치다. 배척하다. ○不辜 – 죄가 없다. 辜 허물 고. ○係累號泣(계루호읍) – 묶여 끌려가면서 통곡하다. ○德洋恩普 – 덕이 넘치고 은혜를 널리 베풀다. 洋은 많다. ○內鄕而怨 – 중국을 향하여 원망하다. 司馬相如가 볼 때 內는 자기 나라 漢이다. 鄕은 向. ○今獨曷爲遺己 – 지금 어찌 우리만 버려두는가? 曷 어찌 갈. 遺 끼칠 유. 버리다. ○盭夫爲之垂涕(여부위지수체) – 포악한 자라도 이들(蠻夷)들을 위해 눈물을 흘리다. 盭 어그러질 려(戾의 本字). ○討强胡 – 강한 흉노를 토벌하다. ○誚勁越(초경월) – 억센 越人들을 꾸짖다. 誚 꾸짖을 초. ○二方之君 – 西夷와 南夷의 君長. ○鏤靈山(누령산) – 鏤 새길 루. 소통할 길을 뚫다. ○梁孫原 – 손수의 근원에 교량을 설치하다. ○使疏逖不閉(사소적불폐) – 먼 지역 만이까지도 소통하다. 疏(트일 소). 逖 멀 적. ○昒爽暗昧(흘상암매) – 昒爽은 새벽. 昒 새벽 흘. 爽 시원할 상. 暗昧는 어둡다. 昧 캄캄할 매. 동트기 전. ○遐邇一體(하이일체) – 遐 멀 하. 邇 가까울 이. ○中外禔福(중외제복) – 중외가 함께 복을 누리다. 禔 편안할 제. 복 지. ○夫拯民於沈溺(부증민어침닉) – 고통에 빠진 백성을 구해내다. 拯 건질 증. 돕다. ○反衰世之陵夷 – 타락한 세상으로 바뀌는 것을 막다. 陵夷(능이)는 빨리 바뀌다. ○繼周氏之絶業 – 왕도 정치의 단절된 위업을 이어가다. 계승하다.

〖國譯〗

「대개 賢君이 즉위하면 어찌 고작 사소한 일에만 구애되어 문서에 얽매이고 세속에만 따라가며 경전이나 배운 것만 익히고 세상 사람들이 좋아하는 일만 하겠습니까! 필히 숭고하고도 깊은 논의를 하며 大業을 이루고 시범을 보여 만세에 이어갈 규범을 만들어야 합니다. 그래서 모든 것을 다 포용하고 덕이 하늘과 땅에 짝하는 일에 힘을 써야만 하는 것입니다. 그래서 《詩》에서도 '넓고 큰 하늘 아래 왕토가 아닌 곳이 없고 온 땅에 왕의 신하가 아닌 이가 없도다.' 라고 하였으니, 이는 天地와 四方과 八方의 먼 곳까지라도 폐하의 덕이 물처럼 스며들어 넘쳐나야 하니 만물로 태어나 그 혜택을 받지 못하는 자가 있다면 賢君은 이를 부끄럽게 생각하는 것입니다. 경계 지역 안의 관리나 백성들은 모두 이처럼 아름다운 혜택을 누리며 못 받은 자가 없습니다. 그러나 夷狄(이적)으로 풍속을 달리하는 지역의 아주 먼 지역에서는 배나 수레도 통하지 못해 중국인의 인적도 거의 없으며 정치적 교화도 이루어지지 않고 풍속의 교화도 미약한 지역인데 이들을 우리가 받아들이면 변경에서 의례를 어긴다 하고 우리가 배척한다면 그 나라 안에서 멋대로 횡행하고 상관을 죽이거나 군신의 자리를 바꾸고 높고 낮은 자의 질서도 없으며 죄도 없는 부형이나 어린아이들이 포로로 잡혀 묶여 끌려가면서 통곡하게 됩니다.

중국을 향하여 원망하기를 '듣건대, 中國에는 지극히 어진 천자가 있어 그 덕이 넘치고 은혜를 널리 베풀어 그 혜택을 입지 않은 사람이 없다는데 지금 어찌 우리만 버려두는가?' 하면서 발꿈치를 들며 간절히 바라기를 마치 가뭄에 비를 바라듯 하니 포악한 자라도 이들을(蠻夷) 위해 눈물을 흘리지 않을 수 없으니 하물며 上聖(天子께서) 어찌 모른 척 하시겠습니까? 그래서 북쪽으로 군사를 보내어 강한 흉노를 토벌하였고 남쪽으로 사신을 보내어 억센 越人들을 꾸짖고 사방으로 덕을 베풀어 西夷와 南夷의 君長들이 고기비늘처럼 줄지어 은덕을 사모하는 자를 이루 다 셀 수가 없었습니다. 그래서 沫水(말수)와 若水(약수)를 관문으로 하고 牂牁(장가)를 변강의 요새로 삼았으며 靈山(영산)을 뚫어 소통할 길을 내었고 孫水의 근원에 橋梁(교량)을 설치하여 '道德의 길'을 열었으며, '仁義의 大統'을 세웠으며 은혜를 널리 베풀어 먼 지방까지 미치게 할 것이며, 먼 지역에 사는 蠻夷까지도 소통하게 하여 해뜨기 전처럼 깜깜한 밤을 빛나는 光明으로 채워 여기에서는 무기를 버리고 저쪽에 대한 정벌을 그치게 할 것입니다. 그러면 먼 지방과 가까운 중국이 하나가 되고 中外가 함께 복을 누릴 수 있으니 어찌 편안하지 않겠습니까? 고통에 빠진 백성을 구해내는 일은 至尊의 큰 덕을 높이 받들며 쇠퇴해가는 세태를 막고 옛 周公의 왕도를 계승하는 일은 천자가 급히 해야 할 일입니다. 백성들이 좀 힘들어 한다고 어찌 그만 둘 수 있겠습니까?」

原文

「"且夫王者固未有不始於憂勤, 而終於佚樂者也. 然則受命之符合在於此. 方將增太山之封, 加梁父之事, 鳴和鸞, 揚樂頌, 上咸五, 下登三. 觀者未睹指, 聽者未聞音, 猶焦朋已翔乎寥廓, 而羅者猶視乎藪澤, 悲夫!"」

| 註釋 | ○未有不 - 아닌 것이 있지 않다. 이중부정은 긍정. ○佚樂(일락) - 逸樂과 동. 佚 편안할 일. ○太山之封 - 泰山에서의 봉선 의식. ○梁父(양보) - 태산에 속한 작은 산. 梁甫라고도 표기. 여기서 地神을 제사했다. 今

山東省 泰安市 관할 新泰市. ○上咸五,下登三 - (漢의 德은) 위로는 五帝의 덕과 같고 아래로는 三王보다 더 났다. 咸은 同等. 登은 出其上(위에 있다). ○觀者 - 방관하는 자. ○焦朋(초붕) - 봉황과 비슷한 새의 이름. ○廖廓(요곽) - 광활하고 텅 빈 하늘. 廖 휑할 요. 텅 비다. 廓 둘레 곽. ○羅者猶視乎藪澤 - 그물을 치려는 자는 아직도 덤불 속을 보고 있다. 羅 새 그물 라. 벌리다. 藪 늪 수. 덤불.

〖國譯〗

「"그리고 王者란 걱정하며 부지런히 정사를 살피는데서 시작하여 백성을 안락하게 하는 일로 끝을 내지 않는 자가 없으니 천명을 받았다는 징표는 이런 일에 있는 것입니다. 지금 천자께서는 泰山에서 단을 쌓아 하늘에 제사하고 梁父(양보)에서 제사하려 하시며 鸞(난)새의 방울을 울리고 칭송하는 악곡을 울리려 하시니, 漢의 德은 위로는 五帝의 덕과 같고 아래로는 三王 위에 있다고 할 수 있습니다. 이런 일을 옆에서 보는 사람은 그 뜻을 모르고 듣는다 하여도 그 소리를 모르니 焦朋(초붕)은 이미 텅 빈 하늘을 나는데 그물을 치려는 자는 아직도 덤불 속을 보고 있으니 그저 슬플 뿐입니다."」

原文

「於是諸大夫芒然喪其所懷來, 失厥所以進, 喟然並稱曰, "允哉漢德, 此鄙人之所願聞也. 百姓雖勞, 請以身先之." 敞罔靡徙, 遷延而辭避.」

| 註釋 | ○茫然 – 어리둥절한 모양. 茫然自失. ○允哉漢德 – 漢의 덕은 대답하도다. 允 미쁠 윤. 진실로(信也). 적당하다. ○敞罔靡徙(창망미사) – 敞罔은 뜻을 잃은 모양. 悵惘(창망)과 同. 靡徙는 스스로 물러나다. ○遷延而辭避(천연이사피) – 물러나 더 말이 없다.

〖國譯〗

「이에 여러 대부들은 망연히 하고 싶었던 말을 잃고 답변할 생각도 잊은 채 탄식하며 함께 말했다. "漢의 德은 대단합니다. 이는 우리 같은 촌사람이 듣고 싶었던 이야기입니다. 백성들도 힘들겠지만 이 몸이 앞장서겠습니다." 그리고서는 망연자실한 듯 물러나 하직하고 말이 없었습니다.」

原文

其後人有上書言相如使時受金, 失官. 居歲餘, 復召爲郎. 相如口吃而善著書. 常有消渴病. 與卓氏婚, 饒於財. 故其事宦, 未嘗肯與公卿國家之事, 常稱疾閒居, 不慕官爵. 嘗從上至長楊獵. 是時天子方好自擊熊豕, 馳逐野獸, 相如因上疏諫. 其辭曰,

| 註釋 | ○口吃(구흘) – 말을 더듬다. ○消渴病(소갈병) – 당뇨병. ○長楊 – 궁궐 이름. 舊基는 今 陝西省 西安市 周至縣. ○熊豕(웅시) – 곰과 멧돼지. ○其辭曰 – 〈上疏諫獵〉.

〖國譯〗

그 뒤에 어떤 사람이 상여가 사신으로 가면서 돈을 받았다고 하여 관직을 잃었다. 일 년 뒤에 다시 불려가 낭관이 되었다.

相如는 말을 더듬었지만 글을 잘 지었다. 늘 당뇨병을 앓았다. 卓氏와의 결혼으로 재물은 풍족하였다. 때문에 그는 관직생활에서 公卿과 함께 국가대사를 논의하려 하지 않고 늘 병을 핑계로 한가하게 지내며 官爵(관작)을 탐내지 않았다. 무제를 따라 長楊宮에 가서 사냥을 했다. 그때 天子는 곰이나 멧돼지를 쏘고 들짐승 추격하기를 좋아하였기에 상여는 상소하여 이를 간하였다. 그 글은 아래에 있다.

原文

〈上疏諫獵〉*

「臣聞物有同類而殊能者, 故力稱烏獲, 捷言慶忌, 勇其賁,育. 臣之愚, 竊以爲人誠有之, 獸亦宜然. 今陛下好陵阻險, 射猛獸, 卒然遇逸材之獸, 駭不存之地. 犯屬車之淸塵, 輿不及還轅, 人不暇施巧, 雖有烏獲,逢蒙之技不能用, 枯木朽株盡爲難矣. 是胡越起於轂下, 而羌夷接軫也, 豈不殆哉! 雖萬全而無患, 然本非天子之所宜近也.」

| 註釋 | ○烏獲(오획) – 秦 武王의 力士. 千斤의 무게를 들 수 있었다. ○慶忌(경기) – 吳王 僚의 아들. 활을 재빨리 쏘았다. ○賁,育 – 孟賁과 夏育. 戰國시대의 용사. ○犯屬車之淸塵 – 수행하는 수레들의 먼지를 무릅쓰고. ○輿不及還轅 – 수레를 돌릴 겨를이 없다. ○逢蒙(봉몽) – 옛날의 유명

한 弓手. ○羌夷接軫也 - 서방 羌族이 수레 뒷쪽의 가로막대에 달려들다. 軫 수레 뒤턱의 나무 진.

〖國譯〗

〈上疏諫獵〉*

「臣이 알기로는, 만물은 同流라도 능력이 다르다고 하였으니 그래서 힘이라면 烏獲(오획)을 말하고, 민첩하기로는 慶忌(경기)가 있으며, 용감한 사람으로는 孟賁(맹분)과 夏育(하육)이 있었습니다. 신의 어리석은 생각이지만 사람에게 그런 차이가 있다면 짐승 역시 그러할 것입니다. 지금 폐하께서는 위험을 무릅쓰고 맹수 사냥을 좋아하시지만 갑자기 대단한 힘을 가진 짐승이라도 만난다면 놀라 안전한 곳을 찾을 겨를이 없을 것입니다. 맹수가 수레의 먼지 뒤를 따라온다면 수레를 돌릴 겨를도 없이 또 재치 있게 대처할 수도 없을 것이니 비록 烏獲(오획)이나 逢蒙(봉몽)의 힘도 쓸 겨를이 없을 것이며 썩은 나뭇가지나 그루터기로도 해를 당할 수 있을 것입니다. 이는 흉노나 越人이 수레 바퀴통에서 튀어나오고 羌族(강족)이 수레 뒤의 막대를 따라오는 것과 같으니 어찌 위험하지 않겠습니까! 비록 만전을 기하여 위험하지 않다고 하더라도 천자가 처음부터 가까이 할 곳이 아닙니다.」

原文

「且夫淸道而後行, 中路而馳, 猶時有銜橛之變. 況乎涉豐草, 騁丘虛, 前有利獸之樂, 而內無存變之意, 其爲害也不亦難矣! 夫輕萬乘之重不以爲安, 樂出萬有一危之塗以爲娛, 臣竊爲陛下不取. 蓋明者遠見於未萌, 而知者避危於無形, 旤固多藏於隱微而發於人之所忽者也. 故鄙諺曰, "家絫千金, 坐不垂堂." 此言雖小, 可以諭大. 臣願陛下留意幸察.」

| 註釋 | ○銜橛之變(함궐지변) – 말 재갈이 풀린다든지 수레 굴대가 부러지는 것 같은 뜻밖의 변고. 橛 말뚝 궐. ○涉豐草 – 풀이 무성한 곳을 지나다. ○騁丘虛(빙구허) – 산언덕을 달리다. 騁 달릴 빙. 丘虛는 언덕. 丘墟와 同. ○利獸之樂 – 짐승을 쫓는 재미. ○未萌(미맹) – 싹이 나기 전. 일이 발생하기 전. ○旤 – 禍의 古字. ○鄙諺(비언) – 속된 말. 俗言. 諺 상말 언. ○坐不垂堂 – 집의 가장자리에 앉지 않다. 추락 위험을 예상하다.

〖國譯〗

「그리고 길을 치우고 출행하더라도 중간에 달리다 보면 때로는 재갈이 풀리거나 굴대가 부러지는 일이 있습니다. 하물며 풀이 무성한 곳이나 산언덕을 달리며 짐승을 추격하는 재미 때문에 마음속으로 변고를 생각하지 못할 수 있어 그 위험 또한 피하기 어려울 것입니다! 대체로 萬乘의 천자의 몸을 경시하며 안전을 생각하지 않는다면 또 다만 하나라도 위험한 곳을 기꺼이 나가서 즐기는 일을 폐하께서 취하지 않으시리라 저는 생각합니다. 명철한 사람은 일이 생기기 전에 멀리 보고 지혜로운 사람은 보이지 않는 위험도 미리 피하며, 재앙은 안 보이는 곳에 숨어 있다가 사람이 소홀할 때 일어나게 됩니다. 그래서 속담에도 "천금을 쌓아둔 부자는 집의 가장자리에 앉지 않는다."고 하였습니다. 이 말은 비록 작지만 큰 뜻을 깨우쳐 줍니다. 저는 폐하께서 이점을 유념하시고 살펴보시길 바랍니다.」

原文

上善之. 還過宜春宮, 相如奏賦以哀二世行失. 其辭曰,

〈哀秦二世賦〉*

「登陂陁之長阪兮, 坌入曾宮之嵯峨. 臨曲江之隑州兮, 望南山之參差. 巖巖深山之谾谾兮, 通谷豁乎谽谺. 汩淢靸以永逝兮, 注平皐之廣衍. 觀衆樹之蓊薆兮, 覽竹林之榛榛. 東馳土山兮, 北揭石瀨. 弭節容與兮, 歷弔二世. 持身不謹兮, 亡國失勢. 信讒不寤兮, 宗廟滅絶. 烏乎! 操行之不得, 墓蕪穢而不修兮, 魂亡歸而不食.」

| 註釋 | ○宜春宮(의춘궁) – 秦의 離宮. 2세 황제 胡亥(호해)가 閻樂에게 피살된 곳. ○登陂陁之長阪兮 – 陂 비탈 피. 陁 비탈질 타. 비스듬할 이. ○坌入曾宮之嵯峨 – 坌 티끌 분. 모이다. 모여들다. 嵯峨(차아)는 높은 모양. 嵯 우뚝 솟을 차. 峨 높을 아. ○臨曲江之隑州兮 – 曲江은 水名. 隑州는 길게 형성된 강가의 땅. 隑 굽은 언덕 기. 사닥다리 개. ○望南山之參差 – 南山은 終南山. 參差(참차)는 들쑥날쑥하다. ○巖巖深山之谾谾兮 – 巖巖(암암)은 돌이 중첩되어 험한 모양. 谾 골 휑할 홍. ○通谷豁乎谽谺 – 谽 골 휑할 함. 谺 골 휑할 하. ○汩淢靸以永逝兮 – 汩 빠질 골. 淢 빨리 흐를 역. 靸 어린애의 신 삽. 가볍게 오르는 모양. ○注平皐之廣衍 – 廣衍(광연)은 넓은 강. ○觀衆樹之蓊薆兮 – 蓊 꽃줄기 옹. 초목이 우거진 모양. 薆 숨길 애. 초목이 무성하다. ○覽竹林之榛榛 – 榛 개암나무 진. 덤불. 숲이 우거진 모양. ○東馳土山兮 – 馳 달릴 치. ○北揭石瀨 – 揭 옷을 걷어 올리고 건너가다. 瀨 여울 뇌(뢰). 급류. ○弭節容與兮 – 弭節(미절)은 수레를 멈추다. 容與는 잠시 머물다. ○操行之不得 – 操行은 品行. 행실. ○墓蕪穢而不修兮 – 蕪 거칠어질 무.

穢 더러울 예. ○魂亡歸而不食 – 《史記》에는 이 구절 뒤로 5句가 더 있다.」

〖國譯〗

무제는 상여를 칭찬하였다. 돌아오면서 宜春宮(의춘궁)을 지나갔는데, 司馬相如는 秦 二世의 失行을 조상하는 부를 지어 올렸는데 그 글은 아래와 같다.

〈哀秦二世賦〉*

「긴 비탈길을 올라가, 함께 우뚝 솟은 궁궐에 들어갔다네.
曲江의 긴 물가에 서서, 들쑥날쑥한 남산을 멀리 보노라.
돌 많고 험한 산, 탁 트인 골짜기는 휑하기만 하도다.
빠르게 멀리멀리 흘러서, 평지의 넓은 강으로 흘러든다.
무성하게 자란 많은 나무를 보고, 울창한 대숲을 바라본다.
동쪽의 흙산 지나 저 멀리, 북쪽 돌밭 여울을 건넜다.
수레 멈추고 잠시 머물며, 二世의 행적을 슬퍼하노라.
행실을 조심하지 않아, 나라는 망하고 권세도 잃었도다.
참언을 믿고 깨닫지 못하였고, 종묘도 끊겨 사라졌도다.
嗚乎라! 행실이 고약하여
묘는 황폐한데도 돌보지 않아, 혼령은 갈데없고 제사도 없도다.」

原文

相如拜爲孝文園令. 上旣美子虛之事, 相如見上好僊, 因曰, "上林之事未足美也, 尙有靡者. 臣嘗爲〈大人賦〉, 未就,

請具而奏之." 相如以爲列僊之儒居山澤間, 形容甚臞, 此非帝王之僊意也, 乃遂奏〈大人賦〉. 其辭曰,

| 註釋 | ○孝文園令 - 文帝의 능 관리인. 秩 6百石. ○僊 - 신선 선(仙)과 同. 춤출 선. ○靡 - 麗. 화려하다. ○〈大人賦〉 - 大人은 황제를 지칭. 황제를 全知全能한 신선으로 생각했다. 또 大人은 有德者의 뜻으로 '大人不責小人過' 라는 말도 있다. ○儒 - 術士. 도술이 있는 사람. ○甚臞 - 몹시 수척하다. 臞 여윌 구.

〖國譯〗

司馬相如는 문제의 陵園令에 임명되었다. 무제가 전에 〈子虛之賦〉를 칭찬했었는데 상여는 무제가 仙道를 좋아하는 것을 알고 말했다.

"〈上林賦〉가 아름다운 문장으로는 부족하지만 이보다 더 美麗한 것이 있습니다. 臣이 전에 〈大人賦〉를 지었는데 아직 다 마치지는 못했지만 완성하여 올리고자 합니다."

相如는 여러 신선은 산이나 물가에 살면서 신체가 여위었을 것이라고 여겼지만 이는 제왕이 그리는 신선이 아닐 것이라 생각하면서 〈大人賦〉를 완성하여 올렸다. 그 글은 다음과 같다.

原文

〈大人賦〉*

「世有大人兮, 在乎中州. 宅彌萬里兮, 曾不足以少留. 悲

世俗之迫隘兮，朅輕擧而遠遊．乘絳幡之素蜺兮，載雲氣而上浮．建格澤之修竿兮，總光耀之采旄．垂旬始以爲幓兮，曳慧星而爲髾．掉指橋以偃蹇兮，又猗抳以招搖．攬欃搶以爲旌兮，靡屈虹而爲綢．紅杳眇以玄湣兮，猋風湧而雲浮．駕應龍象輿之蠖略委麗兮，驂赤螭青虯之蚴蟉宛蜒．低卬夭蟜裾以驕驁兮，詘折隆窮躩以連捲．沛艾赳螑仡以佁儗兮，放散畔岸驤以孱顔．跮踱輵螛容以骫麗兮，蜩蟉偃寋怵㚟以梁倚．糾蓼叫踏以艐路兮，蔑蒙踊躍騰而狂趡．莅颯卉歙猋至電過兮，煥然霧除，霍然雲消．」

| 註釋 | ○世 – 인간 사회. 現世. ○兮 – 詩歌에 흔히 쓰이는 어조사. 문장의 끝에 쓰여 감탄이나 찬탄의 뜻을 나타냄. 문장의 중간에 쓰여 語勢를 멈추었다가 다음 구를 이어준다. ○中州 – 중국. 인간 세상의 중심지라는 뜻. ○宅彌萬里兮 – 彌 두루 미. ○悲世俗之迫隘兮 – 迫隘(박애)는 궁색하고 협착하다. 隘 좁을 애. ○朅輕擧而遠遊 – 朅 떠나갈 걸. ○乘絳幡之素蜺兮 – 乘은 몰다(駕也). 絳 진홍 강. 幡 깃발 번. 素蜺는 흰 무지개. 蜺 무지개 예. ○建格澤之修竿兮 – 格澤은 황백색의 별 이름. 修竿은 높은 장대. 修 길다. 높다. ○總光耀之采旄 – 總은 묶어 매다. 旄 깃대 장식 모. ○垂旬始以爲幓兮 – 垂 드리울 수. 늘어뜨리다. 旬始는 북방에 보이는 별 이름. 幓 수레 휘장 삼, 깃발 삼. ○曳慧星而爲髾 – 曳 끌 리. 髾 상투 소. 여러 깃털로 장식하다. ○掉指橋以偃蹇兮 – 掉 흔들 도. 指橋는 바람에 흔들리다. 偃蹇(언건)은 깃발이 펄럭이는 모습. 偃 쓰러질 언. 蹇은 磬(경, 악기 이름)을 칠 건. ○又猗抳以招搖 – 猗抳(의니)는 부드럽게 흔들리다. 猗 아름다울 의. 抳 가리킬 니. 招搖는 깃발을 흔들다. ○攬欃搶以爲旌兮 – 欃搶(참창)은 彗星

(혜성). 攬 잡을 람. 攙 찌를 참. 攙 당을 창. 旌 깃발 정. ○靡屈虹而爲綢 – 靡 고울 미. 화려하다. 虹 무지개 홍. 綢 쌀(포장)도. 얽을 주. ○紅杳眇以玄滑兮 – 杳眇(묘묘)는 깊고도 멀다. 杳 아득할 묘. 眇 희미할 묘, 애꾸눈 묘. 玄滑은 혼합하다. 滑 어두울 면. 뒤섞여 합해지다. ○猋風湧而雲浮 – 猋風은 세찬 회오리바람. 猋 개가 달리는 모양 표. 湧 샘솟을 용. ○駕應龍象輿之蠖略委麗兮 – 應龍은 날개 달린 龍. 象輿는 큰 수레. 蠖略(확략)은 나아가다 멈추다 하는 모양. 龍이 나가는 모양. 蠖은 자벌레 확. 委麗(위려)는 화려하다. ○驂赤螭青虯之蚴蟉宛蜒 – 驂 곁마 참. 赤螭는 붉은 蛟龍(교룡). 青虯(청규)는 푸른 虯龍(양쪽 뿔이 있는 용). 蚴蟉(유료)는 꿈틀거리다. 蚴 꿈틀거릴 유. 蟉 머리 흔들 료. 용이 머리를 흔들며 가는 모양. 宛蚴은 길게 굽어 나아가다. 蚴 도마뱀 연. ○低卬夭蟜裾以驕驁兮 – 低 낮추다. 卬 오를 앙. 올리다. 夭蟜(요교)는 용이 날아오르는 모양. 蟜 독충 교 裾 옷자락 거. 목을 늘리다. 驕驁 교만하다. 驕 교만할 교. 驁 준마 오. 말이 거칠게 놀다. ○詘折隆窮躩以連捲 – 詘折(굴절)은 고개를 숙이다. 隆窮(융궁)은 고개를 들다. 躩 바삐 갈 곽. 머뭇거리는 모양. 連捲 돌돌 말다. 똬리를 틀다. ○沛艾赳螑仡以佁儗兮 – 沛艾(패애)는 고개를 들고 요동치는 모양. 赳螑(규후)는 용이 몸을 솟구쳤다 낮췄다 하면서 나아가는 모양. 仡 머리를 들 흘. 佁儗(이의)는 막혀서 나가지 못하다. 沛 늪 패. 쑥 애. 赳 용맹할 규, 螑 용이 고개 꿈틀거릴 휴. ○放散畔岸驤以孱顔 – 畔岸(반안)은 제멋대로 하다. 驤 말이 머리를 쳐들 양. 孱顔(잔안)은 들쑥날쑥하다. 孱 나약할 잔. ○跮踱輵螛容以骩麗兮 – 跮踱(치탁)은 진퇴가 갑작스런 모습. 輵螛(갈할)은 눈알을 굴리고 혀를 내밀다. 骩麗(위려)는 좌우로 나타나다. 跮 머뭇거릴 치. 踱 맨발 탁. 輵 수레 소리 갈. 螛 눈 굴리며 혀 날름거릴 할. 骩 굽을 위. 麗 고울 려. ○蜩蟉偃寋怵㚟以梁倚 – 蜩蟉(조료)는 머리를 흔들다. 偃寋(언건)은 펄럭거리는 모습. 怵㚟(출체)는 분주히 달아나다. 梁倚는 서로 의지하다. 蜩 매미 조. 용이 머리를 꿈틀대다. 蟉 머리 흔들 료. 偃 쓰러질 언. 怵 두려워할

출. 彘 돼지 체. ○糾蓼叫踏以艐路兮 – 糾蓼(규료)는 둘러싸다. 叫踏(규답)은 서로 부르다. 艐路(종로)는 땅에 내려서다. 糾 끌어 모을 규. 蓼 풀이름 요. 艐 배(船)가 모래에 박힐 종. ○蔑蒙踊躍騰而狂趡 – 蔑蒙(멸몽)은 날아오르는 모습. 踊躍(용약)은 뛰어 오르다. 騰 오를 등. 蔑 벌레 이름 멸. 蠛과 同. 蒙 입을 몽. 踊 뛸 용. 躍 뛸 약. 趡 달릴 초. ○莅颯卉歙焱至電過兮 – 莅颯(이삽)은 빨리 달리다. 莅 다다를 리. 颯 바람 소리 삽. 卉 풀 훼. 歙 줄일 흡. 움츠리다. 焱 불꽃 염. ○煥然霧除 – 煥 빛날 환. 불꽃. 霧 안개 무. ○霍然雲消 – 霍 빠를 곽.

〖國譯〗

〈大人賦〉*

「세상에 大人이 있어 중국에 살고 있다네.

집이 만 리에 걸쳐 있지만 잠시 머물기에는 마음이 차지 않았도다.

궁색하고 좁은 세속 인심을 슬퍼하며, 가뿐한 마음 멀리 유람하도다.

붉은 깃발에 무지개 白氣를 몰아서, 雲氣를 타고 위로 떠올랐다.

格澤(격택)의 긴 장대를 세우고, 광채 나는 장식을 매달아 꾸몄도다.

旬始(순시)의 별을 드려 깃발을 꾸미고, 혜성을 모아 깃발을 대신했다.

깃발은 바람에 나부껴 펄럭이고, 부드럽게 흔들려 또 펄럭였다.

欃槍(참창)을 붙잡아 깃발로 만들고, 굽고 굽은 무지개로 깃발을 감쌌다.

아득한 붉은 빛 멀리서 뒤섞이고, 회오리 바람은 구름처럼 피어난다.

應龍과 象輿를 몰아 멋지게 빨리 달리고 멈추다가,

赤龍과 靑龍에 수레를 매니 머리를 들며 쭉쭉 나아간다.

내리고 오르며 거침없이 당당하게, 고개를 흔들며 구불구불 달린다.

다시 솟구쳤다 낮추며 나아가다 멈추면서, 멋대로 고개들고 들쑥날쑥하도다.

확 나가고 물러서며 눈 굴리고 혀 내밀며 좌우로 따르고,

머리를 흔들며 뒤집어 빨리 나르면서 서로 기댄다.

서로 둘러싸 부르고 엉키다가 땅에 내려섰다가,

날아 오르고 뛰어 올라 미친 듯이 달려간다.

빠르게 날아 불덩이나 번개처럼 명멸하더니,

밝게 빛나다가 안개처럼 사라지며,

어느 새 구름처럼 저 멀리로 날아간다.」

原文

「邪絶少陽而登太陰兮, 與眞人乎相求. 互折窈窕以右轉兮, 橫厲飛泉以正東. 悉征靈圉而選之兮, 部署衆神於搖光. 使五帝先導兮, 反大壹而從陵陽. 左玄冥而右黔雷兮, 前長離而後矞皇. 厮征伯僑而役羨門兮, 詔岐伯使尙方. 祝融警而蹕御兮, 淸氣氛而后行. 屯余車而萬乘兮, 綷雲蓋而樹華旗. 使句芒其將行兮, 吾欲往乎南娭.」

| 註釋 | ○邪絶少陽而登太陰兮 – 邪絶은 옆으로 가로지르다. 少陽은 동쪽 끝. 太陰은 北極. ○與眞人乎相求 – 眞人은 仙人. 神仙. ○互折窈窕以右轉兮 – 窈窕(요조)는 아주 深遠한 모양. 窈 그윽할 요. 窕 정숙할 조. 以右轉兮는 서쪽으로 나아가다. ○橫厲飛泉以正東 – 厲는 건너가다. 厲 갈(磨)려. 飛泉은 전설의 곤륜산 서남의 계곡. ○悉征靈圉而選之兮 – 靈圉는 仙人. 圉 마부 어. ○部署衆神於搖光 – 搖光(요광)은 별 이름. 북두칠성의 7번째 별. ○使五帝先導兮 – 五帝는 동서남북과 중앙의 神. ○反大壹而從陵陽 – 反은 돌려보내다. 大壹(대일)은 太一. 天神 중 고귀한 신. 大壹은 五帝의 보필을 받는다고 생각하였다. 陵陽(능양)은 전설 속의 신선인 陵陽自明. ○左玄冥而右黔雷兮 – 玄冥은 水神 또는 雨神. 黔雷(검뢰)도 水神 중 하나. ○前長離而後矞皇 – 長離는 靈鳥인 朱雀(주작). 矞皇(율황)은 神名. ○廝征伯僑而役羨門兮 – 廝는 일을 시키다. 廝 하인 시. 征伯僑(정백교)는 신선. 姓이 征. 羨門(선문)은 碣石山의 신선인 羨門高. ○詔岐伯使尙方 – 岐伯(기백)은 黃帝의 신하로 名醫이었다. 尙方은 方藥을 주관하다. ○祝融警而蹕御兮 – 祝融은 남방 炎帝의 신하. 짐승 몸에 人面. 火神. 蹕 길 치울 필. 통행을 금지시키다. 御는 禦(막을 어). ○淸氣氛而后行 – 氛 기운 분. 惡氣. 조짐. ○屯余車而萬乘兮 – 屯 진칠 둔. ○綷雲蓋而樹華旗 – 綷 오색 비단 최. 蓋는 수레의 덮개. 樹 나무 수. 세우다. ○使句芒其將行兮 – 句芒(구망)은 나무의 신(木神). ○吾欲往乎南娭 – 娭 희롱할 희. 장난치다. 계집종 애.

〖國譯〗

「옆으로 동쪽 끝에 갔다가 북극으로 가, 신선과 서로 만나도다.

함께 돌아 유유히 서쪽으로 날아가서, 飛泉을 질러 正東으로 날아가도다.

신선을 모두 모아 다시 뽑아서, 七星이 여러 신선의 할 일을 나누어준다.

五帝를 앞서 나아 가게 하여, 太一神을 보내고 陵陽自明을 데려 가도다.

왼쪽에 玄冥, 우측에 黔雷(검뢰)를 데리고서, 朱雀은 앞에, 뒤엔 矞皇(율황)을.

征伯僑(정백교)와 羨門高(선문고)를 시켜, 岐伯(기백)을 불러 치료케 한다.

祝融(축융)은 갈 길을 치우고 막아, 기분을 좋게 한 뒤에 행차한다.

大人의 수레를 모으니 萬乘이니, 오색비단 덮개에 화려한 깃발!

句芒(구망)을 불러 행렬 앞에 세우고, 大人은 남쪽에서 즐기겠노라.」

原文

「歷唐堯於崇山兮, 過虞舜於九疑. 紛湛湛差錯兮, 雜遝膠輵以方馳. 騷擾衝蓯其紛挐兮, 滂濞泱軋麗以林離. 攢羅列聚叢以蘢茸兮, 衍曼流爛痑以陸離. 徑入雷室之砰磷鬱律兮, 洞出鬼谷之堀礨崴魁. 遍覽八紘而觀四海兮, 朅度九江越五河. 經營炎火而浮弱水兮, 杭絶浮渚涉流沙. 奄息蔥極氾濫水娭兮, 使靈媧鼓琴而舞馮夷. 時若曖曖將混濁兮, 召屏翳, 誅風伯, 刑雨師. 西望崑崙之軋沕荒忽兮, 直徑馳乎三危. 排閶闔而入帝宮兮, 載玉女而與之歸. 登閬風而遙集兮, 亢鳥騰而壹止. 低徊陰山翔以紆曲兮, 吾乃今日睹西王母. 暠然白首戴勝而穴處兮, 亦幸有三足烏爲之使. 必長生若此而不死兮, 雖濟萬世不足以喜.」

| 註釋 | ○歷唐堯於崇山兮 – 崇山은 堯帝가 묻힌 산. 狄山. ○過虞舜於九疑 – 九疑山에 들려 舜을 만나 뵌다. 九疑山은 湖南省 寧遠縣에 있는 산. 舜임금 무덤이 있다. ○紛湛湛差錯兮 – 紛 섞일 분. 湛湛은 많이 쌓아둔 모양. 湛 깊을 잠. 差錯은 교차하다. 엇갈리다. ○雜遝膠輵以方馳 – 遝 뒤섞일 답. 膠 어그러질 교, 움직일 교. 輵 수레가 달리는 모양 갈. ○騷擾衝蓯其紛拏兮 – 騷擾(소요)는 騷動. 요란하게. 衝蓯(충총)은 서로 들어가는 모양. 紛拏(분나)는 혼란스런 모습. 騷 떠들 소. 擾 어지러울 요. 衝 찌를 충. 蓯 우거질 총. 拏 붙잡을 나. ○滂濞泱軋麗以林離 – 滂濞(방비)는 물이 흐르는 모양. 泱軋(앙알)은 앞으로 나아가지 못하다. 林離는 淋漓(임리), 원기가 넘치는 모양. 滂 비 퍼부을 방. 濞 물소리 비. 泱 끝없을 앙. 軋 삐걱거릴 알. ○攢羅列聚叢以蘢茸兮 – 蘢茸(농용)은 무더기로 모인 모양. 攢 모일 찬. 集中하다. 聚 모일 취. 叢 모일 총. 蘢 우거질 농(롱). 茸 무성할 용. ○衍曼流爛痑以陸離 – 流爛(유란)은 흩어진 모양. 陸離는 흩어지다. 분산하다. 衍 넘칠 연. 曼 끌 만. 漫과 通. 爛 문드러질 란. 화려하고 아름답다. 痑 고달플 타. 많은 모양. ○徑入雷室之砰磷鬱律兮 – 雷室은 雷神이 사는 곳. 雷淵 砰磷鬱律(팽린울률)은 산이 깊고 험준한 모양. 徑 지름길 경. 砰 돌 구르는 소리 팽. 磷 돌 틈을 물이 흐르는 모양 린. 鬱 막힐 울. ○洞出鬼谷之堀礨崴魁 – 洞은 通하다. 鬼谷(귀곡)은 곤륜산 북쪽. 온갖 귀신들이 모여 산다는 골짜기. 堀礨(굴뢰)는 울퉁불퉁한 모습. 崴魁(외괴)는 높고 험한 모양. 堀 땅 팔 굴. 礨 돌이 굴러 내릴 뢰. 崴 높을 외. 魁 으뜸 괴. ○遍覽八紘而觀四海兮 – 八紘은 팔방의 끝. 紘 굵은 밧줄 굉. ○朅度九江越五河 – 朅 떠나갈 걸. 씩씩한 모양. 度는 渡. 九江은 동정호. 동정호에는 9개의 강이 흘러든다. 五河 五

色의 河水. ○經營炎火而浮弱水兮 - 經營은 지나가다. 炎火는 서역에 있다는 炎火山. 弱水는 甘肅省과 內蒙古 지역을 흐르는 강. ○杭絶浮渚涉流沙 - 杭絶은 배로 건너가다. 杭 물 건널 항. 배(船). 浮渚(부저)는 流砂 안에 있는 육지. 渚 물가 주. 삼각주. ○奄息葱極氾濫水娭兮 - 奄息(엄식)은 멈춰 휴식하다. 葱極(총극)은 極葱嶺. 중국의 파미르(帕米爾)고원. 極은 고개(嶺). 氾濫(범람)은 물이 넘치다. 娭 희롱할 희. 장난치다. 계집종 애. ○使靈媧鼓琴而舞馮夷 - 靈媧는 女媧(여와)는 복희씨의 여동생. 생황을 만들었다는 말이 전한다. 馮夷(풍이)는 河伯. ○時若曖曖將混濁兮 - 曖曖(애애)는 어둑어둑한 모양. 曖 희미할 애. 가려지다. 混濁(혼탁)은 맑지 않다. ○召屛翳(소병예) - 屛翳는 天神의 使者. 風伯은 바람의 신. 雨師는 비의 신. ○西望崑崙之軋沕荒忽兮 - 崑崙(곤륜)은 곤륜산. 西藏, 靑海, 新疆省 지역의 高山을 범칭. 軋沕荒忽은 불분명한 모습. 軋 삐걱거릴 알. 沕 아득할 물. 荒 거칠 황. 忽 갑자기 홀. ○直徑馳乎三危 - 三危(삼위)는 今 甘肅省 敦煌市 동남쪽의 산. ○排閶闔而入帝宮兮 - 閶闔(창합)은 天門. 閶 天門 창. 闔 문짝 합. ○載玉女而與之歸 - 玉女는 선녀. ○登閬風而遙集兮 - 閬風山은 곤륜산 꼭대기에 있다는 신선들의 거처. ○亢鳥騰而壹止 - 亢 목 항. 높이 오르다. ○低徊陰山翔以紆曲兮 - 低徊는 배회하다. 陰山은 곤륜산 서쪽 2천7백리쯤에 있다는 산. 翔 나를 상. 飛翔하다. 紆 굽을 우. ○吾乃今日睹西王母 - 西王母는 여자 신선의 최고 지배자. 얼굴은 사람이나 표범의 꼬리에 하얗게 센 호랑이 머리카락을 가지고 동굴 속에서 靑鳥를 잡아먹고 산다는 신화 속의 여인. ○暠然白首戴勝而穴處兮 - 暠 흴 호. 皓와 同. 勝은 여자의 머리 장식물. ○三足烏 - 태양 속에 산다는 세 발의 까마귀. 서왕모의 使者.

〚國譯〛

「崇山에 들려 堯帝를 九疑山에 들려 舜帝을 만나 뵌다.

차분한 행렬 나아가며 이리저리 겹쳐지고, 서로 뒤섞여 어지러이 달려간다.

요란히 서로 밀치며 뒤섞이더니, 줄 짓지 아니하고 화려하게 펄펄 날아간다.

줄지어 모여 무리를 짓더니, 넘치듯 흩어지고 수도 없이 흩어진다.

험준한 雷神 거처에 들었다가, 울퉁불퉁 鬼谷의 높고 험한 골짜기를 지난다.

八紘(팔굉)을 둘러본 뒤 四海를 관람하고, 힘차게 九江과 五河를 건너가다.

서역 炎火山을 지나 弱水를 건너, 삼각주를 배로 건너고 流砂도 지나가다.

極蔥嶺에 쉬고 범람한 물가에 놀며, 女媧는 비파를 馮夷는 춤을 추게 한다.

때는 어둑어둑 컴컴할 때, 屛翳(병예)를 부르고, 風伯과 雨師를 혼내준다.

서쪽 곤륜산의 희미한 모습 보고서, 곧바로 三危山으로 달려가다.

閶闔(창합)을 밀고 天帝의 궁에 들어, 玉女를 태우고 함께 돌아오도다.

閬風山(낭풍산)에 올라 멀리 소요하고 쉬면서, 새처럼 높이 올라 잠깐 쉰다.

陰山을 배회하고 구불구불 날으니, 大人은 오늘 西王母를 만나리라.

꾸밈 머리 白首에 굴속에 살지만, 행여 三足烏가 있어 심부름을 시키도다.

長生은 꼭 이래야 아니 죽나니, 속세 만년을 살아도 기쁘지 않으리라.」

原文

「回車朅來兮, 絶道不周, 會食幽都. 呼吸沆瀣兮餐朝霞, 咀噍芝英兮嘰瓊華. 僸祲尋而高縱兮, 紛鴻溶而上厲. 貫列缺之倒景兮, 涉豐隆之滂濞. 騁游道而修降兮, 騖遺霧而遠逝. 迫區中之隘陜兮, 舒節出乎北垠. 遺屯騎於玄闕兮, 軼先驅於寒門. 下崢嶸而無地兮, 上嵺廓而無天. 視眩泯而亡見兮, 聽敞怳而亡聞. 乘虛亡而上遐兮, 超無友而獨存.」

| 註釋 | ○回車朅來兮 - 朅 떠나갈 걸. 가다. ○絶道不周 - 부주산은 곤륜산 남쪽 2,300리 지점에 있는 산. ○會食幽都 - 幽都(유도)는 북방의 먼 곳. 해가 지는 곳이라 모든 것이 어둡다. ○呼吸沆瀣兮餐朝霞 - 沆瀣(항해)는 북방의 야간에 생기는 물의 기운. 沆 넓을 항. 瀣 이슬 기운 해. 霞 노을 하. ○咀噍芝英兮嘰瓊華 - 咀 씹을 저. 噍 먹을 초. 芝英(지영)은 영지의 꽃. 嘰 조금씩 먹을 기. 瓊樹는 곤륜산 서쪽에 자란다고 하는 신령스런 玉巨樹. 瓊 옥 경. ○僸祲尋而高縱兮 - 僸 우러러볼 금. 고개를 들다. 祲尋(침심)은 조금씩 나아가다. 侵尋의 誤字일 것이라는 註가 있다. 祲 요기 침. ○紛鴻溶而上厲 - 鴻溶(홍용)은 높이 뛰다. 厲는 疾飛也. ○貫列缺之倒景兮 - 貫은 뚫다(穿也). 列缺(열결)은 높은 하늘에 치는 번개. 倒景(도영)은 거꾸로 된 그림자. 大人이 높은 하늘 해의 뒤편에 있으니 그림자가 인간 세상과 다를 것이라 생각했다. ○涉豐隆之滂濞 - 豐隆(풍륭)은 雲師. 滂濞(방

비)는 비가 많이 내리는 모양. 滂 비 퍼부을 방. 濞 물소리 비. ○騁游道而修降兮 - 游道는 游車(前車)와 道車(수행하는 車). ○鶩遺霧而遠逝 - 鶩 달릴 무. 霧 안개 무. 逝 갈 서. ○迫區中之隘陜兮 - 區中은 宇中, 우주. 區宇와 같은 의미. 隘 좁을 애. 陜 좁을 협. ○舒節出乎北垠 - 舒 펼 서. 垠 땅의 끝 은. ○遺屯騎於玄闕兮 - 玄闕(현궐)은 전설 속 북극의 산. ○軼先驅於寒門 - 軼 앞지를 질. 빠져나가다. 先驅(선구)는 선발대. 寒門(한문)은 북극의 가장 추운 곳. ○下崢嶸而無地兮 - 崢嶸(쟁영)은 深遠한 모양. 崢 가파를 쟁. 嶸 가파를 영. ○上嵺廓而無天 - 嵺廓(교곽)은 廣遠한 모양. 嵺 우뚝 솟을 교. 廓 둘레 곽. ○視眩泯而亡見兮 - 眩泯은 눈이 침침하여 잘 보이지 않다. 眩 아찔한 현. 泯 뒤섞일 면. 눈이 잘 안 보이는 모양. 망할 민. ○聽敞怳而亡聞 - 敞怳은 귀가 멍한 모양. 똑바로 들리지 않다. 敞 높을 창. 怳 멍할 황. ○乘虛亡而上遐兮 - 虛亡(허무)는 虛無. 遐 멀 하. 멀리 가다. ○超無友而獨存 - 大人의 속세를 떠난 心身의 超然한 無我境으로 결론을 지었다.」

〖國譯〗

「수레를 돌려 오가고, 不周山에 날아가, 幽都에서 회식을 하다.

沆瀣(항해)와 아침노을을 마시며, 靈芝(영지)와 瓊樹(경수) 꽃을 맛본다.

위로 조금씩 나아가 높이 나르고, 높이 뛰어올라 빠르게 날아간다.

번개 섬광에 그림자 거꾸로 서며, 雲師가 퍼붓는 큰 물을 건너간다.

游車와 道車를 달려 길따라 내려와, 안개를 뒤로 하고 멀리 떠나가노라.

우주의 좁은 구석에 밀쳐내고, 持節을 펴고 북지 끝으로 나아간다.

수행 기병을 玄闕에 남겨두고, 앞선 무리를 寒門(한문)에서 따라잡는다.

아래는 깊은 골에 끝이 안 보이며, 위는 아득히 넓어 하늘 끝이 없도다.

보아도 침침하니 아무것도 없고, 들어도 귀가 멍해 들리지도 않는다.

허공을 타고 끝없이 올라, 초탈 속에 벗도 없이 홀로 우뚝 선 존재여라.」

原文

相如既奏〈大人賦〉, 天子大說, 飄飄有陵雲氣游天地之閒意.

相如既病免, 家居茂陵. 天子曰, "司馬相如病甚, 可往從悉取其書, 若後之矣." 使所忠往, 而相如已死, 家無遺書. 問其妻, 對曰, "長卿未嘗有書也. 時時著書, 人又取去. 長卿未死時, 爲一卷書, 曰有使來求書, 奏之." 其遺札書言封禪事, 所忠奏焉, 天子異之. 其辭曰,

| 註釋 | ○飄飄(표표) – 날아오르는 모양. 바람에 가볍게 날리는 모양. ○茂陵(무릉) – 무제의 능. 縣名. ○若後之矣 – 아니면 늦을 것이다. 후회할 것이다. ○所忠(소충) – 人名. ○其辭曰 – 〈封禪文〉.

〖國譯〗

司馬相如가 〈大人賦〉를 올리자 天子는 크게 기뻐하면서 飄飄(표표)히 구름을 뚫고 올라가 天地之間을 노니는 뜻이라고 하였다.

상여는 병으로 면직하고 茂陵(무릉)의 집에 있었다. 나중에 天子가 말했다.

"사마상여의 병이 심하니 그 집에 가서 그의 글들을 모두 가져와야지 아니면 늦을 것이다." 그리하여 所忠을 보냈는데 상여는 이미 죽었고 집에는 남은 서책이 없었다. 그의 아내에게 물으니 아내가 말했다. "長卿(사마상여의 字)은 책이 없었습니다. 가끔 글을 지으면 사람들이 가져가곤 했습니다. 장경이 죽기 전에 책 1권을 지어놓고 만일 사자가 와서 글을 달라면 이 책을 상주하라고 하였습니다." 그가 남긴 글은 封禪의 일을 말한 것인데 所忠이 올리자 천자는 매우 소중히 여겼다. 그 글은 아래와 같다.

原文

〈封禪文〉*

「伊上古之初肇, 自顥穹生民. 歷選列辟, 以迄乎秦. 率邇者踵武, 聽逖者風聲. 紛輪威蕤, 堙滅而不稱者, 不可勝數也. 繼昭夏, 崇號謚, 略可道者七十有二君. 罔若淑而不昌, 疇逆失而能存?」

| **註釋** | ○伊上古之初肇 – 伊는 저 이. 發語辭, 是와 같은 뜻으로 쓰인다. 初肇(조조)는 처음 시작하다. 肇 시작할 조. ○自顥穹生民 – 顥穹(호궁)은 하늘. 顥 클 호. 穹 하늘 궁. ○歷選列辟 – 歷은 거치다. 選은 여러(數). 列辟은 많은 國君. 辟 임금 벽. ○以迄乎秦 – 迄 이를 흘. ○率邇者踵武 – 率

은 따르다. 邇 가까울 이. 踵武(종무)는 거쳐 온 자취. 踵 발꿈치 종, 武는 足跡(족적). ○聽逖者風聲 – 逖 멀 적. 먼 옛날. 風聲은 遺風이나 아름다운 명성. ○紛輪威蕤 – 威 두려워할 위. 위엄. 蕤 드리워질 유. ○堙滅而不稱者 – 堙滅(인멸)은 묻혀 사라지다. 堙 묻을 인. 묻히다. ○繼昭夏 – 昭는 明. 夏는 大의 의미. ○崇號諡 – 諡 시호 시. ○略可道者七十有二君 – 略은 대략. 다스릴 략. ○罔若淑而不昌 – 罔은 無. 若淑은 善에 순응하다. 若은 順(따를 순). ○疇逆失而能存 – 疇 누구(誰). 밭두둑 주. 逆失者는 살아남은 이가 없다.

〖國譯〗

〈封禪文〉*

「저 上古 시대가 처음 열리고 하늘이 백성을 낸 이후로 역대의 여러 國君을 거쳐 秦에 이르렀습니다. 가까운 시대의 國君은 그 자취를 볼 수 있고 먼 옛날의 왕에 대해서는 유풍이나 명성을 들을 수 있습니다. 수많은 자취와 치적에서 묻혀 사라져서 일컬어지지 않는 자는 이루 다 셀 수도 없습니다. 밝고 큰 덕을 계승하였기에 추앙하여 시호를 부르는 자로 대략 일컬을 수 있는 분이 72명입니다. 善을 따르고 번창하지 않은 사람이 없었으니 패역하고서도 살아남은 이가 누구였겠습니까?」

原文

「軒轅之前, 遐哉邈乎, 其詳不可得聞已. 五三〈六經〉載籍之傳, 維見可觀也. 〈書〉曰, "元首明哉! 股肱良哉!" 因斯以談, 君莫盛於堯, 臣莫賢於后稷. 后稷創業於唐, 公劉發跡於西戎, 文王改制, 爰周郅隆, 大行越成, 而后陵遲衰微, 千載亡聲, 豈不善始善終哉! 然無異端, 愼所由於前, 謹遺教於後耳. 故軌跡夷易, 易遵也, 湛恩龐洪, 易豐也. 憲度著明, 易則也, 垂統理順, 易繼也. 是以業隆於繦保而崇冠乎二后. 揆厥所元, 終都攸卒, 未有殊尤絶跡, 可考於今者也. 然猶躡梁甫, 登太山, 建顯號, 施尊名. 大漢之德, 逢涌原泉, 沕潏曼羡, 旁魄四塞, 雲布霧散, 上暢九垓, 下泝八埏. 懷生之類, 沾濡浸潤, 協氣橫流, 武節焱逝, 爾陜游原, 迥闊泳末, 首惡鬱沒, 闇昧昭晰, 昆蟲闓懌, 回首面內. 然後囿騶虞之珍群, 徼麋鹿之怪獸, 導一莖六穗於庖, 犧雙觡共抵之獸, 獲周餘放龜於岐, 招翠黃乘龍於沼. 鬼神接靈圉, 賓於閒館. 奇物譎詭, 俶儻窮變. 欽哉, 符瑞臻茲, 猶以爲薄, 不敢道封禪. 蓋周躍魚隕杭, 休之以燎. 微夫斯之爲符也, 以登介丘, 不亦恧乎! 進攘之道, 何其爽與?」

| 註釋 | ○軒轅之前 – 軒轅은 黃帝. ○遐哉邈乎 – 遐 멀 하. 邈 멀 막. 아득하다. ○其詳不可得聞已 – 詳 자세할 상. ○五三〈六經〉載籍之傳 – 五三은 五帝와 다음의 三王. ○維見可觀也 – 維는 다만. 唯와 通. ○〈書〉曰 – 《書經 虞書 益稷》. ○元首明哉 – 元首는 主君. ○股肱良哉 – 股肱은 신하. 股 넓적다리 고. 肱 팔뚝 굉. ○因斯以談 – 斯 이 사. 이것. ○君莫盛於堯 – 莫은 ~하는 자가 없다. ○后稷(후직) – 稷 기장 직. 后稷은 姜嫄이란 여인이 들에서 거인의 발자국을 밟아 임신해서 낳은 아이(이름은 棄)라는 전설이 있다. 堯임금의 신하로 백성에게 농경을 가르쳤기에 后稷이라 칭한다. 周의 조

상. ○后稷創業於唐 – 唐은 지명. 堯의 封地. ○公劉發跡於西戎 – 公劉의 公은 작위, 劉는 이름. 후직의 曾孫. 후직의 직분을 계승하고 邠(빈)에 거주. 周의 선조는 이때부터 흥기하였다. ○爰周郅隆 – 爰 이에 원. 郅은 크다. 盛하다. 고을 이름 질. ○大行越成 – 文王의 改制와 易服色으로 나라의 근본 바탕이 이루어졌다는 뜻. ○陵遲衰微 – 陵遲는 성한 것이 점점 쇠약해지다. ○千載亡聲 – 千載는 千年. ○豈不 – 어찌 ~이 아닌가? ○然無異端 – 異端은 다른 연유나 단서. ○謹遺敎於後耳 – 위 조상의 유업을 잘 계승하며 후손에 대한 교육도 조심했다는 뜻. ○故軌跡夷易 – 夷易(이이)는 平易(평이). ○易遵也 – 遵 따를 준. ○湛恩龐洪 – 湛 도타울 잠. 가득히 차다. 龐 클 방. 洪 넓을 홍. ○憲度著明 – 憲道는 法度. ○是以業隆於繈保而崇冠乎二后 – 繈保(강보)는 襁褓(강보). 포대기에 싸다. 어린아이. 崇冠(숭관)은 더 으뜸이었다. 二后는 文王과 武王. ○揆厥所元 – 揆 헤아릴 규. 厥은 그 궐. 그것. 元은 開始. ○終都攸卒 – 終은 탐구하다. 都는 於. 攸 바 유. 所也. 卒은 마치다. 죽다. ○殊尤絶跡 – 尤 허물 우. 더욱. 원망하다. 많다. ○然猶躡梁甫, 登太山 – 躡 밟을 섭. 올라가다. 太山은 泰山. ○建顯號, 施尊名 – 顯 나타날 현. ○逢涌原泉 – 逢은 熢. 불 솟을 봉. 涌 샘솟을 용. ○沕潏曼羨 – 沕 아득할 물. 潏 속일 휼. 曼 끌 만. 羨 부러워할 선. ○旁魄四塞 – 旁魄은 덮고 채우다. 旁 두루 방. 魄 넋 백. 넓을 박(博과 通). 四塞은 四方의 끝. ○上暢九垓 – 暢 펼 창. 닿다. 통달하다. 九垓(구해)는 九重. 九重天. 上暢九垓 땅 끝 해. 경계. 층계. ○下泝八埏 – 泝 거슬러 올라갈 소. 八埏(팔연)은 八方의 끝. 埏 땅 끝 연. ○懷生之類 – 懷 품을 회. ○沾濡浸潤 – 沾濡는 젖어들다. 浸潤은 스며들다. 沾 더할 첨. 濡 젖을 유. 潤 젖을 윤. ○協氣橫流 – 橫流는 물이 넘치다. ○武節焱逝 – 焱 불꽃 염. 逝 갈 서. ○爾陿游原 – 爾 너 이. 가깝다. 近也. 邇(가까울 이)와 通. 陿은 陜(좁을 협). 原은 源. ○逈闊泳末 – 逈 멀 형. 闊 트일 활. 泳 헤엄칠 영. ○首惡鬱沒 – 鬱 막힐 울. 沒 가라앉을 몰. ○闇昧昭晰 – 闇 닫힌 문 암, 어둘 암. 昧 어두울 매. 昭 밝을

소. 晰 밝을 석. ○昆蟲闓懌 – 昆蟲(곤충)은 벌레. 闓 열 개. 愷(즐거울 개)와 通. 懌 기뻐할 역. ○回首面內 – 面은 向也. ○囿騶虞之珍群 – 囿 동산 유. 騶虞(추우)는 仁義를 아는 짐승. 살아있는 것을 먹지 않는다는 상상의 동물. 騶 말 먹이는 사람 추. 虞 헤아릴 우. 사냥꾼. ○徼麋鹿之怪獸 – 徼 구할 요. 맞이하다. 麋鹿(미록)은 큰 사슴. ○導一莖六穗於庖 – 導 고르다. 채택하다. 一莖六穗는 한줄기에서 여섯 개의 이삭. 嘉禾(가화), 태평성대의 표상. 莖 줄기 경. 穗 이삭 수. 庖 부엌 포. ○犧雙觡共抵之獸 – 犧 희생 희. 잡털이 섞인 짐승은 희생으로 쓸 수 없다. 雙觡(쌍격)은 쌍으로 나온 뿔. 觡 뿔 격. 共抵(공저)는 같은 뿌리. 抵 거스를 저. 밀다. 본줄기. ○獲周餘放龜於岐 – 周나라에서 방사한 거북이라는 증거가 무엇이었을까? 이런 내용을 누군가가 말했고 그것을 그대로 믿었고, 그래서 글로 남긴 이 사실을 지금 사람이 이해하기는 정말 어려울 것이다. ○招翠黃乘龍於沼 – 翠黃은 乘黃. 승황은 말의 몸에 날개가 달린 龍인데 황제가 이를 타면 신선이 되어 하늘에 오를 수 있다고 믿었다. 乘龍은 神馬, 沼 늪 소. ○鬼神接靈圉, 賓於閒館 – 靈圉(영어)는 신선의 이름 또는 귀신이 머무는 곳. 賓於閒館은 武帝 때 귀신을 부를 수 있다는 巫女를 불러 궁중에서 살게 했다. ○奇物譎詭 – 譎詭(휼궤)는 속임수. 괴이한 형체의 물건. 譎 속일 휼. 詭 속일 궤. ○俶儻窮變 – 俶儻은 俶儻(척당). 才氣가 몹시 뛰어남. 俶 뛰어날 척. 비롯할 숙. 儻 혹시 당. 갑자기 멈추는 모양. ○符瑞臻茲 – 符瑞(부서)는 吉兆. 臻 이를 진(到). 모이다. 玆 이 자. 이에. ○蓋周躍魚隕杭 – 隕 떨어질 운. 杭 건널 항. 배(船). 周武王이 殷 紂王을 정벌하러 갈 때, 孟津에서 흰 물고기가 武王의 배로 뛰어올라왔다. 殷은 백색을 숭상했는데 이를 殷의 멸망이라는 계시로 받아들였다. ○休之以燎 – 休之는 美之. 燎 화톳불 요(료). 불에 굽다. ○微夫斯之爲符也 – 이를 祥瑞로운 일로 보기에는 微微(미미)한 일이지만. ○以登介丘 – 介丘는 介山, 또는 大山 곧 泰山. ○不亦恧乎 – 부끄러운 일이 아니겠습니까? 恧 부끄러울 뉵. ○進攘之道, 何其爽與 – 진취(周)와 겸양(漢)의 道가 어찌 이리 차이가 나겠습니까? 攘 물리칠 양. 漢에서는 봉선을 적극적으로 논의하지도 않기에 물리친다(攘)라고 표현했다. 爽 시원할 상, 어그러질 상(差也).

〖國譯〗

「軒遠氏(黃帝) 이전은 너무 막막하여 그 상세한 것을 들을 수가 없습니다. 五帝와 三王에 관하여 六經에 실린 사적은 지금도 볼 수 있습니다. 《書經》에는 '주군이 명철하시니 신하들도 훌륭하도다.' 라고 하였습니다. 이를 가지고 이야기 하자면 임금으로서는 堯보다 훌륭하신 분이 없었으며, 신하로서는 后稷(후직)보다 나은 이가 없었습니다. 후직은 唐堯 때 백성들에게 농사를 가르쳤으며 公劉(공유)는 西戎(서융)의 땅에서 홍기하였습니다. 文王은 제도를 바꾸었는데 여기서부터 周가 홍륭하였고 太平之道가 이에 이루어졌으나 이후로 번성하던 것이 쇠퇴해지고 미약해졌지만 그래도 천 년간 惡聲(나쁜 평가)이 없었으니 어찌 善始善終이 아니겠습니까? 그것은 다른 이유가 없었으니 선조의 전승을 신중히 따랐고 후손에 대한 새로운 교훈도 만들지 않았기 때문이었습니다. 그래서 周의 그 궤적은 평범하기에 따르기 쉬웠고 도타운 은혜는 크고도 넓어서 쉽게 풍요로웠으며, 법도는 분명하여 본받기 쉬웠고, 내려온 전통과 순리는 쉽게 계승할 수 있었습니다. 이로써 王業은 어린 成王 代에도 융성하여 文·武王 때보다 더 높았습니다. 그 시작을 헤아려보고 또 그 끝난 바를 탐구한다면 특별한 허물이나 뚜렷한 자취가 없어 지금 사람이 고려해야 할 것이 있지 않습니다. 그런데도 오히려 梁甫山(양보산)을 섭렵하고 太山(泰山)에 올라 뚜렷한 명분을 세워 존귀한 명분을 얻었습니다. 大 漢朝의 德은 燧火(봉화)나 샘물과 같은 근원이 있어 성대하게 넘쳐나 사방에 두루 넓게 미쳤으며 구름과 안개가 퍼지고 깔리듯 위로는 하늘 끝까지 닿았고 아래로는 八方의 끝까지 덮었습니다. 살아 있는 만물에게 (천자의) 恩澤이 사방 백성에게 골고루 스며들었으며 화합의 기운은 사방을 덮었고 武威(무위)는 불꽃처럼 일어났으며, 가까운 자는 그 근원에서 덕을 입었고 먼 곳에 사는 자는 그 끝에서 혜택을 받고 살았습니다. 처음부터 악한 자는 꺾이여 사라졌지만 몽매한 백성들은 점차 지혜로워졌으니 곤충일지라도 기뻐하면서 고개를 돌려 中原의 천자를 향할 것입니다.

그 이후로, 지금 천자의 뜰에는 騶虞(추우)와 같은 상서로운 짐승들을 기르고 麋鹿(미록)과 같은 신기한 짐승이 들어왔으며 한줄기에서 여섯 개의 이삭이 나온 嘉禾(가화)를 부엌에서 골라내었고, 한 밑동에서 쌍 뿔이 나온(兩角共一本) 짐승을 희생으로 바쳤으며 周나라에서 放飼(방사)한 거북을 (漢代에) 岐山(기산) 아래에서 포획하였고(아주 상서로운 일이라는 의미) 늪지대에서 翠黃(취황, 乘黃)과 乘龍(神馬)를 불러 데려왔습니다. 귀신을 보는 사람을 靈囿(영어)로 데려와 한가한 館舍(관사)에 손님으로 맞이하였습니다. 이처럼 기이한 사물과 괴이한 형체의 물건 등 온갖 특이한 변화가 다 있었습니다.

삼가 말씀드리지만, 상서로운 조짐이 이처럼 많은데도 아직도 (천자의 덕이) 부족하다고 생각하시어 封禪의 大事를 말씀하지 않고 계십니다. 예전에, 周에서는 물고기가 배 안으로 뛰어들자 길조라 하여 구워 제사했습니다. 이를 祥瑞로운 일로 보기에는 微微(미미)한 일이지만 이 때문에 태산에 올랐으니(封禪을 하였으니) 부끄러운 일이 아니었겠습니까? 진취(周나라)와 겸양(漢나라)의 道가 어찌 이리 차이가 나겠습니까?」

原文

「於是大司馬進曰, “陛下仁育群生, 義征不譓, 諸夏樂貢, 百蠻執贄, 德牟往初. 功無與二, 休烈液洽, 符瑞衆變, 斯應紹至, 不特創見. 意者太山,梁父設壇場望幸, 蓋號以況榮, 上帝垂恩儲祉, 將以慶成, 陛下嗛讓而弗發也. 挈三神之歡, 缺王道之儀, 群臣恧焉. 或謂且天爲質闇, 示珍符固不可辭, 若然辭之, 是泰山靡記而梁父罔幾也. 亦各並時而榮, 咸濟厥世而屈, 說者尙何稱於後, 而云七十二君哉? 夫修德以錫符, 奉符以行事, 不爲進越也. 故聖王弗替, 而修禮地祇, 謁款天神, 勒功中岳, 以章至尊, 舒盛德, 發號榮, 受厚福, 以浸黎民. 皇皇哉斯事, 天下之壯觀, 王者之卒業, 不可貶也, 願陛下全之. 而後因雜縉紳先生之略術, 使獲曜日月之末光絕炎, 以展采錯事. 猶兼正列其義, 祓飾厥文, 作《春秋》一藝. 將襲舊六爲七, 攄之無窮, 俾萬世得激清流, 揚微波, 蜚英聲, 騰茂實. 前聖之所以永保鴻名而常爲稱首者用此, 宜命掌故悉奏其儀而覽焉.”」

| **註釋** | ○於是大司馬進曰 – 天子와 大司馬의 대화는 꾸민 글이다. 대사마의 말을 통해 司馬相如의 뜻을 피력하였다. 秦 大司馬는 승상과 어사대부와 太尉의 업무를 감독할 수 있는 최고위직이었다. 漢에서는 元狩 4년(前

119)에 太尉를 폐지하고 대사마를 두고 장군에게 내리는 冠號로 사용하면서 때때로 속관을 두기도 했다. ○義征不譓 – 譓 슬기로울 혜. 순종하다. ○諸夏樂貢 – 諸夏는 중국. ○百蠻執贄(백만집지) – 贄 폐백 지. 예물. ○德牟往初(덕모왕초) – 牟 소가 우는 소리 모. 가지런하다(侔). 동등하다. ○休烈液洽(휴열액흡) – 液 즙 액. 洽 윤택하게 할 흡. ○蓋號以況榮 – 蓋는 발어사. ○垂恩儲祉(수은저지) – 儲 쌓을 저. 모아두다. 祉 복 지. 하늘이 주는 복. ○嗛讓而弗發也 – 嗛 겸손할 겸. 謙의 古字. 싫어하다. ○挈三神之歡(설삼신지환) – 挈 끊을 계. 손에 잡을 설. 三神은 天神과 地祇(지기)과 山嶽의 신. ○不爲進越也 – (하늘 뜻을) 앞서 나가는 것이라 할 수 없습니다. 越은 超越하다. 禮에 어긋나다. ○故聖王弗替 – 弗替의 替는 폐지하다. 없애다. ○而修禮地祇 – 地祇(地神)에 대한 祭禮를 행하고, ○謁款 – 謁 아뢸 알. 告하다. 款은 정성 관. 誠懇(성간). ○勒功中岳(늑공중악) – 中岳은 崇山. ○以浸黎民 – 浸 물에 적실 침. ○皇皇哉 – 皇皇은 화려하고 성대한 모양. ○卒業 – 終業, 또는 大業. ○貶也 – 貶 떨어트릴 폄. 그만두다. ○全之 – 끝을 내야 한다. ○因雜縉紳先生之略術 – 因雜은 직분을 중시하다. 縉紳先生은 학자. 유학자. 略術은 학술을 말하다. ○光絶炎 – 絶炎은 餘暉(여휘). 錯事는 일을 措置하다. 봉선의 업무를 담당하다. ○正列 – 正天時하고 列人事의 뜻. ○祓飾厥文 – 祓 떨어낼 불. 액운을 없애다. 제거하다. 飾은 꾸밀 식. 새 것을 지어내다. ○一藝 – 一經. ○襲 – 이어받다. ○攄之無窮(터지무궁) – 攄는 펼칠 터. 散布하다. ○俾萬世 – 俾 더할 비, ~하게 하다. ○蜚英聲 – 蜚는 날게 하다. 飛와 같음. 바퀴벌레 비. 英聲은 英華의 聲譽. ○騰茂實 – 騰은 올리다. ○鴻名 – 大名. ○掌故 – 掌故는 관직명. 禮樂에 관한 업무를 담당. ○覽 – 보다. 親覽하다. 친히 챙기고 확인하다.

〖國譯〗

「이에 대사마가 앞으로 나와 天子에게 말했습니다. "폐하께서는 인덕으로 모든 백성을 愛育하시면서 義로써 不順한 자들을 정벌하시니 중국 안의 모든 제후가 기꺼이 入貢하고 주변 모든 蠻夷들도 특산물을 바치고 있습니다. 폐하의 德은 예전 제왕과 같고 폐하의 공적은 둘도 없으며, 아름다운 공덕은 온 사방에 두루 미쳤고 길조는 여러 가지로 나타났으며, 이에 상응하는 징조가 뚜렷하여 겨우 처음 나타난 것은 아니었습니다. 뜻있는 자는 폐하께서 泰山과 梁父山(양보산)에 봉선할 제단 만들고 행차하시어 아름다운 명성을 더 보태시기를 바라고 있으며, 上帝는 은혜와 많은 복을 내리시어 폐하가 이룩한 태평을 경축하려 하지만 폐하께서는 겸양하시면서 말씀을 꺼내지 않고 계십니다. 이는 三神의 기쁨을 끊어버리고 왕도의 儀表(의표)를 무너뜨리는 것이니 군신이 모두 부끄럽게 생각할 것입니다. 혹자가 天道는 질박하여 진기한 상징을 보여주시는데 이는 피할 수 없다고 말했는데, 이를 사양한다면 태산에는 기록한 비석도 없어야 하고 양보산은 제사를 바랄 수도 없을 것입니다. 또한 봉선을 했던 여러 제왕이 시대에 따라 번영하면서 백성을 구제하고 그냥 죽었다면 후세의 논자가 칭송받는 제왕이 72명이라고 어떻게 말할 수 있겠습니까? 천자께서 은덕을 베풀어 상서로운 조짐이 내리고 또 그런 길조를 받들어 하늘에 제사하는 것은 하늘 뜻을 앞서 나가는 것이라 할 수 없습니다. 그리하여 聖王은 封禪을 폐하지 아니하였으며 地祇(地神)에 대한 祭禮를 행하고, 天神에게 정성으로 告하면서 中岳에 공적을 새기어 크신 은덕을 펴시고 영광의 칭호를 얻으시며 하늘의 厚한 복을 받아 이를 백성에게도 내려 주어야 합니다.

빛나고 아름답나니, 이 봉선은 천하의 壯觀이며 王者의 평생 사업이라서 그만 둘 수 없으니 폐하께서는 봉선을 잘 마치셔야 합니다. 이후로 유학자들의 진술을 중히 채용하시면서 日月과 같이 빛나면서 마지막 광채와 같은 사업을 서술케 하고 일을 수행하며 추진하게 시켜야 합니다. 아울러 天時를 바로 하고 人事를 종합하게 하면서 그 문장에서 옛 것을 버리고 새롭게 꾸며《春秋》와 같은 새 경전을 저술케 하시어 전부터 내려온 六經을 七經으로 만들며, 이를 무궁하게 확대시켜 萬世에 이르도록 淸流로 힘차게 흐르게 하시되 미미한 파도를 크게 일으키고 아름다운 명성을 날리게 하며 크고 좋은 결실을 거두어야 합니다. 前聖이 鴻名(大名)을 永保하며 언제나 첫 번째로 칭송을 받을 수 있었던 까닭은(所以) 이 봉선을 채용한 것이오니 마땅히 掌故(장고)에게 명하시어 그 의식을 모두 상주케 하시고 親覽(친람)하셔야 합니다.」

原文

「於是天子沛然改容, 曰, "兪乎, 朕其試哉!" 乃遷思回慮, 總公卿之議, 詢封禪之事, 詩大澤之博, 廣符瑞之富. 遂作頌曰,」

| **註釋** | ○沛然(패연) – 감동하다. 沛 늪 패. 盛大한 모양. ○兪乎 – 소청한 것을 인정하는 뜻. 그렇다면, 그렇게. 兪 그러할 유. 대답하다. ○朕其試哉 – 짐이 한번 시행하겠노라. ○詢 – 물을 순. 자문을 구하다. ○詩大澤之博 – 天子의 多大한 恩澤의 廣博을 시로 지어. ○廣符瑞之富 – 祥瑞가 많음을 널리 알렸다.

〖國譯〗

「이에 天子는 감동하여 정색을 하며 말했습니다. "좋소이다. 짐이 한번 시행하겠다." 그리고 깊이 생각하며 公卿의 의론을 종합하고 봉선에 대해 의견을 구하였으며, 천자가 恩澤을 널리 베풀었으며, 길조가 많음을 널리 알리게 하였다. 이에 祝頌을 지어 노래했습니다.」

原文

「自我天覆, 雲之油油. 甘露時雨, 厥壤可游. 滋液滲漉, 何生不育! 嘉谷六穗, 我穡曷蓄?」

| **註釋** | ○油油 - 구름이 피어나는 모양. ○時雨 - 때맞춰 내리다. ○游 - 遊泳. ○滲漉(삼록) - 물이 스며들어 흘러나오다. 滲 스밀 삼. 漉 거를 록. ○穡 - 농사지어 거둘 색. ○曷 - 어찌 갈. 왜. 어찌. 무엇. ○曷蓄 - 何等不蓄積, 무엇을 저축하지 않겠는가? 모두 다 축적할 수 있다.

〖國譯〗

「하늘이 나를 덮어주었고 구름은 뭉게뭉게 피어나네.
甘露가 때맞추어 내리니 이 땅에서 헤엄을 치네.
은택이 스며들어 흘러나오니 무엇인들 자라지 못할까?
잘 익은 곡식 여섯 이삭이니 추수하고 모두 다 축적한다네.」

原文

「匪唯雨之, 又潤澤之. 匪唯偏我, 氾布護之. 萬物熙熙, 懷而慕之. 名山顯位, 望君之來. 君兮君兮, 侯不邁哉!」

| 註釋 | ○匪 – 아닐 비(非와 同), 도적 비. ○偏 – 치우칠 편. 돕다. ○氾 뜰 범. ○熙熙(희희) – 화락한 모양. 왕래가 많은 모양. ○名山 – 泰山. ○顯位 – 封禪. ○邁 – 멀리 갈 매. 힘쓸 매. 지나가다.

〖國譯〗

「비를 내려줄 뿐 아니라 은택으로 적셔주네.
나를 도와줄 뿐만 아니라 덮어주고 지켜주네.
만물은 모두 기뻐하며 가슴에 품고 그리워하네.
태산에 봉선한다 하니 主君 오시기를 기다리네.
主君이여 주군이시여! 기다려도 왜 아니 오시나요.」

原文

「般般之獸, 樂我君圃. 白質黑章, 其儀可喜. 旼旼穆穆, 君子之態. 蓋聞其聲, 今視其來. 厥塗靡從, 天瑞之徵. 玆爾於舜, 虞氏以興.」

| 註釋 | ○般般 – 斑斑(반반). 문채 나는 모양. 반점이 많은 모양. 여기서는 騶虞(추우). ○君圃(군포) – 天子의 苑囿. ○旼旼(민민) – 화락한 모양. ○穆穆(목목) – 공경하는 모양. ○靡從 – 어디로 올지 모르네.

〖國譯〗

「알록달록 짐승이 우리 임금의 뜰에서 노니네.
흰 바탕 검은 점에 그 자태 아름다워라.
온화하고 공경하며 공손하니 군자의 몸가짐이로다.
이야기만 들었는데 오늘 그 모습을 보는구나.
어느 길로 왔는지 모르지만 하늘이 내린 길조로다.
舜임금 때도 있었기에 舜임금이 등극했네.」

原文

「濯濯之麟, 游彼靈畤. 孟冬十月, 君徂郊祀. 馳我君輿, 帝用享祉. 三代之前, 蓋未嘗有.」

| 註釋 | ○濯濯 – 크고 살찐 모양. ○靈畤(영치) – 신성한 제사 터. 畤 재터 치. 제사지내는 곳. ○孟冬 – 초겨울. ○徂 – 갈 조. 나아가다. 죽을 조. ○享祉 – 복을 누리다.

〖國譯〗

「크고 살찐 기린이 제사 터에서 놀고 있네.
초겨울 시월에 임금님은 제사하러 행차하시네.
우리 임금님 수레를 달려 天帝에 제사하고 복을 받네.
三代 이전엔 아마도 있지 않았으리라.」

原文

「宛宛黃龍, 興德而升, 采色玄耀, 煥炳輝煌. 正陽顯見, 覺寤黎烝. 於傳載之, 云受命所乘.」

| 註釋 | ○宛宛 - 구부렸다 폈다 하는 모양. 宛 굽을 완. 굽히다. ○興德而升 - 至德을 베풀었기에 출현하였다는 뜻. ○玄耀(현요) - 찬란하게 빛나다. 玄은 炫(빛날 현). ○煥炳輝煌(환병휘황) - 煥炳은 환하게 빛나다. 輝煌 눈부시게 빛나다. ○正陽 - 正明. ○覺寤黎烝(각오여증) - 覺寤 黎烝(여증)은 衆庶, 곧 백성.

〖國譯〗

「구불구불 황룡이 至德을 따라 출현하였고,
아름다운 무늬 찬란히 빛나고 또 환히 빛나 눈부시네.
바르고 명철하시기에 나타나 백성들을 깨닫게 했네.
이런 일은 경전에 있으니 天命을 받아 타고 날아오른다네.」

原文

「厥之有章, 不必諄諄. 依類托寓, 諭以封巒.」

| 註釋 | ○厥之有章 - 천명을 받은 자에게 내리는 여러 祥瑞로 그 德을 드러나게 한다는 뜻. ○諄諄(순순) - 곡진하게 타이르는 모습. 至誠으로 타이르는 모양. 諄 도타운 순. 惇(도타울 돈)과 通. ○依類 - 비슷한 사물에 의거. ○托寓(탁우) - 기탁하다. 托 맡길 탁. 寓 머무를 우. ○封巒(봉만) - 封

禪. 巒 뫼 만(山).

〖國譯〗

「이렇게 덕을 드러내니 여러 말 하지 않는다네.

비슷한 사물에 기탁하여 封禪하라 일러 주셨네.」

原文

「披藝觀之, 天人之際已交, 上下相發允答, 聖王之事, 兢兢翼翼. 故曰於興必慮衰, 安必思危. 是以湯,武至尊嚴, 不失肅祗, 舜在假典, 顧省厥遺, 此之謂也.」

| 註釋 | ○披藝 - 經書를 펼치다. 披 열 피. 나누다. 六藝는 六經. ○相發允答 - 서로 승낙을 하다. 서로 마음이 통하다. 允 진실로 윤. 답하다. ○兢兢翼翼(긍긍익익) - 兢兢은 조심하고 근신하는 모양. 翼翼은 공경하는 모양. ○興必慮衰(흥필여쇠) - 흥성할 때 필히 쇠퇴를 생각해야 한다. ○不失肅祗 - 恭敬하는 생활과 제사에 실수를 하지 않다. ○假典 - 큰 법도. 假는 大也. 典은 법도. ○顧省厥遺 - 예절에 소홀하지 않았는가 돌아보다.

〖國譯〗

「경서를 펴 보면 天人의 관계가 형성되고 上下가 서로 마음이 통한다 하더라도 聖人은 매사에 조심하고 공경하였습니다. 그래서 흥성할 때 반드시 쇠락을 걱정해야 하고 안전할 때 위험을 생각해야 하는 것입니다.

탕왕과 무왕은 至高의 존엄을 누렸지만 恭敬과 제사에 실수를 하지 않았으며, 舜은 大法을 실천하면서도 예절에 소홀하지 않았는가를 돌아보고 살펴보았습니다.」

(여기까지가 司馬相如의 封禪文이다.)

原文

相如既卒五歲, 上始祭后土. 八年而遂禮中岳, 封於太山, 至梁甫, 禪肅然.

相如它所著, 若〈遺平陵侯書〉, 〈與五公子相難〉, 〈草木書篇〉, 不採, 采其尤著公卿者云.

| **註釋** | ○相如既卒五歲 - 사마상여는 元狩 5년(前 118)에 죽었다. 그 5년 후는 元鼎 4년(前 113)년이다. ○八年 - 元封 元年(前 110). ○中岳 - 崇山. ○封於太山 - 泰山에서 封하고 (祭天하다). ○禪肅然 - 肅然山에서 禪하였다(地祇에 제사하였다).

〖國譯〗

사마상여가 죽고 5년 뒤에 무제는 처음으로 后土神에게 제사를 지냈다. 죽은 지 8년에 中岳에서 예를 올리고 太山(泰山)에서 封하고(祭天하고), 梁甫山(양보산)에 와서 肅然山에서 禪하였다(地祇에 제사하였다).

相如의 다른 저서로는 〈遺平陵侯書〉, 〈與五公子相難〉, 〈草木書篇〉 같은 것이 있지만, 여기서는 수록하지 않았으니 公卿들에게 잘 알려진 것만은 수록한 셈이다.

原文

贊曰, 司馬遷稱, "《春秋》推見至隱,《易》本隱以之顯. 〈大雅〉言王公大人, 而德逮黎庶, 〈小雅〉譏小己之得失, 其流及上. 所言雖殊, 其合德一也. 相如雖多虛辭濫說, 然要其歸引之於節儉, 此亦《詩》之風諫何異?" 揚雄以爲靡麗之賦, 勸百而諷一, 猶騁鄭,衛之聲, 曲終而奏雅, 不已戲乎!

| 註釋 | ○推見至隱 – 義理를 드러내었지만 문장은 隱微(은미)하다는 뜻. ○本隱以之顯 – 은밀한 일을 근본으로 해서 明顯한 사실을 서술하다. 之는 往也. ○德逮黎庶 – 盛德이 백성에게 베풀어졌다. ○譏小己之得失 – 보통 백성인 시인의 得失을 가지고 政事의 득실을 풍자하거나 원망하였다. 譏 나무랄 기. 원망하다. ○揚雄(양웅) – 87권, 〈揚雄傳〉에 입전. ○鄭,衛之聲 – 鄭과 衛의 음악은 淫聲이라고 한다. ○不已戲乎 – 너무 희롱하지 않았는가?

〖國譯〗

班固의 論贊 : 司馬遷은 '《春秋》는 보이는 것을 추론하여 은미한 곳에 이르렀고,《易經》은 은미한 것을 근본으로 하여 뚜렷한 곳으로 나아갔다. 〈大雅〉의 詩는 王公大人을 노래했지만 盛德이 백성에게 미쳤고, 〈小雅〉의 詩는 보통 백성인 시인의 득실로 당시 정치의 득실을 원망하여 상류층에 영향을 주었다. 이들이 말한 것이 비록 다르지만 모두 추구한 德은 하나이다. 사마상여는 공허한 언사와 쓸데없는 말이 많지만 귀착하고자 한 것은 節儉이니 이 역시 《詩經》의 風諫과 무엇이 다르겠는가?' 라고 말했다.

揚雄(양웅)은 '(사마상여의) 화려한 賦는 백 개를 권하면서 풍간하는 것은 하나이니, 마치 음란한 鄭과 衛나라의 음악을 다 연주하고 끝에 아악을 연주한 것이다.' 라고 하였으니 좀 지나치지 않았는가!

58 公孫弘卜式兒寬傳

〔공손홍,복식,예관전〕

58-1. 公孫弘

原文

公孫弘, 菑川薛人也. 少時爲獄吏, 有罪, 免. 家貧, 牧豕海上. 年四十餘, 乃學《春秋》雜說.

武帝初卽位, 招賢良文學士, 是時, 弘年六十, 以賢良徵爲博士. 使匈奴, 還報, 不合意, 上怒, 以爲不能, 弘乃移病免歸. 元光五年, 復徵賢良文學, 菑川國復推上弘. 弘謝曰, “前已嘗西, 用不能罷, 願更選.” 國人固推弘, 弘至太常. 上策詔諸儒.

| 註釋 | ○公孫弘(곤손홍, 前 200 – 121) – 字는 季. 武帝 때 御史大夫를 거쳐 丞相이 되었고 平津侯에 봉해졌다. 《史記 平津侯主父列傳》이 있다. ○菑川(치천) – 國名. 治所는 劇縣, 今 山東省 濰坊市 관할 壽光市 남쪽. ○薛(설) – 縣名. 今 山東省 滕州市(등주시). 薛縣은 魯國 영지. 젊어서 설현에 오래 거주했기에 '菑川薛人'이라고 기록했을 것이라는 주석이 있다. ○牧豕海上 – 바닷가에서 돼지를 기르다. ○以爲不能 – 무능하다고 생각했다. ○元光五年 – 무제 연호. 前 130. ○用不能罷 – 用은 介詞로 '以'의 뜻. ○太常 – 九卿의 하나. 宗廟 儀禮 담당. ○策詔諸儒 – 조서로 여러 유생을 策問하다. 책문은 인재 등용의 한 방법. 竹簡에 문제를 내어 답변을 요구하였다.

〖國譯〗

公孫弘(공손홍)은 菑川國(치천국) 薛縣 사람이다. 젊어 옥리로 근무하다가 죄를 지어 면직되었다. 집이 가난하여 바닷가에서 돼지를 키웠다. 나이 40여 세에 《春秋》와 雜說을 배웠다.

武帝가 처음 즉위하고서 賢良文學의 인재를 구할 때 공손홍의 나이는 60이었고 賢良으로 뽑혀 博士가 되었다. 흉노에 사신으로 갔다 돌아와 보고했는데 무제의 마음에 들지 않아 무제가 화를 내며 무능하다고 생각하자 공손홍은 병을 핑계로 사임하고 돌아왔다. 元光 5년에 다시 賢良文學의 인재를 구했는데 치천국에서는 다시 공손홍을 추천하였다. 공손홍은 사양하며 말했다. "전에 이미 장안에 근무했지만 무능하여 그만두었으니 다른 사람을 뽑으십시오."

치천국에서 굳이 공손홍을 추천했고 공손홍은 太常府에 대기하였다. 무제가 여러 사람에게 책문을 내렸다.

原文

制曰, "蓋聞上古至治, 畫衣冠, 異章服, 而民不犯, 陰陽和, 五穀登, 六畜蕃, 甘露降, 風雨時, 嘉禾興, 朱屮生, 山不童, 澤不涸, 麟鳳在郊藪, 龜龍游於沼, 河洛出圖書, 父不喪子, 兄不哭弟. 北發渠搜, 南撫交阯, 舟車所至, 人跡所及, 跂行喙息, 咸得其宜. 朕甚嘉之, 今何道而臻乎此? 子大夫修先聖之術, 明君臣之義, 講論洽聞, 有聲乎當世, 敢問子大夫, 天人之道, 何所本始? 吉凶之效, 安所期焉? 禹,湯水旱, 厥咎何由? 仁,義,禮,知四者之宜, 當安設施? 屬統垂業, 物鬼變化, 天命之符, 廢興何如? 天文,地理,人事之紀, 子大夫習焉. 其悉意正議, 詳具其對, 著之於篇, 朕將親覽焉, 靡有所隱."

| **註釋** | ○制 – 황제의 명령. 制書. ○至治 – 매우 잘 다스려지다. ○畫衣冠 – 요순시대에는 형벌을 가하지 않고 罪目을 뜻하는 복장을 착용케 하였다. 墨刑에 처할 자는 검은 옷을 입게 하였고, 劓刑(코벨 의)에 처할 자는 그 옷에 붉은 칠을 했으며, 궁형에 해당하는 자는 특별한 짚신을 착용케 했다. 그렇게 하여도 범법자가 없었다고 한다. ○章服 – 죄인에게 입히는 특별한 옷. ○風雨時 – 풍우가 때를 맞추다. ○嘉禾興 – 大禾, 禾는 벼 또는 곡물을 지칭. 다른 곡물보다 이삭이 굵거나 알갱이가 많은 일종의 돌연변이 작물인데 이를 태평성대의 祥瑞로 생각하였다. ○朱屮 – 붉은색 풀. 屮는 草의 古字. ○山不童 – 산이 벗겨지지 않았다. 童에는 (산이) 벗겨지다. 머리털이 없다는 뜻도 있다. ○涸 – 물이 마를 학. ○郊藪(교수) – 郊外(성 밖)의 늪지. ○父不喪子, 兄不哭弟 – 父보다 젊은 나이의 아들이 먼저 또는

兄보다 어린 弟가 먼저 죽는다면 큰 불행으로 생각하였다. ○渠搜(거수) - 縣名. 今 內蒙古 達拉特旗 서쪽. ○交阯(교지) - 郡名. 그 치소는 지금 베트남의 하노이(河內) 市. ○跂行喙息(기행훼식) - 기어 다니는 벌레나 부리로 쪼거나 숨 쉬는 동물. 모든 생물. 跂 육발이 기. 벌레. 喙 부리 훼. 息 숨 쉴 식. ○今何道而臻乎此 - 지금 어찌하면 이러할 수 있겠는가? 臻은 이를 진(至也). ○屬統垂業 - 帝統을 계승하고 功業을 남기다. ○物鬼變化 - 衍文(연문)이라는 註가 있다. ○著之於篇 - 篇은 竹簡.

〖國譯〗

制書에 말했다. 「대저, 짐이 알기로는 上古에 정치가 안정되어 죄인의 衣冠에 그림을 그려 입고 다니게 하여도 백성들은 죄를 짓지 않았으며 음양이 조화되어 오곡은 풍성하고 六畜이 잘 번식하였으며 甘露가 내리고 風雨가 때를 맞췄으며, 嘉禾가 패고 朱草가 자랐으며, 산은 헐벗지 않았고 水澤은 마르지 않았으며, 기린과 봉황이 교외 늪지에 출현하고 神龜나 龍馬가 늪에 출현하였으며, 黃河와 洛水에서 도서가 나왔고 父는 아들을 먼저 보내지 않았으며, 형은 동생의 죽음을 슬퍼하지 않았다고 하였다. 짐은 지금 북쪽 渠搜縣(거수현)을 차지하고 남으로 交阯郡(교지군)을 설치하면서 舟車가 갈 수 있고 人跡이 닿는 곳까지 온갖 벌레나 만물이 다 마땅한 삶을 누리고 있다고 생각하고 있다. 지금 어떤 도를 채택해야 예전처럼 될 수 있겠는가? 卿들은 先聖의 치술을 修學하여 君臣之義에 밝고, 講論과 견문이 많아 당세에 명성이 있으니 그대들에게 天人之道는 어디에 근본을 두어야 하며 길흉의 결과는 무엇 때문인가를 묻노라. 또 禹王과 湯王의 홍수와 가뭄은 무슨 허물이 있어 시작되었으며 仁,

義, 禮, 知 四者의 바름은 어디에 기준을 두어야 하며 帝統을 계승하고 功業을 남기려하는데 천명의 祥瑞와 興廢는 어떠해야 하는지 天文과 地理와 人事의 근본에 대하여 경들은 잘 알 것이다. 정성을 다해 바르게 논의하고 상세한 근거로 답변하되 죽간에 기록할 것이며 짐이 친히 열람할 것이니 숨김이 없도록 하라.」

原文

〈賢良策〉*

弘對曰,「臣聞上古堯,舜之時, 不貴爵賞而民勸善, 不重刑罰而民不犯, 躬率以正而遇民信也. 末世貴爵厚賞而民不勸, 深刑重罰而奸不止, 其上不正, 遇民不信也. 夫厚賞重刑未足以勸善而禁非, 必信而已矣. 是故因能任官, 則分職治, 去無用之言, 則事情得, 不作無用之器, 卽賦斂省, 不奪民時, 不妨民力, 則百姓富. 有德者進, 無德者退, 則朝廷尊, 有功者上, 無功者下, 則群臣逡, 罰當罪, 則奸邪止, 賞當賢, 則臣下勸, 凡此八者, 治民之本也. 故民者, 業之卽不爭, 理得則不怨, 有禮則不暴, 愛之則親上, 此有天下之急者也. 故法不遠義, 則民服而不離, 和不遠禮, 則民親而不暴. 故法之所罰, 義之所去也, 和之所賞, 禮之所取也. 禮義者, 民之所服也, 而賞罰順之, 則民不犯禁矣. 故畫衣冠, 異章服, 而民不犯者, 此道素行也.」

| 註釋 | ○躬率 - 몸소 실천하다. 遇 만날 우. 뜻이 합치하다. ○則群臣逡 - 群臣이 양보를 알다. 逡 뒷걸음칠 준. ○凡此八者 - 위에서 말한 分職治, 事情得, 賦斂省, 百姓富, 朝廷尊, 群臣逡, 奸邪止, 臣下勸. ○義之所去也 - 義가 사라지게 되다.

〖國譯〗

이에 공손홍이 대책을 올렸다.

〈賢良策〉*

「臣이 알기로, 上古의 堯舜시대에는 작위와 상을 귀하게 여기지 않으면서 백성에게 勸善했고, 형벌에 의지하지 않았기에 백성들은 죄를 짓지 않았으며, 몸소 실천하면서 몸을 바로 했기에 백성들의 신임을 얻을 수 있었습니다. 말세에는 작위를 귀히 여기고 후한 상을 주었기에 백성들은 권선하지 않았으며, 刑을 강화하고 중벌에 처했지만 불법은 그치지 않았으며, 관리들은 바르지 않았기에 백성의 불신을 받았습니다. 이처럼 厚賞과 重刑으로는 勸善하거나 불법을 금할 수 없기에 반드시 信義를 얻어야만 합니다. 능력있는 자를 관리로 등용하면 직분이 잘 수행되고 無用한 언사가 없다면 사정을 바로 알게 되며, 無用한 器物을 쓰지 않는다면 賦斂(부렴, 징세)이 가벼워지며 백성의 농사철을 빼앗지 않는다면 백성은 부유해집니다. 有德者가 승진하고 無德者를 퇴출시킨다면 조정이 존귀해지고 有功者를 높이고 無功者를 강등시킨다면 모든 신하가 양보를 알게 되며 죄에 따라 징벌한다면 간사한 자가 없어질 것이며, 현능한 자에게 상을 내린다면 신하들이 서로 잘할 것이니, 이 8가지는 治民의 근본이 됩니다. 그러하기에 백성이 자기 일을 갖게 된다면 다툼이 없고,

이치가 통한다면 원망이 없으며, 예로 대접받는다면 거칠지 않고, 소중히 여겨진다면 윗사람을 잘 모실 것이니, 이는 천하를 통치하는 자의 급선무입니다. 그러하기에 법이 義를 멀리하지 않는다면 백성들은 복종하며 법을 어기지 않을 것이며, 화합하되 禮를 멀리하지 않으면 백성은 친애하며 사납지 않을 것입니다. 그래서 법으로 벌을 주고 義로 제거하며 和로 상을 주고 禮로 받아들이는 것입니다. 禮義로 백성을 복속케 하고 상벌로 따르게 한다면 백성은 범법하지 않을 것입니다. 그렇기 때문에 옷에 그림을 그려 복장만 달리 해도 백성이 법을 어기지 않는 것은 이러한 道가 평소에 행해졌기 때문입니다.」

原文

「臣聞之, 氣同則從, 聲比則應. 今人主和德於上, 百姓和合於下, 故心和則氣和, 氣和則形和, 形和則聲和, 聲和則天地之和應矣. 故陰陽和, 風雨時, 甘露降, 五穀登, 六畜蕃, 嘉禾興, 朱草生, 山不童, 澤不涸, 此和之至也. 故形和則無疾, 無疾則不夭, 故父不喪子, 兄不哭弟. 德配天地, 明並日月, 則麟鳳至, 龜龍在郊, <u>河</u>出圖, <u>洛</u>出書, 遠方之君 莫不說義, 奉幣而來朝, 此和之極也.」

| 註釋 | ○聲比則應 - 소리가 어울리면 맞장구를 치다. 比는 和也. ○莫不說義 - 義에 기뻐하지 않는 자가 없다. ○奉幣 - 예물을 받들다. 幣 비단 폐. 예물.

〖國譯〗

「臣이 알기로는, 氣가 같다면 서로 따르고 소리가 어울리면 맞장구를 치는 것입니다. 지금 위에서 主君이 하늘의 덕과 화합하면 백성들은 밑에서 주군의 덕에 화답하며, (상하의) 마음이 화합하면 氣가 화합하고 氣가 화합한다면 형체가 화합하고, 형체가 화합하면 소리도 화합하고, 소리가 화합한다면 천지가 함께 호응합니다. 그래서 음양이 화합하여 風雨가 때를 맞추며 甘露가 내리고 오곡이 잘 익으며 六畜이 번식하고 嘉禾(가화)가 자라며 朱草가 나타나고 산은 헐벗지 않으며 沼澤도 마르지 않는데 이는 화합의 최고 경지입니다. 그리고 형체가 화합한다면 병이 없고 병이 없기에 요절하지 않아 父는 자식을 먼저 보내지 않고 兄은 동생을 슬퍼하지 않게 됩니다. 天子의 덕이 천지와 짝하고 총명이 日月이 합한 것과 같기에 기린과 봉황이 나오고, 神龜와 龍馬가 교외에서 나타나기에 河水에서 도판이 나오고, 洛水에서 아홉 개의 무늬 그림이 나오게 되며 먼 변방의 君長이라도 大義에 기뻐하지 않는 이가 없기에 예물을 들고 入朝하게 되는데 이 또한 화합의 최고 경지입니다.」

原文

「臣聞之, 仁者愛也, 義者宜也, 禮者所履也, 智者術之原也. 致利除害, 兼愛無私, 謂之仁, 明是非, 立可否, 謂之義, 進退有度, 尊卑有分, 謂之禮, 擅殺生之柄, 通壅塞之塗, 權輕重之數, 論得失之道, 使遠近情僞必見於上, 謂之術. 凡此四者, 治之本, 道之用也, 皆當設施, 不可廢也. 得其要, 則天下安樂, 法設而不用, 不得其術, 則主蔽於上, 官亂於下. 此事之情, 屬統垂業之本也.」

| **註釋** | ○宜 - 適宜. 알맞고 마땅함. ○所履也 - 거쳐야 할 바. 履 밟을 이. ○致利除害 - 利를 가져오고 害를 없애기. ○擅殺生之柄 - 살생의 권한을 마음대로 휘두르기. ○壅塞之塗 - 막힌 길. 壅 막을 옹. 塞 막힐 색. 塗 진흙 도, 길 도. ○使遠近情僞必見於上 - 멀리할 사람과 가까이할 사람, 實情이나 거짓(僞)을 필히 윗사람에게 알게 하는 것. ○凡此四者 - 仁, 義, 禮, 智(術).

〚國譯〛

「臣이 알기로, 仁이란 아껴주는 것이고 義란 적당한 것이며, 禮는 밟아야 할 절차이고 智란 술수의 원천입니다. 利를 주고 害를 없애며 두루 아껴주되 편애가 없는 것을 仁이라고 하며, 시비를 밝히고 가부를 결단하는 것을 義라고 하고, 進退에 절도가 있으며 尊貴를 구분하는 것을 禮라고 하며, 살생의 권한을 멋대로 휘두르거나 막힌 길을 통하게 하는 것, 輕重의 숫자를 마음대로 하거나 득실에 대하여 논하고 遠人과 近人, 실정과 거짓을 윗사람에게 알게 하는 것을 술수라고 합니다. 이 4가지 전부는 통치의 근본이며 道의 적용이기에 마땅히 활용해야 하며 폐기할 수 없는 것입니다. 그 요체를 알면 천하가 안악하지만 법을 만들고 활용하지 않아 그 술수를 모른다면 위의 주군은 약해지고 아래 관리들은 어지러워집니다. 이런 일의 실제는 帝統을 계승하고 공적을 남길 수 있는 근본입니다.」

原文

「臣聞堯遭鴻水, 使禹治之, 未聞禹之有水也. 若湯之旱, 則桀之餘烈也. 桀,紂行惡, 受天之罰, 禹,湯積德, 以王天下. 因此觀之, 天德無私親, 順之和起, 逆之害生. 此天文,地理, 人事之紀. 臣弘愚戇, 不足以奉大對.」

| 註釋 | ○鴻水(홍수) - 洪水. ○餘烈 - 先人이 남긴 공덕이나 不德 또는 악행의 후유증. ○愚戇(우당) - 어리석다. 戇 어리석을 당. 외고집.

〖國譯〗

「臣이 알기로, 堯임금은 홍수를 당하자 禹를 시켜 다스리게 하였지 禹王 때 홍수가 있었다고 듣지는 못했습니다. 湯王 때의 가뭄은 桀王(걸왕)이 不德한 후유증이었습니다. 桀王(걸왕)과 紂王(주왕)은 行惡했기에 천벌을 받았고, 禹王과 湯王은 積德하여 王天下하였습니다. 이를 본다면 天德은 私親이 없으며, 天德에 순응하면 화락하지만 天德에 역행하면 재해가 발생합니다. 이는 천문과 지리와 인사의 紀綱(기강)입니다. 臣 공손홍은 어리석은 사람이라 천자의 책문에 대답하기에는 부족할 뿐입니다.」

原文

時對者百餘人, 太常奏弘第居下. 策奏, 天子擢弘對爲第一. 召見, 容貌甚麗, 拜爲博士, 待詔金馬門.

| **註釋** | ○第居下－下級으로 정하다. 第策 차례. 등급. 과거. 과거에 급제하다. ○擢－뽑을 탁. ○博士－오경박사. 經學을 교수하는 관직. ○待詔金馬門－漢代의 관직명. 금마문은 미앙궁의 북문. 待詔는 漢代의 특수 관직명. 詔는 황제의 명령을 기록한 문서. 황제의 부름을 받아 대기하다가 조서를 받고 그에 따른 임무를 수행 또는 자문에 응한다. 待詔의 장소로는 위의 금마문 이외에 待詔殿中, 待詔保宮, 待詔公車, 待詔黃門, 待詔丞相府 등등이 있다. 특수한 분야의 전문가인 경우 예를 들어 太史, 治曆, 音律, 本草의 경우에는 ○○待詔라고 불렀다.

〖**國譯**〗

그때 對策을 올린 자가 1백여 명이었는데 太常은 공손홍을 下등급으로 상주하였다. 대책이 올라가자 천자는 공손홍의 대책을 1등으로 뽑았다. 무제가 불러 보자 용모가 심히 수려하여 博士를 제수받고 待詔金馬門이 되었다.

原文

弘復上疏曰, "陛下有先聖之位而無先聖之名, 有先聖之民而無先聖之吏, 是以勢同而治異. 先世之吏正, 故其民篤. 今世之吏邪, 故其民薄, 政弊而不行, 令倦而不聽. 夫使邪吏行弊政, 用倦令治薄民, 民不可得而化, 此治之所以異也. 臣聞周公旦治天下, 期年而變, 三年而化, 五年而定. 唯陛下之所志." 書奏, 天子以册書答曰, "問, 弘稱周公之治, 弘之材能自視孰與周公賢?"

弘對曰, "愚臣淺薄, 安敢比材於周公! 雖然, 愚心曉然見治道之可以然也. 夫虎豹馬牛, 禽獸之不可制者也, 及其敎馴服習之, 至可牽持駕服, 唯人之從. 臣聞揉曲木者不累日, 銷金石者不累月, 夫人之於利害好惡, 豈比禽獸木石之類哉? 期年而變, 臣弘尙竊遲之."

上異其言.

| 註釋 | ○民篤 - 백성들은 순박했다. 篤은 醇厚하다. ○倦 - 진력날 권. 고달프다. ○周公旦(주공단) - 周 文王의 子, 武王의 弟, 成王의 숙부. 성왕이 어린 나이에 즉위하자 周公이 섭정하여 周의 안정과 번영을 가져왔다. ○期年 - 1년. ○唯陛下之所志 - 오직 폐하의 마음에 달렸습니다. ○敎馴服習 - 길들여 복종케 하다. 馴 길들일 순. ○揉曲木 - 揉 주무를 유. 부드럽게 하다. ○尙竊遲之 - 오히려 늦다고 생각한다. 1년까지 가지 않아도 바뀌게 할 수 있다는 뜻.

〖國譯〗

공손홍이 다시 상소하여 말했다.

"폐하께서는 先聖과 같은 지위에 있으나 先聖과 같은 명성이 없는 것은 先聖의 백성은 있으나 先聖 시대와 같은 관리가 없기 때문이니, 그래서 권세는 같지만 치적이 다른 것입니다. 先世의 관리들은 정직했고 그 백성은 순박했습니다. 今世의 관리가 간사하기에 백성들은 각박하고 정치가 피폐하여 바로 행해지지 않고 정령은 진력이 날 정도라서 백성들은 따르지 않습니다. 사악한 관리가 나쁜 정치를 하며 번잡한 정령으로 각박해진 백성을 다스려도 백성들은 교화되지 않으니 이것이 바로 치적이 다른 까닭입니다. 臣이 알기로, 周公 旦께서 천하를 다스리자 1년이 지나자 달라지고 3년에 교화가 이루어졌으며 5년에 안정되었습니다. 이처럼 다만 폐하의 의지에 달렸습니다."

글이 상주되자 천자는 册書로 답하였다. "묻노니, 공손홍이 周公之治를 칭송하는데 경의 재능은 周公에 비해 누가 더 현명한가?"

이에 공손홍이 대답하였다.

"천박한 愚臣이 어찌 감히 周公과 비교할 수 있겠습니까! 그러나 어리석은 마음이지만 治道가 그러해야 한다는 것은 확실하게 알고 있습니다. 저 산짐승이나 가축을 통제할 수 없다지만 복종하며 따르도록 길들여서 멍에를 씌워 끌고 다닐 수 있으니 백성도 그렇게 할 수 있습니다. 臣이 알기로, 굽은 목재를 바로 잡는데 하루가 걸리지 않고 金石을 녹이는 데는 한 달이 걸리지 않는다고 하니, 백성의 利害와 好惡(호오)가 어찌 금수나 목석에 비할 수 있겠습니까? 1년이 지나야 바뀐다고 했지만 臣 公孫弘은 오히려 늦다고 생각합니다." 무제는 그 말을 특이하게 여겼다.

原文

時方通西南夷, 巴,蜀苦之, 詔使弘視焉. 還奏事, 盛毁西南夷無所用, 上不聽. 每朝會議, 開陳其端, 使人主自擇, 不肯面折庭爭. 於是上察其行愼厚, 辯論有餘, 習文法吏事, 緣飾以儒術, 上說之, 一歲中至左內史.

| 註釋 | ○盛毁 – 크게 헐뜯다. 毁 헐 훼. ○面折庭爭 – 면전에서 힐책하며 조정에서 쟁론하다. ○習文法吏事 – 법률 조항과 관리의 업무에 익숙하다. ○緣飾(연식) – 외관을 꾸미다. 문장을 잘 꾸미다. 緣 의복의 가장자리 연. 연분. 飾 꾸밀 식. ○左內史 – 무제 때 左馮翊(좌풍익)으로 개칭. 장안 주변 關中 三輔의 하나.

〖國譯〗

그때는 막 西南夷와 교통하면서 巴郡과 蜀郡의 백성이 고통을 받았는데 조서로 공손홍에게 그 지역을 시찰케 하였다. 돌아와 보고하면서 西南夷들은 국익에 도움이 되지 않는다고 크게 반대하였지만 무제는 따르지 않았다. 매 번 朝會의 논의에서 공손홍은 그 단서만을 열어 주군이 스스로 채택하게 할 뿐 면전에서 반대하거나 조정에서 논쟁하지 않았다. 이에 무제는 공손홍의 행실이 신중하고 변론에 여유가 있으며 법조문과 관리 업무에 익숙하고 유학으로 문장을 잘 꾸민다고 생각하며 공손홍을 좋아하였기에 1년 만에 左內史까지 승진하였다.

原文

弘奏事, 有所不可, 不肯庭辯. 常與主爵都尉汲黯請間, 黯先發之, 弘推其後, 上常說, 所言皆聽, 以此日益親貴. 嘗與公卿約議, 至上前, 皆背其約以順上指. 汲黯庭詰弘曰, "齊人多詐而無情, 始爲與臣等建此議, 今皆背之, 不忠." 上問弘, 弘謝曰, "夫知臣者以臣爲忠, 不知臣者以臣爲不忠." 上然弘言. 左右幸臣每毁弘, 上益厚遇之. 弘爲人談笑多聞, 常稱以爲人主病不廣大, 人臣病不儉節. 養後母孝謹, 後母卒, 服喪三年.

| **註釋** | ○庭辯 – 조정에서 논쟁하다. ○主爵都尉 – 봉작에 관한 업무를 담당. ○汲黯(급암) – 50권, 〈張馮汲鄭傳〉에 입전. ○請閒 – 한가할 때 주청하다. ○無情 – 情은 實情. ○人主病不廣大 – 人主(武帝)는 국토를 넓히고 강대한 나라로 못할까 걱정하다.

〖國譯〗

公孫弘이 정사를 상주할 때 불가하다면 조정에서 변명하지 않았다. 늘 主爵都尉인 汲黯(급암)과 함께 무제가 한가할 때 주청하면서 급암이 먼저 발의하면 공손홍은 그 뒤를 따랐기에 무제는 늘 좋아하였고, 모두 승낙하였기에 날이 갈수록 가까이에서 신임을 받았다. 여러 공경들과 의논하기로 약속하고서도 무제 앞에서는 약속을 깨고 무제의 뜻에 따랐다. 그러자 급암이 조정에서 공손홍을 비난하였다. "齊人들은 거짓이 많고 진실이 없다더니 여러 사람과 같이 건의하기로 하고서도 닥치면 전부 어기니 성실한 사람이 아니요."

무제가 이를 공손홍에게 묻자 공손홍이 사죄하며 말했다.

"대개 저를 아는 사람은 성실하다지만, 저를 모르는 사람은 저를 불충하다고 말합니다."

무제는 공손홍의 말이 맞는다고 여겼다. 황제 측근의 幸臣들이 공손홍을 폄훼하더라도 무제는 공손홍을 더 후하게 대우하였다. 공손홍은 사람됨이 담소에 능했고 견문이 많았는데 人主는 나라가 廣

大하지 못할까 늘 걱정하고 신하된 자는 節儉하지 못하는 병이 있다고 말하였다. 계모에게 효도하며 애써 공양하였는데 계모가 죽은 뒤에 3년 상을 치렀다.

原文

爲內史數年, 遷御史大夫. 時又東置蒼海, 北築朔方之郡. 弘數諫, 以爲罷弊中國以奉無用之地, 願罷之. 於是上乃使朱買臣等難弘置朔方之便. 發十策, 弘不得一. 弘乃謝曰, "山東鄙人, 不知其便若是, 願罷西南夷,蒼海, 專奉朔方." 上乃許之.

| 註釋 | ○蒼海(창해) - 군명. 滄海郡. 무제 元朔 원년(前 128)에 설치했다가 전 126년에 폐지. 관할 지역은 강원도와 함경도 동해안. 또는 한반도 남부라는 주장도 있다. ○朔方(삭방) - 郡名. 치소는 今 內蒙古 鄂爾多斯市 烏拉特前旗(황하 북안). ○罷弊(피폐) - 疲弊. 罷 고달플 피. 파할 파. ○朱買臣(? - 前 115) - 64권, 〈嚴朱吾丘主父徐嚴終王賈傳〉에 입전. 《史記 酷吏列傳》 참고. 성어 '覆水難收'의 주인공. ○難 - 힐난하다. 물리치다. ○發十策, 弘不得一 - 10가지 이점을 설명했고 공손홍은 1개도 반박하지 못했다는 뜻.

〖國譯〗

공손홍은 左內史 몇 년에 御史大夫로 승진했다. 그때 漢에서는 동쪽에 蒼海郡을, 북쪽에 朔方郡(삭방군)에 성을 쌓고 있었다. 공손홍은 중국을 피폐하게 하여 쓸모없는 땅을 위한다며 축성을 중지해야 한다고 여러 번 간쟁하였다. 이에 무제는 朱買臣(주매신) 등을 시켜 삭방군을 설치해야 할 이점을 들어 공손홍을 힐난하게 하였다. 주매신이 10가지 방책을 설명했는데 공손홍은 그중 한 가지도 반박하지 못했다. 공손홍은 바로 사죄하며 말했다.

"저는 山東의 촌사람이라 그 이점이 이러한 줄을 몰랐사오니 西南夷 지역과 蒼海郡은 중지하되 삭방군에 전념하시길 바랍니다."

이에 무제는 바로 허락하였다.

原文

汲黯曰, "弘位在三公, 奉祿甚多, 然爲布被, 此詐也." 上問弘, 弘謝曰, "有之. 夫九卿與臣善者無過黯, 然今日庭詰弘, 誠中弘之病. 夫以三公爲布被, 誠飾詐欲以釣名. 且臣聞管仲相齊, 有三歸, 侈擬於君, 桓公以霸, 亦上僭於君. 晏嬰相景公, 食不重肉, 妾不衣絲, 齊國亦治, 亦下比於民. 今臣弘位爲御史大夫, 爲布被, 自九卿以下至於小吏無差, 誠如黯言. 且無黯, 陛下安聞此言?" 上以爲有讓, 愈益賢之.

| **註釋** | ○布被 – 무명옷을 입다. 被는 이불 피. 덮다. 옷을 입다. '무명이불을 덮다'로 번역하는 것은 무리이다. ○釣名(조명) – 이름이나 얻으려 하다. ○有三歸 – 3명의 姓이 다른 여자를 두다. ○侈擬於君 – 사치가 주군과 비슷했다. ○晏嬰(안영) – 춘추시대 齊의 재상. ○妾不衣絲 – 아내가 비단옷을 입지 못하다. ○且無黯 – 汲黯(급암)이 아니라면.

〖國譯〗

汲黯(급암)이 말했다. "공손홍이 녹봉이 매우 많은 三公의 자리에 있으면서 무명옷을 입는데, 이는 위선입니다." 무제가 공손홍에게 묻자 공손홍은 사죄하며 말했다. "그렇습니다. 九卿 중에 저와 가깝기로는 급암만한 사람이 없습니다만 오늘 조정에서 저를 비난하였는데, 이는 사실 저의 병폐를 지적한 것입니다. 三公이 무명옷을 입는다면 정말로 위선적 행실로 명성이나 얻으려는 것입니다. 그러나 제가 알기로 管仲은 齊의 재상으로 3명의 공식적 아내를 거느리었고 그 사치가 주군과 비슷하였으며 桓公(환공)을 패자가 되게 했지만 이는 주군에게 해서는 안 될 일이었습니다. 晏嬰(안영)은 景公의 재상으로 식사에 고기반찬 두 가지를 먹지 않고 그 아내는 비단옷을 입지 못했지만 齊는 잘 다스려졌고 이는 아래 백성과 똑같았습니다. 지금 제가 어사대부로 무명옷을 입는 것은 九卿 이하 小吏까지 아무 차이도 없다는 뜻이니 급암의 말 그대로입니다. 그렇지만 급암이 없다면 폐하께서는 누구한테 이런 말을 들을 수 있겠습니까?"

무제는 공손홍이 겸양의 덕이 있다고 생각하며 더욱 잘 대하였다.

原文

元朔中, 代薛澤爲丞相. 先是, 漢常以列侯爲丞相, 唯弘無爵. 上於是下詔曰, "朕嘉先聖之道, 開廣門路, 宣招四方之士, 蓋古者任賢而序位, 量能以授官, 勞大者厥祿厚, 德盛者獲爵尊, 故武功以顯重, 而文德以行褒. 其以高成之平津鄉戶六百五十封丞相弘爲平津侯." 其後以爲故事, 至丞相封, 自弘始也.

| 註釋 | ○元朔 - 武帝의 연호. 前 128 - 123년. ○薛澤(설택) - 前 131에서 124년까지 승상으로 재임. ○高成 - 현명. 今 河北省 남부 滄州市 관할의 鹽山縣.

〖國譯〗

공손홍은 元朔 연간에 薛澤(설택)의 후임으로 승상이 되었다. 이보다 앞서 漢에서는 늘 列侯를 승상으로 임명했는데 공손홍은 작위가 없었다. 이에 무제는 조서를 내려 말했다.

"짐은 先聖의 道를 훌륭하다고 여겨 門路를 크게 열어 사방의 인재를 초치하였으니, 이는 예전에 현인을 골라 일을 맡기고 직위를 내렸으며 능력에 따라 관직을 수여하면서 공로가 큰 자는 그 녹봉이 厚하였고 德이 성한 자는 작위를 높였으며 武功에 따라 중용하고 文德을 포상한 뜻이리라. 이에 高成縣 平津侯의 650호로 승상 공손홍을 平津侯에 봉하노라."

이후로 이것이 전례가 되었으니 丞相에 오르면서 受封(수봉)은 공손홍에서 시작되었다.

原文

時, 上方興功業, 婁擧賢良. 弘自見爲擧首, 起徒步, 數年至宰相封侯, 於是起客館, 開東閣以延賢人, 與參謀議. 弘身食一肉, 脫粟飯, 故人賓客仰衣食, 奉祿皆以給之, 家無所餘. 然其性意忌, 外寬內深. 諸常與弘有隙, 無近遠, 雖陽與善, 後竟報其過. 殺主父偃, 徙董仲舒膠西, 皆弘力也.

| 註釋 | ○婁 – 屢의 古字. 여럿 누(루). 자주. ○徒步(도보) – 맨발. 평민. 평민은 걸어 다녔기에 徒步는 平民. ○客館 – 他國에 들어가 관리가 되다. 공손홍은 치천국 출신. ○開東閣以延賢人 – 동쪽 문으로 賢인을 맞이하다. 천거되어 관직을 시작했다는 뜻. 東閣은 동쪽으로 난 작은 문. 현인을 맞이할 때가 아니면 열지 않았다. ○脫粟飯(탈속반) – 껍질만 벗긴 곡식으로 지은 밥. 현미밥. ○仰衣食 – 의식을 도와달라고 요청하다. ○意忌 – 의심하고 시기하다. 意는 疑. ○雖陽與善 – 陽은 佯(거짓 양).

〖國譯〗

이 무렵 무제는 큰 치적을 이루려고 현량인재를 자주 등용하였다. 공손홍은 자신이 일등으로 천거되었지만 평민에서 起身하여 몇 년 만에 재상이 되고 제후에 봉해졌으며 客館을 거쳐 賢才로 천거되어 나라의 주요 정책에 관여했다고 생각하였다. 공손홍은 한 끼에 한 가지 고기와 거친 밥을 먹었지만 友人이나 빈객이 衣食을 도와달라면 모든 것을 주어버렸기에 집안에 남은 재산이 없었다. 그렇지만 그의 성질은 시기심이 많았고 겉으로는 너그러웠지만 안으로는 각박한 사람이었다. 평소에 공손홍과 틈이 벌어졌다면 원근을 막론하고 겉으로는 잘 지내는 척했지만 뒤에 끝까지 당한 것을 보복하였으니 朱父偃(주보언)을 죽게 하고 董仲舒를 膠西國(교서국) 승상으로 보낸 것도 모두 공손홍의 뜻이었다.

原文

後淮南,衡山謀反, 治黨與方急, 弘病甚. 自以爲 無功而封侯, 居宰相位, 宜佐明主塡撫國家, 使人由臣子之道. 今諸侯有畔逆之計, 此大臣奉職不稱也. 恐病死無以塞責, 乃上書曰,「臣聞天下通道五, 所以行之者三. 君臣,父子,夫婦,長幼,朋友之交, 五者天下之通道也. 仁,知,勇三者, 所以行之也. 故曰 '好問近乎知, 力行近乎仁, 知恥近乎勇, 知此三者, 知所以自治, 知所以自治, 然後知所以治人.' 未有不能自治而能治人者也. 陛下躬孝弟, 監三王, 建周道, 兼文武, 招徠四方之士, 任賢序位, 量能授官, 將以厲百姓勸賢材也. 今臣愚駑, 無汗馬之勞, 陛下過意擢臣弘卒伍之中, 封爲列侯, 致位三公. 臣弘行能不足以稱, 加有負薪之疾, 恐先狗馬塡溝壑, 終無以報德塞責. 願歸侯, 乞骸骨, 避賢者路.」

上報曰, "古者賞有功, 褒有德, 守成上文, 遭遇右武, 未有易此者也. 朕夙夜庶幾, 獲承至尊, 懼不能寧, 惟所與共爲治者, 君宜知之. 蓋君子善善及後世, 若茲行, 常在朕躬. 君不幸罹霜露之疾, 何恙不已? 乃上書歸侯, 乞骸骨, 是章朕之不德也. 今事少閒, 君其存精神, 止念慮, 輔助醫藥以自侍." 因賜告牛,酒,雜帛. 居數月, 有瘳, 視事.

| 註釋 | ○淮南,衡山謀反 - 淮南王 劉安, 衡山王 劉賜의 반란. 武帝 元狩 원년(前 122). 44권, 〈淮南衡山濟北王傳〉 참고. ○塡撫(진무) - 鎭撫. 塡 메울 전. 누를 진. ○畔逆 - 叛逆. ○不稱也 - 소임을 다하지 못하다. ○好問近乎知 ~ 然後知所以治人 -《禮記 中庸》. 지금 經文은 이와 조금 다르다. ○躬孝弟 - 孝悌를 몸소 실천하다. ○監三王 - 禹王, 湯王, 周 (文王) 武王을 거울로 삼다. 監은 鑑也. ○愚駑 - 駑 둔할 말 노. ○無汗馬之勞 - 전투의 공적도 없다. ○卒伍之中 - 병졸의 무리 중에서. 겸손한 표현. ○負薪之疾 - 나무를 하다 지치다. 자신의 병에 대한 겸손한 표현. ○先狗馬塡溝壑 - 앞서 나가서 개나 말처럼 죽다. 자신의 죽음을 지칭. ○歸侯 - 열후의 인수를 반환하다. ○乞骸骨 - 면직을 희망하다. ○守成上文 - 守成할 때는 文을 숭상하다. ○遭遇右武 - 나라가 危難할 때는 武를 높이다. ○夙夜庶幾(숙야서기) - 새벽부터 밤까지 다행히도. 夙 일찍 숙. 庶幾는 거의, 요행히도. ○罹霜露之疾(이상로지질) - 寒冷病(감기몸살)에 걸렸다. 罹 근심 이(리). 당하다. ○何恙不已 - 무슨 병인들 아니 낫겠는가? 恙은 근심. 질병. ○賜告 - 휴가를 주다. ○有瘳 - 瘳 병 나을 추.

〖國譯〗

뒷날 淮南王과 衡山王의 모반이 있었고 그 무리들을 엄하게 치죄하였는데 공손홍은 병이 심했다. 공손홍은 스스로 '자신은 無功하면서도 제후가 되었고 승상의 자리에서 의당 明主를 보필하여 國家를 진무해야 하고 사람들로 하여금 신하의 도리를 다하게 해야 한다. 지금 제후의 반역은 대신들이 자기 직분을 다하지 못한 것이다. 그러기에 자신이 病死하더라도 책임을 다할 길이 없다.' 고 생각하면서 바로 상서하였다.

「臣이 듣기로, 천하에 두루 통하는 도리가 5가지이고 그 실천은 3

가지라고 하였습니다. 君臣과 父子와 夫婦, 그리고 長幼와 朋友의 5가지는 天下의 通道입니다. 仁과 知와 勇의 三者는 이를 실천하는 것입니다. 그래서 '好問(好學)하면 知에 가깝고, 力行하면 仁에 가까우며, 知恥(지치)면 勇에 가까이 간 것이니 이 3가지를 알면 자신을 어떻게 다스리는가를 알게 되고, 자신을 다스릴 줄 안다면 백성을 다스릴 줄 안다.' 고 하였습니다. 자신을 다스릴 줄도 모르면서 남을 다스릴 수 있는 자는 없었습니다. 폐하께서는 몸소 孝悌를 실천하시며 三王을 거울삼고 周의 王道를 두루 실천하시며 文武를 겸하시면서 사방의 인재를 불러 모아 현자에게 일을 맡기고 벼슬을 주었으며 능력에 따라 관직을 주시어 백성들로 하여금 현명한 인재를 권장토록 독려하셨습니다. 지금 저는 우둔하여 아무런 전공도 없는데 폐하께서는 과분하게도 저를 병졸의 대오에서 발탁하시어 열후에 봉하셨으며 三公의 지위까지 끌어주셨습니다. 臣 공손홍은 칭송을 들을만한 실적도 없이 병이 들어 狗馬처럼 앞서 나가 죽지도 못할 것이라서 끝내 폐하의 은공에 보답하지도 또 제 책무를 다할 수도 없습니다. 이에 제후의 인수를 반납하고 면직하여 賢者가 나갈 수 있도록 길을 비켜주겠습니다.」

武帝가 이에 답하였다. "古者에 유공자에게 賞을 주고 유덕자를 포상하며, 守成에는 文을 숭상하고 환난을 당해서는 武를 높이는데 이를 바꾼 사람은 있지 않았도다. 朕은 아침 일찍부터 밤늦게까지 至尊의 자리에서 두려워 편안히 쉬지도 못하면서 오로지 같이 다스릴 신하와 함께 수고하고 있다는 것을 경도 아실 것이요. 대체로, 군자는 善을 좋아하며 이를 표창하여 후세에 이어주어야 하는데 이를 실천할 책무는 언제나 짐에게 있는 것이요. 경이 불행히도 감기몸살에 걸렸지만 무슨 병인들 아니 낫겠는가? 그렇다고 상서하여 작위를 반납하고 면직하려는 것은 짐의 부덕을 드러내는 것뿐이요. 지금 조금 여유가 있겠으니 경도 정신을 가다듬고 염려하지 말 것이며 치료와 약을 복용하면서 건강을 지켜 주기 바라오."

아울러 휴가를 허락하고 소고기와 술, 여러 가지 비단을 하사하였다. 몇 달이 지나 공손홍은 병이 나아 다시 정무를 보았다.

原文

凡爲丞相御史六歲, 年八十, 終丞相位. 其後李蔡,嚴青翟,趙周,石慶,公孫賀,劉屈氂繼踵爲丞相. 自蔡至慶, 丞相府客館丘虛而已, 至賀,屈氂時壞以爲馬廄車庫奴婢室矣. 唯慶以惇謹, 復終相位, 其餘盡伏誅云.

| **註釋** | ○石慶 – 石奮(석분)의 아들. 46권, 〈萬石衛直周張傳〉에 附傳. ○劉屈氂(유굴리) – 氂는 꼬리 이. ○繼踵 – 뒤를 이어. 踵 발꿈치 종. ○丘虛而已 – 空虛했다. ○惇謹(돈근) – 성실하고 근신하다.

〖國譯〗

공손홍은 승상과 어사대부로 총 6년을 역임하고 80세에 승상의 자리에서 죽었다. 그 후에 李蔡(이채), 嚴青翟(엄청적), 趙周(조조), 石慶(석경), 公孫賀(공손하), 劉屈氂(유굴리) 등이 뒤를 이어 승상이 되었다. 이채와 석경 때까지 승상부의 객관은 비어 있었고 공손하, 유굴리 때에 무너져서 마구간과 차고와 노비들의 방이 되었다. 오직 石

慶만이 돈후 근신하여 다시 재상이 되었다가 죽었고 나머지는 모두 처형되었다.

原文

弘子度嗣侯, 爲山陽太守十餘歲, 詔徵鉅野令史成詣公車, 度留不遣, 坐論爲城旦.

元始中, 修功臣後, 下詔曰, "漢興以來, 股肱在位, 身行儉約, 輕財重義, 未有若公孫弘者也. 位在宰相封侯, 而爲布被脫粟之飯, 奉祿以給故人賓客, 無有所餘, 可謂減於制度, 而率下篤俗者也, 與內厚富而外爲詭服以釣虛譽者殊科. 夫表德章義, 所以率世厲俗, 聖王之制也. 其賜弘後子孫之次見爲適者, 爵關內侯, 食邑三百戶."

| **註釋** | ○山陽 - 군, 국명. 治所는 昌邑縣(今 山東省 菏澤市 鉅野縣 남쪽). 景帝 中元 2년(前 148)에 郡守를 太守로 개칭. ○鉅野 - 현명. 今 山東省 菏澤市 鉅野縣 동북. ○公車 - 궁궐 호위 총책인 衛尉의 감독을 받는 기구. 황제가 부르거나 황제를 알현할 사람들에 관한 업무를 모두 여기에서 담당하였다. 동시에 관리 출장이나 업무 수행을 위한 편의를 제공하였다. ○坐論 - 법에 걸려(坐) 판결 받다(論). ○城旦(성단) - 築城하는 노역에 종사하다. ○元始 - 漢 平帝의 연호(서기 1 - 5년). ○修功臣後 - 공신의 후손을 부양하다. 修는 培養하다. ○減於制度 - 禮制보다도 더 낮추었다. 삼공의 지위에서 비단옷을 입어야 하는데도 평민처럼 검소했다는 것을 강조하는 뜻. ○詭服(궤복) - 거짓으로 복종하다. ○殊科(수과) - 부류가 다르다. 殊 죽일 수.

다르다.

〖國譯〗

공손홍의 아들 公孫度가 이어 제후가 되었고 山陽太守로 10여 년을 재직했는데 황제의 부름을 받은 鉅野令인 史成이 公車에 도착했을 때 공손도가 만류하여 보내지 않았던 일로 법에 걸려 축성하는 노역에 종사하였다.

平帝 元始 연간에 功臣의 후손을 돌보아 주는 조서를 내려 말했다.

"漢興 이래로 股肱之臣(고굉지신)이 재위하면서 몸소 검약을 실천하며 輕財하고 重義하기에 公孫弘만한 이가 없었다. 宰相이며 封侯의 자리에서 무명옷을 입고 거친 밥을 먹으면서도 奉祿을 우인이나 빈객에 주어 남긴 재산이 없었으니, 이는 禮制보다도 낮게 몸소 백성의 풍속을 순화하려는 뜻이었으니, 안으로 크게 부유하나 겉으로 꾸며 헛 명예나 낚으려는 자와는 부류가 달랐다. 德義를 표창하고 백성에게 모범을 보이며 풍속 순화는 聖王의 제도이다. 이에 공손홍의 직계나 방계 후손 중 적임자에게 관내후 작위와 식읍 3백 호를 하사한다."

58-2. 卜式

原文

卜式, 河南人也. 以田畜爲事. 有少弟, 弟壯, 式脫身出, 獨取畜羊百餘, 田宅財物盡與弟. 式入山牧, 十餘年, 羊致千餘頭, 買田宅. 而弟盡破其産, 式輒復分與弟者數矣.

| 註釋 | ○卜式(복식) - 《養豬羊法》이라는 저서가 있었는데 失傳되었다. ○河南 - 郡,縣名. 今 河南省 洛陽市 서쪽 교외. ○脫身出 - 分家하다. ○輒 - 문득 첩. 갑자기.

〖國譯〗

卜式(복식)은 河南縣 사람이다. 농사와 목축이 생업이었다. 어린 동생이 있었는데 동생이 다 크자 복식은 분가하면서 기르던 양 백여 마리만 갖고 땅이나 집과 재물은 모두 동생에게 주었다. 복식이 입산하여 목양하기 10여 년에 양은 1천여 마리로 늘었고 전택을 매입하였다. 동생이 재산을 잃을 때마다 복식은 동생에게 여러 번 재산을 그냥 나눠 주었다.

原文

時漢方事匈奴, 式上書, 願輸家財半助邊. 上使使問式,

"欲爲官乎?" 式曰, "自小牧羊, 不習仕宦, 不願也." 使者曰, "家豈有冤, 欲言事乎?" 式曰, "臣生與人亡所爭, 邑人貧者貸之, 不善者敎之, 所居, 人皆從式, 式何故見冤!" 使者曰, "苟, 子何欲?" 式曰, "天子誅匈奴, 愚以爲賢者宜死節, 有財者宜輸之, 如此而匈奴可滅也." 使者以聞. 上以語丞相弘. 弘曰, "此非人情. 不軌之臣不可以爲化而亂法, 願陛下勿許." 上不報, 數歲乃罷式. 式歸, 復田牧.

| 註釋 | ○輸家財半助邊 – 군사비용으로 家財 절반을 내다. ○見冤(견원) – 원한을 사다. ○苟, 子何欲 – 그러하다면 그대는 무얼 원하는가? 子는 남자에 대한 美稱. ○不軌之臣 – 법을 따르지 않는 사람. ○上不報 – 무제는 복식에게 통보하지 않다.

〖國譯〗

그 무렵 漢은 흉노와 전쟁을 했는데 복식은 상서하여 가산의 절반을 군사비용으로 바치겠다고 말했다. 무제가 사자를 보내 복식에게 물었다. "관직을 원하는가?" 복식이 말했다. "어려서부터 양을 키워 관직생활을 모르니 바라지 않습니다." "집안에 원한이 있어 그 사정을 말하고 싶은가?" "저는 다른 사람과 다투지도 않았으며 마을의 가난한 사람에게 돈을 빌려주었고 나쁜 자를 가르쳤기에 마을에서 사람들이 모두 나를 따르는데 무엇 원한이 있겠습니까?" 사자가 다시 물었다. "그렇다면 당신은 무얼 바라는가?" 복식이 말했다. "천자께서 흉노를 토벌하시는데 현명하다면 절의를 위해 목숨을 바쳐야 하고 재산이 있다면 응당 재물을 내어야만 흉노를 무찌를 수 있다고 저는 생각합니다."

사자가 이를 보고하였다. 무제가 복식이 한 말을 승상 공손홍에게 물었다.

공손홍이 말했다. "이는 人情이 아닙니다. 법을 따르지 않는 사람에게 물들어서 법을 어지럽힐 수 없으니 폐하께서는 허락하지 마십시오." 무제는 복식에게 답변하지 않았고 몇 년 동안 그대로 두었다. 복식은 돌아와 다시 농사와 목축을 했다.

原文

歲餘, 會渾邪等降, 縣官費衆, 倉府空, 貧民大徙, 皆卬給縣官, 無以盡贍. 式復持錢二十萬與河南太守, 以給徙民. 河南上富人助貧民者, 上識式姓名, 曰, "是固前欲輸其家半財助邊." 乃賜式外繇四百人, 式又盡復與官. 是時, 富豪皆爭匿財, 唯式尤欲助費. 上於是以式終長者, 乃召拜式爲中郎, 賜爵左庶長, 田十頃, 佈告天下, 尊顯以風百姓.

| **註釋** | ○渾邪(혼야) - 흉노의 관직명. ○縣官 - 관청. 나라. ○卬 - 오를 앙. 仰(바랄 앙)과 通. ○贍 - 구휼할 섬. 빈민을 구제하다. ○外繇(외요) - 변경에 요역하다. 변경에 요역을 할 사람은 身役 대신 금전으로 대납할 수 있었고 나라에서는 그 돈으로 인부를 사서 충당했는데 이를 '過更(과경)'이라 하였다. 여기서는 인부 400名 분의 금전을 상으로 내렸다는 뜻. ○匿財 - 匿 숨을 익. 숨기다. ○中郎 - 황제의 시위관. ○左庶長 - 20작위 중 10등급 작위의 명칭. ○風百姓 - 風은 諷.

〖國譯〗

몇 년 뒤에 마침 渾邪王(혼야왕)의 무리가 투항해 왔는데 나라에서는 비용 지출이 많아 창고가 비었고 빈민들이 대거 몰려들며 나라에서 구제해주길 바랬으나 구제할 재물이 없었다. 복식은 다시 20만전을 가지고 가서 하남태수에게 바쳐 빈민을 구제케 하였다. 하남군에서 빈민을 구제한 부자들 명단을 보고하였는데 무제는 복식의 성명을 알아보고서 말했다. "바로 이 사람이 전에 재산의 절반을 군사비에 보태려 했었다." 그리고서는 복식에게 요역 인부 400명분의 돈을 상금으로 하사했는데 복식은 그 돈도 모두 나라에 기부하였다. 이 무렵 부호들은 경쟁적으로 재산을 숨겼는데 오직 복식만이 더 많은 재물을 바치려 했다. 결국 무제는 복식이 후덕한 사람이라 생각하고 복식을 불러 中郎官에 임명했고 左庶長의 작위와 경지 10頃(경)을 하사하고 천하에 널리 알려 높이며 백성을 깨우치게 했다.

原文

初, 式不願爲郎, 上曰, "吾有羊在上林中, 欲令子牧之." 式旣爲郎, 布衣草蹻而牧羊. 歲餘, 羊肥息. 上過其羊所, 善之. 式曰, "非獨羊也, 治民亦猶是矣. 以時起居, 惡者輒去, 毋令敗群." 上奇其言, 欲試使治民. 拜式緱氏令, 緱氏便之, 遷成皐令, 將漕最. 上以式樸忠, 拜爲齊王太傅, 轉爲相.

| 註釋 | ○布衣草蹻 - 무명옷에 짚신을 신고. 蹻 발돋움할 교. 남방에서

는 신발을 蹻라 한다는 주석이 있다. 屩(신 교, 짚신)와 통. ○肥息 – 살찌고 잘 번식하다. ○惡者輒去 – 병든 약은 바로 제거하다. ○緱氏(구씨) – 縣名. 今 河南省 偃師市 동남. 緱는 칼자루 감을 구. ○成皐(성고) – 縣名. 今 河南省 滎陽市 서북. ○將漕 – 조운을 통해 수송하다. 지방관 실적 평가의 한 영역. ○轉爲相 – 侯國의 相은 郡의 太守와 동급이었다.

〖國譯〗

처음에 복식은 낭관을 바라지 않았으니, 이에 무제가 말했다.

"상림원에 있는 양을 기르도록 하라." 복식은 낭관이 된 뒤였지만 무명옷에 짚신을 신고 양을 길렀다. 1년 남짓에 양들은 살이 찌고 잘 번식했다. 무제가 그곳을 지나다가 복식을 칭찬했다. 복식이 말했다. "비단 羊뿐이 아니라 백성 다스리는 것도 마찬가지입니다. 규칙적으로 살게 하면서 병든 자를 바로 제거하여 무리를 망치지 못하게 하면 됩니다."

무제는 그 말을 기특하게 여기면서 治民도 잘 하는가 보고 싶었다. 복식을 緱氏(구씨) 현령에 임명했는데 구씨현 백성들이 칭송했고 成皐(성고) 현령으로 전근시켰는데 조운 실적이 최고였다. 무제는 복식을 질박하고 충성스럽다고 생각하여 齊王의 太傅로 임명했다가 齊國의 相에 임명하였다.

原文

會呂嘉反, 式上書曰, "臣聞主媿臣死. 群臣宜盡死節, 其駑下者宜出財以佐軍, 如是則强國不犯之道也. 臣願與子男及臨菑習弩博昌習船者請行死之, 以盡臣節." 上賢之, 下詔曰, "朕聞報德以德, 報怨以直. 今天下不幸有事, 郡縣諸侯未有奮繇直道者也. 齊相雅行躬耕, 隨牧畜悉, 輒分昆弟, 更造, 不爲利惑. 日者北邊有興, 上書助官. 往年西河歲惡, 率齊人入粟. 今又首奮, 雖未戰, 可謂義形於內矣. 其賜式爵關內侯, 黃金四十斤, 田十頃, 佈告天下, 使明知之."

| **註釋** | ○呂嘉(여가) - 番王의 승상. 前 112년에 남월왕을 죽이고 漢에 반기를 들자 武帝는 伏波將軍 路博德을 보내 토벌하고 나라를 없앴다. ○主媿臣死(주괴신사) - 주군이 창피를 당한다면 신하는 죽어야 한다. 媿 부끄러울 괴. 수치를 당하다. 愧와 同. ○强國不犯 - 나라를 강하게 하고 외적이 범접하지 못하게 하다. ○子男 - 아들. ○臨菑(임치) - 縣名. 今 山東省 淄博市(치박시) 동북. ○博昌 - 縣名. 今 山東省 濱州市 南部의 博興縣 동남. ○報德以德, 報怨以直 - 《論語 憲問》. '或曰, 以德報怨, 何如? 子曰, 何以報德? 以直報怨, 以德報德.' ○更造 - 고쳐 만들다. 여기서는 새로 富를 축적하였다는 뜻. ○日者 - 日前에. ○西河歲惡 - 西河郡에 흉년이 들다. 西河郡의 치소는 今 內蒙古 鄂爾多斯市 東勝區. ○首奮 - 먼저 奮起하다.

〖國譯〗

番禺(반우)에서 呂嘉(여가)가 漢에 반란을 일으키자 복식이 상서하여 말했다.

"臣이 알기로는, 주군이 창피를 당해야 한다면 신하가 죽어야 한다고 하였습니다. 모든 신하는 죽음으로 지조를 다해야 하고 그 아래 사람들은 당연히 재산을 바쳐 군비를 돕는 것이 나라를 강하게 만들고 외적이 범접하지 못하게 하는 길입니다. 臣은 제 아들 및 臨菑縣(임치현)의 궁노수, 博昌縣의 수군과 함께 출전하여 죽더라도 신하의 도리를 다하겠습니다.”

무제는 이를 장하다고 생각하여 조서를 내려 말했다.

「朕이 알기로, 德은 德으로 보답하고 원망에 대해서는 정직으로 갚으라 하였도다. 지금 천하가 불행하여 전쟁이 일어났으나 군현이나 제후국에서 분연히 일어나 바로 대응하려는 이가 없었다. 齊國 승상은 행실이 바르고 친히 농사를 짓고 목축을 하여 동생에게 재물을 그냥 나누어 주고 분가하여 축재하였지만 재물에 현혹되지 않았다. 일전에 북방에 전쟁이 일어나자 상서하여 군비를 도왔었다. 왕년에는 西河郡에 흉년이 들자 齊人을 인솔하여 식량을 보냈었다. 이번에 또 먼저 솔선 참여하니 비록 전쟁에 참여하지는 않지만 마음의 義氣를 표출하였도다. 이에 복식에게 關內侯의 작위와 황금 40근, 경지 10경을 하사하나니 이를 천하에 널리 공표하여 명확히 알리도록 하라.」

原文

元鼎中, 徵式代石慶爲御史大夫. 式旣在位, 言郡國不便鹽鐵而船有算, 可罷. 上由是不說式. 明年當封禪, 式又不習文章, 貶秩爲太子太傅, 以兒寬代之. 式以壽終.

| **註釋** | ○元鼎(원정) – 武帝의 연호. 前 116 – 111년. ○鹽鐵而船有算 – 《漢書》 24권, 〈食貨志〉 참조. 염철의 전매와 상인 소유의 수레와 배에 대한

과세 정책. ○明年 – 元封 원년. ○不習文章 – 봉선에 관한 예악제도를 잘 모르다. ○貶秩 – 폄직하여 직책을 바꾸다. ○兒寬(예관) – 兒는 성씨 예. 아이 아.

〖國譯〗

元鼎 연간에 복식은 부름을 받아 石慶의 후임으로 御史大夫가 되었다. 복식이 재직하는 동안 郡國에서는 鹽鐵의 전매와 선박에 대한 조세가 불편하니 폐지해야 한다고 말했다. 무제는 이 때문에 복식을 좋아하지 않았다. 다음 해 봉선을 앞두었고 또 복식이 예악에 대해 밝지 못하기에 폄직하여 태자태부가 되었고 兒寬(예관)이 대신하였다. 복식은 천수를 누리고 죽었다.

58-3. 兒寬

原文

兒寬, 千乘人也. 治《尙書》, 事歐陽生. 以郡國選詣博士, 受業孔安國. 貧無資用, 嘗爲弟子都養. 時行賃作, 帶經而鉏, 休息輒讀誦, 其精如此. 以射策爲掌故, 功次, 補廷尉文學卒史.

| **註釋** | ○兒寬(예관, ? – 前 103) – 兒는 倪(어린애 예). 태초 원년(前 104) 司馬遷과 함께 太初曆을 제정, 시행케했다. 저서로《兒寬》9편이 있다. ○千乘 – 郡名, 현명. 今 山東省 淄博市 高靑縣. ○歐陽生(구양생) – 88권, 〈儒林傳〉에 입전. ○孔安國 – 孔子 11세손.《詩經》을 申培公에게《尙書》를 伏生에게 배웠고 武帝 때 五經博士로 동중서와 나란한 명성을 누렸다. 88권, 〈儒林傳〉 立傳. ○都養 – 나무하고 취사하며 생활하다. ○鉏 – 鋤(호미 서)와 同. ○射策 – 漢代 取士의 한 과목. 추첨으로 經文을 뽑아 해설을 작성케 하여 그 우열을 가리는 선발. ○掌故 – 禮樂이나 典章에 대한 자문을 담당하는 관직명. 太常掌故, 太史掌故, 文學掌故 등이 있었다. ○卒史 – 秩 百石의 하급 屬吏. 좌우 內史나 郡守는 卒史 2명을 둘 수 있었다. 廷尉의 卒史는 郡卒史와 달리 秩 6百石이라는 주해가 있다.

〖國譯〗

兒寬(예관)은 千乘郡 사람이다.《尙書》를 전공하며 歐陽生을 모셨다. 郡에서 뽑혀 博士에 보내져 孔安國에게 배웠다. 집이 가난하여 學資가 모자라서 다른 제자들과 함께 일하며 취사도 하였다. 때로는 농사 품팔이를 나가 경전을 갖고 다니며 김을 매다가 쉴 때 읽고 외웠으니 그 정성이 이와 같았다. 射策으로 掌故가 되었는데 2등이어서 廷尉의 文學卒史에 보임되었다.

原文

寬爲人溫良, 有廉知自將, 善屬文, 然懦於武, 口弗能發明也. 時張湯爲廷尉, 廷尉府盡用文史法律之吏, 而寬以儒生在其間, 見謂不習事, 不署曹, 除爲從史, 之北地視畜數年. 還至府, 上畜簿, 會廷尉時有疑奏, 已再見卻矣, 掾史莫知所爲. 寬爲言其意, 掾史因使寬爲奏. 奏成, 讀之皆服, 以白廷尉湯. 湯大驚, 召寬與語, 乃奇其材, 以爲掾. 上寬所作奏, 卽時得可. 異日, 湯見上. 問曰, "前奏非俗吏所及, 誰爲之者?" 湯言兒寬. 上曰, "吾固聞之久矣." 湯由是鄉學, 以寬爲奏讞掾, 以古法義決疑獄, 甚重之. 及湯爲御史大夫, 以寬爲掾, 擧侍御史. 見上, 語經學, 上說之, 從問《尙書》一篇. 擢爲中大夫, 遷左內史.

| 註釋 | ○有廉知自將 - 청렴으로 자신을 지킬 줄 알다. 有는 以. 自將은 保全自己의 뜻. ○懦 - 나약할 나. ○發明 - 表達. 뜻을 표현하다. ○張湯(장탕) - 59권, 〈張湯傳〉 立傳. ○不署曹 - 부서에 배치되지 못하다. 署는 按配. 曹는 업무 단위. 부서. 관청의 課나 係 같은 것. ○除爲從史 - 除는 除授받다. 從史는 수행원. ○北地 - 군명. 치소는 馬嶺縣(今 甘肅省 동부 慶陽市 서북). ○掾史莫知所爲 - 掾과 史가 그 까닭을 아는 이 없었다. 掾 도울 연. 曹의 책임자 곧 係長이나 과장. 史는 係員. ○奏成 - 결재가 나다. ○奏讞(주언) - 판결문을 사주하다. 讞 평의할 언, 물을 언. ○侍御史 - 관직명. 어사대부의 속관. ○中大夫 - 정사에 대한 논의를 담당. ○左內史 - 내사는 京師(首都)의 최고 행정관인데 경제 때(前 155년) 左 右內史로 구분하여 京畿의 행정을 담당케 하였다. 무제 太初 원년(前 104)에 右內史는 京兆尹(경조윤), 左內史는 左馮翊으로 개칭하였다.

〖國譯〗

兒寬(예관)은 사람이 온순 선량하고 청렴으로 자신을 지킬 줄 알며 글을 잘 지었으나 武에는 나약하였고 자신의 뜻을 말로는 잘 표현하지 못했다. 당시 張湯이 廷尉이었는데 廷尉府에서는 문서나 작성하고 법률을 아는 관리들만 썼는데 예관은 유생으로 거기에 끼어 일에 서투르다 하여 업무 부서를 받지 못하고 從史가 되어 北地郡에 가서 몇 년간 가축 사육을 감독했다. 정위부로 돌아와 가축 장부를 보고하였는데 그때 廷尉는 가끔 의문이 가는 상주문이 있어 두 번을 기각하였는데 掾史(연사)는 그 이유를 알지 못했다. 예관이 그들에게 왜 그러한가를 설명해 주었고 연사는 예관의 뜻대로 다시 상주하였다. 결재가 나자 읽어본 사람 모두가 탄복했고 정위 장탕에게 사실을 이야기했다. 장탕은 크게 놀라며 예관을 불러 이야기를 해보고서 재능을 기특하다 생각하여 掾(연)에 임명하였다. 예관이 작성한 상주문을 올리자 즉시 결재가 났다. 어느 날 장탕이 무제를 알현했다. 무제가 물었다. "전날 상주한 글은 보통 관리가 지은 글이 아니던데 누가 작성했는가?" 장탕이 예관을 말하자 무제가 말했다. "나도 오래전부터 그 이름을 알고 있었도다." 장탕은 이때부터 학문에 관심을 갖고 예관을 奏讞掾(주언연)으로 삼았고 예관이 古法에 의거 어려운 獄事를 의결하였기에 매우 중히 여겼다. 장탕이 어사대부가 되자 예관을 掾(연)으로 삼았다가 侍御史로 천거하였다. 예관이 무제를 알현하고 經學에 대하여 이야기를 하자 무제는 매우 좋아하면서 《尙書》의 내용에 대하여 물었다. 예관은 中大夫가 되었다가 左內史로 승진했다.

原文

寬既治民, 勸農業, 緩刑罰, 理獄訟, 卑體下士, 務在於得人心. 擇用仁厚士, 推情與下, 不求名聲, 吏民大信愛之. 寬表奏開六輔渠, 定水令以廣溉田. 收租稅, 時裁闊狹, 與民相假貸, 以故租多不入. 後有軍發, 左內史以負租課殿, 當免. 民聞當免, 皆恐失之, 大家牛車, 小家擔負, 輸租繦屬不絶, 課更以最. 上由此愈奇寬.

| 註釋 | ○卑體下士 - 下士에게도 몸을 낮추다. ○推情與下 - 진정으로 아랫사람을 접대하다. 與는 사귀다. 접대하다. ○六輔渠(육보거) - 鄭國渠 상류에 설치한 6개의 관개용 수로. 武帝 元鼎 6년(前 111)에 예관이 굴착 개통하여 關中 지역 농업생산 증가에 큰 역할을 했는데 唐代에 메워졌다고 한다. 渠 물도랑 거. ○水令 - 저수지 이용 관련 법. ○時裁濶狹 - 풍흉에 맞춰 조세의 납부시기를 정하다. ○假貸 - 빌려주다. ○課殿 - 평가에서 下등급을 받다. ○繦屬不絶 - 줄처럼 이어지다. 繦은 포대기 강. 새끼줄(繩索).

〖國譯〗

예관은 백성을 다스리면서 농업을 권장하고 형벌을 완화하였으며 獄訟(옥송)을 판결하면서 하사에게도 몸을 낮추며 인심을 얻으려 힘썼다. 인자후덕한 선비를 골라 채용하며 진심으로 아랫사람을 대하였고 명성을 얻으려 하지 않았기에 관리나 백성이 크게 신임하며 따랐다. 예관은 表를 올려 六輔渠(육보거)를 개통케 하고 水令를 제정하였으며 관개하는 경작지를 크게 넓혔다. 租稅를 징수하면서 풍흉에 따라 납부시기를 조절하며 백성끼리 서로 대여케 하였는데 그 때문에 조세가 많이 납부되지 않았다. 뒤에 군량 징발이 있어 左內史가 조세 미납이 많아 최하 등급을 받았고 면직되어야만 했다. 백성들은 예관이 면직된다는 말을 듣고 예관이 떠날 것을 걱정하여 부자들은 牛車로, 가난한 집에서는 등짐으로 조세를 운반하여 밧줄처럼 이어졌고 다시 평가하여 최상급을 받았다. 무제는 이 때문에 예관을 더욱 특별하게 생각하였다.

原文

及議欲放古巡狩封禪之事, 諸儒對者五十餘人, 未能有所定. 先是, 司馬相如病死, 有遺書, 頌功德, 言符瑞, 足以封泰山. 上奇其書, 以問寬, 寬對曰, "陛下躬發聖德, 統楫群元, 宗祀天地, 薦禮百神, 精神所鄉, 徵兆必報, 天地並應, 符瑞昭明. 其封泰山, 禪梁父, 昭姓考瑞, 帝王之盛節也. 然享薦之義, 不著於經, 以爲封禪告成, 合祛於天地神祇, 祇戒精專以接神明. 總百官之職, 各稱事宜而爲之節文. 唯聖主所由, 制定其當, 非君臣之所能列. 令將擧大事, 優遊數年, 使群臣得人自盡, 終莫能成. 唯天子建中和之極, 兼總條貫, 金聲而玉振之, 以順成天慶, 垂萬世之基."

上然之, 乃自製儀, 采儒術以文焉.

| 註釋 | ○放古 – 古制에 의거하여. ○統揖群元 – 統揖(통집)은 총괄하

다. 群元은 萬民. ○薦禮百神－薦 드릴 천. 천거하다. ○昭姓考瑞－昭는 顯揚, 드러내다. 考는 맞이하다(迎也). ○合祛於天地神祇－天地의 神祇(신기)를 함께 제사를 거행하다. 祛는 擧라고 풀이하였다. 祛 떨쳐낼 거. ○祇戒精專以接神明－祇戒(지계)는 공경하며 조심하다(敬愼). 精專은 전적으로, 神明은 神靈. 神祇(신기)와 같은 뜻. ○各稱事宜而爲之節文－稱은 相稱하다. 節文은 儀禮에 절도가 있다. ○唯聖主所由－聖主는 武帝. ○優遊數年－몇 년이나 猶豫하며 보내다. 優遊는 유예하며 결정을 못하다. ○兼總條貫－兼總은 총괄하다. 條貫은 條理. ○金聲而玉振之－金鍾과 玉聲을 함께 내다.

〖國譯〗

옛 법도를 따라 巡狩(순수)와 封禪(봉선)을 논의하는데 50여 명의 유생이 의견을 제시하였지만 결정할 수가 없었다. 이보다 앞서 司馬相如가 병사하면서 遺書를 통해 황제의 功德을 칭송하고 상서로운 징조를 언급하여 족히 泰山에서 封禪을 할 수 있다고 말했었다. 무제는 그 글을 소중하게 여기며 예관에게 물었다.

이에 예관이 대답하였다.

"폐하께서 몸소 聖德을 베푸시고 만민을 모두 거느리시며 天地의 神을 제사하고 百神에게 禮를 올리는 것은 폐하의 뜻에 의한 것이니 吉兆는 이에 응한 것입니다. 천지에서 함께 길조가 나타났고 그 길조는 뚜렷하였습니다. 따라서 태산에 封하고 梁父山에서 禪(선)을 하여 天性을 밝히고 祥瑞를 맞이하는 일은 제왕의 성대한 의식일 것입니다. 그렇지만 祭享(제향)이나 薦神(천신)의 의례에 대해서는 經典에 적혀 있지 않지만 封禪은 천자가 이룬 치적을 上告하는 것이며 天地의 神祇(신기)에게 함께 거행하면서 삼가고 조심하는 의식은 전적으로 神明과 接神하기 위한 것입니다. 천자는 백관의 직분을 총괄하여 각각 합당한 절차를 아뢰게 하여 의례를 제정하는 것이니, 의례는 오직 성주만이 결정하실 수 있고 합당한 의례의 제정은 君臣이 함께 정하는 것이 아닙니다. 지금 큰일을 계획하면서 몇 년이나 유예하며 여러 신하들이 자기주장을 다했지만 끝내 결정을 내리지 못했습니다. 오직 天子만이 가장 좋은 中和를 취하고 모든 일의 순서를 총괄하여 金鍾과 玉聲을 함께 내듯 천신에 대한 경사로운 祭儀를 순리대로 완성하여 만세에 이어갈 그 기초를 만드셔야 합니다."

무제는 예관의 말이 맞다고 생각하여 직접 의식절차를 創製하면서 유가의 학설을 채용하여 다듬었다.

原文

旣成, 將用事, 拜寬爲御史大夫, 從東封泰山, 還登明堂.

寬上壽曰, "臣聞三代改制, 屬象相因. 間者聖統廢絶, 陛下發憤, 合指天地, 祖立明堂辟雍, 宗祀泰一, 六律五聲, 幽贊聖意, 神樂四合, 各有方象, 以丞嘉祀, 爲萬世則, 天下幸甚. 將建大元本瑞, 登告岱宗, 發祉闓門, 以候景至. 癸亥宗祀, 日宣重光, 上元甲子, 肅邕永享. 光輝充塞, 天文粲然, 見象日昭, 報降符應. 臣寬奉觴再拜, 上千萬歲壽."

制曰, "敬擧君之觴."

| 註釋 | ○明堂 - 皇帝가 政敎의 大典을 행하는 건물. 朝會, 祭祀, 慶賞,

養老, 教學 등의 행사를 집행하는 곳. ○屬象相因 - 屬은 連하다. 象은 法象. ○間者聖統廢絶 - 間者는 近者. 聖統은 聖人의 遺業. 儀禮에 관한 文物. ○合指天地 - 天地에 合一하셨으며, (봉선례를 행했다는 뜻). ○祖立明堂辟雍 - 祖는 始也. 辟雍은 周代의 大學. 최고의 교육기관. ○宗祀泰一 - 泰一은 天神. ○六律五聲 - 六律은 陰陽 12律 중 陽에 속하는 黃鐘 등 6가지의 음율. 五聲은 宮, 商, 角, 徵, 羽의 五音. ○幽贊聖意 - 幽贊(유찬)은 희미한 것을 뚜렷하게 밝히다. ○神樂四合 - 神樂은 四象에 합치하고. ○將建大元本瑞 - 大元은 太初曆. 本瑞는 天瑞, 곧 하늘이 내리는 상서로움. ○岱宗(대종) - 泰山. ○發祉闓門(발지개문) - 發祉는 降福. 闓는 열 개. ○癸亥宗祀 - 癸亥(계해)는 六十甲子의 맨 마지막이다. ○肅邕永享 - 肅邕은 肅雍(숙옹)과 같음. ○天文粲然 - 天文은 天象(日月星辰). ○觴 - 술잔 상.

〖國譯〗

封禪 의례가 완성되어 실행하기 전에 예관을 御史大夫에 임명하였고, 무제는 동쪽으로 가서 泰山에 封祀하고 돌아와서 謚에 올랐다. 예관은 나아가 축수하며 말했다. "臣이 알기로는, 三代의 改制는 政敎의 법에 따라 바뀌었습니다. 근자에 聖統(의례에 관한 文物)이 단절되었지만 폐하께서 발분하시어 천지에 합일하는 봉선을 행하셨으며 처음으로 明堂과 辟雍(벽옹)을 건립하셨고 泰一神(天神)을 제사하였으며 六律과 五聲의 음악을 정하시어 聖意를 확실하게 밝히셨습니다. 신에게 제사하는 음악은 四象에 합치하고, 각각 사방의 景象을 보시고 嘉祀(가사)의 전통을 이어 萬世의 준칙으로 삼았으니 천하에 매우 다행스런 일입니다. 太初曆을 제정하려는데 하늘의 祥瑞가 있어 이를 泰山에 올라 고하였더니 하늘은 복을 내리시어 天門을 열어주어 景象(祥瑞)이 내리셨습니다. 癸亥(계해) 큰 제사에 날마

다 성덕을 크게 베푸시고 上元 甲子에도 장엄히 敬和하시어 길이 누리소서! 光輝가 온 천지가 가득 차고, 日月星辰(일월성신)이 찬연히 빛나며 하늘의 해처럼 빛나니 祥瑞에 부응하여 德化로 보답하소서. 臣 예관은 잔을 들어 재배하오며 폐하의 천만세를 축수하옵니다."

이에 武帝는 "삼가 경의 잔을 들겠노라"라고 하였다.

原文

後太史令司馬遷等言, "曆紀壞廢, 漢興未改正朔, 宜可正." 上乃詔寬與遷等共定漢〈太初歷〉. 語在〈律歷志〉.

初, 梁相褚大通《五經》, 爲博士, 時寬爲弟子. 及御史大夫缺, 徵褚大, 大自以爲得御史大夫. 至洛陽, 聞兒寬爲之, 褚大笑. 及至, 與寬議封禪於上前, 大不能及, 退而服曰, "上誠知人." 寬爲御史大夫, 以稱意任職, 故久無有所匡諫於上, 官屬易之. 居位九歲, 以官卒.

| 註釋 | ○太史令 – 천문과 역법을 담당하는 관리. 太常의 속관. ○司馬遷〔사마천, 135(?) – 前 86〕 – 62권, 〈司馬遷傳〉에 立傳. ○歷紀壞廢 – 역법의 기강이 무너졌다. 易姓受命하면 正朔을 개정해야 하는데 못했다는 뜻. ○宜可正 – 마땅히 개정해야 한다. ○〈太初歷〉 – 역법의 이름. 太初 원년(前 104)부터 시행. 이 해부터 正月(建寅之月)을 歲首로 했다. ○聞兒寬爲之 – 예관이 임명되었다는 말을 들었다. ○匡諫 – 적폐를 바로 잡다. ○易之 – 예관을 경시하다.

〖國譯〗

뒷날 太史令 司馬遷 등이 말했다. "曆法의 기강이 무너졌고 漢이 건국되고도 正朔(정삭)을 바꾸지 못했으니 마땅히 바꾸어야 합니다." 무제는 예관과 사마천 등에게 명하여 공동으로 漢 〈太初歷〉을 제정케 하였는데, 이는 〈律歷志〉에 실려 있다.

그전에 梁의 승상인 褚大(저대)는 《五經》에 박통하여 博士가 되었는데 그때 예관은 제자였다. 어사대부가 결원이라서 褚大를 徵召(징소)하였는데 저대는 스스로 어사대부가 될 수 있다고 생각하였다. 낙양현에 이르러 예관이 어사대부가 되었다는 소식을 듣고 褚大는 웃었다. 장안에 이르러 무제 앞에서 예관과 封禪에 대한 의논에서 褚大는 따라가질 못했는데 물러나 탄복하며 말했다. "皇上은 정말 사람을 잘 보신다."

예관은 御史大夫로 무제의 뜻에 맞춰 직분을 오래 수행하였지만 잘못을 바로잡아 충간하는 바가 없었기에 관속들은 예관을 만만하게 생각하였다. 9년을 재직하다가 관직을 가진 채로 죽었다.

原文

贊曰, 公孫弘, 卜式, 兒寬皆以鴻漸之翼, 困於燕爵, 遠跡羊豕之間, 非遇其時, 焉能致此位乎? 是時, 漢興六十餘載, 海內艾安, 府庫充實, 而四夷未賓, 制度多闕. 上方欲用文武, 求之如弗及, 始以蒲輪迎枚生, 見主父而歎息. 群士慕嚮, 異人並出. 卜式拔於芻牧, 弘羊擢於賈豎, 衛青奮於奴僕,日磾出於降虜, 斯亦曩時版築飯牛之明已. 漢之得人, 於茲爲盛, 儒雅則公孫弘,董仲舒,兒寬, 篤行則石建,石慶, 質直則汲黯,卜式, 推賢則韓安國,鄭當時, 定令則趙禹,張湯, 文章則司馬遷,相如, 滑稽則東方朔,枚皐, 應對則嚴助,朱買臣, 歷數則唐都,洛下閎, 協律則李延年, 運籌則桑弘羊, 奉使則張騫,蘇武, 將率則衛青,霍去病, 受遺則霍光,金日磾, 其餘不可勝紀. 是以興造功業, 制度遺文, 後世莫及.

孝宣承統, 纂修洪業, 亦講論六藝, 招選茂異, 而蕭望之,梁丘賀,夏侯勝,韋玄成,嚴彭祖,尹更始以儒術進. 劉向,王褒以文章顯, 將相則張安世,趙充國,魏相,丙吉,于定國,杜延年, 治民則黃霸,王成,龔遂,鄭弘,召信臣,韓延壽,尹翁歸,趙廣漢,嚴延年,張敞之屬, 皆有功跡見述於世. 參其名臣, 亦其次也.

| **註釋** | ○鴻漸之翼 – 큰 기러기가 하늘로 날아오를 수 있는 날개. 매우 뛰어난 능력. ○燕爵 – 燕雀(연작). 小人. ○遠跡羊豕之間 – 멀리 자취를 감춰 가축을 기르다. ○非遇其時 – 적당한 때를 만나지 못했다면. ○艾安(예안) – 태평, 안정. ○未賓 – 귀순하지 않았다. ○蒲輪(포륜) – 安車. ○枚生 – 枚乘(매승), 51권, 〈賈鄒枚路傳〉에 입전. ○主父 – 主父偃(주보언). 64권, 〈嚴朱吾丘主父徐嚴終王賈傳〉에 입전. ○芻牧(추목) – 가축을 기르다. 芻 꼴 추. ○弘羊 – 桑弘羊. ○賈豎(고수) – 상인. 장사꾼. ○日磾 – 金日磾(김일제). 38권, 〈霍光金日磾傳〉에 입전. ○曩時 – 예전에. ○版築飯牛(판축반우) – 商의 賢人 傅說(부열)을 성에서 흙일을 하다가 발탁되었고 춘추시대 衛國의 甯戚(영척)은 소를 먹이다가 齊 환공에게 등용되었다. ○石建,石慶 – 石奮의 아들. 16권, 〈萬石衛直周張傳〉에 附記. ○汲黯(급암) – 50권, 〈張

馮汲鄭傳〉에 입전. ○滑稽(골계) – 말이 유창하고 재치가 있음. 우스갯소리. 滑 미끄러울 활. 어지러울 골. 東方朔(동방삭)은 65권, 〈東方朔傳〉 입전. ○茂異 – 才德이 출중한 사람. ○參 – 빽빽할 삼.

〖國譯〗

班固의 論贊 : 公孫弘과 卜式(복식), 兒寬(예관)은 모두 큰 기러기와 같은 뜻을 가지고서도 燕爵(燕雀, 소인)에게 시달림을 당해 멀리 밀려나 양이나 돼지를 키웠는데 만약 때를 만나지 못했다면 어찌 그런 지위를 누릴 수 있었겠는가?

이때는 漢의 건국 60여 년에 천하는 태평하고 府庫는 충실했지만 四夷는 아직 복속하지 않았고 제도에도 여러 결함이 있었다. 武帝는 文武의 인재를 등용하며 서둘러 간절히 구하였으니 처음으로 安車를 보내 枚勝(매승)을 영입하고 主父偃(주보언)을 알현하고서는 늦게 만난 것을 탄식했었다. 그러자 많은 선비들이 황제를 흠모하여 모여드니 異人이 한꺼번에 출현하였다. 양을 치던 卜式을 등용했고 商人인 桑弘羊(상홍양)을 발탁하였으며 衛青(위청)은 노비에서 발분하여 起身하였고 金日磾(김일제)는 투항한 포로에서 출세하였으니 이 모두가 예전의 흙일하던 傅說(부열)이나 소를 기르던 甯戚(영척)과 같은 明哲함이 있었다.

漢의 인재영입은 이에 크게 성하였으니 高雅한 유생으로는 公孫弘(공손홍), 董仲舒(동중서), 兒寬(예관)이 있고, 덕행이 뛰어난 인재로는 石建과 石慶, 질박하고 정직한 인재로 汲黯(급암)과 卜式(복식), 인재를 잘 천거한 韓安國과 鄭當時(정당시)가 있었으며, 법령을 정비한 趙禹(조우)와 張湯(장탕)이 있고, 文章에는 司馬遷과 司馬相如, 滑稽

(골계)에는 東方朔과 枚皐(매고)가 있고, 應對에 뛰어난 嚴助(엄조)와 朱買臣(주매신), 그리고 歷數에는 唐都(당도)와 洛下閎(낙하굉)이 유명하였고, 協律(협율, 음악)에는 李延年(이연년), 運籌(운주)에는 상홍양, 사신으로는 張騫(장건)과 蘇武(소무), 장수로는 衛青(위청)과 霍去病(곽거병), 遺詔(유조)를 잘 따른 霍光(곽광)과 金日磾(김일제)가 있으니 그 밖의 인재는 이루다 기록할 수가 없다. 이로써 큰 공적을 쌓고 창조하였으며 제도 정비와 문물을 후세에 전하였으니 후세에도 이러한 盛代(성대)가 없었다.

宣帝가 皇統을 이어 대업을 편찬하고 기록하였으며 아울러 六藝를 강론하고 재덕을 겸비한 인재들을 초치하여 선용하였으니 蕭望之(소망지)와 梁丘賀(양구하), 夏侯勝(하후승), 韋玄成(위현성), 嚴彭祖(엄팽조), 尹更始(윤경시) 등이 유학으로 등용되었다. 劉向과 王褒(왕포)는 문장에 뛰어났고, 將相으로는 張安世(장안세), 趙充國, 魏相, 丙吉, 于定國(우정국), 杜延年(두연년)이 있고, 治民을 잘한 黃霸(황패), 王成(왕성), 龔遂(공수), 鄭弘(정홍), 召信臣(소신신), 韓延壽(한연수), 尹翁歸(윤옹귀), 趙廣漢(조광한), 嚴延年(엄연년), 張敞(장창)과 같은 무리들도 모두 큰 공적을 이루어 후세에 기록되었다. 명신들이 많기로는 武帝 때 다음이라 할 수 있다.

저자 약력

陶硯 진기환陳起煥

서울 대동세무고등학교 교장을 역임하였고 개인 문집으로《陶硯集》출간.

주요 저서로는 중국 고전소설《儒林外史》국내 최초 번역,《史記講讀》,《史記 人物評》,《中國의 土俗神과 그 神話》,《中國의 신선이야기》,《上洞八仙傳》,《三國志 故事成語 辭典》,《三國志 故事名言 三百選》,《三國志의 지혜》,《三國志 人物評論》,《精選 三國演義 原文 註解》,《中國人의 俗談》,《水滸傳 評說》,《金瓶梅 評說》,《논술로 읽는 論語》,《十八史略 中(下)·下(上)·下(下)》,《唐詩三百首 上·中·下》共譯,《唐詩逸話》,《唐詩絶句》,《王維》,《漢書(一)·(二)권》외

E-mail : jin47dd@hanmail.net

原文 註釋 國譯

漢書(四)
한 서

초판 인쇄 2016년 12월 20일
초판 발행 2016년 12월 26일

역　주 | 진기환
발행자 | 김동구
디자인 | 이명숙 · 양철민
발행처 | 명문당(1923. 10. 1 창립)
주　소 | 서울시 종로구 윤보선길 61(안국동)
우체국 010579-01-000682
전　화 | 02)733-3039, 734-4798(영), 733-4748(편)
팩　스 | 02)734-9209
Homepage | www.myungmundang.net
E-mail | mmdbook1@hanmail.net
등　록 | 1977. 11. 19. 제1~148호

ISBN 979-11-85704-95-1 (04910)
ISBN 979-11-85704-78-4 (세트)
30,000원